A^{t}V

THOMAS PFEIFFER, geb. 1970, Journalistik-Studium in Dortmund und Dublin, Zeitungsvolontariat, 2001 Promotion über »Medien einer neuen sozialen Bewegung von rechts« an der Fakultät für Sozialwissenschaft der Ruhr-Universität Bochum, dort auch Lehrbeauftragter. Seither als freier Journalist tätig sowie in der Jugend- und Erwachsenenbildung, insbesondere der Lehrerfortbildung. Veröffentlichungen: »Rechtsextremisten auf dem Daten-Highway« (1996) sowie zahlreiche Beiträge in Sammelbänden, Zeitschriften und im Informationsdienst »blick nach rechts«.

Thomas Pfeiffer untersucht in neun Fallstudien Positionen, Ziele und Strategien der rechten Bewegung am Beispiel ihrer vielfältigen Medienpalette, die vom Flugblatt bis zur Homepage reicht.

Zu diesem Netzwerk gehören der Sammelband »Deutschlands Rechte« des Publizisten Rolf-Josef Eibicht, die rechtsintellektuelle Wochenzeitung »Junge Freiheit« und die Zeitschrift »Nation & Europa«, das älteste Organ des Rechtsextremismus in der Bundesrepublik. Auch die Gothic-Band »Weissglut« mit ihrer CD »etwas kommt in deine welt« knüpft an rechte Symbolik an.

Während sich der Mailbox-Verbund »Thule-Netz« 1999 aufgelöst hat, spielen »Nationale Infotelefone« bis heute eine entscheidende Rolle für die Kommunikation der neonazistischen Szene.

»RockNORD«, das auflagenstärkste deutsche Magazin für Skinhead-Musik, und seine Internet-Homepage tragen dazu bei, den rassistischen Flügel der Subkultur in den Rechtsextremismus einzubinden. Die »Zündelsite«, die der deutschstämmige Neonazi Ernst Zündel in Nordamerika betreibt, hat Vorbildcharakter für andere Aktivisten. Obwohl darin der Holocaust geleugnet wird, sind Sanktionsversuche deutscher Behörden am Strafrecht Kanadas und der USA gescheitert.

Die Studien basieren auch auf Interviews mit Rechtsextremisten und Verfassungsschützern.

Thomas Pfeiffer

Für Volk und Vaterland

Das Mediennetz der Rechten –
Presse, Musik, Internet

Aufbau Taschenbuch Verlag

Mit 9 Abbildungen

ISBN 3-7466-7037-3

1. Auflage 2002
© Aufbau Taschenbuch Verlag GmbH, Berlin 2002
Einbandgestaltung: Preuße & Hülpüsch Grafik Design
unter Verwendung eines Fotos von Bert Hülpüsch
Satz LVD GmbH, Berlin
Druck Ebner Ulm
Printed in Germany

www.aufbau-taschenbuch.de

Inhalt

Gewidmet Ludwig Gehm
Widerstandskämpfer gegen den Nationalsozialismus

Vorwort

> *»Jetzt müssen wir begreifen: Es hat sich etwas zum*
> *Schlimmen geändert. Ausländerfeindlichkeit ist bei*
> *nicht wenigen Menschen ein fast selbstverständlicher*
> *Teil des Alltagsbewusstseins geworden. Der Rechts-*
> *extremismus ist ein kulturelles Phänomen geworden.«[1]*

Wolfgang Thierse

Dessau, am 11. Juni 2000: Drei rechtsextremistische Skinheads überfallen den Mosambikaner Alberto Adriano. Während sie mit Springerstiefeln gegen Kopf und Körper treten, rufen sie rassistische Parolen. Adriano stirbt drei Tage später an den Verletzungen. Vor allem der brutale Mord von Dessau löst im Sommer 2000 eine überfällige Debatte in Politik, Medien und Gesellschaft über grassierenden Rechtsextremismus in Deutschland aus. Neonazistische Netzwerke, Gewaltbereit-schaft der Szene, Propaganda im Internet prägen einige Wochen lang die Schlagzeilen und rufen ein seit Jahren virulentes Problem ins Bewusstsein, das öffentlich vielfach nur am Rande und nach spektakulären Ereignissen zur Kenntnis genommen worden ist.

Zwar beginnt die Welle der Aufmerksamkeit schon bald zu verebben, doch die Diskussion hat deutlich gemacht, dass die Auseinandersetzung mit rechtsextremistischem Denken und Handeln zu den drängenden Aufgaben am Beginn des 21. Jahrhunderts zählt – nicht nur, aber gerade in Deutsch-land. Politik, Justiz, Polizei, Medien, Gesellschaft und Wissen-schaft sind gleichermaßen aufgerufen, sich dieser Auseinan-dersetzung zu stellen. Ich würde mich freuen, wenn dieses Buch im Rahmen seiner Möglichkeiten hierzu einen Beitrag leistete. Es basiert auf der Studie »Medien einer neuen sozialen Bewegung von rechts«, die die Fakultät für Sozialwissenschaft der Ruhr-Universität Bochum am 18. Januar 2001 als Disser-tation angenommen hat.

Einige kurze Hinweise zu formalen Festlegungen des Buches mögen etwaiger Verwirrung vorbeugen. Der Text basiert auf dem Regelwerk der neuen Rechtschreibung, gleichwohl werden in Zitaten stets Orthografie und Interpunktion des Originals beibehalten. Um einer leichteren Lesbarkeit willen verzichte ich in der Regel auf geschlechtsneutrale Schreibweisen. Daher werden maskuline Formen auch für Gruppen von männlichen und weiblichen Personen verwandt. Sofern aus dem Kontext nicht hervorgeht, dass eine Bezeichnung allein auf Erstere bezogen ist, sind stets beide Geschlechter gemeint. In den Anmerkungen wird eine Kurzzitation benutzt, die Autor und Jahr des Textes sowie – bei mehrseitigen, gedruckten Texten – die Seitenzahl der Fundstelle nennt. Bei Internet-Zitaten wird das Jahr des Fundes in Klammern angegeben; undatierte Texte sind mit o. Dat. oder o. J. gekennzeichnet und enthalten das vermutliche Erscheinungsjahr in Klammern. Sofern sich ein Text anhand dieser Angaben nicht eindeutig identifizieren lässt, wird zusätzlich der Anfang des Titels – in der Regel das erste Wort – genannt.

Zahlreiche Menschen haben meine Arbeit in den vergangenen Jahren auf unterschiedliche Weise unterstützt, denen ich an dieser Stelle herzlich danken möchte. So danke ich meinem Doktorvater, Prof. Wilhelm Bleek, für seine Hilfe und sein Vertrauen, vor allem für den wohltuenden Ansporn in der Schlussphase, sowie allen Mitarbeiterinnen und Mitarbeitern am Lehrstuhl Politikwissenschaft I. Für wertvolle Hinweise bin ich zudem Prof. Klaus Peter Strohmeier dankbar. Ein besonderer Dank gilt meiner Familie für ihr Interesse, ihre Unterstützung und die anhaltende Ermutigung.

Ich danke allen Interviewpartnerinnen und -partnern, die sich Zeit und Ruhe für meine Fragen genommen haben, sowie allen Organisationen, Behörden und Einzelpersonen, die mir Materialien zur Verfügung gestellt oder Gelegenheit zur Recherche in ihren Archiven gegeben haben. Mein Dank schließt die sieben Interviewpartner der Bewegung von rechts ein, die sich bei aller Gegensätzlichkeit der Positionen zu informativen Gesprächen bereit fanden.

Last but not least danke ich der Friedrich-Ebert-Stiftung,

die meine Arbeit nicht nur durch ein Stipendium unterstützt, sondern sie auch stets mit Interesse begleitet hat. Nicht alle, die mein Projekt und mich vorangebracht haben, können hier mit Namen genannt werden: Sehr herzlich danke ich daher allen, die in Gesprächen, Briefen oder E-Mails Informationen, Anregungen, Fragen, Kritik und Ermutigung beigesteuert haben.

Ohne Sie und euch wäre dieses Buch nicht möglich gewesen.

Dortmund, im September 2001

1. Neue Bewegung von rechts

Der deutsche Rechtsextremismus hat sich neu orientiert und formiert. Ließ er sich in der alten Bundesrepublik noch als Mosaik der bekannten Rechtsaußen-Parteien und -Organisationen darstellen, so hat das Bild seither an Konturen verloren: Flexible Aktionsbündnisse, informell geplante Projekte und regionale Neonazi-Kameradschaften haben starren Organisationen den Rang abgelaufen. Vernetzung mit allen – technischen – Mitteln statt formaler Hierarchien ist die Maxime. Die Ziele lauten: Gegenöffentlichkeit und kulturelle Hegemonie. Hans-Gerd Jaschke hat diese Entwicklung auf den Begriff gebracht: Der deutsche Rechtsextremismus sei zur neuen sozialen Bewegung geworden, seiner Struktur nach – und nur der Struktur nach – vergleichbar mit den Studenten-, Friedens-, Öko-, Frauen- oder Dritte-Welt-Bewegungen.[1] Die Charakterisierung als neue soziale Bewegung verspricht einen neuartigen, umfassenden Blick auf das Phänomen Rechtsextremismus, der die aktuellen Veränderungen dieses Lagers in Rechnung stellt. Er macht die Vielgestaltigkeit der Szene ebenso deutlich wie die Wechselwirkungen zwischen rechtem Rand und Mehrheitsgesellschaft, die Hans-Martin Lohmann mit dem Begriff »Extremismus der Mitte«[2] bezeichnet hat.

1.1 Rechtsextremismus als neue soziale Bewegung

Eine soziale Bewegung ist nach Joachim Raschkes Definition – die ich im Weiteren übernehme – »ein mobilisierender kollektiver Akteur, der mit einer gewissen Kontinuität auf der Grundlage hoher symbolischer Integration und geringer Rollenspezifikation mittels variabler Organisations- und

Aktionsformen das Ziel verfolgt, grundlegenderen sozialen Wandel herbeizuführen, zu verhindern oder rückgängig zu machen«.[3]

Was macht eine neue soziale Bewegung aus? Zuvorderst die Abkehr von zentralistischen Organisationen zu Gunsten eines »Netzwerkes von Netzwerken«[4], wie Friedhelm Neidhardt formuliert. Der amerikanische Neonazi und ehemalige Ku-Klux-Klan-Aktivist Louis Ray Beam nennt dies »leaderless resistance«[5]. Seine gleichnamige Strategieschrift hat auch bei deutschen Rechtsextremisten Beachtung gefunden, die daraus das Konzept der ›national befreiten Zonen‹[6] entwickelten. Dieser ebenso pathetische wie zynische Begriff, der zum ›Unwort des Jahres 2000‹ gekürt wurde, meint alle denkbaren Gelegenheiten, in denen Rechtsextremisten unter sich und dem Einfluss des Staates weitgehend entzogen sind. Er umfasst lokale Treffs ebenso wie interne Kommunikation in Neonazi-Mailboxen. Das Konzept der ›befreiten Zonen‹ nennt weitere Beispiele: »Errichtung eines unabhängigen Buchladens, wo man *auch* Bücher und Schriften, Aufkleber und Flugblätter kaufen kann, die man sonst nirgends bekommt. (…) Oder eine Druckerei, eine Werbeagentur, ein Reiseunternehmen für kleine Geldbeutel. Man kann ›T-Hemden‹ [T-Shirts, T.Pf.] oder Schallplatten verkaufen, es gibt tausendundeine Möglichkeit, aus dem System auszubrechen.«[7] Die Parallele zur Alternativökonomie der neuen sozialen Bewegungen drängt sich auf.

Ein weiteres Strategiepapier legen die Neonazis André Goertz und Michael Swierczek[8] im Frühjahr 1994 nach. Auch ihr Text *Die nationale Bewegung* basiert auf Beams ›leaderless resistance‹ und skizziert die Strukturen, die für die neonazistische Szene seither typisch sind und für die die rechtsautonomen Kameradschaften stehen: »Kleinste Einheit der nationalen Bewegung ist der örtliche Stützpunkt. Jeder Ortsverband sollte aus etwa 10–15 Personen bestehen. (…) Zum informellen Netz gehört die Schaffung einer technischen Infrastruktur. Jede Ortsgruppe sollte über einen Faxanschluß verfügen, um jederzeit mobilisierbar zu sein. Zur örtlichen Ausstattung sollten auch Mobiltelefone, Funkgeräte (Auto- und Handgeräte) sowie Scanner zum Abhören des Polizeifunks gehören. Regional sollte eine Mailbox und ein nationales Infotelefon existieren, wobei die Infotelefone wegen ihrer mühelosen Erreichbarkeit Vorrang haben. (…) Die Regionen geben sich einen Namen (z. B. Norddeutsche Bewegung) und suchen sich ein einheitliches Symbol (möglichst simpel, aber juristisch bedenkenlos). Sie bleiben jedoch ohne Satzung, ohne Finanzstatut und ohne Vorstand. Eine Mitgliedschaft im herkömmlichen Sinne gibt es nicht. Somit existieren die regionalen Bewegungen und sind dennoch juristisch nicht greifbar.«[9]

Dass Rechtsextremisten nach Strukturen suchen, die den staatlichen Eingriff erschweren, hat seinen Grund. Nach der Welle der rassistischen Anschläge der frühen 90er Jahre wuchs der Verfolgungsdruck gegen Neonazi-Organisationen; 16 Gruppen und Einrichtungen wurden verboten, zuletzt die deutsche Sektion der Skinhead-Strömung »Blood & Honour« und die militante Gruppe »Hamburger Sturm«.[10] Wenn die Rede von den ›befreiten Zonen‹ auch nicht frei ist von Wichtigtuerei, so haben Neonazis doch manchen Jugendclub, manchen Straßenzug, mitunter gar manchen Stadtteil insbesondere in den neuen Ländern in den Griff bekommen. Hier kann sich ungestört die rechte Gegenkultur entfalten, zu der eine modernisierte Ästhetik gehört: Man hört »Faustrecht«, »Endstufe«, »Störkraft« und »Kraftschlag« statt altbackener Landserlieder. Getragen von einem Stil, der sich an Hardrock und Punk orientiert, bricht plumper Rassismus in die Lebenswelten des 21. Jahrhunderts ein: Politische Agitation geht auf im rechten Lifestyle.[11]

Auch frühere soziale Bewegungen wollten die soziokulturelle Sphäre, das heißt den Alltag, politisieren. Das herkömmliche Aktionsrepertoire politischer Parteien, vor allem Wahlkämpfe, tritt dagegen in den Hintergrund. Aufsehen erregende Erfolge rechtsextremistischer Parteien – wie die 12,9 Prozent der »Deutschen Volksunion« (DVU) im April 1998 bei der Landtagswahl in Sachsen-Anhalt – schließt das zwar nicht aus, sie sind für viele Rechtsextremisten aber nicht mehr das vorrangige Ziel. So sieht die Drei-Säulen-Strategie der »Nationaldemokratischen Partei Deutschlands« (NPD) den »Kampf um die Straße« ausdrücklich als ersten Schritt auf dem Weg zur Macht vor, dem der »Kampf um die Köpfe« und erst zuletzt der »Kampf um die Parlamente« folgen sollen. Konsequent haben NPD und Neonazi-Szene ihre Anhängerschaft im Jahr 2000 auf weit über 50 Protestmärsche durch deutsche Innenstädte geschickt – wenn sich die Partei auch jüngst in strategisch begründeter Zurückhaltung übt, um ihrem Verbot durch das Bundesverfassungsgericht zu entgehen.

Informelle Strukturen erschweren zwar den staatlichen Zugriff, sie bergen aber auch die Gefahr, dass die Szene zerfranst. Vernetzung soll daher die Rechte zusammenführen und als Gesamtheit aktions- und strategiefähig machen. Die Zersplitterung dieses Lagers in Einzelgruppen war ohnehin nie vollständig, sie trug stets Züge einer »organisierten Verwirrung«[12]. Trotzdem missglückten immer wieder Versuche, dem Rechtsextremismus ein gemeinsames organisatorisches Dach zu geben. Nicht mehr darum geht es der neuen sozialen Bewegung von rechts in erster Linie, sondern um größtmögliche Kooperation und kontinuierlichen Austausch. Neben persönlichen Kontakten dient dazu ein engmaschiges Mediennetz aus Buchverlagen, Musikvertrieben, Zeitschriftenprojekten, »Nationalen Infotelefonen«, Mailboxen und Internet-Seiten.

Der Zusammenhalt nach innen ist wichtig, doch eine Bewegung wäre keine, drehte sie sich ausschließlich um die eigene Achse. Sie versandete oder würde zur Sekte, könnte sie nicht erhebliche Breitenwirkung entfalten.[13] »Den Ausbruch aus dem Ghetto« der Rechtsextremisten zu wagen, war schon der erklärte Anspruch, mit dem der Mailboxverbund »Thule-Netz« an den Start ging.[14] Ein Leserbriefschreiber des NPD-

Organs *Deutsche Stimme* geht noch weiter: Ihm schwebt sogar eine Art *BILD*-Zeitung von rechtsaußen vor. Die Partei brauche ein Massenblatt, schreibt er, eines, das nicht ausschließlich die eigenen Mitglieder und Sympathisanten bediene, sondern eine breite Öffentlichkeit erreiche. Nur so sei man in der Lage, »der Bevölkerung langfristig ein authentisches Bild der nationalen Opposition zu vermitteln und die Lügen und Halbwahrheiten der Systempresse zurückzudrängen«[15]. Das DVU-Ergebnis von Sachsen-Anhalt ist immerhin ein Indiz, dass die Bewegung von rechts auf erhebliche Zustimmung hoffen kann. Schon 1981 stellte allerdings die SINUS-Studie fest, dass rechtsextremistisches Denken verbreiteter ist, als Wahlen vermuten lassen: Sie bescheinigte 13 Prozent der Bundesdeutschen ein geschlossen rechtsextremistisches Weltbild.[16] Auf dieselbe Höhe beziffert eine Untersuchung von 1998 das Potenzial rechtsextremistischer Einstellungen in Gesamtdeutschland (West: 12 Prozent, Ost: 17 Prozent).[17] Viele Anzeichen weisen nachdrücklich in dieselbe Richtung: ganz normale Bürger, die brennende Flüchtlingswohnheime beklatschten; eine aufgeheizte Asyldiskussion, die zur Aushöhlung des Grundrechts führte; neurechte Journalisten in Redaktionsstuben angesehener Medien oder rechte Publikationen, die sich mit namhaften Autoren und Interviewpartnern schmücken können.

Die Übergänge zwischen dem Kern der Bewegung und der übrigen Gesellschaft sind fließend. Ganz grob und idealtypisch lassen sich die Personen, die innerhalb und am Rande der Bewegung eine Rolle spielen, in vier Gruppen einteilen, die Dieter Rucht zu einem Modell konzentrischer Ringe systematisiert hat. Im innersten Kreis befinden sich die »Bewegungseliten«, die Leitungsfunktionen wie Außenrepräsentation, Organisations- und Koordinationsarbeit, Ideologie- und Strategiebildung übernehmen. In größeren Bewegungen werden diese Funktionen meist von hauptberuflichen Mitarbeitern einzelner Bewegungsgruppen ausgeübt. Auch professionelle Macher rechtsextremistischer Medien gehören somit zum innersten Kreis der Bewegung. Den angrenzenden Ring bilden die »Basisaktivisten«, die zwar einen erheblichen Teil ihrer verfügbaren Zeit ehrenamtlich der Bewegung widmen, aber kaum Einfluss auf die Bewegung als Ganze nehmen können. Wiederum etwas weiter vom Kern entfernt befinden sich die »Unterstützer«, die für einzelne Aktionen mobilisierbar sind, aber nicht für eine kontinuierliche Mitarbeit. Ihre Beteiligung an der Bewegung kann im Lauf der Zeit stark variieren. Die Unterstützer bezeichnet Rucht als »kritische Gruppe« für die Bewegung: bei Massenmobilisierung quantitativ ausschlaggebend, aber schwer kalkulierbar. Sie sind das »Mobilisierungspotenzial im engeren Sinne«. Schließlich bilden die »Sympathisanten« den äußersten Ring und damit den Rand der Bewegung. Sympathisanten befürworten die Bewegung, beteiligen sich jedoch nur sehr begrenzt an ihr. Sie sprechen sich aber in Streitgesprächen in ihrem persönlichen Umfeld für die Bewegungsziele aus.[18] Die Bindeglieder zwischen einer sozialen Bewegung und deren Umfeld bezeichnet Thomas Ohlemacher als »soziale Relais«, die die »Brücken der Mobilisierung« seien. Beispielhaft nennt er die Kirchen für die Friedensbewegung der 80er Jahre, die Universität für die neue Frauenbewegung, den Betrieb für die traditionelle Arbeiterbewegung.[19]

Die These vom Rechtsextremismus als neuer sozialer Bewegung hat etwa ebenso viel Zustimmung[20] wie Ablehnung[21] erfahren. Der Strukturvergleich der auch von vielen Wissenschaftlern geschätzten Bewegungen von links mit den Gruppen und Figuren am rechten Rand stieß auf manche Abwehrreaktion, wurde aber auch missverstanden. Bewegungselemente im Rechtsextremismus zu benennen, hat nichts mit einer Extremismus- oder Totalitarismustheorie zu tun, die Gemeinsamkeiten zwischen Verfassungsfeinden von links und rechts betont und ihre fundamentalen Unterschiede vernachlässigt. Wer von einer neuen sozialen Bewegung von rechts spricht, verharmlost den Rechtsextremismus auch nicht als Jugendprotest, wie andere meinen. Vielmehr wird durch die Bewegungsbrille deutlich, wie sehr sich der deutsche Rechtsextremismus verändert hat, dass er vielgestaltig und gleichzeitig verwoben ist. Zur neuen sozialen Bewegung leistet der krude Nazi-Skin ebenso seinen Beitrag wie der neurechte Intellektuelle, so unterschiedlich sie sich auch gerieren mögen. Auf Leitbegriffe wie Deutschland, Volk und Nation sowie auf die Forderung nach einem starken, durch Eliten geführten Staat mit ethnisch homogener Bevölkerung können sich beide einigen. Gemeinsam und jeder an seinem Ort tragen sie dazu bei, dass die Rechte in Bewegung bleibt.

1.2 Begriffliche Differenzierungen

Wenn es um die Bezeichnung des politischen Lagers »rechts von der Union«[22] geht, herrscht in Deutschland babylonische Sprachverwirrung: Rechtsextremismus, Rechtsradikalismus, Rechtspopulismus, (Neo-)Faschismus, Neonazismus sowie Alte und Neue Rechte – viele Bezeichnungen gehen durcheinander. Daher sollen einige Hinweise klären, welche Begriffe in diesem Buch verwandt werden und was sie bedeuten.

Im Duktus der Verfassungsschutzbehörden steht Extremismus für Bestrebungen, die gegen den Kern des Grundgesetzes – die Freiheitlich-Demokratische Grundordnung – gerichtet und demnach verfassungsfeindlich sind. In der Politikwissenschaft wird Rechtsextremismus meist verstanden als ein Sammelbegriff für »verschiedenartige gesellschaftliche Erscheinungsformen, die als rechtsgerichtet, undemokratisch und inhuman gelten«[23]. Wenn der Rechtsextremismus auch keine einheitliche Ideologie besitzt, sondern ein Gemisch von verschiedenen Sichtweisen darstellt, so ist doch für ihn ein Zusammenspiel folgender Vorstellungen charakteristisch: ein Nationalismus, der von einer feindseligen Haltung gegenüber anderen Staaten und Völkern geprägt ist; die Ablehnung des Anspruchs auf gleiche Rechte für alle Menschen auf Grund einer unterstellten rassischen beziehungsweise ethnischen

Ungleichheit; das Leitbild einer Volksgemeinschaft, in welcher der Staat und eine ethnisch homogene Bevölkerung zu einem Kollektiv verschmelzen, sowie der daraus resultierende normative Vorrang der Gemeinschaft vor dem Individuum, der eine strikte Unterordnung des Bürgers unter die Staatsräson verlangt. Diese Auffassungen werden mit Positionen kontrastiert, die vom Rechtsextremismus strikt abgelehnt und politisch bekämpft werden. Dazu gehören: die Idee von universellen Menschenrechten, das Eintreten für Multikulturalismus sowie der Wertepluralismus der liberalen Demokratie, wie er in parlamentarisch-demokratischen Systemen zum Ausdruck kommt. Die Kombination und die Betonung einzelner der genannten positiv oder negativ besetzten Werte können in verschiedenen Strömungen des Rechtsextremismus durchaus variieren. Aus der Bandbreite dieser Variationen ergibt sich zwangsläufig ein uneinheitliches ideologisches Erscheinungsbild des Rechtsextremismus, was gelegentlich eine Zuordnung erschwert. Darüber hinaus ist zu beachten, dass der Rechtsextremismus nur zum Teil direkt als rechtsextremistisches Verhalten auftritt – etwa als Teilnahme an Aktionen oder als Mitgliedschaft in spezifischen Organisationen; verbreiteter ist ein latenter Rechtsextremismus, der sich beispielsweise in rassistischen Einstellungen äußert.

Mit dem Begriff Rechtsradikalismus wird häufig ein vager Grenzbereich zwischen dem Extremismus und der politischen Mitte bezeichnet, der aber noch innerhalb des verfassungsgemäßen Spektrums liege[24]. Auf Grund der Unbestimmtheit dieser Bezeichnung wird er mittlerweile auch vom Verfassungsschutz nicht mehr benutzt; aus demselben Grund wird auf seine Verwendung in dieser Arbeit verzichtet.

Insbesondere in Schriften marxistisch orientierter Autoren ist der Begriff Faschismus oder Neofaschismus gebräuchlich. Wissenschaftler wie Reinhard Kühnl sehen sich in der Tradition von Max Horkheimers berühmter Feststellung, dass vom Faschismus schweigen möge, wer vom Kapitalismus nicht sprechen wolle. Nach Kühnl wird »faschistische Ideologie

und Politik, Faschismus als Bewegung und als Herrschafts-
form hervorgebracht von der kapitalistischen Gesellschafts-
ordnung unter bestimmten Bedingungen«[25]. Gegen die Verwendung des Begriffs Faschismus spricht im Zusammenhang
dieser Arbeit vor allem der eindimensionale Ursachenzu-
sammenhang, den das Zitat deutlich macht und der als allei-
nige Erklärung zu kurz greift. Der Ansatz gerät zudem in Er-
klärungsnot angesichts der Tatsache, dass auch unter den
realsozialistischen Bedingungen der DDR in den 80er Jahren
eine neonazistische Szene entstanden ist.

Unter Neonationalsozialisten (Neonazis) sind nur diejenigen rechtsextremistischen Aktivisten zu verstehen, »die
sich offen in die Tradition des Nationalsozialismus stellen –
ideologisch-programmatisch und/oder über Symbolik und
Gruppenverhalten«[26]. Bei ihnen handelt es sich um eine –
vielfach militante – Minderheit im rechtsextremistischen
Spektrum.

Gelegentlich taucht auch der Begriff des Rechts- oder Natio-
nalpopulismus auf. Von Populismus zu sprechen ist dann
sinnvoll, wenn die Art beschrieben werden soll, mit der sich
Politiker mit dem umworbenen Wahlvolk in Beziehung setzen; wenn sie, die Komplexität von Sachverhalten verschwei-
gend, Patentlösungen anbieten, sich als Anwalt der kleinen
Leute präsentieren und das politische Establishment pole-
misch attackieren. Populisten heizen in der Bevölkerung Ressentiments an, um aus ihnen politisches Kapital zu schlagen.
Paradebeispiele für Rechtspopulisten sind Franz Schönhuber
und Jörg Haider. Populismus als solcher bezeichnet aber keinen Standort, sondern eine politische Technik: Deshalb kann
die Formulierung Rechtspopulismus den Begriff des Rechtsextremismus nicht ersetzen.[27]

Dass die Rechte in Deutschland viele Gesichter hat, verschafft ihr Anknüpfungspunkte an unterschiedliche Bevölkerungsgruppen. In diesem Buch werden grundsätzlich zwei
Flügel der Bewegung unterschieden: die Alte und die Neue
Rechte. Was ist gemeint?

Bis zum Ende der 60er Jahre rekrutierte sich der Rechtsextremismus in der Bundesrepublik Deutschland überwiegend aus dem politischen Spektrum, das in der Weimarer Republik durch die »Harzburger Front« repräsentiert wurde: dem Bündnis der antidemokratischen Kräfte von rechts, das autoritär-konservative, nationalistische bis zu nationalsozialistischen Überzeugungen in sich vereinte.[28] Diese Alte Rechte – gebräuchlich ist auch die Bezeichnung traditioneller Rechtsextremismus – knüpft unmittelbar an antidemokratische Parteien der Weimarer Zeit sowie die NSDAP an und entwirft kaum neue, die spezifischen Bedingungen der Nachkriegszeit berücksichtigende Konzeptionen.

Die Neue Rechte, die nach dem gescheiterten Einzug der NPD in den Bundestag (1969) an Boden gewinnt, lässt sich nicht scharf von der Alten Rechten abgrenzen. Sie trägt weder eine grundlegend neue noch eine einheitliche Ideologie vor, eher handelt es sich um programmatische Akzentverschiebungen, neue strategische Orientierungen, Organisations- und Ausdrucksformen der die Neue Rechte tragenden jungen Generation. Zutreffend definiert Klaus Schönekäs die Neue Rechte, bezogen auf die Zeit vor der Vereinigung Deutschlands: »Neue Rechte bedeutet im vorliegenden Kontext die Entstehung jugendlich-intellektueller Gruppen, Zirkel und Zeitschriftenprojekte entlang einer gemeinsamen Frontstellung gegen die Alte Rechte. Dies schlägt sich in eigenständigen politischen Aktivitäten nieder und wird von einem, durch einen Generationenkonflikt begründeten, eigenen subkulturellen ›Stil‹ getragen. Dabei finden sich ideologisch sowohl Abweichungen als auch Übereinstimmungen mit der Alten Rechten. Der Konflikt findet fast vollständig innerhalb des rechten Lagerzusammenhangs statt, für das die Neue Rechte die Funktion einer politischen Avantgarde gewinnt.«[29]

Im Entstehen der Neuen Rechten schlägt sich nieder, dass ihre Wortführer im geteilten Nachkriegsdeutschland aufgewachsen sind; dieser Status quo und nicht der rückwärts gewandte Reichsgedanke der Alten Rechten prägt ihr Denken.

Neben der Jugend der neurechten Aktivisten und dem großen Wert, den sie auf theoretische Unterfütterung ihrer Positionen legt, sind zwei Strategien für die Neue Rechte kennzeichnend:

Der *metapolitische Ansatz:* Anknüpfend an die »Nouvelle Droite« in Frankreich[30], orientiert sich die Neue Rechte in Deutschland an den strategischen Vorstellungen des italienischen Marxisten Antonio Gramsci[31]. Demnach muss eine Bewegung, bevor sie wahlstrategisch erfolgreich sein und somit reale Macht im Staat gewinnen kann, die kulturelle Hegemonie erlangen, das heißt die Themen definieren, die die Gesellschaft diskutiert, und zentrale Begriffe und ihre Deutungen besetzen. Tagespolitischen und wahlstrategischen Bemühungen setzt die Neue Rechte Gramscis metapolitischen Ansatz mit dem langfristigen Ziel einer politischen Klimaveränderung entgegen. Diese Strategie setzt ein behutsames Vorgehen und verbale Mäßigung voraus, denn nur so kann die Neue Rechte den gewünschten Einfluss auf den Elitendiskurs gewinnen. Reputierlichkeit will sie auch erreichen, indem sie sich vom positiven Bezug auf den Nationalsozialismus abwendet, der in der Alten Rechten verbreitet ist. Stattdessen versucht die Neue Rechte, geläufige Begriffe wie Freiheit und Demokratie mit neuen Inhalten zu füllen[32] und eigene Zentralkategorien wie nationale Identität in den Diskurs einfließen zu lassen. Auf diese Weise sollen die normativen Grundlagen des demokratischen Staates – z. B. Demokratieprinzip, Gleichheitsgedanke, Menschenrechte – allmählich ausgehöhlt und diesem die Legitimation entzogen werden. Wissenschaftler und andere Intellektuelle sieht das Konzept als Hauptakteure vor, die als Multiplikatoren fungieren und publizistisch auf die öffentliche Meinung einwirken.[33]

Die *Querfrontstrategie:* Die Neue Rechte will die Ghettoisierung des rechtsextremistischen Lagers durchbrechen, indem sie Brücken zu anderen gesellschaftlichen Strömungen schlägt. Sie versuchte die frühe Ökologie- und Friedensbewegung regelrecht zu unterwandern. Seit den 80er Jahren, insbesondere seit der Vereinigung Deutschlands, zielt die Neue Rechte vorwiegend auf den etablierten Konservatismus. Wichtige Elemente rechtsextremistischen Denkens legt sie dabei nicht etwa ad acta, wie den nach Hegemonie strebenden deutschen Staat, den sie hinter Neutralismus-Konzepten verbirgt (z. B. Alfred Mechtersheimer)[34], das Ziel ethnisch homogener Staatsvölker, das als ›Ethnopluralismus‹ (z. B. Henning Eichberg) umschrieben wird[35], oder die Agitation gegen die grundgesetzliche Demokratie, die sie als Ablehnung des Liberalismus (z. B. Armin Mohler) tarnt[36].

Ideologisch sind zwei Hauptströmungen der Neuen Rechten bedeutsam:

Nationalrevolutionäre: Die programmatischen Eckpfeiler dieser Strömung, die sich um Henning Eichberg formiert, markiert das von ihm verfasste Grundsatzprogramm der »Aktion Neue Rechte« von 1972: »Die Vorstellung eines antimarxistischen und antikapitalistischen, also eine ›neue Ordnung‹ darstellenden ›europäischen Sozialismus‹, sie setzte gegen die ›nivellierende Gleichheitsidee‹ eine ›Leistungsgemeinschaft‹, predigte einen ›antiimperialistischen Befreiungsnationalismus‹ und trat gegen die ›Umerziehung‹ und für eine zu schaffende ›Nation Europa‹ ein.«[37] Mit solchen Positionen und entsprechendem Jargon will die Neue Rechte in der Linken an Zuspruch gewinnen. Ihr nationalrevolutionärer Flügel dominiert in den 70er und frühen 80er Jahren.

Konservative Revolutionäre: Diese wesentlich von Armin Mohler propagierte Variante der Neuen Rechten bezieht sich auf antidemokratische, elitäre Theorien der frühen 20er Jahre, die Intellektuelle wie Arthur Moeller van den Bruck, Oswald Spengler und später Carl Schmitt vorgetragen haben. Die Konservativen Revolutionäre dienten dem Dritten Reich als Ideengeber, meist ohne zu überzeugten Nationalsozialisten zu werden. Damals wie heute agitiert diese Strömung gegen Liberalismus und westliche Kultur und propagiert ein hierarchisch gegliedertes Staatswesen. Gruppen und Personen, die sich in die konservativ-revolutionäre Tradition stellen, sind spätestens seit der Vereinigung Deutschlands der bestimmende Flügel der Neuen Rechten. Sie formieren sich um Zeitungs- und Zeitschriftenprojekte wie *Junge Freiheit* und *Criticón* und bemühen sich mit einigem Erfolg um Kontakte zum rechten Rand des etablierten Konservatismus.

Zunehmend greift die Neue Rechte über das rechtsextremistische Personenpotenzial hinaus. Als Neue Rechte wird seit den 80er Jahren, vor allem seit der Vereinigung Deutschlands, auch eine nicht pauschal dem Rechtsextremismus zuzurechnende Gruppe Intellektueller bezeichnet, die dem Vorrang von Kollektiven (Volk, Nation, Staat) vor dem Individuum das Wort reden und den im Grundgesetz angelegten Pluralismus zu Gunsten homogener Einheiten zurückdrängen möchten.[38] Ihre Protagonisten sind Personen wie der zeitweilige Ressortleiter der Tageszeitung *Die Welt*, Rainer Zitelmann[39], der ehemalige Generalbundesanwalt Alexander von Stahl und der Publizist Gerd-Klaus Kaltenbrunner. Der Kreis verfügt über enge Kontakte zu Anhängern der Konservativen Revolution, die sich beispielsweise in dem Sammelband *Die selbstbewußte Nation* (1994) widerspiegeln. Diese Neurechten bewegen sich in einer Grauzone zum Rechtsextremismus und lassen – gewollt oder ungewollt – Grenzen verfließen. Die Einschätzung der gesamten Neuen Rechten im hier skizzierten Sinne als rechtsextremistisch ist insofern nicht gerechtfertigt.[40] Treffend erscheint für sie Wolfgang Gessenharters Bild vom »Scharnier«[41] zwischen Rechtsextremismus und etabliertem Konservatismus.

1.3 Bewegungsmedien

Dieses Buch geht den Funktionen und der Bedeutung der eigenen Medien der sozialen Bewegung von rechts nach. Was aber ist ein Bewegungsmedium? Eine Definition, die in der Wissenschaft Konsens wäre, gibt es nicht. Mal wird der Begriff enger, mal weiter gefasst. In diesem Buch werden Bewegungsmedien an zwei formalen Kriterien festgemacht: Die Publikationen unterstützen die Ziele der Bewegung und ihre Produzenten sind zu einem maßgeblichen Teil in der Bewegung verankert. An neun Fallbeispielen, die die Medienpalette der rechten Szenerie vom Flugblatt bis zur Homepage abdecken, werden in den folgenden Kapiteln die Kampagnen und Strategien solcher Publikationen sowie die Arbeitstechniken ihrer Macher gezeigt.

Drei Fragen stehen im Zentrum aller Einzelstudien. Erstens: Welchen Beitrag leisten Medien zur *Vernetzung* der Bewegung von rechts? Zwei Typen der Vernetzung lassen sich unterscheiden: Inwieweit stiften Medien Kontakt und Kommunikation unter Bewegungsakteuren respektive zwischen Bewegungsakteuren und Umfeld (personelle Vernetzungsleistung)? Tragen sie zur Konzentration der Bewegung auf einende Themen und Kampagnen bei, die sie an ihre jeweiligen Zielgruppen in spezifischer Form herantragen (kulturelle Vernetzung)? Zweitens: Auf welche Weise unterstützen Medien die *symbolische Integration* der Bewegung? Tragen sie dazu bei, Begriffe oder andere Symbole hervorzubringen, die die Bewegung integrieren, das heißt, ein Wir-Gefühl entstehen lassen? Und drittens: Wie *professionell* arbeiten rechte Bewegungsmedien? Ist ein Professionalisierungsprozess auszumachen, wie er bei den Publikationen früherer und eher links orientierter Bewegungen – der so genannten ›Alternativpresse‹ – sehr deutlich zu beobachten war, z. B. bei der Berliner *tageszeitung* (taz), die sich vom Alternativblatt zur professionellen Zeitung gewandelt hat?[42] Oder dominieren in der Publizistik der Bewegung von rechts selbstgesetzte Standards, die sich ganz bewusst von üblichen professionellen Maßstäben unterscheiden? Solche Gegen-Standards waren für die Frühphase der Alternativpresse typisch.

So vielgestaltig wie die Bewegung von rechts ist ihr Medienspektrum. Es ist sinnvoll, drei Typen von Bewegungsmedien zu unterscheiden.[43] *Ideologieorgane* beschäftigen sich schwerpunktmäßig mit den ideologischen Grundlagen der

Bewegung. Auf dieser Basis diskutieren und konkretisieren sie die Bewegungsziele, aber auch Strategie und Taktik, um diese Ziele zu erreichen. Ideologieorgane sind etwa die Zeitschriften *Nation & Europa* (Coburg) oder *Opposition* (Berg am See/München). *Zielgruppenorgane* richten sich nicht an die Bewegung als Ganze, sondern sprechen einzelne Teile passgenau an. Sie weisen ästhetische, sprachliche und/oder ideologische Muster auf, die für die jeweiligen Zielgruppen, zum Beispiel Skinheads, typisch sind. Häufig gehören die Produzenten der Zielgruppe selbst an. Spezialfälle von Zielgruppenorganen sind Medien, die in die Bewegung eingebundene Parteien oder Organisationen für ihre Mitglieder herausgeben, zum Beispiel die *National-Zeitung* (DVU) oder die *Deutsche Stimme* (NPD). Die Publikationen der Skinhead-Szene sind eindeutige Zielgruppenorgane, zu diesem Typus zählen daher die Skin-Homepages im Internet, wie die Seite rocknord.de. *Scharnierorgane* verbinden die Bewegung mit der übrigen Gesellschaft. Sie vertreten die Bewegungsziele häufig in abgeschwächter Form und distanzieren sich von den aggressiveren Teilen der Bewegung. Ein solches Organ ist die neurechte Berliner Wochenzeitung *Junge Freiheit*.

1.4 Methoden

Die Fallstudien dieses Buches basieren auf zwei sozialwissenschaftlichen Methoden: der qualitativen Inhaltsanalyse und dem Interview. Untersucht wurden die Inhalte aller Ausgaben der jeweiligen Medien aus den Monaten April bis August 1998. Die zentralen Aussagen des Buches beziehen sich daher auf diesen Zeitraum, auf die wichtigsten Entwicklungen bis zum Sommer 2001 wird aber hingewiesen. Im Rahmen der Inhaltsanalyse wurde beispielsweise untersucht, über welche Personen, Gruppen und Medien sich die rechten Publikationen positiv äußern, um so deren Beziehungsgeflecht auf die Spur zu kommen. Außerdem ist die Analyse der Frage nachgegangen, welche aktuellen Kampagnen und Ideologeme der Bewegung von rechts in ihren Medien aufgegriffen und in welcher Form sie vertreten werden. Schließlich wurde untersucht, welche Zentralbegriffe rechtsextremistische Medien verwenden und ob diese als symbolische Basis der Bewegung herhalten können. Professionalität wurde an grundlegenden technischen und handwerklichen Standards festgemacht, das heißt: an der Reproduktionsqualität, der optischen Gestaltung[44], der Genrevielfalt, der Einhaltung handwerklich-stilistischer Regeln und dem Ausschöpfen der technischen Möglichkeiten des Mediums (Letzteres gilt vor allem für das Internet). Die Einhaltung stilistischer Regeln wurde, wenn es sinnvoll möglich war, exemplarisch anhand der Kurznachrichten eines Mediums untersucht, da für diese klare und im Journalismus praktisch unumstrittene Maßstäbe gelten.[45]

Die Inhaltsanalyse wurde durch 22 Interviews ergänzt. Für alle neun Fallstudien wurden wichtige Vertreter der jeweiligen Medienproduzenten (Chefredakteur, Herausgeber, Pressesprecher, Bandleader) um ein Gespräch gebeten. In sieben Fällen stimmten die Betreffenden zu. Lediglich der Hamburger Neonazi André Goertz lehnte die Anfrage ausdrücklich ab; der Holocaustleugner Ernst Zündel reagierte nicht auf das Anliegen.[46] Die Gespräche mit rechten Medienproduzenten gaben Aufschluss über deren Selbstverständnis und Qualifikation, ihren Kontakt zum Publikum, den wirtschaftlichen Erfolg des Mediums sowie über Arbeitsprozesse und -techniken. Interviews mit Publizisten, die der Bewegung von rechts zuzuordnen sind, fanden statt mit: Klaus Beier, Bundespressesprecher der NPD (Stuttgart); Rolf-Josef Eibicht, Buchautor und Verleger (München); Josef Maria Klumb, Rock-Musiker, im Untersuchungszeitraum Frontmann der Band *Weissglut* (Bingen)[47]; Karl Richter, Redakteur und ehemals Chefredakteur der Zeitschrift *Nation & Europa* (München); Dieter Stein, Chefredakteur der Zeitung *Junge Freiheit* (Berlin); Andreas Zehnsdorf, Herausgeber und ehemals Chefredakteur des Skin-Magazins *RockNORD* (Langenfeld)[48], sowie einem ehemaligen Systembetreiber des Mailbox-Verbundes »Thule-Netz«, der anonym bleiben möchte. Als Hintergrundgespräch ist ein Interview mit dem ehemaligen Redakteur der *Deutschen National-Zeitung,* Jörg Fischer (Nürnberg), zu verstehen, der seine rechtsextremistische Tätigkeit heute sehr kritisch sieht.

Zu den Fallstudien fanden außerdem Experteninterviews statt. Die Gesprächspartner waren in der Regel Mitarbeiter der Verfassungsschutzbehörden von Bund und Ländern, seltener von Nichtregierungsorganisationen, die intensiv mit der jeweiligen Thematik befasst sind. Diese Interviews dienten dazu, zusätzliche Informationen zu gewinnen, aber auch die Ergebnisse der Inhaltsanalyse und die Aussagen der Medienproduzenten zu überprüfen. Experteninterviews fanden mit Mitarbeitern und einer Mitarbeiterin folgender Institutionen respektive Einzelpersonen statt[49]: Bundesamt für Verfassungsschutz (Köln, zwei Interviews); Innenministerium Nordrhein-Westfalen, Abteilung Verfassungsschutz (Düsseldorf, drei Interviews); Landesamt für Verfassungsschutz Bayern (München); Landesamt für Verfassungsschutz Hamburg; Landesamt für Verfassungsschutz Sachsen (Dresden); Dr. Bettina Brockhorst, Bundesprüfstelle für jugendgefährdende Schriften (Bonn); Igel, Kersten und Petra, »Grufties gegen Rechts/Music For A New Society« (Bremen); Sylke Kirschnick, »Zentrum Demokratische Kultur. Rechtsextremismus, Jugendgewalt, Neue Medien« (Berlin); Hans-Heiko Klein, Staatsanwaltschaft Mannheim; Dr. Lutz Neitzert, freier Musiksoziologe (Neuwied); Alfred Schobert, »Duisburger Institut für Sprach- und Sozialforschung«, sowie Alan Schwartz und Jordan Kessler, »Anti-Defamation League« (New York).

In die folgenden Fallstudien fließen somit das Selbstverständnis ihrer Macher und Einschätzungen ausgewiesener Beobachter ein. Die gewählten Beispiele decken die wichtigsten Medientypen der rechtsextremistischen Szene ab – sowohl Printmedien als auch elektronische Medien (CD) und computergestützte Dienste wie Mailbox und Internet.

Auf diese Weise gerät die ganze Bandbreite des publizistischen Netzwerkes am äußersten rechten Rand der deutschen Gesellschaft in den Blick. Wenn in dieses Netz auch so unterschiedliche Publikationen wie ein Skinhead-Magazin, eine dem Anspruch nach rechtsintellektuelle Zeitung, die CD einer Gothic-Band und eine den Holocaust leugnende Homepage eingebunden sind, so eint sie doch ihre Mission: Medien für Volk und Vaterland zu sein.

2. Die Rechtslage

Die herrschende Rechtslage hat direkte Auswirkungen auf die Medienpraxis des internationalen Rechtsextremismus. Während etwa in den USA kaum juristische Restriktionen der Publikationsfreiheit bestehen, sind in Deutschland zahlreiche rechtsextremistische Propagandaformen strafbar und werden inzwischen weitgehend konsequent verfolgt. Im Folgenden werden die wichtigsten strafrechtlichen Bestimmungen skizziert. Ausführlicher wird die Rechtssituation in Computernetzen dargelegt, die juristische Schwierigkeiten aufgeworfen und Agitatoren Wege eröffnet haben, einer Strafverfolgung zu entgehen.

2.1 Äußerungs- und Verbreitungsdelikte nach dem Strafgesetzbuch

Art. 5 Abs. 1 des Grundgesetzes garantiert die Meinungs- und Pressefreiheit. Nach Art. 5 Abs. 2 werden diese Grundrechte allerdings durch die allgemeinen Gesetze beschränkt. Diese Gesetze greifen nicht gezielt in die Kommunikationsfreiheit ein, das heißt, sie richten sich nicht gegen eine bestimmte Meinung als solche, sondern dienen dem Schutz eines Wertes, der gegenüber der Meinungsfreiheit Vorrang hat. Um die Grenzen der Meinungs- oder Pressefreiheit zu bestimmen, müssen Gerichte daher immer zwischen dem Grundrecht und dem einschränkenden Gesetz abwägen. Zu den allgemeinen Gesetzen gehören die Bestimmungen des Strafgesetzbuches. Wenn Handlungen unter Strafe gestellt werden, um den demokratischen Staat zu sichern oder den öffentlichen Frieden zu schützen, überwiegen diese Schutzgüter in der Regel gegenüber den Grundrechten auf Mei-

nungs- und Pressefreiheit. Die Vorschriften des Strafgesetzbuches sind daher das maßgebliche juristische Instrumenta-
rium zur Bekämpfung rechtsextremistischer Propaganda und
gelten grundsätzlich auch für Äußerungen in Computernetzen[1]. Außerdem wird die Meinungs- und Pressefreiheit durch
die Gesetze zum Schutz der persönlichen Ehre (§§ 185 ff.
StGB) eingeschränkt.

2.1.1 Staatsschutz

Propaganda für verfassungswidrige Organisationen

Nach § 86 StGB ist es strafbar, Propagandamittel herzustellen, zu verbreiten, vorrätig zu halten, ein- oder auszuführen,
die Bestrebungen einer ehemaligen nationalsozialistischen
Organisation, einer Nachfolgeorganisation oder einer rechtskräftig verbotenen Gruppe fortsetzen sollen. Propagandamittel sind Medien, die sich aggressiv gegen die Freiheitlich-
Demokratische Grundordnung (siehe 1.2) oder den Gedanken
der Völkerverständigung richten.[2] Das Verbrechensbekämpfungsgesetz (VerbrBekG) vom Oktober 1994 hat klarer als
zuvor festgelegt, dass sich auch strafbar macht, wer solche
Propagandamittel zur Verbreitung im Ausland herstellt oder
vorrätig hält. Außerdem ist die Ausfuhr selbst strafbar.[3]

*Verwenden von Kennzeichen verfassungswidriger
Organisationen*

Nach § 86a StGB macht sich strafbar, wer Kennzeichen verfassungswidriger Organisationen herstellt, vorrätig hält, ein-
oder ausführt, unabhängig davon, ob der Betreffende damit
seine Unterstützung der jeweiligen Organisation zum Ausdruck bringt. Solche Kennzeichen können Fahnen, Abzeichen, Uniformstücke, Parolen oder Grußformeln sein wie
›Heil Hitler‹, ›Sieg Heil‹ oder auch ›mit deutschem Gruß‹,

34

wenn erkennbar der NS-Sprachgebrauch gemeint ist.[4] Strafbar ist es auch, Kennzeichen zu verwenden, die denen verfassungswidriger Organisationen »zum Verwechseln ähnlich sind« (§ 86a Abs. 2 StGB). Das gilt beispielsweise für den ›Kühnen-Gruß‹, bei dem nicht – wie beim Hitler-Gruß – die flache rechte Hand ausgestreckt wird, sondern Daumen, Zeige- und Mittelfinger gespreizt werden. Verboten ist beispielsweise die Verwendung von Hitler-Bildern, des Hakenkreuzes und der SS-Rune, aber auch des Keltenkreuzes, »wenn es mit einem konkreten Hinweis auf eine verbotene Organisation verwendet wird«[5].

Verunglimpfung des Staates, seiner Organe und Symbole

Nach § 90, § 90a und § 90b StGB macht sich strafbar, wer den Bundespräsidenten verunglimpft, die Bundesrepublik Deutschland, eines ihrer Länder oder deren verfassungsmäßige Ordnung beschimpft oder böswillig verächtlich macht oder ein sonstiges Verfassungsorgan in einer das Ansehen des Staates gefährdenden Weise verunglimpft. Eine Verunglimpfung liegt in »einer – nicht ganz unerheblichen – Beleidigung, üblen Nachrede oder Verleumdung« vor, eine Beschimpfung ist eine »besonders verletzende rohe Äußerung der Mißachtung«. Eine Verächtlichmachung schließlich ist eine Äußerung, »die das betreffende Schutzobjekt als unvernünftig, zweckwidrig und als der Achtung der Staatsbürger unwürdig erscheinen läßt«[6].

2.1.2 Friedensstörung

Volksverhetzung/Aufstacheln zum Hass

Nach § 130 StGB werden Angriffe gegen die Menschenwürde in Deutschland lebender Bevölkerungsgruppen – »massive Beschimpfungen, Haßtiraden« oder die »Aufforderung zu

Gewalt- oder Willkürmaßnahmen«[7] – als Volksverhetzung bestraft. Seit 1994 umfasst § 130 StGB das Aufstacheln »zum Haß gegen Teile der Bevölkerung oder eine nationale, rassische, religiöse oder durch ihr Volkstum bestimmte Gruppe« (zuvor: Aufstacheln zum Rassenhass in § 131 StGB). Die genannten Gruppen schützt dieser Absatz selbst dann, wenn sie im Ausland leben. Das VerbrBekG fügt außerdem den Absatz 3 ein, wonach es ausdrücklich strafbar ist, den Holocaust zu leugnen. Voraussetzung ist, dass die Tat in einer Art und Weise begangen wird, die »geeignet ist, den öffentlichen Frieden zu stören«[8]. Der Tatbestand ist erfüllt, sobald eine Friedensgefährdung möglich, wenn auch noch nicht konkret eingetreten ist. Dies kann bereits für Äußerungen auf geschlossenen Veranstaltungen (Parteitagen, Vereinsfeiern) gelten und trifft auf Beiträge in Medien grundsätzlich zu.[9] Damit ist die Strafbarkeit der Holocaustleugnung heute eindeutig, während dies vor dem Verbrechensbekämpfungsgesetz nicht der Fall war und die vorherige Rechtslage umstrittene Urteile hervorgebracht hat.[10] Außerdem stuft die deutsche Justiz den Massenmord an den Juden als »offenkundige geschichtliche Tatsache« ein, die keines Beweises mehr bedarf.[11]

Anleitung zu Straftaten

Es ist strafbar, öffentlich zu Straftaten aufzurufen und Straftaten zu billigen (§ 111 StGB) sowie Anleitungen zu verbreiten, die dem Begehen schwerer Straftaten dienen können und sollen (§ 130a StGB). Dies kann auch für Aufrufe gelten, die in szenetypische Andeutungen gehüllt sind. So verurteilt das Amtsgericht Groß-Gerau die Verantwortlichen der ›Anti-Antifa‹-Zeitschrift *Der Einblick* im Januar 1995 nach § 111 StGB.[12] In der Publikation, die Namen und Adressen politischer Gegner enthält, heißt es: »Wir werden es hier tunlichst vermeiden zur Gewalt im Sinne von Körperverletzungen,

Tötungen usw. gegenüber unseren Gegnern aufzurufen. Jeder von uns muß selbst wissen, wie er mit den hier zugänglich gemachten Daten umgeht. Wir hoffen nur, *Ihr geht damit um!!!*«[13]

2.1.3 Sonstige Straftatbestände
Beleidigungstatbestände

Wer eine ehrverletzende Tatsache behauptet, deren Wahrheit nicht nachgewiesen ist, und dies dem Betroffenen selbst gegenüber tut, begeht eine Beleidigung nach § 185 StGB. Dies gilt auch für denjenigen, der ein Werturteil äußert, durch das die Ehre des Betroffenen verletzt wird. Die Behauptung einer solchen Tatsache gegenüber einem Dritten ist eine üble Nachrede nach § 186 StGB. Ist die Tatsache nachweislich falsch, liegt eine Verleumdung nach § 187 StGB vor. Bei der Entscheidung, ob ein Beleidigungstatbestand erfüllt ist, müssen Gerichte immer die grundsätzlich geltende Meinungsfreiheit berücksichtigen. Von dieser aber niemals gedeckt und immer strafbar ist die »Schmähkritik«, bei der es dem Kritiker erkennbar nicht um eine Auseinandersetzung in der Sache geht, sondern allein darum, den anderen zu kränken.[14] Beleidigungstatbestände werden grundsätzlich nur dann verfolgt, wenn der Betroffene einen Strafantrag stellt. Ausnahmen gelten unter anderem für Taten zu Lasten von Personen, die einer von den Nationalsozialisten verfolgten Gruppe angehören. Diese Delikte werden ohne Antrag von Amts wegen verfolgt.

2.2 Zur Rechtslage in Computernetzen
2.2.1 Internationalität der Netze

Computernetze wie das World Wide Web – in Ansätzen auch der Mailboxverbund »Thule-Netz« – sind grenzüberschreitende Informationswege. Schriften, die an einem beliebigen

Ort eingespeist werden, sind jederzeit auch in Deutschland abrufbar. Diese Situation wirft die Frage auf, unter welchen Umständen Inhalte in solchen Netzen unter das deutsche Strafrecht fallen. Dieses gilt nach § 3 StGB zunächst für alle im Inland begangenen Taten (Territorialitätsprinzip). Der Tatort nach § 9 Abs. 1 ist aber neben dem Ort, an dem der Täter gehandelt hat oder hätte handeln müssen, grundsätzlich auch der Ort, »an dem der zum Tatbestand gehörende Erfolg eingetreten ist oder nach der Vorstellung des Täters eintreten sollte« (Ubiquitätsprinzip).

Inwieweit sich nach deutschem Recht strafbar machen kann, wer vom Ausland aus Inhalte ins Internet einspeist, ist in der Rechtswissenschaft umstritten: Gegen eine weite Interpretation der §§ 3 und 9 StGB, der zufolge sich der Verfasser einer jeden im Internet verbreiteten Mitteilung in Deutschland strafbar machen und im Falle einer Einreise belangt werden könnte, werden grundsätzliche und praktische Probleme angeführt. Eine Allzuständigkeit deutscher Behörden für Straftaten im Internet, so Eric Hilgendorf zugespitzt, müsse anderen Staaten als »eine neue Version des ›Am deutschen Wesen soll die Welt genesen‹ erscheinen«[15]. Zudem führe eine solche Handhabe dazu, wie etwa Marcus Collardin meint, dass sich jeder User zunächst globale Rechtsauskünfte einholen müsse, da nicht auszuschließen sei, dass seine Schriften, Daten oder Abbildungen in anderen Ländern mit anderen Rechtsordnungen missbilligt werden könnten.[16] Deutsches Strafrecht sei insbesondere auf vom Ausland aus ins Internet gestellte volksverhetzende Schriften nicht anwendbar, da das Strafgesetzbuch bei solchen »abstrakten Gefährdungsdelikten« nicht darauf abstelle, ob ein »Erfolg« eingetreten sei. Sie könnten daher nur am Ort der Handlung begangen werden.[17]

Befürworter einer weiten Auslegung der §§ 3 und 9 StGB verweisen darauf, dass sich auch durch im Ausland eingespeiste volksverhetzende Inhalte in Deutschland eine Gefährdung des demokratischen Staates einstelle. Würden die hiesigen Strafverfolgungsbehörden in solchen Fällen für unzuständig erklärt, führe dies zu einem Paradox: Die Eingriffsmöglichkeiten würden reduziert, obwohl der Gesetzgeber den Staat vor abstrakten Gefährdungsdelikten wie der Volksverhetzung besonders habe schützen wollen.[18] Zudem deuten Vertreter dieser Position das Verbreiten von Schriften per Internet und vom Ausland aus als Distanztat, die erst durch das Abrufen im Inland abgeschlossen werde und somit unter deutsches Recht falle.[19] Eine Verfahrensflut auf Grund der weiten Interpretation lasse sich mit den Mitteln der Strafprozessordnung sowie auf materiell-rechtlicher Ebene vermeiden: Deutsche Staatsanwaltschaften könnten unsinnig erscheinende Verfahren einstellen (§§ 153 ff. StPO) oder einen »Verbotsirrtum« (§ 17 StGB)[20] annehmen und von der Verfolgung absehen.[21]

Als erstes deutsches Gericht hat das Landgericht Mannheim im November 1999 in dieser Streitfrage entschieden. Gegenstand des Verfahrens waren im Internet veröffentlichte Texte des australischen Holocaustleugners Gerald Fredrick Toben, der 1954 aus Deutschland emigriert und seit 1996 Direktor des revisionistischen (holocaustleugnenden)[22] »Adelaide Institutes« ist. Das Gericht vertrat die Auffassung, da es sich bei der Volksverhetzung um ein abstraktes Gefährdungsdelikt handele, könne sie nicht vom Ausland aus begangen werden. Es verurteilte Toben stattdessen wegen Beleidigung in Tateinheit mit Verunglimpfung des Andenkens Verstorbener und senkte das Strafmaß auf diese Weise.[23] Strafmildernd wertete das Gericht zudem, dass die Internet-Beiträge Tobens in englischer Sprache erschienen seien. Im Dezember 2000 hat der Bundesgerichtshof diese Rechtsfrage geklärt. Er wies das Mannheimer Urteil zurück und entschied: Auch wer wie Toben vom Ausland aus per Internet den Holocaust leugnet, kann sich in Deutschland der Volksverhetzung strafbar machen. Schließlich gefährde sein Handeln auch hierzulande den öffentlichen Frieden, da die Texte per Mausklick weltweit abrufbar sind.[24]

2.2.2 Rechtsstellung der Netzbetreiber

Die Verantwortlichkeit derjenigen, die die Verbreitung von Inhalten über Datennetze technisch umsetzen (Provider, Usenet-Administrator, Sysop), ist sehr kontrovers diskutiert worden.[25] Größere Rechtsklarheit stellt das im August 1997 in Kraft getretene »Informations- und Kommunikationsdienste-Gesetz« (IuKDG) her, das auch als »Multimedia-Gesetz« bekannt geworden ist. Das IuKDG umfasst als Art. 1 das »Teledienstegesetz«, das in § 5 zwischen drei Gruppen von Diensteanbietern differenziert und eine gestufte Verantwortlichkeit für Netzinhalte festlegt:

– Diensteanbieter, die lediglich den Zugang zu fremden Computernetzen wie dem Internet vermitteln (Access-Provider), sind für diese Inhalte nicht verantwortlich.
– Anbieter, die fremde Inhalte zur Nutzung bereithalten (Service-Provider), sind für diese bedingt verantwortlich. Sie müssen sie löschen oder sperren, wenn sie von strafbaren Inhalten Kenntnis haben und ihnen dies technisch möglich und zumutbar ist. Letztere Einschränkung führt in der Praxis dazu, dass ein solcher Provider nicht von sich aus nach strafbaren Inhalten auf seinem Server suchen muss, sondern lediglich zum Handeln verpflichtet ist, sobald er konkrete Kenntnis von rechtswidrigen Inhalten bekommt, die er bereithält.[26]
– Anbieter, die eigene Inhalte zur Nutzung bereit halten (Content-Provider), tragen die volle rechtliche Verantwortung.[27]

Das IuKDG stellt somit eine eher schwache Verantwortlichkeit der Netzbetreiber her. Den Charakter eines Musterprozesses zur strafrechtlichen Providerhaftung trägt das Verfahren gegen den früheren Geschäftsführer des Providers »CompuServe Deutschland«, Felix Somm. Das Amtsgericht München verurteilte Somm im Mai 1998 wegen Verbreitung pornografischer Schriften zu zwei Jahren Haft auf Bewährung, da über »CompuServe« der Zugriff auf Internet-Seiten möglich ist, die harte Pornografie (z. B. pornografische Darstellungen von Kindern) enthalten.[28] Das Landgericht München sprach den Online-Manager im November 1999 frei.[29]

2.2.3 Polizeiliche und juristische Maßnahmen

Justiz und Polizei (auch die Verfassungsschutzbehörden) haben bis Mitte der 90er Jahre zögerlich und mitunter ungeschickt auf rechtsextremistische Agitation in Computernetzen reagiert. Diese Anfangsschwierigkeiten sind angesichts der rechtlich wie technisch neuen Materie wenig überraschend, aber heute weitgehend überwunden. Eine der ersten polizeilichen Aktionen in diesem Zusammenhang fand im Oktober 1993 gegen den »Deutschen Mailbox Service« in Essen statt, der dem »Thule-Netz« angeschlossen war. Wegen des Verdachts der Volksverhetzung und der Tatsache, dass die Box über ein nicht zugelassenes Modem betrieben wurde, ließ die örtliche Staatsanwaltschaft den Computer beschlagnahmen.[30] Ein Jahr später gingen die Landeskriminalämter Baden-Württemberg und Hessen gegen drei Mailboxen des Netzes vor, »Elias« (Oftersheim), »Geier« (Kassel) und »Rechtsweg« (Frankfurt/Main), und stellten die Computer sicher.[31] Im Februar 1996 wurde der Sysop der »Elias BBS«, Jürgen Jost, wegen Volksverhetzung zu drei Monaten Haft auf Bewährung und 2 700 Mark Geldstrafe verurteilt.[32] Das Gericht war der Auffassung, Jost habe eine volksverhetzende Nachricht, die er selbst zwar nicht verfasst hat, die aber durch seine Box verbreitet worden ist, umgehend löschen müssen (»Wer seine Stube nicht sauber hält, muß sich nicht wundern, wenn ihm jemand auf die Finger klopft.«[33]). Es sah den Sysop zudem in der Pflicht, den Datenbestand seiner Mailbox regelmäßig auf strafbare Inhalte zu prüfen.

Gegen rechtsextremistische Agitation im Internet wurde die Justiz in der zweiten Hälfte der 90er Jahre aktiv. Im Januar 1996 nahm die Staatsanwaltschaft Mannheim ein Ermittlungsverfahren gegen Ernst Zündel (siehe 11.1) wegen Volksverhetzung durch Leugnung des Holocausts im Internet auf. Parallel ermittelte sie gegen die Geschäftsführer der Online-Dienste »T-Online«, »CompuServe« und »America Online« (AOL). Den Managern warf die Staatsanwaltschaft Beihilfe zur Volksverhetzung vor, da ihre Unternehmen den Zugriff auf die neonazistische »Zündelsite« ermöglichten.[34] Die Verfahren sind später eingestellt worden.

In mehreren Einzelfällen sind die Verfasser neonazistischer Beiträge im Internet inzwischen zur Verantwortung gezogen worden. So verurteilte das Landgericht Dortmund im Juli 1996 einen 26-Jährigen zu einer Geldstrafe von 1500 Mark wegen antisemitischer Beiträge in einem Internet-Diskussionsforum (Newsgroup).[35] 1998 gelang es dem Bundesamt für Verfassungsschutz, die Identität eines 17-Jährigen zu ermitteln, der über seine Homepage »Der arische Widerstand« strafrechtlich relevantes Material ins Internet eingespeist hatte.[36] 1999 verurteilte das Jugendschöffengericht des Amtsgerichts Calw den Neonazi-Skinhead Dennis Entenmann zu einer Haftstrafe von zwei Jahren auf Bewährung und 200 Arbeitsstunden. Er hatte zwei Mordaufrufe im Internet verbreitet.[37]

2.2.4 Schwierigkeiten bei der Strafverfolgung

In der Praxis ergeben sich erhebliche Probleme, rechtswidrige Äußerungen in Computernetzen juristisch wirksam zu verfolgen. Die maßgebliche Schwierigkeit liegt darin, die Identität einer Person zu ermitteln, die Schriften anonym, unter falschem Namen oder einem scherzhaften Pseudonym[38] ins Internet einspeist. Dass sich rechtsextremistische Agitatoren auf diese Weise der Strafverfolgung entziehen können, beweist der User »Garfield«, dessen Realidentität nicht bekannt ist und der umfangreiches, volksverhetzendes Material in die Domain thulenet.com stellt (siehe 9.3). Werden Schriften – wie in diesem Fall – über ausländische Provider eingespeist, ist der

Handlungsspielraum deutscher Staatsanwaltschaften eng. Die Unternehmen sind grundsätzlich nicht verpflichtet, die Identitäten ihrer User preiszugeben. Dazu könnten sie allenfalls durch die Behörden des Staates, in dem das Unternehmen ansässig ist, gezwungen werden, falls ein Rechtshilfeersuchen Deutschlands auf der Grundlage eines zwischenstaatlichen Abkommens gestellt wird. Die weit auseinander liegenden Auffassungen von zulässiger Meinungsfreiheit lassen solche Kooperationen mit den in diesem Zusammenhang wichtigsten Staaten – insbesondere den USA – auch langfristig unrealistisch erscheinen. Manchen Firmen sind die Realnamen unter Pseudonym agierender Personen nicht einmal bekannt: Um eine Homepage ins Internet einstellen zu lassen, muss der Kunde allenfalls Gebühren bezahlen, nicht aber Name oder Adresse mitteilen. Auch Teilnehmer von Diskussionen in Newsgroups können ihre Identität verschleiern, indem sie Beiträge über so genannte ›Re-Mailer‹ oder ›Anonymous-Server‹ versenden, die diese automatisch ohne Identifikationsmerkmale des Absenders weiterleiten. Geschieht dies nicht und ist der Betreffende durch einen deutschen Betreiber an das Datennetz angeschlossen, lässt sich die Identität eines unter Pseudonym auftretenden E-Mail-Schreibers enttarnen. Nach dem im Juli 1996 verabschiedeten Telekommunikationsgesetz (TKG) sind Provider und Sysops verpflichtet, der Regulierungsbehörde für Post und Telekommunikation eine Leitung zur Verfügung zu stellen, über die die Behörde die Online-Aktivitäten von Nutzern verfolgen kann, ohne dass die Betroffenen oder der zuständige Betreiber dies wahrnehmen. Die Regulierungsbehörde hat zudem Zugriff auf alle Kundendaten und leitet sie auf Anfrage an die Strafverfolgungsbehörden sowie die Geheimdienste weiter.[39] Strafbare Äußerungen können zudem als verschlüsselte E-Mail verschickt werden. Den Sicherheitsbehörden mag es zwar gelingen, diese abzufangen, in aller Regel aber nicht, sie zu decodieren. Leicht zu bedienende Verschlüsselungsprogramme wie das verbreitete ›Pretty Good Privacy‹ (PGP)[40] sind in Internet und Mailboxen kostenlos verfügbar und PGP-codierte Texte auch mit hohem technischen Aufwand nicht entschlüsselbar. Naturgemäß eignet sich solche Kryptografiesoftware nicht für öffentliche Mitteilungen im Netz, sondern für persönliche E-Mails (PM) an einen oder wenige Empfänger. Sie ermöglicht konspirative Kommunikation mit höherem Schutz vor Mitwissern, als er bei jeder anderen Form medialen Nachrichtenaustausches erreichbar ist.

Gravierende Probleme können sich auch bei der Vollstreckung von Urteilen ergeben, die gegen im Ausland ansässige Agitatoren ergangen sind. Sofern die Handlungen am Aufenthaltsort des Täters nicht strafbar sind und solange dieser in die Bundesrepublik nicht einreist, würde nur seine Auslieferung zur Vollstreckung führen. Dies gilt etwa für den lange Zeit in Kanada, jetzt in den USA lebenden Ernst Zündel, der über die »Zündelsite« holocaustleugnende Schriften verbreitet. In Deutschland könnte er auch in Abwesenheit verurteilt werden – wegen Volksverhetzung ist dann ein Strafmaß von bis zu einem Jahr Haft möglich –, eine Auslieferung durch die kanadischen oder US-amerikanischen Behörden wäre jedoch unwahrscheinlich. Sie findet in der Regel nicht statt, wenn – wie etwa in Nordamerika – die fraglichen Taten am Ort der Handlung nicht strafbar sind.[41] So haben sich in Deutschland verurteilte Rechtsextremisten in der Vergangenheit mehrfach der drohenden Strafe durch Flucht ins Ausland entzogen.[42]

3. NPD-Kundgebung am 1. Mai 1998 in Leipzig

(Flug-) Blätter, Plakate, Aufkleber
als Mobilisierungsmedien

Die NPD-Kundgebung, die am 1. Mai 1998 in Leipzig unter dem Motto »Wir schaffen Arbeit – Bonn schafft nichts« stattfand, ist im Untersuchungszeitraum die bedeutendste Veranstaltung des deutschen Rechtsextremismus. Mit solchen Aktionen weist sich die NPD – ungeachtet anhaltenden Misserfolges bei Wahlen – als Bewegungspartei aus: Sie bemüht sich, die Straße als politisches Aktionsfeld zurückzugewinnen und parteifremde Gruppen einzubinden. Mit erheblichem Aufwand mobilisiert sie bundesweit für die Veranstaltung und nutzt neben einem engmaschigen Netz informeller Kontakte alle verfügbaren Medientypen. Nach einem Überblick über den Mobilisierungsverlauf wird im Folgenden schwerpunktmäßig die Bedeutung der Medientypen Plakat, Flugblatt und Aufkleber untersucht.[1]

3.1 Vorbemerkung: Mobilisierungswellen für die Veranstaltung

Der Mobilisierungsprozess für die NPD-Demonstration am 1. Mai findet in drei Wellen statt, in denen unterschiedliche Medientypen zum Einsatz kommen. Die Mobilisierung erfolgt mehrgleisig, folgende Zielgruppen sollen durch die Agitation im Vorfeld der Veranstaltung erreicht werden:
– die rund 6 000 Mitglieder, die die Partei 1998 hat. Innerhalb der Mutterpartei wahrt die Jugendorganisation »Junge Nationaldemokraten« (JN) zu diesem Zeitpunkt noch eine gewisse Eigenständigkeit. Dies zeigt sich auch bei der Mobilisierung zur Maiveranstaltung, bei der die traditionell aggressiver und stärker aktionistisch ausgerichteten JN eine führende Rolle spielen.[2]

– rechtsautonome neonazistische Gruppen (›Freie Kameradschaften‹). Sie stehen zu diesem Zeitpunkt in einem ge-
spannten Kooperationsverhältnis zur NPD, die als einzige
rechtsextremistische Partei eine Zusammenarbeit mit ihnen
offen begrüßt.
– die Öffentlichkeit, die nicht über eine informationelle Anbindung an die Partei oder an rechtsautonome Gruppen verfügt. Dies gilt insbesondere für den Großraum des Veranstal-
tungsortes Leipzig, einerseits wegen der räumlichen Nähe,
andererseits wegen der öffentlichen Akzeptanz rechtsextremistischer Positionen in Teilen der neuen Bundesländer. In
Sachsen zeigt die NPD besondere Präsenz. Der Landesverband ist der mitgliederstärkste der Partei, das südöstliche
Bundesland zu diesem Zeitpunkt ihr Aktionsschwerpunkt.[3]

3.1.1 Langfristige Mobilisierung

Die langfristige Mobilisierung schließt sich unmittelbar an
die weitgehend gescheiterte Maidemonstration der NPD im
Vorjahr an, die in Leipzig angemeldet, dort aber nicht genehmigt worden ist und deren Verbot das Oberverwaltungsgericht Bautzen letztinstanzlich bestätigt hat. In dieser Phase
findet eine eher unsystematische und allgemeine Vorabunter-
richtung der Anhängerschaft statt, die bedeutsamsten Infor-
mationsträger sind informelle Kontakte sowie parteiinterne
Medien (Rundschreiben, Parteiorgan). Bereits am 2. Mai 1997
meldet die Parteileitung einen Demonstrationszug für den
1. Mai des folgenden Jahres an und informiert die örtlichen
Gliederungen etwa eine Woche später in einem Rundschreiben.[4] In der Mitte des Monats erscheinenden Mai-Ausgabe
1997 berichtet das NPD-Organ *Deutsche Stimme* (DS) ausführlich über die verhinderte Großveranstaltung und über
kurzfristig abgehaltene kleine Alternativveranstaltungen an
drei anderen Orten.[5] Zwar geht die Zeitung auf die neuerliche Anmeldung einer Demonstration am Leipziger Völker-

schlachtdenkmal noch nicht ein, durch Rundschreiben und informelle (Telefon-)Kontakte dürfte die Nachricht die Mitglieder aber zu diesem Zeitpunkt bereits nahezu vollständig erreicht haben. Über Knotenpersonen mit Anbindung sowohl an die Partei als auch an rechtsautonome Gruppen wird sie nun den ›Freien Kameradschaften‹ vermittelt. Solche informellen Kontakte begleiten alle drei Mobilisierungswellen, da eine enge Vertrautheit der Mitglieder insbesondere auf lokaler und regionaler Ebene sowie der Funktionsträger vorausgesetzt werden kann. Dasselbe gilt für die Aktivisten rechtsautonomer Gruppen.[6]

Die Nachricht über die Anmeldung einer Demonstration für das Folgejahr kommt für die Parteianhänger nicht überraschend: 1997 mobilisiert die NPD bereits zum zweiten Mal zu einer Maikundgebung.[7] Sie hat das symbolträchtige Datum in diesen beiden Jahren massiv zu besetzen und in ihre Kampagne zur sozialen Frage (siehe 3.4 und 3.5) einzubinden versucht. Die umfangreiche Berichterstattung der *Deutschen Stimme* über den 1. Mai 1997 bereitet die Anhängerschaft somit auch ohne ausdrücklichen Hinweis auf weitere Maikundgebungen der Partei vor.

3.1.2 Mittelfristige Mobilisierung

Die maßgebliche und systematische Mobilisierung setzt ab Februar 1998 in zwei Wellen ein. Die mittelfristige Mobilisierung beginnt im Februar, also etwa drei Monate vor der Veranstaltung, und intensiviert sich im März.[8] Zunächst ruft die *Deutsche Stimme* zur Demonstration auf und bedient die Mitglieder mit Service-Informationen. Die März-Ausgabe enthält ein formatfüllendes Plakat (DIN A3), das die stark vergrößerte Reproduktion eines für den 1. Mai mobilisierenden Aufklebers mit dem Veranstaltungsmotto »Wir schaffen Arbeit – Bonn schafft nichts« enthält und detailliert über Mitfahrgelegenheiten (einschließlich Kontaktrufnummern) informiert. Zudem geht das Blatt in einem Interview mit dem Leipziger Oberbürgermeister Wolfgang Tiefensee auf die Demonstration ein. Im April erscheint die vierseitige Ausgabe *DS EXTRA 4/98*[9], die der NPD-nahe »Deutsche Stimme Verlag« unabhängig vom Hauptblatt an die Anhängerschaft verschickt und die im Aufmacher und zwei weiteren Beiträgen zur Maidemonstration aufruft. Ihr liegt ein Schreiben des verantwortlichen Redakteurs bei, des Vorsitzenden des Landesverbands NRW und Bundesvorstandsmitgliedes Udo Holtmann, in dem dieser den Aufruf zur Demonstration bekräftigt.[10] Als monatlich erscheinendes Medium eignet sich die Mitgliederzeitung *Deutsche Stimme* lediglich zur lang- und mittelfristigen Mobilisierung. Hinzu kommt, dass sie im April/ Mai – ebenso wie im Juli/August – als Doppelnummer erscheint.[11] Die DS-Hauptausgabe ist daher nur im März stark in die Mobilisierung eingebunden, das *DS EXTRA* im April.

Etwa zeitgleich mit der *Deutschen Stimme* erinnern die Landesverbände ihre bereits langfristig informierten örtlichen Gliederungen durch Rundschreiben an die Maidemonstration und teilen ebenfalls Service-Informationen mit.[12] Im März gibt die Parteileitung je ein Plakat, Flugblatt und einen Aufkleber heraus, die für den Leipziger Marsch mobilisieren. Für diese Medien – sie werden im Folgenden als nichtperiodische Mobilisierungsmedien zusammengefasst – ist das zentrale »Amt für Öffentlichkeitsarbeit« der Partei verantwortlich. Die Bundesgeschäftsstelle in Stuttgart verschickt sie an alle Mitglieder und sonstigen Parteianhänger sowie in höherer Stückzahl an die 15 Landes- und alle Kreisverbände, die sie vor Ort verbreiten. Diese Medien erreichen die ebenfalls vorinformierte Anhängerschaft, haben aber auch eine – wenngleich begrenzte – Wirkung über sie hinaus. So wird das Flugblatt auch auf Veranstaltungen verbreitet, die sich nicht ausschließlich an die NPD-Klientel richten (z. B. Skinhead-Konzerte).[13] Vereinzelt soll es auch durch Parteianhänger als Hauswurfsendung verteilt worden sein.[14] Plakat und Aufkleber werden an öffentlich sichtbaren Stellen – überwiegend im

Großraum Leipzig – verklebt. Die nichtperiodischen Mobilisierungsmedien zählen somit zu den breitenwirksamen Mobilisierungsinstrumenten des Organisationsstabes. Dass diese Mobilisierung dennoch lediglich in begrenztem Umfang erfolgt, ist den knappen Finanzen der Partei geschuldet, aber auch der realistischen Erwartung, dass sich die Teilnehmer der Demonstration überwiegend aus dem engeren Umfeld von NPD und rechtsautonomen Gruppen rekrutieren würden. Plakatierung sowie Verbreiten von Flugblättern und Aufklebern erstrecken sich über den Zeitraum dieser wie der folgenden – kurzfristigen – Mobilisierungsphase und dauern bis zum Tag der Veranstaltung an.

In der zweiten Märzhälfte beginnt die NPD, externe Medien mit Informationen über die geplante Veranstaltung zu bedienen. Hierzu zählen die rechtsextremistische Medienlandschaft und die wichtigsten Redaktionen, die dem eigenen Lager nicht zuzurechnen sind (im NPD-Jargon: die ›Systempresse‹). Klaus Beier, Bundespressesprecher der NPD, spricht von etwa 40 bis 50 rechten Redaktionen und 90 sonstigen Medien, die über seinen Presseverteiler erreicht würden. Auf diese Weise findet der Hinweis auf die Demonstration mehrere Wochen vor dem 1. Mai starke Verbreitung in unterschiedlichen Strömungen des Rechtsextremismus – wenngleich die Organe unmittelbar mit der NPD konkurrierender Parteien *(Deutsche National-Zeitung, Der Neue Republikaner)* den Marsch ignorieren. Auch Medien, die dem Rechtsextremismus ausdrücklich kritisch gegenüberstehen, ziehen die Veranstalter ins Mobilisierungskalkül, obgleich sie von negativer Berichterstattung ausgehen müssen. Über diese Medien gelangen Hinweise an die kleine Gruppe (potenzieller) Teilnehmer, die nicht über informationelle Anbindung an Partei oder Kameradschaften verfügt. Diese Berichterstattung ist aus Sicht der Organisatoren jedoch ambivalent: Sie birgt die Gefahr, dass die öffentliche Auseinandersetzung mit einem möglichen Verbot des Marsches die Mobilisierung der Anhängerschaft mindert.[15] Starkes Interesse an der Veranstaltung zeigen nicht rechtsextremistische Medien erst in der letzten Phase vor dem 1. Mai.

Auch diejenigen Medien, die sich vorrangig an rechtsautonome Kameradschaften wenden, beginnen im März systematisch zu mobilisieren: Dies gilt vor allem für die »Nationalen Infotelefone«, die am 1. März (»NIT Preußen«) zum ersten Mal auf die Veranstaltung hinweisen, dann Berichterstattungstakt und -umfang kontinuierlich steigern (siehe 8.3). Gleichzeitig mobilisieren Printmedien aus dem rechtsautonomen Spektrum für den 1. Mai. So ruft die neonazistische Zeitschrift *Zentralorgan,* die ein informeller Personenkreis um den Hamburger Thomas Wulff erstellt und bundesweit verbreitet, ganzseitig zu der Demonstration auf.[16] Im Internet erscheinen in dieser Phase mehrere Aufrufe. So berichtet das Online-Periodikum *Berlin-Brandenburger-Zeitung* vom 9. März an regelmäßig über die geplante Veranstaltung. Ferner mobilisieren unter anderem die Homepages des »Thule-Netzes«, des »Nationalen Informations-Zentrums« (André Goertz), die neonazistische Internet-Zeitschrift *Perspektive* sowie die Domain von NPD und JN.

3.1.3 Kurzfristige Mobilisierung

In der dritten, kurzfristigen Mobilisierungswelle rücken sehr aktuelle, insbesondere interaktive und semiinteraktive Medien – (Mobil-)Telefon, »Nationale Infotelefone«, Internet – in den Vordergrund. Zudem intensiviert die NPD ihre Pressearbeit, um mit Hilfe nicht rechtsextremistischer Massenmedien Mobilisierungsbereite zu erreichen. Der Beginn dieser letzten Welle lässt sich am 17. April ansetzen, an dem die Stadt Leipzig die Maidemonstration untersagt. In den folgenden zwei Wochen ändert sich die Sachlage häufig; in diesen Tagen ist offen, ob und in welcher Form die Maikundgebung wird stattfinden können. Mehrere Entwicklungen sind denkbar: Aufhebung oder Bestätigung des Verbots durch überge-

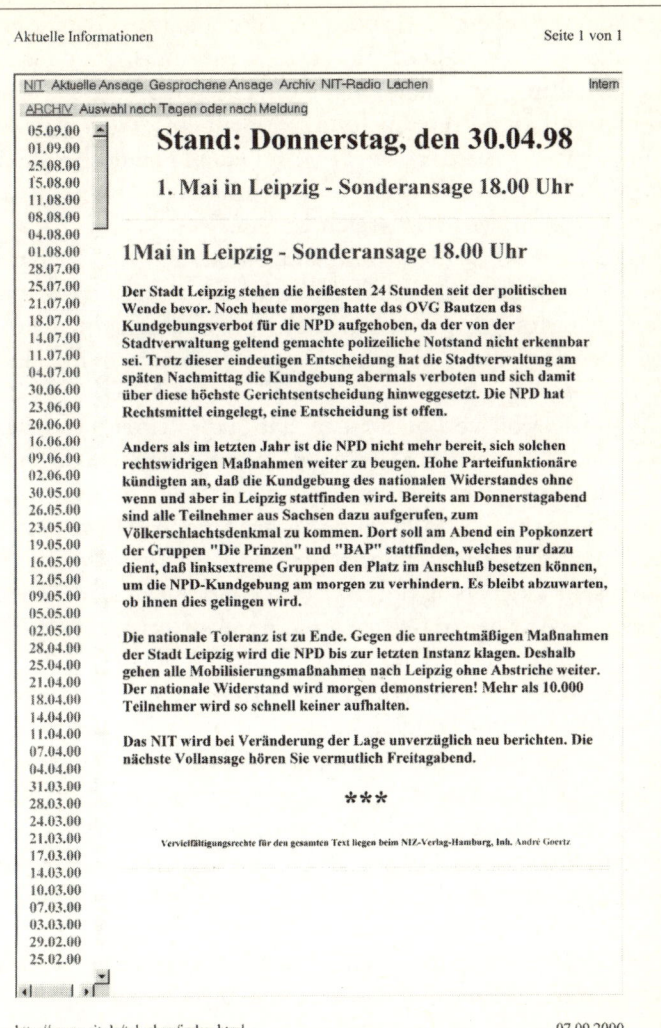

NIT   Aktuelle Ansage   Gesprochene Ansage   Archiv   NIT-Radio   Lachen   Intern

ARCHIV   Auswahl nach Tagen oder nach Meldung

05.09.00
01.09.00
25.08.00
15.08.00
11.08.00
08.08.00
04.08.00
01.08.00
28.07.00
25.07.00
21.07.00
18.07.00
14.07.00
11.07.00
04.07.00
30.06.00
23.06.00
20.06.00
16.06.00
09.06.00
02.06.00
30.05.00
26.05.00
23.05.00
19.05.00
16.05.00
12.05.00
09.05.00
05.05.00
02.05.00
28.04.00
25.04.00
21.04.00
18.04.00
14.04.00
11.04.00
07.04.00
04.04.00
31.03.00
28.03.00
24.03.00
21.03.00
17.03.00
14.03.00
10.03.00
07.03.00
03.03.00
29.02.00
25.02.00

Stand: Donnerstag, den 30.04.98

1. Mai in Leipzig - Sonderansage 18.00 Uhr

1Mai in Leipzig - Sonderansage 18.00 Uhr

Der Stadt Leipzig stehen die heißesten 24 Stunden seit der politischen
Wende bevor. Noch heute morgen hatte das OVG Bautzen das
Kundgebungsverbot für die NPD aufgehoben, da der von der
Stadtverwaltung geltend gemachte polizeiliche Notstand nicht erkennbar
sei. Trotz dieser eindeutigen Entscheidung hat die Stadtverwaltung am
späten Nachmittag die Kundgebung abermals verboten und sich damit
über diese höchste Gerichtsentscheidung hinweggesetzt. Die NPD hat
Rechtsmittel eingelegt, eine Entscheidung ist offen.

Anders als im letzten Jahr ist die NPD nicht mehr bereit, sich solchen
rechtswidrigen Maßnahmen weiter zu beugen. Hohe Parteifunktionäre
kündigten an, daß die Kundgebung des nationalen Widerstandes ohne
wenn und aber in Leipzig stattfinden wird. Bereits am Donnerstagabend
sind alle Teilnehmer aus Sachsen dazu aufgerufen, zum
Völkerschlachtsdenkmal zu kommen. Dort soll am Abend ein Popkonzert
der Gruppen "Die Prinzen" und "BAP" stattfinden, welches nur dazu
dient, daß linksextreme Gruppen den Platz im Anschluß besetzen können,
um die NPD-Kundgebung am morgen zu verhindern. Es bleibt abzuwarten,
ob ihnen dies gelingen wird.

Die nationale Toleranz ist zu Ende. Gegen die unrechtmäßigen Maßnahmen
der Stadt Leipzig wird die NPD bis zur letzten Instanz klagen. Deshalb
gehen alle Mobilisierungsmaßnahmen nach Leipzig ohne Abstriche weiter.
Der nationale Widerstand wird morgen demonstrieren! Mehr als 10.000
Teilnehmer wird so schnell keiner aufhalten.

Das NIT wird bei Veränderung der Lage unverzüglich neu berichten. Die
nächste Vollansage hören Sie vermutlich Freitagabend.

***

Vervielfältigungsrechte für den gesamten Text liegen beim NIZ-Verlag-Hamburg, Inh. André Goertz.

http://www.nit.de/telephon/index.html   07.09.2000

*Die »Nationalen Infotelefone« und ihre Internet-Seiten – hier
»NIT Hamburg« – informieren die Szene innerhalb weniger
Stunden über den gerichtlichen Erfolg der NPD.*

ordnete Instanzen, Erwägungen zu Spontandemonstrationen in anderen Städten. Die NPD setzt ihre Mobilisierung für die Veranstaltung nach dem Verbot uneingeschränkt fort (»Auf keinen Fall den Pressemeldungen glauben! Alle Vorbereitungen weiter laufen lassen (...), auf jeden Fall nach Leipzig anreisen!«[17]), da sie mit gutem Grund davon ausgeht, auf dem Instanzenweg erfolgreich zu sein.[18]

Allein vier NPD-Pressemitteilungen datieren vom 30. April, an dem sich die rechtlichen Auseinandersetzungen zuspitzen: Am Morgen genehmigt das OVG Bautzen eine Kundgebung in Leipzig, aber keinen Demonstrationszug. Das Bundesverfassungsgericht nimmt die Klage der NPD gegen das Demonstrationsverbot nicht an. Die Stadt Leipzig erlässt ein neuerliches Verbot der Veranstaltung, das das Verwaltungsgericht Leipzig für unwirksam erklärt. So steht am Nachmittag fest, dass die Kundgebung am folgenden Morgen stattfinden wird. Die Partei hofft, über Hörfunk und Fernsehen noch sehr kurzfristig potenzielle Teilnehmer zu erreichen. Dies gilt vorwiegend für den Kreis ohne informationelle Anbindung an Partei oder Kameradschaften. Auch die »Nationalen Infotelefone« und einschlägige Internet-Seiten – insbesondere die NPD-Domain – geben die Nachricht umgehend weiter. Darüber hinaus informiert die NPD ihre Anhängerschaft per Telefon und Fax. Unmittelbar nach der Entscheidung des OVG sendet die »Organisationsleitung 1. Mai« ein Fax an alle Gliederungen, in dem sie diese auffordert: »Macht diese Information bekannt! Ruft alle Euch bekannten Kameraden an und mobilisiert weiter! In Leipzig darf keiner fehlen! Für weitere Informationen nutzt die Euch bekannten Nationalen Info-Telefone und unsere 1. Mai-Direktleitung.«[19] Nach dem Schneeballprinzip erreicht die Nachricht innerhalb weniger Stunden nahezu vollständig alle angemeldeten Teilnehmer sowie weitere Mitglieder.[20] Im Falle eines gerichtlichen Verbotes hätte die Partei auf diese Weise die kurzfristige Demobilisierung einleiten können. Über Mobiltelefone wäre auch eine kurzfristige Umleitung der bereits nach Leipzig fahrenden Busse möglich gewesen, da in nahezu jedem Bus mindestens eine Leitungsperson erreichbar ist.[21] Ähnlich verläuft der Informationsfluss innerhalb der ›Freien Kameradschaften‹. Deren Anhänger versammeln sich am Morgen des 1. Mai an vereinbarten Treffpunkten. Von lokalen oder regionalen Führungspersonen, die dort präsent sind, erfahren sie – falls sie sich nicht zuvor über »Nationale Infotelefone« oder Internet kundig gemacht haben –, dass die Veranstaltung wie geplant in Leipzig stattfindet.[22] Auch diese Führungspersonen sind jederzeit über Mobiltelefone erreichbar.[23]

Am Veranstaltungstag sind die Internet-Seiten der NPD ihr wichtigstes Informationsinstrument. Die Domain wird stündlich aktualisiert; zudem werden bereits erste, vermutlich mit einer Digitalkamera aufgenommene und qualitativ eher schlechte Fotos von der Veranstaltung eingespielt. Zielgruppe sind zu diesem Zeitpunkt nicht mehr Mobilisierungsbereite, sondern nicht teilnehmende Parteianhänger sowie die Massenmedien, die vermutlich auch auf die Informationen der Homepage zurückgreifen.[24] So tragen die Internet-Seiten nun bereits zur langfristigen Mobilisierung für weitere Demonstrationen, insbesondere jene am 1. Mai 1999 in Bremen, bei. Zudem gibt die NPD nach der Veranstaltung eine Pressemitteilung heraus (»Erfolgreiche 1. Mai Kundgebung der NPD durchgeführt«[25]); gegen Abend berichtet das »Nationale Infotelefon Hamburg« als erstes Medium der autonomen Kräfte (siehe 8.3).

3.2 Typen nichtperiodischer Mobilisierungsmedien

Untersucht wurden alle zugänglichen (Flug-)Blätter, Aufkleber und Plakate, die im Zusammenhang mit der Leipziger Großveranstaltung von Bedeutung sind. Dabei zeigt sich, dass die Organisatoren nur eine begrenzte Vielfalt solcher nichtperiodischer Mobilisierungsmedien nutzen: So kommen sechs unterschiedliche Flugblätter, drei Plakate und drei Aufkleber zum Einsatz.[26] Diese recht geringe Zahl lässt sich einerseits darauf zurückführen, dass die Kundgebung durch einen zentralen Organisationsstab des NPD-Bundesverbandes geplant und vorbereitet wird. So erklärt sich die geringe Vielfalt, aber hohe Auflage nicht periodischer Mobilisierungsmedien. Andererseits lassen diese Umstände bereits vermuten, dass solchen Medien eher die Funktion zukommt, andere Mobilisierungsmechanismen zu ergänzen.

Die vorliegenden nicht periodischen Mobilisierungsmedien können ihrer Funktion nach in drei Typen eingeteilt werden:

Interne Mobilisierung und Koordinierung. Diesem Zweck dient ein DIN-A3-formatiges Plakat, das der *Deutschen Stimme* in ihrer März-Ausgabe beigefügt ist. Es ist weitgehend identisch mit dem von der Parteileitung herausgegebenen DIN-A2-Plakat zur Veranstaltung, enthält aber im unteren Drittel Telefonnummern, bei denen Mitfahrgelegenheiten erfragt werden können. Genannt werden je ein bis zwei Kontaktnummern für jeden der von NPD-Gliederungen angemieteten Busse, die Leipzig von 52 Städten oder Regionen in allen Bundesländern aus anfahren.

Interne und externe Mobilisierung, Vorfeldagitation.[27] Diesem Zweck dienen alle Medien der Parteileitung (je ein Plakat, Flugblatt, Aufkleber), die zur Kundgebung mobilisieren und deren Gestaltung standardisiert ist (im Folgenden als Standardmedien bezeichnet): Sie enthalten den Motto-Schriftzug »Wir schaffen Arbeit – Bonn schafft nichts«, Plakat und Aufkleber zudem die Zeichnung eines stilisierten Arbeiters (Schmied). Sie werden in hoher Auflage produziert, Blatt und Aufkleber bundesweit, das Plakat vorwiegend im Großraum Leipzig verbreitet.[28] Das Standardflugblatt ist nahezu identisch mit dem entsprechenden Blatt der für den 1. Mai 1997 geplanten, aber gerichtlich verbotenen NPD-Veranstaltung. Ein Aufkleber, der für 1997 mobilisieren sollte, wird 1998 wieder verwandt, da er weder Jahreszahl noch Wochentag enthält, die am 1. Mai des folgenden Jahres nicht mehr zutreffend gewesen wären.

Diese Medien dienen sowohl der parteiinternen als auch

der externen Mobilisierung: Flugblätter erhalten alle Mitglieder, sie werden aber auch auf Veranstaltungen mit mobilisierbarer Klientel, angeblich auch durch Hauswurfsendungen verbreitet. Das Standardflugblatt erfüllt mehrere Aufgaben: Es dient nicht allein einer Mobilisierung im engeren Sinne (Aufruf zur Demonstration), sondern auch der Agitation im Vorfeld der Veranstaltung: Aggressiv und plakativ formuliert es Vorwürfe gegen die politisch Verantwortlichen und reklamiert die soziale Frage für die NPD. Darüber hinaus enthält es Verhaltenshinweise für Teilnehmer des Marsches. Zu diesen Maßregeln zählen: diszipliniertes Auftreten, Anweisungen der Ordner Folge leisten, Verbot von Alkohol, Uniformierung und »auffälligen Abzeichen« (gemeint: strafbare Symbole wie Hakenkreuz, SS-Rune), Auskunftsverbot gegenüber der Presse. Das Mitführen von Fahnen sei ausdrücklich erwünscht.

Neben den Standardmedien werden von zwei Landesverbänden ein eigenes Plakat (LV Sachsen) respektive Flugblatt (LV NRW) erstellt. Sie nennen nicht das aktuelle Veranstaltungsmotto, sondern den im Vorjahr propagierten Slogan ›Arbeitsplätze zuerst für Deutsche‹[29] beziehungsweise ›Arbeitsplätze zuerst für das eigene Volk‹[30]. Beide Publikationen werden in Leipzig verbreitet, dienen also ebenfalls einer über die Partei hinausreichenden Mobilisierung.

Interne Streitschriften. Drei Blätter richten sich gegen die dominante Stellung der NPD bei der Veranstaltung. Sie fordern ein Rederecht auf dem Podium für Christian Worch oder Thomas Wulff, Neonazis und Wortführer der ›Freien Kameradschaften‹ im norddeutschen Raum. Eines dieser Blätter wird im Vorfeld verbreitet, zwei weitere am Tag der Veranstaltung. Da die NPD nur das Verteilen Publikationen am Kundgebungsort zulässt, die sie genehmigt hat, werden die parteikritischen Blätter in einer spontanen Aktion gestreut (sie werden plötzlich in die Luft geworfen). Somit besteht praktisch keine Eingriffsmöglichkeit für die Ordner.[31]

Ein vierter Typus, der zu erwarten gewesen wäre, taucht im Rahmen der Leipziger Kundgebung nicht auf: Flugblätter, die der Agitation der externen Öffentlichkeit am Rande der Veranstaltung dienen. Dies ist auf die Situation am Kundgebungsort, dem Leipziger Völkerschlachtdenkmal, zurückzuführen. Die Veranstaltung ist von einem Polizeiring umgeben sowie von Gegendemonstranten aus der Antifa-Szene. In dieser Lage ist es praktisch nicht möglich, aus der Veranstaltung heraus an Passanten heranzutreten. Zudem halten sich vor Ort kaum Unbeteiligte auf, die wegen zu befürchtender Ausschreitungen den Raum um das Völkerschlachtdenkmal meiden oder durch die Polizei abgehalten werden. Da diese Situation im Vorfeld abzusehen ist, produziert die Partei keine Medien, die an die Veranstaltung gebunden sind und der externen Agitation dienen.

3.3 Autoren

Die untersuchten Medien halten die in den Landespressegesetzen festgelegte Pflicht, Verfasser oder Herausgeber von Druckwerken zu benennen, mit einer Ausnahme ein. Rechtlich problematisch ist die Tatsache, dass sie überwiegend Büroadressen angeben, die teilweise deutlich außerhalb des tatsächlichen Wohnortes der Betreffenden liegen. So sollen Privatadressen vertraulich bleiben, um Übergriffe durch politische Gegner (Antifa) zu erschweren.

Für die durch das »Amt für Öffentlichkeitsarbeit« der Bundespartei erstellten Standardmedien zeichnet L. Käppler verantwortlich. Bei ihm handelt es sich um Lars Käppler (Jg. 1975), der zu diesem Zeitpunkt stellvertretender Vorsitzender von NPD und JN in Baden-Württemberg sowie JN-Landesgeschäftsführer ist.[32] Käppler gehört zu den jüngsten Parteiaktivisten in führender Position. Mitglied der JN wird er im Mai 1995, ist aber zuvor bereits in der Organisation aktiv gewesen.[33] Inzwischen tritt Käppler als Organisator von Demonstrationen[34] und Kundgebungsredner[35] auf. Später schließt er sich der JN-Abspaltung »Bildungswerk Deutsche Volks-

gemeinschaft« (BDVG) an, deren stellvertretender Bundes-
leiter er wird.[36]

Das von Käppler erstellte Flugblatt ist weitgehend identisch
mit dem entsprechenden Blatt der Vorjahresdemonstration. Für
Letzteres ist der führende Neonazi Steffen Hupka (Jg. 1963)
verantwortlich. Hupka wird 1996 Bundesvorstandsmitglied
der »Jungen Nationaldemokraten«, 1998 der Mutterpartei. In
den 80er Jahren gehört er zum Kreis um den Neonazi Michael
Kühnen, betätigt sich dann insbesondere in der 1992 verbotenen »Nationalistischen Front«. Hupka ist das typische Beispiel
eines Kaders verbotener neonazistischer Organisationen, die
ihren Aktionsschwerpunkt zunächst in die JN, dann in die
NPD verlagert haben.[37]

Beim Autor eines weiteren Flugblatts, das mit W. Henning
gezeichnet ist, dürfte es sich um den stellvertretenden NPD-
Vorsitzenden in Nordrhein-Westfalen, Wolfgang Henning
(Jg. 1961), handeln, der Beisitzer im Bundesvorstand ist. Henning betreut auch die Domain der NPD im Internet, die unter »WoBo-Design/NPD« in Bochum eingetragen ist.[38] Ursula Mann (Jg. 1927), Verantwortliche eines im Namen des
NPD-Landesverbandes Sachsen erstellten Plakates, ist Akti-
vistin der Landespartei, bekleidet aber keine Ämter. Sie ist im
Untersuchungszeitraum verantwortlich für das Organ *Sachsen
Stimme* und erstellt diverse Flugblätter.[39] Ein eindeutig ge-
fälschtes Flugblatt, vermutlich von Antifa-Kreisen erstellt
und in Leipzig verbreitet, nennt als Verantwortlichen den
stellvertretenden Bundes- und Landesvorsitzenden der NPD,
Jürgen Schön.[40]

Eines der als Streitschrift fungierenden Blätter ist nicht
namentlich gezeichnet; als Herausgeber taucht lediglich das
»Aktionsbüro Norddeutschland« mit einer Hamburger Postfachadresse auf, ein informeller Zusammenschluss um die
Neonazis Christian Worch und Thomas Wulff.[41] Das Blatt
ist vermutlich nicht in größerer Auflage verbreitet worden.

Der Verfasser der beiden am Veranstaltungsort verbreiteten Streitschriften, Frank Scholz (Jg. 1965/1966), ist in den

80er Jahren Pressesprecher der 1995 verbotenen neonazistischen FAP[42], Aktivist der ersten regionalen ›Anti-Antifa‹-Gruppe (Bonn/Rhein-Sieg) und für diverse Flugblätter aus dem Neonazi-Spektrum verantwortlich.[43] Er wird 1990 unter anderem wegen Volksverhetzung zu einer Bewährungsstrafe verurteilt.[44] Scholz steht in enger Verbindung zur neonazistischen Hamburger Connection um Worch und Wulff. Eines seiner Flugblätter weist darauf hin, es werde durch das »Nationale und Soziale Aktionsbündnis Norddeutschland« unterstützt.

Als Autoren der untersuchten Plakate, Flugblätter und Aufkleber tauchen somit meist jüngere Aktivisten auf. Abgesehen von der deutlich älteren Plakatautorin Ursula Mann sind diese im Untersuchungszeitraum zwischen 22 und 37 Jahre alt. Die bedeutsamsten und vermutlich bei weitem auflagenstärksten der untersuchten Medien hat mit Käppler der jüngste Autor verfasst.[45] Dies dürfte damit zusammenhängen, dass die JN bei Planung und Durchführung der 1.-Mai-Demonstration eine federführende Rolle innehaben[46]; es verweist andererseits auf den Verjüngungsprozess der Gesamtpartei.

3.4 Vernetzungsleistung

In den untersuchten Medien kommen nur wenige positive Verweise vor. Diese spiegeln den Konflikt zwischen NPD und ›Freien Kameradschaften‹ wider: Die von der Partei erstellten Medien sind mit auffälligen NPD- und JN-Logos versehen; der noch im Standardflugblatt des Vorjahres enthaltene positive Bezug auf die ›Freien Kameradschaften‹ fehlt 1998. Die Flugblätter der ›Freien Kameradschaften‹ beziehen sich ihrerseits positiv nur auf die Neonazis Worch und Wulff sowie auf das von diesen dominierte »Aktionsbündnis Norddeutschland«. Zur NPD äußern sie sich zum Teil sehr kritisch, fordern Entgegenkommen der Partei in der Rednerfrage, begrüßen aber implizit eine weitere Zusammenarbeit. Mit DVU und REP wird keine Kooperation angestrebt. Sie werden nur in Umschreibungen genannt und als »gemäßigte rechte Parteien« bezeichnet.[47]

Auffällig ist, dass insbesondere die drei Medien der NPD-Standardserie als Einstiegshilfe fungieren, um aktuellere Mobilisierungsmedien zu nutzen: So nennen Plakat, Flugblatt und Aufkleber die Rufnummer des »JN-Infotelefons«, Flugblatt und Aufkleber zudem die Adresse der NPD-Internet-Homepage. Das Standardflugblatt gibt darüber hinaus die Rufnummer des »Nationalen Infotelefons Rheinland« an, das den neonazistischen Kameradschaften nahe steht, sowie eine Kontaktnummer, bei der Busmitfahrgelegenheiten erfragt werden können. Das der *Deutschen Stimme* beigelegte Plakat nennt ferner die Nummer der NPD-Bundesgeschäftsstelle.

Auf diese Weise sind die mobilisierenden Medien vernetzt. Auch Empfänger der wenig aktuellen, da nichtperiodischen Mobilisierungsmedien erhalten so die Möglichkeit, sich kurzfristig über eine veränderte Sach- und Planungslage zu unterrichten. Dies zu tun, legt das NPD-Standardflugblatt ausdrücklich nahe (»Unbedingt an den Vortagen die Ansagen der nationalen Infotelefone abhören«[48]). Indem es sowohl das »JN-Infotelefon« als auch das »Nationale Infotelefon Rheinland« nennt, schafft es eine informationelle Vernetzung zwischen Partei- und autonomen Strukturen. Neben dem Mobilisierungs- und Serviceeffekt haben die Verweise eine generelle Werbewirkung für die Parteimedien, die unabhängig von der Maikundgebung genutzt werden können.[49]

Auf Grund des Veranstaltungsmottos »Wir schaffen Arbeit – Bonn schafft nichts« überrascht es nicht, dass die soziale Frage als zentrales Kampagnenthema in allen untersuchten Medien auftaucht. In dieser Hinsicht besteht kein Unterschied zwischen den Parteimedien und denen der ›Freien Kameradschaften‹. Fraglos in Deutschland vorhandene soziale Schwierigkeiten werden zur »rapide zunehmenden Verelendung von großen Teilen unseres Volkes«[50] dramatisiert. Die soziale Frage wird eng mit dem Thema Ausländer verbunden, auch wenn das Motto der Vorjahresveranstaltung (»Arbeitsplätze zuerst für Deutsche«) in den Medien der Standardserie nicht mehr vorkommt und das aktuelle Motto keine ausdrückliche ethnische Komponente besitzt. Plakat und Flugblatt von Mann respektive Henning stellen den Zusammenhang aber nach wie vor deutlich heraus. Dies gilt auch für den 1997 produzierten Aufkleber von Hupka, der 1998 weiter benutzt wird. Der verstärkt nationalrevolutionären Ausrichtung der NPD seit Mitte der 90er Jahre entsprechend, ist die soziale Frage mit einer scharfen antikapitalistischen Rhetorik verknüpft. So zeigt das NPD-Standardflugblatt auf der Frontseite ein Foto, auf dem das Haupttransparent der Vorjahresveranstaltung mit dem Schriftzug »Das Volk blutet! Das System verwaltet! Das Kapital kassiert!« gut sichtbar ist. Auf der zweiten Seite fordert das Blatt: »Jetzt die nationale, antikapitalistische Wirtschaftsordnung schaffen!« Es liegt in der Natur der untersuchten Medien, dass eine ausführliche inhaltliche Beschäftigung mit diesem Thema nicht stattfindet. Vielmehr wird es auf einprägsame Parolen und Appelle reduziert (»Wir schaffen Arbeit – Bonn schafft nichts!«, »Arbeitsplätze zuerst für Deutsche«, »Leistet Widerstand jetzt«, »Wir wehren uns dagegen«, »Vorwärts im Kampf gegen die Macht der herrschenden Politiker!«, »Vorwärts für Deutschland«).

Neben der sozialen Frage (in Verbindung mit dem Ausländer-Thema) kommt lediglich ein weiteres Kampagnenthema in den untersuchten Medien vor, und auch dieses nur in wenigen knappen Bemerkungen. So reißen die beiden von Scholz verantworteten, aus den ›Freien Kameradschaften‹ stammenden Flugblätter die Kampagne zur Meinungsfreiheit an. Scholz spricht von »Verbotswillkür« und meint die Welle von Verboten gegen neonazistische Organisationen in den frühen 90er Jahren. An anderer Stelle hebt er Christian Worch positiv mit der Bemerkung hervor, dieser sei »gerade erst aus politisch bedingter Haft entlassen« worden, und stilisiert ihn somit zum Märtyrer gegen das »System«.[51] Kurz vor der Demonstration ist in Leipzig zudem ein von Steffen Hupka verantworteter JN-Aufkleber aufgetaucht mit dem Schriftzug »Argumente statt Verbote. Wo Recht zu Unrecht wird, wird Widerstand zur Pflicht!«[52] Der Aufkleber nimmt zwar auf die anstehende Demonstration nicht Bezug, gleichwohl wollen diejenigen, die ihn verbreiten, offensichtlich zur Mobilisierung beitragen.

Auch Strategieüberlegungen kommen in den untersuchten Medien allenfalls am Rande vor – wenn, dann vor allem im Zuge des Kräftemessens zwischen Partei und ›Freien Kameradschaften‹. Strategische Bedeutung haben die genannten Verhaltensregeln auf dem NPD-Standardflugblatt, die im Kern ein diszipliniertes Auftreten der Teilnehmer fordern. Damit will die Partei insbesondere im Hinblick auf die anstehenden Wahlen ein zwar imposantes, aber seriöses Erscheinungsbild sicherstellen. Von der Veranstaltung ausgehende Randale und Auseinandersetzungen mit den Sicherheitskräften würden dieses Image gefährden. Die Regeln dürften sich in erster Linie an die auf der Kundgebung zahlreich zu erwartenden Skinhead-Gruppen richten, die die NPD unter ihrem seit 1995 amtierenden Vorsitzenden Udo Voigt einzubinden versucht. Es deutet sich inzwischen allerdings an, dass der von der NPD unternommene Spagat zwischen Einbindung von Skinheads und seriösem Erscheinungsbild nicht zum gewünschten Erfolg führt. Zunehmend lösen sich Skins von der Partei, deren Beharren auf diszipliniertem, ordnungsgemäßem Verhalten mit dem subkulturellen Selbstverständnis der Skinheads kollidiert.[53]

Die aus den Kameradschaften stammenden Flugblätter sprechen strategische Diskussionen an, um sich als notwendige Strukturelemente der deutschen Rechten – neben Parteien wie der NPD – herauszustellen und so das eigene Gewicht zu stärken. Hintergrund ihrer Argumentation ist stets das Bemühen, Worch oder Wulff als einen der Kundgebungsredner durchzusetzen. Sie verweisen darauf, dass autonome Strukturen, wie die Kameradschaften sie verwirklichen, zum Schutz der Rechten gegen staatliche Repression beitrügen: »Je breiter und vielgestaltiger dieser Widerstand ist, desto schwerer machen wir es dem hochgerüsteten Sicherheitsapparat der BRD, unsere Strukturen anzugreifen und/oder zu zerstören. Würden wir uns auf eine Partei oder einen Verein konzentrieren, würden wir es dem Gegner allzu leicht machen.«[54] Die Kameradschaftsflugblätter propagieren die Einheit der Rechten, sprechen aber nicht von »vereinter Rechter«, sondern vom »ganzen Nationalen Widerstand«, und meinen den Schulterschluss zwischen NPD und autonomen neonazistischen Kräften. Ohne dies zu explizieren, reklamieren die Kameradschaften die führende Rolle innerhalb dieses »Widerstandes«, indem sie mehrfach darauf verweisen, dass das Gros der Kundgebungsteilnehmer aus ihren Reihen stamme. NPD-Vertreter, die sich für eine Abgrenzung vom Neonazismus ausgesprochen haben, werden heftig attackiert.

3.5 Symbolische Integration

Stärker als in den übrigen Fallstudien sollen hier nichtsprachliche Symbole herangezogen werden. Es liegt auf der Hand, dass sie für nichtperiodische Mobilisierungsmedien eine besonders wichtige Rolle spielen. Aufmerksamkeit erzielen Plakat, (Flug-)Blatt und Aufkleber nicht vorrangig durch längere zusammenhängende Texte, sondern durch Slogans und optische Elemente. Zwei zentrale Symbole – der 1. Mai als ›Kampftag der Arbeit‹ und das Leipziger Völkerschlachtdenkmal[55] als Ort – prägen die Veranstaltung und somit auch die mobilisierenden Medien. Sie stützen die NPD-spezifische Verquickung von sozialer Frage und Nationalismus ab, die die Partei auf Formeln bringt wie »Arbeit zuerst für Deutsche«. Indem NPD und Umfeld das symbolisch aufgeladene Datum des 1. Mai aufgreifen, stellen sie sich als wahre Sachwalter von Arbeit(nehm)erinteressen dar.

Das symbolische Erbe der Arbeiterbewegung suchen Plakat und Aufkleber der Standardserie ferner durch die Darstellung eines stilisierten Schmiedes mit geschultertem Hammer und Arbeitermütze anzutreten. Das von Wolfgang Henning gestaltete Plakat zeigt fünf gezeichnete Personen, die als Deutsche erkennbar sein sollen und die verschiedene Berufszweige und Hierarchiepositionen repräsentieren: einen Arbeiter, einen Handwerker, eine Technikerin/Ingenieurin, eine Ärztin, einen Arzt. Die fünf entschlossen und optimistisch anmutenden Figuren symbolisieren das Konzept der Volksgemeinschaft, in der die gemeinsame ethnische Zugehörigkeit Interessengegensätze aufhebt und jeder einen fest zugewiesenen Standort besitzt. Fast alle NPD-Medien enthalten Parteilogos in unterschiedlichen Varianten sowie das JN-Logo; sie integrieren auf diese Weise in erster Linie die eigene Anhängerschaft. Eines der Flugblätter der ›Freien Kameradschaften‹ enthält ein diese Gruppen repräsentierendes Logo (wehende schwarze Fahne im schwarzen Kreis, Schriftzug »Freie Nationale Strukturen«).

Bemerkenswert sind die Schrifttypen, die die NPD-Medien von denen der ›Freien Kameradschaften‹ unterscheiden und die politische Implikationen besitzen. Frakturschriften weisen ausschließlich die beiden am Veranstaltungstag verteilten Blätter der autonomen Kräfte auf. Um ein moderneres Erscheinungsbild sicherzustellen, verwendet die NPD sie nicht.

Deutsch/Deutschland sind durchgängig die zentralen Integrationsbegriffe der untersuchten Medien, gefolgt von den Begriffen Volk und Nation. Die Bedeutung des Wortfeldes deutsch/Deutschland geht in allen Zusammenhängen deutlich über die wertneutrale Nennung einer politischen Einheit oder der staatsbürgerlichen respektive ethnischen Zugehörigkeit hinaus. Deutsch/Deutschland werden als Werte an sich verstanden: Das Wortfeld bezeichnet den Mythos, der zu politischem Handeln motiviert (»Vorwärts für Deutschland«) und dem man sich emotional verbunden fühlt. Mit dem Schriftzug »Ein Herz für Deutschland« ist das frühere, inzwischen ungebräuchliche NPD-Logo (schwarz-rot-goldenes Herz) versehen, das Ursula Mann auf dem von ihr gestalteten Plakat verwendet. Das »Aktionsbüro Norddeutschland« nutzt den Mythos zudem, um Machtansprüche der ›Freien Kameradschaften‹ der NPD gegenüber zu untermauern: Auf das Kaiser-Wort anspielend, heißt es in seinem Flugblatt: »Es geht einzig und allein um Deutschland, nicht um irgendeine Partei.«[56] Deutsch zu sein gilt als Synonym für richtiges (hier: diszipliniertes) Verhalten, die Bezeichnung drückt somit implizit einen qualitativen Unterschied zu anderen Nationalitäten aus. In roter Schrift heißt es auf dem NPD-Standardflugblatt im Anschluss an die für alle Teilnehmer geltenden Regeln: »BEDENKE, DASS DU EIN DEUTSCHER BIST UND VERHALTE DICH ENTSPRECHEND«.

In der Verwendung des Begriffs Volk spiegelt sich erneut die NPD-spezifische Verquickung von sozialer Frage und Nationalismus wider. Der Begriff bezeichnet hier sowohl eine Gruppe von Menschen gleicher ethnischer Zugehörigkeit (Deutsche) als auch materiell unterprivilegierte Gruppen (im Sinne des ›einfachen Volkes‹). Beides vermischt sich untrennbar beispielsweise in dem Slogan: »Das Volk blutet! Das System verwaltet! Das Kapital kassiert!« An anderer Stelle wird der Begriff eindeutig im ethnischen Sinne verwandt, etwa in dem Motto »Arbeit zuerst für das eigene Volk«.

Für die Kennzeichnung des eigenen Lagers tritt überwiegend das Attribut national auf. Sowohl NPD als auch rechtsautonome Kräfte verstehen sich als Teil des ›Nationalen Widerstandes‹, die Flugblätter aus ›Freien Kameradschaften‹ sprechen auch von der ›Nationalen Opposition‹. Indem die NPD den von anderen Kräften eingeführten Integrationsbegriff ›Nationaler Widerstand‹ aufgreift, versucht sie ihre Zusammenarbeit mit autonomen Neonazis und deren Einbindung in die Parteiaktivitäten symbolisch abzustützen. Dies gelingt nicht spannungsfrei: In einer seiner Streitschriften kritisiert Scholz sprachliche Bemühungen zur Vereinnahmung der rechtsautonomen Gruppen. Ausdrücklich spricht er vom »*ganzen* Nationalen Widerstand« und betont, dass dieser »eben größer ist als diese eine Partei nebst ihrer Jugendorganisation. Viel größer sogar!«[57] Der Begriff des ›Nationalen Widerstandes‹ ersetzt den der Bewegung, der in keinem der untersuchten Medien vorkommt. Insbesondere bei Scholz wird deutlich, dass der ›Widerstand‹ bewegungshaften Charakter hat, dass er heterogen sein solle, dezentral und wenig strukturiert. In den Hintergrund gedrängt wird auf diese Weise auch die Selbstkennzeichnung rechts, die auf einem der Scholz-Flugblätter, nicht aber in den untersuchten NPD-Medien vorkommt. Zu vermuten ist, dass die Partei die Bezeichnung rechts meidet, um PDS-Anhängern eine Annäherung nicht durch symbolische Schranken zu erschweren. Eben diese Zielgruppe hat die Partei im Auge, wenn sie einen »volksbezogenen deutschen Sozialismus«[58] propagiert und sich als antikapitalistisch präsentiert.

Integrationsstiftende Wirkung haben ferner die massiven und pauschalen Angriffe auf den Staat im Allgemeinen sowie Regierung und parlamentarische Opposition. Die politischen Entscheidungsträger gelten nicht nur als statische Kräfte, die zu notwendigen Veränderungen unfähig seien, auch handeln sie – so heißt es im Standardflugblatt – aus ausschließlich »niederen Beweggründen«: »Ungebremste Profitsucht, Machtgier und kalter Egoismus.«[59] Ursula Mann bezeichnet die Bundesregierung als »Kohl-Regime«, die im Bundestag vertretenen Nichtregierungsparteien als »Scheinopposition«[60]. Beide Begriffe erinnern an Formulierungen, die in Medienberichten über die DDR häufig sind. Vermutlich will Mann die Bundesrepublik auf diese Weise als den wahren Unrechtsstaat im Nachkriegsdeutschland darstellen.

3.6 Professionalität

Die untersuchten Medien sind sehr unterschiedlich professionell erstellt. Die Bandbreite reicht von den in hoher Auflage produzierten, extern gedruckten und mit einigem Aufwand gestalteten Publikationen der Standardserie bis zum laienhaft wirkenden, mit einem handschriftlichen Element versehenen Plakat von Ursula Mann.

Das durch die Bundesgeschäftsstelle verbreitete Käppler-Flugblatt soll in einer Auflage von 500 000 Exemplaren erstellt worden sein, das Standardplakat in 20 000-facher Auflage.[61] Flugblatt (DIN A5), Plakat (DIN A2) und Aufkleber (DIN A7) werden im Offsetdruck durch ein externes Unternehmen produziert, da die technische Ausstattung der Bundesgeschäftsstelle den Eigendruck nicht zulässt: Dort ist die Vervielfältigung bis zu einer Auflage von 100 000 und einem Format von DIN A3 möglich. Die Geschäftsstelle verfügt über eine auch für Laien leicht bedienbare Riso-Druckmaschine, die eine geringere Qualität als das professionelle Offsetverfahren liefert. NPD-Pressesprecher Beier nennt die beauftragte Druckerei nicht, nach seinen Angaben werden verschiedene Unternehmen je nach Preisangebot mit solchen Arbeiten betraut.[62] Trotz einiger geringfügiger Mängel, die die NPD vermutlich aus Kostengründen in Kauf nimmt, ist die Wiedergabequalität im Wesentlichen professionell.

Bemerkenswert ist die Tatsache, dass alle untersuchten Medien – auch die durch das »Amt für Öffentlichkeitsarbeit« betreuten Standardmedien – gegen das Corporate-Design-Konzept verstoßen, das die Parteispitze seit 1998 für NPD-Publikationen durchsetzen möchte.[63] Dieses sieht standardisierte Gestaltungselemente vor, die ein Layout schaffen, das Modernität signalisiert und die Verbindung von Medium und Partei auf Anhieb erkennbar macht. Zu diesen Elementen zählen die Töne Schwarz, Weiß und Rot, das Logo ›NPD. Die Nationalen‹, die Einheitsschrifttype Impact, ein asymmetrisches rotes Dreieck oben links sowie eine Gestaltung

Professionell und in hoher Auflage produziert: das Standard-flugblatt der NPD. Designvorgaben der Parteispitze ignoriert der Verfasser jedoch.

mit viel weißem Raum. Keines dieser Elemente taucht auf den untersuchten NPD-Medien auf, zudem werden weitere Corporate-Design-Regeln der Partei nicht eingehalten. Während denkbar ist, dass Henning und Mann noch nicht über diese Gestaltungsvorgaben informiert sind oder ältere Medien wieder benutzt werden, setzt sich Käppler über die neuen Regeln wissentlich hinweg. Hintergrund ist erneut die federführende Rolle der JN bei der Planung des 1. Mai. Das Design der Käppler-Medien spiegelt eine gewisse Eigenständigkeit gegenüber der Mutterpartei wider, auf die die Jugendorganisation Wert legt und die sie bei ausdrücklichen JN-Veranstaltungen in Gestaltungsfragen auch künftig behalten soll.[64]

Die fehlende oder inkonsequente Einhaltung eines standardisierten und modernen Designkonzepts ist als Professionalitätsdefizit zu werten. Es liegt nahe, dass meist flüchtig wahrgenommene Medien wie das Plakat umso effektivere Werbeträger sind, je schneller sie mit dem Werbenden identifiziert werden. Auf den untersuchten Medien ist eine Beliebigkeit optischer Erkennungszeichen festzustellen. So tauchen auf den Parteimedien vier verschiedene NPD-Logos auf – das aktuelle ›NPD. Die Nationalen‹ ist nicht darunter. Dies zeigt, dass diese Medien nicht in ein konsistentes professionelles Mobilisierungskonzept eingebunden sind. Hinzu kommt, dass die Abweichungen von der Standardgestaltung zu einem eher unübersichtlichen Layout insbesondere des Flugblatts führen. Diese Defizite hat die NPD offenbar erkannt: Nach der Maikundgebung hat sich das Corporate Design auch für Publikationen der örtlichen Parteigliederungen weitgehend durchgesetzt und der NPD zu einem Professionalisierungsschub verholfen.

Alle untersuchten Medien sind computergestützt erstellt worden. Die Autoren verfügen über praktische Gestaltungserfahrung, allerdings niemand von ihnen über entsprechende Ausbildung. Die Medien der Standardserie sind aufwändiger produziert als die übrigen. Alle drei sind zweifarbig (rot/schwarz), die Frontseite des Flugblatts ist formatfüllend mit einem Foto der Vorjahresdemonstration in Hannoversch Münden unterlegt. Auffällige optische Mittel sind das schräg und in Großbuchstaben gesetzte Wort »nichts« des Mottos, der vertikale Schriftbalken »Bundesweite Demonstration« und der Kopf der zweiten Flugblattseite mit dem Schriftzug »Leistet Widerstand jetzt!« sowie dem NPD- und JN-Logo. Dagegen sind die übrigen untersuchten NPD-Medien eher behelfsmäßig gestaltet, die drei Blätter der ›Freien Kameradschaften‹ (alle DIN A4) textbetont und funktional.

Der Vertrieb der Medien findet ausschließlich über Parteianhänger statt. Für die Verbreitung der Standardserie sind die örtlichen Gliederungen zuständig, in Sachsen betätigen sich zudem Helfer aus anderen Landesverbänden. Dort sollen Flugblätter auch an Haushalte verteilt worden sein, während sie andernorts nahezu ausschließlich Parteimitgliedern und Sympathisanten zugingen. Auf diese Weise ergibt sich eine gewisse Zufälligkeit, welche Medien wo in welchem Umfang verbreitet werden. Die Alternative, ein professionelles Vertriebsunternehmen mit Plakatierung und Postwurfsendungen zu beauftragen – wie häufig durch die DVU praktiziert –, kommt für die NPD aus Kostengründen nicht infrage.[65]

3.7 Fazit

Die untersuchten nichtperiodischen Mobilisierungsmedien Flugblatt, Plakat und Aufkleber sind Teil eines langfristig angelegten, variantenreichen und im Ganzen systematischen Mobilisierungsprozesses für die 1.-Mai-Kundgebung. Dieser Prozess verläuft mehrgleisig, um Gruppen mit unterschiedlichen Profilen in die Aktion einzubinden. Zwischen der veranstaltenden NPD und den beteiligten autonomen Kameradschaften besteht ein gespanntes Kooperationsverhältnis, das sich in der informationellen Vernetzung beider Gruppen widerspiegelt, aber auch im NPD-kritischen Duktus der Kameradschaftsmedien. Die Auseinandersetzungen im Zuge der Maikundgebung haben offenbar katalytische Wirkung. In ihrer Folge nehmen die Reibungen von Partei und autonomen Gruppen ab. Zwar kommt in Leipzig kein Kameradschaftsvertreter zu Wort, doch bereits viereinhalb Monate später, bei einer NPD-Großkundgebung in Rostock, spricht auch Christian Worch.[66] Offenbar will die Partei ihr strategisches Bündnis mit neonazistischen Kräften nicht gefährden und ist nach den Spannungen im Vorfeld des 1. Mai bereit, sich weiter auf diese zuzubewegen. Gut zwei Jahre später, im Sommer 2000, kühlt sich das Verhältnis der Partei zu ihrem neonazistischen Umfeld allerdings wieder deutlich ab. In dieser Zeit verordnet sich die Partei – strategisch begründete – Mäßigung, startet die Kampagne »Argumente statt Verbote« und veranstaltet bis Ende Oktober keine Demonstrationen mehr. So will sie der öffentlichen Debatte über ein Verbot der Partei begegnen, kann aber nicht verhindern, dass Bundestag, Bundesregierung und Bundesrat am 30. Januar 2001 einen entsprechenden Antrag beim Bundesverfassungsgericht stellen. Das zurückhaltendere Auftreten stößt bei jungen, aktionistischen Neonazi-Kräften auf Ablehnung, vor allem Worch greift die Partei in dieser Zeit scharf an. Äußerungen führender NPD-Funktionäre – auch des Bundesvorsitzenden Udo Voigt – machen aber deutlich, dass eine Zusammenarbeit mit den Kameradschaften nach wie vor erwünscht ist.[67]

Das zentrale Kampagnenthema der untersuchten Flugblätter, Plakate und Aufkleber ist die ethnisierte soziale Frage. Mit dieser sind zentrale identitätsstiftende verbale und nonverbale Symbole verbunden. Sie wird repräsentiert durch die Kombination der Symbole 1. Mai und Völkerschlachtdenkmal sowie die ethnisch definierten Begriffe Deutschland und Volk in Verbindung mit antikapitalistischer Rhetorik.

Die untersuchten Medien sind unterschiedlich professionell. Als professionell sind Plakat, Flugblatt und Aufkleber einer standardisierten Serie anzusehen, die durch die Parteileitung herausgegeben und in hohen Auflagen produziert wird. Bemerkenswert ist die Nichtbeachtung bestehender Corporate-

Design-Vorgaben, die einem professionellen Auftritt der Gesamtpartei dienen. Ferner sind einige der untersuchten Mobilisierungsmedien laienhaft oder aus Kostengründen behelfsmäßig erstellt; ein konsistentes, durchgängig professionelles Mobilisierungskonzept ist insofern nicht vorhanden.

Nichtperiodische Mobilisierungsmedien sind unerlässlicher Bestandteil des Mobilisierungsprozesses. Meist sind sie nicht die Träger von Primärinformationen – in der Regel erreichen sie durch andere Medien oder informelle Kontakte vorinformierte Zielgruppen –, sie fungieren eher als Gedächtnisstütze oder Träger von ergänzender Information (z. B. Verhaltensrichtlinien). Sie sind prinzipiell breitenwirksame Medien und somit zur Agitation einer Öffentlichkeit am Rande der Bewegung geeignet.

4. Rolf-Josef Eibicht: Deutschlands Rechte

› *Standardwerk* ‹ *und publizistisches Forum*

Seinen 1998 erschienenen achten Sammelband *Deutschlands Rechte. Ordnungs- und Gestaltungsauftrag* versteht der zu diesem Zeitpunkt DVU-nahe Münchner Kleinverleger Rolf-Josef Eibicht als Standardwerk des rechten Lagers. In der ersten Ankündigung trägt der Band den Titel *Den geistigen Bürgerkrieg gegen alles Nationale zerschlagen: Die Deutsche Rechte. Ihr Führungs- und Ordnungsauftrag*. Als Verlag wird genannt der »Eibicht-Verlag. Verlag für Politik und Zeitgeschichte«.[1] Der Name wird später in »Kyffhäuser-Verlag« geändert. Frühere publizistische Projekte Eibichts haben in der Szene insbesondere durch die Beteiligung einer auffälligen Bandbreite rechtsorientierter Autoren Aufmerksamkeit erregt. Diese »öffentlichkeitswirksamen umfangreichen Sammelbände«[2] sind somit nicht nur als Ideologieschulen angelegt, sondern auch als Foren, die die Einheit rechtsextremistischer Parteien initiieren sollen.

4.1 Aufbau

Der 478 Seiten umfassende Sammelband gliedert sich in drei Abschnitte: den vom Herausgeber verfassten Teil, Aufsätze von Fremdautoren und Anhang.

Die Beiträge des Herausgebers umfassen nahezu die erste Hälfte des Bandes. Vorgesehen war ein Vorwort des früheren Berliner Innensenators Heinrich Lummer; Eibicht veröffentlicht das Manuskript jedoch nicht. Streitpunkt ist die Parteienpräferenz: Während Lummer die günstigste Perspektive für die Rechte innerhalb der Union sieht, lehnt Eibicht eine solche Orientierung strikt ab und identifiziert sich vollständig mit der DVU, in der er »zur Zeit die einzige rechte oder nationale Formation«[3] sieht. Diese Identifikation findet sich, in häufig anbiedernder Form, auch in den weiteren Beiträgen des Herausgebers. Der Herausgeber-Teil soll das Buch als Grundlegung rechter Ideologie und Strategie ausweisen: In zehn Kapiteln (z. B. »Begründung einer nationalen Politik«, »Gestaltung einer nationalen Politik«, »Wurzeln, Wille und Ziel des Deutschen Patriotismus«) schlägt Eibicht einen breiten Zeitbogen von der deutschen Geschichte des Mittelalters (»Deutschland als Opfer der Geschichte«) bis zur angeblichen »Patriotenverfolgung« der Gegenwart, führt Leitbegriffe ein (»Zentralmaximen des Nationalen und des Demokratischen«, »Der demokratische Imperativ«) und zieht taktische Schlussfolgerungen für die deutsche Rechte.

Kapitel X enthält die Aufsätze der Autoren Harald Kindl, Emil Schlee und Helmut Schröcke, Kapitel XI zwei Beiträge des DVU-Vorsitzenden Gerhard Frey sowie das vollständige Programm der Partei. Dieser Teil umfasst knapp ein Drittel des Buches. Die Beiträge, die unter den Kapitelbezeichnungen »Nationale Selbstbewahrung und Selbstbehauptung« (X) sowie »Die demokratische Deutsche Rechte. Zum Beispiel: Deutsche Volksunion (DVU)« (XI) subsumiert werden, stehen kaum in inhaltlichem Zusammenhang. So widmen sich drei Beiträge der Vertreibung, ein anderer definiert den Begriff der Nation – als ›gene pools‹, die nicht vermischt werden dürften –, ein weiterer umreißt manifestartig die Handlungsfelder der Deutschen Rechten (»Es geht um Deutschland. Zur Lage unseres Volkes 1991«). An die Fremdaufsätze schließen sich auf zehn Seiten umfangreiche biografische Hinweise zu den Autoren an.

Der Anhang dokumentiert frühere Arbeiten des Herausgebers sowie Reaktionen auf sie. Dieser Teil umfasst rund ein Fünftel des Werkes. Er enthält überwiegend faksimilierte Buchumschläge, Inhaltsverzeichnisse und Auszüge aus Eibichts Büchern, positive Rezensionen sowie Teile der vom Herausgeber mitgestalteten Ausstellung »Die Sudetendeutschen – eine Volksgruppe im Herzen Europas«. Der Informationswert des Anhangs ist gering, seine Funktion liegt vorwiegend in der Werbung für frühere Bücher des Herausgebers.

4.2 Herausgeber und Autoren[4]

Herausgeber und Verleger Rolf-Josef Eibicht (Jg. 1951) wird mit 17 Jahren erstmals im rechtsextremistischen Spektrum – seinerzeit in der NPD – aktiv und hat heute ein ungewöhnlich weit verzweigtes, überwiegend informelles Beziehungsgeflecht geknüpft. Dieses reicht sowohl in den traditionellen Rechtsextremismus – etwa zu Holocaustleugner Germar Scheerer sowie zu Neonazis wie Friedhelm Busse und Jürgen Rieger – als auch in das Scharnierspektrum der Heimatvertriebenen und/oder Neuen Rechten.

Als Sohn heimatvertriebener sudetendeutscher Eltern wächst Eibicht in Düsseldorf auf. Nach Ausbildung zum Verlagskaufmann *(Düsseldorfer Nachrichten)*, Abitur auf dem Zweiten Bildungsweg und einigen Semestern Betriebswirtschaftsstudiums an der Fachhochschule Mönchengladbach absolviert er ein Studium der Politikwissenschaft an der Universität München und erwirbt den Magister-Titel. Ein Promotionsprojekt an der Universität Erlangen-Nürnberg (Prof. Hellmut Diwald) bricht er ab[5] und wird zunächst wissenschaftlicher Mitarbeiter des »Sudetendeutschen Rates«, dann Geschäftsführer der »Arbeitsgemeinschaft deutscher Volksgruppen in Europa«. Seit 1990 ist er als freier Publizist und Referent tätig.

Zu den Grundlagen des breiten Verbindungsgeflechts Eibichts zählt die langjährige Tätigkeit in drei rechtsextremistischen Parteien und der Union. 1968 schließt er sich der NPD im Kreis Bergheim an, mit Erreichen der Volljährigkeit wird er Mitglied. Anfang 1971, nach dem Scheitern der Partei bei der Bundestagswahl von 1969, tritt er aus, wendet sich der Union zu und gehört zunächst der CDU, dann bis Mitte der 80er Jahre der CSU an. Den Austritt aus der Union begründet

Eibicht mit der Haltung der Partei zur Oder-Neiße-Grenze sowie mit deren Abgrenzung von rechtsextremistischen Gruppen. Mit entscheidend sind ferner Enttäuschungen auf kommunalpolitischer Ebene. Eibicht tritt 1987 den in dieser Zeit im Aufbau begriffenen und zunehmend erfolgreichen »Republikanern« (REP) bei und im Streit mit Schönhuber nach dem Ruhsdorfer Parteitag vom Juli 1990[6] wieder aus. 1998 ist Eibicht in die »Deutsche Volksunion« (DVU) eingebunden, auf deren bayrischer Liste er 1998 für den Bundestag kandidiert. Zwar nicht Mitglied der Partei DVU, gehört er seit 1998 dem »Deutsche Volksunion e. V.« und allen sechs angegliederten Aktionsgemeinschaften[7] an. Sein Verhältnis zur Partei ist allerdings undurchsichtig: Im September 1999 überwirft sich Eibicht mit Parteichef Gerhard Frey und tritt aus Verein und Aktionsgemeinschaften aus[8], im Mai 2001 stellt er sie in einem Interview mit der *National-Zeitung* wieder als »letzte Hoffnung« für Deutschland dar.[9] Eibicht ist ferner Mitglied der »Sudetendeutschen Landsmannschaft«, der neurechten »Forschungsstelle Ingolstadt« sowie der rechtsextremistischen »Gesellschaft für freie Publizistik«.

Die Einbindung in unterschiedliche rechte Strömungen bestätigt das weite politisch-publizistische Spektrum, in dem Eibicht als Autor, Referent und Interviewpartner auftritt. Seine Beiträge sind in nahezu allen in Deutschland bedeutsamen rechtsextremistischen Periodika unterschiedlicher Typen erschienen. Zu diesen zählen die wichtigsten Parteiorgane[10], zahlreiche organisationsunabhängige Ideologieorgane[11], darunter revisionistische Zeitschriften[12], und mindestens eine neonazistische Publikation[13]. Auch mehrere neurechte Scharnierorgane[14] und solche aus dem Vertriebenenspektrum[15] haben Beiträge Eibichts veröffentlicht. Als Referent war er unter anderem für den »Witikobund« tätig.[16] Interviews hat Eibicht neben dem Scharniermedium *Eckartbote* und der Parteizeitung *Deutsche Wochen-Zeitung*[17] auch dem neonazistischen *Zentralorgan* gegeben.

1998 gründet Eibicht den »Kyffhäuser-Verlag«, dessen erstes Produkt der untersuchte Band ist. Mit dem Eigenverlag verbindet er primär die Hoffnung auf höhere Einnahmen, zudem auf größeren publizistischen Spielraum (siehe 4.6). Frühere, von Eibicht verfasste oder herausgegebene Bände sind in ausgewiesen rechtsextremistischen Verlagen erschienen, darunter die »Verlagsgesellschaft Berg« *(Die Tschechoslowakei. Das Ende einer Fehlkonstruktion)*, der »Hohenrain-Verlag« *(50 Jahre Vertreibung. Der Völkermord an den Deutschen; Hellmut Diwald. Sein Vermächtnis für Deutschland. Sein Mut zur Geschichte*[18]), »Hutten-Verlag« *(Unterdrückung und Verfolgung deutscher Patrioten)* und »DS-Verlag« *(Jörg Haider. Patriot im Zwielicht?)*.[19]

Auch diese Bände belegen die Bandbreite der informellen Kontakte: So sind am Band *Unterdrückung und Verfolgung deutscher Patrioten* (1997) sowohl namhafte Neonazis (Jürgen Rieger, Manfred Roeder) und andere Rechtsextremisten (z. B. Rolf Kosiek, Udo Voigt) als auch Vertreter des neurechten Spektrums (z. B. Heinrich Lummer, Manfred Rouhs, Hans-Dietrich Sander, Alfred Schickel) beteiligt.[20] Beiträge der bekannten Holocaustleugner Jürgen Graf und Robert Faurisson hat der Herausgeber in Auftrag gegeben, aus strafrechtlichen Gründen aber in den Band nicht aufgenommen.[21]

Neben Herausgeber Eibicht umfasst das untersuchte Buch Beiträge von vier Autoren, die der Alten Rechten zuzuordnen sind. Der prominenteste unter ihnen ist der DVU-Vorsitzende und Verleger Gerhard Frey (Jg. 1933), der im Autorenverzeichnis des Bandes nicht aufgeführt wird. Seine beiden Aufsätze, die Eibichts Sammelband *50 Jahre Vertreibung* (1995) entnommen sind, haben somit vorrangig dokumentarischen Charakter. Aufsätze der Autoren Harald Kindl (Jg. 1923), Emil Schlee (Jg. 1922) und Helmut Schröcke (Jg. 1922) sind bereits in mehreren früheren Sammelbänden des Herausgebers erschienen.[22] Alle drei zeichnen sich durch ein deutlich höheres Lebensalter als der im Untersuchungszeitraum 47-jährige Eibicht aus und zählen zur Kriegsgeneration. Wie der Herausgeber sind sie, wenn auch unterschiedlich eng, in rechtsextremistische Netzwerke und/oder solche des Scharnierspektrums eingebunden.

Am ausgeprägtesten trifft dies auf den Pädagogikprofessor im Ruhestand und ehemaligen REP-Europaabgeordneten Emil Schlee zu. Schlee ist von 1970 bis 1974 CDU-Abgeordneter im hessischen Landtag und beteiligt sich später an verschiedenen Sammlungsbewegungen rechts der Union. Er wird stellvertretender Vorsitzender der REP und zieht für diese 1989 ins Europaparlament ein. 1992 verlässt er die Partei nach einem Zerwürfnis mit dem damaligen Parteivorsitzenden Franz Schönhuber. Als Referent und Publizist ist er an zahlreichen rechtsextremistischen und neurechten Aktivitäten beteiligt, etwa als Referent der »Gesellschaft für freie Publizistik«, des »Studienzentrums Weikersheim«, des »Witikobundes« und als Autor im *Handbuch zur Deutschen Nation*. Schröcke, bis zur Pensionierung Chemieprofessor in München, ist Vorstandsmitglied des »Witikobundes« in Bayern[23] sowie des »Heidelberger Kreises« und Unterzeichner dessen *Heidelberger Manifests* (1981)[24]. Neben seinen Beiträgen für die Eibicht-Bände hat er unter anderem in *Nation & Europa*[25], *Junge Freiheit*[26] sowie im NPD-nahen Ideologieorgan *Unabhängige Nachrichten*[27] publiziert. Er war zudem Referent im neonazistischen, inzwischen verbotenen Hetendorfer »Heideheim«.[28] Kindl, promovierter Historiker, bis zum Ruhestand Archivar im »Archiv des Erzbischöflichen Generalvikariats Paderborn«, hat im eigenen Kleinverlag zeitweise die *Witiko-Nachrichten Nordrhein-Westfalen* herausgegeben, das Organ des »Witikobundes« in NRW, dessen Landesvorstand er angehört.

4.3 Rezeption

Der Sammelband hat ein breites und überwiegend positives Echo in der rechtsextremistischen und neurechten Publizistik gefunden. Besprechungen finden sich im gesamten medialen Spektrum, für das Eibicht als Autor tätig ist: So rezensieren holocaustleugnende Schriften das Buch, alt- und neurechte Ideologieorgane, das DVU-Blatt *Deutsche National-Zeitung* sowie Scharnierorgane. Medien, die nicht zur Bewegung von rechts zählen und auch nicht auf das Themenfeld Rechtsextremismus spezialisiert sind, nehmen den Band dagegen praktisch nicht wahr.[29]

Die vorliegenden Rezensionen begrüßen das Buch – geradezu euphorisch nehmen es die neurechten Periodika *Zur Zeit* und *Signal* auf –, die meisten üben allerdings Kritik in Einzelfragen. Positiv verweisen die Blätter auf Eibichts erklärten Anspruch, zur Einigung rechter Parteien beizutragen. Dass der Autor eine Perspektive für rechte Parteipolitik indes allein in der DVU sieht, merken *Opposition* und *Signal* unkritisch, aber nicht ausdrücklich zustimmend, sowie *Nation & Europa* kommentarlos an, wenig überraschend begrüßt die *National-Zeitung* diese Tendenz. Im Interview weist Eibicht allerdings darauf hin, durch die große Nähe zu Frey und zur DVU sei das Buch von vielen im rechten Lager geschnitten worden. *Signal* weist Eibichts Absage an »Fundamentalopposition« zum System der Bundesrepublik Deutschland zurück (»Es ist zu fragen, ob sich die deutsche Rechte wirklich ihren Diskurs von sogenannten ›Demokraten‹ aufzwingen lassen soll.«) und spricht sich für eine stärkere Beachtung des vorpolitischen Raumes aus. *Sleipnir*-Herausgeber Andreas Röhler, der seine Besprechung wortgleich auch in den *Vierteljahresheften für freie Geschichtsforschung* veröffentlicht, bemängelt, dass Eibicht dem Brückenschlag zwischen linken und rechten Kräften kaum Bedeutung beimesse. Dieser strategische Ansatz zählt seit der Gründung im Jahre 1995 zu den Charakteristika von *Sleipnir*.[30]

Eine gewisse Leserschaft hat der Band offenbar auch im Umfeld der Bewegung gefunden. Zuspruch in Briefen und Gesprächen habe er, sagt Eibicht, auch von Personen erfahren, »die mit dem klassischen rechten Lager nichts anzufangen wissen«.[31] Insbesondere verweist er auf Rezipienten aus dem Spektrum der Heimatvertriebenen, die parteipolitisch überwiegend in der Union beheimatet seien.

4.4 Vernetzungsleistung

Die im untersuchten Band vorgefundenen positiven Bezüge auf andere Personen, Medien und Einrichtungen zeigen gleichermaßen dessen rechtsextremistische Provenienz wie das Bemühen, eine Nähe zu reputierlichen Personen und Quellen herzustellen. In dieser Hinsicht ist kein grundlegender Unterschied zwischen den Beiträgen des Herausgebers sowie der Autoren Kindl[32], Schlee, Schröcke und Frey feststellbar.

Die Gallionsfigur des Buches ist der 1993 verstorbene Erlanger Geschichtsprofessor Hellmut Diwald, der zu einer Persönlichkeit von historischem Rang, mitunter in einer quasi-religiösen Rhetorik zum Erretter stilisiert wird: »Er hat uns in der Stunde der größten Not nicht verzweifeln lassen. Wo ständen wir ohne diese Substanz, die er uns stiftete und kündete.« »In der tiefen Nacht der nationalen Würde- und Ehrlosigkeit über die Bundesrepublik Deutschland befeuerte er unseren Mut zur Wahrheit, unseren Mut zur Geschichte.« Noch auf dem Sterbebett habe Diwald das Schicksal seines Volkes geplagt: »Und sein letztes Vermächtnis lautete: ›Wer sein Recht nicht wahrnimmt, gibt es preis!‹«[33] Der solchermaßen überhöhte Hellmut Diwald verkörperte die Scharnierfunktion der Neuen Rechten: Er war eng in Netzwerke auf der Schnittstelle zwischen Rechtsextremismus und etabliertem Konservatismus eingebunden und zählte, ohne Parteimitglied zu sein, zu den intellektuellen Protegés der »Republikaner«.[34] Weitere Leitfigur des Eibicht-Bandes, Diwald in vielem ähnlich, ist der 1991 verstorbene Bochumer Politikwissenschaftler Bernard Willms, der »durch seine Reden und sein Vorbild unserem Volk unschätzbare verdienstvolle Wege aus dem nationalen Elend gewiesen hat«[35]. Sowohl Diwald als auch Willms werden im Band häufig und ausführlich zustimmend zitiert. Positiv bezieht sich das Buch ferner auf neurechte Akteure wie Hans-Dietrich Sander, Alfred Schickel, Günter Zehm (»Pankraz«), Peter Boßdorf, Wolfgang Venohr und – trotz oben skizzierter Kontroverse mit dem Herausgeber – Heinrich Lummer[36]. Insbesondere der Autor Schröcke lehnt sich eng an den neurechten Verhaltensforscher Irenäus Eibl-Eibesfeldt sowie dessen akademischen Lehrer Konrad Lorenz an und leitet aus den Schriften das Credo ab, die räumliche Trennung von Ethnien sei ein naturgesetzliches Gebot.[37]

Nicht weniger deutlich, wenngleich etwas weniger häufig, bezieht sich der Band auf Personen und Gruppen der Alten Rechten – in erster Linie die DVU, deren Kopf Gerhard Frey und dessen Publikationen. Zwar eint alle beteiligten Autoren die Ablehnung der im Bundestag vertretenen und eine Nähe zu rechtsextremistischen Parteien, doch wird die eindeutige DVU-Präferenz allein in den Beiträgen Eibichts deutlich.[38] Bereits im Vorwort betont er, die DVU habe die besten Erfolgsaussichten aller rechten Parteien und verdiene daher Unterstützung. Über Frey heißt es dort: »Er besitzt mein Vertrauen, weil er der Repräsentant einer demokratischen Deutschen Rechten ist, der in allen seinen Darlegungen von einer sozialen Verantwortung und Verantwortungsethik getragen wird.«[39]

Eibicht präsentiert die DVU als Musterpartei einer demokratischen deutschen Rechten. Auf Kritiker auch innerhalb des Rechtsextremismus, die ihr den zentralistischen Charakter, die Dominanz Freys sowie dessen Vermischung von Geschäfts- und Parteiinteressen vorwerfen, geht er nicht ein. Ein gängiges rhetorisches Mittel sind Zitate aus dem Parteiprogramm, die der Herausgeber an seine Ausführungen zu einzelnen Aspekten anschließt. Er suggeriert, die DVU habe seine Positionen bereits programmatisch umgesetzt.[40] Zudem umfasst der Band das Parteiprogramm zusammenhängend und in vollem Umfang.

Positiv bezieht sich Eibicht zudem auf prominente Auschwitz-Leugner wie David Irving und Robert Faurisson, ohne selbst den Holocaust ausdrücklich infrage zu stellen. Revisionisten wie Faurisson und Udo Walendy, die sich gerichtlich verantworten müssen oder bereits verurteilt wurden, stilisiert Eibicht zu Märtyrern der Rechten. Optisch deutlich hervorgehoben, zitiert er den Franzosen mit der aphoristischen Bemerkung: »Ich bin bereit, ins Gefängnis zu gehen. Für mich wäre das eine Ehre. Für die, die mich dort hinschicken, wäre es eine Schande.«[41]

Ferner kommen positive Verweise, oft in Form ausführlicher zustimmender Zitate, auf Personen oder Einrichtungen vor, die der Bewegung von rechts nicht zuzuordnen sind. Dies trifft auf namhafte, meist verstorbene oder nicht mehr amtierende deutsche Politiker zu, deren Aussagen zu Einzelthemen aufgegriffen werden. Beispielsweise gilt dies für Konrad Adenauer, Kurt Schumacher, Helmut Schmidt und Edmund Stoiber. In ähnlicher Weise wird auf Wissenschaftler und sonstige Experten Bezug genommen, etwa auf Wirtschaftswissenschaftler (z. B. Wilhelm Hankel, Manfred Borchert), Journalisten (Rudolf Augstein) und diverse Vertreter der Deutschen Bundesbank (Schlesinger, Tietmeyer), die auf Probleme durch die Einführung der Euro-Währung hingewiesen haben.[42] Der Autor Gerhard Frey führt Zitate sechs jüdischer Personen an zur Unterstützung seiner Forderung, Deutschland solle zur Normalität finden, und will auf diese Weise den Vorwurf des Antisemitismus entkräften. Auch auf renommierte Medien wie *Le Figaro, The Times, The New York Times* beziehen sich die Autoren häufig. Im Zusammenhang mit Flucht und Vertreibung der Deutschen aus den damaligen Ostgebieten zitiert Eibicht zudem sehr ausführlich eine Dokumentation des Bundesarchivs.

Der umfangreiche Band spricht eine Vielzahl für die Rechte relevanter Themen und Kampagnen an und trägt somit zu deren kultureller Vernetzung bei. Lediglich die Komplexe Rechtschreibreform und die ›Anti-Antifa‹-Kampagne[43] kommen nicht ausdrücklich vor. Es überwiegen thematische Elemente, die für die Alte Rechte typisch sind. Dies gilt für den Revisionismus-Komplex, insbesondere die ›Kriegsschuldfrage‹, sowie die Vertreibungsproblematik, die den Band thematisch überspannt und nicht nur durch unmittelbar mit ihr befasste Beiträge vertreten ist, sondern häufig an Ausführungen zu anderen Fragen angebunden wird. Ausführlich kommen aber auch Kampagnen vor, die für Alte wie Neue Rechte zentral sind. Dies gilt für die Komplexe Meinungsfreiheit, Ausländer und Anti-Europäisierung.

Auf die Kontakte Eibichts zu Auschwitz-Leugnern wurde bereits hingewiesen. Eigene Äußerungen zum Holocaust sind selten, fast immer vage und widersprüchlich.[44] Lediglich an einer Stelle spricht Eibicht den Holocaust direkt und in einiger Ausführlichkeit an, die in ihrer Deutlichkeit für den Band untypisch ist: »Und hierzu gehören unabdingbar nicht nur die historische Größe der Deutschen, sondern auch die Darlegungen ihrer historischen Fehler und auch der begangenen Niedertracht. Nur im Bewußtsein auch der eigenen Schuld und Fehler und des eigenen Versagens, sowie auch der unleugbar begangenen Verbrechen, kann eine positive Zukunft entstehen. Um es unmißverständlich und klar darzulegen, was ich schon vielfach bei anderer Gelegenheit veröffentlicht habe: Das uns permanent zermalmende Stigma und Kainszeichen heißt Auschwitz.« Noch im selben Absatz fügt Eibicht den relativierenden Satz hinzu: »Andererseits gibt es auch eine ›Weltapokalypse‹ aller Arten von Menschheitsverbrechen.« Zwei Seiten zuvor hat er formuliert: »Wir Deutschen stehen ungerechtfertigter Weise am Pranger der Weltgeschichte. Wir wurden zum Opfer der Geschichte, vor allem in diesem Jahrhundert. (...) Dieses unerträgliche Stigma abzustreifen, ist für das Deutsche Volk von existentieller Notwendigkeit.«[45]

Sehr viel ausführlicher und deutlicher kommt der zweite Agitationsstrang des so genannten ›Geschichtsrevisionismus‹ zum Tragen: die Leugnung der deutschen Schuld am Zweiten Weltkrieg. Breit behandelt wird diese Frage im Schlee-Beitrag »Die Klärung der Kriegsschuldfrage«. Überwiegend gestützt auf rechtsextremistische und/oder neurechte Literatur[46], behauptet der Autor, »daß von einer Alleinschuld Deutschlands wahrlich nicht gesprochen werden kann!« Den Überfall auf die Sowjetunion qualifiziert er (ebenso wie Eibicht) ausdrücklich als »Präventivschlag«[47]. Auf den Zweiten Weltkrieg als

Ganzen bezogen, bleiben die Beiträge zurückhaltender, lassen in der Gesamtschau aber keinen Zweifel, dass Deutschland allenfalls als Mitverursacher von minderer Verantwortung einzuordnen ist. Schlee, der sich massiv gegen die Alleinschuld wendet, geht auf die implizit eingeräumte Mitschuld Deutschlands nicht ein. Ähnlich Frey, der in einer Randbemerkung vom »Schuldanteil der nationalsozialistischen Führung« spricht, aber den Beitrag von »Personen aus den USA« für die »Fanatisierung im Zweiten Weltkrieg« in den Vordergrund rückt.[48] Eibicht spricht von Angriffsplänen Polens gegen Deutschland und rechtfertigt den Polenfeldzug mit angeblich zunehmender Verfolgung gegen die dortige deutsche Minderheit. Als Hauptverantwortliche des Weltkriegs stellt er Franklin D. Roosevelt und Winston Churchill heraus, formuliert diese Behauptung aber als Expertenmeinung (»So gibt es nicht wenige Historiker, die in erster Linie Roosevelt für den Ausbruch des Zweiten Weltkrieges verantwortlich machen«[49]) oder legt sie durch die Montage aus dem Zusammenhang gerissener Zitate der beiden Politiker nahe.

Eibicht bringt die Rolle Deutschlands auf die Formel: »Deutschland wurde zum Amboß der Geschichte in diesem Jahrhundert. Natürlich, es war Täter, aber Opfer vor allem!«[50] Zwei historische Linien, die der Band behauptet und in die er den Zweiten Weltkrieg stellt, sollen diese Sicht stützen: Demnach folgt der Krieg einerseits aus einem bis ins Mittelalter zurückreichenden »Vernichtungswillen« der Deutschland umgebenden Mächte, andererseits unmittelbar aus dem Ersten Weltkrieg. Ursache sei das im Buch immer wieder so bezeichnete »Versailler Diktat«, das »Grundübel unseres Jahrhunderts«[51]. Beide Linien treffen sich in der Behauptung dreier Dreißigjähriger Kriege gegen Deutschland, von denen der jüngste im Zeitraum zwischen Beginn des Ersten und Ende des Zweiten Weltkrieges stattgefunden habe.[52] Vor diesem Hintergrund bestreitet oder bagatellisiert der Band Verbrechen der Wehrmacht und verherrlicht deren Kampf.[53] Er knüpft in vollem Umfang an die Kampagne gegen die Ausstellung »Vernichtungskrieg. Verbrechen der Wehrmacht 1941 bis 1944« des »Hamburger Instituts für Sozialforschung« an, deren Thema »absurd«[54] sei und die mehrfach spöttisch als »Heer-Show«[55] bezeichnet wird. In der für seine Beiträge charakteristischen pauschalen Form spricht Schröcke von »deutschen ›Verbrechen‹ zwischen 1933 und 1945«, die »aufgebauscht oder gar erfunden«[56] worden seien. Bemerkenswert sind die Anführungszeichen, mit denen er die Existenz der Verbrechen zusätzlich infrage stellt. In diese schließt Schröcke implizit sowohl Kriegsgeschehnisse als auch den Holocaust ein.

Neben solch offenem Bemühen, das Bild des Dritten Reiches zu dessen Gunsten zu revidieren, geschieht eine subtilere, gleichwohl massive Verharmlosung des Holocausts durch Vergleiche, insbesondere mit dem Schicksal der Heimatvertriebenen.[57] Frey, dessen bagatellisierender Gebrauch des Begriffs dokumentiert ist[58], spricht vom »Vertreibungsholocaust«[59]. Kindl stellt ausdrücklich das von Tschechen nach 1945 begangene Unrecht als bei weitem gravierender dar als jenes des Nationalsozialismus: »Nichts hat man aus dessen Fehlern gelernt. Arm an eigenen Ideen, hat man diese geistlos übernommen und in ihren Auswüchsen hundertmal übertroffen. Hitler hat nie die Deportation der Tschechen nach Sibirien gefordert! Die Erfindung der ›Massenvertreibung‹ blieb Herrn Benesch und ihre Billigung seinem Nachfolger im Amt, dem tschechischen Staatspräsidenten und dem ›Leitbild der samtenen Revolution‹ Václav Havel, vorbehalten.«[60]

Zahlen durch Kriegsfolgen gestorbener Deutscher addierend, kommt Eibicht auf elf Millionen nach dem 8. Mai umgekommene Deutsche. Er stellt diese Ziffer dem Holocaust gegenüber, verbindet sie mit der ›Umerziehung‹ der Deutschen durch die Alliierten und suggeriert so eine dem Massenmord an den Juden vergleichbare, systematische Ausrottung der Deutschen sowie ihrer Kultur: »dies ist das größte Verbrechen, absolut nichts kommt diesem Verbrechen des anhaltenden geistigen Genozids, des anhaltenden geistigen Völkermordes an unserem Deutschen Volke gleich!«[61]

Eine ähnliche Funktion haben Verweise auf historische Völkermorde wie die an Indianern und Armeniern sowie auf das Bombardement deutscher Städte im Zweiten Weltkrieg.[62] Sprachlich relativiert wird der Holocaust zudem durch dem geschichtlichen Kontext entnommene Formulierungen wie »Endlösung« als Bezeichnung eines angeblich geplanten EU-Staates und die Bezeichnung der EU-Integration als (europäischer) »Genozid«[63].

Über die Umdeutung historischer Ereignisse und Begriffe hinaus erklärt der Band die in der Bundesrepublik praktizierte kritische Auseinandersetzung mit der jüngsten deutschen Geschichte generell für illegitim und krankhaft. Er spricht von »einer instrumentalisierten Vergangenheitsbewältigung«[64], »Nationalmasochismus«[65] sowie der »heiligen Dreifaltigkeit (Auschwitz, Schuld und Sühne)« und unterstellt denjenigen, die diese Auseinandersetzung betreiben, egoistische Motive (»eigene Interessen, Privilegien, Pfründe und Machtmißbrauch«).[66] Ihre Ursache wird in der ›Umerziehung‹ durch die Alliierten nach 1945 gesehen, gegen die sich insbesondere der Autor Schröcke, auf plumpe Verschwörungstheorien zurückgreifend, wendet. Wenn er auf »hinter den Regierungen der Sieger stehende Hintergrundmächte, vor allem jene im Bereich der Hochfinanz« verweist, die »Verfügung über die Weltpresse«[67] besäßen, besteht an der antisemitischen Stoßrichtung kein Zweifel, selbst wenn Juden nicht ausdrücklich benannt werden.

Dem Komplex Meinungsfreiheit sind mehrere Kapitel des Bandes gewidmet, er taucht aber auch in anderen Zusammenhängen auf und verbindet sich mit stetig wiederholten Agitationsmustern. Beklagt wird ein von links dominiertes und politisch anders Denkende pauschal vom Diskurs ausschließendes Meinungsklima sowie eine juristische Beschränkung der Betätigungsmöglichkeiten rechter Politiker und Publizisten. Konkret wenden sich mehrere Beiträge gegen den Straftatbestand der Volksverhetzung, der die Leugnung des Holocausts umfasst.[68]

Der Band zeichnet das Bild eines Staates, der geschichtliche Forschung planmäßig verhindere und Meinungen kriminalisiere. Dazu bagatellisiert er einerseits die infrage stehenden Straftaten. Über den rechtsextremistischen Publizisten Udo Walendy beispielsweise heißt es, er sei wegen der »verbotenen Veröffentlichung von den [sic!] Ergebnissen geschichtlicher Forschung«[69] verurteilt worden. Tatsächlich hatte Walendy, seinerzeit Herausgeber der Schriftenreihe *Historische Tatsachen*[70], in mehreren Ausgaben den Holocaust geleugnet und war dafür vom Landgericht Bielefeld wegen Volksverhetzung zur Verantwortung gezogen worden.[71] Andererseits dramatisiert und pauschalisiert der Band staatliche Maßnahmen. Er wendet sich gegen jedwede Repressionen, die Rechtsextremisten in ihrem Wirkungskreis einengen, insbesondere gegen Einschränkungen der Publikationsmöglichkeiten durch Verbot oder Indizierung. So heißt es bei Eibicht: »Alles, was mißliebig ist, dem verordneten und gelenkten Zeitgeist widerspricht, wird unterdrückt, verfolgt, verleumdet, ausgegrenzt, diffamiert und diskriminiert.«[72]

Vor diesem Hintergrund erscheint die Bundesrepublik als diktatorisches System (»realexistierende BRD-Pseudodemokratie«[73], »auf dem Weg in eine Gesinnungsdiktatur«[74], »Meinungsterror«[75]). Vergleiche stützen und verschärfen diese Darstellung: Eibicht zieht eine Parallele zu »Hexenverbrennungen«[76], mehrfach werden Formulierungen gebraucht, die die Bundesrepublik in die Nähe des Nationalsozialismus rücken und diesen zusätzlich relativieren. So werden Repressionen gegen die deutsche Rechte – eine Zentralkategorie der Nürnberger Prozesse aufgreifend – als »Verbrechen an der Menschlichkeit«[77] bezeichnet. Es wird behauptet, Deutschland sei auf dem Weg zur »dritten Diktatur«[78], und somit der Vergleich sowohl zum DDR-Regime als auch zum Nationalsozialismus gesucht. In diesem Zusammenhang steht auch die Formulierung »geistiger Völkermord«[79], mit der die ›Umerziehung‹ Deutschlands durch die (West-)Alliierten bezeichnet wird, in der die Autoren die Wurzel von ›political and historical Correctness‹[80] sowie ›Patriotenverfolgung‹ erblicken. ›Umerziehung‹ meint in diesem Zusammenhang mehr als die Reeducation-Programme der (West-)Alliierten in den frühen Nachkriegsjahren; sie bezeichnet einen fortdauernden Prozess, in dem originär deutsche Wesensmerkmale vernichtet und durch fremde ersetzt würden (»innere Umpolung«[81], »immer stärkere Beseitigung der deutschen Identität«, »Generalangriff auf unsere Wertordnung«[82]).[83]

Das Thema Ausländer steht unter der generellen und sehr offensiv vorgetragenen Prämisse, dass Ethnien räumlich zu trennen seien. Diejenigen, die nicht im ethnischen Sinn Deutsche sind, stellen somit in Deutschland – unabhängig von der Staatsangehörigkeit – stets einen Störfaktor dar. Mit Herder bezeichnet Eibicht Völker als die »Gedanken Gottes« und warnt immer wieder vor einem »Vielvölkergulasch oder Völkerchaos«.[84] Er sieht sich als Protagonist einer »patriotischen Erneuerung«, die neben der Liebe zum eigenen Volk und Vaterland die Achtung anderer Völker einschließe.[85]

Die Forderung nach ethnisch homogenen Räumen wird kulturell und biologistisch begründet. Eine offen biologistische Sicht vertritt der Autor Helmut Schröcke. Er geht von genetisch festgelegten »Systemeigenschaften« der Völker aus wie »Sprache, Kultur, Volkscharakter, Volksseele, Werthierarchie« und folgert: »Wenn durch Vererbung sowohl körperliche als auch nichtkörperliche Eigenschaften weitergegeben werden können und bei den Nachkommen mit verschiedener Stärke hervortreten können, so folgt, daß bei Völkervermischungen gegensätzliche Eigenschaften weitergegeben werden können und dann in Individuen in Erscheinung treten. Die Psychologie kennt ›gespaltene Naturen‹ schon immer. Durch Völkervermischung tritt also nicht ein mittlerer Ausgleich extremer Eigenschaften ein, sondern die Variationsbreite vermehrt sich, die Labilität und Unberechenbarkeit nehmen sowohl bei Individuen als auch bei Völkern zu. Es entsteht ein Merkmalsbrei, der Extreme enthält, aber keineswegs eine Rückbildung zu ausgeglicheneren Urformen vor der Ausbildung unterscheidbarer Populationen. Es entsteht also im Sinne der Evolution nichts Besseres, sondern eher Schlechteres.«[86] Auch der für das Buch zentrale Begriff der Überfremdung ist teils kulturell, teils biologistisch gefüllt. Meist wird beides nicht unterschieden.[87] Eine stärker theoretisch fundierte Argumentation, die an Neurechte wie Henning Eichberg (›Ethnopluralismus‹) oder Alain de Benoist anschließt, taucht im Band nicht auf.

Gängig sind rechtspopulistische Agitationsmuster, zu denen die Behauptung, es gebe eine anhaltende »Masseneinwanderung« nach Deutschland, und die apodiktische Feststellung zählen, »Scheinasylanten« und »Illegale« hätten »hier nichts zu suchen«.[88] Sie fielen »dem deutschen Steuerzahler zur Last«[89] und Deutschland dürfe sich nicht zum »Sozialamt der Welt«[90] machen lassen. Ohne nähere Erläuterung kolportiert Eibicht die Darstellung, »Ausländer und Hunderttausende Illegale im Lande (seien) mit allerlei Vorrechten ausgestattet«[91]. Des Weiteren behauptet er ohne Beleg, Ausländer trügen in Deutschland »weit überdurchschnittlich« zur Kriminalität bei. Die Politik habe »Deutsche vor den Gefahren zu bewahren, die durch Ausländer verursacht werden«. Insbesondere dürfe sie die deutsche Staatsbürgerschaft ethnisch Nichtdeutschen nicht verleihen, da sie damit die Möglichkeit zur Abschiebung verliere.[92]

Der Prozess der Europäisierung, ein weiteres Zentralthema des Bandes, erscheint als Versuch umliegender Mächte (vor allem Frankreichs und Großbritanniens), wirtschaftliche und politische Kontrolle über Deutschland zu wahren. Er setze somit deren angebliche, jahrhundertealte antideutsche Politik fort. Der Band überspitzt die faktische Kompetenzminderung der EU-Staaten zu Gunsten der Unionsgremien zum vollständigen Verlust der souveränen Rechte Deutschlands sowie seiner Identität. Schlee hält Deutschland daher für ein »besetztes, kontrolliertes Land«[93], Schröcke spricht – wiederum in besonders dramatischem Duktus – von: »Auflösung und Zerstörung unseres Staates und unseres Volkes in der soge-

nannten Europäischen Union (...). Durch Niederlassungs-
freiheit, Freizügigkeit, Abschaffung aller kontrollierbaren
Grenzen und Aufgabe aller Souveränitäts- und Hoheitsrechte,
durch die nachvollzogene marxistische Egalisierung der Völker Europas, soll mit der Errichtung der ›Vereinigten Staaten
von Europa‹ das Deutsche Volk beseitigt werden.«[94] Im Besonderen schließt sich der Band der Kampagne gegen die
Euro-Währung an. Ausführlich nimmt Eibicht im ersten Kapitel gegen die neue Währung Stellung. Dort kombiniert er die
skizzierte genuin rechtsextremistische Sicht auf EU und Euro
mit einer Vielzahl kritischer Stimmen angesehener Persönlichkeiten. Diese Zitate, die eine vorbehaltlose Analyse des
Themas suggerieren, dienen somit nicht einer Auseinandersetzung in der Sache, sondern der Untermauerung ideologisch
bedingter EU-Ablehnung durch Versatzstücke aus seriösen
Quellen. Als eine solche Quelle tritt die renommierte französische Tageszeitung *Le Figaro* auf, deren polemische Feststellung
»Maastricht, das ist dasselbe wie der Versailler Vertrag – ohne
Krieg« auch Schlee in zwei Beiträgen zustimmend zitiert.[95]
Äußerungen zu Strategiefragen bleiben in dem untersuchten
Band oberflächlich. Neuere, stärker theoretisch fundierte strategische Ansätze spricht er zwar zustimmend an, berührt sie
aber lediglich am Rande. Dies gilt für das Konzept der kulturellen Hegemonie und die Ausprägung autonomer Strukturen,
die mit dem Begriff der ›national befreiten Zonen‹ verbunden
ist. So begrüßt Eibicht Bemühungen um eine Gegenkultur
von rechts (»im vorpolitischen Raum das Verständnis für eine
nationale Politik wecken«[96]) sowie solche um die Themenset-
zungs- und -deutungsmacht (»Wir sind dabei, die politische
Lufthoheit zurückzugewinnen«[97]). Die Kürze, in der er sich
mit beidem auseinander setzt, zeigt aber, dass ihm ein Verständnis für bewegungsförmige Politikansätze fehlt. In den
Beiträgen der übrigen Autoren tauchen sie erst gar nicht auf.
Als zentrales Feld, auf dem Einfluss zu gewinnen sei, sieht
der Band die Parteipolitik: »Eine Präsenz im Deutschen Bundestag ist von entscheidender, weil die Dinge grundsätzlich

verändernder Bedeutung.«[98] Die mit Nachdruck propagierte Einheit der Rechten steht vorrangig für das Ziel, die Konkurrenz rechtsextremistischer Parteien zu überwinden, um so Parlamentsmandate zu erringen. Dass Eibicht dieses Motiv bereits im Vorwort ausführlich einführt, zeigt die Wichtigkeit, die er ihm beimisst. Dasselbe gilt für Schärfe und Pathos im Ausdruck: »Die Deutsche Rechte hat in Wahrheit nur einen ernstzunehmenden Feind, dies ist der Feind im Innern, in den eigenen Reihen, die entsetzliche Uneinigkeit, der blanke Egoismus der einzelnen Lager. (…) Die Geschichte wird die Deutsche Rechte nicht fragen: warum hattet ihr keinen Erfolg? Sie wird vernichtend über die Erfolglosigkeit der Deutschen Rechten urteilen. Wenden wir unser Schicksal!«[99] Zu dieser Einheitsrhetorik steht die Tatsache im Widerspruch, dass sich Eibicht in diesem Band kompromisslos für die DVU einsetzt und andere Parteien an keiner Stelle positiv erwähnt. Immer wieder behauptet er ein beträchtliches Wählerpotenzial für eine geeinte rechtsextremistische Partei, das die Summe der derzeitigen Stimmen bei weitem übersteige. Ohne eine empirische Basis zu nennen, veranschlagt er dieses Potenzial vage mit »15 %, 20 % bis zu einem Drittel des Deutschen Volkes«. In diesem Sinne spricht Eibicht von einer im Zuge von ›Political Correctness‹ und ›Patriotenverfolgung‹ entstandenen »politischen Zweidrittelgesellschaft«.[100]

Häufige praktische Empfehlungen zur Taktik kreisen um ein seriöses, verfassungstreues Erscheinungsbild der Rechten, die auf diese Weise möglichst wenig Angriffsfläche bieten soll. Zu diesen Hinweisen zählt etwa,

– nicht auf historisch belastete Personen Bezug zu nehmen;
– Formulierungen zu vermeiden, die als Kollektivismus zu verstehen sind (z. B. »Du bist nichts, Dein Volk ist alles«);
– politische Forderungen von der Revision der Zeitgeschichtsschreibung zu trennen;
– Personen zu zitieren, die sich der Rechten nicht zuordnen lassen;
– möglichst zu Juden nicht Stellung zu nehmen;

– sich mit dem einschlägigen Strafrecht vertraut zu machen;
– möglichst unter Berufung auf das Grundgesetz zu argumentieren;
– in der Öffentlichkeit seriös aufzutreten;
– keine Verbindung zu im Ausland tätigen Rechten zu unterhalten, die nach deutschem Recht strafbare Positionen vertreten.[101]

Zu den Forderungen Eibichts zählt ferner die klare Abgrenzung von Neonazis. Ohne diese Gruppen beim Namen zu nennen, bringt er dies mit seiner Kritik an der »Fundamentalopposition« zum Ausdruck sowie an Personen, »die durch ihr Verhalten die Gruppe gefährden oder in der Öffentlichkeit diskreditieren. (…) Zu trennen hat man sich vor allem von Personen, die verfassungsfeindliche Meinungen äußern.«[102] Er spricht vom »sektiererischen Narrensaum« mit Programmen, »die einer längst untergegangenen Zeit entstammen und nicht mehr wiederholbar sind; auch weil es nicht wünschenswert ist«[103]. Diese scharfe Distanzierung von Neonazis steht in krassem Widerspruch zu Eibichts Kontakten zu Aktivisten wie Jürgen Rieger und Friedhelm Busse sowie seiner Präsenz in einschlägigen Periodika (siehe 4.2). Wenngleich ihn habituelle Gegensätze vom jugendlichen Neonazismus, insbesondere von der Skinhead-Subkultur, trennen, ist die verbale Abgrenzung vorrangig als taktische Maßnahme zu verstehen.

Serviceleistungen bietet der Band nicht. Dies ist im Wesentlichen den Eigenschaften des Mediums Buch geschuldet, das einer längeren Erarbeitungs- und Produktionsphase bedarf und daher für die Verbreitung aktueller Informationen (etwa Veranstaltungshinweise) nicht geeignet ist. Als Träger nicht so schnelllebiger Servicehinweise (z. B. Adressen) käme der Anhang in Betracht, die dort enthaltenen Materialien erfüllen diese Funktion jedoch nicht. Der Band ist als gewichtiges, über den Tag hinaus gültiges Werk konzipiert, ein betont serviceorientierter Anhang hätte ihm stattdessen eher Handbuchcharakter verliehen.

4.5 Symbolische Integration

Gleichrangige integrationsstiftende Zentralbegriffe des untersuchten Bandes sind einerseits die drei nahezu synonym gebrauchten Wortfelder Deutschland, Volk und Nation als Bezeichnungen des ideologischen Fokus. Hinzu treten die Begriffe rechts und – etwas weniger häufig – Patriotismus, die den eigenen Standpunkt benennen. Bemerkenswert ist zudem der ambivalent verstandene Schlüsselbegriff Demokratie.

Deutscher im Sprachgebrauch des Bandes ist, wer dem deutschen Volk beziehungsweise der deutschen Nation angehört. Alle beteiligten Autoren machen unmissverständlich deutlich, dass sich diese Zugehörigkeit allein ethnisch bestimmt. Anders lautende Verständnisse, insbesondere der Nation, weisen Eibicht und Schröcke nachdrücklich zurück.[104] Die Nation gilt als »Abstammungs- und Vererbungsgemeinschaft«[105] oder in einem nicht ausschließlich biologischen Sinne als »Schicksalsgemeinschaft«[106]. Eine Nationszugehörigkeit durch Willensentscheidung des Individuums ist daher nicht möglich. Vielmehr ist dieses durch die Nation unwiderruflich geprägt, die nationale Identität der bestimmendste Faktor menschlicher Existenz (»Das Nationale ist das eigentlich Humane«[107]). Das Nationale ist eine nur begrenzt rational zugängliche Kategorie, es entspricht, so Eibicht, nicht nur den Interessen des Menschen, sondern auch ihren »ursprünglichsten Empfindungen«[108]. Mittelpunkt aller Politik sei »die Durchsetzung nationaler Interessen«[109], was impliziert, die Deutschland Regierenden verfolgten stattdessen die Interessen auswärtiger (im Falle der USA nach Carl Schmitt »raumfremder«[110]) Mächte.

Der Begriff Volk taucht häufig in der Verbindung ›Volk und Vaterland‹ auf, die ebenfalls ethnisch homogene Einheiten voraussetzt sowie an die NS-Wendung ›Führer, Volk und Vaterland‹ erinnert. In ›Volk und Vaterland‹, so Schlee, sei der Mensch ebenso »gottgewollt und schicksalhaft« hineingeboren wie in ›Rassen‹.[111] Der historisch besetzte Begriff der Volksgemeinschaft ist häufig, wird aber stets mit relativierenden Bemerkungen zu den Rechten des Individuums versehen (»selbstverständlich nur auf den Menschenrechten basierende eigene Volksgemeinschaft, die nur in der Achtung auch vor allen anderen Volksgemeinschaften erfahren werden kann«[112]). So bleibt der Begriff in der Spannung zwischen dem ihm durch seine historische Herkunft innewohnenden kollektivistischen Gehalt und der hinzugefügten Distanzierung vom Kollektivismus. Im untersuchten Band steht er in einem Kontext, in dem Hinweise auf Kollektive zahlreich sind, die das Individuum prägen, an Bedeutung überragen und in deren Dienst es sich zu stellen habe. Auch der Bezug auf die Menschenrechte ist prekär. Er oszilliert zwischen dem üblichen Verständnis als individuelle Rechte im Sinne der Erklärung der Menschenrechte durch die Vereinten Nationen und dem eines angeblichen naturrechtlichen Anspruchs des Menschen auf nationale (ethnische) Zugehörigkeit und räumliche Trennung von anderen Ethnien. Die nationale Identität wird somit als grundlegendstes aller Menschenrechte verstanden. Besonders deutlich macht dies der Autor Harald Kindl, der die Menschenrechte respektive Grundrechte an ein übergeordnetes »Sittengesetz« bindet. Diesem zufolge habe sich das Individuum »den Pflichten der Gemeinschaft zu unterwerfen. Dazu gehört ohne Zweifel die Achtung und das Eintreten für das Selbstbestimmungsrecht seines Volkes.«[113]

Ähnlich zentral wie der Bezug auf die Nation und inhaltlich mit ihm eng verbunden ist der Begriff Patriotismus. Gemeint ist kein Verfassungspatriotismus im Sinne Dolf Sternbergers – nach republikanisch-französischem Vorbild und ohne ethnische Komponente (Jürgen Habermas griff die Formulierung im »Historikerstreit« auf) –, auch wenn sich Eibicht und Schlee positiv auf Sternberger beziehen.[114] Der Begriff Patriotismus ist für Eibicht Projektionsfläche der unwillkürlichen Eingebundenheit in Volk, Nation und Vaterland, deren Geschichte, Traditionen und Werte er in positivem Licht erscheinen lässt. Zudem bezeichnet der Begriff die emotionale Verbundenheit des Einzelnen mit diesen Kollektiven.[115] Wiederholt grenzt Eibicht Patriotismus allerdings von einem »undifferenzierten Nationalismus« und »Chauvinismus« ab, gesteht aber ein, dass die Grenze fließend sei.[116] Ein solcher Patriotismus zählt für Eibicht ebenso zu den Grundbedürfnissen des Menschen wie die Bindung an die Nation; seine Konkretisierung in politischen Kräfteverhältnissen lasse sich allenfalls verzögern (durch ›Patriotenverfolgung‹), nicht aber unterbinden. Eibicht frei nach Honecker: »Den Patriotismus in seinem Lauf hält weder Ochs noch Esel auf.«[117]

Der Begriff Demokratie zählt zu den am häufigsten benutzten und schillerndsten des Bandes. Er steht im Zentrum von Eibichts Argumentation und Strategie, den deutschen Rechtsextremismus als seriösen und legitimen Pol der politischen Landschaft auszuweisen. Gleichzeitig fordert er von der Rechten ein Bekenntnis zur Demokratie ein. Der Begriff Demokratie, wie er in dem untersuchten Band gebraucht wird, ist jedoch ambivalent, da er unausgesprochen auf unterschiedlichen Ebenen – einer formalen und einer ideellen – verwandt wird und die Autoren sich mit verschiedenen Akzenten auf ihn beziehen. Auf der formalen Ebene reduziert Eibicht Demokratie auf »eine Vorschrift zur Ermittlung und Legitimation der Staatsgewalt durch Wählerentscheid«[118]. Damit setzt er sich – bewusst oder unbewusst – vom grundgesetzlich verankerten Demokratieprinzip ab, das deutlich über eine »Verfahrensvorschrift«[119], als die Eibicht Demokratie bezeichnet, hinausgeht.[120] Gleichwohl beruft sich Eibicht auf das Grundgesetz, äußert sich ausdrücklich zustimmend zur Freiheitlich-Demokratischen Grundordnung sowie zum repräsentativ-parlamentarischen System. Bei entsprechenden Mehrheitsverhältnissen, so schreibt er, ließen sich die zentralen Anliegen der Rechten innerhalb des grundgesetzlichen Spielraumes verwirklichen.[121] Andere Autoren des Bandes gehen deutlich auf Distanz zur Verfassung und ihren Grundlagen. So erscheint das Grundgesetz bei Schlee als von den USA diktiertes Regelwerk, dem die deutsche Bevölkerung, wäre es zur Abstimmung vorgelegt worden, die Zustimmung verweigert hätte.[122] Die Gleichheit der Menschen, zentrale normative Grundlage der Verfassung[123], wird in erster Linie von Schröcke massiv bestritten.[124]

Auf einer ideellen Ebene verbindet Eibicht Demokratie mit der Hinwendung zu Volk und Nation. So ist seine mehrfach wiederholte Bemerkung zu verstehen, die demokratische, nationale und soziale Frage seien eine »unauflösbare Einheit«[125]. Ohne Patriotismus – Synonym für das Aufgehen des Individuums in der ethnisch bestimmten Nation – sei Demokratie nicht lebensfähig. Im Duktus des Bandes bedeutet dies, dass Demokratie nur in ethnisch homogenen Staaten verwirklichbar ist. In einem konkreteren Sinne verwendet Eibicht Demokratie als Gegenbegriff zur Bundesrepublik Deutschland. Diese sei eine »Pseudodemokratie«, es seien »Demokratieverfälscher und Demokratiefalschmünzer« am Werk, das System trage »quasitotalitäre und quasidiktatorische Züge«.[126] Schlee sieht – verfassungsrechtlich abwegig – eine Entwicklung, die die Deutschen zur Wahrnehmung des Widerstandsrechts nach Artikel 20 GG berechtigen könnte.

Das eigene Lager wird bereits im Titel des Bandes und in seinen Beiträgen durchgängig als ›die Rechte‹ bezeichnet. Rechts tritt insofern als dessen begriffliche Integrationsbasis auf. ›Die Rechte‹ bezeichnet die – wenn auch, wie Eibicht betont, heterogene – Gesamtheit des deutschen Rechtsextremismus, selten werden jedoch konkrete Personen oder Gruppen – mit Ausnahme der DVU – ausdrücklich als rechts bezeichnet. Die im Bundestag vertretenen Parteien werden generell von der Rechten unterschieden, allerdings werden Einzelpersonen dieser Parteien dem eigenen Lager zugerechnet (insbesondere Lummer, siehe 4.1 und 4.4). Noch konkreter geht eine integrierende Wirkung von der Begriffskombination rechts und demokratisch aus, die das Lager bezeichnet, dem Eibicht sich im engeren Sinne verbunden fühlt. Als Paradebeispiel einer solchen »demokratischen Deutschen Rechten« präsentiert er die DVU, lässt aber im Unbestimmten, wo die

Grenzen dieses Spektrums verlaufen, und unterscheidet es nur vage – ohne Personen oder Gruppen zu nennen – von einem »rechten Narrensaum«[127].

Weitgehend deckungsgleich mit der Rechten ist für Eibicht das nationale und patriotische Lager. Offenbar wegen der positiveren Konnotation dieser – inhaltlich nicht erkennbar unterschiedenen – Begriffe ist der Band eher geneigt, sie mit konkreten Namen zu verbinden. Als patriotisch respektive national werden sowohl Personen bezeichnet, die sich der Alten Rechten zuordnen lassen (z. B. Emil Schlee, Gerhard Frey), als auch Vertreter der Neuen Rechten (Hans-Dietrich Sander, Hellmut Diwald), jedoch keine außerhalb des eigenen Lagers stehenden Personen. Dies bestätigt die unbestimmte Rede von »nationalen und konservativen Kräften«[128], die die Nationalen von punktuell mit diesen übereinstimmenden, gemäßigter auftretenden Akteuren absetzt. Gleichwohl wird diese Differenz – um nicht unnötig Trennendes zu betonen – nicht weiter expliziert. Gängig ist ferner die Bezeichnung des eigenen Lagers als »nationale Opposition«[129], die impliziert, Unterschiede zwischen den im Bundestag vertretenen Parteien seien nicht mehr erkennbar, die Rechte somit der einzige tatsächliche Kontrapunkt zur Regierungspolitik.[130]

Identitätsstiftende Wirkung dürfte ferner von der aggressiven Agitation gegen politische Gegner ausgehen. Als solche werden pauschal die politisch Verantwortlichen der Bundesrepublik gekennzeichnet (»Bonner Machthaber«, »außer Rand und Band geratene politische Klasse«[131]). Grenzen zwischen der Regierung, den sie tragenden Fraktionen und der parlamentarischen Opposition lässt der Band bewusst verfließen. Schröcke bezeichnet SPD, Union und FDP als »Lizenzparteien«[132], bezieht sich damit nicht nur auf die Umstände ihrer Gründung nach 1945, sondern suggeriert, sie ständen bis heute unter dem Diktat der Kriegsalliierten. Ausnahmslos gelten die Bundestagsparteien als etabliert; als dynamische Kräfte, die willens und in der Lage sind, den Status quo deutlich zu verändern, erscheinen somit nur die Rechtsparteien, insbesondere die DVU. Eine massive Frontstellung baut der Band ferner gegen die Medien auf (»Schurkentum in den Medien«[133], »Medien-Mafia«[134]), denen somit vorgeworfen wird, planmäßig, mit kriminellen Methoden und unmoralischen Motiven gegen die Rechte vorzugehen. Der Begriff einer rechten Bewegung kommt im untersuchten Band nicht vor. Dies ist keineswegs zufällig, sondern hängt mit der Fixierung Eibichts und der Koautoren auf Parteipolitik zusammen. Auf ihren eng begrenzten Zugang zu vorpolitischen, außerparlamentarischen und/oder metapolitischen Konzepten wurde bereits hingewiesen.[135]

Darüber hinaus tauchen Begriffe auf, die gezielt gegen den üblichen medialen Sprachgebrauch verstoßen und von denen eine integrierende Wirkung zu vermuten ist. Dies gilt für den häufig verwandten Begriff Mitteldeutschland als Bezeichnung der fünf neuen Bundesländer, der immer wieder ausdrücklich von Ostdeutschland abgegrenzt wird, der die ehemaligen deutschen Ostgebiete meint und ihre fortdauernde Zugehörigkeit zu Deutschland impliziert.[136] Ferner benutzt der Band die überwiegend als diskriminierend empfundenen und somit in der Mediensprache seltenen Bezeichnungen ›Neger‹ und ›Tschechei‹.

Weiteres Instrument der sprachlichen Integration ist ein insbesondere von Eibicht exzessiv betriebenes ›name dropping‹. Eine Nähe zu Personen in- und außerhalb der Bewegung wird einerseits durch ausführliche Zitate hergestellt, die in inhaltlichem Zusammenhang zu den Ausführungen stehen. Darüber hinaus wird häufig, mitunter beiläufig, auf Äußerungen verwiesen, deren Beziehung zur eigenen Argumentation konstruiert wird, um diese Argumentation als durch Autoritäten oder politische Gegner abgesichert erscheinen zu lassen. So zitiert Eibicht Karl Jaspers' Formulierung der »Parteienoligarchie«[137] und suggeriert, dieser sehe – wie der Herausgeber – in der Bundesrepublik eine Pseudodemokratie, in der rechte Gruppen planmäßig vom politischen Prozess ausgeschlossen würden. Ähnlich bedient er sich Johan

Galtungs Begriffs der »strukturellen Gewalt«[138]. Auch (zeit-) geschichtliche Personen werden in dieser Weise vereinnahmt (z. B. Immanuel Kant, Friedrich Schiller, Albert Schweitzer, Papst Johannes Paul II.). Seltener tauchen Namen auf, die das Publikum polarisieren: Dies gilt jedoch für Rosa Luxemburg und ihr von Eibicht zitiertes Wort »Die Freiheit ist immer die Freiheit des Andersdenkenden«[139], mit dem er sich als politisch konträren Positionen gegenüber offen darstellt und ›Patriotenverfolgung‹ attackiert.

4.6 Professionalität

Der untersuchte Band ist das Erstlingswerk des »Kyffhäuser-Verlages«, der – wie zahlreiche Kleinverlage – als Ein-Personen-Betrieb arbeitet. Mit dem eigenen Unternehmen verbindet Eibicht die Hoffnung, höhere Gewinne aus seinen Büchern zu erzielen als die von früheren Verlegern gewährten – branchenüblichen – Herausgebermargen von maximal zehn Prozent des Umsatzes. Entgegen diesen Erwartungen arbeitet der »Kyffhäuser-Verlag« im Sommer 1999 – ein Jahr nach Erscheinen des Bandes – defizitär. Das Buch hat die kommerziellen Ziele Eibichts bei weitem nicht erfüllt: Dessen Angaben zufolge sind von 2500 gedruckten Exemplaren im August 1999 lediglich 600 zum Handelspreis von 49,80 Mark verkauft, die aufgewandten Investitionen von 30 000 Mark somit nicht gedeckt. In der Konsequenz können Nachfolgeprojekte nicht verwirklicht werden: Der Sammelband *Der Vertreibungs-Holocaust*, den Eibicht Anfang 2000 gemeinsam mit der österreichischen Publizistin Anne Hipp herausgegeben hat, erscheint wieder im »DS-Verlag«.[140]

Ökonomische Startprobleme allein lassen nicht auf mangelnde Professionalität des jungen Verlages schließen, der nicht wie traditionsreiche rechtsextremistische Unternehmen (z. B. »Grabert«-/»Hohenrain-Verlag«, »Verlagsgesellschaft Berg«) auf einen festen Kundenstamm oder wie parteige-

Seriosität und Geschichtsbewusstsein soll das gediegene Erscheinungsbild des Eibicht-Bandes signalisieren. Den Umschlag prägt
das Denkmal Kyffhäuser, nach dem der Verlag benannt ist.

bundene Verlage (z. B. »FZ-Verlag«, »DS-Verlag«) auf die Mitglieder als Käuferpotenzial zurückgreifen kann.[141] Neben finanziellen Gesichtspunkten soll das eigene Unternehmen Eibichts publizistischen Gestaltungsspielraum erweitern, insbesondere Auseinandersetzungen wie die vorangegangenen mit dem Verleger Roland Bohlinger (»Hutten-Verlag«) vermeiden helfen.[142]

Durch seine – wenngleich lange zurückliegende – Ausbildung zum Verlagskaufmann (bis 1971) sowie die Herausgeberschaft mehrerer vorangegangener Sammelbände verfügt Eibicht über hinreichende Sachkenntnis und Erfahrung, um eine professionelle publizistische und verlegerische Betreuung des Bandes zu gewährleisten. Der rund einjährige Prozess vom Konzept bis zur Auslieferung orientiert sich im Wesentlichen an der Entstehung der vorangegangenen Bücher des Herausgebers: Mitte 1997 entwirft er das Konzept, das zu diesem Zeitpunkt eine Alleinveröffentlichung vorsieht. In den folgenden Wochen modifiziert er diese Planung und fordert Beiträge von Fremdautoren an. Diese liegen bis Anfang 1998 vor; eine Redaktionsphase, in der den Autoren Änderungen vorgeschlagen wird, gibt es nicht. Das Endmanuskript ist im Frühjahr fertig gestellt; nach Satz und Druck in einem norddeutschen Unternehmen wird der Band im August 1998 ausgeliefert. Es schließt sich eine Phase intensiver PR-Bemühungen an, die dem Buch eine breite Öffentlichkeit innerhalb der Bewegung von rechts, aber nur wenig Resonanz außerhalb derer verschaffen. Eibicht hat rund 500 Werbebriefe, insbesondere an alle Periodika des ›nationalen Lagers‹, sowie 300 Freiexemplare verschickt. Rezensionsexemplare erhalten auch große nicht rechte Medien (z. B. *Spiegel, Stern*), mitunter werden diese Redaktionen mehrfach beliefert. Auch von den zu erwartenden, dezidiert kritischen Besprechungen dieser Medien verspricht sich Eibicht offenbar einen erheblichen Aufmerksamkeits- und letztlich Werbeeffekt. Anzeigen in namhaften Periodika schaltet er aus Kostengründen nicht.[143]

Das recht großflächige Format 16 x 23 cm und der aufwändige rote Leineneinband geben dem Buch ein hochwertiges äußeres Erscheinungsbild. Auch die Druckqualität lässt keine gravierenden Mängel erkennen. An der optischen Gestaltung sind nach Eibichts Darstellung zwei professionelle Grafiker beteiligt. Wie bei vielen, insbesondere kleineren Verlagen aus Kostengründen üblich, ist ein Lektorat des Bandes ebenso wenig erfolgt wie die Überarbeitung durch einen externen Korrektor. Auch der Herausgeber nimmt eine gründliche Korrektur offenkundig nicht vor, was zu erheblichen formalen Mängeln wie Druck- und Satzfehlern führt, auf Grund derer der Band in dieser Hinsicht professionellen Standards nicht genügt.[144]

Typo- und Orthografiefehler sind im ganzen Band häufig, hierzu zählen auch offensichtliche Versehen, die bei Durchsicht leicht hätten beseitigt werden können. So sind Eigennamen mitunter falsch geschrieben; der Völkerrechtler Otto Kimminich taucht gar in drei Schreibweisen auf (Kimminich, Kimminch, Kimmnich), so dass sich der korrekte Name am Text nicht feststellen lässt. Inkonsequent ist der Band, was das zu Grunde gelegte Regelwerk betrifft: Nahezu vollständig basiert er auf der alten Rechtschreibung, ein Beitrag des Autors Schlee orientiert sich dagegen – höchst fehlerhaft – an den aktuellen Regeln. Inkonsequent sind ferner die Verwendung beispielsweise von Fußnoten- und Anführungszeichen, Kursivsatz sowie die Zitation; häufig werden innerhalb eines Beitrags keine einheitlichen Festlegungen eingehalten. Auch der Satz verstößt verschiedentlich gegen professionelle Standards.[145] Manche der Texte im Anhang sind von Schriftgröße und Wiedergabequalität her schwer lesbar. Dazu trägt bei, dass die Faksimileseiten nicht – wie bei einem Band dieser Preiskategorie üblich – auf höherwertigem Papier gedruckt sind.

Auch die Provenienz und der Entstehungszeitpunkt mehrerer Beiträge sind unter Professionalitätsgesichtspunkten problematisch. So basieren sechs vom Herausgeber verfasste Kapitel vollständig oder in Teilen auf Beiträgen, die früheren Publikationen – zum Teil unverändert – entnommen sind.[146]

Darüber hinaus sind drei Fremdbeiträge (beide Frey-Texte, einer der Schröcke-Aufsätze) bereits in vorangegangenen Eibicht-Sammelbänden, einer der Schlee-Beiträge in der rechtsextremistischen Wochenzeitung *Der Schlesier* erschienen[147]. Das Buch besteht somit zu beinahe der Hälfte aus vorveröffentlichten Teilen (einschließlich DVU-Programm und Anhang). Ein weiterer Text des Autors Schlee ist durch den Untertitel »Zur Lage unseres Volkes 1991« erkennbar älteren Datums.

Der Band zeichnet sich ferner durch ein ungewöhnlich hohes Maß an Redundanz aus. Besonders frappant sind wörtliche Zitate, die mehrmals angeführt werden. An einer Stelle wird bereits ausführlich referiertes Zahlenmaterial wiederholt. Hinzu kommen die zahlreichen längeren Zitate aus dem DVU-Programm, das der Band auch im Volltext umfasst. Redundante Passagen pflegt Eibicht mit bezeichnenden Wendungen einzuleiten wie »um es zu wiederholen, weil man es nicht oft genug wiederholen kann«[148].

Redundanz und hoher Anteil vorveröffentlichter sowie älterer Beiträge lassen sich dadurch erklären, dass der Band unter Zeitdruck vor der Bundestagswahl auf den Markt gebracht worden ist, um schnellen wirtschaftlichen Erfolg und öffentliche Aufmerksamkeit zu erzielen. Hinzu kommt, dass er vermutlich mit begrenztem Aufwand eine Opulenz erhalten sollte, die ihn buchstäblich als gewichtiges Werk ausweist.

4.7 Fazit

Der von Rolf-Josef Eibicht herausgegebene und verlegte Band *Deutschlands Rechte. Ordnungs- und Gestaltungsauftrag* stellt sich bereits im Titel als Grundlegung rechter Politik dar und signalisiert über den Tag hinausreichende Gültigkeit durch Opulenz, Format und aufwändigen Einband. Neben dem umfangreichen Herausgeberanteil umfasst das Buch Beiträge von vier Fremdautoren, die ihm zusätzliche Autorität und den

Anschein von Pluralität verleihen sollen. Das breite politische Spektrum, das der Herausgeber in früheren Bänden versammelt hat, wird durch die offenkundig der Alten Rechten zuzurechnenden Mitverfasser jedoch nicht repräsentiert.

Das Buch markiert den ideologischen Rahmen, in dem sich die Rechte bewegen solle, und expliziert argumentative Strategien. Die Autoren gehen auf nahezu alle gängigen rechtsextremistischen Ideologeme ein und knüpfen an aktuelle Kampagnen an. Besonders eingehend befassen sie sich mit den Komplexen Meinungsfreiheit, Ausländer und Antieuropäisierung. Vorrangiges strategisches Ziel ist die Präsenz einer geeinten demokratischen rechten Partei, die Eibicht zu diesem Zeitpunkt eng mit der DVU verbindet, im Bundestag. Ein Zugang zu bewegungsförmigen Politikkonzepten fehlt den Verfassern dagegen weitestgehend.

Diskurstaktisch orientiert sich Eibicht an den selbst vorgegebenen Argumentationsstrategien, die der Rechten ein seriöses Profil verleihen und Wahlchancen erhöhen sollen. Die Gastautoren bedienen sich eines konventionelleren rechtsextremistischen Jargons. Integration stiften die Bezeichnung des eigenen Lagers als rechts sowie die Begriffsfelder Deutschland, Volk und Nation, die ausdrücklich in ethnischem Sinne verstanden werden. Eibicht verbindet diese Kategorien mit einem ambivalent gebrauchten Begriff von Demokratie. Die vielfach pathetische, appellatorische Sprache unterstreicht den manifestartigen Charakter des Bandes.

Eibicht verfügt über umfangreiche publizistische Erfahrung und adäquate formale Qualifikationen. Gleichwohl lässt das Buch deutliche Professionalitätsdefizite erkennen: Dies gilt insbesondere für die Vielzahl an Orthografie-, Interpunktions- und Satzfehlern, die auf eine nachlässige redaktionelle Bearbeitung schließen lassen. Hinzu kommen ein hohes Maß an Redundanz und ein hoher Anteil vorveröffentlichter Beiträge. Die Verkaufseinnahmen des Bandes decken die Produktions- und Werbekosten nicht, was auch auf Startschwierigkeiten von Eibichts »Kyffhäuser-Verlag« zurückzuführen ist.

5. Junge Freiheit

Das professionelle Scharnierorgan

Die Feststellung, die Neue Rechte leiste einer »Erosion der Abgrenzung«[1] zwischen demokratisch-konservativem und rechtsextremistischem Spektrum Vorschub, belegen Wissenschaft und Verfassungsschutzbehörden meist mit dem Verweis auf die Wochenzeitung *Junge Freiheit* (JF). Das Berliner Blatt zählt zu den bedeutendsten Scharnierorganen der Bewegung: Sprachlich, thematisch und optisch setzt es auf ein modernes Erscheinungsbild, das die Zeitung von der Alten Rechten unterscheidet und ihr Leser jenseits des Rechtsextremismus erschließen soll.[2]

5.1 Entwickung

Die 1986 in Kirchzarten bei Freiburg gegründete *Junge Freiheit* hat einen bemerkenswerten Professionalisierungsprozess durchlaufen, der mit Schüben verbaler Mäßigung einhergeht. Diesen Veränderungsprozessen steht die Konstante des Blattes in Person des Chefredakteurs Dieter Stein gegenüber, maßgeblicher Mitbegründer der Zeitung, stets ihr publizistischer Kopf und inzwischen auch geschäftlich hauptverantwortlich. Unverändert geblieben ist auch der Titel »Junge Freiheit«, der sich in verschiedene Richtungen interpretieren lässt: JF-Mitarbeiter Martin Otto sieht ihn als Verweis auf die anfängliche »Zugehörigkeit zur FVP« (»Freiheitliche Volkspartei«); der Begriff Freiheit stehe aber vor allem als Einführung eines Leitmotivs der Zeitung im Sinne Max von Schenkendorfs »Freiheit, die ich meine«.[3] Helmut Kellershohn weist hingegen auf das spezifische Begriffsverständnis hin, auf das im Titel Bezug genommen werde: das eines »freiheitlichen Konservatismus«, der nicht die Entfaltung des Individuums in den Vordergrund rücke, sondern dessen Bindung an übergeordnete Werte und Gemeinschaften (insbesondere Familie und Nation). Auch das im Titel angesprochene Wortfeld jung sieht Kellershohn in dieser Tradition, insofern als Antibegriff zum »alten«, »im Sterben begriffenen« liberalen System, das in einem revolutionären Prozess durch erhaltenswerte, naturgemäße, »junge« Zustände ersetzt werden müsse.[4] In diesem Sinne erhalten die Titel-Begriffe eine deutlich antiliberale Stoßrichtung und der JF-Werbeslogan »Die Freiheit ist noch jung« versteht sich Kellershohn zufolge als »Remake der Bekenntnisformel des konservativ-revolutionären Propheten Moeller van den Bruck: ›Im liberalen Menschen erkennt die deutsche Jugend den Feind.‹«[5]

Die Entwicklung der *Jungen Freiheit* vollzieht sich in vier Phasen, die im Folgenden skizziert werden:

Der Entschluss zur Gründung der JF fällt nach hausinterner Schreibung der Zeitungsgeschichte »an einem frühsommerlichen Grillabend im Jahre 1986«[6]. Die erste Ausgabe des Blattes – acht hektographierte DIN-A5-Seiten – erscheint im Mai 1986. Die JF ist in dieser Zeit ein überwiegend von Schülern produziertes Heft mit einer Auflage von einigen hundert Exemplaren, das fortan zweimonatlich erscheint. Die Zeitung fungiert als Jugendorgan der »Freiheitlichen Volkspartei« (FVP), einer frühen Abspaltung der »Republikaner« um deren Mitbegründer Franz Handlos. Da sich die kleine Rechtspartei nicht etablieren kann, löst die JF bereits nach einem halben Jahr die Bindung an die FVP.

In der zweiten Phase ihrer Entwicklung (1988–1989) tritt zum Titel *Junge Freiheit* der Beiname »Deutsche Zeitung für Politik und Kultur«. Die JF stellt auf DIN-A4-Format um und erhöht den Umfang auf zwölf Seiten. Sie wird zum Postzeitungsdienst zugelassen und seit der Ausgabe Mai/Juni 1989 auf Zeitungspapier gedruckt.[7] Um steuerabzugsfähige Spendenbescheinigungen ausstellen zu können, gründet sie den Herausgeberverein »Förderverein zur Wiedervereinigung Deutschlands Unitas Germanica e.V.«, den das Finanzamt Ulm im

November 1988 als gemeinnützig anerkennt. An der Spitze des Vereins stehen die beiden maßgeblichen JF-Gründer Götz Meidinger (Vorsitzender) und Dieter Stein (Stellvertreter).[8]

Mit dem Jahreswechsel 1989/90 tritt die Zeitung in die dritte Entwicklungsphase ein, in der sie das Erscheinungsbild einer professionellen Zeitung annimmt. Hatte die JF ihr Layout bereits in den Vorjahren kontinuierlich modernisiert, erscheint sie seit Anfang 1990 im Berliner Zeitungsformat[9] und mit zweifarbiger Titelseite (weinrot/schwarz). Die Zeitung, die bislang ausschließlich per Abonnement und über ein Netz von Leserkreisen vertrieben wurde, ist fortan im Zeitungshandel erhältlich. Zuständig ist in den folgenden Jahren die Koblenzer Vertriebsfirma »SPS-Verlagsservice«. Am Sitz der Redaktion nimmt der »JF-Buchdienst« seine Arbeit auf. Herausgeberin der Zeitung ist seit September 1990 die »Junge Freiheit Verlag GmbH«, die im Freiburger Handelsregister eingetragen ist. Geschäftsführer und Hauptgesellschafter sind Dieter Stein und Götz Meidinger.[10] Wie seit langem geplant, stellt die JF 1991 auf monatlichen Erscheinungsrhythmus um. Es entstehen fortan zehn Ausgaben pro Jahr, darunter zwei Doppelnummern. Im Sommer des Jahres erscheint einmalig das den Supplements großer Zeitungen nachempfundene und vierfarbige *Junge Freiheit Magazin,* das aber aus Kostengründen nicht weitergeführt wird.[11]

Wie in der Novemberausgabe 1992 erstmals angekündigt, kommt die JF am 21. Januar 1994 – begleitet von einer aufwändigen Werbekampagne[12] – als Wochenzeitung (mit dem neuen Untertitel »Wochenzeitung für Politik und Kultur«) auf den Markt. In dieser vierten Phase absolviert sie die weitestreichenden Veränderungen seit Gründung. Kurz zuvor verlässt die JF den südbadischen Raum und siedelt sich in Berlin respektive Potsdam an. Herausgeberin ist seit Januar 1994 die im Handelsregister Potsdam eingetragene »Junge Freiheit Verlag GmbH & Co.«, durch die das Verlagskapital auf zwei Millionen Mark aufgestockt werden soll und der die »Junge Freiheit Verwaltungs- und Beteiligungs GmbH« voransteht.[13]

Letztere führt Dieter Stein als Geschäftsführer und Hauptgesellschafter.

Als Wochenzeitung beschäftigt die JF erstmals hauptberufliche Redakteure (zunächst Dieter Stein und Martin Schmidt). Im September 1994 setzt sich Stein in einem internen Richtungsstreit gegen den JF-Mitbegründer und zweiten Geschäftsführer, Götz Meidinger, publizistisch und wirtschaftlich durch. Er lässt Meidinger, der ein deutlicher rechtes Profil der JF befürwortet, durch die Gesellschafterversammlung abberufen, ausschließen[14] und setzt die Prozesse der Professionalisierung und verbalen Mäßigung der Zeitung fort. Im Juni 1996 distanziert sich die JF von ihren Leserkreisen, an denen sich auch organisierte Rechtsextremisten beteiligt haben,[15] und bricht mit zwei langjährigen Mitarbeitern – Kultur-Redakteur Andreas Molau und Autor Armin Mohler –, die von der publizistischen Linie des Chefredakteurs abweichen.[16]

1995 bringt die *Junge Freiheit* eine eigene Ausgabe für Österreich auf den Markt, die im Sommer 1997 durch die eigenständige Wochenzeitung *Zur Zeit* (ZZ) abgelöst wird. ZZ versteht sich als Schwesterblatt der JF, »organisatorisch, redaktionell und wirtschaftlich getrennt, doch miteinander Texte und Autoren austauschend«[17]. Die JF ist am Verlag der ZZ mit zehn Prozent beteiligt. Chefredakteur der Zeitung ist 1998 – wie bereits der JF Österreich – Andreas Mölzer, der als ideologischer Kopf der rechtsextremistischen »Freiheitlichen Partei Österreichs« (FPÖ) gilt[18] und früherer Bundesrat der Partei ist. Die enge Parteianbindung unterscheidet *Zur Zeit* von ihrer deutschen Schwesterzeitung.[19]

Findet die Professionalisierung der JF bis Ende 1993 ihren Niederschlag in steigender Auflage[20], stagniert diese nach der Umstellung auf wöchentliches Erscheinen zunächst, geht dann zurück. Laut Anzeigenpreisliste liegt die Auflage Anfang 1993 bei 35 000[21]; nach eigenen Angaben startet die JF-Wochenzeitung am 21. Januar 1994 mit einer Druckauflage von 100 000 Exemplaren (die verkaufte Auflage nennt sie nicht).

Für 1996 gibt das Blatt eine Druckauflage von 70 000 und verkaufte Auflage von 36 000 Exemplaren an.[22] Im Interview vom Februar 1999 spricht Dieter Stein von 70 000 gedruckten Zeitungen, von denen etwa ein Drittel – also rund 23 000 – verkauft werde, davon etwa zwei Drittel per Abonnement, ein Drittel im Handel. Auch diese Zahl dürfte überhöht sein: Der Verfassungsschutz NRW geht in dieser Zeit von einer verkauften Auflage von 10 000 Exemplaren aus.[23] Inzwischen hat der Chefredakteur seine Angaben offenbar weiter nach unten korrigiert. Die *tageszeitung* beruft sich auf ein Gespräch mit Dieter Stein und spricht im Juni 2001 von 12 000 verkauften Zeitungen pro Woche.[24]

Aus der geringen Auflage (verbunden mit dem rechten Image der Zeitung) resultiert ein äußerst geringes Fremdanzeigenaufkommen: Die JF hat im Untersuchungszeitraum einen Regelumfang von 20 Seiten, die durchschnittlich nur etwa eine halbe Seite bezahlte Werbung umfassen. Zusätzliche Fremdanzeigen enthalten die beiden je zehnseitigen Sonderbeilagen »Der Tag, als die D-Mark kam« und »Buch & Medien«. Der Umfang der Eigenanzeigen überwiegt den der Fremdanzeigen um mehr als das Dreifache. Somit ist die wirtschaftliche Situation des Verlages höchst prekär. Das Unternehmen (einschließlich Buchdienst[25]) arbeitet nicht kostendeckend und ist auf Spenden der Leserschaft angewiesen, die Anfang 1999 etwa ein Viertel des Kostenvolumens abdecken. Verluste gleicht der Verlag aus den Kommanditbeiträgen[26] aus, die er auf diese Weise aufzehrt. Stein leitet im August 1998 drastische Sparmaßnahmen ein, entlässt fünf von fünfzehn Mitarbeitern und reduziert den Regelumfang der Zeitung um zwei Seiten auf 18. Diese Maßnahmen und ein pathetischer Spendenaufruf (»Es lebe Deutschland, unser Vaterland! Wünschen Sie uns Glück«) haben den Konkurs zwar verhindert, die finanzielle Misere der Zeitung aber nicht grundlegend behoben.[27] In den folgenden Jahren scheint sich die wirtschaftliche Situation der JF stabilisiert zu haben, auch wenn eine aufwändige Abo-Werbekampagne von Anfang 2000 (»Die JF muss jetzt noch viel stärker werden«) nicht den gewünschten Erfolg brachte und der Verkauf im Zeitungshandel nach wie vor schwach ist.[28]

5.2 Verfahren gegen das Innenministerium NRW

Die zuständige Abteilung des Innenministeriums Nordrhein-Westfalen war die erste und lange Zeit einzige Verfassungsschutzbehörde, die die *Junge Freiheit* beobachtete. Seit 1994 behandelt das Ministerium die Zeitung ausführlich im Abschnitt »Rechtsextremismus« seiner Verfassungsschutzberichte. Die Behörde sieht »tatsächliche Anhaltspunkte für den Verdacht rechtsextremistischer Bestrebungen« und somit die nach NRW-Recht für eine Beobachtung vorausgesetzten Kriterien als erfüllt an.[29] Dabei wendet der Verfassungsschutz nachrichtendienstliche Mittel (V-Leute) zeitweise zur Beobachtung der Leserkreise an, zur Beobachtung der übrigen JF-Aktivitäten dagegen nicht.[30] Da von der Erwähnung in Verfassungsschutzberichten stets eine stigmatisierende Wirkung ausgeht, dürften die NRW-Maßnahmen dazu beigetragen haben, dass die Zeitung trotz Professionalisierung und verbaler Mäßigung eine problematische Reputation behielt.

Im August 1996 reicht der JF-Verlag – vertreten durch Rechtsanwalt Manfred Brunner[31] – Klage gegen das Innenministerium NRW beim Verwaltungsgericht Düsseldorf ein. Er beantragt, alle die JF betreffenden Passagen in noch nicht verbreiteten Verfassungsschutzberichten von 1994 und 1995 zu schwärzen, die Zeitung künftig weder als »rechtsextremistisch« zu bezeichnen[32] noch in die entsprechende Rubrik der Berichte einzuordnen. Ferner verlangt der Verlag eine Richtigstellung im folgenden Verfassungsschutzbericht, dass die Einordnung der JF in die Rubrik »Rechtsextremismus« nicht gerechtfertigt gewesen sei.[33] Die Zeitung verfolge keine »konkreten politischen Ziele«, heißt es in dem Antrag, vielmehr prägten Grundsätze ihre Arbeit, die sich mit den Adjektiven »freiheitlich«, »konservativ« und »national« zusammenfassen ließen. Sie sei offen für »vielfältige politische Positionen«; die »selbstverständliche Basis« sei die Freiheitlich-Demokratische Grundordnung.[34] Von einzelnen, früheren JF-Beiträgen distanziert sich der Verlag und nennt sie »Ausreißer«, die nicht dem generellen Stil der Zeitung entsprächen.[35]

In seiner Erwiderung weist das Ministerium auf die strategische Orientierung der JF am Konzept der kulturellen Hegemonie hin, weshalb sie nicht die offene politische Auseinandersetzung suche, sondern zunächst einen »schleichenden Veränderungsprozess in Gang bringen«[36], insbesondere Begriffe besetzen und umdeuten wolle. Aussagen und Begrifflichkeit der JF seien im Lichte dieser Strategie zu beurteilen. Ferner stellt die Klageerwiderung den positiven Bezug der Zeitung auf die Konservative Revolution heraus und sieht hierin einen »tatsächlichen Anhaltspunkt« für Bestrebungen gegen die Grundrechte sowie gegen die in Artikel 20 des Grundgesetzes verankerten Prinzipien (demokratischer und sozialer Bundesstaat). Im Einzelnen stützt sich das Ministerium auf Fundstellen, die es als Anhaltspunkte für Bestrebungen gegen die zentrale Rolle des Parlaments, die Achtung der Menschenrechte, den Gedanken der Völkerverständigung, für eine Verharmlosung des Nationalsozialismus (einschließlich des Holocausts) sowie für Verbindungen der JF zu »anderen Rechtsextremisten«, vor allem den REP, deutet.

Das Verwaltungsgericht Düsseldorf weist die Klage im Februar 1997 in vollem Umfang ab. Zahlreichen Beiträgen, so das Gericht, ließen sich Anhaltspunkte für die Zielsetzung entnehmen, tragende Strukturprinzipien der Freiheitlich-Demokratischen Grundordnung zu beseitigen oder außer Kraft zu setzen.[37] Im Mai 2001 hat das Oberverwaltungsgericht Münster einen vorläufigen Schlussstrich unter den knapp fünfjährigen Rechtsstreit gezogen: Es lehnte Brunners Antrag ab, ein Berufungsverfahren zu eröffnen und bestätigte somit das Urteil aus Düsseldorf auf ganzer Linie. Die JF hat allerdings unmittelbar nach der Entscheidung angekündigt, vor das Bundesverfassungsgericht zu ziehen.[38]

Die JF weist auffällig häufig offen oder in Andeutungen auf die Beobachtung durch den Verfassungsschutz NRW hin. Es ist davon auszugehen, dass das Bemühen, der Behörde keine Angriffsfläche zu bieten sowie die eigenen Chancen in einem möglichen Verfahren vor dem OVG zu erhöhen, die Redaktionsarbeit und damit den Charakter der untersuchten JF-Ausgaben beeinflusst.

5.3 Redaktion, Autoren, Interviewpartner

Die JF-Redaktion ist eine – verglichen mit ihren Autoren und Interviewpartnern – recht homogene Produzentengruppe. Im Untersuchungszeitraum beschäftigt die Zeitung neben Gründer und Chefredakteur Dieter Stein acht Redakteure.[39] Mit einem Altersdurchschnitt von 34 Jahren sind diese Personen jung; lediglich zwei Redakteure weichen vom Durchschnitt deutlich ab – Manuel Ochsenreiter (21) und Kai Guleikoff (49).

Die JF-Redaktion ist ein gemischter Kreis aus Ost und West: Drei der neun Redakteure stammen aus der DDR, die übrigen aus der alten Bundesrepublik oder West-Berlin. Fünf Redakteure verbindet ein langjähriger Kontakt mit der JF, der in die Entwicklungsphasen vor der Umstellung zur Wochenzeitung zurückreicht, im Falle von Martin Schmidt und Kai Guleikoff bis in die Anfangsjahre der Zeitung. Damals noch in der DDR lebend, tritt Guleikoff bereits Anfang 1989 unter dem Pseudonym Alexander Marwitz als freier Politik-Redakteur der JF auf.[40] Etwa zeitgleich verfasst der Westdeutsche Schmidt erste Beiträge für die Zeitung. Gerhard Quast und Thorsten Thaler beteiligen sich seit den frühen 90er Jahren an ihr.[41]

Prägende Figur des Blattes und Hauptentscheidungsträger ist Dieter Stein, dessen politisch-publizistischen Werdegang einige biografische Hinweise illustrieren sollen: 1967 wird

Stein als Sohn sudetendeutscher Eltern geboren; bis 1993 studiert er Geschichte und Politik in Freiburg, bricht das Studium aber zu Gunsten der JF ab.[42] Seine politische Tätigkeit beginnt er in der »Jungen Union« und tritt 1984 den REP bei. Als sich ein Jahr später die »Freiheitliche Volkspartei« abspaltet, wird Stein deren Landessekretär für Baden-Württemberg. Nach dem Niedergang der FVP verlässt er die Partei 1987 und wendet sich erneut den in dieser Zeit erfolgreichen REP zu, knüpft aber auch Kontakte zum etablierten Konservatismus und zum altrechten Spektrum. Neben dem späteren JF-Redakteur und zeitweiligen, führenden FAP-Aktivisten Michael Krämer[43] sowie Steffen Hupka – damals Mitglied der inzwischen verbotenen »Nationalistischen Front«, heute Funktionär der NPD[44] – arbeitet Stein 1987 an der Zeitschrift *Freie Umschau* mit, gleichzeitig ist er Sprecher der Studentenverbindung »Deutsche Hochschulgilde«. 1989 wird er Vorsitzender des »Republikanischen Hochschulverbands«, der Studierendenorganisation der »Republikaner«, die die Partei später auflöst. Neben der JF schreibt Stein zeitweise für die nationalrevolutionäre Zeitschrift *wir selbst* und für *Europa* (später *Zeitenwende*), das Organ des »Nationaleuropäischen Jugendwerkes« (NEJ).[45]

Elemente dieses Lebenslaufes treffen auf weitere Redakteure zu:

– die frühere Mitarbeit an weiteren rechten, teils rechtsextremistischen Publikationen auf Gerhard Quast (z. B. *wir selbst*[46], *Zeitenwende, Jahrbuch Konservative Revolution*), Martin Schmidt *(wir selbst, na klar)*, Hans B. von Sothen *(Criticón)*, Thorsten Thaler *(Berliner Nachrichten, Nation & Europa, Deutsche Rundschau, Europa vorn)*[47];

– die Zugehörigkeit zur »Deutschen Hochschulgilde« auf Martin Schmidt[48];

– die zeitweilige Mitgliedschaft in rechtsextremistischen Parteien auf Thorsten Thaler (REP, DLVH)[49].

Die Gruppe der freien JF-Mitarbeiter (Autoren) ist in Bezug auf Lebensalter und ideologischen Standort heterogener als die Redaktion. Im Impressum hebt die Zeitung acht Autoren als »ständige Mitarbeiter« hervor, darunter vier Professoren, den ehemaligen Berliner Innensenator Heinrich Lummer (CDU) und Alain de Benoist, Protagonist der französischen »Nouvelle Droite«. Die ständigen Mitarbeiter sollen dem Blatt Renommee verleihen; Beiträge von ihnen sind nicht häufiger als die anderer Autoren. Regelmäßige freie, aber nicht ständige Mitarbeiter bezeichnet die Zeitung als Stammautoren.

Zu den JF-Autoren zählen Schüler, Studenten und Jungakademiker. Für die Zeitung schreiben aber auch emeritierte Professoren wie Hans-Helmuth Knütter, Klaus Motschmann (beide ständige Mitarbeiter) und Klaus Hornung sowie der 63-jährige Philosophieprofessor Günter Zehm als wöchentlicher Kolumnist »Pankraz«. Junge Autoren treten auffällig häufig im Kulturteil der JF auf. Insbesondere das vom 21-jährigen Manuel Ochsenreiter geleitete Ressort »Zeitgeist & Lebensart« wird überwiegend von Schreibern im Alter von etwa 30 Jahren oder darunter bestritten.

Die Autorenschaft spiegelt das Scharnierspektrum der Neuen Rechten in seiner ganzen Bandbreite wider: Mehrfach in der JF vertreten sind im Untersuchungszeitraum der ständige Mitarbeiter Alain de Benoist[50] und der Herausgeber der rechtsextremistischen englischen Zeitschrift *The Scorpion,* Michael Walker[51]. Dies gilt auch für deutsche Neurechte wie Ulrich Schacht[52] und Heimo Schwilk[53], die Herausgeber des programmatischen Sammelbandes *Die selbstbewußte Nation* (1994). Mitunter treten organisierte Rechtsextremisten als Autoren der *Jungen Freiheit* auf. Dies gilt beispielsweise für Andreas Mölzer, FPÖ-Funktionär und Chefredakteur des österreichischen Schwesterblattes *Zur Zeit.*[54] Darüber hinaus ist JF-Autor Michael Wiesberg Mitarbeiter der REP-Fraktion im Landtag von Baden-Württemberg[55]; Peter Boßdorf hat bei Bonner Kommunalwahlen für die REP kandidiert, ist 1992 dem rechtsextremistischen »Thule-Seminar« beigetreten und Autor von *Nation & Europa* (NE)[56]. Besonders bemerkenswert ist JF-Autor Peter Paul Rainer, ehemals Geschäftsführer der »Jungen Generation der Südtiroler Volkspartei« und Mitbegründer der »Freiheitlichen« in Südtirol. Wegen Mordes an deren Vorsitzenden, Christian Waldner, verurteilt, verfasst Rainer seine beiden im Untersuchungszeitraum erschienenen, umfangreichen Beiträge in der Vollzugsanstalt Trient.[57] Später ist er aus der Haft entlassen und der Prozess gegen ihn wegen formaler Fehler der ersten Instanz neu aufgenommen worden. Im Herbst 2001 ist das Verfahren in der Schwebe.

Verbindungen von JF-Mitarbeitern zur Alten Rechten werden seltener deutlich: So schreibt der *Nation & Europa*- und »Grabert-Verlag«-Autor Götz Eberbach (siehe 6.2) auch für die *Junge Freiheit*. Die ständigen Mitarbeiter Hans-Helmuth Knütter[58] und Andreas Mölzer[59] waren Referenten auf Veranstaltungen der »Gesellschaft für Freie Publizistik«.

Auch mehrere frühere Protagonisten der – von der JF vehement abgelehnten – Studentenrevolte von 1968 treten als Autoren der Zeitung auf; insbesondere der Nationalrevolutionär Werner Olles (einer der häufigsten JF-Schreiber) und der ehemalige RAF-Terrorist Horst Mahler. Mahler, Gründer der Sammlungsbewegung »Unser Land«, schreibt seit April 1998 für die JF. Er wird der Leserschaft als neuer Hoffnungsträger der Rechten vorgestellt, mehrfach ausführlich interviewt und ist 1998 Referent am JF-Stand auf der Frankfurter Buchmesse.[60] Inzwischen ist Mahlers Wanderung nach rechts allerdings über die JF hinausgegangen: Er ist der NPD beigetreten und vertritt die Partei im Verbotsverfahren vor dem Bundesverfassungsgericht. Aufgefallen ist er nicht nur als Verfasser antisemitischer Pamphlete, sondern auch als Redner auf Neonazi-Veranstaltungen. Für das Scharnierorgan JF ist er somit als Autor unattraktiv geworden.

Die größte Bandbreite weist die Gruppe der Interviewpartner[61] auf. Ihre Altersspanne ist ähnlich groß wie die der Autoren und reicht Mitte 1998 vom 25-jährigen Herausgeber des Dark-Wave-Magazins *Sigill* und CD-Händler Stephan Pockrandt bis zum 76-jährigen Historiker Ernst Nolte. Es fällt auf, dass Personen unter 35 Jahren zwar im personenzentrierten »Fragebogen« auf der letzten JF-Seite sechsmal (von 16 untersuchten Ausgaben), in den übrigen, politikzentrierten Interviews dagegen nicht vorkommen.

Die politischen Standorte der Interviewten unterscheiden sich erheblich voneinander. Im »Fragebogen« kommen häufig Prominente zu Wort, von denen einige als Sympathieträger gelten können und bei denen eine Beziehung zur Bewegung von rechts entweder für den Durchschnittsleser nicht erkennbar oder nicht vorhanden ist. Letzteres trifft beispielsweise auf die Extremsportler Reinhold Messner und Rüdiger Nehberg zu, den »Loveparade«-Initiator »Dr. Motte«, den Diskothek-Besitzer Rolf Eden, den Modedesigner Rudolph Moshammer und die Schlagersängerin Anna R. (»Rosenstolz«). Auch in politikzentrierten Interviews kommen Personen zu Wort, die sich der Bewegung nicht zuordnen lassen: Dies gilt für den Präsidenten des »Goethe-Instituts«, Hilmar Hoffmann, und den Direktor des »Forschungsinstituts für Philosophie Hannover«, Peter Koslowski.[62] Für besonderes Aufsehen sorgen im Herbst 2000 zwei weitere Interviews mit Personen, die ohne jeden Zweifel nicht im rechten Lager stehen: die Gespräche mit dem SPD-Linken und damaligen Staatsminister im Auswärtigen Amt, Christoph Zöpel, und der Stellvertretenden Präsidentin des »Zentralrats der Juden in Deutschland«, Charlotte Knobloch. Solche Interviewpartner sollen die JF als – so ein früherer Werbeslogan – »Forum ohne geistige Schranken« ausweisen (»Unsere Art von Journalismus scheut sich nicht vor Gegensätzen. Wir sprechen mit jedem.«[63]). Nicht immer sind solche Gespräche in der Vergangenheit auf seriösem Wege zu Stande gekommen: Den früheren Interviewpartnern Michel Friedman und Michael Wolffsohn zufolge haben sich die JF-Mitarbeiter als Redakteure einer Studentenzeitung ausgegeben. Friedman sieht sich »als Vorzeige-Jude missbraucht«[64].

In Interviews kommen aber auch Personen zu Wort, die zur Bewegung zu rechnen sind. Überwiegend handelt es sich um Vertreter der Neuen Rechten, mitunter um organisierte

Rechtsextremisten. Letzteres gilt für Jörg Haider und Barbara Rosenkranz (beide FPÖ) sowie Rolf Schlierer (REP) und Franz Schönhuber. Der ehemalige REP-Vorsitzende Schönhuber kommt sowohl im »Fragebogen« als auch in einem tagespolitischen Interview zu Wort. Neurechte Interviewpartner sind beispielsweise Alain de Benoist, Manfred Brunner und Günter Maschke. Das Scharnierspektrum repräsentieren ferner Heinrich Lummer, Ernst Nolte und Hans-Günther Parplies (»Stiftung Ostdeutscher Kulturrat«[65]). Wie Parplies steht Interviewpartner Wilhelm von Gottberg (CDU, BdV) für das Scharnierspektrum innerhalb der Vertriebenenverbände.

5.4 Leserschaft

Ähnlich wie *Nation & Europa* (siehe 6.3) führt die JF jährliche Leserbefragungen mit Hilfe eines in der Zeitung veröffentlichten Fragebogens durch, die weitgehenden Aufschluss über deren Leserschaft geben.[66] In der Ausgabe vom 10. April 1998 legt JF-Autor Hans-Peter Rissmann die Ergebnisse der Leserbefragung 1997/98 dar. Demnach sind die weitaus meisten Leser männlich (79 Prozent) und bemerkenswert jung: Mehr als die Hälfte der Leser (53 Prozent) ist jünger als 35 Jahre, darunter 16 Prozent jünger als 25. Das formale Bildungsniveau ist hoch: Fast jeder zweite JF-Leser (48 Prozent) verfügt über einen Hochschulabschluss, hinzu kommen 30 Prozent mit Abitur, aber ohne Studium. Die Bewohner der neuen Bundesländer sind in der Leserschaft der Zeitung unterrepräsentiert; überproportional viele Leser findet sie in den Ländern, in denen sie ihren Sitz hatte oder hat (Baden-Württemberg und Berlin), sowie in Hessen, Hamburg und Bayern.

Der Grad der Leser-Blatt-Bindung geht aus den veröffentlichten Daten nur eingeschränkt hervor. Die vorliegenden Angaben lassen eine freundliche Sicht der Leser auf die Zeitung erkennen, aber keine sonderlich enge emotionale Verbundenheit. Rund zwei Drittel der Respondenten beurteilen die

Zeitung als »gut« (66 Prozent), als »sehr gut« weitere 21 Prozent. Mit den in Meinungsbeiträgen geäußerten Positionen stimmen 70 Prozent »ganz« überein, 21 Prozent »zum Teil«. Gebeten, den Charakter der JF anhand von 20 vorgegebenen Begriffen zu bestimmen, nennt eine Mehrzahl die im Blatt immer wieder auftauchenden Zentralbegriffe »konservativ« (58 Prozent) und »national« (52 Prozent), eine Mehrheit findet die JF zudem »engagiert«. Bemerkenswert ist, dass nur gut ein Drittel (36 Prozent) die JF als »rechts« einstuft.[67] Diese – etwa im Vergleich zu *Nation & Europa* – nicht allzu enge Leser-Blatt-Bindung überrascht bei einer jungen Zeitung wie der JF kaum, die erhebliche Veränderungen durchlaufen hat und ein spezifisches Profil erst allmählich entwickelt.

Der politische Standort der JF-Leserschaft geht aus der Befragung nicht unmittelbar hervor. Immerhin 19 Prozent der Respondenten lesen auch *Nation & Europa,* somit eine offen rechtsextremistische Zeitschrift, die sie vermutlich abonniert haben, da diese im Zeitschriftenhandel nicht erhältlich ist. NE rangiert damit unter den parallel rezipierten Publikationen an dritter Stelle, nach FAZ (32 Prozent) und *Focus* (24,5 Prozent), aber vor *Spiegel* (17 Prozent) und *Welt am Sonntag/ Welt* (15,5/14 Prozent). Recht häufig werden zudem *Ostpreußenblatt* (11 Prozent) und *Criticón* (10 Prozent) genannt, Scharnierorgane zwischen Rechtsextremismus und etabliertem Konservatismus.

5.5 Aufbau der Zeitung

Die JF weist eine feste Grobaufteilung nach Ressorts auf, deren Profile nicht immer trennscharf sind, die gleichwohl eine innere Struktur der Ausgaben sicherstellt. Das Blatt setzt sich aus zwei gleich starken Zeitungsbüchern zusammen (mit politischem respektive kulturellem Schwerpunkt), es folgt somit dem im Untertitel formulierten Konzept als »Wochenzeitung für Politik und Kultur«. In beiden Büchern finden sich an festen Plätzen regelmäßig wiederkehrende Bausteine, die die Orientierung erleichtern und so die Leser-Blatt-Bindung steigern. Seiten, die von Ausgabe zu Ausgabe variieren, sollen für Abwechslung sorgen.

Auf die Titelseite, die neben dem Aufmacher der Ausgabe einen nicht tagespolitischen Kommentar umfasst, folgt die Seite »Meinung« mit zwei aktuellen Kommentaren (links) sowie der Kolumne »Lockerungsübungen« (rechts) von Karl Heinzen, einem zwischen Kommentar und Glosse oszillierenden, kursiv gesetzten Beitrag. Jede Ausgabe enthält mindestens ein längeres Interview, meist auf der Seite 3 (»Im Gespräch«), gemeinsam mit einem einspaltigen Personenporträt (rechts). Die anschließenden Seiten umfassen das innenpolitische Ressort »Politik«, auf dessen erster Seite (meist Seite 4) die feste Rubrik »Parteien, Verbände, Personen« ihren Platz hat. Sie gibt interne Prozesse einer großen Bandbreite an Gruppierungen (in der Regel kommentarlos) wieder, darunter finden sich stets auch rechtsextremistische Parteien. Auf den »Politik«-Seiten findet sich zudem die wöchentliche Kolumne »Aus der Bannmeile«, die der 1998 noch in Bonn ansässige JF-Autor Gerhard Imhoff zuliefert. Es folgt das nicht thematisch definierte, längeren innen- und/oder gesellschaftspolitischen Beiträgen vorbehaltene Ressort »Hintergrund«. Es schließen sich Außenpolitik-Seiten an: »Österreich«, »Weltpolitik« und (im wöchentlichen Wechsel) »Mitteleuropa« respektive »Nationalitätenfragen«[68]. Auf der letzten Seite des ersten Buches (»Forum«) befindet sich ein längerer, nicht notwendig tagespolitischer Meinungsbeitrag (Essay oder Meinungsbericht).

Die Titelseite des zweiten Buches eröffnet den Kulturteil mit der stets links in einem zweispaltigen Kasten stehenden, essayistischen »Pankraz«-Kolumne von Günter Zehm. Auf den weiteren Kultur-Seiten finden sich folgende feste Bestandteile: das kulturpolitische »Kulturtagebuch« (Seite 12 unten Mitte)[69], einspaltige CD-Rezensionen aus unterschiedlichen musikalischen Genres (Seite 12 rechts), das Ressort

»Literatur« (Buchrezensionen, Seite 14) sowie die Seite »Zeitgeschichte« (Seite 15). Jede Ausgabe umfasst eine knapp halbseitige Rubrik mit Hinweisen auf politische und/oder kulturelle Veranstaltungen (»Termine«), die sich in der Regel auf Seite 18 (im wöchentlichen Wechsel »Medien« und »Kirche«) befindet. Die vorletzte Seite enthält Leserbriefe, in der rechten Spalte Pressestimmen (»Zitate«) sowie unten links einen Cartoon (»Friedhelm«), unten rechts das Kurzporträt (mit Foto) eines JF-Redakteurs oder einer/eines Stammautorin/ -autors. Die letzte Seite umfasst das Ressort »Zeitgeist & Lebensart«, eine an ein junges Publikum gerichtete Seite mit glossierenden Beiträgen über Trends und Jugendszenen. Darüber hinaus befindet sich auf dieser Seite der (anderen Publikationen – in erster Linie der FAZ – nachempfundene) stets gleiche »Fragebogen«, in dem Prominente Antworten zur Lebensphilosophie geben. Auch die wöchentlichen Ressorts »Natur & Umwelt« (mit der Rubrik »Nachrichten, Personen, Termine«, die Hinweise auf umweltthematische Veranstaltungen umfasst) sowie »Wirtschaft & Soziales« befinden sich in der Regel im zweiten Buch der Zeitung.

5.6 Vernetzungsleistung

Die Untersuchung positiver Bezüge in der JF bestätigt deren Einschätzung als Scharnierorgan, das sich sowohl an das demokratische Spektrum als auch an die Neue Rechte und somit Teile des Rechtsextremismus anzubinden sucht. Positiv verwiesen wird auf (mitunter führende) Angehörige der Bewegung, aber auch auf zahlreiche Personen, Organisationen und Medien, die zur Bewegung von rechts in keiner positiven Beziehung stehen.

Außerhalb des Politikteils – insbesondere in den Ressorts »Kultur« sowie »Natur & Umwelt« – sind positive Bezüge auf Personen oder Einrichtungen, die sich der Rechten nicht zuordnen lassen, besonders häufig. Verwiesen wird auf Künstler, Unternehmen und Publikationen, beispielsweise aus den Branchen Film, Oper, Schlager und Literatur, deren politischer Standort in den Beiträgen keine Bedeutung hat, sowie im Umwelt-Teil auf Naturschutzverbände, deren Mitarbeiter und Medien. Im Politik-Teil kommen explizite Linke in positiven Zusammenhängen vor, wenn sie sich positiv auf den Begriff der Nation beziehen. Dies gilt etwa für die SPD-Politiker Kurt Schumacher, Willy Brandt und Heinrich Albertz sowie die taz-Autoren Sibylle Tönnies und Stefan Reinecke. Eine weitere deutlich positiv beschriebene und weit überwiegend nicht der Rechten zuzuordnende Gruppe stellen DDR-Dissidenten wie Wolf Biermann, Vera Lengsfeld und Arnold Vaatz (»Studienzentrum Weikersheim«) dar. Solche Erwähnungen dienen der JF als Mittel der Selbstinszenierung als systemkritische, undogmatische Stimme in der Tradition der Bürgerbewegung. Positiv erwähnt werden auch Nicht-Rechtsextremisten, die in Einzelfragen mit redaktionellen Leitlinien der JF übereinstimmen, so etwa der Euro-skeptische sächsische Ministerpräsident Kurt Biedenkopf. Dies gilt auch für den auffällig häufig lobend erwähnten französischen Historiker Stéphane Courtois, dessen *Schwarzbuch des Kommunismus* als Argumentationshilfe zur Relativierung der NS-Verbrechen dient (siehe unten). Zustimmend verweist die Zeitung ferner auf den prononciert konservativen Flügel des Katholizismus, insbesondere auf Vertreter einer kompromisslosen Haltung in der Abtreibungsfrage wie den inzwischen verstorbenen Fuldaer Erzbischof Johannes Dyba und die von Johanna Gräfin von Westphalen geführte Gruppe »Christdemokraten für das Leben«. Gelegentliche, verhalten positive Bezüge auf – an anderer Stelle heftig kritisierte – demokratische Spitzenpolitiker wie Helmut Kohl, Gerhard Schröder und Wolfgang Schäuble sollen den Vorwurf vermeiden helfen, die JF betreibe Fundamentalopposition gegen das politische System der Bundesrepublik.

In jeder der untersuchten Ausgaben finden sich zahlreiche positive Bezüge auf das Scharnierspektrum. Besonders häufig sind Verweise auf Personen und Einrichtungen der deutschen Heimatvertriebenen[70], darunter die BdV-Vorsitzende Erika Steinbach (CDU), Interviewpartner Hans-Günther Parplies (»Stiftung Ostdeutscher Kulturrat«, »Bund freier Bürger«) und der »Witikobund«. Ins Auge fallen ferner die häufigen positiven Bezüge auf den neurechten »Bund freier Bürger«, vor allem dessen damaligen Vorsitzenden und JF-Anwalt Manfred Brunner; seltener auch auf Vertreter des rechten Flügels der FDP.

Gleichzeitig stellt sich die Zeitung in die Nähe von Rechtsextremisten, die meist der Neuen Rechten zuzuordnen sind. Hervor sticht im Untersuchungszeitraum die Hommage an den rechtsextremistischen Publizisten Hans-Dietrich Sander[71] (einer »der farbigsten, zupackendsten Publizisten der Gegenwart«) und die von ihm herausgegebene Zeitschrift *Staatsbriefe* (»Liebende Traditionspflege verbindet sich in den *Staatsbriefen* mit kluger Analyse«[72]). Auch auf die »Republikaner« und deren Protagonisten verweist die JF häufig, darüber hinaus auf die Rechtsextremisten Joachim Siegerist (»Deutsche Konservative«)[73], Alfred Mechtersheimer (»Deutschland-Bewegung«) und den früheren JF-Autor Thor von Waldstein. Nahezu in jeder Ausgabe finden sich positive Bezüge auf die FPÖ, die meist von JF-Autor und Parteifunktionär Andreas Mölzer verfasst werden.

Positiv beschreibt die JF das neonazistische Berliner »Café Germania«[74], wenngleich solche Verweise auf deutlich altrechts gerichtete Einrichtungen und Personen nur ausnahmsweise zu finden sind. Ambivalent zeigt sich das Verhältnis der Zeitung zur altrechten »Deutschen Volksunion« (DVU), die im Frühjahr 1998 überaus erfolgreich ist: In dem Beitrag »Gewiefte Taktiker« greift Dieter Stein den DVU-Vorsitzenden Frey und dessen Partei scharf an: Frey sei ein »unappetitlicher Antisemit und Apologet des Dritten Reiches« und die DVU »der erschreckend harmlose Sparringspartner des Bonner Kosmopolitismus«[75]. An anderer Stelle kritisiert der Chefredakteur den zeitweise als Hoffnungsträger der JF präsentierten Alfred Mechtersheimer, dem er Absprachen mit Frey vorhält.[76] Im Tenor begrüßt die Zeitung aber den – in zahlreichen Beiträgen und Leserbriefen gewürdigten – Erfolg von Sachsen-Anhalt und registriert positive Effekte: Er sei ein »Stoppzeichen für die Etablierten«, wirke »als Katalysator«[77] und habe die »harten Themen« (insbesondere Zuwanderung) in den Bundestagswahlkampf geführt[78]. Durch diesen Erfolg hätten sich auch die Wahlchancen anderer rechter Parteien erhöht.[79] Der DVU wird zudem die positive Rolle eines »Korrektivs im Parlament (…), das den etablierten Parteien einen Schuß vor den Bug gibt«[80], zugeschrieben. Es fällt auf, dass die meisten Leserbriefschreiber der DVU näher stehen als die Redaktion. Mitunter wenden sich diese ausdrücklich gegen die DVU-Ambivalenz der Zeitung (»Beckmesserei«[81], »geistige Arroganz«[82], »Ausgrenzungspolemik«[83]). Von zwölf veröffentlichten Leserreaktionen auf den genannten Leitartikel von Dieter Stein und einen ähnlichen Beitrag von Thorsten Thaler[84] äußern sich neun positiv zur DVU; die meisten mit jenem verhaltenen Optimismus, den der Leserbriefschreiber Wolf B. Siegel zum Ausdruck bringt: »Die DVU gleicht einem preiswerten Konfektionsanzug, der an vielen Stellen drückt, aber trotzdem seinen Zweck recht und schlecht erfüllt und vielleicht auch demnächst durch einen geschickten Schneider zum Maßanzug wird.«[85]

Dass die JF eine Nähe zu jugendlichen Szenen aufweist, ist auf Grund der jungen Redaktion sowie der zu erheblichen Teilen jungen Autoren- und Leserschaft wenig überraschend. Bemühungen der Zeitung, die Dark-Wave-/Gothic-Subkultur anzusprechen und Ansätze rechter Politisierung zu stärken, wie sie seit geraumer Zeit feststellbar sind (siehe 7.1), werden auch in den untersuchten Ausgaben deutlich. So berichtet die JF ausführlich vom »7. Wave Gotik Treffen« in Leipzig und bespricht diverse CDs dieses Stils positiv, darunter das Album »Calvacare la Tigre« mit Musik zu Texten von Julius Evola (Überschrift: »Hommage an einen Ewigen«[86]). Erschienen ist die CD beim Dresdner Label »Eis und Licht

Tonträger«, dessen Besitzer Stephan Pockrandt im JF-»Fragebogen« ebenso zu Wort kommt wie der Gothic-Musiker Josef Klumb (siehe 7.). Einen von Gothic-DJs initiierten Appell, der zur Abgrenzung des Kults von der Rechten aufruft, verspottet die Zeitung als »Mahnruf im Gebetbuchformat«[87].

Auch im Untersuchungszeitraum erweist sich der positive Bezug auf Vertreter der Konservativen Revolution, etwa auf Ernst Jünger, Carl Schmitt und Oswald Spengler, als Konstante der JF-Entwicklung. Dem Umfeld der Konservativen Revolution zugerechnet und positiv bewertet werden der Jahrhundertwende-Maler Fidus sowie der japanische Autor Yukio Mishima, dessen Drama »Patriotismus« die Zeitung begeistert rezensiert. Auf eine Nähe der JF zu dieser Strömung lassen auch die Erwähnung Arthur Moeller van den Brucks ohne Erläuterung zur Person und die spielerische Verwendung des Begriffs Konservative Revolution[88] schließen. Allerdings werden deren Ideen weniger offensiv vorgetragen als in früheren Jahren, als die JF noch mit dem Slogan warb »Jedes Abo eine konservative Revolution«.

Aufschlussreich für die Vernetzungsrichtung der JF ist die Rubrik »Parteien, Verbände, Personen«, die organisationsinterne Vorgänge knapp und meist unkommentiert darstellt. In dieser Rubrik taucht ein breites Spektrum politischer Gruppierungen (von DKP bis NPD) auf. In jeder untersuchten Ausgabe sind rechtsextremistische Parteien vertreten, überwiegend die REP, die in 15 von 16 untersuchten Ausgaben in dieser Rubrik auftauchen. Am zweithäufigsten wird über den neurechten »Bund freier Bürger« (13 Ausgaben) informiert.[89] Die Vermutung liegt nahe, dass linksorientierte Gruppen an dieser Stelle erwähnt werden, um den Schein von Ausgewogenheit zu erwecken.

Ein ähnliches Bild zeigen Veranstaltungshinweise: Neben Hinweisen auf diverse der Bewegung nicht zuzurechnende Galerien, Akademien und Museen finden sich Veranstaltungen der »Republikaner« in 13 von 16 Ausgaben sowie in 14 Ausgaben solche des »Bundes freier Bürger«. Darüber hinaus sind stets Veranstaltungen der Vertriebenenorganisationen enthalten. Zudem macht die JF regelmäßig Vorträge und Treffen von Studentenverbindungen bekannt, die der Neuen Rechten nahe stehen, darunter die Burschenschaften »Danubia«, »Frankonia«, »Rheinfranken« und die »Deutsche Gildenschaft«. Als Referenten solcher Veranstaltungen werden Rechtsextremisten wie Alfred Mechtersheimer und Harald Neubauer genannt oder Personen aus dem Scharnierspektrum wie Paul Latussek (BdV, BfB) und Klaus-Rainer Röhl[90]. Veranstaltungen mit einem deutlich rechtsextremistischen Hintergrund, auf die die JF hinweist, sind ferner solche des »Cannstatter Kreises«, der »Deutsch-Europäischen Studiengesellschaft« (DESG) sowie der »Buchhandlung (Michael) Krämer«.

Die Mehrzahl der 817 Veranstaltungshinweise des Untersuchungszeitraumes verweist auf Ereignisse, die in der Woche bis zum Erscheinen der nächsten Ausgabe stattfinden. Häufig weist die Zeitung bereits frühzeitig auf Veranstaltungen hin, die für wichtig erachtet werden, und wiederholt diesen Hinweis wöchentlich. Auf diese Weise besitzt sie einen hohen Servicewert.

Auch Anzeigen in der JF bestätigen die oben skizzierte Vernetzungsrichtung, wenngleich Gruppen und Unternehmen, die zur Bewegung erkennbar in keiner Beziehung stehen, hier selten vorkommen. Inserenten der JF sind überwiegend Verlage, etwas seltener Parteien und Organisationen. Die beiden größten Anzeigen der untersuchten Ausgaben (je eine Seite) schalten eine »Aktion für Deutschland« um JF-Mitarbeiter Heinrich Lummer in Zusammenarbeit mit dem rechtsextremistischen Verein »Die Deutschen Konservativen« sowie die dem Scharnierspektrum zuzurechnende »Initiative Pro D-Mark« unter Bolko Hoffmann. Als Inserenten treten ferner die neurechten Zeitschriften *DESG-inform*[91] und *wir selbst*[92] auf, von denen Erstere eindeutig dem Rechtsextremismus zuzurechnen ist, der neurechte »Stocker-Verlag« (Graz)[93] sowie die Parteien »Republikaner« und »Bund freier Bürger«.

Drei Anzeigen sind besonders erwähnenswert: Auf dubio-

sem Wege ist offenbar das Inserat einer »Interessenvereini-
gung für die Wiedervereinigung Gesamtdeutschlands« zu
Stande gekommen, in der ein breites Bündnis aus zwölf Gruppen zu einer Großdemonstration für die Rückgabe der ehemaligen deutschen Ostgebiete aufruft.[94] In der folgenden
Ausgabe erscheint eine »Klarstellung«[95] von Markus Roscher,
der sich im Namen der als Unterstützer genannten Gruppen
»Bund freier Bürger« und »Liberale Offensive in der FDP«
von der Anzeige distanziert. Aufschlussreich ist ferner eine
Scheinanzeige des »Rowohlt-Verlages«, die der renommierte,
liberale Verlag nach eigenen Angaben nicht aufgegeben hat
und durch die die JF offenbar Seriosität und Pluralität suggerieren möchte.[96] Dasselbe Ziel dürfte sie mit dem unentgelt-
lichen Abdruck einer Anzeige des »Landesbundes für Vogel-
schutz in Bayern« (LBV) verfolgen.[97]

An wichtige Kampagnen der Bewegung von rechts knüpft
die JF an und leistet somit einen Beitrag zu deren kultureller
Vernetzung. Gleichzeitig bemüht sie sich, eigene Leitthemen
zu setzen. Manche deutlich von der Alten Rechten geprägte
Kampagnen treten dagegen nicht, nur teilweise oder in spezifischen Varianten auf: So kommt etwa die »Anti-Antifa«-Kam-
pagne praktisch nicht vor[98]; dasselbe gilt für die Leugnung des
Holocausts, die auch in Andeutungen oder in Form zustimmender Verweise auf revisionistische Werke nicht vertreten,
deren Legalisierung jedoch gefordert wird (siehe unten).
   Die wichtigsten Bewegungskampagnen, denen sich die Zeitung anschließt, betreffen die Komplexe Ausländer (einschließlich Islamisierung), Antieuropäisierung (insbesondere
Ablehnung der Euro-Währung) und Meinungsfreiheit/›Political Correctness‹. Weiteres Leitthema ist die Relativierung
des Nationalsozialismus; in diesem Zusammenhang knüpft
die JF an die Kampagne zur Leugnung oder Verharmlosung
von Wehrmachtsverbrechen an.
   Das Ausländer-Thema ist theoretisch eingebettet in das Konzept des ›Ethnopluralismus‹, das ethnisch homogene Staaten

als Ziel vorgibt, Zuwanderung von Angehörigen anderer Ethnien und Beeinflussung durch andere Kulturen ablehnt oder auf ein unvermeidliches Minimalmaß beschränkt wissen will. Mehrfach werden ethnisch homogene Staatsgebiete ausdrücklich als Ideal formuliert und entsprechende Nationalstaatsbestrebungen begrüßt. Zustimmend zitiert Martin Schmidt den Flamen Frans Crols, der Separatismus als »zu verteidigende und schöne Äußerung autonomer Denkkraft«[99] bezeichnet, und spricht sich für die Teilung in zwei, dann ethnisch homogenere, Staaten aus. Auch für Südtiroler Separatisten zeigt die JF Sympathie.

Zwei Konsequenzlinien aus diesem Konzept werden für Deutschland vertreten: einerseits die einer Integration (treffender: Assimilation) hier lebender (ethnisch) nicht Deutscher, die mit möglichst vollständiger Anpassung an eine christlich geprägte deutsche »Leitkultur« einhergehen soll.[100] Andere JF-Beiträge fordern eine bewusste Trennung der Gesellschaft nach ethnischen Kriterien, die allein eine Bewahrung und Entwicklung der jeweiligen Kulturen ermögliche.[101] Zwischen Vertretern beider Linien besteht weitgehender Konsens, dass das Thema zu den »politischen Schlüsselfragen«[102] in Deutschland zähle, da eine »unkontrollierte, zu massive Einwanderung«[103] bestehe; ein genereller Einwanderungsstopp gilt als positives politisches Mittel.[104] Als Symbol der ›Überfremdung‹, die durch multikulturelle Tendenzen entstehe, wird immer wieder der Berliner Stadtbezirk Kreuzberg angeführt. Bei gleich bleibender Entwicklung sagt Alexander Beermann ethnische Spannungen voraus, die ein militärisches Eingreifen erfordern.[105]

Darüber hinaus kommen abschätzige Bemerkungen über Zuwanderer vor, die sich oft hinter einem glossierenden Duktus verbergen: So spricht Autor Karl Heinzen spöttisch von »Feldversuchen mit Immigranten im Dienstleistungssektor«, die zeigten, dass »Sprachkenntnisse unnötig sind«.[106] Thorsten Thaler greift das von Alfred Mechtersheimer in der JF vom 14. November 1997 gebrauchte Wort vom »Multi-Kulti-Rade-

brech« auf, mit dem dieser die Sprachprobleme von Zuwanderern bezeichnet hat, sowie Mechtersheimers diffamierende
Bemerkung: »Sie reden, wie ihnen der Schnabel verwachsen
ist.«[107] Behauptungen wie »Ausländer missbrauchen die Sozialhilfe« und »Ausländer verschärfen die Arbeitslosigkeit« bezeichnet Dieter Stein nebulös als »tendenziell richtige Aussagen«, die nur »in ihrer pauschalen Form falsch«[108] seien.
Gängig sind Verweise auf eine angeblich überhohe Ausländerkriminalität. Ein ständiges Thema der JF ist ferner die Warnung vor der Islamisierung Deutschlands. Der Islam taucht
ausschließlich in negativen Zusammenhängen auf (insbesondere mit religiösen Fundamentalisten wie der Organisation
»Milli Görüs«). Moderat auftretende Moslems kommen entweder nicht vor oder werden in den Verdacht gerückt, ihre
fundamentalistischen Positionen zu verschleiern.

Die Ablehnung von Globalisierungstendenzen und die Ab-
wehr gegen Berührungen und Vermischungen von Kulturen
stellen die zweite Seite des ›Ethnopluralismus‹-Konzepts dar.
Dies gilt in der JF für Erscheinungsformen des Islams in
Deutschland, auch für fernöstliche Religionen[109], insbesondere
aber für US-amerikanische Kultureinflüsse.[110] Antiamerikani-
sche Ressentiments, die in allen untersuchten Ausgaben und
gleichermaßen im Politik- und Kulturteil auftauchen, werden
häufig mit ablehnenden Hinweisen auf ›Umerziehungs‹-Be-
mühungen in Deutschland verknüpft, wobei diese Kritik an
amerikanischen Einflüssen mitunter verschwörungstheoretische Züge trägt.

Die Ablehnung des Euro taucht als weiteres zentrales
Kampagnenthema in zahlreichen Beiträgen auf. Sie folgt zwei
einander teilweise überlagernden Argumentationslinien. Eine
ökonomiezentrierte Linie nennt ungünstige Voraussetzungen
für die Einführung, betont wirtschaftliche Negativentwick-
lungen durch die neue Währung und stellt die D-Mark als hart
und Stabilität sichernd heraus.

Die zweite Argumentationslinie ist grundsätzlicher EU-
kritisch und beklagt den Verlust an nationaler Souveränität

der Mitgliedsstaaten. Sie entwirft das Negativszenario eines europäischen Zentralstaates, in dem nationale Kulturen nicht zu bewahren seien.[111] Die Europäische Union wird pauschal als bürokratischer Koloss dargestellt, der nicht dem Wohle der Bürgerinnen und Bürger diene, und als Instrument des Auslands, um »Deutschland (...) in seinen nationalen Gestaltungsmöglichkeiten möglichst vollständig zu paralysieren«[112]. In solchen Zusammenhängen erscheint die durch den Euro abgelöste D-Mark als nationales Symbol, mit dem eine starke – auch emotionale – Verbundenheit deutlich wird, was sich in häufigen Metaphern ausdrückt wie, die D-Mark werde »beerdigt«[113] oder »geopfert«[114].

Die vermeintliche Unterdrückung abweichender Informationen und Meinungen in der Bundesrepublik durch ›Political Correctness‹ (PC) bildet den dritten der wichtigsten JF-Kampagnenkomplexe.[115] Wenn in der Zeitung von »Denkverboten«[116] oder der »geistigen Diktatur der political correctness«[117] gesprochen wird, ist einerseits – pauschal – das angeblich von links dominierte Diskursklima der Bundesrepublik gemeint, andererseits – konkret – das herrschende Strafrecht. Günter Zehm etwa attackiert den Straftatbestand der Volksverhetzung, der insbesondere die Strafbarkeit der Holocaustleugnung regelt, als »eines jener unheimlichen Gummiwörter, mit denen man alles und jeden kriminalisieren kann (und auch tatsächlich kriminalisiert), was dem herrschenden Zeitgeist anstößig ist«. Zehm hält den Paragraphen daher für ein »Instrument (...) des Terrors«.[118] So nimmt er auch den Rechtsextremisten Hans-Dietrich Sander in Schutz, den ein Münchner Amtsgericht nach grob den Holocaust leugnenden und die Opfer verunglimpfenden Äußerungen wegen Volksverhetzung verurteilt hat.[119] Die behauptete Omnipräsenz der ›Political Correctness‹ lässt JF-Autoren den demokratischen Charakter der Bundesrepublik infrage stellen. Ulrich Schacht sieht »etliche«, nicht benannte »Vertreter der politischen Funktionseliten« als »Prototypen des politisch korrekten, mithin prinzipiell intoleranten Zeitgeistes, dem sie als Spitzel,

Denunzianten, Agitatoren oder aufhetzerische Claqueure dienen«[120], und zieht Parallelen zu DDR und Nationalsozialismus. Mahler spricht im JF-Interview von »Scheindemokratie« und »beinahe totalitärer Meinungsdiktatur«[121]. Die PC markiert die Scheidelinie zwischen Freund und Feind.

Ein durchgängiges Motiv sind ferner relativierende Verweise auf den Nationalsozialismus. Zwar beschäftigt sich die Zeitung in keinem Beitrag der untersuchten Ausgaben ausführlich mit dieser Zeit, doch tauchen entsprechende (häufig knappe) Bemerkungen in vielen Zusammenhängen auf und sind in der Summe als Verharmlosung zu werten. Die Zeitung geht vom Totalitarismus-Theorem aus sowie von Ernst Noltes These, der Holocaust sei eine Reaktion auf stalinistische Verbrechen[122]. Häufig verweist sie auf das *Schwarzbuch des Kommunismus,* demzufolge die Opfer kommunistischer Regime zahlreicher seien als die des Nationalsozialismus. Relativierenden Charakter erhält der JF-spezifische Umgang mit dem Nationalsozialismus bereits dadurch, dass dessen Verbrechen praktisch nicht erwähnt werden, aufrechnende Hinweise auf Verbrechen anderer Systeme dagegen häufig sind. Insbesondere zwischen DDR und Nazi-Deutschland werden Parallelen entweder ausdrücklich gezogen oder Wesensgemeinsamkeiten vorausgesetzt, indem beide als »totalitäre politische Systeme«[123] in einem Atemzug genannt werden.

Verharmlosend wirkt sich auch die Begrifflichkeit der Zeitung aus. Dies gilt für die breite und vage Verwendung des Sammelbegriffs Totalitarismus, der in polemischer Form mitunter auch auf die Bundesrepublik gemünzt wird und der den Nationalsozialismus (einschließlich des Holocausts) zu einem von zahlreichen kritikwürdigen Systemen schrumpfen läßt.[124] Gängig ist die Übertragung von Begriffen, die eindeutig durch den Nationalsozialismus besetzt sind, auf Gegenwartsfragen. So nennt JF-Autor Lothar Groppe Abtreibungen »Massenmord an ungeborenen Kindern« und zieht Parallelen zum Euthanasie-Programm. Er zitiert ferner den Papst zustimmend, der von der Abtreibung als »»immer noch andauerndem Holocaust«« gesprochen habe.[125] Günter Zehm bezeichnet Geburtenfrühdiagnostik als »Eugenik« und spricht von »Interessen, Embryonen zu selektieren«[126]. Häufig ist auch von russischen »Konzentrationslagern« oder »Kz« die Rede. Diese inzwischen auch in anderen Medien nicht seltene Übertragung von NS-Begriffen trägt ebenfalls zur Relativierung des Nationalsozialismus bei. Diesen verharmlosende Züge weisen in der JF häufig auch Verweise auf die Vertreibung von Deutschen aus den Ost- oder sonstigen Siedlungsgebieten auf, insbesondere dann, wenn sie dem Holocaust implizit gegenübergestellt wird.

Öffentliche Erinnerung an die NS-Verbrechen setzt die JF unter den Generalverdacht, diese sollten für heutige (linke) Interessen instrumentalisiert werden.[127] Dies kommt in der ständig wiederholten Rede von der »Faschismuskeule«[128] zum Ausdruck. Der Begriff Vergangenheitsbewältigung taucht daher ausschließlich negativ auf, wird allerdings im Untersuchungszeitraum nicht – wie es in der JF früher üblich war – als »VB« verspottet[129]. Statt solcher Erinnerung solle das »neudeutsche ›Mea-culpa‹-Gerede und die Dauerzerknirschung«[130] beendet werden und Deutschland »in den Kreis selbstbewußter Nationalstaaten«[131] eintreten.

Ausdrücklich wendet sich die JF gegen die Ausstellung »Vernichtungskrieg. Verbrechen der Wehrmacht 1941–1944« des »Hamburger Instituts für Sozialforschung«, die sie als »Fälschungen und Verleumdungen der berüchtigten Reemtsma-Ausstellung«[132] bezeichnet. Die Zeitung bestreitet, dass Kriegsverbrechen durch die Wehrmacht in nennenswertem Umfang begangen wurden. Die Mehrheit der Wehrmachtsrichter glorifiziert die JF als »Hüter des Rechts«; Deserteure zum Widerstand zu rechnen hält sie für »völlig verfehlt«[133].

Neben den genannten Komplexen, die die Bewegung einen, tauchen in der JF Themen auf, die sie – zumindest ihrem Stellenwert nach – von anderen rechten Medien unterscheiden. Das gilt beispielsweise für die immer wieder auftauchende Forderung nach einer Stärkung von plebiszitären Elementen im politischen System der Bundesrepublik. Gefordert werden deutschlandweite Volksentscheide über Euro und Rechtschreibreform (den in Schleswig-Holstein stattfindenden unterstützt die JF).[134] Breiten Raum in nahezu jeder Ausgabe nimmt ferner die Beschäftigung mit der Studentenbewegung von 1968 und ihren Auswirkungen ein. Hierzu trägt sicherlich der Umstand bei, dass einige ehemalige Aktive der Bewegung heute regelmäßig für die JF tätig sind oder ihr nahe stehen, aber auch der, dass die verhasste Revolte in mancherlei Hinsicht Vorbildcharakter hat: So ist es ihr gelungen, vorpolitische Räume einzunehmen, worin auch die Neue Rechte ihr erklärtes Ziel sieht. Darüber hinaus greift die JF Themen auf, die überwiegend von links besetzt sind: Dies gilt für Ökologie-Themen, insbesondere die Skepsis gegenüber Gen- und Atomtechnologie.

Strategiediskussionen weisen die *Junge Freiheit* erneut als ein der Neuen Rechten verpflichtetes Medium aus. Im Zentrum steht das Konzept der kulturellen Hegemonie, dessen Eckpunkte JF-Redakteur Thorsten Thaler in einem strategischen Grundsatzartikel nach der Sachsen-Anhalt-Wahl skizziert, ohne es beim Namen zu nennen.[135] Thaler relativiert die Bedeutung von Wahlergebnissen, vielmehr setzten grundlegende politische Veränderungen einen »langwierigen geistigen Prozeß« voraus. Er beruft sich auf Botho Strauß, der vom notwendigen »Wechsel der Mentalitäten« gesprochen hat. Es komme, so Thaler, darauf an, »in sinnentleerte Räume« einzudringen, Begriffe und Positionen zu besetzen, »die ihrer ursprünglichen Bedeutung entkleidet worden sind«, sowie eine Verankerung in der soziokulturellen Sphäre (Schule, Universität, Arbeitsplatz, Freundes- und Bekanntenkreis) zu erreichen. Offenbar befürchtet Thaler, die Rechte könne angesichts des DVU-Abschneidens ihr metapolitisches Bemühen vernachlässigen, und warnt, diese dürfe sich mit dem spektakulären, aber folgenlosen Überraschungserfolg einer marginalen Partei nicht zufrieden geben. Der Beitrag stößt auf ein teils begeistertes, teils unverständiges Echo der Leserbriefschreiber.[136]

Typisch für die Neue Rechte ist ferner die antiliberale Stoßrichtung der Zeitung, die eng mit der hohen Bedeutung des Ideologems ›Kollektiv vor Individuum‹ verknüpft ist. Besonders deutlich kommt dies im Interview mit Alain de Benoist zum Ausdruck, der davon ausgeht, der Mensch sei nicht unmittelbar Teil der Menschheit, sondern vermittelt über kollektive Identitäten wie ›Rasse‹, Volk und Nation. Der Individualismus löse derartige »organische Strukturen« auf, die allein geeignet seien, Solidarität zu stiften.[137] Vor diesem Hintergrund erhält auch die in der JF häufig gebrauchte Formel »Gemeinwohl geht vor Eigenwohl« einen antiliberalen Charakter.

5.7 Symbolische Integration

Nation, Volk und konservativ sind die Zentralbegriffe der JF. Die Verwendung der Bezeichnung rechts ist ambivalent. Auch diese Begrifflichkeit weist die Zeitung als Scharnierorgan aus: Sie trägt einerseits zur begrifflichen Integration des Zeitungsumfeldes in die Bewegung bei (Nation, Volk), andererseits soll ihr die Selbstkennzeichnung als konservativ ein moderates Profil verleihen, das Anknüpfungspunkte an ein Spektrum eröffnet, das der Bewegung allenfalls nahe steht.

Dass die *Junge Freiheit* die Begriffe Nation und Volk im Rahmen der Ideologie des »völkischen Nationalismus« verwendet, wie Kellershohn 1994[138] gezeigt hat, ist nach wie vor erkennbar; alle von ihm genannten Kernideologeme dieses Denkens kommen weiterhin vor:

– Beide Begriffe treten in der Regel synonym auf, Zugehörigkeit bestimmt sich folglich in beiden Fällen nach ethnischen Kriterien, die zur Nation insbesondere nicht durch Staatsbürgerschaft.[139]

– Nation wird als dem Individuum übergeordnete, homogenisierte Gemeinschaft verstanden, wenngleich der dies bezeichnende Begriff Volksgemeinschaft nur als Zitat auftritt.[140]

- Dass ein starker, »selbstbewusster« Nationalstaat durch Eliten (denen sich die JF zurechnet) oder charismatische Führer geleitet werden müsse, machen negative Verweise auf die ›egalitäre Massengesellschaft‹ und auf Parteien deutlich.[141]
- Zentral ist die Kombination der Begriffe Nation und Identität, hinter der sich die Behauptung verbirgt, nationale (ethnische) Zugehörigkeit sei ein schicksalhaftes, andere Prägungen überragendes Moment.[142] Der Einzelne sei gefordert, Opfer zu Gunsten der Nation und des Gemeinwohls zu erbringen.
- die Bedeutung der biologischen Substanzerhaltung der Deutschen[143],
- Machtansprüche des Nationalstaats nach außen; die deutschen Interessen müssten verfolgt und durchgesetzt werden.

Den Begriff konservativ, mit dem die JF sich selbst und das eigene politische Lager kennzeichnet, fasst die Zeitung äußerst weit. Seine Verwendung geht deutlich über den üblichen massenmedialen Sprachgebrauch hinaus, in dem er im Wesentlichen für ein demokratisches, wertkonservatives Spektrum (meist innerhalb von CDU/CSU oder verwandten Parteien im Ausland) steht. In der JF reicht die Bandbreite der als konservativ Bezeichneten von der Union über das Scharnierspektrum der rechten Bewegung (z. B. BfB, DSU, Horst Mahler) bis in den Rechtsextremismus hinein (z. B. REP, Armin Mohler, Joachim Siegerist). Diese Begriffsverwendung folgt einerseits dem Selbstverständnis der Konservativen Revolutionäre und fasst somit auch Kräfte, die mit freiheitlichen Verfassungen unvereinbar sind, als konservativ.[144] Andererseits ist das Etikett konservativ vor dem Hintergrund der Strategie der kulturellen Hegemonie als Tarnbegriff zu verstehen, der suggeriert, es handele sich um Vertreter auf Bewahrung bedachter, moderater, gesellschaftlich akzeptierter Positionen. Konservativ wird in der JF häufiger gebraucht als die stärker polarisierende Selbstkennzeichnung rechts. So betont auch Dieter Stein im Interview, dass sich die JF primär als konservatives, nicht als rechtes Medium verstehe. Wenn die

Bezeichnung rechts verwendet wird, umfasst sie das als konservativ bezeichnete Spektrum, darüber hinaus die Alte Rechte (DVU, NPD: »Rechtsparteien«), zu der die JF so auch begrifflich eine gewisse Distanz wahrt. Eine allzu scharfe Grenze zu ziehen, vermeidet die Zeitung, indem sie rechts und konservativ gelegentlich synonym gebraucht oder die Bezeichnung Rechte durch Zusätze wie demokratische und gemäßigte Rechte abschwächt.

Insofern setzt die JF den unter anderem von Thaler explizierten Anspruch, Begriffe neu zu deuten, in die Tat um. Ähnliche Umdeutungen finden sich auch bei den Begriffen Demokratie (»organische Demokratie«) oder – besonders offensichtlich – Rassismus und Multikulturalismus. Im ausführlichen JF-Interview bezeichnet Alain de Benoist seine vom ›Ethnopluralismus‹-Konzept geprägten Vorstellungen, die auf eine weitestmögliche Trennung von Ethnien hinauslaufen, als »differenzialistischen Antirassismus« (erkennt die Unterschiede von ›Rassen‹ an und will diese bewahren) oder »gemäßigten Multikulturalismus«. Als »universalistischen Rassismus« bezeichnet er Positionen, die die Gleichheit von Menschen betonen und den ›Rassen‹ somit ihre Identität nähmen.[145] Auf diese Weise verkehrt er den üblichen Sprachgebrauch in sein Gegenteil.

Integrierende Wirkungen sind auch vom allgegenwärtigen Negativbegriff des Westens sowie von gängigen Negativ-Zuschreibungen an die politisch Verantwortlichen zu vermuten. Als westlich gelten in erster Linie die USA, die EU, die alte Bundesrepublik (West-Deutschland) sowie in einem nicht geografischen Sinne Universalismus (einschließlich universeller Menschenrechte) und Liberalismus[146]. Zwei recht skurrile Texte belegen diese Tendenz nachdrücklich: Einen polemisch-antiwestlichen Grundsatzartikel liefert Wolfgang Lasars mit dem Beitrag »Die Freiheit, die der Westen meint«. Darin verbindet er die Vokabel westlich 25-mal mit großteils aggressiven Anschuldigungen; er schlägt einen Bogen vom Kolonialismus über Margaret Thatcher zu Karl Popper und kommt zu dem Fazit: »Der Westen versteht Freiheit auch heute noch als einen Hals unter dem westlichen Joch«[147]. In der Ausgabe vom 5. Juni 1998 titelt die JF »Die Impotenz des Westens« und nennt das Medikament Viagra als Indiz für »die schleichende Impotenz der westlichen Industriegesellschaften«, die ein »Signal der Dekadenz«[148] sei.

Auch wenn die JF den Eindruck der Fundamentalopposition vermeidet, wird doch eine pauschale Frontstellung gegen politische Entscheidungsträger deutlich. Besonders krass kommt dies zum Ausdruck, wenn in Bezug auf die Bundesrepublik vom »totalen Parteienstaat«, der »an autoritäre Regimes« erinnere,[149] gesprochen wird oder von »Ost-West-Blockparteien«[150] und so bedauernd darauf hingewiesen wird, wie in der DDR gebe es in der Bundesrepublik keine wahre Opposition. Die Formulierung steht in Zusammenhang mit dem DVU-Erfolg in Sachsen-Anhalt; die rechtsextremistische Partei gerät somit zur positiven, da auf Systemüberwindung zielenden Kraft. Auch sich ständig wiederholende Wendungen wie »Alt-Parteien«[151] und »politisches Establishment«[152] zeigen diese Frontstellung. Solchen überkommenen, verkrusteten Strukturen stellt sich die *Junge Freiheit* als zwar konservatives, gleichwohl neues, jugendlich-dynamisches und undogmatisches Projekt gegenüber. Diese Selbststilisierung erinnert an das Credo des Konservativen Revolutionärs Moeller van den Bruck, konservativ zu sein bedeute, »Dinge zu schaffen, die zu erhalten es sich lohnt«, der Konservative sei »Erhalter und Empörer zugleich«.[153]

Auffällig sind Sprachregelungen der JF, die zum Profil des Blattes und zur Integration der Leserschaft beitragen: Dies gilt insbesondere für die Begriffe Mitteldeutschland und Ostdeutschland, die in jeder Ausgabe vorkommen und die neuen Bundesländer respektive die ehemaligen deutschen Ostgebiete bezeichnen. Beiträge von JF-Autoren werden auf diese Sprachregelung hin redigiert. Die Begriffe würden aus Traditionsgründen verwandt und seien »vielleicht anachronistisch«, sagt Dieter Stein im Interview, sie enthielten »keinen konkreten Gebietsanspruch«, stehen aber in der JF in einer eindeutig revanchistischen Tradition. In der Vergangenheit hatten Zeitung und damaliger Herausgeberverein heftig dagegen agitiert, Ansprüche auf die ehemaligen Ostgebiete aufzugeben. Am Tag der Unterzeichnung des deutsch-polnischen Grenzvertrags (17. 6. 1991) ließ die JF gemeinsam mit anderen Organisationen zwei Flugzeuge über dem Bonner Regierungsviertel kreisen, die die Spruchbänder »Verzicht ist Verrat« zogen. Der Verein »Unitas Germanica« startete in dieser Zeit die Initiativen »Freiheit für Königsberg«, »Solidarität mit Oberschlesien« und »Oberschlesische Kinder lernen Deutsch im Schwarzwald«.[154] Auch im Untersuchungszeitraum werden die genannten Begriffe deutlich offensiver gebraucht, als der Chefredakteur glauben macht: So spricht Redakteur Peter Krause davon, die heutigen Deutschen würden »ihre Geschichte so radikal verleugnen«, dass sie von der Ex-DDR als »Ostdeutschland« sprächen.[155] Zu den Sprachregelungen der JF zählt ferner, ehemals deutsche Orte konsequent mit ihren damaligen deutschen Namen zu bezeichnen.

5.8 Professionalität

Das seit Anfang 1994 regelmäßige, pünktliche Erscheinen der *Jungen Freiheit* als Wochenzeitung setzt eine erhebliche Professionalität voraus. Die Redakteure verfügen zwar über keine übliche journalistische Ausbildung, fast alle aber inzwischen über mehrjährige praktische Kenntnisse. In den meisten Fällen haben sie diese in ihrer Arbeit für die JF erworben, Gerhard Quast zudem als verantwortlicher Redakteur der Zeitschrift *wir selbst* und Thorsten Thaler als Lektor des rechtsextremistischen »Arndt-Verlags« von Dietmar Munier[156]. Peter Krause hat drei Jahre in der Redaktion des *Thüringer Tageblatts* gearbeitet. Fast alle Redakteure sind Studenten, Akademiker oder Studienabbrecher; gleichwohl dürfte der akademische Hintergrund der Redaktion – gemessen an

Der Tag, als die D-Mark kam – Sonderbeilage zum 50. Jahrestag

JUNGE FREIHEIT

HOCHENZEITUNG FÜR POLITIK UND KULTUR

Nr. 26/98 — Berlin, 19. Juni 1998 — 13. Jahrgang — A 4084 C — DM 4,80

Nationale Identität: Warum wir unserer Vergangenheit nicht entgehen

Der Weg in die Geschichte

Statuen des Berliner Zeughauses: Nationale Zugehörigkeit ist nicht durch postnationale Werte ersetzbar

Feindbilder
VON KLAUS HORNUNG

DIESE WOCHE

Debatte über Begriffe: „Was ist rechts?"
Horst Mahler fordert eine gemeinsame Politik von Rechten und Linken: „Die von einem neuen Geist beseelte Nation wird die Sachwalterin des Marktes brechen."
MEINUNG Seite 2

„Wir fühlen uns zurückgesetzt"
Gespräch mit dem ehemaligen Beaten-Häftling Wolfgang Bekker über den heutigen Umgang mit den Opfern des Kommunismus
IM GESPRÄCH Seite 3

Ein Bild, drei Schicksale und der Hundezwinger
Gedenken an den Arbeiteraufstand in der DDR am 17. Juni 1953: Erinnerungen an die Ereignisse in Ost-Berlin und Görlitz
HINTERGRUND Seite 6
ZEITGESCHICHTE Seite 15

„Derzeit sind wir wie Freiwild"
Interview mit dem FPÖ-Vorsitzenden Jörg Haider über die politische Stimmung in Österreich.
ÖSTERREICH Seite 7

Flüchtlingspolitik in der Sackgasse
Ein Bericht aus Bosnien-Herzegowina: Die Lösung der Flüchtlingsfrage wird empfehlend sein.
NATIONALITÄTEN Seite 9

Pankraz, Lafontaine und die geraden Pfade der Tugend
Günter Zehm warnt in seiner „Pankraz"-Kolumne vor der Verwechslung von Werten und Tugenden: An den Taten sollt ihr sie erkennen.
KULTUR Seite 17

C'est la guerre, sehr literarisch
Lettlich normzwkonform: Zum 100. Geburtstag von Erich Maria Remarque, dem Autor von „Im Westen nichts Neues".
KULTUR Seite 17

Kultische Malerei: Germanen in Öl
Gespräch mit dem Maler Odin Wieninger über seine kultischen, mythologischen Bilder
ZEITGEISTE/LEBENSART Seite 22

Im modernen Design zeigt sich die Professionalisierung der Jungen Freiheit: eine Balance zwischen konservativer Wirkung und leichter Zugänglichkeit.

der Gesamtheit fest angestellter Wochenzeitungsjournalisten – unterdurchschnittlich sein. Neben den neun Redakteuren beschäftigt der JF-Verlag Mitte 1998 eine Designerin, einen Technikbetreuer, zwei Buchhalterinnen sowie zwei Vertriebsmitarbeiterinnen, arbeitet aber – mit einer geschätzten verkauften Auflage von 10 000 Exemplaren sowie einem geringen Anzeigenaufkommen – defizitär (siehe 5.1).

Das Entstehen der Ausgaben folgt einer Produktionsroutine, die feste Redaktionsschlusstermine für Einzelseiten und Gesamtausgabe sowie vier Konferenztermine einschließt und mit dem Andruck in der Nacht zum Mittwoch endet. Die Planung der Schwerpunkte der folgenden Ausgabe beginnt donnerstags, freitags findet die Blattkritik der soeben erschienenen Zeitung statt. Montags und dienstags bestehen feste Termine für Kurzkonferenzen zum Stand der Produktion. Der Produktionsplan und vermutlich auch die Benennung eines für solche Fragen zuständigen Chefs vom Dienst stellen sicher, dass Andrucktermine und Auslieferung grob eingehalten werden können. Gleichwohl ergeben sich in der Praxis offenbar vielfältige Planabweichungen, die die letzten Schritte vor Redaktionsschluss kaum noch geregelt ablaufen lassen: »Zwar beschließen wir jeden Dienstag von neuem eisern, gegen 19.00 Uhr den letzten Handschlag zu machen – getan ist er dann schlappe 7 Stunden später.«[157]

Das Design der *Jungen Freiheit*, für das seit September 1996 die fest angestellte Diplom-Designerin Cornelia Krempf zuständig ist[158], ist auffallend professionell und folgt gängigen Regeln moderner Zeitungsgestaltung. Die JF zählt insofern zu den bestgestalteten Periodika, die sich der rechten Bewegung zurechnen lassen. Die im Verfahren des Ganzseitenumbruchs, das bei professionellen Printmedien üblich ist, erstellte Optik basiert auf einem strengen, dadurch ernsthaft und tendenziell konservativ wirkenden Blockumbruch sowie diesen unterstreichenden klaren Linien. Indem die Zeitung dosiert mit Weißraum und grauen Schriftzügen arbeitet, versucht sie, eine Balance zwischen leichter optischer Zugänglichkeit und seriöser Wirkung zu schaffen. Für Auflockerung und einfache Orientierung im Blatt sollen wiedererkennbare grafische Elemente für feste Rubriken (Symbole, Skizzen) sorgen, Initiale an Textanfängen, Zitatblöcke und Zwischenzeilen sowie gelegentliche Info-Spalten (vor allem bei längeren Interviews), die rechtsbündig und somit ungewöhnlich gesetzt sind. Grafisch verspielter erscheint die Seite »Zeitgeist & Lebensart« (durch Freistellungen, Fotocollagen, hinterlegte Motive), was dem satirischen Inhalt des Ressorts entspricht. Auf anderen Seiten sind solche Elemente selten. Mit der Ausgabe vom 7. April 2000 verändert die Zeitung ihr Erscheinungsbild noch einmal deutlich: Sie stellt auf das größere Nordische Format um und erscheint mit Farbfotos und farbig hinterlegten Textflächen. Auf diese Weise erfährt sie einen weiteren Professionalisierungsschub.

Die JF verfügt über Internet-Zugang und Zugriff auf das Online-Archiv der »Deutschen Presseagentur« (dpa).[159] Sie hat keine Bilderdienste abonniert und muss Agenturfotos daher einzeln bestellen und honorieren oder auf unentgeltlich verfügbares Material zurückgreifen. Dies spiegelt sich in der Bildqualität der Zeitung wider. Häufig dürfte es sich um kostenloses Pressematerial etwa der Filmbranche handeln oder um Motive, die Ausstellungskatalogen entnommen sind. Vielfach verwendet die JF wenig originelle Symbolfotos.[160] Mitunter erscheinen Fotos von schlechter technischer Qualität, die Redakteure selbst aufgenommen haben.[161] Auf der Seite »Wirtschaft & Soziales« verwendet die JF regelmäßig selbst erstellte, schlicht gestaltete Grafiken. Der Druck der JF lässt keine nennenswerten Mängel erkennen.[162]

Die Zeitung enthält einen Genremix, der alle maßgeblichen journalistischen Darstellungsformen umfasst und ihnen zum Teil feste Plätze zuweist. Letzteres gilt für Kommentar, Interview, Porträt, Buch- und Zeitschriftenrezension, Kolumne (»Pankraz«), Korrespondentenbericht (Gerhard Imhoff) sowie für den regelmäßigen Beitrag »Lockerungsübungen« (Karl Heinzen), der ein Mischgenre aus Kommentar und Glosse darstellt. Darüber hinaus kommt der Bericht häufig, die Reportage gelegentlich vor. Die Beiträge sind nicht nur äußerlich, sondern stilistisch als unterschiedliche Genres erkennbar, so dass eine tatsächliche Abwechslung der Darstellungsformen entsteht. Eingeschränkt gilt dies für das Genre des Berichts, in dem Autoren teils deutlich kommentieren, sich teils offener Meinungsäußerungen enthalten. Glossierende Elemente, die einerseits werten, andererseits den Beiträgen eine gewisse Leichtigkeit verleihen, kommen in allen Genres (nahezu durchgängig auf der »Zeitgeist«-Seite) vor. Sie stehen im Kontrast zu einigen Beiträgen, die einen ermüdend dozierenden, mitunter verbissen attackierenden Stil aufweisen.[163]

Trotz einiger Mängel orientieren sich auch die Meldungen der JF[164] im Wesentlichen an professionellen Regeln. Sie liefern die wichtigsten Basisinformationen (W-Fragen: wer, wie, wo, was?) und sind überwiegend verständlich. Über die Trennung von Nachricht und Kommentar setzt sich die JF in gut einem Drittel der Meldungen hinweg und verwendet eine mehr oder minder deutlich wertende Begrifflichkeit[165]. Wenn handwerkliche Lapsus den professionellen Charakter der JF auch nicht grundlegend einschränken, so sind sie doch recht häufig. So finden sich im Veranstaltungskalender neun Hinweise auf Ereignisse, die bei Erscheinen der Ausgabe bereits stattgefunden haben. Zweimal berichtigt die Redaktion Beiträge, bei deren Erfassung Wörter vertauscht worden waren (»untergeordnet« statt »übergeordnet«, »nationalistisch« statt »antinationalistisch«)[166]; in der Ausgabe vom 5. Juni stellt sie zwei fehlerhafte Detailinformationen richtig[167]. Am 17. April teilt die Redaktion mit, die Kulturseiten der vorangegangenen Ausgabe seien unkorrigiert an die Druckerei gegangen, und entschuldigt sich für »die entstandenen Zumutungen«[168].

5.9 Fazit

Im Laufe ihrer kurzen Geschichte hat sich die *Junge Freiheit* konsequent als professionelles Scharnierorgan positioniert und diesen Charakter seit der Umstellung auf wöchentliches Erscheinen gefestigt. Trotz verbaler Mäßigung ist die programmatische Nähe und personelle Anbindung an die Neue Rechte deutlich. Dass die Zeitung den Brückenschlag zwischen dieser und dem etabliert-konservativen Spektrum sucht, konnte anhand von Autoren und Interviewpartnern sowie positiven Bezügen gezeigt werden.

Zu den Entwicklungskonstanten zählten ein völkischer Nationalismus, der positive Bezug auf Akteure der Konservativen Revolution sowie der auf das neurechte Konzept der kulturellen Hegemonie. Auf dieser Basis fördert die *Junge Freiheit* die kulturelle Vernetzung der Bewegung, indem sie wichtige Themen und Kampagnen – meist in neurechten Varianten – aufgreift (in den untersuchten Ausgaben vorwiegend: Ausländer, Antieuropäisierung und Meinungsfreiheit). Zur Vernetzung trägt auch der hohe Servicewert der Zeitung bei. Als wöchentlich erscheinendes Periodikum ist sie besonders geeignet, aktuelle Termine bekannt zu machen.

Symbolische Integration stiftet die *Junge Freiheit* vorrangig mit Begriffen, die das Scharnierspektrum zu einen in der Lage sind. Dazu zählen die synonym gebrauchten Begriffe Volk und Nation sowie das Etikett konservativ, das in einem an die Konservative Revolution angelehnten Sinne verstanden wird und rechtsextremistische Positionen umfassen kann. Dagegen wird die Bezeichnung rechts vorwiegend zur Abgrenzung von der Alten Rechten verwandt. Auffällig ist das Bemühen, geläufige Begriffe mit neuen Inhalten zu füllen (z. B. Demokratie, Multikulturalismus, Rassismus).

Die *Junge Freiheit* hat sich zu einem der professionellsten Periodika der Bewegung entwickelt. Hiervon zeugen das kontinuierliche wöchentliche Erscheinen, die Erstellung durch eine hauptberufliche Redaktion, die weitgehend am Stand von Technik und Lehre ausgerichtete Optik sowie die Genre-vielfalt des Blattes. Professionalitätsdefizite weist die Zeitung durch handwerkliche Fehler im Detail und ihre prekäre wirt-schaftliche Lage auf, die mit einem schwachen Anzeigenge-schäft und geringer verkaufter Auflage verbunden ist.

6. Nation & Europa

Das traditionsreiche Ideologieorgan

Nation & Europa (NE) gilt als eines der wichtigsten Ideologieorgane des deutschen Rechtsextremismus. Sie ist die älteste
rechtsextremistische Zeitschrift, die in Deutschland kontinuierlich monatlich[1] erscheint. Zentrales Ziel des seit Gründung
in Coburg ansässigen Blattes ist die Einheit der deutschen
Rechten. Die bestehende Zersplitterung dieses politischen
Lagers will die Zeitschrift mit publizistischen Mitteln überwinden helfen. Zu diesem Zweck unterhält die Redaktion ein
enges Beziehungsnetz zu Vertretern aller rechtsextremistischen Parteien und zu Aktivisten, die nicht parteipolitisch gebunden sind.[2]

6.1 Entwicklung

1951 als *Nation Europa* durch den ehemaligen SS-Sturm-
bannführer und Chef der Bandenbekämpfung im Führer-
hauptquartier, Arthur Ehrhardt, sowie den Schriftsteller und
SA-Mann Herbert Böhme[3] gegründet, stützt sich das Blatt
zunächst auf ehemals hochrangige Nationalsozialisten – z. B.
das Verlagsnetz des stellvertrenden Reichspressechefs Helmut Sündermann und seines Nachfolgers Gert Sudholt –,
aber auch auf ausländische, insbesondere französische Finanziers. Insofern ist NE das Produkt früher Einigungsbe-
strebungen des europäischen Rechtsextremismus in der
Nachkriegszeit, die in der »Europäischen sozialen Bewegung«
ihren organisatorischen Ausdruck finden.[4] Der Titel der Zeitschrift geht auf den englischen Rechtsextremisten Oswald
Mosley zurück, der 1947 erstmals von der ›Nation Europa‹
sprach.[5] Dabei wird Europa, so der Publizist Anton Maegerle,
»als das rassisch überlegene Zentrum der Erde«[6] begriffen.

Wegen ihres übernationalen Charakters wird die SS zum Vorbild einer solchen Konzeption von Europa. Dieses könne, wie etwa der rechtsextremistische italienische Philosoph Julius Evola 1952 in NE betont, nicht demokratisch-parlamentarisch verfasst sein, sondern müsse von einer »tatkräftigen Elite« vorangetrieben und von einem Mythos gestiftet werden.[7] 1990 wird der Titel *Nation Europa* in *Nation & Europa* geändert.[8] Die Titeländerung findet im Zuge der Fusion von NE mit den *Deutschen Monatsheften* des Verlegers Gert Sudholt statt. Sudholt erwartet, dass der Zusammenschluss zu einem neuen Medium führen soll, in dem die *Monatshefte* noch erkennbar sind. So ändert NE seinen Namen und fügt »Deutsche Monatshefte« im Untertitel hinzu, der zuvor »Monatszeitschrift im Dienste der europäischen Neuordnung« lautete.

Sowohl redaktionell wie ökonomisch besitzt NE eine deutliche Kontinuität, die nur durch ein Intermezzo von Gerhard Frey, heute Herausgeber der *National-Zeitung,* als Mitgesellschafter des Blattes durchbrochen wird. Frey wird Anfang 1965 zunächst zum geringfügigen Anteilseigner (1,19 Prozent), im Juli des Jahres mit 31 Prozent zum zweitstärksten Gesellschafter nach Herausgeber Ehrhardt (52 Prozent)[9], zieht sich dann aber aus dem Projekt zurück. Peter Dehoust, bereits in den Anfangsjahren als Autor für die Zeitschrift tätig und bald engster Mitarbeiter Ehrhardts, übernimmt 1971 nach dem Tod des Gründers die volle publizistische und wirtschaftliche Verantwortung für NE. Er ist heute Herausgeber und war bis 1996 Hauptgesellschafter.

Mehrheitseigner ist inzwischen Harald Neubauer, den Dehoust seit 1992 – neben dem 1996 verstorbenen ehemaligen NPD-Vorsitzenden Adolf von Thadden – als Mitherausgeber von NE aufgenommen hat. Dehoust und Neubauer arbeiten bereits 1991 bei der Gründung der Partei »Deutsche Liga für Volk und Heimat« (DLVH) als rechtsextremistischer Sammlungsbewegung eng zusammen: Neubauer wird einer der Gründungsvorsitzenden der DLVH, Dehoust Mitglied des Bundesvorstandes. Wie Ehrhardt seinerzeit Dehoust, hat dieser Neubauer schrittweise als Nachfolger aufgebaut und ihm die ökonomische und redaktionelle Verantwortung für Verlag und Zeitschrift übertragen.[10]

NE hat im Laufe ihres Bestehens mehrere andere rechtsextremistische Publikationen umschlossen. So fusionierte das Blatt 1990 mit den *Deutschen Monatsheften*, 1994 mit der *Deutschen Rundschau*. Das Blatt erscheint im ungewöhnlichen DIN-A5-Format[11] und hat einen Regelumfang von 82 Seiten (Juli/August: 98 Seiten). Die Auflage liegt bei etwa 15 000 Exemplaren[12], die ausschließlich per Abonnement oder Direktvertrieb verbreitet werden. Ein Kioskvertrieb ist nie konsequent verfolgt worden, da wohl mit erheblichem Druck linksorientierter Gruppen auf die Verkäufer gerechnet wurde. Entsprechende Erfahrungen haben andere rechtsextremistische Medien gemacht, die den Kioskvertrieb erprobt haben.

Zur »Nation Europa Verlag GmbH« gehören neben dem Periodikum ein Buchverlag und ein Buchdienst. Die wirtschaftliche Existenz des Gesamtunternehmens gilt als gesichert, wenngleich die Zeitschrift defizitär arbeitet und der florierende NE-Buchdienst dieses Minus ausgleicht. Hauptgesellschafter Neubauer ist überzeugt, seine Versandbuchhandlung sei nach der des Hauses Frey die umsatzstärkste des rechtsextremistischen Lagers.[13] Der Buchdienst ist im Untersuchungszeitraum in jeder Ausgabe der Zeitschrift mit Anzeigen vertreten. Sie umfassen zwischen zwei und sechs Seiten. Zudem liegt dem Blatt mitunter umfangreiches Werbematerial des Versandes bei.

6.2 Redaktion und Autoren

Mitte 1998 gehören der Redaktion die Herausgeber Peter Dehoust und Harald Neubauer an sowie der ehemalige Chefredakteur und heutige freie Mitarbeiter Karl Richter. Die formelle Funktion eines Chefredakteurs existiert laut Impressum nicht mehr[14]; verantwortlich zeichnet Dehoust, tatsächlich ist aber Neubauer Hauptentscheidungsträger. Das Impressum nennt ferner einen Redakteur Werner Baumann, bei dem es sich – ebenso wie bei NE-Autor Klaus Hansen – um ein Pseudonym Neubauers handelt.[15] In der Ausgabe Juli/August kommt Dietmar Engelhardt als Redakteur hinzu. Der regelmäßige freie Mitarbeiter Franz Schönhuber kann zum weiteren Kreis der Redaktion gezählt werden.

Die maßgeblichen Redaktionsmitglieder – Dehoust, Neubauer, Richter, (Schönhuber) – sind in zahlreichen rechtsextremistischen Organisationen mitunter in führender Stellung tätig gewesen. Sie verfügen somit über ausgeprägte Erfahrung in diesem Umfeld und eine große Bandbreite an Kontakten zu unterschiedlichen Flügeln der rechten Bewegung. Einige nähere Hinweise zu den politischen Biografien der Redakteure sollen deren Stellung im deutschen Rechtsextremismus illustrieren:

Peter Dehoust (Jg. 1936) ist Mitbegründer des 1960/61 verbotenen »Bundes Nationaler Studenten«. Danach tritt er der NPD bei, 1972 wird er Mitglied des bayerischen Parteivorstandes. Wie viele enttäuschte NPD- und REP-Mitglieder wendet er sich 1991 der Neugründung »Deutsche Liga« zu und wird Mitglied des Parteivorstandes. Dehoust ist ferner Vorstandsmitglied der »Gesellschaft für freie Publizistik«, in der sich seit 1960 rechtsextremistische Publizisten zusammengeschlossen haben und die als größte Kulturorganisation dieses Lagers gilt.[16] Er ist ferner Initiator und Vorstandsmitglied des »Hilfskomitees Südliches Afrika« (HSA), das das System der Apartheid befürwortet und neben Rechtsextremisten auch etablierte Konservative, insbesondere vom rechten Rand der Unionsparteien, einbindet.[17]

Harald Neubauer (Jg. 1951) hat eine politische Wanderung durch alle bedeutsamen rechtsextremistischen Parteien hinter sich, für die er auch hauptamtlich tätig war. 1969 wird Neubauer NPD-Mitglied, schließt sich 1974 der DVU an und wird deren Landesbeauftragter in Hamburg, dann Mitarbeiter im Münchner Verlag Gerhard Freys, wo er mit der Produktion rechtsextremistischer Periodika vertraut wird. Darüber hinaus hat Neubauer mit bekennenden Neonazis zusammengearbeitet. Nach Darstellung des 1991 verstorbenen Neonazi-Kaders Michael Kühnen war Neubauer Mitglied der NS-verherrlichenden »Nationalsozialistischen Deutschen Arbeiterpartei/Auslands- und Aufbauorganisation« (NSDAP/AO) mit Sitz in Lincoln/Nebraska.[18]

Karl Richter (Jg. 1962) ist zeitweise Neubauers parlamentarischer Referent, als dieser von 1989 bis 1994 Abgeordneter im Europaparlament ist.[19] Gemeinsam mit Neubauer ist Richter an der Gründung der DLVH beteiligt und wird Chefredakteur des Parteiorgans *Deutsche Rundschau,* das 1994 mit NE fusioniert. Darüber hinaus ist Richter für diverse weit rechts stehende Periodika tätig wie *Junge Freiheit, Staatsbriefe, Deutschland in Geschichte und Gegenwart* und die *National-Zeitung.* 1995 wird er wegen Volksverhetzung verurteilt. Seit dem Ende seiner Festanstellung bei NE – aus privaten Gründen – ist er freiberuflich tätig und unter anderem Chefredakteur der seit 1998 erscheinenden Zeitschrift *Opposition.*[20]

Franz Schönhuber, in den 80er Jahren populärer bayerischer Fernsehjournalist, ist neuneinhalb Jahre lang Vorsitzender der REP, die in dieser Zeit einige Aufsehen erregende Wahlerfolge erzielen. Obwohl er den Vorsitz 1994 an den gemäßigter auftretenden Rolf Schlierer verliert, steht dem mediengewandten Populisten Schönhuber weiterhin ein starker Parteiflügel nahe. In den 90er Jahren initiiert Schönhuber Runde Tische, die die Zusammenarbeit des deutschen Rechtsextremismus stärken sollen, und kandidiert bei der Bundestagswahl 1998 als Parteiloser auf der Liste der DVU. Schönhubers NE-Engagement ist die Normalisierung des Verhältnisses zu Neubauer vorausgegangen, mit dem er sich 1990 überworfen hatte.

Dietmar Engelhardt (Jg. 1972) ist das bei weitem jüngste Redaktionsmitglied und verfügt über vergleichsweise wenig Erfahrung aus rechtsextremistischer Tätigkeit. Er ist Student der Politikwissenschaft, Soziologie und des öffentlichen

Rechts, Mitglied der NPD-Studierendenorganisation »Nationaldemokratischer Hochschulbund« und von Dezember 1999 bis März 2001 deren Bundesvorsitzender.[21] Bevor Engelhardt im Impressum als NE-Redakteur ausgewiesen wurde, war er bereits als Autor für das Blatt tätig.[22]

Die weiteren Autoren der Zeitschrift sind vielfach in rechtsextremistischen Gruppen aktiv, die unterschiedlichen Strömungen zuzuordnen sind. Häufig sind sie auch Autoren anderer rechtsextremistischer Publikationen. Dies gilt insbesondere für den Kolumnisten Schönhuber, der etwa für die *National-Zeitung* und das Magazin *Opposition* tätig ist, und für den freiberuflichen NE-Redakteur Karl Richter. Der Chemnitzer Professor Michael Nier, ehemals Dozent für Marxismus-Leninismus, ist regelmäßig für NE und zeitweise auch die NPD tätig. So gehörte er der AG Wirtschaftspolitik beim Parteivorstand der NPD an[23] und war beispielsweise im Februar 1998 beim ›Tag des nationalen Widerstandes‹ in Passau Diskussionsteilnehmer des Podiums »Nationalistische Wirtschaftspolitik heute«[24]. Dass Nier im August 1998 auch Autor der PDS-nahen Zeitung *Neues Deutschland* war,[25] ist für NE Ausweis einer gewissen Pluralität. Es hat auch Tradition, dass weit rechts stehende Professoren in NE zu Wort kommen: In früheren Jahren sind beispielsweise die Professoren Richard Eichler, Werner Georg Haverbeck, Robert Hepp, Klaus Hornung, Heinrich Schade, Theodor Schmidt-Kaler, Helmut Schröcke und Bernard Willms im Blatt vertreten.[26] Damit will NE ihren wissenschaftlichen Charakter herausstellen.

Einige weitere Autoren seien beispielhaft angeführt: Götz Eberbach (Jg. 1930) ist in die publizistischen Aktivitäten des rechtsextremistischen »Grabert-Verlages« (Tübingen) eingebunden, schreibt für dessen revisionistische Zeitschrift *Deutschland in Geschichte und Gegenwart*[27] und ist Verfasser der Broschüre *Zur Ehrenrettung der deutschen Soldaten*, die das Grabert-eigene »Institut für deutsche Nachkriegsgeschichte« 1998 herausgegeben hat.[28] Der Wiener Martin Schwarz gestaltet Internet-Seiten über den Rechtsextremisten und NE-Protegé Julius Evola; er referiert über die Evola-Rezeption in Deutschland auf dem »europäischen Kolloquium«, das die neurechte Organisation »Synergies Européennes« im Mai 1998 in seiner Heimatstadt veranstaltet.[29] Günther Wolf ist Referent einer ähnlichen Tagung der neurechten »Deutsch-europäischen Studiengesellschaft« (DESG) von Ende Oktober bis Anfang November des Jahres auf der Sababurg (bei Kassel). Thomas S. Fischer ist Autor der weit rechts stehenden, mit Rechtsextremisten kooperierenden Periodika *Ostpreußenblatt* und *Witikobrief*. Letzteren gibt der »Witikobund« – eine Organisation heimatvertriebener Sudetendeutscher mit Scharnierfunktion zum Rechtsextremismus – heraus, dem Fischer angehört. Er ist ferner Mitarbeiter des Rechtsextremisten Alfred Mechtersheimer.[30] Autor Steffen Ernle ist ehemaliger REP-Kreistagsabgeordneter, schreibt für die neurechte Zeitung *Junge Freiheit* und wird zum Umfeld des »Cannstatter Kreises« gerechnet,[31] der sich ursprünglich am rechten Rand der FDP positioniert hat und den der Verfassungsschutz Baden-Württemberg inzwischen als rechtsextremistisch einschätzt.[32] Autoren aus dem europäischen Ausland treten in den untersuchten Ausgaben nicht auf. In der Vergangenheit haben etwa Julius Evola, Alain de Benoist (GRECE), Jean-Marie Le Pen, Bruno Mégret (damals beide »Front National«), Willy Freson (»AGIR-Provinzrat«) und Karel Dillen (»Vlaams Blok«) für NE geschrieben.[33]

Nicht alle Autoren treten unter ihrem wirklichen Namen auf. Pseudonyme haben im Wesentlichen zwei Funktionen: Einerseits täuschen Redaktionsmitglieder auf diese Weise einen breiten Autorenkreis vor und verleihen der Zeitschrift so den Anschein von Pluralität, Seriosität und Professionalität. Tatsächlich verfasst die drei- bis vierköpfige Redaktion einen Großteil der NE-Beiträge selbst; Redaktionsmitglieder verbergen sich hinter allen klar als Pseudonyme erkennbaren Autorennamen wie »Müntzer«, »Africanus« und »Vindex«; auch bei den Verfassern regelmäßiger Rubriken handelt es sich in der

Regel um Redaktionsmitglieder.[34] Darüber hinaus bestehen einige – nach Aussage Karl Richters wenige – Autoren darauf, nur unter Pseudonym in NE zu erscheinen, um ihre Tätigkeit für eine rechtsextremistische Zeitschrift zu verheimlichen. Karl Richter berichtet beispielsweise von einem Autor, den er namentlich nicht nennt und der im neurechten Scharnierorgan *Junge Freiheit* unter Realnamen veröffentlicht, in der offener rechtsextremistischen NE aber auf einem Pseudonym bestanden habe.

Fragwürdig ist die Einschätzung des Verfassungsschutzes Bayern, dessen Vertreter *Nation & Europa* im Interview als »Zeitung der Gestrandeten«[35] bezeichnet, deren Einfluss auf die Szene begrenzt sei. Diese Darstellung stützt sich auf die Tatsache, dass Personen aus dem heutigen NE-Redaktionsteam seit geraumer Zeit nicht mehr in den ersten Reihen bedeutsamer Organisationen zu finden sind und die heutigen Führungskreise rechtsextremistischer Parteien nicht als Autoren des Blattes auftreten. Richtig ist, dass vor allem Neubauer und Schönhuber an heftigen Grabenkämpfen beteiligt waren und sind, die sie bis heute zu polarisierenden Figuren machen. Ferner ist nicht zu bezweifeln, dass insbesondere die Vorsitzenden Schlierer und Frey deutliche Distanz zu NE halten. Hinzu kommt, dass die Zeitschrift weniger als in ihren frühen Jahren von prominenten Autoren der europäischen Rechten – wie Mosley oder Evola – geprägt ist. Gleichwohl ist die personelle Vernetzungsleistung des Blattes nicht zu unterschätzen. Zum Potenzial von NE zählen die engen Kontakte zur Basis aller maßgeblichen Gruppen und der breite Fächer der Autoren. NE geht vermutlich zu Recht von der Annahme aus, dass die im Blatt propagierte und durch dessen Autorenkreis praktizierte Einheit der Rechten an der Basis besonders offene Ohren findet. So lässt die Zeitschrift Stimmen aus nahezu allen Flügeln des Rechtsextremismus zu Wort kommen, lediglich offene Neonationalsozialisten tauchen kaum auf – aus strategischen und juristischen, nicht aus Gründen prinzipieller Abgrenzung, wie Karl Richter im Interview meint. Zu den NE-Autoren zählen bis heute auch bedeutsame Figuren wie Schönhuber, Wolfgang Strauss, Jean-Marie Le Pen oder Bruno Mégret.

6.3 Leserschaft

Jährlich enthält NE einen Fragebogen, der Daten über Zusammensetzung und politische Orientierungen der Leserschaft erbringen soll. Daher liegen über die Leserschaft dieses rechtsextremistischen Mediums recht genaue Angaben vor. In der Mai-Ausgabe legt die Redaktion die Ergebnisse der »NE-Leserbefragung 1998« dar.[36] Demnach sind 91,4 Prozent der Leser männlich. Das Lebensalter der meisten NE-Leser ist hoch. Die größte Altersgruppe stellen die 40- bis 69-Jährigen (41,2 Prozent), älter sind 34,2 Prozent, etwa ein Viertel der Leser (24,6 Prozent) sind jünger als 39 Jahre.[37] Angehörige der Kriegsgeneration machen vermutlich die Mehrheit der Leserschaft aus. Überdurchschnittlich ist auch das formale Bildungsniveau: Personen mit Hochschulabschluss (Universität: 25,2 Prozent, Fachhochschule: 16,3 Prozent) stellen gut 40 Prozent, hinzu kommen 14,6 Prozent mit Abitur, aber ohne Studium. Arbeitslose sind mit 4,8 Prozent in der Leserschaft unterrepräsentiert. NE verfügt über eine ungewöhnlich enge Leser-Blatt-Bindung: 58 Prozent geben an, die Zeitschrift zu archivieren; rund 40 Prozent abonnieren sie bereits seit mehr als zehn Jahren. Einige beziehen zusätzlich weitere Zeitschriften der Bewegung von rechts.[38] Gründe für die hohe Verbundenheit mit dem Medium dürften die lange Tradition der Zeitschrift sein und die hohe personelle Kontinuität. In erster Linie verkörpert der von vielen an der Basis des Rechtsextremismus geschätzte Peter Dehoust das Blatt seit rund 50 Jahren. Redakteur Karl Richter führt die hohe Leser-Blatt-Bindung zudem auf die leichte inhaltliche Zugänglichkeit der Beiträge, die ›gefällige‹ optische Aufmachung sowie das eigentümliche DIN-A5-Format zurück.

Die weitaus meisten NE-Leser fühlen sich dem Rechtsextremismus eng verbunden. Auf die Frage, welcher Partei sie »derzeit zuneigen«, nennen fast drei Viertel die rechtsextremistischen Parteien REP (30,2 Prozent), NPD (27,5 Prozent)[39] und DVU (16 Prozent).[40] Die Mehrheit der Respondenten (51 Prozent) hält die Verbindung aus Partei und außerparlamentarischer Bewegung für das geeignetste Mittel für den Erfolg der deutschen Rechten. Auf einer Skala von eins (ganz links) bis zehn (ganz rechts) verortet sich die größte Gruppe (35,9 Prozent) bei zehn, weitere knapp 40 Prozent bei neun (19 Prozent) oder acht (28 Prozent). Links von der Mitte (Werte eins bis vier) sehen sich nur 2,7 Prozent. Eine überaus hohe Mehrheit der Leser (87,5 Prozent) steht der parlamentarischen Demokratie der Bundesrepublik Deutschland skeptisch oder ablehnend gegenüber.[41] Die Aufgabe rechter Parteien sehen die meisten (59,3 Prozent) in »Fundamentalopposition«, gut ein Drittel (36 Prozent) in der Funktion als »Korrektiv innerhalb des Systems«.

Neue Lesergruppen gewinnt NE zurzeit in rechtsextremistisch orientierten Skinhead-Kreisen der neuen Bundesländer, wenngleich sich diese Tendenz in der Befragung noch nicht niederschlägt. Dies könnte mittelfristig eine Verschiebung, insbesondere eine Verjüngung, der Leserschaft bewirken.[42]

6.4 Aufbau des Heftes

NE umfasst feste Rubriken und Kolumnen, die dem regelmäßigen Leser die Orientierung im Heft erleichtern. Jede Ausgabe widmet sich einem Schwerpunktthema, das auf der Titelseite angekündigt wird und zu dem ein Beitrag oder mehrere, meist vergleichsweise lange Beiträge (bis zu sechs Seiten) enthalten sind, die das Heft eröffnen. Im vorderen Teil von NE befindet sich ferner die Franz-Schönhuber-Kolumne »Aus meiner Sicht«. Schönhuber ist der einzige Autor, der im Heft mit Foto erscheint. So hebt die Zeitschrift ihren – als früheren

Fernsehjournalisten und REP-Vorsitzenden – bei weitem prominentesten Autor hervor, dessen Kolumne in persönlichem, essayistischem Stil gehalten ist. Ebenfalls in der ersten Hefthälfte befindet sich die Rubrik »Eurorechte im Blickpunkt« (anfangs »Eurorechte im Aufwind«), die Aktivitäten rechtsextremistischer Parteien und Organisationen im In- und (überwiegend europäischen) Ausland reflektiert.

In der Heftmitte folgt die Rubrik »Aktuelles aus Multikultopia« (bis NE 12/1994: »Nachrichten von der Überfremdungsfront«). Hier fasst die Redaktion der Tagespresse entnommene Meldungen zur Ausländer-Thematik zusammen. Überwiegend handelt es sich um Nachrichten über Vergehen, die von Ausländern in Deutschland begangen werden. Die Rubrik »Köpfe & Profile« enthält Kurzporträts meist rechtsorientierter Personen, mitunter auch glossierende Beiträge über politische Gegner. Im hinteren Heftteil finden sich Kleinanzeigen, Termine und Leserbriefe. Den Abschluss jeder Ausgabe bilden Buchrezensionen.

6.5 Vernetzungsleistung

Auf die Bedeutung des breiten Autorenspektrums für die Vernetzungsleistung der Zeitschrift wurde oben bereits hingewiesen. Die (wenigen) Anzeigen im Blatt deuten ebenfalls auf Verbindungen zu unterschiedlichen Strömungen des Rechtsextremismus hin: Beworben werden beispielsweise die neurechten Periodika *Junge Freiheit* und *Europa vorn*[43] (jeweils ganzseitig), Anti-Euro-Aufkleber einer Versandhandlung »EVS-Riedel« und die offenbar der Alten Rechten nahe stehende Firma »Weber & Weißgerber«, die Videos von Auftritten Schönhubers und Neubauers anbietet. In Kleinanzeigen suchen unter anderem der Leserkreis Sachsen der neurechten Zeitschrift *Staatsbriefe*[44], die neurechts orientierte Erlanger Burschenschaft »Frankonia« und die Marburger Burschenschaft »Rheinfranken« Gleichgesinnte, aber auch der NPD-nahe »Jomsburg-Verlag« im niedersächsischen Uelzen[45] und das neonazistisch beeinflusste »Bündnis rechts für Lübeck«[46], das auf sein Infotelefon hinweist. Einige Kleinanzeigen (meist Kontaktanzeigen) erscheinen unter Chiffre.

Die Analyse positiver Bezüge im Blatt ergibt Hinweise, dass NE dem erklärten Anspruch, die Einheit der Rechten über das Trennende zu stellen, weitgehend gerecht wird. Positiv bezieht sich das Blatt etwa gleichgewichtig auf Repräsentanten von Alter Rechter (z. B. Günter Deckert, Rolf Kosiek) und Neuer Rechter (z. B. Sigrid Hunke, Alfred Schickel), auf Parteipolitiker und nicht parteipolitisch gebundene Rechte, auch (aber seltener) auf Alt- oder Neonazis wie den Sänger Frank Rennicke (NPD). Deutliche Kritik übt NE allein am REP-Vorsitzenden Rolf Schlierer, der im Untersuchungszeitraum Kontakte zu anderen rechtsextremistischen Parteien noch strikt ablehnt und daher für die Zersplitterung des deutschen Rechtsextremismus verantwortlich gemacht wird. Schlierer-Zitate dienen ausschließlich dem Zweck, ihm einen fehlerhaften Kurs vorzuhalten. Innerparteiliche Schlierer-Kritiker kommen daher häufig und ausführlich zu Wort. Auch auf die REP-Basis nimmt die Zeitschrift positiv Bezug. Generell fällt auf, dass Basisaktivisten aller rechtsextremistischen Parteien häufiger in positiven Zusammenhängen auftreten als deren Führungskreise.

Allen maßgeblichen rechtsextremistischen deutschen Parteien zeigt sich die Zeitschrift verbunden und bemüht sich, Präferenzen möglichst wenig deutlich werden zu lassen. Dies lässt sich beispielsweise in der Juni-Ausgabe erkennen, in der der DVU-Erfolg von Sachsen-Anhalt ausführlich gewürdigt, über Frey aber betont wertneutral berichtet wird. Trotz eines schwelenden Konflikts zwischen dem DVU-Vorsitzenden und der Zeitschrift ist NE offensichtlich bemüht, die Parteibasis nicht zu verprellen. Die – erfolglose – »Deutsche Liga für Volk und Heimat«, an deren Gründung nahezu die gesamte NE-Redaktion maßgeblich beteiligt war, taucht gleichrangig neben den übrigen Parteien auf; ein Sprachrohr der DLVH ist NE jedoch nicht und geriet daher nicht in den Sog des Niedergangs der Organisation.

Der Kreis derer, die in die Einheit der Rechten einbezogen werden, ist weit gezogen: Eine Nähe des Blattes wird auch zu Organisationen wie »Bund freier Bürger« und »Deutsche Soziale Union« deutlich, die dem Rechtsextremismus nicht eindeutig zuzuordnen sind; verhalten positiv geht NE auf Bolko Hoffmanns Initiative »Pro D-Mark« ein. Auf die europäische Rechte außerhalb Deutschlands – insbesondere deren erfolgreiche Gruppen – wird immer wieder positiv Bezug genommen, allen voran steht eindeutig der »Front National« (FN) und sein Frontmann Jean-Marie Le Pen. Noch in der Juli/August-Ausgabe wird der FN als Vorbild einer vereint agierenden Rechten präsentiert – wenige Wochen bevor die Partei sich nach heftigen Flügelkämpfen spaltet. Positiv bezieht sich NE auch auf nicht rechtsextremistisch gerichtete Personen, soweit sie für die Ziele der Zeitschrift vereinnahmt werden können. Dies gilt beispielsweise für die Wirtschaftswissenschaftler Wilhelm Hankel, Joachim Wilhelm Nölling, Karl Albrecht Schachtschneider und Joachim Starbatty, die sich vehement gegen die Einführung des Euro gewandt haben. Besonders beliebtes Mittel der Vereinnahmung sind Zitate, die meist aus dem Zusammenhang genommen sind und eine Zustimmung der Zitierten zu NE-Positionen zu belegen scheinen (siehe 6.6). Positive Bezüge auf Medien zeigen eine ähnliche Tendenz: NE bespricht Bücher und Zeitschriften aus rechtsextremistischen Verlagen wohlwollend, weist auf einschlägige Internet-Seiten hin. Euphorisch aufgenommen wird aber beispielsweise auch das nicht rechtsextremistische, von Stéphane Courtois herausgegebene *Schwarzbuch des Kommunismus,* das zum wissenschaftlichen Beleg für die Behauptung genommen wird, die Verbrechen des Kommunismus wögen schwerer als die des Nationalsozialismus.

Der Servicewert der Zeitschrift ist begrenzt. Sie weist nur auf wenige Veranstaltungen hin; auf Grund des monatlichen Erscheinungsrhythmus ist die Aktualität solcher Meldungen gering. Acht der elf Veranstaltungshinweise, die in den untersuchten NE-Ausgaben zu finden sind, beziehen sich auf Ereignisse, die 15 bis 30 Tage später stattfinden. Dabei handelt es sich überwiegend um Veranstaltungen aus dem engeren politischen Umfeld der Zeitschrift; darunter sind Vorträge der Redaktionsmitglieder Neubauer und Richter, des NE-Autors Yvan Blot (»Front National«), des »Franz-Schönhuber-Freundeskreises« sowie der »Gesellschaft für freie Publizistik«, mit der NE in engem Kontakt steht. Hingewiesen wird auch auf die 1.-Mai-Kundgebung von NPD/JN in Leipzig.

NE widmet sich nahezu allen Themen, die für die Szene relevant sind, und trägt so zur kulturellen Vernetzung der Bewegung bei. Titelthemen der vier analysierten Ausgaben sind die USA (»Der Weltpolizist«), der Euro (»Das Verhängnis beginnt«), der DVU-Erfolg in Sachsen-Anhalt (»Der Geduldsfaden reißt. Deutsche wählen rechts«) sowie Otto von Bismarck (»100. Todestag. Erbe & Auftrag«). Diese Themen setzen Schwerpunkte, dominieren die Hefte aber nicht. Ausführlicher kommen in allen Ausgaben die Komplexe NS-Vergangenheit, Ausländer sowie Meinungsfreiheit/›Political Correctness‹ vor. Das Themenfeld soziale Frage/Antikapitalismus war im Untersuchungszeitraum besonders bedeutsam.

NE verherrlicht das Dritte Reich nicht, verharmlost es aber mit zahlreichen Mitteln, vor allem durch Relativierung, Bagatellisierung, Leugnen von Kriegsschuld und von Verbrechen der Wehrmacht sowie durch angedeutete Zweifel am Holocaust. Die wichtigsten Versatzstücke dieses NE-typischen Umgangs mit der NS-Geschichte sind in einem Beitrag versammelt, in dem ein mit »Till« zeichnender Autor einen Bericht des *Spiegel* aufgreift, der sich mit nationalsozialistischen Tendenzen im Kölner Karneval während des Dritten Reiches befasst. Dieser Text soll daher im Folgenden exemplarisch analysiert werden: Im Titel »Auch der Karneval wird jetzt ›entnazifiziert‹« klingt nicht nur Häme über die kritische Auseinandersetzung mit dem Nationalsozialismus an, sondern auch der Vorwurf, diese erfolge bis heute allein deshalb, um den alliierten ›Umerziehern‹ (insbesondere den USA) zu gefallen. Im Kern kommt der Beitrag zu dem Ergebnis: »Zu allen Zeiten arrangieren sich die Menschen mit den jeweiligen Machthabern und ihrem Geist. Auch im Karneval. Das war im Dritten Reich so, in der DDR – und ist auch in der Bundesrepublik nicht anders. Zum Widerstand drängt es nur wenige.«[47]

Damit wird Zustimmung zum Nationalsozialismus, wie sie einige Kölner Karnevalisten vertreten haben, posthum legitimiert. Gleichzeitig wird er nicht nur durch die direkte Parallele zu DDR und Bundesrepublik – eine in NE beliebte rhetorische Figur – verharmlost, sondern auch umgekehrt die Bundesrepublik in die Reihe der Unrechtsstaaten gestellt, gegen die Widerstand gerechtfertigt sei. Diese Tendenz verstärkt sich, wenn die heutigen Regierungsparteien als »herrschende Parteien« bezeichnet werden. Im Weiteren zitiert »Till« den Vorsitzenden des Kölner Karnevalsvereins während des Nationalsozialismus, Thomas Liessem, mit der Bemerkung, in den dreißiger Jahren hätten linke »Radikalinskis« »blutrünstige Songs« gesungen, die Nationalsozialisten dagegen hätten »das Morgenrot einer neuen Zeit aufleuchten lassen«. Der Autor lässt diese kollektivsymbolische Stilisierung nicht nur unkommentiert, sondern wiederholt sie in dem Satz: »Diese Zeit würde noch ›leuchten‹, wenn der Krieg nicht so ausgegangen wäre, wie er ausgegangen ist.«[48]

Der Satz lässt sich vielfältig interpretieren – er ist darauf angelegt, auch als wehmütige Verklärung des Dritten Reiches auslegbar zu sein, wobei das Zitatrudiment ›leuchten‹ davor schützt, wegen NS-Verherrlichung belangt zu werden. Mit der Bemerkung, auch der »nächste Machtwechsel« in Deutschland werde den Karneval nicht aussparen, ist offenkundig die Machtübernahme durch Rechtsextremisten gemeint. Diese wird somit in greifbare Nähe gerückt. In einigen der heutigen Büttenreden zeichne sich der bevorstehende »Wechsel« bereits ab: Die Reden seien »alles andere als politisch korrekt« (hier webt der Autor ein weiteres Zentralthema der Zeitschrift ein). Hinweise auf den »Asylmissbrauch« und »den deutschen Minderwertigkeitskomplex« hätten es in sich gehabt, bemerkt »Till« anerkennend und reklamiert somit eine Nähe der Karnevalsveranstaltungen zu rechtsextremistischen Positionen. Abschließend fragt der Autor, warum der Karneval des Dritten Reiches gerade im Jahre 1998 »bewältigt« – »Vergangenheitsbewältigung« tritt in NE stets als Formulierung mit höhnischem Klang auf – worden sei. Seine Antwort: »Man möchte die Narrenzunft politisch disziplinieren. Volkspädagogische Hinweise auf den Nationalsozialismus haben sich bei solchen Aufgaben bewährt.«[49]

Dies will heißen: Der Nationalsozialismus werde nur instrumentalisiert, um Herrschaftsinteressen der heute dominierenden ›Linken‹ durchzusetzen und die Bevölkerung – hier »die Narrenzunft« – unfrei zu halten. Aus der Behauptung, die Beschäftigung mit dem Nationalsozialismus erfolge aus unredlichen Motiven, leitet NE die Forderung nach dem Schlussstrich unter die Vergangenheit unmittelbar ab.

Besonders vehement leugnet die Zeitschrift Wehrmachtsverbrechen; beschwörend heißt es, die deutschen Soldaten hätten »tapfer (…) fürs Vaterland«[50] gekämpft, ihren Opfern dürfe man den Sinn nicht rauben[51]. Begriffe wie Kriegsverbrechen und Kriegsverbrecher tauchen immer wieder in Anführungszeichen auf. Damit wird impliziert, dass es sich um angebliche Verbrechen handele, von denen andere sprächen, die es tatsächlich nicht gegeben habe. Anführungszeichen sind in solchen Zusammenhängen ein beliebtes Stilmittel von NE. Während die deutsche Kriegsschuld mitunter offen geleugnet wird, kommt die Auschwitz-Lüge lediglich in Andeutungen vor. Zwar ist die Nähe zu Holocaustleugnern oder -apologeten (wie Udo Walendy, Roger Garaudy) in NE nicht zu übersehen, ohne dass sich das Blatt deren Positionen offen zu Eigen machen würde. Einerseits vermeidet man dies aus strafrechtlichen Gründen. Andererseits helfen die Andeutungen, die Holocaustleugnung als Ideologieangebot bereitzuhalten, ohne Leser abzuschrecken, die solche Behauptungen nicht teilen. Beispielsweise heißt es in einer Buchrezension von Andreas Moosleitner: »Vieles von dem, was seit Jahrzehnten als feststehende Erkenntnis galt, erscheint inzwischen als fragwürdig; die Ära der ›Offenkundigkeiten‹ und endgültigen Geschichts-Dogmen geht unwiderruflich zu Ende.«[52] Der Verweis auf Offenkundigkeiten (wiederum in Anführungszeichen) spielt auf die Argumentation an, mit der es die deutsche Justiz in Verfahren gegen Auschwitzleugner ablehnt, den Wahrheitsgehalt ihrer Positionen zu überprüfen, da die Faktizität des Holocaust offenkundig sei. Aus diesem Grund ist etwa das revisionistische *Rudolf-Gutachten* nicht als Beweismittel vor Gericht zugelassen worden (siehe 11.6). Diese Auffassung wird hier als Dogma – also als einer rationalen Diskussion nicht zugängliche Position – bezeichnet. In einem weiteren NE-Beitrag ist von »Juden, die im Laufe des Krieges umgekommen sind«[53], die Rede, wodurch nahe gelegt wird, dass eine systematische Massentötung nicht stattgefunden habe.

Antisemitische Bemerkungen sind in NE häufig, allerdings treten sie unter dem Deckmantel des Antizionismus oder als »sekundärer Antisemitismus«[54] auf und meist nicht in Form offen biologistischer Formulierungen. So ist von der »Arroganz israelischer Macht«[55] die Rede, davon, dass Deutsche »Freiwild für selbsternannte ›Nazijäger‹«[56] seien, und von der »Jüdin Monica Lewinsky«[57], ohne dass deren Religionszugehörigkeit in dem Beitrag von Bedeutung wäre. Zu den vorrangigen Gegnern der Zeitschrift zählt im Untersuchungszeitraum der etwa ein Jahr später verstorbene Vorsitzende des »Zentralrats der Juden in Deutschland«, Ignatz Bubis (»kann das Diffamieren nicht lassen«[58]).

Auch in Bezug auf Ausländer – das zweite Hauptthema von NE – wird biologistischer Rassismus nicht offen vertreten, das Blatt propagiert vielmehr einen an der Neuen Rechten orientierten ›Ethnopluralismus‹ (Henning Eichberg), der eng verbunden ist mit einer Frontstellung gegen die multikulturelle Gesellschaft oder – so die gängige NE-Formulierung –

›One-World-Utopien‹. Die Gefahr der ›Überfremdung‹ –
ein Zentralbegriff der Zeitschrift – wird in jeder Ausgabe
mehrfach angeführt und als »Zeitbombe«[59] bezeichnet. Als
»gattungsgeschichtlich erworbenes Normalverhalten« des
Menschen bezeichnet Michael Nier »die Bewahrung von an-
gestammten Siedlungsgebieten«, die »Erhaltung der nationalen Kultur« und den »Kampf gegen feindliche Fremde«[60]; die
ethnisch homogene Staatsbevölkerung gilt somit als natur-
gegebenes Ideal. Eine angeblich überhohe Ausländerkriminalität ist für NE der Beweis dafür, dass die multikulturelle
Gesellschaft zum Scheitern verurteilt sei. Die jeweils fünf
Seiten umfassende Rubrik »Aktuelles aus Multikultopia«
enthält Meldungen über Straftaten, die von Ausländern in
Deutschland begangen werden. Die Meldungen entnimmt
die Redaktion meist der nicht rechtsextremistischen Presse,
um sie als seriös auszuweisen; die Quellen werden in Fußnoten genannt. In dieser Rubrik berichtet NE – durch Kasten
und Unterlegung hervorgehoben – auch über ein Verfahren
vor dem Landgericht Frankenthal, in dem der REP-Vorsitzende und Rechtsanwalt Rolf Schlierer einen des Mordes und
Kindesmissbrauchs angeklagten Türken verteidigt hat. Da der
Fall zwei für die Zeitschrift bedeutsame Aspekte aufweist –
Ausländerkriminalität, angebliches Fehlverhalten Schlierers –
taucht er in der Folgezeit mehrfach im redaktionellen Teil
und in Leserbriefen auf.

Den dritten maßgeblichen Themenblock bildet der Komplex Meinungsfreiheit/›Political Correctness‹. NE behauptet
eine linke Dominanz in Politik und Medien, die abweichende
Meinungen unterdrücke; zum Inbegriff dieser linken Mei-
nungsmacht wird das Schlagwort der ›Political Correctness‹
(PC), das äußerst häufig auftritt und stets höhnisch verwandt
wird. Mit PC bezeichnet die Zeitschrift »Denk- und Sprach-
tabus«[61], die es zu brechen gelte. Es wurde bereits darauf hingewiesen, dass sich hinter der Kritik an solchen Tabus oder
Dogmen vielfach die Forderung nach einem neuen, positiveren Blick auf den Nationalsozialismus sowie Zweifel am

Holocaust verbergen. Hauptangriffspunkt sind in diesem Zusammenhang Rechtsbestimmungen wie die der Volksverhetzung, die die öffentlich geäußerte Auschwitz-Leugnung unter Strafe stellt. Mit solchen Paragraphen sollten unliebsame Auffassungen unterdrückt werden; NE spricht in diesem Zusammenhang von »Meinungsdiktatur«[62], »volkspädagogischem Meinungsterror«[63] und von einer »politischen Justiz«[64]. Den Vorwurf, rechte Meinungen würden in der Bundesrepublik unterdrückt, verbindet NE häufig mit Angriffen auf die angestrebte »Reeducation« der Westalliierten, die eine »Demutshaltung der Deutschen gegenüber den Siegern«[65] geschaffen habe. Die Agitation knüpft insofern am Antiamerikanismus an, der auch in anderen Zusammenhängen in NE ein zentrales Ideologem ist.

Bemerkenswert ist die Breite, die das Themenfeld soziale Frage/Antikapitalismus einnimmt. Die Forderung, Arbeitsplätze vorrangig an (ethnische) Deutsche zu vergeben, taucht in drei der vier untersuchten Ausgaben auf. Den Kapitalismus lehnen viele NE-Autoren grundsätzlich ab. Wenn die Alternative zum verworfenen Kapitalismus auch vage bleibt, sind doch die positiven Bezüge auf das DDR-System unübersehbar. NPD-Vize Hans-Günther Eisenecker wird mit der Forderung nach einem »deutschen Sozialismus« zitiert, »basierend auf den guten Traditionen der DDR«[66]. Die durch einen Leserbrief von Werner Nöth ausgelöste Debatte, ob die PDS ein potenzieller Bündnispartner für Rechtsextremisten sei, ist vor diesem Hintergrund kaum überraschend. Michael Nier aus Chemnitz verweist auf Vollbeschäftigung und »sozialpolitische Normalitäten« in der DDR. Er zitiert »Volkes Stimme« in den neuen Ländern, die zu dem Schluss komme: »Gegen dieses raffgierige Politikervolk aus dem Westen waren unsere Oberen ja nur hamlose Hühnerdiebe.«[67] Soziale Absicherung der ethnisch deutschen Bevölkerung, starke nationalstaatliche Orientierung und Abschottung nach außen sind die Säulen des Gemeinwesens, das Nier vorschwebt. Bei Teilen der PDS sieht er für dieses Konzept Anknüpfungspunkte.

Das Ziel der vereinigten Rechten dominiert eindeutig die Strategiediskussionen der untersuchten NE-Ausgaben. Beflügelt durch den DVU-Erfolg von Sachsen-Anhalt, fordert die Zeitschrift rechtsextremistische Parteien zum »Schulterschluss«[68] auf und attackiert den REP-Vorsitzenden Schlierer, der sich diesem Ziel lange Zeit offiziell verweigerte; verhaltener kritisiert sie den Abgrenzungskurs des neurechten »Bundes freier Bürger«. Rechte Parteien, so analysiert NE-Autor R. B. (vermutlich Karl Richter), teilten sich auf in solche, die über Namen und Organisation, andere, die über Geld, und wieder andere, die über politische Kompetenz verfügten. Diese Faktoren gelte es zusammenzuführen.[69] Es herrscht ein weitgehender Konsens darüber, dass die Unterschiede zwischen den Parteien – zumal an der Basis – marginal seien und die Einigung an persönlichen Rivalitäten der Führungsfiguren scheitere. Als Vorbild wird der französische »Front National« präsentiert. Es werden verschiedene mehr oder minder praktikable Vorschläge diskutiert, wie eine solche Allianz herbeigeführt werden könne: etwa, indem die DVU ihre Listen auf breiter Basis für Mitglieder anderer Gruppen öffne oder eine neue »Rechtssammelpartei« gebildet werde, die als Dach der bisherigen Parteien fungiere.[70] Ein Leserbriefschreiber regt an, die NE-Redaktion solle vor Wahlen diejenige Rechtspartei mit den voraussichtlich größten Chancen benennen, um das Stimmenpotenzial der Rezipienten auf diese zu vereinen.[71]

Die Ausprägung bewegungsförmiger Züge innerhalb des Rechtsextremismus findet in NE eine positive Resonanz. Ansätze, Rechtsextremismus soziokulturell zu verankern, begrüßt das Blatt. Dies gilt insbesondere für wachsende rechtsextremistisch orientierte, vielfach von Skinheads dominierte jugendliche Szenen in den neuen Bundesländern. Der Vergleich mit früheren sozialen Bewegungen ist offensichtlich, wenn beispielsweise Klaus Hansen (alias Harald Neubauer) schreibt: »Erstmals im Nachkriegsdeutschland trägt der Jugendprotest patriotische, ›rechte‹ Züge.«[72] Neubauer kritisiert

Frey, der sich von Skinheads wegen deren Auftreten abgesetzt hat, und verteidigt die Subkultur: Die Jugend habe stets ihre eigenen Symbole und Rituale gehabt, die identitätsstiftend wirkten, aber auch irritierend für diejenigen seien, die nicht dazugehörten. Neubauer kommt zu dem Schluss, der »Spagat zwischen bürgerlicher Konvention und jugendlicher Subkultur« müsse auch rechts gelingen.[73] Solche versöhnlichen Appelle reihen sich nahtlos in die Bemühungen der Zeitschrift ein, zur vereinten Rechten beizutragen und eine rechtsextremistische Gegenöffentlichkeit auszubilden.

Strategiedebatten finden häufig in Leserbriefen statt oder setzen sich dort fort. Die Zuschriften an die Zeitschrift sind zahlreich; in den untersuchten Ausgaben waren zwischen zwölf und zwanzig – vermutlich stark gekürzte – Leserbriefe abgedruckt, die drei bis sieben Seiten des jeweiligen Heftes füllten. Redakteur Karl Richter spricht von einer insgesamt vier- bis fünfmal höheren Zahl an eingehenden Zuschriften. Damit sind auch die Leserbriefe ein Vernetzungsmittel, wenngleich deren hohe Zahl durch die Redaktion eher erlitten als gewollt ist.[74] Sie belegt die enge Leser-Blatt-Bindung. Durch Briefe und die jährliche Leserbefragung hat das Publikum einen gewissen Einfluss auf die Inhalte der Zeitschrift. Obwohl die Zuschriften dem Verlag als Frühwarnsystem dienen, wenn Inhalte oder Veränderungen des Blattes auf Unmut in der Leserschaft stoßen, tragen die Briefe aber auch dazu bei, die Bereitschaft zu Innovationen zu hemmen. In eingeschränktem Maße kommt auch dem etwa 250 Mitglieder umfassenden Verein »Nation-Europa-Freunde e. V.« die Aufgabe zu, den Kontakt zum Publikum aufrechtzuerhalten. Ein vom Medium unabhängiges Vereinsleben existiert allerdings nicht. Mitunter tritt der Verein als Veranstalter partei- und organisationsübergreifender Treffen auf, die der Verlag initiiert.[75]

6.6 Symbolische Integration

Deutschland, Nation und Volk sind die Zentralbegriffe von *Nation & Europa*. Sie werden nahezu synonym gebraucht; ihnen ist gemeinsan, dass die Zugehörigkeit zu diesen Gruppen ethnisch bestimmt ist. Auffällig häufig taucht das Wortfeld deutsch in Kombination mit Interessen auf; die Zeitschrift setzt sich somit begrifflich von Positionen ab, die übernationale Fragen (wie das Ökologieproblem) oder universelle Ansprüche des Individuums (Menschenrechte) betonen und die als ›One-World-Utopien‹ diskreditiert werden. Ähnliches gilt für den Begriff der Nation, der etwas weniger häufig gebraucht wird. Eine rational nicht zugängliche positiv-emotionale Beziehung des Einzelnen zur Nation (nationales Empfinden) und dessen vorrangige Prägung durch die ethnische/ nationale Herkunft (nationale Identität) gelten als naturgegeben; eine in der Bundesrepublik verbreitete ambivalente Stellung zur deutschen Nation muss daher widernatürlich erscheinen, wird auf die Versuche einer ›reeducation‹ nach 1945 zurückgeführt und insbesondere den USA angelastet. Den Begriff des Volkes setzt NE den nicht ethnisch definierten der Bevölkerung oder der Gesellschaft entgegen. Das deutsche Volk wird als »Volksgemeinschaft«[76] verstanden, als eine über dem Individuum stehende Instanz. Der Begriff Demokratie taucht in NE nur dann positiv auf, wenn er als »Volksherrschaft«[77] im Sinne einer Herrschaft der (ethnischen) Deutschen unter Ausschluss von Menschen anderer Herkunft gedeutet wird. So ist der mahnende Verweis auf die Eidesformel des Kanzlers (»den Nutzen des deutschen Volkes zu mehren«) zu verstehen[78], auch das Motto der DDR-Bürgerbewegung »Wir sind das Volk« deutet NE in diesem Sinne um[79]. Entgegen dem erklärten Anspruch der Zeitschrift ist Europa nicht als positiver Zentralbegriff erkennbar. Abgesehen von Berichten über europäische Rechtsparteien wird er in negative Zusammenhänge gesetzt (Euro, EU-Bürokratie). NE ist zuvorderst einem deutsch-völkischen Nationalismus verpflichtet.

Das eigene politische Lager wird als rechts, patriotisch und national charakterisiert, wobei zwischen diesen Begriffen nicht unterschieden wird. Als rechts bezeichnet NE, ungeachtet der Strömungszugehörigkeit, alle rechtsextremistischen Personen, Parteien und Organisationen (einschließlich der REP); auch offene Neonazis fallen unter diesen Sammelbegriff. Unter »rechter Publizistik« versteht NE alle Medien »von der ›National-Zeitung‹ bis zur ›Jungen Freiheit‹«[80], damit alt- wie neurechte Periodika. Auch der NE-Sprachgebrauch reiht sich somit konsequent in die Bemühungen des Blattes ein, das Einende der Bewegung von rechts über das Trennende zu stellen. Scherzhaft rechnet Schönhuber den neurechten BfB zum »halbrechten«[81] Spektrum; es besteht aber kein Zweifel, dass dieser wie auch die »Deutsche Soziale Union« (DSU) im NE-Jargon dem eigenen Lager zugerechnet wird. Die Bezeichnung dieses Lagers als Bewegung kommt zwar vor, ist aber eher selten. Darauf, dass NE neue, bewegungsförmige Elemente im deutschen Rechtsextremismus gleichwohl wahrnimmt und begrüßt, wurde bereits hingewiesen.

Von der Rechten im skizzierten Sinne setzt die Zeitschrift das so bezeichnete »Polit-Establishment«[82], einschließlich der Union, scharf ab. Unterschiede zwischen den im Bundestag vertretenen Parteien werden kaum gemacht. Am deutlichsten kommt das in der Bezeichnung »Parteienblock«[83] zum Ausdruck, der auf die neben der SED existierenden, systemkonformen und weitestgehend machtlosen Parteien der DDR anspielt. Die im Bundestag vertretenen Parteien bilden die »herrschende Klasse«[84] (sind für den Bürger nicht erreichbar, ignorieren dessen Probleme) oder ein »Machtkartell«[85] (gleichen einer kriminellen Vereinigung); sie sind »alt« und »etabliert« (statisch). Unausgesprochen erscheint der rechtsextremistische Widerpart somit dem einfachen Bürger verbunden, aufrichtig, neu und dynamisch. Auffällig häufig sind Verweise auf die Bundesstadt Bonn, die zum Symbol des verhassten Establishments wird (»Bonner Parteienclique«[86], »politische Kaste am Rhein«[87]). Im NE-Jargon ist Bonn Inbegriff eines überkommenen, trägen, provinziellen Politikmoments, dem eine neue, dynamische, auf internationale Machterweiterung ausgerichtete Kraft gegenübergestellt wird. Bonn wird ferner als Symbol der Westbindung verstanden, es ist Projektionsfläche der ›West‹-Antipathie der Zeitschrift. In ihrem Verständnis verkörpert der Westen alle zu überwindenden Momente wie Internationalismus, Universalismus und Kapitalismus.

Kennzeichnungen des eigenen Lagers als (rechts-)extremistisch weist NE zurück – häufig mit dem in der Zeitschrift beliebten Distanzierungsmittel der Anführungszeichen oder dem Zusatz ›so genannt‹. Auch der Begriff neonazistisch taucht in der Regel in Anführungszeichen auf. Dass auch die Bezeichnungen rechts oder Rechte mitunter in Anführungszeichen vorkommen, ist schwer zu deuten. Vielleicht soll eine gewisse Distanz zu einzelnen Gruppen oder Personen, die sich selbst als rechts verstehen, zum Ausdruck gebracht werden. Möglicherweise schwingt auch die insbesondere in nationalrevolutionären Kreisen verbreitete Vorstellung mit, dass sich die rechts/links-Unterscheidung überlebt habe. Ambivalent ist die Verwendung der Bezeichnung rechtsradikal. Sie taucht einerseits in Anführungszeichen als stigmatisierende Zuschreibung von außen auf; andererseits zitiert NE den mit der Neuen Rechten kooperierenden Heinrich Lummer mit der Bemerkung: »Ich bin ein Rechtsradikaler, aber ich bin nicht rechtsextrem. Radikal muß man in einer Demokratie sein dürfen.«[88] Laut NE stammt das Zitat aus der Fernsehsendung von Michel Friedman, Vorstandsmitglied des »Zentralrats der Juden in Deutschland«. Lummer spricht Friedman mit der zitierten Äußerung direkt an (»Ja, Herr Friedman, ich bin ein Rechtsradikaler«). Die offensichtlich in provozierender Absicht geäußerte Talkshow-Bemerkung des ehemaligen Berliner Innensenators stützt sich auf den Sprachgebrauch der Verfassungsschutzbehörden, demzufolge eine radikale, auf die Wurzel eines Problems gerichtete Position nicht verfassungsfeindlich sei. Dagegen ist die Charakterisierung auch verfassungskonformer linker Personen (z. B. Jürgen Trittin) als linksextrem in NE nicht selten. Mitunter vermeidet das Blatt die Bezeichnung linksextrem durch vage, schwer justiziable Formulierungen wie ›ultralinks‹.[89]

NE setzt nicht auf abgeschwächte Positionen, die das Blatt für Lesergruppen am Rand der rechtsextremistischen Szene attraktiv machen könnten, sondern auf ein klares Profil. Um die eigene Sicht gleichwohl als seriös auszuweisen, werden angesehene Personen vereinnahmt. Das gängigste Mittel der Vereinnahmung sind Zitate, die in unterlegten Kästen in die Beiträge eingebettet sind, zu diesen aber oft in keinem oder nur sehr mittelbarem Zusammenhang stehen und die rechtsextremistische Positionen zu bestätigen scheinen. Solche Zitatblöcke sind sehr häufig: Zwischen 15 und 37 von ihnen finden sich in den vier untersuchten Ausgaben. Zitiert werden verschiedenste, Seriosität signalisierende Persönlichkeiten und sonstige Quellen, beispielsweise klassische Philosophen und Literaten wie Goethe, Hegel, Herder, Kant, Schiller oder Schopenhauer. In manchen dieser Zitate kommen euphorische Bekenntnisse zur Nation zum Ausdruck; verschwiegen wird freilich, dass diese Worte aus einem spezifischen historischen Kontext stammen und daher allenfalls äußerst behutsam auf die Gegenwart übertragbar sind. Mit Vorliebe zitiert NE auch Personen, die einst der politischen Linken zugerechnet wurden, deren Aussagen inzwischen aber Anknüpfungspunkte an rechtsextremistische Agitation bieten, und die daher von links schwer angreifbar sind. Dies gilt etwa für die Schriftsteller Botho Strauß und Martin Walser. Zitiert werden zudem renommierte deutsche Medien (z. B. FAZ, SZ, *Die Zeit*, ARD, ZDF), einmal auch die deutschsprachige israelische Zeitung *Israel-Nachrichten* (mit einem gegen den Euro gerichteten Kommentar).[90]

Ferner bedient sich NE einiger Sprachregelungen, von denen eine integrierende Wirkung ausgehen kann. Dies gilt insbesondere für den Begriff Mitteldeutschland, mit dem die neuen Bundesländer bezeichnet werden. In der Juni-Ausgabe findet sich eine Infografik des »Globus-Kartendienstes«, in der die NE-Redaktion den Begriff Ostdeutschland durch Mitteldeutschland ersetzt hat.[91] Unterschwellig wird mit dieser Bezeichnung der Anspruch auf die ehemaligen deutschen Ostgebiete aufrecht erhalten. Dies bleibt in der Regel unausgesprochen; lediglich einmal wird der Buchrezensent W. B. (vermutlich Werner Baumann alias Harald Neubauer) deutlich: ›Mitteldeutschland‹ werde »seit der Teil-Wiedervereinigung als ›Ostdeutschland‹ apostrophiert, ein sprachlicher und politischer Mißgriff, der Millionen von Vertriebenen aus Schlesien, Pommern und Ostpreußen quasi zu polnischen Zuwanderern macht«[92]. Erneut wird hier deutlich, dass NE-Autoren zwischen ethnischer Zugehörigkeit und Staatsbürgerschaft nicht unterscheiden.

6.7 Professionalität

Allein die Tatsache, dass NE seit nahezu 50 Jahren kontinuierlich erscheint, zeigt schon, dass es sich um ein vergleichsweise professionelles Medium handelt. Auf eine ähnlich lange Tradition kann in der rechtsextremistischen Publizistik nur die ebenfalls 1951 gegründete *National-Zeitung* (damals *Deutsche Soldaten-Zeitung*) zurückblicken. Mittlerweile beschäftigt der NE-Verlag zwischen acht und zehn festangestellte Mitarbeiter, davon die Hälfte als Teilzeitkräfte.[93] Die Redaktionsmitglieder – Dehoust, Neubauer, Engelhardt und Richter (freiberuflich) – verfügen zwar nicht über eine formale journalistische Ausbildung (Volontariat), aber über Erfahrung aus früherer publizistischer Tätigkeit. Mit einer Druckauflage von ca. 15 000 gehört NE seit langem zu den größten rechtsextremistischen Periodika. Gleichwohl – darauf wurde bereits hingewiesen – deckt die verkaufte Auflage trotz des hohen Preises von 11,40 Mark pro Heft[94] die Kosten nicht, der Verlag (einschließlich Buchdienst) arbeitet aber profitabel.

Eine im Laufe der Jahre entwickelte Produktionsroutine stellt das pünktliche Erscheinen des Blattes zu Monatsbeginn sicher. Die Planung der folgenden Ausgabe beginnt mit der Sichtung der Leserpost, die in aller Regel zahlreiche Manuskriptangebote enthält. Aus solchen Texten setzt sich inzwischen[95] ein Großteil des folgenden Heftes zusammen. So kommt es zu einer eher zufälligen Themenmischung statt einer bewussten Komposition des Blattes durch die Redaktion. Redaktionsmitglieder verfassen die ständigen Rubriken und liefern Beiträge zu Themen, die für wichtig erachtet werden und durch die Texte aus der Leserpost nicht abgedeckt sind. Die satzfertigen Artikel leitet die Redaktion zweieinhalb bis zwei Wochen vor Erscheinen der Ausgabe an eine Druckerei in Neustadt bei Coburg weiter, wo Satz, Montage und, etwa anderthalb Wochen vor Auslieferung, Druck erfolgen. Die Vorlagen entstehen innerhalb eines Wochenendes im veralteten Klebeumbruch-Verfahren (Texte, Grafiken, Fotos werden separat vorbereitet und zur Druckvorlage zusammengeklebt).[96] Abschließend findet im NE-Verlag der Versand an die Abonnenten statt.

Die Gestaltung der Zeitschrift hat sich seit ihrer Gründung nur geringfügig verändert. Unter Neubauers Ägide legt das Blatt etwas mehr Wert auf ansprechende Optik: Das Layout folgt seiner Faustregel, jede Doppelseite müsse mindestens ein grafisches Element wie Foto, Zitatkasten oder wenigstens eine Zwischenüberschrift enthalten. Zudem wurden die Maximallänge der Beiträge verringert[97] und zahlreiche kurze Textelemente eingeführt. Somit vollzieht NE die Trends modernen Zeitungsdesigns lediglich in Ansätzen nach. Von weiter gehenden Veränderungen des Erscheinungsbildes hat der Verlag Abstand genommen: Einerseits stehen diesen die Gewohnheiten der Leserschaft entgegen, die Neuerungen häufig mit erbosten Briefen oder Abokündigungen quittieren, andererseits scheitert die Modernisierung der Gestaltung an den Kosten für technische Infrastruktur (EDV) und professionelle Designberatung.[98] Hinzu kommt, dass das DIN-A5-Format nur eingeschränkte Layout-Optionen bietet. So erscheint NE in einem unzeitgemäßen, schlichten Design, im Rahmen

Einige grafische Mühe verwendet Nation & Europa *auf die Titelseite. Der Innenteil ist unzeitgemäß schlicht gestaltet.*

von dessen Möglichkeiten sich die Redaktion gleichwohl um leichte optische Zugänglichkeit bemüht.

Nur der Umschlag wird vierfarbig gedruckt, das übrige Heft schwarz-weiß. Die Titelbilder sind vergleichsweise aufwändig mit Karikaturen, Fotos und wechselnden Schrifttypen gestaltet, die teilweise verfremdet werden. Das Titelbild der April-Ausgabe 1998 (Zeichnung eines schwerbewaffneten ›Uncle Sam‹ mit Dollar-Fahne und Maulkorb tragendem Schäferhund) zum Thema USA (»Der Weltpolizist«) ist vollständig identisch mit dem des Januar-Heftes von 1991. Das zeigt nicht nur die Kontinuität des Antiamerikanismus-Ideologems in NE, sondern auch einen in diesem Fall völlig unprofessionellen Umgang mit gestalterischen Mitteln. Im Heftinnern bedient sich NE zahlreicher Infografiken des professionellen »Globus«-Dienstes, der nach Aussage Karl Richters die einzige vom Verlag abonnierte Presseagentur ist. Die Hamburger »Globus-Kartendienste GmbH« verweist dagegen darauf, sie habe der Zeitschrift die Nachdruckgenehmigung ihres Materials entzogen und werde rechtliche Schritte gegen den NE-Verlag prüfen.[99] Internet-Zugang ist in der Redaktion vorhanden. Inzwischen ist die Zeitschrift mit der Domain nationeuropa.de im World Wide Web vertreten, auf der Beiträge der aktuellen Ausgabe abrufbar sind. Sie dient aber vorrangig der Werbung für Produkte des Buchdienstes.

Fotos sind in den Heften ein häufiges Gestaltungsmittel. Da NE keine Angaben zu den Bildquellen macht, dürfte es sich überwiegend um unentgeltlich zum Nachdruck freigegebene, von Lesern zugesandte oder von Redakteuren/Autoren aufgenommene Fotos handeln. Zwar ist deren technische Qualität (Schärfe, Belichtung) einwandfrei, die Bilder sind aber überwiegend statisch und wenig originell. Häufig stehen sie zum Gegenstand des Beitrags allenfalls in vagem Zusammenhang und dienen oft eher einer Bebilderung um ihrer selbst willen als einer gezielten Illustration der Beiträge.[100] Als Blickfang oder optische Ergänzung zum Text sind die meisten Fotos nicht geeignet.

NE weist einen zwar begrenzten, aber durchaus erkennbaren Genremix auf, der vor allem Meinungsberichte, Kolumnen, Interviews, Nachrichten, Porträts, Glossen und Rezensionen umfasst. Der Meinungsbericht ist die dominierende Darstellungsform der Zeitschrift. Beiträge, die über den Umfang einer Meldung hinausgehen, beziehen durchgängig offen Position. Sie legen den Akzent auf die Darstellung von aktuellen Ereignissen und Entwicklungen (und deren Bewertung) – sind somit im engeren Sinne journalistisch; essayistisch und nicht unmittelbar ereignisgebunden ist die Schönhuber-Kolumne »Aus meiner Sicht«. Nur ein Interview kommt im Untersuchungszeitraum vor – ein Gespräch mit Brigitte Bardot über das Schächten als Tierquälerei und die Kritik antirassistischer Gruppen an ihrer Position.[101] Porträts tauchen fast ausschließlich in der Rubrik »Köpfe & Profile« auf. Soweit es sich um Beiträge über politische Gegner handelt, sind diese glossierend gehalten. Glossierende Elemente finden sich regelmäßig auch im Editorial »Das LETZTE zuerst«, in der Schönhuber-Kolumne und gelegentlich in Meinungsberichten. In Reinform kommt das Genre in den untersuchten Ausgaben nur einmal vor – als Polemik gegen die Kritik am Begriff der ›Rasse‹.[102] Buchrezensionen sind fester Bestandteil jeder NE-Ausgabe, im Juli/August-Heft finden sich auch vier Zeitschriften-Rezensionen (»Zeitschriftenschau«).

Kurzmeldungen finden sich in NE nahezu ausschließlich in der Rubrik »Aktuelles aus Multikultopia«.[103] Sie weichen in zweierlei Hinsicht von üblichen professionellen Standards ab: einerseits, indem sie die ethnische Abstammung der vorkommenden Personen – vielfach Straftäter – hervorheben, soweit es sich um Personen nicht deutscher Abstammung handelt; andererseits, indem sie anderen Medien entnommen sind, die in Fußnoten als Quellen genannt werden. Die Quellen, auf die sich die zitierten Publikationen beziehen, werden dagegen überwiegend nicht angegeben. Da diese Meldungen auf professionellen Vorlagen beruhen, sind die grundlegenden Informationen (W-Fragen) durchgängig enthalten. Hinreichende Zeitangaben fehlen allerdings – mit einer Ausnahme – immer, jedoch nennen die Fußnoten das Veröffentlichungsdatum der Ursprungsmeldung. Die Meldungen sind im Ton sachlicher als die übrigen NE-Beiträge – vermutlich um seriöse Information zu suggerieren –, gleichwohl weichen vier der untersuchten Texte vom Standard der Trennung von Nachricht und Kommentar ab. Alle vier werten unterschwellig, zwei durch negativ konnotierte Begriffe (»ergaunert«[104], »in die Schusslinie politisch korrekter Meinungsmacher geraten«[105]), ein weiterer durch einen kommentierenden Vorsatz[106]. Die vierte Meldung wertet durch eine Kombination aus Überschrift (»»Das ist ja alles so ekelhaft‹«), Aufbau, Zitaten und meinungshaltigen Formulierungen.[107]

Die Meldungen sind gegenüber dem Original stets gekürzt, im Wortlaut aber meist nur geringfügig verändert. In einem Fall wird durch die Kürzung der Schwerpunkt des Ursprungstextes tendenziös verlagert.[108] In drei weiteren Fällen wird die Meldung durch veränderte Formulierungen verschärft.[109] Zudem entstehen in drei Fällen sachliche oder grammatikalische Fehler durch die Bearbeitung des NE-Autors Klaus Hügel[110], die vermutlich auf Flüchtigkeit zurückzuführen sind.

6.8 Fazit

Nation & Europa gewinnt ihre Bedeutung für den deutschen Rechtsextremismus aus den engen, im Laufe der 50-jährigen Entwicklungsgeschichte geknüpften Kontakten zu allen wesentlichen Strömungen dieses politischen Lagers. Berührungspunkte hat die Zeitschrift vor allem mit der Basis rechtsextremistischer Organisationen, dagegen ist der Einfluss der heutigen Redaktion auf deren Führungskreise begrenzt. Es konnte gezeigt werden, dass das Blatt durch Themenwahl, Duktus sowie eine Balance von Nähe und Distanz zu Gruppierungen und Einzelpersonen konsequent jene Momente betont, die den Rechtsextremismus einen. So werden die Zentralbegriffe rechts, national, patriotisch sehr weit gefasst, fungieren somit als Klammer der extremistischen Rechten und ermöglichen die Integration des Scharnierspektrums. Eine Verständigung des eigenen politischen Lagers strebt NE in erster Linie deutschlandweit, aber auch auf europäischer Ebene an. Hinter der erheblichen personellen, thematischen und symbolischen Vernetzungs- und Integrationsleistung der Zeitschrift bleiben konkrete Serviceleistungen wie Veranstaltungshinweise und Kleinanzeigen zurück. Der Typ des monatlich erscheinenden Ideologieorgans scheint in dieser Hinsicht aktuelleren und an engeren Zielgruppen orientierten Medien unterlegen zu sein.

Das Blatt ist im Wesentlichen als professionell zu bezeichnen: Es erscheint kontinuierlich, verfügt über hauptamtliche Kräfte, arbeitet (im Verbund mit dem NE-Buchdienst) kostendeckend, erscheint in schlichtem, aber nicht grob gegen professionelle Gestaltungsstandards verstoßendem Design und schafft Abwechslung durch einen – wenn auch begrenzten – Genremix. Die Beiträge sind an handwerklichen Standards orientiert, über die sich die Zeitschrift gleichwohl in einigen Punkten in agitatorischer Absicht hinwegsetzt und eigene aufstellt, etwa die systematische Ethnisierung der Berichterstattung. Auch Hinweise auf nicht politisch begründete, wenig professionelle Facetten des Blattes sind deutlich geworden: etwa die geringe stilistische Variabilität, die eher beliebige Komposition der Hefte, die geringe thematische, technische und gestalterische Innovationsbereitschaft sowie die Vernachlässigung des Kiosk-Vertriebs.

7. Weissglut: etwas kommt in deine welt

Professioneller Tonträger mit Scharnierwirkung

Mit der CD »etwas kommt in deine welt« der dem Gothic-Kult entstammenden Band »Weissglut« kommt erstmals im Nachkriegsdeutschland ein Tonträger mit rechtsextremistischen Bezügen auf den Markt, der in den hochprofessionellen Strukturen eines Weltkonzerns (»Sony Music«) entsteht und sich mit guten Erfolgsaussichten an ein Massenpublikum richtet. Dem Projekt, das nach öffentlichen Protesten und Boykotten scheitert, geht eine Entwicklung voraus, die zur zunehmenden Enttabuisierung rechtsextremistischer Symbole und Ideologeme in Teilen der Gothic-Subkultur, aber auch des Mainstream-Musikgeschäfts geführt hat.

7.1 Vorbemerkung: Beziehungen zwischen Bewegung und Gothic-Kult

Jugendliche Subkulturen zählen seit langem zu den bevorzugten Zielen rechtsextremistischer Agitation. Insbesondere die Entwicklung der Skinhead-Szene seit den 70er Jahren belegt den erfolgreichen Versuch, Teile einer Subkultur mit ideologischen und symbolischen Anknüpfungspunkten in die Bewegung zu integrieren, ohne die Anhänger des Kults notwendigerweise organisatorisch einzubinden.[1] Vermittelnde Wirkung kommt in erster Linie den Musikstilen dieser Szenen zu, die ihr maßgebliches Identität stiftendes Moment sind.[2] Insofern trägt Musik nicht nur entscheidend dazu bei, Einzelne in die Bewegung einzubinden, sondern auch die entstandenen Ansätze einer rechtsgerichteten jugendlichen Gegenkultur zu festigen, auszubauen und den Rechtsextremismus auf diese Weise soziokulturell zu verankern. In den 90er Jahren lassen sich solche Vereinnahmungsbemühungen neben der Skin-

Mit der Schwarzen Sonne in die Charts: Die mysteriös-bedroh-liche Abbildung auf dem Cover der CD »etwas kommt in deine welt« lässt sich als Darstellung dieser übernatürlichen Gewalt ver-stehen.

head-Subkultur insbesondere im Black-Metal-[3] und Gothic-/Gotik-Kult[4] beobachten. Letzterer, der sich auch als Dark-Wave- und Gruftie-Szene[5] bezeichnet, wird im Folgenden näher betrachtet.

Die Gothic-Subkultur kristallisiert sich im Laufe der 80er Jahre aus der Punk-Szene heraus, die sich nicht zuletzt durch zunehmende Kommerzialisierung in verschiedene Nachfolgekulte auffächert. Zu den bekanntesten Begründern des Gothic zählt der britische Musiker Robert Smith, Kopf der 1978 gegründeten Band »The Cure«, der eine im Punk fußende Musik mit Weltschmerz im Text sowie schwarzer Kleidung und schwarz gefärbten, hochtoupierten Haaren verbindet. Alles Schwarze wird zum Inbegriff des Kults, dessen Anhänger häufig von der »schwarzen Szene« sprechen.[6] Zentrale Musikgruppen in der Entstehungsphase des Kults sind ferner »Siouxsie and the Banshees« (England), »The Sisters of Mercy« (England), »Joy Division« (England), »The Craze« (ab 1979: »Bauhaus«, England) und »Kraftwerk« (Deutschland).[7] Der Musikstil des Gothic war zwar nie homogen, in den 90er Jahren zeigt sich aber eine zunehmende Ausdifferenzierung. Wichtige Varianten der Gothic-Musik sind etwa EBM (Electronic Body Music), Gothic Rock, Industrial und Neo-Folk. Gleichzeitig experimentieren viele Bands mit musikalischen Elementen, die sie anderen Stilen entleihen (Crossover).[8]

Die Gothics rekrutieren sich aus jenem Teil des Punks, der sich zuvor bereits von der rebellischen Mehrheit des Kults durch einen Hang zur Introvertiertheit und Nachdenklichkeit abgegrenzt hat. Ihren Namen, der zuerst in den frühen 80er Jahren in den USA für die Anhänger schwermütiger Rock-Musik auftaucht, leitet die Szene von den als »Gothic-Novels« bekannt gewordenen englischen Grusel-Romanen (Edgar Allan Poe, H. P. Lovecraft) ab.[9] Existenzielle Fragen nach dem Sinn des Lebens, dessen Ursprung und dem Tod charakterisieren den Kult. Neben dem Glauben an Reinkarnation fühlen sich viele Gothics zu heidnischen und naturreligiösen Vorstellungen hingezogen. Eine kleine Fraktion vertritt satanistische Auffassungen, die aber nicht stilbildend für den Kult als Ganzen sind.[10] Schätzungen über die Zahl der Gothics in Deutschland gehen weit auseinander: Sie variieren Ende der 90er Jahre zwischen 20 000 und 60 000.[11]

Anknüpfungspunkte für rechtsextremistische Agitation bietet der Gothic-Kult durch die hohe Bedeutung des Mythischen und Irrationalen sowie – in Teilen der Szene – von Romantik, Heidentum (Germanentum, Keltentum) und Esoterik[12]. Häufig wird das Leben als schicksalhaft bestimmt begriffen; als determinierende Faktoren lassen sich ethnische Kategorien in dieses Gedankengebäude integrieren. Einige Gothics charakterisiert zudem ein elitäres, antiegalitäres Selbstverständnis, das auf sozialdarwinistischen Prinzipien beruht.[13] Rechtsextremistische Tendenzen werden seit Mitte der 80er Jahre, verstärkt in den 90ern deutlich: Einige Bands greifen NS-Symbolik auf und beziehen sich positiv auf Leitfiguren des Rechtsextremismus, überwiegend auf Intellektuelle, die der Neuen Rechten als Stichwortgeber dienen (z. B. Julius Evola, Ernst Jünger). Wenngleich die Grenze zwischen Provokation und Agitation – ähnlich wie im Skinhead-Kult (siehe 10.7) – nicht in jedem Einzelfall eindeutig zu ziehen ist, findet doch eine zunehmende Akzeptanz rechtsextremistischer Symbolik und Ideologeme in diesen Teilen des Kults statt. Dazu tragen nicht nur rechtsgerichtete Bands wie »Allerseelen«[14] (Österreich), »Blood Axis«[15] (USA), »Death in June«[16] (England/ Australien), »Forthcoming Fire« und »Weissglut« (beide Deutschland) bei, sondern auch deutsche Gothic-Fanzines, die den Kult mit der Bewegung von rechts verzahnen. Zu diesen Publikationen zählen *Sigill* (inzwischen: *Zinnober*, Dresden)[17] und *Europakreuz* (Berlin, Potsdam)[18].

In den frühen 90er Jahren machen vorwiegend Akteure aus Redaktion und Umfeld der Zeitung *Junge Freiheit* (siehe 5.6) gezielte Avancen der Bewegung an die Gothic-Szene. So ruft der damalige JF-Redakteur Jürgen Hatzenbichler im März 1991 die Rechte auf, sich der jugendlichen Pop-Kultur zu öffnen und eine »Gegenkultur« aufzubauen. Um Dämme dort zu brechen, wo sie besonders fest sind, platziert Hatzenbichler den Beitrag nicht in der JF, sondern im Ideologieorgan *Nation & Europa* (siehe 6.), das eine ältere rechte Leserschaft bedient. Hatzenbichler bleibt indes vage und nennt – um die NE-Klientel nicht zu verschrecken – keine Subkultur beim Namen.[19] Den stärker theoretisch unterfütterten Grundsatzartikel »Die Kultur als Machtfrage« liefert im Oktober 1993 Roland Bubik, damals JF-Redakteur für das Ressort »Zeitgeist & Medien«, diesmal im eigenen Blatt. Bubik geht von der Forderung aus, die Rechte[20] müsse ihre auf historischen Vorlagen basierenden programmatischen und ästhetischen Angebote an der Gegenwart orientieren. Er verweist auf tief greifende Potenziale der zeitgenössischen Unterhaltungsindustrie, insbesondere jungen Menschen auf nicht rationalem (»nicht-kognitivem«) Wege Botschaften zu übermitteln, und erklärt die Verfügung über solche Potenziale zur Machtfrage. In den so genannten ›Independent-Szenen‹ (siehe Anmerkung 67) sieht er antimodernistische Tendenzen, die der Rechten »Ansatzpunkte zum ›Einklinken‹« böten; ausdrücklich nennt er CDs aus dem Gothic-Kult als Träger einer »im besten Sinne reaktionären Ästhetik und Lebensauffassung«.[21]

Diese Überlegungen hat Bubik konsequent in strategisch-publizistisches Handeln umgesetzt. Interviews, Rezensionen und Berichte aus dem Gothic-Kult sind zu regelmäßigen Bestandteilen der »Zeitgeist«- und Kultur-Seiten der JF avanciert (und nach Bubiks Ausscheiden aus der Redaktion im Juli 1996 geblieben). Für solche Beiträge bindet er Ende 1993 die Autorin und Gothic-Anhängerin Gerlinde Gronow an die Zeitung, die 1995 ihre JF-Tätigkeit beendet und die Subkultur später öffentlich vor einem »Flirt mit der ›Neuen‹ Rechten« warnt.[22] Anlass ist ein Anzeigenaustausch, den Bubik 1996 zwischen JF und dem Musik-Magazin *Zillo* – Marktführer der überwiegend mit Gothic befassten Titel (Druckauflage: ca. 70 000) – vereinbart und der Kontroversen in dessen Leserschaft auslöst.[23] Von Mitte 1995 bis Frühjahr 1997 ist der Stammautor der *Jungen Freiheit* Peter Boßdorf (siehe

5.3) auch ständiger Mitarbeiter von *Zillo*.[24] Das Blatt pflegt in dieser Zeit zudem einen distanzlosen Umgang mit dem rechtsextremistischen Verlag VAWS.[25]

Neben der JF greifen Periodika wie *RockNORD* (siehe 10.4) und das NPD-Organ *Deutsche Stimme* zunehmend Themen aus der Gothic-Szene auf. Das Oberhausener Unternehmen »Verlag und Agentur Werner Symanek« (VAWS) hat sich inzwischen auf Produkte für diese Zielgruppe spezialisiert und beliefert sie mit Tonträgern vorwiegend rechtsextremistisch orientierter Bands, Büchern und Kalendern,[26] gibt selbst CDs heraus und hat zumindest zeitweise erwogen, ein eigenes Magazin für diese Szene auf den Markt zu bringen.[27]

Die Verschränkung von rechter Bewegung und Gothic-Kult folgt somit einem Muster, das in ähnlicher Form im Skinhead-Kult zu beobachten war: In beiden Fällen greift die Bewegung Orientierungen in Teilen der Subkultur auf, die zur Enttabuisierung rechtsextremistischer Symbole und Ideologeme geführt haben. Einige Gruppen der rechten Bewegung knüpfen an diese Orientierungen an und unternehmen strategisch kalkulierte Bemühungen zu deren Stärkung, Festigung und ideologischen Unterfütterung, um so eine Vernetzung mit der Bewegung herbeizuführen. Anhänger der Kulte (einschließlich publizistischer Meinungsführer) begegnen diesen Tendenzen mehrheitlich unkritisch. Vorwürfe, die an die Szene herangetragen werden, lösen Abwehrmechanismen aus, die die Geschlossenheit des Kults schützen sollen. Es handelt sich insofern in beiden Fällen um Interaktionsprozesse zwischen Bewegungsgruppen und Subkultur, nicht um Unterwanderung, die dem Wortsinne nach einseitig gerichtet ist.[28] Möglicherweise hatte die in den 70er und 80er Jahren einsetzende Agitation der Skinhead-Subkultur vorwiegend durch neonazistische Kräfte sogar Vorbildcharakter für die Avancen neurechter Gruppen an den Gothic-Kult.[29]

7.2   Besetzung von »Weissglut«
7.2.1   Josef Maria Klumb

Der im rheinischen Bingen lebende Musiker Josef Maria W. Klumb (Jg. 1962) ist Sänger und Texter der Band. Klumb, der in »Weissglut« als Josef Maria K. auftritt – im Gothic-Kult auch unter dem von den Namensinitialen abgeleiteten Künstlernamen »Jay Kay« bekannt –, ist bis zu seinem Ausschluss Anfang des Jahres 1999 der Kopf der Band. »Weissglut« ist eines von zahlreichen musikalischen Projekten, an denen er zeitversetzt oder parallel maßgeblich beteiligt ist und die das Herauswachsen des Gothic-Kults aus dem Punk widerspiegeln: In den späten 70er und den 80er Jahren wirkt Klumb in Bands mit, die sich dem Punk zugehörig fühlen (»SFG«, »Soulincide«, »Circle of Sig Tiu«, »Endphase«, »Aus 98«), teilweise aber bereits Elemente des entstehenden Gothic aufgreifen (schwarze Kleidung, toupierte Haare, in Runen gesetzter Namensschriftzug). In den späten 80er[30], mehr noch in den 90er Jahren konzentriert er sich auch musikalisch auf die getrageneren, düsteren Stilelemente des Gothic und gründet 1990 die Gruppe »Forthcoming Fire« (FF), die sich als Teil des mittlerweile vom Punk abgegrenzten Gothic-Kults versteht. Mitte 1998 und bis zum Ausschluss aus der Band treten andere Projekte, an denen Klumb beteiligt ist (neben »Forthcoming Fire« »Von Thronstahl« und »Preussak«) zu Gunsten von »Weissglut« in den Hintergrund.[31]

Ab 1993 mehren sich Berichte, die Klumb eine ideologische und strukturelle Einbindung in den Rechtsextremismus vorwerfen.[32] Diese Kritik verschärft sich mit dem Erscheinen der untersuchten »Weissglut«-CD, mit der erstmals ein Massenpublikum erreicht werden soll. Klumb hat solche Verbindungen stets relativiert, teilweise bestritten. Im Erscheinungszeitraum der »Weissglut«-CD weist er das Etikett rechts besonders nachdrücklich zurück: »Die Begriffe ›rechts‹ und ›links‹ taugen meiner Meinung nach eh nur dazu, jemandem den Weg zum Bahnhof zu erklären.«[33] Die Ablehnung der

Rechts-Links-Unterscheidung ist ein gängiges Muster der Neuen Rechten, das der Tarnung ihrer Positionen dient.[34] Eine Anbindung Klumbs insbesondere an neurechte Bewegungsakteure (zu ideologischen Überschneidungen siehe 7.5) ist jedoch nachweisbar und findet im Wesentlichen über drei unterschiedlich feste Beziehungsstränge statt:

1. »Verlag und Agentur Werner Symanek« (VAWS): 1994 tritt Klumb ein Anstellungsverhältnis beim rechtsextremistischen Verlag VAWS an, der seinerzeit seinen Sitz in Bingen hat.[35] Klumb stellt diese Tätigkeit als unbedeutend dar; sie habe sich auf manuelle Arbeiten (»Paketpacker«) bei geringer Entlohnung (zwölf Mark pro Stunde) beschränkt.[36] Über diese hinaus ist er organisatorisch und inhaltlich an publizistischen Projekten des Verlages beteiligt sowie an der Außenrepräsentation, insbesondere innerhalb der Gothic-Szene. Klumb wirkt an zwei von VAWS verlegten CD-Kompilationen mit, die jeweils künstlerischen Protagonisten des Nationalsozialismus gewidmet sind (der Regisseurin Leni Riefenstahl[37] und dem Bildhauer Josef Thorak). Auf der Riefenstahl-Kompilation (Doppel-CD) sind drei von Klumb geleitete Bands (»Forthcoming Fire«, »Preussak«, »Von Thronstahl«) mit insgesamt sechs Beiträgen vertreten, auf »Thorak« zwei von ihnen (»Forthcoming Fire«, »Von Thronstahl«) mit je einem Beitrag. Er ist somit auf beiden Alben der am häufigsten auftretende Künstler. Klumb ist nach eigenen Angaben ausschließlich für die Bearbeitung musikrechtlicher Fragen dieser Projekte zuständig, lässt jedoch erkennen, dass er sich auch an Kontaktaufnahme und Informationsfluss zu den mitwirkenden Bands beteiligt.[38]

Das Unternehmen VAWS, das seit der Produktion der Riefenstahl-Kompilation von 1996 auch als CD-Label tätig ist, verlegt und vertreibt seither die Tonträger der Band »Forthcoming Fire«[39]. 1998 gehört Klumb dem Zwei-Personen-Projekt »Unternehmen Dreizack« an, das VAWS als »Geheimprojekt« vermarktet und daher die Namen der beteiligten Musiker nicht nennt.[40] Im Mai 2000 gibt der Verlag Josef

Klumbs Buch *Leicht entflammbares Material. Die Forthcoming-Fire-Biographie* heraus, ein weiterer Band über »Weissglut« soll in Planung sein.[41] Mehrfach gehört Klumb den Teams an, die VAWS an Messe- oder Festival-Ständen vertreten.[42] In einem Werbeschreiben kündigt der Verlag im Oktober 1997 seinen Stand auf der Frankfurter Buchmesse an und weist darauf hin, dass »auch ein vielfältiges Merchandise-, CD- und Literaturangebot von Forthcoming Fire präsent sein [wird]. Am Stand werden auch Bandmitglieder Eure Autogrammwünsche erfüllen.«[43] Klumb dementiert, er habe an solchen Ständen die rechtsextremistische Zeitung *Unabhängige Nachrichten* (UN) verteilt, die die »Unabhängigen Freundeskreise« mit Sitz in Bochum herausgeben und die VAWS verlegt.[44]

2. *Junge Freiheit* (JF): Seit dem ersten Interview, das die JF-Redaktion im Februar 1996 mit Klumb führt, verbindet beide ein »freundschaftlicher«[45] Kontakt. Klumb und seine Bands sind in der Folge mehrfach Gegenstand ausführlicher, wohlwollender Berichte der Zeitung. Er selbst beantwortet in der Ausgabe vom 24. April 1998 den JF-Fragebogen (siehe 5.6). An die Auseinandersetzungen um »Weissglut« schließt sich ein weiteres Interview mit dem Musiker an.[46] Für die JF fungiert Klumb offenbar als Werbeträger in den Gothic-Kult: Die Anzeige im Szeneblatt *Zillo* illustriert die Zeitung mit der lobenden Besprechung der »Forthcoming Fire«-CD »Je suis« aus der Ausgabe vom 9. Februar 1996.

3. *Sleipnir:* In der rechtsextremistischen Zweimonatszeitschrift *Sleipnir. Zeitschrift für Kultur, Geschichte und Politik* (Berlin)[47] veröffentlicht Klumb mehrfach Gedichte, die stärker als die in seinen beiden Lyrikbänden enthaltenen Beiträge politisiert sind. Der Autor tritt in der Zeitschrift unter dem Pseudonym »J. Korus« auf.[48] Als Grund nennt er seinen Vertrag mit »Epic« (»Sony«), den er mit offener Mitwirkung an einem rechtsextremistischen Periodikum gefährden würde.[49] Im Interview bezieht sich Klumb positiv auf *Sleipnir*, namentlich auf den Herausgeber Andreas Röhler. Er sei zwar zurzeit

nicht für die Zeitung tätig, halte es aber für möglich, dort weitere Beiträge zu veröffentlichen.[50]

Berührungspunkte mit zwei weiteren rechtsextremistischen Akteuren – dem Autor Jan Udo Holey (Pseudonym: »Jan van Helsing«) und der Dark-Metal-Band »Absurd« um Hendrik Möbus – kommen hinzu. Mit ersterem steht Klumb in freundschaftlichem Kontakt und rezipiert insbesondere dessen rechtsextremistisch ausgerichtete Publikationen wohlwollend[51], von einer publizistischen Kooperation ist jedoch nicht auszugehen. Die Umstände des Zusammenwirkens mit »Absurd« respektive Möbus lassen sich nicht mit Gewissheit klären. Klumb ist als Komponist und Musiker am Stück »Sonnenritter« der CD »Asgardsrei« der Band »Absurd« beteiligt, die Möbus' Label und Versand »Darker than Black« (Erfurt) 1999 veröffentlicht. Der Kopf der Band, der militante Satanist und Neonazi Hendrik Möbus, verbüßt bis September 1998 eine achtjährige Haftstrafe wegen Mordes an dem 15-jährigen Mitschüler Sandro Beyer. Später hat er in Szenepublikationen geäußert, »dem Leben eines lebensunwerten Geschöpfes ein Ende« gesetzt zu haben.[52] Klumb verweist darauf, Möbus' Vergangenheit sei ihm nicht bekannt gewesen, das Zusammenwirken mit »Absurd« ausschließlich auf postalischem Wege erfolgt; zu einem Treffen sei es nicht gekommen.[53]

Hendrik Möbus ist seit August 2000 erneut in Haft, zunächst in den USA, inzwischen in der Justizvollzugsanstalt Suhl. Nachdem er 1998 auf Bewährung frei gekommen war, hatte er öffentlich den Hitlergruß gezeigt, sich damit strafbar gemacht und gegen die Bewährungsauflagen verstoßen. Bevor er festgenommen werden konnte, setzte sich der 24-Jährige ins Ausland ab. Die US-Polizei nahm ihn auf dem Anwesen von William Pierce, dem Kopf der Neonazi-Organisation »National Alliance« in Hillsboro, West Virginia, fest.[54] Möbus wurde Ende Juli 2001 nach Deutschland ausgewiesen. Josef Klumb wiederum beteiligt sich inzwischen offener als je zuvor an einem rechtsextremistischen Projekt: Seit Mai

2001 gehört er zur Redaktion des Münchner Ideologieorgans *Opposition*. Chef des Blattes ist Karl Richter, der früher die rechtsextremistische Zeitschrift *Nation & Europa* geleitet hat und für diese nach wie vor als Redakteur tätig ist (siehe 6.2).[55]

7.2.2 Die übrigen Bandmitglieder

Neben dem Sänger Josef Klumb gehören vier Musiker zur Bandbesetzung, die die untersuchte CD einspielt. Dies sind Klumbs Bruder Bernhard Klumb[56] (Keyboards), Thomas auf dem Berge (Schlagzeug), Guido Dobrautz (Gitarre) und Sid Venus[57] (Bass).[58] Einzelne dieser fünf Musiker sind zuvor gemeinsam an anderen Projekten beteiligt gewesen, alle haben bereits zu Bands um den Frontmann Josef Klumb gehört. So zählten auf dem Berge und Dobrautz zur Stammbesetzung des »Weissglut«-Vorgängers »SFG«, Ersterer spielte zudem in den späten 80er Jahren in der Band »Circle of Sig Tiu«, Letzterer unterstützte »Forthcoming Fire« bei ihrer Tournee von 1997 (»Burnt Alive Tour 97«). Bernhard Klumb ist vor »Weissglut« auch an den Bands »Forthcoming Fire«, »Preussak« und »Von Thronstahl« beteiligt.[59] Alle Bandmitglieder sind insofern mit der Person Josef Klumbs und den vorausgegangenen Auseinandersetzungen um dessen Anbindung an den Rechtsextremismus wohl vertraut. Das gilt im Besonderen für Bernhard Klumb, der als Mitglied von »Forthcoming Fire« zweifelsfrei über das Bemühen seines Bruders informiert ist, der Band mit Hilfe der *Jungen Freiheit* ein Forum zu verschaffen. Darüber hinaus soll sich auch Bernhard Klumb in der Vergangenheit positiv auf die rechtsesoterischen Darstellungen »Jan van Helsings« bezogen haben.[60] Persönliche Kontakte zu extremistischen Gruppen sind von den vier weiteren »Weissglut«-Musikern jedoch nicht bekannt.

7.3 »Weissglut«: Entwicklung

»Weissglut« geht aus der 1991 gegründeten Gruppe »SFG«[61] hervor, die zunächst als Punk- und Hardcore-Band aktiv ist. Stammbesetzung sind Josef Klumb (Gesang), Guido Dobrautz (Gitarre) und Thomas auf dem Berge (Schlagzeug), zu denen wechselnde Musiker hinzutreten. Die Band positioniert sich im Laufe der 90er Jahre neu: Sie distanziert sich vom Punk, dessen sie, so Klumb, musikalisch »sehr überdrüssig« geworden sei (»Ich hab' keine Lust mehr gehabt zu schreien.«[62]). Sie will auf diese Weise gleichzeitig einer zunehmenden Entfremdung vom Publikum begegnen. Der Punk-Anhängerschaft, die sich zum Teil aus dem linksautonomen Spektrum rekrutiert, fühlt sich die Band immer weniger verbunden; im Gothic-Kult hofft sie ein Publikum zu finden, dessen Lebensgefühl sich mit dem der Musiker deckt. Stilistisch gewinnen Bands wie die US-amerikanische Formation »Type O' Negative« oder die Gruppe »Life of Agony« Vorbildcharakter. Beide sind in der Gothic-Szene populär, aber keine typischen Vertreterinnen der Musik dieses Kults. Die Wurzeln der Gruppen liegen vielmehr im Heavy Metal, den sie mit Gothic-Elementen (tiefer Gesang, Orgel) kombinieren. Ihren Stil versteht »SFG«, die sich nun den deutschen Namen »Weissglut« geben, als »Gothic-Metal-Rock«[63].

1998 nimmt die Band unter dem neuen Namen ihren ersten Tonträger auf, die Maxi-Demo-CD »Im Staub der Rebellion«, die beim kleinen Gelsenkirchener Label »Novatekk«[64] erscheint. Im Mai des Jahres bringt der ähnlich große Nürnberger Musikverlag »Semaphore« eine Longplay-CD auf den Markt, die ohne weiteren Titel unter dem Bandnamen »Weissglut« erscheint. Sie wird nur noch eingeschränkt vermarktet, da das Unternehmen wenig später Konkurs anmeldet. Zuvor sollen zwischen 4000 und 6000 Exemplare des Albums verkauft worden sein.[65]

Trotz des Konkurses wird die CD zur Initialzündung einer kurzzeitig steilen Bandkarriere. Josef Klumb zufolge erhält

»Weissglut«, die bereits seit einiger Zeit unter Beobachtung großer, kommerzieller Musikunternehmen (Major-Labels) gestanden hätten, im Sommer 1998 mehrere Vertragsangebote. Darunter befindet sich eines des Münchner Labels »Dragnet«/ »Epic«[66], eines Tochterunternehmens der multinationalen »Sony AG«. Hintergrund dieser Offerten ist die Tatsache, dass sich in den späten 90er Jahren ein als »Neue Deutsche Härte« (NDH) auf dem deutschen Musikmarkt platzierter Stil zu einem lukrativen Segment entwickelt hat, das erfolgreich und nahezu ausschließlich durch die Band »Rammstein« (u. a. »Du riechst so gut«, »Engel«) und den Sänger Joachim Witt (»Die Flut«) besetzt ist. »Rammstein« ist beim Musikverlag »Motor Music«/»Polygram« (Hamburg), Witt zunächst bei »Strange Ways« (Hamburg), dann bei »Epic« (München) unter Vertrag. Viele Labels bemühen sich zu diesem Zeitpunkt, schnellstmöglich Musiker an sich zu binden, die für die Sparte der »Neuen Deutschen Härte« geeignet sind. Als Band mit deutschen Texten und aus Metal-Stilen entliehenen musikalischen Elementen, die zudem über eine marktreife Longplay-CD verfügt, bietet »Weissglut« sehr gute Voraussetzungen.

Im August 1998 schließt »Weissglut« einen CD-Vertrag mit »Dragnet«/»Epic« ab. Durch die Kooperation mit dem Weltkonzern, namentlich »Epic«-Geschäftsführer Jörg Hacker, erhofft sich die Band ein bestmögliches Marketing, somit künstlerisches Ansehen und kommerziellen Erfolg. Josef Klumb verweist auf den deutlichen Prestigegewinn, der für die seinerzeit allenfalls im alternativen Musikgeschäft[67] bekannte Band mit dem »Sony«-Vertrag verbunden ist. Er empfindet diesen als persönliche Genugtuung und Triumph über seine Kritiker, die ihm seit Jahren eine Anbindung an den Rechtsextremismus vorwerfen und sein Fortkommen erheblich erschwert haben.[68] Nach Bekanntwerden des »Weissglut«-Vertrages geht bei »Epic« eine Fülle von Protestschreiben ein, die das Unternehmen spätestens zu diesem Zeitpunkt auf mögliche rechtsextremistische Tendenzen des Sängers Josef Klumb aufmerksam machen.[69]

Die unter der Regie von »Semaphore« eingespielten Stücke werden um den Titelsong »etwas kommt in deine welt« sowie den Remix »Unschuldsengel« ergänzt, der als Singleauskopplung vorgesehen ist. CD-Hülle und Booklet werden neu gestaltet. Anfang Oktober 1998 kommt das Album in einer Startauflage von 20 000 Exemplaren auf den Markt. Dass Band und Label auf Proteste vorbereitet sind, zeigt eine Erklärung vom 30. September, die »Weissglut« unter anderem über die »Sony«-Homepage verbreitet. Darin heißt es: »WEISSGLUT legen großen Wert auf die Feststellung, daß ihnen politische Ziele und Ambitionen fremd sind und daß dies begleitet wird von einer klaren Abgrenzung von politischem Extremismus und Fanatismus. WEISSGLUT hegen nicht im allergeringsten Sympathien für die rechte Szene und ziehen zu dieser eine ganz klare Grenze! (…) Dies gilt ausdrücklich für jedes Mitglied der Band WEISSGLUT und für alle, die mit uns zu tun haben!«[70] Zudem ist auf die Rückseite der CD-Hülle sehr klein ein Piktogramm aufgedruckt, das eine Figur zeigt, die ein Hakenkreuz in den Abfallkorb wirft.

Die ohne nennenswertes Aufsehen beginnenden Proteste gegen die CD erhalten wenige Tage nach deren Erscheinen eine drastisch erhöhte öffentliche Wirkung: In seiner Ausgabe vom 26. Oktober berichtet der *Spiegel* über die »Neue Deutsche Härte« und verweist in diesem Zusammenhang auf rechtsextremistische Tendenzen von »›Weissglut‹-Anführer« Klumb. Das Magazin zitiert den Soziologen Alfred Schobert vom »Duisburger Institut für Sprach- und Sozialforschung« mit der Bemerkung: »er sei ›mit dem Begriff Nazi vorsichtig, aber in diesem Fall muß man wirklich von einem Nazi sprechen‹«[71]. Der Bericht löst Boykottmaßnahmen von Musikhändlern und Sendern gegen die CD »etwas kommt in deine welt« aus. Das einzige zu diesem Zeitpunkt terminierte Konzert der Band, das am 15. Dezember in Nürnberg stattfinden soll, sagt der örtliche Veranstalter nach scharfen öffentlichen Protesten ab.[72] Klumbs Versuche, juristisch gegen den *Spiegel* vorzugehen, laufen ins Leere: Seine Anträge beim Landgericht

Hamburg zunächst auf Abdruck einer Gegendarstellung, dann auf eine einstweilige Verfügung auf Unterlassung, zieht er im Dezember 1998 zurück, laut *Spiegel* nachdem das Magazin dem Gericht Material vorgelegt hat, das die Einbindung des Sängers in rechtsextremistische Gruppen dokumentiert.[73] Eine Strafanzeige gegen Alfred Schobert, der Klumb regelmäßig als »Antisemiten« bezeichnet[74], stellt die Staatsanwaltschaft München im Mai 1999 ein.[75]

Das Label »Epic« erklärt nun öffentlich, über mögliche rechte Tendenzen bei Klumb nicht informiert gewesen zu sein, und kündigt an: »Wir haben mit den Musikern gesprochen, und in den kommenden Wochen werden wir Weissglut sowie das Umfeld der Musiker intensiv durchleuchten, weil wir die Vorwürfe ernst nehmen. Wenn nichts Belastendes zu Tage kommt, sehen wir keinen Grund, der Gruppe nicht weiter den Rücken zu stärken.«[76] Klumb erläutert daraufhin seine Tätigkeit für den rechtsextremistischen VAWS-Verlag gegenüber »Epic«-Geschäftsführer Jörg Hacker.[77] Die Band distanziert sich in dieser Phase zunehmend, aber nicht öffentlich, von Klumb, hält an ihm aber – wie dieser annimmt – aus Mangel an Ersatz fest. Sie untersagt ihm, gegenüber der Presse Stellung zu nehmen, nachdem zahlreiche Interviewäußerungen Anhaltspunkte für rechtsextremistische Tendenzen ergeben haben (siehe 7.5.2). Im Januar 1999 trennt sich die Band von ihrem Sänger. In einer Presseerklärung und auf der »Sony«-Homepage gibt sie bekannt: »Wir haben uns von Josef Maria Klumb getrennt, weil ihm mehrfach vorgeworfen wurde, rechtsradikales Gedankengut vertreten zu haben, und diese Anschuldigungen, die ausschließlich seine Person betreffen, von ihm nicht ernsthaft entkräftet werden konnten! Daher wurde von uns entschieden, daß Josef Maria Klumb die Band verläßt und Weissglut ohne ihn weiterarbeiten wird.«[78]

Es ist sehr wahrscheinlich, dass dieser Schritt durch Einflussnahme aus dem Unternehmen bewirkt wurde. »Epic«-Geschäftsführer Hacker begrüßt in derselben Presseerklärung, »daß die Band diese Konsequenz gezogen hat«.[79] Das Unternehmen zahlt Klumb eine Abfindung von 10 000 Mark[80] und nimmt wenig später die CD »etwas kommt in deine welt« vom Markt. »Weissglut« kündigt in derselben Erklärung an, mit neuem Sänger ihre »Epic«-Karriere weiterzuverfolgen. Ende 1999 verpflichtet sie den Kölner Frontmann Tom von Kügelgen (ex-»Deaf Indians«)[81] und geht im Frühjahr 2000 in dieser Besetzung auf Tournee[82]. Josef Klumb konzentriert sich nach dem Bandausschluss auf die Gothic-Band »Von Thronstahl«, was einen Rückschritt in den alternativen Musiksektor darstellt und keine realistische Aussicht auf kommerziellen Erfolg bietet.[83]

7.4 Resonanz

Publizistische Resonanz erfährt die untersuchte CD in zwei Phasen. Ab Mitte des Jahres 1998 erscheinen zunächst zahlreiche musikkritische Besprechungen der weitgehend identischen Alben »Weissglut« (»Semaphore«) und »etwas kommt in deine welt« (»Epic«), die ein positives, vielfach euphorisches Echo finden.[84] Dies gilt für die Blätter des Gothic-Kults, die überwiegend eine interne Verbreitung finden (z. B. *Astan, Orkus, Sigill, Zillo*), die übergreifende professionelle Musikpresse *(Hard Rock & Metal Hammer, Musikmarkt, Rock Hard)* sowie für Organe der Bewegung von rechts, die außerhalb des Gothic-Kults verortet sind *(Junge Freiheit, Deutsche Stimme)*.

Zillo, Marktführer der Gothic-Magazine, befasst sich in zwei Beiträgen bereits mit dem »Semaphore«-Produkt und spricht von »durchdachtem Metal-Goth von der feinsten Sorte« sowie einem »überzeugenden Debüt«[85]. Für den *Sigill*-Rezensenten ist die CD »eines der besten Alben des Jahres«. Laut *Orkus* klingt das Album »ziemlich hitverdächtig und dazu geeignet, den Nerv der Zeit zu treffen«[86]. *Astan* nennt die CD »grandiose, geniale Musik« und gibt ihr »1000 von 10«[87] Kritikerpunkten. Ausdrücklich loben *Astan, Sigill* und *Zillo* die Texte der Band (»kraftvolle Lyrik«[88]). *Sigill* deutet allerdings an, dass mit – aus Sicht des Heftes unbegründeten – Protesten gegen die CD zu rechnen ist.[89]

Auch auflagenstarke Musikperiodika, die nicht auf die Gothic-Szene spezialisiert sind, beurteilen das Produkt positiv. Auf Resonanz stößt es insbesondere in der Hardrock- und Heavy-Metal-Presse. So bespricht die Zeitschrift *Rock Hard* beide CD-Versionen, die zweite besonders überschwänglich: »Heute – ca. 82 Durchläufe später – weiß ich, daß ich ohne diese Platte nicht mehr leben kann.«[90] Sein »Weissglut«-Interview leitet das Blatt mit den lobenden Worten ein: »Ihr Debüt-Longplayer ›Etwas kommt in deine Welt‹ ist ein absoluter Überflieger. Mitreißende Songs, vollgestopft mit Emotionen, großartigen Texten, veredelt von einer außergewöhnlichen Stimme.«[91] Auch Organe der Bewegung von rechts besprechen das Album wohlwollend, das NPD-Blatt *Deutsche Stimme* euphorisch[92], die *Junge Freiheit* verhaltener, aber im Tenor positiv[93].

In einer zweiten Phase, die Ende des Jahres 1998 einsetzt, greifen zahlreiche Publikationen die Auseinandersetzungen um Band und Produkt auf. Die meisten Periodika der Gothic-Szene weisen die Vorwürfe gegen »Weissglut« – in unterschiedlicher Schärfe – zurück oder relativieren sie. In einem »Offenen Brief an alle Printmedien« sprechen zwei Berliner Gothic-Discjockeys und Redakteure des Fanzines *Dark Sign* von einer »Hexenjagd auf Weissglut« und versteigen sich zu dem Satz: »Wird demnächst jeder vergast, der ein falsches Wort sagt, welches von den Antifa-Saubermännern als rechtsradikal ausgelegt wird?«[94] Der Brief ist geprägt von der Darstellung, mit diktatorischen Mitteln würden von außen (Antifa) zensorische Forderungen an den Gothic-Kult herangetragen. Etwaige Probleme aber müsse und könne dieser intern lösen. In diesem Sinne argumentiert auch der Chefredakteur der professionellen Musikzeitschrift *Rock Hard,* der an exponierter Stelle (Editorial) schreibt: »Ergo brauchen wir weder Warnungen von ›seriöser‹ Seite noch Betroffenheitsgedusel von Leuten, deren weiße Westen möglicherweise dunklere Flecken haben als Heinos Haselnüsse. Die wirklichen schwarzen Schafe können wir – wie in der Vergangenheit des öfteren geschehen – ganz gut ohne kompetente Hilfe aussortieren.«[95] Ebenso wie *Rock Hard* stellt *Hard Rock & Metal Hammer,* Marktführer der mit dieser Sparte befassten Periodika, »Weissglut« in eine Reihe mit den öffentlich gescholtenen Bands »Böhse Onkelz«, »Rammstein« und dem Musiker Joachim Witt. Indem auf diese Weise in der Sache sehr unterschiedliche Vorwürfe vermischt werden, relativieren und bagatellisieren die Blätter die Kritik an »Weissglut«. Der *Metal Hammer* führt die Proteste folglich darauf zurück, die Gruppe werde »mißverstanden«[96].

Auch verschiedene Medien der Bewegung von rechts, die außerhalb oder am Rande des Gothic-Kults beheimatet sind (JF, *Deutsche Stimme, Propaganda Medien-Informationsdienst, RockNORD*), knüpfen an die Kontroverse an. Sie binden die Proteste gegen die CD, die zum Bandausschluss Klumbs und zum Verkaufsstopp geführt haben, in jene Kampagne ein, die illegitime Einschnitte in die Meinungsfreiheit rechter Künstler und Publizisten behauptet. Besonders drastisch heißt es im VAWS-Mediendienst *Propaganda:* »Es stimmt uns außerordentlich Traurig, daß wieder einmal in Deutschland Personen und Kulturelles aufgrund von politischer, religiöser Überzeugung, bzw. wegen ihrer nationaler Herkunft diskriminiert, verfolgt und bedroht werden.«[97] *Deutsche Stimme* und *RockNORD* bauen zudem symbolische Brücken, indem sie »Weissglut« respektive Klumb mit den für beide Blätter typischen Kennzeichnungen des eigenen Lagers versehen (»nationaler Sänger«[98], »mutmaßlich patriotische Band«[99]).

7.5 Vernetzungsleistung/symbolische Integration[100]
7.5.1 Produkt

Es überrascht kaum, dass die Texte der untersuchten CD keine tagespolitischen Bezüge aufweisen. Weder drückt sich in ihnen eine Nähe des Autors zu Personen und Organisationen der

Bewegung von rechts aus noch knüpft dieser ausdrücklich an aktuelle Kampagnen an. Derartige konkrete Bezüge widersprächen dem geäußerten Selbstverständnis der Bandmitglieder (»politische Ziele und Ambitionen [sind uns] fremd«, siehe 7.3) und schüfen eine Distanz des Produkts sowohl zum breiten Rock-Publikum als auch zum überwiegenden Teil der Gothic-Subkultur. Vielmehr vermitteln die Texte in pathetischer, hochgradig symbolhafter Sprache Weltschmerz und apokalyptische Ahnungen. Leitmotivisch ziehen sich symbolische Dualismen durch die Stücke (Schwarz – Weiß/Schnee; Asche – Feuer/Flammen; Schatten/Dunkel – Licht/Schein; Schwarz/Nacht – Morgen/Sonne; Kälte – Feuer, Leben – Tod), die ein Bild des Daseins als Kampf[101] und des Menschen als Objekt des Widerstreits nicht konkretisierter übernatürlicher Kräfte[102] implizieren. Prägend sind insbesondere die Motive der Liebe und des Todes, die dem melancholischen Charakter der Texte entsprechend in einen engen Zusammenhang gesetzt werden, etwa in dem Stück »Deine Lippen schweigen«:

> Komm zu mir
> Schöner bleicher Todesengel
> Hat dein Flügel mich gestreift
> Schwarzer Engel
> Du bist weit
> Meine Stunde kennst nur du
> Todesengel noch ist Zeit
> Bis zu einem Rendezvous[103]

Die Texte stehen im unter 7.1 skizzierten Sinne in einem esoterisch-mythischen Raum, der Übergangszonen zu rechtsextremistischen Ideologemen aufweist. Konkretere, gleichwohl symbolhafte rechtsextremistische Bezüge tauchen in den Liedern »Nicht von dieser Welt« und »Thronfeuer« auf.

»Nicht von dieser Welt« nimmt eine fundamental pessimistische Perspektive ein und beschwört die übernatürliche Gewalt der Schwarzen Sonne, die herrschenden Zustände in einem apokalyptischen Akt zu beseitigen. Der Text beklagt eine sinnentleerte Lage, da mythisch-religiöse Kategorien der Vergangenheit (»Sonnentempel«) in einer von der Ratio bestimmten Welt (»entseelte Flur«) zerstört und geächtet (»geschändet«) würden:

> Es brennt wie Schweiß in meinen Augen
> Dies Salz ist nicht von dieser Welt
> Die Sonnentempel sind geschändet
> Worte leer und sinnentstellt
> Ein Geschmack von blankem Eisen
> Dies Salz ist nicht von dieser Welt
>
> Du musst brennen
> Schwarze Sonne
> Diese Nacht ist endlos lang
> Du musst brennen
> Schwarze Sonne
> Diese Welt kennt kein Erbarmen

Das Symbol der Schwarzen Sonne hat Tradition und im deutschen Nachkriegsrechtsextremismus – insbesondere im Neonazismus und zunehmend in der rechten Bewegung der 90er Jahre – eine weite Verbreitung gefunden. Es geht im Wesentlichen zurück auf die Vorstellung einer »Zentralsonne«, die die völkisch-antisemitische Esoterikerin Helena Petrowna Blavatsky in ihrer *Geheimlehre* (1901) als einen unsichtbaren Mittelpunkt des Universums beschreibt. Blavatsky versteht die Zentralsonne als arisches Symbol, völkische Autoren wie Guido von List greifen diese Ideen auf.[104]

Im Rechtsextremismus nach 1945 wird das 12-speichige Sonnenrad als bildlicher Ausdruck der Schwarzen Sonne gedeutet.[105] Es ist das Erkennungszeichen der »Thule-Gesellschaft«, die in der Frühphase der NSDAP (1919 / 1920: DAP) maßgeblich zu deren Aufstieg beiträgt.[106] Das Symbol repräsentiert die okkulten Wurzeln des Nationalsozialismus, aus denen das »Amt Rosenberg« und die mit diesem verfeindete SS-Stiftung »(Deutsches) Ahnenerbe« eine nationalsozialistische

Religion schmieden sollen.[107] Als Ornament befindet sich das Sonnenrad im »Obergruppenführer-Saal« der Wewelsburg (bei Paderborn), die Reichsführer SS Heinrich Himmler als zentrale Kultstätte (»Mittelpunkt der Welt«[108]) vorsieht.[109] Sonnenrad respektive Schwarze Sonne tauchen seit 1945 in der rechtsesoterischen Literatur als magische Zeichen beständig auf[110], werden zum Logo[111] und Namensbestandteil[112] rechtsextremistischer Gruppen sowie zum verkaufsfördernden Designelement von Produkten, die innerhalb der Szene kommerziell vertrieben werden[113]. Zudem ist die Wewelsburg insbesondere des Ornamentes wegen zur Pilgerstätte deutscher Rechtsextremisten geworden. Für Josef Klumb ist die Schwarze Sonne ein zentrales Symbol, das bereits in den Texten früherer CDs mehrfach auftaucht.[114]

In dem Stück »Thronfeuer« unternimmt Klumb Anleihen bei Felix Dahns Roman *Ein Kampf um Rom* (1876)[115], der während des Nationalsozialismus zum Bestseller avancierte, und macht sich gegen die christlichen Kirchen, insbesondere die katholische, gerichtete Muster zu Eigen. Auch diesen Text prägt eine apokalyptische Grundstimmung, die von den Symbolen der Nacht, der Asche und des Opfers getragen wird. Das Stück beschwört vordergründig eine gewaltige Erhebung gegen den Katholizismus (»Rom«), der hier eine unwerte, durch die christlichen Kirchen geprägte Zivilisation (»dunkle Zwischenzeit«) verkörpert:

Äonen ringen um die Krone
Die Würfel fallen heute Nacht
In diesen Flammen soll ein Unschuldslamm sich opfern
In dunkler Zwischenzeit erwacht
Im Licht der Morgendämmrung wird es Nacht
    in Rom (…)
Sieh den Zug der wiederaufstehenden Seelen
Sich erheben gegen Rom
Tausend Nächte lag die Witwe in den Wehen
Gebar der Sonne einen Sohn

In zwei Strophen wird die Passage »Dein ist das Reich/Dein ist die Kraft/Dein ist die Herrlichkeit/In Ewigkeit«, die an die Schlussverse des Vaterunsers angelehnt ist, gegen die christlich geprägte Kultur gewendet. Im Kontext des Stückes sind sie als Abgesang auf die bestehende Zivilisation verständlich und als hymnischer Gruß an eine neue, von Naturgewalten dominierte Zeit (»Im Lichte dieser Dämmrung ruft dich die Sonne auf den Thron«).

Die Frontstellung, die in der Tradition von Alfred Rosenbergs *Mythus des XX. Jahrhunderts* steht[116], gegen eine häufig als »judäochristlich« bezeichnete Kultur hat in der rechten Bewegung der 80er und 90er Jahre an Gewicht gewonnen. Mit ihr geht eine Hinwendung zu (vielfach imaginären) heidnisch-germanischen und/oder -keltischen Kulten einher. Motiviert ist diese durch die Orientierung an völkisch-deutschen kulturellen Wurzeln und einer Ablehnung der als wesensfremd dargestellten christlichen (»orientalischen«) Prägung.[117] Eine auf »Rom« bezogene Vernichtungsmetaphorik findet sich auch in weiteren Texten Josef Klumbs: So trägt die vorerst letzte CD der Band »Forthcoming Fire« den Titel »Watching Rome Burn« (1999). Seine Stellung zum Christentum ist gleichwohl ambivalent: Auch christlich besetzte Begrifflichkeit taucht in den Texten der untersuchten CD in positivem Zusammenhang auf (»hab den Menschensohn vom Himmel kommen sehen«[118]); in einem Interview verweist Klumb anerkennend darauf, das Christentum habe »einen Anteil an unserer Kultur«[119]. Während er sich von den großen christlichen Kirchen scharf abgrenzt, bezieht er sich positiv auf Vorstellungen eines Ur-Katholizismus sowie insbesondere auf die aus der römisch-katholischen Kirche ausgeschlossene Gruppe um den ehemaligen französischen Bischof Marcel Lefebvre.[120] Der Charakter einer Leitfigur kommt dem im August 1988 ermordeten ehemaligen Frankfurter Pfarrer und Lefebvre-Anhänger Hans Milch zu.[121]

7.5.2 Kontext

In zahlreichen Interviews hat Klumb als Frontmann und Texter von »Weissglut« die Kontexte der in den Liedern aufgeworfenen Ideen hergestellt.[122] Darin bezieht er sich positiv auf eine erhebliche Bandbreite rechtsextremistischer Personen und Publikationen, die überwiegend für die Neue Rechte von Bedeutung sind. Dies gilt für die von Klumb als »Faschisten« bezeichneten Personen der Vorkriegszeit, die teilweise der Konservativen Revolution zuzuordnen, teilweise eng mit dem Nationalsozialismus verbunden sind. Namentlich nennt er beispielsweise Corneliu Codreanu, Julius Evola, Ernst Jünger, Benito Mussolini und Albert Speer.[123] Zudem stellt er sich in die Nähe zeitgenössischer neurechter Protagonisten – euphorisch äußert er sich insbesondere über den Kopf der »Freiheitlichen Partei Österreichs« (FPÖ), Jörg Haider[124] – sowie rechtsextremistischer Esoteriker wie dem deutschen Autor Jan Udo Holey (»Jan van Helsing«)[125] oder dem Chilenen Miguel Serrano[126], der sein fantastisch-neonazistisches Gedankenkonstrukt »esoterischen Hitlerismus« nennt[127]. Bemerkenswert ist zudem, dass sich Klumb mehrfach ungefragt positiv auf den umstrittenen Friedenspreisträger des deutschen Buchhandels Martin Walser bezieht.

Eine ähnliche Vernetzungsrichtung zeigen Verweise auf die Publizistik der Bewegung von rechts: So bezieht sich Klumb positiv auf das Unternehmen seines Verlegers und ehemaligen Arbeitgebers Werner Symanek (VAWS), die neurechte Schriftenreihe *Aorta*[128], die Zeitung *Junge Freiheit* sowie die Monatszeitschrift *Sleipnir* und – mit leichter Einschränkung – die altrechten *Unabhängigen Nachrichten* (zu *Sleipnir* und UN siehe 7.2.1)[129]. Auf eines der Standardwerke der Neuen Rechten anspielend, macht er sich die Formulierung von der »selbstbewußten Nation« zu Eigen.[130]

In Interviews äußert Klumb zudem eine erhebliche Bandbreite rechtsextremistischer Ideologeme und unterstützt die wichtigsten Kampagnenthemen. Im Folgenden soll dies am

Beispiel der Komplexe ›Ethnopluralismus‹, Antisemitismus/ Verschwörungstheorien und Meinungsfreiheit gezeigt werden, die Klumb besonders häufig und ausführlich anspricht.

Ganz im Sinne des für die Neue Rechte zentralen Ideologems des ›Ethnopluralismus‹ befürwortet Klumb eine prinzipielle Trennung der Ethnien und warnt vor ethnischer »Gleichmachung«[131]: »Ich bin kein Gleichheitsfreund, ich will auch keine Gleichheit«.[132] Vielmehr seien die »Eigenarten« der Völker zu betonen.[133] Er hebt zudem hervor – auch dies eine für die Neue Rechte typische Wendung –, es gehe um die Erhaltung von Unterschieden, nicht um höhere Wertigkeit des deutschen Volkes.[134] Klumb scheut sich allerdings, die Konsequenz seiner Aussagen (weniger Ausländer, ethnisch homogene Bevölkerungen) ausdrücklich zu formulieren und bindet häufig relativierende Formulierungen ein.[135] Ein nach ethnischen Linien differenziertes »Europa der Völker« setzt er der schroff abgelehnten Europäischen Union gegenüber. Europa verwendet Klumb als stark mythisierten, sakralen Begriff. Er spricht vom »Imperium europaeum«, das ein »heiliges Europa« sein solle. Als historische Vorlagen nennt er das Heilige Römische Reich Deutscher Nation und das Reich Karls des Großen.[136] Um solch ein »europäisches Reich« zu schaffen, müsse zunächst jedes Volk wieder »zu sich selbst«, »an die eigene Wurzel« geführt werden und eine »eigene Identität« entwickeln.

Zu den heftigen öffentlichen Auseinandersetzungen um Klumb haben maßgeblich seine Äußerungen über den Zionismus beigetragen, die eng mit Verschwörungstheorien verknüpft und in diesem Kontext als antisemitisch zu werten sind. Vom Szeneblatt *Gothic* 1995 zum Titel der »Forthcoming Fire«-CD »Illumination?« befragt, beschreibt er Illuminaten als »jene Kräfte, welche die Leuchtkraft des wirklichen Wissens um die Dinge der Welt und Menschheit vorenthalten, um diese zu einer Sklaverei mutieren zu lassen. Wir sind im Begriff, das zu werden, und alle Scheinfreiheit täuscht darüber hinweg. Es ist die Hochfinanz, es sind die Kräfte, welche hinter ihren Marionetten die Welt bewegen. Und es ist nicht länger mehr ein unbekanntes Etwas sondern hat Gestalt, hat Form, hat Namen und Köpfe. Und es greift konkret nach Herrschaft. (...) Das Gesicht dieser kommenden Herrschaft drückt sich aus durch die UNO, NATO, Weltbank, Zionismus, durch einige unserer Volksvertreter, Hochfinanz und Weltwirtschaft.«[137]

Ein solcher verschwörungstheoretischer Bogen, der wichtige internationale Organisationen mit dem Streben nach jüdischer, ›zionistischer‹[138] Weltherrschaft in Verbindung bringt, ist ein gängiges Agitationselement des deutschen und internationalen Rechtsextremismus, insbesondere des Neonazismus (siehe auch 11.6). Auch im Interview zu dieser Arbeit macht Klumb breite, vage verschwörungstheoretische Ausführungen, nimmt jedoch erstmals den Zionismus von diesen aus. Wie bereits im Interview mit *Rock Hard* relativiert er seine – im deutschen Neonazismus verbreitete – Rede von der »Liquidierung« Rudolf Heß’ (»hätte ich vielleicht weglassen sollen«[139]). Den Vorwurf, der ›Zionismus‹ sei rassistisch, erhält er jedoch in einem 1999 veröffentlichten Interview aufrecht, verschärft diesen und verbindet ihn mit NS-Apologetik (»dessen nachweislicher Rassismus den Nürnberger Rassegesetzen noch eins draufsetzt«[140]). Seiner früheren Formulierung »Zionismus ist Faschismus in Perfektion«[141] gibt er in demselben Gespräch eine neue Wendung: Nachdem er sich mit den angeblich nicht rassistischen Ursprüngen des Faschismus beschäftigt habe (namentlich nennt er den Briten Oswald Mosley), kommt Klumb zu der kruden Feststellung: »Insofern will ich den Faschismus im ideellen Sinne nicht dadurch verunglimpfen, daß ich ihn weiter mit dem Zionismus in Verbindung bringe.«[142] Dass er sich tatsächlich nicht allein gegen den Staat Israel und dessen konkretes politisches Handeln wendet, machen aggressive Äußerungen über den Talmud deutlich, den Klumb mit Hitlers *Mein Kampf* vergleicht.[143]

Die öffentlichen Auseinandersetzungen um seine Person seit 1993, die sich im Zusammenhang mit der »Weissglut«-CD intensivieren, deutet Klumb als Teil diktatorischer Bemühungen in der Bundesrepublik Deutschland, die Meinungsfreiheit unliebsamer Künstler und Publizisten zu beschneiden. Er knüpft sowohl inhaltlich als auch in Jargon und Schärfe an die entsprechende Kampagne der Bewegung von rechts an. Wieder verbindet er seine Aussagen mit Sentenzen, die den Nationalsozialismus relativieren: »Der Neonazi-Stempel trifft doch heutes alles und jeden, der noch einen Weg aus irgendeiner Sackgasse aufzuzeigen hat, (…) überall, wo einer sich wagt in eine Zukunft zu weisen unter Ausschluss aller Plutokraten und Monopolisten, wird diesem per ›Neonazi‹ die Existenz erschwert oder zerstört und über eine gesellschaftliche Ächtung ein rufmorden erzeugt, wie es die Buhmänner des Dritten Reiches auch nicht schlimmer hätten veranstalten können.«[144]

Das herrschende, angeblich der deutschen Bevölkerung oktroyierte Weltbild bezeichnet Klumb mit dem in der Neuen Rechten gängigen abschätzigen Ausdruck »politische Korrektheit«[145]. Im Interview beklagt er eine anhaltende »Umerziehung« der Deutschen und spielt somit auf die im Rechtsextremismus verbreitete Behauptung an, die westlichen Siegermächte des Zweiten Weltkrieges und deren Gehilfen in Deutschland bemühten sich seit 1945, deutsche Tugenden, Mentalität und Kultur zu beseitigen und durch Fremdes zu ersetzen.

Neben der in Liedtexten und Interviewäußerungen häufigen Naturgewaltenmetaphorik (insbesondere Sonne, Feuer) sind die von Klumb ausdrücklich synonym verwandten Begriffe Volk und Nation in seinen Kontextaussagen zentral. Klumb greift somit Schlüsselbegriffe der Bewegung von rechts auf und trägt dazu bei, einen Teil seiner Rezipienten symbolisch in die Bewegung zu integrieren. Die seinem Verständnis nach ethnisch definierten, metaphysisch aufgeladenen Begriffe Volk und Nation stellt er nichtethnisch besetzten Formulierungen scharf gegenüber: »Etwas ist bhier gewachsen auf heimatlicher Scholle, wohl durch Dunkel, wirrungen ›Irrungenm, Verfehlungen hindurch auch, seit Jahrtausenden, aber im Grunde immer doch zur Sonne hin strebend, zurück zu Gott. Ich setze die SELBSTBEWUßTE NATION gegen diesen Auflösungszustand dieser versauten Geselschaft Volk gegen Geselschaft, Nation gegen Repuplik«.[146]

Seit dem Interview mit der *Jungen Freiheit* vom Februar 1996 gewinnt der Begriff Deutschland in Klumbs Aussagen an Bedeutung. Er stellt diesen in einen für sein Denken und seinen Sprachgebrauch prägenden mythischen Zusammenhang. Seine Aussagen über Deutschland sind in kritischen Berichten über »etwas kommt in deine welt« besonders häufig aufgegriffen worden. So sagt Klumb etwa in besagtem JF-Gespräch: »Deutschland wird in seinem innersten Unschuldigen, in seinem Allergeheimsten neu entstehen. Ich glaube an die Reinheit und den Lichtgehalt dieser geschändeten Nation.«[147] Deutschland, das Klumb mit Heimat gleichsetzt, versteht er als eine das Individuum verpflichtende Instanz. Die Bindung an die deutsche Heimat stellt er auf eine Ebene mit einer Bindung an das Göttliche.[148]

Auch das Symbol der Schwarzen Sonne (respektive Sonnenrad), das verschiedentlich in den Kontextäußerungen Klumbs auftaucht, ist geeignet, Integration in die Bewegung zu stiften. Klumb versteht dieses zwar als »zigtausend Jahre« zurückreichendes, die Wurzeln der Heimat repräsentierendes Symbol, das nicht allein durch das Dritte Reich geprägt sei, distanziert sich aber nicht von der Rezeption des Zeichens im Nationalsozialismus. Klumbs Verwendung der Schwarzen Sonne respektive des Sonnenrads steht stellvertretend für seinen generell distanzlosen Umgang mit dem Nationalsozialismus.[149] Eine Beurteilung dieses Herrschaftssystems und seiner Politik als uneingeschränkt negativ lehnt er ausdrücklich als »einseitige« Sicht ab.[150]

Als Bezeichnung des politischen Kontrapunktes tauchen vorrangig die Begriffe System und Humanismus auf. Auch die Frontstellung gegen ›das System‹ entspricht üblichen rechtsextremistischen Agitationsmustern und entfaltet somit symbolisch integrierende Wirkung. Unter System versteht Klumb die Demokratie. Als Ergänzung des »Von Thronstahl«-Stückes »Wider die Masse« listet er im Begleitbuch zur Riefenstahl-Kompilation zahlreiche demokratiekritische Äußerungen auf, die in der Gesamtschau Partizipationschancen für alle Bürger (Volkssouveränität) als ablehnenswürdig erscheinen lassen.[151] Stattdessen idealisiert Klumb ein ständisch organisiertes, von Eliten geführtes Gemeinwesen. Im Interview zu dieser Arbeit weist Klumb darauf hin, erst der Wahlerfolg Jörg Haiders habe ihn wieder an positive Seiten der Demokratie glauben lassen. Der negativ gemeinte Begriff Humanismus taucht erst seit 1999 in Klumbs Aussagen auf[152] und bleibt auch auf Nachfrage diffus. Klumb verbindet diesen Begriff mit der Ablehnung einer durch Ratio bestimmten Weltsicht sowie universalistischer Werte, die er mit den USA identifiziert.

Eine heftige Auseinandersetzung verbindet Klumb mit dem Duisburger Sozialforscher Alfred Schobert, den er häufig in aggressivem Ton angreift.[153] Als einer der Wortführer der Kritiker Klumbs wird Schobert zur Projektionsfläche von Klumbs Attacken: So bezeichnet er Schobert als »kranken Menschen, dem es vor lauter ideologischer Verbohrtheit wohl ziemlich an menschlicher Zuneigung mangelt«, als »Zerstörertyp der unheroischsten Art« und als »intellektuellen Berufsdenunzianten«.[154] Angriffe gegen Schobert sind eng verbunden mit solchen gegen Antifa-Gruppen, da Klumb in Schobert einen der Protagonisten dieser Szene sieht.[155] Auch von einer solchen Frontstellung gegen Antifa-Gruppen sowie gegen im linken Spektrum verortete Wissenschaftler und Publizisten ist eine Integrationswirkung in die Bewegung zu erwarten.

Sich selbst beschreibt Klumb im Interview zu dieser Arbeit und dem vorausgegangenen Briefwechsel erstmals als »Individualfaschist«, was seiner positiven Hinwendung zum Faschismus-Begriff entspricht, die ebenfalls seit 1999 festzustellen ist.[156] Als »Faschist« verstehe er sich insofern, als er Positionen der Konservativen Revolution, ausdrücklich aber auch solche Mussolinis, unterstütze. Mit dem Wortbestandteil »individual« verweist Klumb darauf, dass er sich einer Strömung politisch denkender Einzelpersonen zugehörig fühle – zu der er etwa auch den Wiener Gothic-Musiker Gerhard Petak (»Kadmon«) zählt –, er aber bewusst nicht in Organisationen eingebunden oder aktiv sei. Zudem versieht sich Klumb mit der in der Bewegung von rechts häufigen Eigenbezeichnung patriotisch. Sie ist im Sinne einer positiven Hinwendung zu Deutschland, Volk und Nation zu verstehen. Klumbs Patriotismusverständnis geht deutlich über eine folkloristische Bedeutung (Brauchtumspflege) hinaus. In *Sleipnir* wendet er sich gegen ein »niedliches deutsches Bewusstsein« und einen »Biedermaier Patriotismus«, den er mit den bildhaften Formulierungen »Gartenzwerg-Mentalität« und »gedeckter Apfelkuchen im Kitschambiente« illustriert. Vielmehr sollten die »zur Ruhe Gekommenen« darauf gefasst sein, dass »Nietzsche eines Nachts an die Haustür schlägt und euch die Gemütlichkeit aus den Sitzkissen peitscht, dass der Staub wieder ordentlich wirbelt«.[157] Im Interview bringt er Patriotismus mit dem Begriff Revolution in Verbindung, in der »gewisse Härten« phasenweise legitim seien. Bemerkenswert ist ferner die – dem Selbstverständnis der Neuen Rechten entsprechende – Inszenierung der eigenen politischen Gruppe als originelle Querdenker, die in der Formulierung »wir Nonkonformen«[158] zum Ausdruck kommt. Ambivalent ist der Umgang mit der Bezeichnung rechts. Weist Klumb sie öffentlich und insbesondere im Erscheinungszeitraum der »Weissglut«-CD auch mit Nachdruck zurück, so lässt er im Interview eine »Nähe zur Bewegung von rechts« gelten, in der er aber nicht aktiv sei.

Klumbs öffentliche Äußerungen sind so sehr von rechtsextremistischen Bezügen durchzogen wie sie widersprüchlich und vielfach verworren sind. Mitunter gelingt die Konkretisierung von Aussagen auch auf Nachfrage nicht. Sicherlich auch aus diesen Gründen sind seine politischen Stellungnahmen gelegentlich allein als Provokation gedeutet worden.[159]

Klumb ist sich des Provokationspotenzials seiner Thesen, Begriffe und Symbole fraglos bewusst. Gleichwohl lässt er keinen Zweifel an der Ernsthaftigkeit seiner Aussagen und hat Zentrales nie zurückgenommen. Seine »Opferbereitschaft« für »alles, was [ihm] heilig ist«[160], hat Klumb nicht nur öffentlich formuliert, sondern in der Auseinandersetzung um »Weissglut« unter Beweis gestellt: So ist es durchaus denkbar, dass er den Bandausschluss durch gezielte Relativierung oder Rücknahme früherer Äußerungen sowie eine namentliche Distanzierung von rechtsextremistischen Akteuren hätte abwenden können. Die Motivationslagen, aus denen sein Handeln resultiert, überlagern sich und sind kaum zu entwirren. Es ist davon auszugehen, dass Intentionen, die sich mit künstlerischer Entfaltung, Anerkennung und kommerziellem Erfolg verbinden, von nicht minderer Bedeutung sind als ideologische Überzeugungen.

7.6 Professionalität

Die untersuchte »Weissglut«-CD ist der erste seit 1945 in Deutschland verbreitete Tonträger mit rechtsextremistischen Bezügen, der auf hochprofessionellem Wege entsteht und vermarktet wird sowie weit über die Bewegungsränder hinaus Resonanz findet. Professionelle Kompetenz bringt insbesondere das Label »Dragnet«/»Epic« in das Projekt ein, das als Tochter eines der weltweit führenden Musikunternehmen (»Sony«) umfangreiches Know-how besitzt. Über einige professionelle Kenntnisse verfügt auch die eher kleine Berliner PR-Agentur »Gordeon Music Promotion & Management«.[161] Beide Firmen forcieren das Projekt mit hauptberuflichen Mitarbeitern, die zum Teil vieljährige Erfahrung einbringen. Dass die CD bei »Epic« mit erheblichen Gewinnerwartungen verbunden ist und ihr daher hohe Priorität eingeräumt wird, zeigt die Tatsache, dass Geschäftsführer Jörg Hacker das Album persönlich betreut. Die Bandmitglieder bringen unterschiedlich ausgeprägte Erfahrungen in das Projekt ein, die insbesondere bei Frontmann Josef Klumb umfangreich sind, wenngleich keiner der Musiker zuvor hauptberuflich in der Branche tätig gewesen ist.[162] Dass zudem kein Bandmitglied über eine formale musikalische Ausbildung verfügt, kann nicht als Professionalitätsdefizit gewertet werden, da formale Qualifikationen nicht branchenüblich sind.[163]

Die CD startet mit einer aufwändigen Anzeigenkampagne und wird marktgerecht in der Sparte »Neue Deutsche Härte« platziert. So soll sie – obwohl Klumb den Stil der Band als Spielart des Gothic versteht – auch und gerade jenseits subkultureller Vermarktungsschranken ihr Publikum finden. Ausdrücklich grenzt das zuständige PR-Büro das Album vom Kult ab, ohne diesen gänzlich zu verprellen. Im Pressetext heißt es: »Der Sound, mit dem die Gruppe diese Emotionalität transportiert, hat gegenüber der Konkurrenz einen entscheidenden Vorteil: WEISSGLUT sind eine Rockband. Sie haben nichts mit in Selbstmitleid erstickenden Gothic-Gruppen zu tun, sind weit entfernt von der Statik der Elektronic-Szene und der Blutarmut der Dark Waver und bedienen sich doch der besten Versatzstücke jedes Genres.«[164]

Dass Label und Management die Proteste, die schließlich zum Vermarktungsstopp führen, nicht frühzeitig ins Kalkül ziehen, ist nur bedingt als Zeichen mangelnder Professionalität zu werten. Kaum vorhersehbar ist für die beteiligten Unternehmen, dass die Kritik an der CD im dann – vor allem durch den *Spiegel*-Bericht – eingetretenen Maße eine öffentliche Dynamik entfalten würde. Kontroversen, die das Album zum massenmedialen Berichterstattungsanlass machen und so den Bekanntheitsgrad von Band und Produkt steigern (solche verkaufsfördernden Prozesse lassen sich anhand der Bands »Böhse Onkelz« und »Rammstein« besichtigen), dürfte das Marketingkonzept dagegen durchaus vorgesehen haben. Die öffentliche Aufmerksamkeitsschwelle für Projekte der »Neuen Deutschen Härte« liegt im betreffenden Zeitraum allerdings hoch: Bereits »Rammstein« haben sich ein martialisches Image gegeben sowie ein Spiel mit NS-Anleihen betrieben und diese enttabuisiert, ohne allerdings Bestandteil der rechten Bewegung zu sein.[165] »Epic« dreht nun die PR-strategische Provokationsspirale weiter, indem mit »Weissglut« und Frontmann Klumb ein Projekt platziert wird, das ironielos mit rechten Versatzstücken jongliert und über nachweisliche Anbindung an den Rechtsextremismus verfügt.[166] Somit liegt eine problematische, aber durchaus stringente Marketing-Strategie vor, die der Band zu schneller, breiter Bekanntheit verhelfen soll. Innerhalb dieses PR-Konzepts erfolgen jedoch handwerkliche Fehler, die zum Scheitern des Projekts beitragen und auf die Alfred Schobert zu Recht hinweist: Dies gilt beispielsweise für den ungeschickt gegenüber dem *Spiegel* vorgebrachten Gegendarstellungsanspruch: Die von »Epic« beauftragte Anwaltskanzlei legt dem Hamburger Magazin einen Text zum Abdruck vor, der offensichtlich unwahre Behauptungen enthält und somit hinreichenden Grund liefert, die Veröffentlichung zu verweigern.[167]

»Epic« räumt »Weissglut« ein Budget von etwa 250 000 Mark ein. Berücksichtigt man, dass die Aufnahmen der CD (mit Ausnahme zweier Stücke) bereits vorliegen und die Band die Rechte an den Bändern besitzt, entspricht diese Summe dem finanziellen Rahmen eines aufwändigen, professionellen Rock-Projekts.[168] Für »Weissglut« sind alle gängigen Elemente des Musikmarketings vorgesehen, insbesondere Videoclip (zum Titelstück »Etwas kommt in deine Welt«), Sendertour[169] und Konzerttournee. Besondere Bedeutung kommt dem Video zu, das – in den TV-Kanälen Viva und MTV platziert – für die Pop-Branche der 90er Jahre zu einem der wichtigsten Werbeträger geworden ist. »Weissglut« hat im Herbst 1998 konkrete Vereinbarungen mit einer Produktionsfirma getroffen, die den Clip zum niedrigen Preis von 100 000 Mark erstellt hätte. Im September legt die Firma ihren Drehbuchentwurf vor[170], Anfang Oktober sollen die Filmarbeiten in Stuttgart stattfinden. Nach der *Spiegel*-Veröffentlichung tritt die Firma von den – offenbar noch nicht vertraglich fixierten – Vereinbarungen zurück.[171] Aus denselben Gründen finden Sendertour und Konzerte nicht statt. Dies gilt auch für besonders werbewirksame PR-Maßnahmen: So ist die CD als »Tipp des Monats« der Kaufhauskette WOM (»World of Music«) vorgesehen, wird in dieser Rubrik aber auf Grund der heftigen Proteste gegen das Album nicht präsentiert.[172]

Aufnahmetechnisch lässt die CD – wie kaum anders zu erwarten – keine Mängel erkennen. Auf etwaige technische Schwächen sind die bei »Semaphore« eingespielten Bänder fraglos durch »Epic« geprüft worden. Bereits das Album »Weissglut« ist unter der Regie des Produzenten und Managers der Band, Rüdiger Schlüter, entstanden, der Erfahrungen im Rahmen von Projekten des alternativen Musikmarktes gesammelt hat[173] und musikalisch-handwerkliche Standards sowie dem Genre gemäße eingängige Arrangements sicherzustellen weiß. Dass es sich bei der CD »etwas kommt in deine welt« um ein professionelles, Mainstream-geeignetes Rock-Produkt handelt, zeigt die mitunter überschwängliche publizistische Resonanz.[174] Hierauf verweist auch der beachtliche Verkaufserfolg. Trotz der Proteste und Boykotte von Teilen des Handels sowie des Vermarktungsstopps rund drei Monate nach Erscheinen soll »Epic« etwa 20 000 Exemplare der CD abgesetzt haben. Klumb geht wohl zu Recht davon aus, daß der kommerzielle Erfolg ohne den breiten öffentlichen Protest erheblich größer gewesen wäre.[175]

7.7 Fazit

Die CD »etwas kommt in deine Welt« der Band »Weissglut« kann in mehrerer Hinsicht der Bewegung von rechts zugeordnet werden. Hierzu tragen bei: die Anlehnung an rechtsextremistische Symbolik und Ideologeme in den Liedtexten, die über mindestens drei Beziehungsstränge stattfindende Anbindung des Kopfs der Band, Josef Klumb, an Bewegungsakteure sowie dessen öffentliche Äußerungen, in denen er Ideologeme,

Begriffe und Kampagnen der Bewegung unterstützt. Tonträger und Kontextäußerungen des Frontmanns sind geeignet, rechtsextremistische Muster vorwiegend in den jungen Teil des Bewegungsumfelds zu transportieren. Im engeren Sinne stellt dieses hier die Gothic-Subkultur dar, im weiteren das Massenpublikum der Musiksparte »Neue Deutsche Härte«, in der sich bereits vor Erscheinen der CD ein enttabuisierendes Spiel mit NS-Symbolik etabliert hat (»Rammstein«). Es liegt auf der Hand, dass sich der politische Gehalt des Albums, der dem Produkt selbst nur begrenzt zu entnehmen ist, nicht der gesamten Zielgruppe in gleicher Weise erschließt.

Symbolische Integration stiften neben dem Symbol der Schwarzen Sonne die Begriffe Volk und Nation, auf die sich Klumb im Kontext der CD häufig, in ausschließlich ethnischem Sinne bezieht und die er mythisiert. Letzteres gilt zudem für den Deutschland-Begriff. Wichtige Selbstbezeichnungen sind patriotisch und – neuerdings – Individualfaschist. Symbolische Verschränkung mit der Bewegung findet auch über die pejorative Bezeichnung des demokratischen Staates als System statt. Hinzu kommen scharfe, häufig beleidigende Äußerungen über links orientierte Kritiker Klumbs.

Unter der Federführung des »Sony«-Labels »Dragnet«/ »Epic« wird die CD zum professionell erstellten und marktgerecht platzierten Musikprodukt, dem kommerzieller Erfolg im großen Stil gleichwohl durch unerwartet heftige öffentliche Proteste verwehrt bleibt. Die im Tenor positive publizistische Resonanz auch jenseits subkultureller und Bewegungsschranken zeigt, dass das Produkt – dessen rechtsextremistische Bezüge, wenn auch vergleichsweise subtil, so doch erkennbar sind – ein breites Publikum hätte finden können. Zur Etablierung einer ›Gegenkultur von rechts‹ leistet das Album einen Beitrag, entfaltet sein Potenzial aber nur begrenzt.

8. Nationale Infotelefone

Das aktuelle Servicemedium

Neben herkömmlichen Telefonkontakten sind die »Nationalen Infotelefone« (NIT) der erste gelungene Versuch des deutschen Rechtsextremismus, sich die Telekommunikation systematisch nutzbar zu machen. Technisch gesehen sind NIT Anrufbeantworter, häufig mit Fax- und Mobiltelefon-Verbindungen gekoppelt; inzwischen sind sie auch mit Internet-Homepages vernetzt. Sie sind ein preiswertes, leicht verfügbares Medium, auf das jeder Interessierte problemlos zugreifen kann.

8.1 Funktionsweise und Entwicklung

Infotelefone sind handelsübliche Anrufbeantworter, deren regelmäßig oder unregelmäßig aktualisierte Ansagetexte Nachrichten verbreiten und auf Veranstaltungen hinweisen. Anschließend kann jeder Anrufer Mitteilungen hinterlassen; einige Infotelefone verfügen auch über Fax-Anschlüsse. Das Medium nutzen deutsche Rechtsextremisten seit Anfang der 90er Jahre intensiv: »Das Konzept ist von linken Info-Telefonen übernommen, die es in verschiedenen Großstädten gibt«[1], heißt es in einem Flugblatt, das den Start des ersten rechten Infotelefons – im September 1992 in Wiesbaden – bekannt gibt. Als Vorbild dürften auch rechtsextremistische Gruppen in den USA gedient haben, die das Medium bereits seit geraumer Zeit nutzen.[2]

Auch wenn das Wiesbadener Infotelefon im Februar 1993 seinen Betrieb einstellt, wirkt es als Initialzündung eines dezentralen Netzes kooperierender »Nationaler Infotelefone«, das in den Folgemonaten entsteht. Bereits 1994 existieren in der Bundesrepublik 18 rechtsextremistische Infotelefone, davon sieben NIT und elf weitere Anschlüsse, die nicht in die Vernetzung der NIT eingebunden sind. Letztere verfügen zum Teil nicht über einen Info-Text, sondern bieten lediglich die Möglichkeit, Nachrichten auf Band zu hinterlassen. Betrieben werden sie von rechtsextremistischen Vereinigungen wie der »Deutschen Liga für Volk und Heimat« (Frankfurt/Main), dem »Internationalen Hilfskomitee für nationale politisch Verfolgte und deren Angehörige«[3] (Ludwigshafen) oder dem neurechten »Europa vorn«-Verlag (Eschweiler)[4].

Das NIT-Netz besteht zunächst ausschließlich auf dem Gebiet der alten Bundesrepublik, erst im August 1996 nimmt in Gotha das »NIT Mitteldeutschland« als erstes »Nationales Infotelefon« in den neuen Ländern seinen Betrieb auf.[5] Im Januar 1999 existieren insgesamt 13 solcher Infotelefone: Dazu zählen die NIT »Baden-Württemberg« (Sitz: Wehr), »Bayern« (München), »Bündnis Rechts für Lübeck« (Lübeck), »Deutschlandsturm« (Erfurt), »Hamburg«, »Nordrhein-Westfalen« (Düsseldorf), »Mecklenburg-Vorpommern« (Stavenhagen), »Mitteldeutschland« (Gotha und Rostock[6]), »Preußen« (Berlin), »Rheinland« (Düsseldorf) und »Schleswig-Holstein« (Halstenbek) sowie das »NIT Schweiz« (Rudolfstetten).[7]

Die NIT »Hamburg«, »Mecklenburg-Vorpommern«, »Nordrhein-Westfalen« und »Schleswig-Holstein« sind von den übrigen zu unterscheiden. Betreiber dieser vier aufs Engste miteinander verbundenen Telefone ist der Hamburger Rechtsextremist André Goertz. Sie zeichnen sich durch nahezu identische Ansagetexte, vergleichsweise hohe Professionalität und einen spezifischen ideologischen Standort aus. Mit den weiteren NIT stehen sie in einem gewissen Konkurrenzverhältnis, was dazu führt, dass in Düsseldorf sowie in Mecklenburg-Vorpommern (Rostock und Stavenhagen) je zwei NIT existieren, davon jeweils ein von Goertz betriebenes. Seine Infotelefone sind Bestandteil eines mehrmedialen Projekts (»Nationales Informationszentrum Hamburg«, NIZ), zu dem neben den NIT vor allem Texte und Audio-

Programme im Internet zählen, wie der seit Januar 1999 täglich erscheinende Informationsdienst »NIT BLITZ«, die tagebuchartige Rubrik »Goertz diese Woche«, der »Kommentar der Woche« sowie das »Radio Nord« und das »NIT-Radio«. Auf der Homepage sind auch die Ansagen des »NIT Hamburg« als Text- und Audio-Files abrufbar.[8]

Die Rufnummern »Nationaler Infotelefone« können Rechtsextremisten den Medien der Bewegung (beispielsweise dem Mailboxverbund »Thule-Netz« oder dessen Internet-Seiten) entnehmen oder erfahren sie im Gespräch mit anderen Angehörigen der Szene. Diese Rufnummern sind aber auch politischen Gegnern wie Antifa-Gruppen, Staats- und Verfassungsschutz bekannt und die Betreiber der NIT müssen davon ausgehen, dass Ansagetexte von jenen rezipiert werden. Die Zahl der NIT-Nutzer lässt sich schwer bemessen. Die von André Goertz betriebenen NIT werden kontinuierlich zweimal wöchentlich erneuert (die der übrigen Telefone unregelmäßig[9]), pro Ansage spricht Goertz von 1300 Nutzern seiner vier Infotelefone (einschließlich Rezipienten per Internet)[10]. Verifizieren lässt sich diese Zahl nicht, gleichwohl ist davon auszugehen, dass das Medium NIT als Informationsquelle von deutschen Rechtsextremisten auf breiter Basis genutzt wird.[11] Höchstwahrscheinlich verfügen zumindest die vier NIT von André Goertz daher über ISDN-Leitungen.

Die NIT stehen unterschiedlichen Strömungen oder Gruppen des Rechtsextremismus nahe, entsprechend dürften sich auch die Nutzergruppen voneinander unterscheiden. Durch die Möglichkeit, Nachrichten auf Band zu hinterlassen, hat das Medium interaktive Züge. Wer dies nutzen möchte, muss sich mit Namen und Telefonnummer zu erkennen geben. Um die NIT vor gezielten Falschinformationen zu schützen, erhalten führende Rechtsextremisten nach Darstellung des Antifa-nahen »Bildungswerkes Anna Seghers« (Wiesbaden) Code-Wörter.[12]

Besonders in der Anfangszeit werden NIT häufig durch Staatsanwaltschaften beschlagnahmt, da Passagen der Ansagetexte gegen strafrechtliche Bestimmungen verstoßen haben sollen (insbesondere Volksverhetzung). So geht die Staatsanwaltschaft Mainz im Januar 1994 gegen das dortige NIT vor, das die Nachfolge des ersten rechtsextremistischen Infotelefons in Wiesbaden angetreten hat.[13] Im Juli 1995 beschlagnahmt die Staatsanwaltschaft Berlin den Anrufbeantworter des »NIT Berlin«, ein erneut geschaltetes Gerät wird zwei Tage später sichergestellt. Im selben Monat beschlagnahmt die Staatsanwaltschaft Nürnberg das »NIT Franken«.[14] Für solche Fälle stehen Rechtsextremisten mögliche NIT-Anschlüsse im Ausland zur Verfügung. So wird bereits 1994 in der Vorbereitungsphase der »Rudolf-Heß-Gedächtniswoche« ein Infotelefon in die Niederlande verlegt, für das der dort aktive Neonazi Eite Homann verantwortlich ist.[15]

8.2 Betreiber

Die Betreiber der NIT lassen sich keinem einheitlichen Flügel des Rechtsextremismus zuordnen. Einzelne sind eng an Strömungen oder Organisationen gebunden: So sind die Betreiber der NIT »Rheinland« und »Preußen«, Sven Skoda[16] und Mike Penkert[17], klar dem Neonazismus zuzuordnen, Betreiber des »NIT Mitteldeutschland« in Gotha ist der Vorsitzende des NPD-Landesverbands Thüringen, Frank Golkowski[18], das Lübecker NIT betreibt Dieter Kern, Vorsitzender des von Neonazis beeinflussten »Bündnis Rechts für Lübeck«, der auch Mitglied von NPD und »Deutscher Liga für Volk und Heimat« ist.[19] Dagegen hält NIT-Betreiber André Goertz, der bis zum Verbot der neonazistischen »Freiheitlichen Deutschen Arbeiterpartei« (FAP) im Februar 1995 deren Hamburger Landesvorsitzender, dann bei den »Jungen Nationaldemokraten« (JN) aktiv war, inzwischen Distanz zu Parteien und Organisationen. Auf diese Weise wahrt er eine gewisse Unabhängigkeit innerhalb der Szene, erfährt aber auch eine weitgehende Isolation. Er propagiert heute einen »progressiven Nationalismus«, der mit einer »taktischen Ausblendung eines Teils bisheriger Inhalte – klassischer rechter Themen wie Revisionismus und Antisemitismus«[20] – verbunden ist. So will Goertz zur Intellektualisierung des Rechtsextremismus beitragen und hat orthodox neonazistische Aktivisten häufig als »NS-Fetischisten« kritisiert.[21]

Ebenso wie die Beschlagnahme der NIT waren Verfahren und Urteile gegen deren Betreiber in der Anfangsphase des Mediums häufig. Sie sind inzwischen selten, da diese ein gewisses Geschick entwickelt haben, ihre Aussagen in strafrechtlich kaum angreifbare Formulierungen zu kleiden.[22] Gegen den Hamburger André Goertz waren diverse Prozesse anhängig, von denen aber keiner zur Verurteilung geführt hat. In dem Verfahren, das das größte öffentliche Aufsehen erregte, musste sich Goertz wegen der Verwendung des Begriffs ›Auschwitz-Mythos‹ in seinen Ansagetexten verantworten. Goertz wurde 1998 letztinstanzlich freigesprochen.[23] Der Verfassungsschutz Hamburg hat Hinweise, dass seine Ansagen im Vorfeld juristisch geprüft werden.[24]

8.3 Vernetzungsleistung

Die Untersuchung der Ansagetexte aller NIT zeigt deutlich, dass die Infotelefone überwiegend die Alte Rechte, bevorzugt deren neonazistischen Flügel, informationell vernetzen. Die meisten positiven Bezüge betreffen Neonazis, deren Organisationen und Medien. Dazu zählen auch militante Kader (wie der Österreicher Thomas Brehl) und offene Holocaustleugner (wie Thies Christophersen, Jürgen Graf und Pedro Varela). Die herrschende deutsche Rechtslage zwingt die NIT-Verantwortlichen allerdings, die Sympathie für so genannte ›Revisionisten‹ nur vorsichtig zu äußern. Positiv verwiesen wird auf Gruppen, die sich offen als ›nationale Sozialisten‹ zu erkennen geben (z. B. »Koordinierungsgremium nationaler Sozialisten«), und auf zahlreiche regionale, neonazistisch ausgerichtete Kameradschaften, die meist als ›freie Kräfte‹ umschrieben werden. Auch über neonazistische Aktivitäten im Ausland wird wohlwollend berichtet, beispielsweise über die in Dänemark erscheinende deutschsprachige Zeitschrift *Neue Front,* deren Inhalte in Deutschland vermutlich strafbar sind.[25]

Zu Personen, Organisationen und Medien der übrigen Alten Rechten stellen die NIT bevorzugt dann Verbundenheit her, wenn sich jene auf der Schnittstelle zum Neonazismus verorten lassen. Dies gilt für die NPD, auf die häufiger als auf jede andere Organisation positiv verwiesen wird, insbesondere für deren früheren Vorsitzenden Günter Deckert, der von November 1995 bis Oktober 2000 eine Haftstrafe wegen Volksverhetzung und Aufstachelung zum Hass verbüßt hat. Presseerklärungen der NPD geben die NIT ausführlich, häufig aber unkommentiert wieder. Besonders positiv beziehen sie sich auch auf die DVU, was deren Erfolg bei der Landtagswahl in Sachsen-Anhalt geschuldet ist. Auffällig ist die große Bandbreite altrechter (sowohl neonazistischer als auch nicht neonazistischer) Medien, in deren Nähe sich die NIT stellen: Darunter sind Internet-Seiten (wie die der *Berlin-Brandenburger Zeitung*), ein Internet-Radio (»NIT-Radio«), Mailboxen (»Thule-Netz«, »Nordland-Netz«), Hörfunk-Sendungen in Offenen Kanälen (»Radio Germania«, »Radio Deutschland«) sowie diverse im In- und Ausland erscheinende Printmedien.

Von drei Personen, die sich der Neuen Rechten zuordnen lassen und auf die im Untersuchungszeitraum positiv verwiesen wird (Manfred Brunner, Reinhold Oberlercher, Hans-Dietrich Sander), verfügen zwei (Oberlercher, Sander)[26] über enge Kontakte zu altrechten Gruppen und Medien. Es ist bezeichnend, dass die Verweise auf alle drei Neurechten im »NIT Hamburg« vorkommen, das offenkundig von allen NIT am ehesten den Schulterschluss mit intellektuellen Rechtsextremisten sucht. Positive Bezüge auf Protagonisten der Neuen Rechten, die sich für eine Abgrenzung etwa von Parteien wie NPD und DVU stark machen, kommen – außer dem genannten auf Brunner – nicht vor. Im Gegenteil: Den REP-Vorsitzenden Rolf Schlierer, der Mitte 1998 noch für einen solchen Kurs steht[27], kritisieren die NIT wiederholt scharf. Eine positive Bezugnahme auf eindeutige Nichtrechtsextremisten kommt äußerst selten vor. Dies deutet bereits darauf hin, dass es den NIT nicht um den Brückenschlag zu etablierten Kräften geht, vielmehr um eine deutliche Frontstellung gegen das ›System‹ Bundesrepublik Deutschland.

NIT sind ein extrem serviceorientiertes Medium. Sie mobilisieren zu Veranstaltungen rechtsextremistischer Gruppen und Organisationen und geben Anschriften und Rufnummern bekannt, um mit solchen Gruppen in Kontakt zu treten oder ihre Medien zu beziehen. Die verschiedentlich geäußerte Vermutung, die Servicefunktion der NIT trete zu Gunsten einer ideologischen Integrationsfunktion in den Hintergrund,[28] kann daher nicht bestätigt werden. Zwar nehmen Meldungen zum politischen Geschehen die meiste Zeit der zwischen ein- und etwa achtminütigen Ansagen in Anspruch, gleichwohl weisen die Telefone im Untersuchungszeitraum 76-mal auf bevorstehende Veranstaltungen hin. Die NIT erfüllen somit die Funktion einer rechtsextremistischen Service-Agentur: Gruppen vor Ort liefern ihnen Informationen über eigene Veranstaltungen, die die Telefone allen Interessierten auch kurzfristig zugänglich machen.

Die Veranstaltungshinweise bestätigen die oben skizzierte Vernetzungsrichtung der NIT: Die Ansagetexte weisen fast ausschließlich auf neonazistische Veranstaltungen oder solche unter Federführung von NPD/JN hin, die neonazistische Kreise erklärtermaßen einbinden möchten. Dies lässt nicht zwingend auf eine Verquickung aller NIT mit dieser Partei schließen (die insbesondere auf die von Goertz betriebenen nicht zutrifft), sondern verweist darauf, dass in den ausgehenden 90er Jahren die weitaus größte Zahl öffentlichkeitswirksamer Aktionen des rechtsextremistischen Spektrums unter der Ägide der NPD stattfindet.[29] Auf der Schnittstelle von NPD/JN und Neonazismus lassen sich alle Veranstaltungen

verorten, die als Initiator lediglich vage den »nationalen Widerstand« nennen. Über solche Aktionen informieren NIT besonders häufig. Hinweise auf Veranstaltungen, die sich eindeutig der Neuen Rechten oder nicht rechtsextremistischen
Gruppen zuordnen lassen, kommen im Untersuchungszeitraum nicht vor. Auch REP-Veranstaltungen kündigen die
NIT in der Regel nicht an. Bezeichnend ist der Hinweis des
»NIT Rheinland« vom 22. Mai 1998 auf eine von den REP ini-
tiierte und unter anderem von NPD, »Front National« (Frankreich) und »Vlaams Blok« (Belgien) unterstützte Anti-Euro-
Demonstration am 30. Mai in Saarbrücken. Das NIT ruft zu
der Aktion auf, »auch wenn die Veranstalter aus dem sys-
temnahen Parteienspektrum kommen«.

Es ist bemerkenswert, dass die generelle Vernetzungsrichtung der NIT im Prinzip auch auf die von André Goertz betriebenen Infotelefone zutrifft, der sich persönlich vom Neo-
nazi-Flügel des Rechtsextremismus abgrenzt. Er ist gleichwohl
erkennbar bemüht, sich als Informationsinstanz für alle Strömungen zu positionieren. Daher trennt er weitgehend zwischen den NIT-Ansagen, in denen er ohne Ansehen von Gruppen oder Strömungen über geplante Veranstaltungen des
Rechtsextremismus informiert, und seinen übrigen medialen
Angeboten (insbesondere den Rubriken »Goertz diese Woche« und »Kommentar der Woche« im Internet sowie dem
»NIT-Radio«[30]), in denen er eigene inhaltliche Akzente
setzt, persönlich Stellung nimmt und polarisiert. Vor allem
auf die NPD geht Goertz in seinen NIT-Ansagen betont
neutral ein und gibt im Wesentlichen Zitate wieder.

Die wichtigsten Ereignisse des rechtsextremistischen Lagers
bereiten die NIT kampagnenartig vor. Im Untersuchungszeitraum sind dies die 1.-Mai-Kundgebung der NPD in Leipzig sowie Wahlkampfaufmärsche der Partei, eine geplante,
später verbotene Demonstration zum 100. Todestag Otto
von Bismarcks am 4. Juli in Heidelberg sowie Kundgebungen
gegen die Ausstellung »Vernichtungskrieg. Verbrechen der
Wehrmacht 1941–1944« des »Hamburger Instituts für Sozial-

forschung« am 6. Juni und 19. September in Kassel und Münster. Erste Informationen über die Veranstaltung liefern die NIT häufig bereits ein bis zwei Monate vor deren Beginn, die Frequenz der Hinweise steigt dann kontinuierlich, zum Schluss senden sie kurzfristige Sonderansagen und verweisen auf zusätzliche (meist Mobiltelefon-)Anschlüsse, unter denen Details zu erfahren sind. Diese Dynamik soll am Beispiel der 1.-Mai-Kundgebung aufgezeigt werden:[31]

Zwei Monate vor der Demonstration weisen die »Nationalen Infotelefone« zum ersten Mal auf die geplante Veranstaltung hin. Die ersten Informationen gibt das »NIT Preußen« (»Stimme des nationalen Widerstandes in Berlin und Brandenburg«) am 1. März in einer Meldung, derzufolge Antifa-Gruppen die Mai-Kundgebung gewaltsam verhindern wollten. Die NPD-Führung rechne mit mindestens 10 000 bis 20 000 Teilnehmern der eigenen Veranstaltung. Am 10. März appelliert dasselbe NIT, alle Hörer sollten den Termin »vormerken«, und es empfiehlt, »sich schon frühzeitig um Mitfahrgelegenheiten zu kümmern«. Das NIT zitiert die »Internet-Seiten des nationalen Widerstandes«[32]: »Die Erfahrung habe gezeigt, daß bei einem willkürlichen Verbot besonders die Einzelfahrzeuge den Anschluß an Ausweichveranstaltungen verpassen. Die NPD organisiert deshalb Reisebusse in allen Bundesländern.«

Die meisten übrigen NIT ziehen im Laufe des März mit ersten Hinweisen nach: Das »NIT Deutschlandsturm« verknüpft den Aufruf zur Maikundgebung am 15. März mit einer Meldung über mehrere dezentrale rechtsextremistische Demonstrationen am Wochenende 14./15. März. Diese seien zwar ein »großer Mobilisierungserfolg«, »besser, weil machtvoller« sei aber eine gemeinsame Aktion wie die für den 1. Mai geplante Kundgebung. Das »NIT Rheinland« nennt am 31. März die Bankverbindung der NPD Thüringen, an die jeder Teilnehmer 25 Mark für die Busfahrt nach Leipzig überweisen soll. Die Zahlung gelte als Anmeldung. Am 31. März nennt das Infotelefon des »Bündnisses Rechts für Lübeck« erstmals eine im Vorgriff auf die Maikundgebung zusätzlich eingerichtete Mobiltelefon-Nummer für »nähere Informationen«. Das »NIT Deutschlandsturm« weist am 6. April darauf hin, alle NPD-Kreis- und -Landesverbände sowie der »Thüringer Heimatschutz« (THS), eine militant-neonazistische Gruppierung, setzten Busse nach Leipzig ein. Das NIT gibt die Mobiltelefon-Nummer des THS bekannt.

Am 7. April verliest das »NIT Preußen« den NPD-Aufruf zur Demonstration und nennt erstmals den genauen Zeit- und Treffpunkt (11 Uhr am Völkerschlachtdenkmal). Das NIT weist auf eine Mobiltelefon-Nummer hin, unter der Mitfahrgelegenheiten von Berlin aus erfragt werden können. Acht Tage später (15. April) nennt das »NIT Thüringen« eine weitere Mobiltelefon-Nummer für »letzte Infos« und teilt mit, die Abfahrt von Gotha aus finde eine Stunde früher als bis dahin geplant (6 Uhr) statt, dann würden »die bekannten Sammelpunkte« angefahren.

Ebenfalls am 15. April gibt das »NIT Preußen« als erstes NIT bekannt, dass die Stadt Leipzig ein Verbot der Veranstaltung angekündigt habe, und nennt erneut die Mobiltelefon-Nummer für Interessierte aus dem Berliner Raum. Das »NIT Hamburg« (»Stimme des nationalen Aufbruchs«) meldet zwei Tage später (17. April), dass die Stadt ein solches Verbot ausgesprochen habe, am 21. April teilt dasselbe Infotelefon mit, die NPD habe Widerspruch gegen das Verbot eingelegt. In derselben Ansage mobilisiert das Medium weiter für die Veranstaltung, indem es darauf hinweist, im Bus ab Hamburg seien noch Plätze frei. Drei Tage später (24. April) deutet das NIT an, es sei zweifelhaft, dass das Verbot der Veranstaltung vor dem Verwaltungsgericht Bestand haben werde. Es sei davon auszugehen, dass sich die NPD vor Gericht durchsetze, meldet das »NIT Deutschlandsturm« einen Tag später (25. April), daher werde weiter für die Maikundgebung mobilisiert. Das Infotelefon wiederholt den Hinweis auf Busse der NPD-Kreis- und -Landesverbände sowie des »Thüringer Heimatschutzes« und auf dessen Mobiltelefon-Nummer.

Das »NIT Schleswig-Holstein« gibt am 28. April bekannt, das Verwaltungsgericht habe das Verbot der Versammlung bestätigt und die NPD wolle Berufung gegen diese Entscheidung einlegen. Für den 30. April ab 20 Uhr kündigt das NIT eine zusätzliche Ansage »mit Sonderinformationen« zum 1. Mai an. Ebenfalls am 28. April spricht das »NIT Preußen« vom »Unrechtscharakter des Kundgebungsverbotes«, lässt die gerichtliche Niederlage der NPD aber unerwähnt. Die Demonstration finde »auf jeden Fall« statt, heißt es im Ansagetext unter Berufung auf die NPD-Homepage. NPD-Anwalt und Parteivize Hans-Günter Eisenecker sei beauftragt, durch alle Instanzen zu gehen. Es sei möglich, dass die letztgültige Entscheidung erst unmittelbar vor Veranstaltungsbeginn falle. Daher sollten »alle nationalen Aktivisten« auf jeden Fall nach Leipzig anreisen. Für den Fall, dass das Verbot Bestand habe, seien schon »weitere Demonstrationen zum nationalen Kampftag« angemeldet. Gemeint sind Kundgebungen in anderen Städten, in die die Anreisenden dann kurzfristig umgeleitet würden.

In einer Sonderansage am Vorabend der Veranstaltung gibt das »NIT Rheinland« bekannt, das Oberverwaltungsgericht habe das Demonstrationsverbot aufgehoben, die Stadt Leipzig jedoch ein erneutes Verbot mit veränderter Begründung erlassen. Die NPD habe Rechtsmittel eingelegt. Das NIT nennt zwei Info-Telefonnummern (»NIT Mitteldeutschland« und »JN-Infotelefon«), die es »im Laufe der Nacht« abzuhören empfiehlt. Es weist zudem darauf hin, für alle »freien Kräfte« gälten die »bekannten Kontaktnummern aller freien Führungskameraden«. Das NIT rät davon ab, Leipzig anzufahren, sollte das Verbot Bestand haben. Es werde aber »auf jeden Fall« marschiert, »wenn nicht in Leipzig, dann anderswo«. Die Hörer sollten sich mit den »bekannten Führungskameraden« in Verbindung setzen.

Am Tag der geplanten Kundgebung (1. Mai) berichtet das »NIT Hamburg«, der NPD sei es »trotz erheblicher Schikanen« gelungen, ihre Kundgebung durchzuführen. Das Bundesverfassungsgericht hatte die Veranstaltung kurzfristig in dieser Form genehmigt, das Verbot eines Umzugs durch die angrenzenden Stadtteile dagegen bestätigt. Nach Polizeiangaben nahmen 4000 bis 5000 Personen teil (siehe 3.1.3).

Bereits dieses Beispiel weist die NIT als zwar öffentlich zugängliches, gleichwohl eindeutiges Insider-Medium aus. Vielfach findet der Austausch konkreter Informationen nicht über die Ansagetexte selbst statt, vielmehr liefern diese Hinweise, auf welche Weise Details zu erfahren sind. Nähere Angaben vermitteln nicht nur die zahlreichen Mobiltelefone, auf die die NIT verweisen, sondern auch persönliche Kontakte, die vorausgesetzt werden, und Andeutungen, die der szenevertraute Hörer zu deuten weiß. So ist etwa der Hinweis des »NIT Thüringen« vom 15. April zu verstehen, der Bus fahre »die bekannten Sammelstellen« an. Diese Information ist nur hilfreich für den, der diese Sammelstellen (etwa von früheren Fahrten her) kennt. Sehr häufig finden sich auch Formulierungen wie: »Interessenten melden sich bei den Kontaktleuten vor Ort« oder: »Für alle freien Kräfte gelten die bekannten Kontaktnummern aller freien Führungskameraden«. Die Ansagen setzen voraus, dass Namen und Adressen respektive Rufnummern dieser Personen den Hörern bekannt sind, dass diese also eng in vertrauliche Szenestrukturen eingebunden sind. Noch deutlicher wird die Mobilisierungs- und Koordinierungsfunktion der NIT und mit ihnen vernetzter Mobiltelefon-Inhaber im Falle einer in Hannover geplanten Demonstration »Todesstrafe für Kinderschänder«. Am 7. Mai gibt das »NIT Preußen« bekannt: »Treffpunkt ist zwischen 8.00 und 8.30 Uhr im Großraum Hannover. Dort nehmt Ihr Kontakt zur Telefonnummer 0172/174847 [Anschluß existiert nicht mehr; T.Pf.] auf. Themenbezogene Transparente sowie schwarze und schwarz-weiß-rote Fahnen sind ausdrücklich erwünscht und mitzubringen.«

Allerdings spiegeln auch die Veranstaltungshinweise unterschiedliche ideologische Orientierungen der NIT wider. Zu bestimmten Anlässen werden einzelne Infotelefone zur ausschließlichen Berichterstattung autorisiert. Dies gilt insbesondere für die jährlichen »Rudolf-Heß-Gedenkmärsche«, für die das »Aktionskomitee Rudolf Heß« regelmäßig das neonazistisch ausgerichtete »NIT Rheinland«[33] autorisiert. Zu diesen Märschen liefert auch das ebenfalls neonazistische »NIT Preußen« einzelne autorisierte Informationen. Gleichzeitig teilt das »NIT Hamburg« (Goertz), das den Heß-Märschen kritisch gegenübersteht, Informationen aus allgemein zugänglichen Quellen mit, die den Angaben des Komitees widersprechen. So weist es am 14. August darauf hin, die Polizei in Kopenhagen habe den für den folgenden Tag geplanten »Internationalen Rudolf-Heß-Marsch« verboten und der Bundesgrenzschutz habe alle Übergänge nach Dänemark abgeriegelt. Die »Rheinland« und »Preußen« stellen dies als Falschinformationen dar und es kommt zu einer über NIT und Internet sowie per Fax geführten Auseinandersetzung zwischen den Betreibern Skoda (»NIT Rheinland«) und Goertz. So heißt es ebenfalls am 14. August in einer Sonderansage des »Rheinland«: »Die seit nun zwei Tagen durch die Systemmedien geisternden Informationen über ein angebliches Verbot des Marsches sind falsch. Auch wenn der Betreiber des ›NIT Hamburg‹ das nicht wahrhaben will.« Indem er Goertz' NIT und die verhassten »Systemmedien« in einem Atemzug nennt, will Skoda den Hamburger Rivalen offenbar besonders schmerzlich treffen. Wie aus dem Ansagetext des »NIT Rheinland« vom 25. 8. hervorgeht, reagiert Goertz mit gleichen Mitteln: In einem Fax an Skoda hat er dessen NIT angeblich als »einen Propagandadraht« bezeichnet, »der genauso verlogen und oberflächlich ist wie die Systemmedien«. Parallel kritisiert er den Düsseldorfer Neonazi öffentlich und – was in der Szene unüblich ist – namentlich in seinem Internet-Tagebuch »Goertz diese Woche« (»›freundlichen‹ Brief an Sven Skoda in Düsseldorf geschrieben, der meinte, mich über seinen Ansagetext NIT Rheinland (02 11– 67 59 29) [Anschluß existiert nicht mehr; T.Pf.] angreifen zu müssen«). Skoda greift Goertz nun ebenfalls namentlich an: Im Ansagetext vom 25. 8. seines NIT spricht er vom »Gefasel des Herrn

Goertz« und droht, dessen Handeln werde nicht ohne Folgen für ihn sein.

Die Beispiele machen die strategische Stärke des Mediums NIT deutlich: seine Flexibilität. Das gilt vor allem dann, wenn die NIT mit zusätzlichen, vertraulichen Informationen über weitere (Mobil-)Telefone gekoppelt sind. Ohne nennenswerten Aufwand können kurzfristig Hinweise bereitgestellt werden, die den Aktiven umgehend zur Verfügung stehen. Staatliche Repressionen lassen sich sehr schnell und kostengünstig durch neue Anschlüsse aushebeln. Gleichwohl sind die NIT erkennbar bemüht, keine juristische Angriffsfläche zu bieten. Die Möglichkeit, kurzfristig zu mobilisieren, nutzen die NIT konsequent aus. So bezieht sich fast jeder zweite Veranstaltungshinweis im Untersuchungszeitraum (47 Prozent) auf Aktionen, die maximal eine Woche später stattfinden sollen. Bei 18 Prozent beträgt der zeitliche Abstand zur Veranstaltung sogar nur einen Tag oder weniger.[34]

Über Veranstaltungshinweise hinaus befassen sich die NIT mit ausgewählten politischen Ereignissen. Vorwiegend handelt es sich um Informationen über Entwicklungen und Entscheidungen innerhalb rechtsextremistischer Parteien (insbesondere NPD/JN) und autonomer Gruppen. Darüber hinaus umfassen die Texte Meldungen, die geeignet erscheinen, rechtsextremistische Ideologieelemente argumentativ abzustützen, sowie Hinweise zu Taktik und Strategie dieses politischen Lagers. Auf diese Weise können solche Meldungen einen zusätzlichen Beitrag zur kulturellen Vernetzung der Bewegung von rechts leisten.

Alle zentralen Themen und Kampagnen des aktuellen deutschen Rechtsextremismus tauchen in den NIT-Ansagen auf, wenngleich in unterschiedlicher Häufung. Am breitesten beziehen sich die NIT auf die Themenkomplexe Meinungsfreiheit, Ausländer und soziale Frage.

Die Behauptung, Rechtsextremisten (im NIT-Jargon: ›Nationale‹) würden in der Bundesrepublik Deutschland daran gehindert, Grundrechte wie die der freien Meinungsäußerung und der Versammlungsfreiheit auszuüben, ist das überragende Thema der Infotelefone. Die Rede ist von »Meinungsunterdrückung«[35], »Meinungsverbotgesetzen«[36], »Verletzung der Freiheit der Presse, der Lehre und der Wissenschaft«[37], »Meinungsknechtschaft«[38] und »politischer Verfolgung«[39]. Der Hintergrund sind Verbote rechtsextremistischer Gruppierungen, Veranstaltungen und Publikationen sowie Gerichtsurteile gegen Rechtsextremisten wegen strafbarer Äußerungen. Wenngleich sich solche Verbote und Urteile auf geltendes deutsches Recht stützen (etwa auf den Straftatbestand der Volksverhetzung) und den Betroffenen der Instanzenweg offen steht, sprechen die NIT häufig von ›rechtswidrigen‹ Vorgängen. Hier ist offensichtlich nicht das in Verfassung, Gesetzen und Verordnungen niedergelegte Recht der Bundesrepublik Deutschland angesprochen, sondern ein übergeordnetes ehernes Recht. Häufig kritisieren die NIT Maßnahmen der Sicherheitsbehörden als ›verfassungswidrig‹ und geben somit das Etikett der Verfassungsfeindlichkeit, mit dem insbesondere die Verfassungsschutzbehörden von Bund und Ländern Rechtsextremisten versehen, an den Staat und seine Einrichtungen zurück. Aus dieser behaupteten unrechtmäßigen Behandlung von Rechtsextremisten leiten die NIT ein Widerstandsrecht ab, das beispielsweise in dem aus linken Kreisen übernommenen Slogan »Wo Recht zu Unrecht wird, wird Widerstand zur Pflicht«[40] zum Ausdruck kommt.

Auch das Thema Ausländer ist allgegenwärtig. Die NIT beklagen pauschal eine zu hohe Zahl von Ausländern in Deutschland und äußern die Befürchtung, dass sich diese Zahl im Zuge von Globalisierungsprozessen noch erhöhen werde. Das Thema ist häufig verknüpft mit der äußerst undifferenzierten Behauptung einer überproportionalen Ausländerkriminalität. Nicht nur wird pauschal von ›Asylbetrügern‹ gesprochen und damit deren politische Verfolgung in den Heimatländern generell in Abrede gestellt, Ausländer werden vielfach auch kollektiv mit Drogen- und Gewaltkriminalität in Verbindung gebracht. Ein Beispiel liefert das »NIT Preußen« am 1. Juli.

Es spricht von »ausländischen Gästen, egal welcher Nationalität, die hier deutsche Polizisten verprügeln, deutsche Bürger terrorisieren und umbringen, unsere Kinder mit Drogen vollstopfen, die Sozialkassen plündern und rauben und stehlen«. Solche Klischees werden wiederholt am Fall des türkischen Jugendstraftäters festgemacht, der unter dem Namen »Mehmet« bekannt geworden ist. Ein weiteres Beispiel ist der Brand in einer Lübecker Flüchtlingsunterkunft im Januar 1996. Die NIT machen hierfür den Libanesen Safwan Eid verantwortlich, obwohl das Landgericht Lübeck diesen im Juni 1997 von dem Vorwurf freigesprochen hat.

Leitmotivisch zieht sich die Befürchtung einer ›Überfremdung‹ durch die NIT-Ansagen. Mal wird diese bereits als Realität dargestellt, mal als Gefahr, die bei weiterer Zuwanderung drohe. Hinter dieser Formulierung, die Einzug in nicht rechtsextremistische politische und massenmediale Diskurse gehalten hat, steht im NIT-Umfeld klar erkennbar die Forderung nach ethnisch homogenen Staatsvölkern, die es zu wahren respektive zu schaffen gelte. In besonders plumper Form wird dieses Ideologem mehrfach auf den bekannten Slogan »Deutschland den Deutschen« gebracht.[41] Dass »Überfremdung« nicht nur als Verdrängung deutscher Kultur gemeint ist, sondern biologistisch aufzufassen ist, macht das »NIT Hamburg« beispielsweise am 5. Juni deutlich, wenn es im Zusammenhang mit erleichterter Einbürgerung für Ausländer feststellt, »dass die biologische Substanz der Deutschen zunehmend verloren geht«.

Die soziale Frage ist das dritte Hauptthema der NIT. Dies ist vorwiegend der Maikundgebung von NPD/JN in Leipzig geschuldet, die unter dem Motto »Wir schaffen Arbeit – Bonn schafft nichts« steht. Unübersehbar ist die Ethnisierung des Themas. Immer wieder wird gefordert, Arbeitsplätze vorrangig oder ausschließlich an Deutsche zu vergeben; aus dieser Perspektive wird der 1. Mai zum »Tag des deutschen Arbeiters«[42]. Zum Hauptgegner wird der »Deutsche Gewerkschaftsbund« (DGB) aufgebaut, dem die NIT die Eigenschaft als legitimer Vertreter von Arbeitnehmerinteressen absprechen, um auf diese Weise ein Einfallstor für rechtsextremistische Gruppen in Arbeitnehmerkreise hinein aufzustoßen. Der DGB, so heißt es, habe sich »mehr um die Interessen ausländischer Arbeitnehmer gekümmert als um Arbeitsplätze für Deutsche«[43]. Die soziale Frage verbinden die Infotelefone häufig mit einer diffusen Kapitalismuskritik: Die Wirtschaft habe »nicht dem Kapital zu dienen, sondern dem Volke«[44]; einen »kapitalistischen Extremismus« wolle man bekämpfen, zitiert das »NIT Hamburg« ein Flugblatt der NPD[45]; von demokratischen Parteien ist abschätzig als »liberal-kapitalistischen Systemparteien«[46] die Rede. Insbesondere die Globalisierungstendenzen, die der Kapitalismus mit sich bringe, werden abgelehnt, folglich auch vehement die Einführung des Euro. Hier kommen einerseits nationalrevolutionäre Muster zum Ausdruck, die in erster Linie bei den JN seit den 70er Jahren bedeutsam sind, andererseits lassen sich solche Wendungen als programmatische Offerten an das rechtsextremistische Mobilisierungspotenzial in den neuen Bundesländern deuten, in das NPD/JN erhebliche Hoffnungen setzen.

Weitere Themen und Kampagnen, die im Untersuchungszeitraum besonders bedeutsam sind, sollen hier nur genannt werden: Ein antisemitisches Ressentiment spricht aus Vorwürfen gegen jüdische Organisationen wegen angeblich überhöhter Entschädigungsforderungen für das im Dritten Reich erlittene Unrecht. Solche Kritik wird häufig in antizionistische Formulierungen gehüllt (»dubiose zionistische Organisationen«[47]) und lässt sich als »sekundärer Antisemitismus« (siehe 6.5/Anmerkung 54) verstehen. Im Zusammenhang mit geplanten Demonstrationen gegen die Ausstellung des »Hamburger Instituts für Sozialforschung« leugnen die NIT pauschal jegliche Wehrmachtsverbrechen im Zweiten Weltkrieg (»bolschewistische Verunglimpfung unserer Wehrmachtssoldaten«[48]). Zum Themenkomplex Kriminalität greifen sie im Untersuchungszeitraum insbesondere den Aspekt des Kindesmissbrauchs auf und rekurrieren auf die Forderung des Bundesvorsitzenden der »Deutschen Sozialen Union« (DSU), Roberto Rink, die Todesstrafe für entsprechende Straftäter einzuführen. Ferner sind die NIT erkennbar in die ›Anti-Antifa‹-Kampagne eingebunden, auch wenn im Untersuchungszeitraum (vermutlich aus juristischen Gründen) keine Adressen politischer Gegner in den öffentlichen Ansagen genannt werden. Die Infotelefone enttarnen zwei Pseudonyme linksorientierter Journalisten (Anton Maegerle, Olaf Goebel)[49] und nennen Kontaktanschriften von ›Anti-Antifa‹-Gruppen[50].

Allein das Ideologem ›Kollektiv vor Individuum‹ taucht in den NIT-Ansagen nicht ausdrücklich auf. Es schwingt in einigen Äußerungen mit, so dass durchaus davon auszugehen ist, dass es von den NIT-Betreibern geteilt wird. Als typisch neurechtes Denkmuster, das in dieser Strömung häufig mit einer aggressiven Kritik am Liberalismus verknüpft wird, bewegt es sich möglicherweise auf einer zu abstrakten Ebene, um im kruden Spektrum der NIT unmittelbar aufgegriffen zu werden.

Die Vermutung des Verfassungsschutzes Hamburg, dass den NIT um André Goertz eine Vorreiterrolle bei der Besetzung von Themen für das rechtsextremistische Lager zukommt, kann mit den in dieser Arbeit angewandten Methoden nicht verifiziert werden. Dafür wäre die vergleichende Untersuchung der Themen rechtsextremistischer Medien über einen längeren Zeitraum notwendig. Die Mitarbeiter der Behörde verweisen beispielhaft auf die Themen Irak und doppelte Staatsbürgerschaft, die das »NIT Hamburg« frühzeitig aufgegriffen habe und die im deutschen Rechtsextremismus anschließend breit behandelt worden seien.[51] So sendet das NIT, unmittelbar nachdem die Bundesregierung eine gesetzliche Regelung der doppelten Staatsbürgerschaft angekündigt hat, eine in ungewöhnlich scharfem Ton gehaltene ›Sonderansage‹. Das Medium scheint somit nicht nur die Funktion eines Themen-Schaufensters und Forums des Rechtsextremismus zu besitzen, sondern auch die eines Generators, der gesellschaftlich diskutierte Themen rechtsextremistisch auflädt.

Strategisch propagieren die NIT eine vereinte Rechte und befürworten die Ausprägung rechtsautonomer Strukturen, wie sie im Konzept der ›befreiten Zonen‹ angelegt ist. Von einer vereinten Rechten versprechen sich die NIT stärkeres machtpolitisches Gewicht. Sie ist nicht als Versuch zu verstehen, eine neuerliche Sammlungspartei ins Leben zu rufen – solche Versuche sind in der Vergangenheit stets gescheitert und haben die Zersplitterung rechtsextremistischer Parteien vorangetrieben –, angestrebt werden vielmehr flexible Absprachen rechtsextremistischer Parteien, um deren Chancen zu steigern, die Fünf-Prozent-Hürde zu überwinden. Mitunter bringen die NIT die Hoffnung zum Ausdruck, durch einen klaren Wahlerfolg werde sich die führende Kraft der Rechten herauskristallisieren, der sich die anderen Parteien dann unterzuordnen hätten.

Für das »NIT Mecklenburg« sind es zuvorderst »Eitelkeiten und Profilneurosen« der Parteichefs, die eine Einigung der Rechten erschwerten, unüberbrückbare politische Differenzen zwischen den Rechtsparteien sieht es nicht: »Für die Basis gibt es ohnehin keine Unterschiede.«[52] Immer wieder weisen die Telefone auf Untersuchungen hin, die rechtsextremistischen Parteien erhebliche Wählerpotenziale bescheinigen[53], solche Meldungen sollen vermutlich die Mobilisierbarkeit potenzieller Wahlkämpfer steigern. Die NIT präsentieren sich als unabhängige Instanzen, die über die Entwicklungen – 1998 insbesondere den Bundestagswahlkampf – aller Rechtsparteien berichten wollen.[54] Entgegen diesem Anspruch sind sie keineswegs neutral. Sie sind fest in das Netzwerk der Alten Rechten eingebunden, insofern ist die propagierte vereinte Rechte vornehmlich als vereinte Alte Rechte, teils mit neonazistischem Anstrich, zu verstehen. Gefordert wird in erster Linie eine engere Kooperation der altrechten Wahlparteien NPD und DVU. Absprachen mit den »Republikanern« werden zwar befürwortet, um deren Wählerpotenzial abzuschöpfen, gleichzeitig ist eine Distanz zu der unter Schlierer um ein gemäßigtes Image bemühten und eher der Neuen

Rechten verbundenen Partei erkennbar. Sie taucht positiv nur im Zusammenhang mit der erwähnten Anti-Euro-Demonstration am 30. Mai in Saarbrücken auf, der sich auch das neonazistische Spektrum angeschlossen hat, und wird skeptisch als »systemnah«[55] eingestuft.

Die angestrebte Einigung der Rechten bezieht sich nicht nur auf Wahlparteien: Auch die Zusammenarbeit von Parteien und nicht parteigebundenen Kräften, vor allem den rechtsextremistisch orientierten Teilen der Skinhead-Subkultur, fordern einige NIT. Das neonazistisch ausgerichtete »NIT Rheinland« nimmt am 10. Juli einen Vorfall am Rande einer NPD-Wahlkundgebung – ein Ordner hatte einem Skinhead den Zutritt versperrt – zum Anlass, hervorzuheben, dass das enge NPD-Skin-Verhältnis nicht durch überhebliches Verhalten von Parteifunktionären belastet werden dürfe: »Der Kämpfer auf der Straße ist wohl nicht der Wasserträger irgendwelcher hoher Herren.«

Autonomen Strukturen im Rechtsextremismus bringen die NIT deutliche Sympathie entgegen. Deren Veranstaltungen werden angekündigt, über sie wird berichtet und entsprechende Gruppen werden ausführlich zitiert. Zentrale Aspekte, die mit der Ausprägung rechtsautonomer Strukturen in Zusammenhang stehen, tauchen in den Ansagen auf. So propagieren sie eine verstärkte »informelle Vernetzung der gesamten nationalen Szene«[56], insbesondere mit Hilfe von Computernetzen. In Mailbox-Netzen wie dem »Nordland-Netz« sieht beispielsweise das »NIT Preußen« einen »integrierenden Faktor« und eine »virtuelle freie Zone«.[57] Vor der Begrenzung des Aktionsfeldes auf Wahlen wird gewarnt. Rechtsextremisten, die sich als »die besten Demokraten« zu gerieren versuchten, gingen dem Staat »auf die Leimrute« und könnten nur verlieren. Vielmehr müsse die soziokulturelle Sphäre durchdrungen werden. Zustimmend zitiert das »NIT Preußen« das Positionspapier eines Koordinierungskreises rechtsautonomer Gruppen im Raum Berlin/Brandenburg: »Unter jungen Leuten sei nationales Gedankengut inzwischen ein Teil der

Lebensgestaltung geworden. Es handele sich demnach um eine sozial und kulturell verankerte Bewegung, die mancherorts bereits Teil des Alltagslebens sei. Im Gegensatz zu dem Geschwafel linker Sozialarbeiter hätten die meisten der jungen Leute durchaus eine Orientierung, allerdings eine nationale.«[58]

In diesem Zusammenhang wird auf die Bedeutung von Musik hingewiesen, die rechtsextremistische Denkmuster an Jugendliche herantragen soll. Positiv hervorgehoben wird der Neonazi-Liedermacher Frank Rennicke.[59] Auch eine Alternativökonomie aufzubauen, wie im Konzept der ›befreiten Zonen‹ ausdrücklich vorgesehen, befürworten die NIT. Das neonazistisch orientierte »NIT Preußen« propagiert, »eine zuerst berlinweite und später deutschlandweite Infrastruktur von Gastronomie- und Freizeitobjekten zu erschaffen«.[60] Als Keimzelle solle der bestehende Berliner Neonazi-Treffpunkt »Café Germania«[61] fungieren.

Zur breiten Beschäftigung der NIT mit rechtsautonomen Strukturen zählt auch, das Konfliktpotenzial zu thematisieren, das die neuen Gruppen für den Rechtsextremismus bedeuten. Ausführlich greift das »NIT Preußen« Kritik von Teilen der ›Freien Kameradschaften‹ auf, die sich durch die NPD vereinnahmt sehen. Die Partei stelle strategische Erfolge wie die Münchner Demonstration gegen die Ausstellung »Vernichtungskrieg« am 1. März 1997 als eigene Verdienste dar und verschweige die notwendige Unterstützung durch »freie Kräfte«.[62] Ein reibungsloses Verhältnis von NPD und autonomen Gruppen ist denjenigen NIT ein besonders wichtiges Anliegen, die in den JN und damit auf der Schnittstelle zwischen Partei- und autonomen Strukturen verankert sind.

Strategisch weisen die Ansagen der NIT mitunter unterschiedliche Akzente auf. Dies betrifft die Frage der Legalität von Aktionen, insbesondere des Einsatzes von Gewalt. So meint etwa das »NIT Hamburg«, nachdem es am Rande der Leipziger Maikundgebung zu Ausschreitungen gekommen ist, Krawalle und Auseinandersetzungen mit der Polizei seien »auf das Schärfste abzulehnen«, vielmehr sei das Ziel, »Recht und Ordnung wieder herzustellen«.[63] Dagegen bedauert das »NIT Rheinland«, dass die Teilnehmer der Kundgebung sich an das gerichtlich verhängte Demonstrationsverbot gehalten haben und nicht bereit gewesen seien, »trotz Polizeiwiderstand zu marschieren«[64]. Je enger die NIT in autonome Gruppen eingebunden sind, desto weniger wichtig erachten sie offenbar die Legalität propagierter Aktionen.

Strategische Ansätze, die sich klar der Neuen Rechten zuordnen lassen und durch die sich diese Strömung mit definiert, tauchen in den NIT-Ansagen im Untersuchungszeitraum nicht auf. Dies gilt für die Querfrontstrategie und das Ziel, kulturelle Hegemonie zu erlangen. Wiederum zeigt sich, dass die NIT kaum um Vernetzung mit der Neuen Rechten bemüht sind.

Die NIT lassen sich als semiinteraktive Medien verstehen: Die Hörer können Nachrichten auf dem Band hinterlassen, manche NIT nennen zusätzlich Rufnummern einer ›Direktleitung‹ der Redaktion (mit dem ungebräuchlichen Begriff ›Direktleitung‹ versucht man offenbar, den Anglizismus ›Hotline‹ zu vermeiden), eines ›Fernkopierers‹ (Telefax-Gerät) oder eine Postfachadresse. Ein Informationsfluss in beide Richtungen ist daher prinzipiell möglich, wenngleich eine klare Rollenverteilung zwischen Sender und Empfänger vorhanden ist und ein tatsächlicher Dialog über die NIT nicht zu Stande kommt. Diese können Dialoge stiften, indem sie Kontaktnummern bekannt geben oder Nummern zurückrufen, die auf Band hinterlassen werden. Zahlreiche Hinweise in den Ansagen deuten darauf hin, dass ein recht reger Austausch zwischen NIT und zumindest Teilen der Hörerschaft stattfindet. So heißt es im »NIT Schleswig-Holstein«: Am Abend des 26. April 1998, Tag des Erfolges der DVU bei der Landtagswahl in Sachsen-Anhalt, klingelten »die Telefone unserer Direktleitung heiß«.[65] Das »NIT Hamburg« bietet Aufnahmen der eigenen Internet-Audio-Sendung »NIT-Radio« zum Kauf an[66] und berichtet einen Monat später über die »hohe Nachfrage«[67]. Regelmäßig rufen die NIT zu Spenden für neue

Infotelefone auf. Das »NIT Schleswig-Holstein« bietet Informationsmaterial per Post an.[68] Vier Wochen später gibt das »NIT Hamburg« bekannt, das »NIT Mecklenburg-Vorpommern« sei in Betrieb gegangen und habe auf Anhieb 300 Hörer erreicht, während die Hörerzahlen der nahe gelegenen NIT »Hamburg« und »Schleswig-Holstein« unverändert geblieben seien. Ende Juni solle ein zusätzlicher Anschluss in Westdeutschland eingerichtet werden,[69] der aber anschließend nicht wieder erwähnt wird. Als »NIT Nordrhein-Westfalen« geht dieses Telefon im Januar 1999 in Düsseldorf in Betrieb.

Einiges deutet darauf hin, dass die NIT von rechtsextremistischen Gruppen als Mittel genutzt werden, ihre Positionen innerhalb dieses politischen Lagers zu verbreiten. So heißt es im »NIT Schleswig-Holstein« zwei Tage nach den Krawallen deutscher Hooligans am 21. Juni im französischen Lens, beim NIT seien distanzierende Erklärungen verschiedener »nationaler Gruppen« eingegangen.[70] Die Infotelefone fungieren insofern auch als Deutungsmuster-Agentur.

8.4 Symbolische Integration

National, rechts und patriotisch sind (in dieser Reihenfolge) die maßgeblichen Etiketten, mit denen die NIT das eigene politische Lager versehen. Da diese Wortfelder beständig und in allen NIT auftauchen, ist davon auszugehen, dass von ihnen eine erhebliche symbolische Integrationswirkung ausgeht. Die Rede ist etwa allgemein von ›Nationalen‹, vom ›nationalen Spektrum‹ oder auch – auf das NPD-Blatt *Deutsche Stimme* bezogen – von einer ›radikal-nationalen Zeitung‹. Neonationalsozialisten werden als ›nationale Sozialisten‹ bezeichnet, offenbar um dem stigmatisierenden Etikett Neonazi zu entgehen, andererseits durch die Betonung des Wortes Sozialisten eine Zwischenstellung zwischen rechts und links zu suggerieren. National ist im NIT-Jargon überwiegend die Alte Rechte, die Bezeichnung umfasst aber auch Bereiche der Neuen

Rechten wie den »Bund freier Bürger« (»nationalliberal«[71]) und die »Republikaner«.

Die offensive Selbstkennzeichnung als rechts (z. B. europäische Rechte, parteipolitische Rechte, Politiker von rechts, rechte Szene, rechtsgerichtete Wähler) setzen die NIT der Bezeichnung rechtsextremistisch (insbesondere durch den Verfassungsschutz) entgegen. Seltener finden sich Formulierungen, die auf eine Zugehörigkeit zur äußersten Rechten verweisen, wie etwa, wenn das »NIT Hamburg« von Anhängern »ultrarechter Gruppen«[72] spricht. Als rechts bezeichnen die NIT ausschließlich das eigene, rechtsextremistische Lager. Den neurechtsorientierten »Bund freier Bürger« unterscheidet beispielsweise das »NIT Hamburg« ausdrücklich von den »Rechtsparteien«.[73] Zu diesen zählt das NIT dagegen die »Republikaner«, zu denen die Infotelefone ansonsten einige Distanz wahren. Gelegentlich verschmilzt die Bezeichnung rechts mit weiteren Wortbestandteilen zu euphemistischen Formulierungen, etwa wenn von der DVU als einer »rechtskonservativen Partei«[74] die Rede ist.

Die Formulierung patriotisch wird in den NIT in der Regel nur vage bestimmt gebraucht, so dass häufig nicht eindeutig zu entscheiden ist, wie eng oder weit der Kreis der so Bezeichneten gezogen ist. Als patriotisch werden im Besonderen neonazistische Musiker bezeichnet, die meist der Skinhead-Subkultur zuzurechnen sind. Als »patriotische Rockmusik« wird etwa eine CD der Band »Volksverhetzer« bezeichnet.[75] Bei dem Unternehmen, das das »NIT Hamburg« einen »großen patriotischen Musikversand bei Düsseldorf«[76] nennt, dürfte es sich um die Langenfelder »Creative Zeiten GmbH« von Torsten Lemmer (siehe 10.1 und 10.2) handeln.

Die Bezeichnung des deutschen Rechtsextremismus als Bewegung ist in den NIT-Ansagen gängig. In der Regel ist von einer ›nationalen Bewegung‹ die Rede. Wenn im Untersuchungszeitraum auch keine eindeutigen Hinweise auftauchen, welche Akteure oder Gruppen hinzugerechnet werden, so ist doch angesichts des eher weiten Verständnisses von national respektive Nationalen anzunehmen, dass neurechte Gruppen als Teil der Bewegung verstanden werden. Darüber hinaus sind die Bezeichnungen, die NIT für deutsche Rechtsextremisten verwenden, durchzogen von Formulierungen aus dem Bedeutungsfeld eines Kampfes gegen diktatorische Regime. Jene werden regelmäßig als ›Dissidenten‹ oder ›Regimekritiker‹ und in ihrer Gesamtheit als ›nationaler Widerstand‹ und ›nationale Opposition‹ bezeichnet. Diese Begrifflichkeit transportiert unterschwellig die Behauptung, dass wahre Opposition in den Grenzen des ›Systems‹ nicht möglich sei. Offensichtlich werden die in Parlamenten vertretenen Nichtregierungsparteien als Opposition nicht anerkannt.

Nation ist über die Kennzeichnung des eigenen politischen Lagers hinaus der Zentralbegriff der NIT-Ansagetexte. Die Nation wird klar ethnisch definiert, Inländer nicht deutscher Abstammung werden ausgeschlossen. Personen, die der deutschen Nation nicht zugerechnet werden, sollen Arbeitsplätze und sozialstaatliche Leistungen verwehrt werden. Die NIT »Hamburg« und »Schleswig-Holstein« zitieren die NPD zustimmend mit der Bemerkung: »Wer in Deutschland den Sozialstaat will, muss ja zum Nationalstaat sagen.«[77] In engem Zusammenhang stehen die Begriffsfelder Nation und Deutschland. Auch wer als Deutscher gelten kann, machen die NIT allein von ethnischen Kriterien abhängig. So bezeichnet das »NIT Hamburg« den deutschen Staatsbürger und Bundestagsabgeordneten Cem Özdemir als »Quoten-Türken der Grünen-Fraktion«[78].

Insgesamt sind die NIT-Texte von einem aggressiven Freund-Feind-Schema gekennzeichnet. Politischer Gegner ist der Staat Bundesrepublik Deutschland (das ›System‹), besonders heftig angefeindet werden Gruppen der Antifa-Szene (»gewalttätiger Mob«[79], »Linksfaschisten«[80]). Um das eigene von anderen politischen Lagern abzugrenzen, greifen die NIT häufig auf das begriffliche Gegensatzpaar von Altem und Neuem zurück. Als alt oder etabliert werden alle in Bundes- und Landesparlamenten vertretenen Parteien mit Ausnahme der PDS[81] bezeichnet. Meist unausgesprochen repräsentieren rechtsextremistische Gruppen somit ein neues, junges Moment. Gemeinsam mit dem Begriff der Bewegung werden sie sprachlich zur dynamischen, revolutionären Kraft stilisiert. Auf diese Weise versuchen die NIT, das Image rechtsextremistischer, insbesondere neonazistischer Gruppen als ›ewiggestriges‹ Lager zu wenden, um diese so für junge Menschen attraktiv zu machen. Bedeutsam ist ein weiteres Gegensatzpaar: die unten/oben-Unterscheidung. Staatstragende Kräfte werden gleichgesetzt mit einer den Belangen des ›kleinen Mannes‹ gegenüber gleichgültigen ›herrschenden Klasse‹, häufig ist von ›Bonzen in Bonn‹ die Rede, die etwa das »NIT Hamburg« als »Diätenabzocker, Spesenreiter, Steuerbetrüger, Korrupte und Raffgierige«[82] diffamiert. Dies zielt darauf, Rechtsextremisten als die wahren Sachwalter des Volkes herauszustellen, die allein legitimiert und kompetent seien, Antworten auf die soziale Frage zu geben.

Zahlreiche sprachliche Wendungen der NIT lassen sich als Strafvermeidungsstrategien deuten. Dabei handelt es sich um Formulierungen, die zumindest auf eine gedankliche Nähe zur Holocaustleugnung schließen lassen, aber eine offene – als Volksverhetzung strafbare – Zustimmung umgehen. In diesem Zusammenhang treten Zitate, zahlreiche Andeutungen und Strafvermeidungsbegriffe auf. So gibt das »NIT Preußen« am 9. Juni ein Zitat des spanischen Auschwitz-Leugners Pedro Varela unkommentiert wieder, in dem er die Opferzahlen des Holocausts bezweifelt, um diesen als historisches Faktum zu bestreiten: »Es ist unmöglich, dass von den drei Millionen Juden, die in Hitlers Machtbereich gelebt haben, sechs Millionen vergast wurden und vier Millionen nach Kriegsende Anträge auf Wiedergutmachung stellten.« Die Behauptung, der Holocaust habe nicht stattgefunden, wird durchgängig als legitime Meinung dargestellt. Wenn von »Meinungsverbotsgesetzen«[83] die Rede ist, ist insbesondere § 130 StGB (Volksverhetzung) angesprochen, der das Leugnen des Holocausts unter Strafe stellt. Die Positionen der so genannten ›Revisionisten‹ indiskutabel zu finden gilt den NIT als borniert und ignorant, sie sprechen abschätzig vom »Geschichtsdogma des BRD-Regimes«[84] und von »der staatlichen Geschichtsschreibung«[85]. Die Schriften von Auschwitz-Leugnern dagegen werden als »wissenschaftliche Untersuchungen«[86] und »Forschungsarbeiten«, die »nicht den allgemein bekannten Verlautbarungen« entsprächen, bezeichnet.[87]

In den Ansagetexten finden sich auch Formulierungen und Hinweise, die sich als Rechtfertigung, mitunter als Aufrufe zu rechtsextremistischer Gewalt verstehen lassen. Im Zusammenhang mit einem angeblichen »Verräter« innerhalb der neonazistischen »Deutschen Nationalen Partei« (DNP) heißt es im »NIT Rheinland«, »dass die Kameraden der DNP denken, dass wir mit dieser Information verantwortungsvoll umgehen können und euch als Betroffene zu schützen [sic!]. Also, schützt euch.«[88] Solche Formulierungen werden in der neonazistischen Szene als Aufruf zur Gewalt gegen die betreffende Person dechiffriert (siehe 2.1.2). Dasselbe NIT empfiehlt, einen »Teleskop-Schlagstock« ständig mitzuführen, und verweist auf ein Gerichtsurteil, nach dem dies nicht gegen das Waffengesetz verstoße.[89] Das »NIT Mecklenburg« nennt den Brandanschlag auf einen Treffpunkt für Ausländer in Italien »Selbsthilfe« und warnt, es bestehe »die Gefahr, dass es auch bei uns so weit kommen könnte«, wenn der Staat und seine Institutionen in der Ausländerfrage weiter versagten.[90] Gängig sind in den NIT-Texten an politische Gegner gerichtete Drohungen mit Sanktionen nach einer Machtübernahme durch Rechtsextremisten. Typisch sind Formulierungen wie »später werden wir alle zur Rechenschaft ziehen«[91] oder »dies wird für die Verantwortlichen eines Tages juristische Folgen haben«[92]. Vermutlich soll die Aussicht auf eigene Herrschaft die Mobilisierung der Szene steigern, wenn eine solche Übernahme der politischen Macht auch unrealistisch ist.

Einige weitere Begriffe, die in den NIT auftauchen, sind bemerkenswert und erscheinen geeignet, symbolische Integration in deren Umfeld zu stiften. So gehen die Ansagetexte vom Fortbestehen eines deutschen »Reiches«[93] mit Berlin als »Reichshauptstadt«[94] aus – eine Vorstellung, die insbesondere in der NPD verankert ist. Eine weitere Formulierung macht deutlich, dass nicht der deutsche Staat in den heutigen Grenzen gemeint ist: Die neuen Bundesländer werden grundsätzlich als Mitteldeutschland bezeichnet, einschließlich der Länder Brandenburg, Mecklenburg-Vorpommern und Sachsen, deren Ostgrenzen zugleich die deutsch-polnische Grenze markieren. Mit dieser Formulierung wird somit der Anspruch auf die ehemaligen deutschen Ostgebiete aufrechterhalten. Zudem werden für Sinti und Roma sowie Schwarze grundsätzlich die diskriminierenden Bezeichnungen ›Zigeuner‹ und ›Neger‹ verwandt. Mit solchen Sprachregelungen setzen sich die NIT von üblichen massenmedialen Standards ab, die den Verzicht auf unterschwellig diskriminierende Formulierungen beinhalten[95], und schaffen eine eigene Begrifflichkeit.

8.5 Professionalität

Die »Nationalen Infotelefone« nehmen in Anspruch, Nachrichten und Informationen zu verbreiten. Die meisten NIT orientieren den Rahmen ihrer Ansagen an üblichen Rundfunknachrichten: Vorab geben sie einen schlagzeilenartigen Überblick über die Spitzenmeldungen, die folgenden Beiträge sind in der Regel kurz und stilistisch professionellen Nachrichten nachempfunden. Es ist daher gerechtfertigt, an die NIT-Ansagetexte die Maßstäbe des Nachrichtenjournalismus anzulegen.

Die akustische Qualität der NIT weist keine groben Mängel auf. Aufnahme- und Wiedergabequalität sind gut, so dass der Zuhörer die Texte problemlos verfolgen kann. Auch die Sprechweise der Ansager ermöglicht bei allen NIT ein leichtes Verständnis: Die Aussprache der überwiegend männlichen Sprecher – nur bei den NIT von André Goertz sind Betreiber und Sprecher identisch[96] – ist deutlich und ohne stärkere mundartliche Färbung, das Sprechtempo ist in der Regel angemessen. In Bezug auf das Sprechen vor dem Mikrofon dürfte allerdings niemand der NIT-Ansager in nennenswertem Umfang geschult sein. Alle weisen in dieser Hinsicht erkennbare, in unterschiedlichem Maße auffällige Schwächen auf – wie Überartikulation, zu häufige Betonung auf den Endsilben der Sätze oder unpassende Pausen. Die Sprechweisen sind unterschiedlich dynamisch, mitunter eher monoton, häufig verleihen sie den Ansagen einen agitatorischen Charakter, indem Begriffe (z. B. national) oder Slogans hervorgehoben werden. NIT-Sprecher und -Betreiber André Goertz, der auch als Moderator des »NIT-Radios« auftritt, dürfte über die größte Erfahrung im Sprechen vor dem Mikrofon verfügen. Seine Sprechweise kommt der von professionellen Hörfunkjournalisten am nächsten.

Bei der Untersuchung der Ansagen auf Einhaltung grundlegender Standards des Nachrichtenjournalismus zeigen sich erhebliche handwerkliche Mängel. Weniger als die Hälfte der NIT-Meldungen beantwortet die W-Fragen hinreichend oder nennt eine Quelle. Von 100 untersuchten NIT-Meldungen[97] enthalten nur 38 Hinweise zu allen W-Fragen. Die meisten der 62 Meldungen, die diese essenziellen Informationen nicht enthalten, verzichten auf eine Zeitangabe, manche auch auf den Ort des Geschehens. Eine Quelle nennen nur 44 der untersuchten Beiträge. Quellen sind sehr häufig die NPD oder andere Medien, darunter sowohl klar rechtsextremistische als auch solche, die diesem Lager nicht zuzuordnen sind. Häufig werden Umfrageergebnisse von Meinungsforschungsinstituten angeführt. Diese dürften nicht im Original zitiert, sondern die Ergebnisse anderer, nicht genannter Medien entnommen sein. Gängig sind auch sehr unpräzise Quellenangaben wie »einzelne Vertreter der Kameradschaft«[98] oder »die Anti-Antifa«[99]. Die Meldungen ohne Quellenangabe arbeiten sehr häufig mit Mutmaßungen und nicht belegtem Szene-Wissen. So nennt das »NIT Schleswig-Holstein« zahlreiche Details über einen angeblich in den Rechtsextremismus eingeschleusten V-Mann des Verfassungsschutzes ohne jeden Hinweis auf den/die Informanten.[100] Oft sollen vage Formulierungen (»es hat sich herumgesprochen, daß«[101]) oder passivische Konstruktionen (»das Urteil [...] wurde als ungewöhnlich hart bezeichnet«[102]) verdecken, dass eine Quelle nicht angegeben ist, es sich möglicherweise um schiere Mutmaßungen des Autors handelt.

Auffällig ist, dass NPD-Mitteilungen in der Regel ausführlich, aber weitgehend kommentarlos als direkte oder indirekte Zitate wiedergegeben werden. Dies lässt sich in verschiedene Richtungen interpretieren: Einerseits stehen vor allem die Goertz-NIT in einem Spannungsverhältnis zur NPD (wie zu Parteien und Organisationen schlechthin), wollen aber die ganze Bandbreite des Rechtsextremismus (ausschließlich des neurechten Scharnierspektrums) informationell bedienen. Auch der Gesichtspunkt der Strafvermeidung dürfte eine Rolle spielen, wenn potenziell justiziable NPD-Slogans wie »Jagt sie davon, die Bonzen in Bonn«[103] scheinbar distanziert wiedergegeben werden. Drittens gehen von solchen Zitaten Professionalitätssignale aus, da der Hörer sie als typische Bestandteile von Nachrichtensendungen erkennt.

Besonders stark weichen die NIT vom journalistischen Standard der Trennung von Nachricht und Kommentar ab. Keiner der Beiträge ist als Kommentar oder Meinungsbeitrag ausgewiesen. Eine besonders starke Zurückhaltung der Autoren in Bezug auf eigene Stellungnahmen wäre daher zu erwarten. Dagegen enthalten nur 15 von 100 NIT-Meldungen keinerlei Kommentierung. Die übrigen 85 werten entweder durch offene Meinungsäußerungen oder durch eindeutig konnotierte Begriffe. Offen kommentiert das »NIT Preußen« das zeitweilige Verbot der Ausstrahlung des neonazistischen Hörfunkprogramms »Radio Germania« im Offenen Kanal Berlin durch die Medienanstalt Berlin-Brandenburg: Das NIT spricht vom »willkürlich begangenen Sendeverbot«, von einer »Unrechtsentscheidung« und nennt den Direktor der Medienanstalt den »Chefzensor«[104]. Etwas subtiler werten die Ansagen durch negativ besetzte Begriffe, wenn etwa von linken Gruppen als »Chaoten«[105] die Rede ist, von einem V-Mann als »Schnüffler«[106], von einem Richter in einem Verfahren gegen rechtsextremistische Aktivisten als »Politrichter«[107], von der »stalinistischen PDS«[108] oder wenn eine Polizeiangabe durch doppelte Distanzierung (»eine CD […], auf der angeblich Gewalt verherrlicht werde«[109]) angezweifelt wird. Solche eher vorsichtigen Kommentierungen finden sich vorwiegend in den Ansagen der NIT von André Goertz. Dort kommen auch die seltenen Fälle von ganz oder weitgehend meinungsfreien Meldungen vor. Es wurde bereits darauf hingewiesen, dass Goertz persönliche Ansichten in erster Linie über die übrigen medialen Angebote seines »Nationalen Informationszentrums Hamburg« vorwiegend im Internet verbreitet.

Als unprofessionell erweisen sich die NIT auch durch krasse Falschmeldungen. So meldet das »NIT Thüringen«, bei der Leipziger Maikundgebung der NPD seien »zwei junge Kameraden von Linken niedergestochen« worden, und ruft zu »Spontandemos« auf.[110] Das »NIT Hamburg« stellt vier Tage später richtig, die Betreffenden seien verletzt worden. Auch die erwähnten Fälle einander widersprechender NIT-Angaben machen deutlich, dass eine professionelle Kooperation nicht zwischen allen NIT stattfindet und eine zentrale Leitung nicht existiert. Alle 13 Anfang 1999 betriebenen NIT zusammengenommen, stellen kein systematisch geknüpftes Informationsnetz dar, vielmehr eine mediale Zweckgemeinschaft mit internen Konkurrenzbeziehungen, die aber das gemeinsame Ziel verfolgen, die Szene zu unterrichten.

Durch sprachliche Signale versuchen die NIT, ihren Ansagen den Anschein von Professionalität zu verleihen. Insbesondere die NIT von André Goertz, die tatsächlich ein Plus an Professionalität von den Übrigen unterscheidet, sind bemüht, sich auf diese Weise zur seriösen und zentralen Informationsinstanz des deutschen Rechtsextremismus zu stilisieren. Zu diesen Signalen zählt bereits der oben beschriebene Ablauf der Ansagen. Professionalitätssignale sind auch sprachliche Wendungen, die in üblichen Rundfunknachrichtensendungen häufig auftauchen. Dies gilt beispielsweise für die Formulierung im »NIT Preußen« »nach inoffiziellen Angaben unserer ...zentrale in Paris«[111], die ein umfangreiches und kontinuierlich aktives internationales Informantennetz der NIT vorspiegelt, das in Wirklichkeit nicht existiert.[112] Als Professionalitätssignale lassen sich auch die Höflichkeitsform (»Sie«) verstehen, in der die NIT von André Goertz ihre Hörer ansprechen[113], die Eigenbezeichnung als »unabhängiger Informationsdienst« und des Betreibers als »Redaktion«[114], der förmliche Abspann: »Wir bedanken uns für Ihren Anruf und verbleiben mit den besten Grüßen« sowie der Hinweis: »Die Urheberrechte dieser Ansage liegen beim NIZ-Verlag.«[115] Solche Formulierungen suggerieren, bei den NIT handele es sich um geschäftsmäßige Agenturen mit einem Publikum, das deutlich über den Rechtsextremismus/Neonazismus hinausreicht. Tatsächlich stellen die NIT Freizeitaktivitäten der Betreiber dar. Sie sind offensichtlich nicht auf Gewinnerzielung ausgerichtet, da die Anrufer neben den üblichen Telefonkosten keine Gebühren für die NIT-Nutzung zahlen. Die Aussage André Goertz', dass Spenden ausschließlich in die Unterhaltung der bestehenden und den Aufbau neuer NIT flössen[116], dürfte zutreffen.

8.6 Fazit

Die »Nationalen Infotelefone« (NIT) sind das aktuelle Servicemedium des deutschen Rechtsextremismus. Ihr Vorzug liegt in der Flexibilität, insbesondere der Möglichkeit, kurzfristig Informationen weiterzugeben. Die NIT bereiten geplante Aktionen kampagnenartig vor und liefern bis zu deren Beginn kontinuierlich Zusatzinformationen, vor allem über ›Sonderansagen‹, oder weisen auf Mobiltelefone hin, die weitere Details bekannt geben. Die Infotelefone lassen sich als semiinteraktive Medien verstehen, die einen zweiseitig ausgerichteten und beständigen Informationsfluss zwischen Betreiber und Publikum ermöglichen. Indem sie Informationen, die rechtsextremistische Gruppen zuliefern, weiterverbreiten, fungieren sie als Service-Agentur des deutschen Rechtsextremismus. Mitunter sind sie auch unmittelbar an der Vorbereitung von Veranstaltungen beteiligt.

Die Nachrichtentexte der NIT reflektieren nahezu alle wichtigen Themenkomplexe des Rechtsextremismus, die Infotelefone scheinen zudem als Themengeneratoren zu dienen. Der Betreiberkreis der NIT, positive Bezüge in den Ansagen sowie die strategische Ausrichtung machen allerdings eine besonders enge Verbindung des Mediums mit der Alten Rechten deutlich, insbesondere dem Spektrum an der Schnittstelle zwischen NPD und Neonazismus. Den Brückenschlag zum neurechten Scharnierspektrum suchen die NIT nicht. Mit den Begriffen national, rechts und patriotisch bieten sie Selbstkennzeichnungen des rechtsextremistischen Lagers an, die symbolische Integration stiften können.

Die NIT sind keine professionellen Medien. Handwerkliche Standards des Nachrichtenjournalismus erfüllen sie überwiegend nicht. Durch sprachliche Signale sind sie gleichwohl bemüht, sich den Anschein von Professionalität zu verleihen. Ein Plus an Professionalität unterscheidet die vier von dem Hamburger Rechtsextremisten André Goertz betriebenen Infotelefone von den übrigen, zu denen sie in einem Konkurrenzverhältnis stehen.

9. Thule-Netz

Der gescheiterte Mailbox-Verbund

Mit der Gründung des Mailboxverbundes »Thule-Netz« im März 1993 beginnt die systematische Nutzung computergestützter Kommunikation im deutschen Rechtsextremismus. Das Netz macht die Bewegung mit den technischen Grundlagen und strategischen Vorzügen des neuen Mediums vertraut. Die hohen selbstgesetzten Ansprüche kann es jedoch nicht erfüllen: Es zerfällt und löst sich im Juli 1999 auf.

9.1 Funktionsweise

Eine Mailbox ist ein Computer, der Nachrichten zwischen angeschlossenen Computern austauscht, die über das Telefon- oder ISDN-Netz eine Verbindung zu diesem herstellen. Mailboxen werden häufig als elektronische Briefkästen und Schwarze Bretter beschrieben. Nutzer einer Mailbox (User) können zwei Typen von Nachrichten (E-Mails) versenden:
- Persönliche oder private Mails (PM) werden gezielt an einen anderen Rechner verschickt, erreichen somit nur einen Empfänger.
- Öffentliche Mails werden in Rubriken (Boards, Bretter, Areas) abgelegt, die der gesamten Boxöffentlichkeit zugänglich sind, so dass alle User auf die Mitteilung reagieren können. Die Boxen, auch Bulletin Board Systems (BBS) genannt, fungieren somit als digitale Diskussionsforen, den so genannten Newsgroups vergleichbar, die das Usenet, ein Teilnetz des Internets, bilden.

In Mailbox-Verbünden wie dem »Thule-Netz« findet ein automatischer Datenaustausch zwischen den beteiligten BBS statt: Alle Nachrichten werden zunächst an diejenige Box versandt, bei der der Nutzer registriert ist (Stammbox). PM

werden von dort an die Stammbox des Empfängers weitergeleitet, wo dieser seine elektronische Post abrufen kann.
Öffentliche Mails werden über die Stammbox des Absenders
an alle weiteren Boxen des Verbunds versandt und dort in den
jeweiligen Brettern abgelegt. Auf diese Weise verfügen vernetzte BBS über gemeinsame Bretter mit identischem Nach-
richtenbestand. Der automatische Austausch findet in der
Regel einmal täglich, wegen der günstigeren Telefontarife
meist nachts, statt. Im Gegensatz zum World Wide Web basieren Mailboxen auf einer schlichten grafischen Oberfläche,
die neben dem reinen Text nur einzelne, wenig anspruchsvolle optische Elemente enthält.

Die Nutzung einer Mailbox erfordert keine sonderlich aufwändige Ausstattung: Voraussetzung ist neben Computer und
Software ein Modem, das die digitalen Computersignale in
analoge, über das Telefonnetz übertragbare umwandelt und
schließlich wieder in digitale. Um mit einer Mailbox in Verbindung zu treten, müssen User die Telefonnummer der Box
anwählen, die sie durch einschlägige Periodika, Internet-Seiten
oder aus anderen Datennetzen erfahren.[1] Die wesentlichen
Bereiche stehen nur einem registrierten Personenkreis zur
Verfügung. Mailboxen sind somit grundsätzlich ein interaktives Medium mit Zugangsbarriere, deren Höhe die Systembetreiber (Sysops[2]) festlegen (siehe 9.4). Mit genügendem Aufwand und Sachverstand sind die technischen Hürden allerdings
überwindbar. Der Publizist Burkhard Schröder zitiert den
Sysop einer linksorientierten Mailbox mit der zugespitzten
Bemerkung, Boxen vom Standard des »Thule-Netzes« seien
»durchsichtig wie eine geputzte Fensterscheibe«[3]. So müssen
die Systembetreiber davon ausgehen, dass Diskussionen, die
innerhalb des Netzes öffentlich geführt werden, auch den Sicherheitsbehörden und politischen Gegnern zugänglich werden können. Der beim Aufbau des Verbundes viel gebrauchte
Slogan »Wir sind drinnen – der Staat ist draußen« hat somit propagandistische Funktion und stilisiert das Netz zum geheimnisvollen Forum eines erlesenen Kreises. Nachgerade ad ab-

surdum führen die Betreiber das eigene Motto Anfang 1995, indem sie den szenebekannten, linksorientierten Burkhard Schröder (Pseudonym: »Erlkönig«[4]) als User aufnehmen und somit der Öffentlichkeit ein Tor zum Netz aufstoßen (siehe 9.4).[5] Allerdings ist konspirative Kommunikation im »Thule-Netz« möglich und erfolgt nahezu ausschließlich mit Hilfe des gängigen Verschlüsselungsprogramms ›Pretty Good Privacy‹ (PGP)[6]. Die Initiatoren rufen ausdrücklich dazu auf, private Nachrichten mit PGP zu codieren. Dagegen erscheinen netzöffentliche Diskussionen unverschlüsselt.

9.2 Entwicklung

Die Entwicklung des »Thule-Netzes« von seiner Einrichtung im März 1993 bis zur Auflösung im Juli 1999 lässt sich grob in zwei Phasen einteilen: Während Aufbau und Ausweitung des Netzes bis 1995/1996 stattfinden, ist die Folgezeit von kontinuierlichem Bedeutungsverlust und der Spaltung im März 1997 geprägt. Die Abläufe, die zur Gründung des Netzes führen, sowie die Entwicklungen in beiden Phasen seines Bestehens werden im Folgenden skizziert.

Der Plan, ein rechtsextremistisches Mailbox-Netz einzurichten, entsteht 1991 im Umfeld der Boxen »Phantom« und »Franken« im Raum Nürnberg. Der Grund, so heißt es im *Thule-Journal,* einem Printmagazin, das anfangs parallel zum Netz erscheint, sei »die ständig steigende Diskriminierung nationaler Meinungsäußerungen in den bisher bestehenden Mailboxnetzen«[7]. Bundesweite Netze wie »CL«-, »Fido«- oder »Z-Netz« haben rechtsextremistische Propagandisten zuvor ausgeschlossen oder ihnen Schreibverbote[8] erteilt: Das »CL-System Link NJD« hat den späteren Sysop der »Thule«-Box »Widerstand«, Thomas Hetzer (»Alfred Tetzlaff«), ausgeschlossen, das »Z-Netz« den ehemaligen Sysop der »Franken«-Box, Marco Schuster. »Thule«-User Robert Straetz (»Warlord«) ist zuvor Sysop der Boxen »Phantom« und »Mailhouse«

gewesen, die aus einem Link-System ausgeschlossen worden sind. »Thule«-User Helmut Goj (»Amorc«) erhält im »CL-Netz« Schreibverbot. Zudem nimmt die Bielefelder Vertriebsfirma des Mailbox-Programms »Zerberus« eine Klausel in den Lizenzvertrag auf, derzufolge der Aufruf zu Völker- und Rassenhass sowie Billigung und Verherrlichung des Nationalsozialismus in einer mit »Zerberus« betriebenen Box zum Erlöschen der Lizenz und hoher Vertragsstrafe führen.[9]

Zunächst scheitert das Projekt, das zu diesem Zeitpunkt unter den Arbeitstiteln »RechtsNet« und »Deutsches National-Netz« firmiert, an technischen Problemen und »unklarer Konzeption«, wie es im *Thule-Journal* heißt.[10] Unter der Ägide des damaligen Informatik-Studenten Thomas Hetzer startet im März 1993 der zweite Versuch, ein rechtsextremistisches Mailbox-Netz aufzubauen, an dem sich die »Phantom« als erste Box beteiligt. Am 20. März um 0.10 Uhr kommt der erste Nachrichtenaustausch auf Netzebene zu Stande. In den Folgemonaten schließen sich zunächst die »Elias BBS« (Oftersheim), der »Deutsche Mailbox-Service« (Essen) und die »Wolf BBS« (Krefeld) an.

Das Netz bedient sich der hierarchischen, eher veralteten »Fido«-Mailbox-Technik. Die »Widerstand«-Box ist zu diesem Zeitpunkt das Herzstück des Systems: Jede E-Mail, gleich ob persönliche oder öffentliche Nachricht, gelangt von den Stammboxen der Nutzer zunächst in den Erlanger Rechner und wird dann an die angeschlossenen Boxen weitergeleitet. Dies geschieht, weil die Netz-Boxen und insbesondere ihre Finanzen zentral vom »Freundeskreis Thomas Hetzer« in Erlangen kontrolliert werden. Hetzer kann alle Nachrichten lesen (soweit sie nicht verschlüsselt sind), unterdrücken oder sogar fälschen, ebenso wie jeder Sysop dies mit Nachrichten tun kann, die in seiner Box abgeschickt werden oder an diese gerichtet sind.[11]

In der Aufbau- und Ausweitungsphase erfährt das »Thule-Netz« einiges Interesse und positive Resonanz in der rechtsextremistischen Presse.[12] Mehrere Sysops sind an den »Nationalen Internet-Kongressen« beteiligt, die die NPD im Juli und November 1996 in Augsburg respektive Stolberg (Rheinland) veranstaltet.[13] Gegen Ende dieser Phase ist das Netz, wenn auch grobmaschig, in fast allen Teilen Deutschlands vertreten. Die Zahl der Boxen lässt sich allerdings nicht verlässlich angeben: Es besteht eine hohe Fluktuation[14], einzelne Boxen befinden sich im Aufbau oder werden angekündigt, gehen aber tatsächlich nicht ans Netz, andere existieren als geschlossene Nutzergruppen, die nach außen kaum in Erscheinung treten. All diese Boxen eingeschlossen, ergibt sich auf dem höchsten Ausbaustand (1996) eine Zahl von 18 Mailboxen, davon 14 im Bundesgebiet und vier im Ausland.[15] Der befragte ehemalige Sysop des Netzes gibt jedoch an, gleichzeitig habe das Netz zu keinem Zeitpunkt mehr als sieben oder acht aktive Boxen umfasst.[16] Somit war es offenbar kleiner, als Beobachter, auch die Verfassungsschutzbehörden, zumeist angenommen haben.

Als einzige ausländische Box nimmt die »Dissident BBS« (Wien) kurzzeitig am automatischen Datenaustausch des Verbundes teil. Zu den übrigen nicht deutschen Boxen, die in den Selbstdarstellungen genannt werden, ist nur eine flüchtige, einseitig gerichtete Verbindung vorhanden: So werden Nachrichten aus den Boxen »Motstand« (Oslo), »Weerwolf« (Rotterdam), »Ost-West White Board« (Arnheim) und »Digital Freedom« (Toronto) ins »Thule-Netz« eingespeist, für die zum Teil spezielle Bretter vorhanden sind.[17] Ein Austausch mit den Usern dieser Boxen findet jedoch nicht statt. Das Bundesamt für Verfassungsschutz vermutet, dass bereits Sprachprobleme substanzielle Diskussionen der »Thule«-User mit den Teilnehmern englischsprachiger Boxen verhindert hätten.[18] Auslandskontakte des Netzes dienen eher dem Ziel, dieses aufzuwerten und die Motivation der User zu steigern, als sie tatsächlich zu einer internationalen Vernetzung des Rechtsextremismus beitragen.

Auch die Angaben über die Zahl der »Thule«-User in dieser Phase variieren. Wahrscheinlich sind im April 1996 etwa

100 User im »Thule-Netz« registriert.[19] Obwohl sich die Zahl der Nutzer nach Darstellung des Bundesamtes für Verfassungsschutz noch im folgenden Jahr auf 200 erhöht[20], setzt bereits 1996 der Zerfallsprozess des Netzes ein. Dies geschieht nicht zufällig zu dem Zeitpunkt, als zahlreiche deutsche Rechtsextremisten eigene Homepages im World Wide Web aufbauen.[21]

Interne Diskussionen im »Thule-Netz« gewinnen in der Folgezeit an Schärfe. Einige Systembetreiber propagieren die striktere Abschottung des Netzes nach außen[22] und beklagen das geringe Niveau der Diskussionen im Netz, die zunehmend von persönlicher Anfeindung statt strategisch-theoretischen Erörterungen geprägt sind. Die Auseinandersetzungen, die zur Abkoppelung mehrerer Boxen vom Netz führen, finden Anfang 1997 ihren Höhepunkt: Im März werden die »Elias BBS« (Oftersheim)[23] und »Asgard BBS« (Bad Segeberg)[24] ausgeschlossen. Sie gründen das »Nordland-Netz«, an dem sich auch die vorherige »Thule«-Mailbox »Störtebeker« beteiligt. Das »Nordland-Netz« begrenzt den Teilnehmerkreis auf ausgewiesene Aktivisten. So will es Strategiediskussionen auf höherem Niveau erreichen, als dies im »Thule-Netz« der Fall ist, was offenbar anfangs in gewissem Maße gelingt.[25]

1997 sind nur noch fünf Boxen[26] im »Thule-Netz« vertreten, von denen ein Jahr später lediglich die Karlsruher »Propaganda BBS« verbleibt.[27] Auch Thomas Hetzer, Kopf des Verbunds und Betreiber des Zentralrechners »Widerstand«, nimmt seine Box im März 1998 vom Netz. Der maßgebliche Grund für das Ausscheiden Hetzers dürfte die Enttäuschung über das niedrige Diskussionsniveau im Netz sein. Als Nationalrevolutionär und Mitarbeiter des neurechten »Thule-Seminars« steht er der plumpen Neonazi-Ideologie vieler Mitdiskutanten distanziert gegenüber.[28] Bereits im Herbst 1996 setzt er sich entschieden von ihnen ab: »Wenn ich eine Liste der dümmsten Menschen, die mir in meinem bisherigen Leben über den Weg gelaufen sind, erstellen würde, so würden viele der mir persönlich bekannten (Neo-)Nazis darin eine herausragende

Stellung einnehmen«, schreibt er im »Thule-Netz«.[29] Hetzers Ausstieg wird im Netz kaum kommentiert. Zur polarisierenden Figur ist er auch dadurch geworden, dass er Diskussionsstandards mit Hilfe von Sanktionen durchzusetzen versucht. So will er grobe Beleidigungen und strafbare Äußerungen verhindern und verhängt in mindestens einem Fall ein Schreibverbot gegen einen User.[30] Ein Frankfurter NPD-Funktionär und »Thule«-User bezeichnet Hetzer als »Netz-Stalinist!«.[31]

Das »Nordland-Netz« reduziert sich auf zwei Boxen. Im April 1999 kündigt Initiatorin Thekla Kosche (»Gothmag99«) ihren Rückzug vom Netz an, was dessen Auflösung gleichkommt. Zur Begründung schreibt sie in einer E-Mail, sie sehe die hinter dem Mailbox-Verbund stehende Idee als gescheitert an. Das Ziel, der Aufbau von Strukturen, mit denen konkrete politische Ergebnisse erzielt werden sollten, sei verfehlt worden. Die »Propaganda«-Box stellt zum Juli des Jahres ihren Betrieb ein. Zuletzt hatten beide Netze insgesamt etwa 100 Nutzer.[32] Ihre Nachfolge tritt das kleine »Thing-Netz« an, zu dem sich bereits im November 1998 ehemalige »Thule«-User zusammengeschlossen haben. In den drei Boxen des Netzes, von denen nur eine online erreichbar ist, sind etwa 20 Nutzer aktiv.[33] Das Medium Mailbox ist somit im deutschen Rechtsextremismus annähernd bedeutungslos geworden.

9.3 Exkurs: »Thule-Netz« im Internet

Parallel zum Mailbox-Verbund wird das »Thule-Netz« 1995 im Internet aktiv. Zunächst knüpft es an die Newsgroups des Usenets an. Der Sysop der »Widerstand BBS«, Thomas Hetzer, richtet 1994 eine Verbindung (Gate) zu mehreren deutschsprachigen, politikzentrierten Newsgroups ein, die als eigene Bretter im Mailboxnetz auftauchen und an deren Diskussionen sich die User beteiligen können.[34] Im März 1996 geht die WWW-Homepage von Jürgen Jost (»Joschi«), Sysop der »Elias BBS«, online, die dessen Box vorstellt, für das Netz wirbt und

```
McMail 1.0g5/SW SQ000107, Node: 90:900/1@ThuleNet
**EMSI_REQA77E
```

THULE NETZ

WIDERSTAND
Mailbox gegen Zeitgeist und Konformismus

ACHTUNG: Wenn dies Dein erster Anruf ist, so gib als Benutzername "Gast" ein. Wenn Du keine ANSI-Emulation wünschst, gib bitte "Besucher" ein. ATTENTION: If this is Your first call, so please login as "Gast". If Your terminal does not support ansi-emulation, so enter as "Besucher".

Analog: 09131-201124 V.FC, V.32bis
       09131-897627 V.34, ZyX, V.32bis
       09131-897628 V.32bis (nur Netz)
ISDN: 09131-896727 X.75, V.110
Voice Hotline: 09131-897629

Benutzername "Info" führt direkt zum Informationsmenü des "Thule-Seminars".

```
Press ESC twice for BBS
**EMSI_REQA77E
passing to BBS, please wait...

RemoteAccess 2.50+
Gib Deinen Namen ein, Kamerad: Gast

Durchsuche Benutzerliste ...

Verfügbare Sprachen:

  1 ..... Deutsch                    2 ..... English

Welche Sprache bevorzugst Du: 1
```

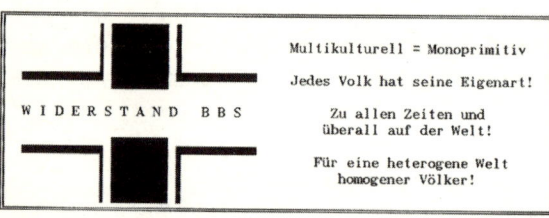

Multikulturell = Monoprimitiv

Jedes Volk hat seine Eigenart!

W I D E R S T A N D   B B S

Zu allen Zeiten und überall auf der Welt!

Für eine heterogene Welt homogener Völker!

```
Nach neuer Post fuer Dich suchen  (j/N)?
```

Das technische und logistische Herzstück des »Thule-Netzes«: die »Widerstand BBS«. Im Gegensatz zum Internet konnten die Mailboxen nur mit simplen grafischen Elementen aufwarten.

Rubriken weiterer »Thule«-Mailboxen umfasst. Sie zählt somit zu den ersten Internet-Seiten deutscher Rechtsextremisten. Auch die Hamburger »Bollwerk BBS« richtet kurz darauf eine eigene Homepage ein, die rechtsextremistischen Organisationen einen Teil ihres Speicherplatzes anbietet, jedoch nur bis zum Herbst 1996 aufrechterhalten wird.[35] Im Juli des Jahres geht zusätzlich eine eigene WWW-Domain des »Thule-Netzes« in Betrieb, die inzwischen aufwändig und umfangreich ausgestattet ist. Verantwortlich ist zunächst der Sysop der Münchner »Janus BBS«, Ralf Kottcke (»Thorin Eichenschild«)[36], seit September 1998 ein unter dem Pseudonym »Garfield« auftretender, namentlich nicht bekannter »Thule«-User.[37]

Anfangs dient die Seite den Mailboxen als Instrument der Breitenwirkung sowie als Werbemedium. So umfasst sie von Beginn an neben einer »Thule«-Selbstdarstellung zahlreiche Texte aus dem Netz. 1998 richtet Betreiber Kottcke eine Online-Zugriffsmöglichkeit auf einen Teil der Diskussionen des Mailboxnetzes ein (»THULE-Gate – das Tor zum THULE-Netz«[38]). Darüber hinaus befindet sich auf der Seite seit Dezember des Jahres ein Chat-Room, in dem die Nutzer kommunizieren können, der jedoch kaum genutzt wird.[39] Bemerkenswert ist die Sammlung an Querverweisen (Links) auf andere rechtsextremistische, vielfach NS-verherrlichende Homepages aus dem In- und Ausland, die zu den umfangreichsten Link-Listen dieser Art zählt.[40]

Die Seite unterscheidet sich von den Mailboxen signifikant dadurch, dass seit dem Betreiberwechsel vom Herbst 1998 strafbare Inhalte einen breiten Raum einnehmen. Die Verantwortlichen speisen die Seite über nordamerikanische Provider ein und machen so eine Strafverfolgung in Deutschland praktisch unmöglich. Anfangs stellen Unternehmen den Internetzugang her, die nicht für eine Nähe zum Rechtsextremismus bekannt sind: zunächst der Provider »ICA Canada Online« (Toronto), dann »DreamHaven Internet Services« (Bothell/Washington). Im Frühjahr 2001 sperrt »DreamHaven« den

Zugang, so dass nur noch zwei »Spiegel« (Kopien) der »Thule-Netz«-Homepage abrufbar sind. Diese wiederum lagern auf Servern neonazistisch ausgerichteter US-amerikanischer Anbieter: der Provider »White Survival Products« (Keller/Texas) und »Propatria« (Turnersville/New Jersey). Nach Angaben des befragten »Thule«-Sysops haben Strafvermeidungsgesichtspunkte bei der Wahl des ausländischen Providers anfangs keine Rolle gespielt. Ausschlaggebend seien die im Vergleich zu deutschen Anbietern geringen Kosten gewesen. Im Betreiberkreis habe Konsens darüber bestanden, keine Materialien in der Domain abzulegen, die in Deutschland strafrechtlich relevant sind. Für diese sollten die gleichen Prinzipien gelten wie für das Mailbox-Netz. Inzwischen sind insbesondere volksverhetzende Texte in einer eigenen Rubrik mit dem provokanten Titel »Strafbare Inhalte« enthalten, als Logo dient das durchgestrichene Paragraphenzeichen. Darin finden sich Links auf Hakenkreuz-Darstellungen (etwa auf der neonazistischen »Stormfront«-Page), auf im Volltext abrufbare Bücher wie Hitlers *Mein Kampf* und das bundesweit beschlagnahmte, rechtsesoterische Werk *Geheimgesellschaften und ihre Macht im 20. Jahrhundert* von Jan Udo Holey (»Jan van Helsing«)[41] sowie auf eine Vielzahl von Musikdateien neonazistischer Skinhead-Bands, die im MP3-Format[42] auf den eigenen Computer kopiert werden können (Download).[43]

Als Online-Angebot, das sachkundig umgesetzt ist und die technischen Möglichkeiten des Internets weitgehend ausschöpft, hat die Homepage die Auflösung des »Thule-Netzes« überdauert. Sie ist aus dem Verbund hervorgegangen, hat sich diesem aber entfremdet und sich verselbstständigt. Zahlreiche Einträge im »Thule-Netz« haben sich kritisch über die Domain geäußert.[44] Es ist eher unwahrscheinlich, dass sich hinter dem heutigen Betreiber »Garfield« eine Person aus dem ehemaligen Führungskreis des Mailboxverbundes verbirgt.

9.4 Aufnahme

Die Aufnahmemodalitäten der »Thule«-Boxen sind unterschiedlich und spiegeln das Selbstverständnis der jeweiligen Box wider. Den Sysops ist freigestellt, welche Personen sie als User registrieren möchten – ob nur persönlich bekannte Rechtsextremisten oder prinzipiell jeden Interessierten. Boxen wie »Elias« (Oftersheim) oder »Rattenfänger« (Hameln) präsentieren sich nach außen als Bürgernetze national eingestellter Menschen, die sich Andersdenkenden jedoch nicht verschlössen. Diese Sysops kennen zum Zeitpunkt der Aufnahme nicht jeden neuen User persönlich. Die »Rattenfänger«-Box nimmt Anfang 1995 sogar den als politischen Gegner bekannten Publizisten Schröder auf.[45] Andere, wie die »SoRevo BBS« (Sozialrevolution, Berlin), stehen dagegen nur geschlossenen Benutzergruppen zur Verfügung. In der »SoRevo« ist seinerzeit ein Flügel der verbotenen neonazistischen »Nationalistischen Front« weiter aktiv, die Gruppe um Andreas Pohl, die vor allem in Sachsen-Anhalt und Thüringen präsent ist.[46] Auch Netzinitiator Thomas Hetzer und »Kraftwerk«-Sysop Kai Dalek (»Undertaker«) nehmen in ihre Boxen nur Aktivisten auf, die ihnen vertraut sind. In der zweiten Entwicklungsphase setzt sich der restriktivere Kurs im »Thule-Netz« durch: Geschlossene Benutzergruppen nehmen zu, Nachrichten werden immer häufiger als PM an einen ausgewählten Adressatenkreis verschickt, statt sie in die netzöffentlichen Bretter einzustellen.

Das Anmeldeverfahren, das Schröder in der »Rattenfänger BBS« durchlaufen hat, ähnelt dem Ablauf in anderen Netzen. Zunächst stellt er bei Sysop André Völkel (»Tristan«) online einen Aufnahmeantrag und gibt Postadresse, Telefonnummer und E-Mail-Adresse an. Per Rückruf vergewissert sich der Systembetreiber, dass sich nicht ein anderer unter falschem Namen angemeldet hat. Nachdem er die Kopie seines Personalausweises an Völkel geschickt hat, erhält der neue User das Passwort, um Nachrichten auf der User-Ebene online einsehen zu können. Er erhält ein zweites Passwort, um mit Hilfe des Programms »Crosspoint« Nachrichten aus ausgewählten Brettern zu abonnieren und sie offline lesen zu können. Auf diese Weise wird der User zum ›Point‹ und spart erhebliche Telefonkosten.

Das beschriebene Anmeldeverfahren der »Rattenfänger BBS« ist ein Abschottungsmechanismus, hat aber auch funktionale Gründe. Mit Hilfe der angegebenen Daten kann der Sysop darauf dringen, dass säumige Zahler die monatlichen Gebühren entrichten. Auch wenn dieses Verfahren im Konsens der Sysops festgelegt worden ist, halten es nicht alle Betreiber konsequent ein: So verzichten manche auf die Kopie des Ausweises und kontrollieren die monatlichen Zahlungen nur sporadisch.[47]

9.5 Aufbau

Das »Thule-Netz« umfasst 1998 etwa 90 Bretter. Die Brettstruktur orientiert sich an der des umfangreichen, linksorientierten »CL-Netzes«, das jedem Thema die Bretter Allgemein, Berichte und Diskussion zuordnet. Thematisch lassen sich die »Thule«-Bretter grob in drei Gruppen einteilen:
- Computertechnik: Bretter wie Comp/Allgemein, Comp/ PC, DFUE/Allgemein oder Technik beschäftigen sich fast ausschließlich mit computertechnischen Angelegenheiten, die überwiegend keine politische Relevanz haben. Auch das »Sysops Only«-Brett (siehe unten) ist im Wesentlichen ein technikzentriertes Brett.[48]
- Organisationen und Medien: Eine Reihe von Brettern ist rechtsextremistischen Organisationen (DL, DVU, NPD, REP, HNG) oder Medien (*Berlin-Brandenburger Zeitung, Junges Franken, Staatsbriefe, Umbruch*) zugeordnet. Diese sind nicht Mitgliedern oder Abonnenten vorbehalten, sondern verstehen sich als Diskussionsforen über die betreffenden Organisationen und Periodika, ihre ideologische Aus-

richtung, Strategie und Beschlüsse. Parteiführungen oder Herausgeber haben auf die Bretter keinen unmittelbaren Einfluss.

– Sonstige Themenbretter: Die übrigen Bretter beschäftigen sich mit einem breiten Themenspektrum: So existieren Bereiche für Aktuelles, Außenpolitik, Gesellschaft, Geschichte, Europa, Jugend (unter anderem bündische Jugend und Jugendzeitungen), Musik (Volksmusik, Oi!Musik), Organisationsstrukturen, Recht und Religion (unter anderem Esoterik und Heidentum). Für Witze steht das Brett »Parole Spaß« zur Verfügung.

Nicht alle Bretter des »Thule-Netzes« erreichen dasselbe Publikum. Vier Ebenen lassen sich unterscheiden:

– Die Gast-Ebene: Einige Bretter kann jeder einsehen, der die notwendige technische Ausstattung besitzt, ohne bei einer »Thule«-Box registriert zu sein oder Gebühren zu zahlen. Diese Gäste-Bretter umfassen beispielsweise die Selbstdarstellung des Netzes, Veranstaltungstipps, Rezensionen, Materialhinweise, Partei- und Organisationsnachrichten. Gäste können auch einige Dateien aus den Boxen kopieren (requesten), allerdings keine eigenen Nachrichten ins Netz einspeisen. Sie können sich nur in die Zentralmailbox »Widerstand« einwählen.[49]

– Die User-Ebene: User, also registrierte Teilnehmer am »Thule-Netz«, können fast alle Diskussionen – mit Ausnahme des »Sysops Only«-Brettes und interner Bretter anderer Boxen – verfolgen und sich daran beteiligen. Wer User werden möchte, durchläuft das Aufnahmeverfahren und muss eine monatliche Gebühr zahlen (siehe 9.9).

– Die Sysop-Ebene: Im Brett »Sysops Only« kommunizieren die Systembetreiber. Es steht den Usern nicht zur Verfügung. Die enthaltenen Nachrichten sind verschlüsselt und durch ein Passwort – ein so genanntes ›Mantra‹ – gesichert. In diesem Brett werden im Wesentlichen technischer Ausbau und Steuerung des Netzes geplant.[50]

– Die lokale Ebene: Die meisten »Thule«-Boxen bieten interne

Bretter an, die allen Usern der betreffenden Box, nicht aber denen anderer Boxen zur Verfügung stehen. Sie dienen dem Austausch lokaler Informationen oder der Mobilisierung zu lokalen Aktivitäten.[51]

Unklar ist, wie lange darüber hinaus eine Aktivisten-Ebene existiert hat, von der Wissenschaftler der Universität Trier 1995 unter Berufung auf einen namentlich nicht genannten »Thule«-Sysop sprechen. Nach Darstellung dieses Sysops steht die Ebene ausgewiesenen rechtsextremistischen Kadern zur Verfügung. Neue User würden in diese Ebene nur nach Mehrheitsentscheid der bisherigen User aufgenommen. Der Sysop räumt allerdings ein, auf der Aktivisten-Ebene fänden kaum noch Diskussionen statt.[52] Burkhard Schröder spricht von einem Aktivisten-Brett, das abgeschafft worden sei.[53] Laut Bundesamt für Verfassungsschutz hat ein solches Brett phasenweise bestanden, der Zugang sei als »Bonbon« an besonders aktive Nutzer des Netzes vergeben worden.[54] Unstrittig ist, dass dieses Brett keine herausgehobene Bedeutung besessen, insbesondere nicht als Forum zur konspirativen Vorbereitung von Aktionen oder gar Straftaten gedient hat. Technisch hat jeder Sysop ohnehin die Möglichkeit, einzelnen Usern Bretter vorzuenthalten, ohne dass der Betroffene von der Existenz dieser Bretter erfährt. Zudem kann jeder User oder Sysop Mailing Lists einrichten und so den Effekt einer Aktivisten-Ebene leicht herstellen: Wer in dem Verteiler nicht eingetragen ist, empfängt die betreffenden Nachrichten nicht und kann an diesen Diskussionen nicht teilnehmen.

9.6 Betreiber und Nutzer

Über die »Thule-Netz«-Gemeinde liegen aus naheliegenden Gründen keine umfassenden Informationen vor. Trägt man die verfügbaren Mosaiksteine zusammen, ergibt sich das folgende Bild: Auch wenn sich die Führungsriege rechtsextremistischer Gruppen – namentlich der NPD – seit langem der Möglichkeiten durch Neue Medien bewusst ist, sind es technisch interessierte Anhänger an der Basis, die das »Thule-Netz« knüpfen. Die Trierer Wissenschaftler bezeichnen die Einführung des Mediums Mailbox in den Rechtsextremismus zu Recht als »Diffusion von unten«[55].

Der Impuls geht im Wesentlichen von Personen aus dem Umfeld der NPD-Jugendorganisation »Junge Nationaldemokraten« (JN) aus. Zur Schlüsselfigur wird der damalige Erlanger Informatik-Student (heute Programmierer) und »Widerstand«-Sysop Thomas Hetzer: Er ist gleichzeitig Verantwortlicher des 1990 gegründeten Periodikums *Die Saufeder,* die als JN-Theorieorgan gilt, gehört zum Umfeld des »Deutschen Führungskreises«, eines Zusammenschlusses rechtsextremistischer Aktivisten in Nordbayern,[56] und ist 1997 verantwortlich für die neurechten *Thule-Briefe* (»Infoblatt für Freunde und Förderer des THULE-Seminars«)[57]. Auch die meisten anderen Systembetreiber sind in rechtsextremistische Gruppen eingebunden. »SoRevo«-Betreiber Thomas Richter (»Kommando F.«) hat der inzwischen verbotenen »Nationalistischen Front« angehört, »Kraftwerk«-Sysop Kai Dalek ist in der ›Anti-Antifa‹ aktiv[58], in der Wohnung des wegen Körperverletzung vorbestraften »Rattenfänger«-Sysops André Völkel (»Tristan«) findet die Polizei im April 1994 Propagandamaterial der NSDAP/AO[59]. »Reisswolf«-Sysop ist Ex-NPD-Chef Günter Deckert (»Zeus«)[60], »Propaganda«-Sysop Norbert Golenia (»Hagestolz«, »Karl Murx«) 1998 Bundestagskandidat der NPD[61]. Der Betreiber der »Germania BBS«, Hans-Peter Krieger (»Peter Voss«), hat einen politischen Weg von den neonazistischen, inzwischen verbotenen Organisationen »Wiking-Jugend« und »Freiheitliche Deutsche Arbeiterpartei« (FAP) zur »Initiative Gesamtdeutschland« und der NPD durchlaufen.[62] Sysop der »Dissident«, der einzigen österreichischen »Thule«-Box, ist der Neonazi Christian Anderle (»Arisk«), der im Mai 1996 mit internationalem Haftbefehl gesucht wird, untertaucht und den Betrieb der Box daher bereits nach wenigen Monaten einstellt.[63] Zumindest ein Sysop hat erst über das »Thule-Netz« den Weg in den Rechtsextremismus gefunden. Er gibt an, »mit Politik nicht so viel am Hut« zu haben; eher technisches Interesse und die Ablehnung, die »Leute, die sich national oder konservativ geäußert haben«, in anderen Computernetzen erfahren hätten, habe ihn für das Projekt mobilisiert.[64]

Die Systembetreiber rekrutieren sich überwiegend aus Personen in der ersten Lebenshälfte. Den Angaben des befragten Sysops zufolge sind die meisten seinerzeit zwischen 20 und 30 Jahren alt.[65] Eine Ausnahme bildet Günter Deckert (Jg. 1940), der noch während seiner Zeit als NPD-Vorsitzender (1991–1995) im Netz aktiv wird und als Sysop der Weilheimer »Reisswolf BBS« firmiert. Die technischen Aufgaben, die mit dieser Funktion verbunden sind, haben jedoch Personen aus Deckerts Umfeld, darunter »Elias«-Sysop Jürgen Jost, übernommen.[66] Andere Partei- und Organisationsfunktionäre in ähnlichem Alter hätten zwar Interesse an dem Medium bekundet, sich aber auf Grund technischer Probleme nicht daran beteiligt.[67] Wahrscheinlich ist zudem, dass Ängste und Hemmungen computergestützten Medien gegenüber die Bereitschaft gemindert haben, sich im »Thule-Netz« zu engagieren.

Die Gruppe der »Thule«-User ist heterogener als die der Sysops: Sie gehören unterschiedlichen Altersgruppen an und verfügen über unterschiedliche Bildungsabschlüsse. Unter ihnen sind Arbeiter mit Hauptschulabschluss wie Studenten oder Selbstständige. Sie sind fast ausschließlich männlich.[68] Über den politischen Standort der User zitiert die Trierer Untersuchung einen »Thule«-Sysop: »Da sind natürlich viele Parteimitglieder, aber auch Leute, die sind konservativ eingestellt, meinetwegen national, die aber im Alltagsleben keine Möglichkeit haben, sich politisch auszutauschen oder sich verstellen. Davon haben wir viele Teilnehmer, die in keiner Organisation oder Partei sind, die im Berufsleben stehen, und die sich praktisch auf diese Art und Weise politisch austauschen, weil es eigentlich nicht rauskommen dürfte, daß die sich daran beteiligen, weil sie berufliche oder gesellschaftliche Nachteile zu befürchten haben. Die Anonymität spielt hier eine ganz große Rolle, weil das tabuisiert wird und die Teilnehmer diskriminiert werden. (…) Deswegen ist es auch die Regel, unter Pseudonymen zu veröffentlichen.«[69]

Die User des »Thule-Netzes« rekrutieren sich somit aus verschiedenen Strömungen des Rechtsextremismus und des Scharnierbereichs. Sie gehören Organisationen oder Parteien unterschiedlicher Ausrichtung (z. B. DVU, FAP, »Wiking-Jugend«; »Thule«-User Helmut W. Goj ist zeitweise Landesvorstandsmitglied des »Bundes freier Bürger« in NRW) oder keinen Gruppen an, sie sind Mitarbeiter von Verlagen (zum Beispiel *Junge Freiheit*), Anhänger des Neonazismus, der Neuen Rechten und/oder des militanten Rechtsextremismus.[70] Die meisten User orientieren sich schon vor ihrer Beteiligung am »Thule-Netz« an rechtsextremistischer Ideologie. Der befragte Sysop: »Da sind überwiegend Leute drin, die sowieso schon in dieser Richtung denken oder dahin tendieren. Daß da viele reinkommen, die nicht wissen, was das ist, das glaube ich nicht. (…) Das ist momentan eindeutig ein Medium für Insider.«[71]

Gleichwohl sind viele User nicht organisatorisch gebunden. Genutzt wird das Medium auch und im Laufe seines Bestehens zunehmend von vorwiegend technisch interessierten Personen (Computerfreaks). Mitglieder von Parteien und sonstigen Organisationen, die im Netz aktiv werden, tun dies aus eigenem Antrieb, nicht im Auftrag dieser Gruppen.[72]

9.7 Vernetzungsleistung[73]

Trotz der Bandbreite der »Thule«-User zeigen positive Bezüge im Netz eine auffällige Nähe zum Neonazismus. So werden prominente, auch gewaltbereite Neonazis wie der 1991 verstorbene Michael Kühnen hervorgehoben, neonazistische Skinhead-Bands und Liedermacher (Frank Rennicke) sowie

Gruppen und Publikationen der ›Anti-Antifa‹. Umstrittener sind Personen und Medien der Neuen Rechten. Dies gilt insbesondere für die Wochenzeitung *Junge Freiheit* (JF), deren verbaler Mäßigungsprozess bei vielen Usern auf Ablehnung stößt (»linksliberaler Trend«[74]). Andere begrüßen die Scharnierwirkung solcher Projekte als wichtigen strategischen Effekt und verweisen neben der JF auf das CDU-nahe »Studienzentrum Weikersheim«, den »Hofgeismarkreis« am rechten Rand der SPD-Nachwuchsorganisation sowie den neurechten Aufruf zum 8. Mai 1995. Die Link-Sammlung der »Thule«-Homepage umfasst von Beginn an auch Verweise auf neurechte Seiten, beispielsweise die des »Bundes freier Bürger«, der »Deutschland-Bewegung« (Alfred Mechtersheimer) und der *Jungen Freiheit*. Der JF-Verweis wird allerdings mit der skeptischen Bemerkung versehen: »Junge Freiheit … Junge Feigheit … Junge Pfeiffen … oder was?)«[75].

Das Kampagnenthema Ausländer ist in den Diskussionen des Netzes (außer den technikzentrierten Brettern) weit verbreitet und durch einen – häufig offen biologistischen – Rassismus geprägt. Zur Begründung beziehen sich einige User auf Schriften von NS-Autoren wie Hans Günther; entsprechend teilen sie die Menschheit in rassische Gruppen ein, die sich durch äußerliche sowie charakterliche Merkmale unterschieden und sich keinesfalls vermischen dürften. Solche Bemerkungen fallen häufig in aggressivem Ton.[76] Auch revisionistische Bemerkungen tauchen im Netz auf. Die User halten sich jedoch an den Hinweis der Sysops, strafbare Äußerungen, insbesondere die Leugnung des Holocausts, zu unterlassen (siehe 9.8). Daher kommen solche Behauptungen nur in Andeutungen vor. Offener wird die deutsche Schuld am Zweiten Weltkrieg geleugnet und dieser als ›Präventivkrieg‹ dargestellt. Strategische Diskussionen im »Thule-Netz« bleiben oberflächlich und führen nicht zur Entwicklung neuer Ansätze. Sie kreisen um die Streitfrage, ob vorrangig Breitenwirkung oder eine engere Vernetzung nach innen anzustreben sei. Eine Einheit der rechten Bewegung in allen Schattierungen halten die meisten User für unrealistisch: Zwischen Gruppen, die ›das System‹ befürworteten, und solchen, die es ablehnten, sei allenfalls ein Meinungsaustausch möglich, wie er im »Thule-Netz« bereits stattfinde.[77]

Eine Reihe von Brettern fungieren als Service-Börsen, in denen Veranstaltungstermine und Adressen mitgeteilt werden. Ab November 1997 werden auch die Ansagen des neonazistisch ausgerichteten »Nationalen Infotelefons Rheinland« (siehe 8.) im Volltext in einen eigenen Bereich des Netzes eingestellt.[78] In dem Bewusstsein, dass auch politische Gegner Zugriff auf die Mailboxen haben, rufen einzelne Sysops bereits 1995 dazu auf, sensible Informationen netzöffentlich nur noch anzudeuten und Details per verschlüsselter PM ausschließlich an bekannte Aktivisten weiterzuleiten.[79] Das Brett »Suche-Biete« dient als elektronischer Kleinanzeigenapparat, in dem auch rechtsextremistische Verlage für ihre Produkte werben. Als weitere Serviceleistungen bietet das Netz Datenbanken, Software und Materialien an. So können die User in den Datenbanken »Periodik« und »Nat-Org« Informationen über rechtsextremistische Zeitschriften und Adressen von Organisationen abrufen, die Schulungsmappe »Die Neuordnung Deutschlands« des Rechtsextremisten Reinhold Oberlercher und fertig gestaltete Flugblätter sowie Computerprogramme auf den eigenen Rechner kopieren.

Die verschiedentlich geäußerte Behauptung, im »Thule-Netz« seien ernsthafte Anleitungen zur Herstellung von Sprengstoff verbreitet worden,[80] trifft mit hoher Wahrscheinlichkeit nicht zu.[81] Dies gilt zumindest für die netzöffentlichen Bretter des Verbunds. Entsprechende Berichte beruhen auf Fehlschlüssen: Sie verwechseln das Netz mit dem PC-Journal »Endsieg«, das allerdings auf Diskette vertrieben wurde und zu den »Thule«-Mailboxen in keinem nachgewiesenen Zusammenhang steht. Irrtümlich verwiesen wird zudem auf Texte, die im Laufe des Jahres 1993 eingespeist wurden, sich tatsächlich mit Sprengkörpern befassen, aber keineswegs die notwendigen Hinweise liefern, um diese herzustellen.[82]

9.8 Symbolische Integration

Das »Thule-Netz« gibt Sprachregelungen vor, die eine symbolische Einheit der Netzgemeinde stiften sollen. So heißt es im *Thule-Journal:* »Wir arbeiten an wegweisenden Lösungen für die kulturelle Wiedergeburt Europas; Unabhängigkeit unserer Politik, Diplomatie und Wirtschaft; führen einen Kulturkrieg gegen sämtliche Entwurzelungskräfte (der Hauptfeind heißt *American way of life*).«[83] Zudem weist das Heft auf Äußerungen hin, die aus strafrechtlichen Gründen zu unterlassen seien: »Verwendung verfassungswidriger Kennzeichen/ Volksverhetzung/Aufstachelung zum Rassenhass/Beleidigungen (Ausländer, Juden, Leugnen der Judenvernichtung).« Während strafrechtlich relevante Beiträge im »Thule-Netz« tatsächlich selten sind, schlagen sich die thematischen und begrifflichen Vorgaben kaum in den Diskussionsbeiträgen nieder. Der gestelzte Stil der Grundsatzartikel im *Thule-Journal,* der stark an den Duktus des neurechten Kasseler »Thule-Seminars« erinnert, steht im Gegensatz zum dumpfen und aggressiven Grundton im Netz. Theoriehaltige, somit dem intellektuellen Anspruch der Neuen Rechten entsprechende Beiträge sind deutlich in der Minderzahl. Sind die Diskussionen bereits in der Anfangsphase von einem rauen, häufig über die Beleidigungsschwelle hinausgehenden Stil gekennzeichnet,[84] findet in der Folgezeit eine weitere Verschärfung statt. Insbesondere grassieren in dieser Phase Misstrauen und Verdächtigungen unter den »Thule«-Teilnehmern.[85]

Im Stil unterscheiden sich die Diskussionsbeiträge des Netzes deutlich von üblicher verschriftlichter Sprache. Sie tragen den Charakter formloser Unterhaltungen einander wohlvertrauter Gesprächspartner, wenngleich sich die User in der Regel nicht persönlich kennen. Dieser Stil, der im wechselseitigen Duzen und in häufigen umgangs-, mitunter vulgärsprachlichen Formulierungen sowie unvollständigen Sätzen zum Ausdruck kommt, ist kein Spezifikum des »Thule-Netzes«, sondern allgemeines Kennzeichen des Mailbox-Jargons. Letzteres gilt auch für expressive Einschübe wie Sound- und Aktionswörter sowie Emoticons.[86] Den formlosen Charakter der Diskussionen und die Ausprägung eigener sprachlicher Codes im Netz unterstreicht der spielerische Umgang mit Grußformeln, Schlussbemerkungen (Origins)[87] und Pseudonymen. Durch Pseudonyme wahren die User eine gewisse Anonymität[88], der launige Umgang mit Netznamen oder gar -identitäten[89] entspricht aber auch dem Charakter der Mailboxen als Freizeitmedium. Gleichwohl lässt die Wahl etwa von Pseudonymen und Grußformeln häufig die rechtsextremistische Haltung der Diskutierenden erkennen: Sie nennen sich »Warlord«, »Kommando F.« oder »Odin« und verbleiben mit »systemfeindlichem«, »verfassungsfeindlichem« oder »unkoscherem« Gruß. So ist der Stil des »Thule-Netzes« von einer Kombination aus sprachlich-symbolischen Elementen der nicht kommerziellen »DFÜ-Szene«[90] mit rechtsextremistischen Mustern geprägt. Der spielerische, vertrauliche Ton der Diskussionen trägt zur symbolischen Integration der Netzgemeinde bei, wird jedoch durch beleidigende Äußerungen kontrastiert.

Zur Einigung trägt auch die Frontstellung zum Staatswesen der Bundesrepublik Deutschland bei, das als »Schweinestaat«[91], »Bonner Terrorregime«[92] oder »total verfaultes System«[93] bezeichnet wird. Die schroffe Abgrenzung, die in solchen Äußerungen zum Ausdruck kommt, ist grundsätzlich und prägt die Diskussionen, wenngleich nicht alle User in Fundamentalopposition zum deutschen Staat stehen, wie auch nicht alle in gleichem Maße im Netz aktiv sind: Besonders aggressiv und deutlich neonazistisch agitierende Teilnehmer sind meist auch besonders häufige Schreiber. In den Jahren 1995 und 1996 gilt dies beispielsweise für User wie Hans-Josef Mack (»Schinderhannes«), Dietwald Claus (»Tornja«) oder »Zetan«.

9.9 Professionalität

Das »Thule-Netz« erhebt nicht den Anspruch eines professionell betriebenen Mediums. Wie die meisten Mailboxnetze ist es als Freizeitprojekt der Sysops und User konzipiert, das ohne berufsmäßige Mitarbeiter und Gewinnerwartungen aufrechterhalten wird. Insofern sind Maßstäbe professioneller Medien nur eingeschränkt an das Netz anzulegen. Dieses versucht seinen Hobby-Charakter – etwa im Gegensatz zu einzelnen »Nationalen Infotelefonen« (siehe 8.) – nicht durch Professionalitätssignale zu überdecken, vielmehr weist es zutreffend darauf hin, die angeschlossenen Boxen seien »keine gewerblichen Unternehmen«[94]. Einfluss auf die Bewegung versucht es gerade dadurch zu erlangen, dass es sich offensiv als rein politisch motiviertes Projekt nicht profitorientierter Aktivisten beschreibt. Umfang und Vernetzungsleistung des Verbundes stellen die Betreiber allerdings übertrieben dar, um das Gewicht ihres Mediums in der Szene und dessen öffentliche Wahrnehmung zu steigern. Die begrenzten, aber zur Schau gestellten internationalen Kontakte des Netzes zeigen dies deutlich (siehe 9.2).

Für User des »Thule-Netzes« fallen – wie bei den meisten Mailboxnetzen – geringe Gebühren an: Sie liegen bei monatlich zehn Mark (fünf Mark für Auszubildende, Schüler, Studenten)[95], hinzu kommen eine einmalige Gebühr von zehn Mark für User, die den Status eines ›Points‹ besitzen, sowie Zusatzkosten, wenn besondere Leistungen in Anspruch genommen werden (Datenbank, Versenden und Empfangen von Faxen über die Mailbox). Nicht zuletzt auf Grund der schlechten Zahlungsmoral der »Thule«-User decken diese Gebühren allenfalls die Telefonkosten des Netzes, die durch den automatischen Datenaustausch der Boxen anfallen, sowie die Providerkosten für die »Thule«-Homepage[96]. Als Freizeitaktivität erweist sich das Netz insbesondere dadurch, dass der erhebliche Zeitaufwand der Betreiber nicht vergütet wird und ein angemessenes Entgelt angesichts der geringen

Gebühren auch nicht vorgesehen ist. Der befragte Sysop gibt an, täglich (einschließlich Wochenende) etwa ein bis zwei Stunden auf die Box verwandt zu haben. Ihm zufolge sind die Netzgebühren »eher ein symbolischer Preis«.

Der technische Kenntnisstand der »Thule«-Sysops variiert. Nur wenige verfügen über eine entsprechende Ausbildung. Den umfangreichsten Sachverstand bringt Initiator und Kopf Thomas Hetzer in das Projekt ein, der als Informatik-Student eine formale computertechnische Qualifikation anstrebt und später erwirbt. Sein Know-how ist für die Einrichtung des Netzes von zentraler Bedeutung: Erst durch seine Beteiligung gelingt es im März 1993, den reibungslosen Datenaustausch der Boxen herzustellen. Anspruchsvolle Aufgaben werden auch in der Folgezeit häufig von Hetzer übernommen, beispielsweise die Anbindung des Netzes an die Newsgroups des Internets.[97] Zumindest zwei Sysops sind beruflich in der Computerbranche tätig: »Janus«-Betreiber Ralf Kottcke ist zeitweise Software-Redakteur der Zeitschrift *Amiga* und wird im Dezember 1996 entlassen, nachdem Journalisten den Verlag »MagnaMedia« (München) auf die neonazistischen Aktivitäten ihres Angestellten hingewiesen haben.[98] Norbert Golenia, Sysop der »Propaganda BBS«, der letzten verbliebenen »Thule«-Mailbox, ist in Karlsruhe als EDV-Dienstleister tätig.[99] Die überwiegende Zahl der Betreiber hat sich nach dem Prinzip des ›learning by doing‹ in die Mailboxtechnik eingearbeitet und verfügt auf diese Weise über solides Wissen, um ihre Boxen einzurichten und zu pflegen.[100] Die starke Beteiligung von Personen, die formal nicht qualifiziert, an der Datenfernübertragung aber leidenschaftlich interessiert sind, ist kein Spezifikum des »Thule-Netzes«, im Mailboxbereich vielmehr die Regel. Die technischen Kenntnisse, die zum Betrieb einer Box Voraussetzung sind, stellen für solche ›Computerfreaks‹ keine Barriere dar.

Die dem »Thule-Netz« zu Grunde liegende Technik ist funktional und wenig ambitioniert. Es greift auf bewährte Elemente bestehender und wesentlich größerer Mailboxnetze zurück: auf die Brettstruktur des »CL-Netzes« und die Software des »Fido-Netzes«. Zur Begründung des Letzteren heißt es im *Thule-Journal:* »Diese Technologie des Datenaustausches auf der Basis von privaten Mailboxen ist weltweit verbreitet – die erforderlichen Programme sind für jeden Rechnertyp ohne größere Probleme und kostengünstig zu beschaffen. Diese Technik ermöglicht den sicheren und schnellen Datenaustausch über größere Distanzen und eine Vielzahl von angeschlossenen Mailboxen.«[101] Wenige Boxen – »Widerstand BBS« (Erlangen), »Germania BBS« (Bonn) – verfügen über ISDN-Anbindung, die einen schnelleren Datentransfer als analoge Telefonleitungen ermöglicht.[102] Trotz der genannten Unzulänglichkeiten stellt das »Thule-Netz« bis zu seiner Auflösung einen kontinuierlichen Nachrichtenaustausch ohne gravierende technische Schwierigkeiten her.

9.10 Fazit

Das Fazit dieser Fallstudie soll sich auf die Frage konzentrieren, aus welchen Gründen das »Thule-Netz« zerfallen ist und Mailboxen aus dem rechtsextremistischen Mediensystem nahezu vollständig verschwunden sind. Drei Entwicklungen sind hierfür maßgeblich:

Die Konzeption des Netzes ist von Beginn an widersprüchlich: Der insbesondere von Initiator Thomas Hetzer explizierte Anspruch, mit Hilfe der Mailboxen Breitenwirkung zu schaffen, ist mit dem Ziel eines abgeschotteten Insider-Mediums (»Wir sind drinnen – der Staat ist draußen«) nicht zu vereinbaren. Die zu Grunde liegenden strategischen Differenzen der Betreiber werden nicht ausgeräumt, sondern vom anfänglichen Erfolg des Netzes überdeckt. Sie brechen in der Folgezeit hervor und kulminieren in scharfen persönlichen Angriffen. Die Spaltung im März 1997 spiegelt diese Spannungen wider und vertieft die Frustrationserlebnisse der Netzgemeinde.

Zweitens: In den sechs Jahren des Bestehens des »Thule-Netzes« sinkt das Niveau der Diskussionen kontinuierlich.

Die Trivialisierung der Beiträge verbindet sich seit 1995/96 mit einer Verringerung der Zahl an Boxen und Usern. Hintergrund sind die divergierenden Ansprüche von Betreibern und Nutzern an das Netz: Während es jene überwiegend als Instrument zur Ideologie- und Strategiebildung, zur Aktions- und Kampagnenfähigkeit der rechten Bewegung sehen, überwiegt unter den Usern das Interesse am Freizeit- und Unterhaltungsmedium. Diese Entwicklung verschärft sich in dem Maße, in dem sich Personen an dem Netz beteiligen, die vorwiegend technisch interessiert sind.

Hinzu kommt die rasante Entwicklung der Online-Kommunikation, die das Medium Mailbox innerhalb weniger Jahre vom ›State of the Art‹ zur rückständigen Technologie degradiert. Das Internet bietet auch für rechtsextremistische Agitation eine Fülle von Vorzügen: Es ist leichter zu bedienen, schneller, preiswerter, optisch attraktiver, zur internationalen Vernetzung besser geeignet, bietet mehr Optionen und besitzt eine ungleich höhere potenzielle Breitenwirkung als ein Mailbox-Verbund. Dem stehen allenfalls minimale Nachteile gegenüber.[103] Zwar bindet sich das »Thule-Netz« schrittweise an das Internet an, zur zeitweilig geplanten Verlagerung der Mailbox-Kommunikation in das weltweite Computernetz kommt es jedoch nicht mehr.

Das »Thule-Netz« wirkt als Initialzündung der computergestützten Kommunikation deutscher Rechtsextremisten und bereitet den Boden für deren breiten Einstieg ins Internet. Dieses hebt einige der Schwierigkeiten auf, an denen der Mailbox-Verbund scheiterte: Statt des einen, zentralisierten und weitgehend reglementierten Netzes, das die internen Spannungen nicht aushält und zerbricht, bietet das Internet einen virtuellen Raum, in dem sich rechte Gruppen und Personen mit unterschiedlichen Profilen präsentieren können. Diese Seiten bestehen unabhängig voneinander, können sich aber beliebig eng vernetzen. Mit inzwischen hunderten von Homepages deutscher Rechtsextremisten dient das Internet als Schaufenster der Bewegung, zu dem bereits das »Thule-Netz« hatte werden wollen.

10. rocknord.de

Die interaktive Zielgruppenseite

RockNORD. Das Magazin für patriotische Musik[1] gilt als größte und professionellste deutsche Zeitschrift für Skinhead-Musik. Im Zentrum der Berichterstattung stehen Bands, die dem rechtsextremistischen Flügel der Skinhead-Subkultur[2], mitunter auch dem anderer Lebensstile, angehören und die *RockNORD* unter der Sparte ›Rechtsrock‹ subsumiert. Seit der Ausgabe vom Februar 1997 (Nr. 25) betreibt das Magazin parallel zur Printausgabe Internet-Seiten, deren Angebote innerhalb der deutschen Szene zu diesem Zeitpunkt ungewöhnlich vielfältig sind.[3]

10.1 Hintergrund: Torsten Lemmer

Der Düsseldorfer Torsten Lemmer (Jg. 1970) ist der Gründer von *RockNORD* und des Vorläufer-Hefts *Moderne Zeiten. Die Zeitschrift für Musik* und hat beide Publikationen jahrelang herausgegeben. Darüber hinaus zählt Lemmer Ende der 90er Jahre – neben dem Brühler/Kölner Herbert Egoldt (»Rock-O-Rama Records«)[4] – zu den führenden Produzenten von und Händlern mit Skinhead-Rock-Tonträgern. So ist er in dieser Zeit nicht nur Gesellschafter und Geschäftsführer der »Creative Zeiten Verlag und Vertrieb GmbH«[5], in der *RockNORD* erscheint, sondern auch Geschäftsführer und alleiniger Vertretungsberechtigter der »Funny Sounds and Visions Produktions- und Handelsgesellschaft mbH«[6] sowie mehrerer angegliederter Labels wie »Destiny Records« und »Doktor Records«, die einige der bekanntesten deutschen Skinhead-Bands unter Vertrag haben oder hatten (z. B. »08/15«, »Rheinwacht«, »Sturmwehr«, »Oidoxie«). Zu der von Lemmer gegründeten, zunächst in Düsseldorf, inzwischen in Langenfeld

(Rheinland) ansässigen Unternehmensgruppe zählen ferner die Großhandelsgesellschaft »Freier Tonträger Vertrieb« sowie die Vertriebs- und Versandhandelsfirma »MZ-Vertrieb« (»Moderne-Zeiten-Vertrieb«). Es ist davon auszugehen, dass diese Unternehmen Gewinne in erheblichem Umfang erzielen, wenngleich sich der kommerzielle Erfolg kaum beziffern lässt. Der *Spiegel* schätzt 1997 den Jahresumsatz unter Berufung auf einen namentlich nicht genannten ehemaligen Mitarbeiter Lemmers auf »eine knappe Million Mark«[7].

Früh beginnt der »Yuppie-Rechte« (*Spiegel*) sich politisch und journalistisch zu betätigen. Mit 16 Jahren tritt er der FDP bei und steigt mit 18 zum Bundesvorsitzenden der »Arbeitsgemeinschaft liberaler Schüler« auf, bevor er sich der äußersten Rechten zuwendet: zunächst den »Republikanern«, dann der »Freien Wählergemeinschaft«[8] in Düsseldorf. Für deren Düsseldorfer Ratsfraktion ist er zunächst als Pressesprecher, dann (bis 1993) hauptberuflich als Geschäftsführer tätig. In den folgenden Jahren spielt Lemmer in rechtsextremistischen Parteien keine Rolle mehr, inzwischen hat er allerdings angekündigt, mit einer neu gegründeten Formation bei den Kommunalwahlen 2004 für den Düsseldorfer Stadtrat zu kandidieren.[9]

Nach eigenen Angaben tritt Lemmer 1989 ein journalistisches Volontariat bei einer Gesundheitszeitschrift an, wird dann hauptberuflicher Redakteur der Stadtillustrierten *Pinboard*. Gleichzeitig ist Lemmer Herausgeber der Zeitschrift *Appell* (»eine rechts-konservative Jugendzeitschrift«[10]) und fünf Jahre lang (1988–1993) Vorsitzender des Nachwuchsjournalistenverbandes »Landesjugendpresse NRW e. V.«. Besonders bedeutsam ist Lemmers Tätigkeit als Manager der rechtsextremistischen Skin-Band »Störkraft« (1992–1993), der er Aufsehen erregende TV- und Zeitschrifteninterviews (unter anderem »Der heiße Stuhl«, »Einspruch«, *Der Spiegel*) und somit überregionale Bekanntheit verschafft.[11] In dieser Zeit knüpft Lemmer, der selbst nie Skinhead war, engen Kontakt zur Szene.[12]

Lemmer ist unter Skinheads und Rechtsextremisten umstritten. Ihm wird vorgeworfen, primär an Profit, nicht an der Subkultur interessiert zu sein.[13] Vorwürfe löst insbesondere ein im August 1997 veröffentlichtes *Spiegel*-Interview aus, in dem sich Lemmer vom offen neonazistischen Flügel des Skin-Kults distanziert und dessen Anhänger als »politische Idioten, Verrückte oder Provokateure«[14] bezeichnet. Heftig angegriffen wurde darüber hinaus die dort zu findende Aussage »Ich gehe lieber zum Italiener Rotwein trinken, als dass ich mir einen Reichsparteitag auf Video angucke«. Auch im Interview mit dem rechtsextremistischen Fanzine *Stormfront 88* setzt sich Lemmer – wenn auch deutlich zurückhaltender – von Neonazis ab. Auf die Frage, was er von nationalsozialistischen Skinheads halte, antwortet Lemmer: »Unser Staat zeigt Grenzen, an die man sich derzeit halten muß.«[15] Teile der Szene rufen seither zum Boykott seiner Unternehmen auf. Unter der plump auf den Nationalsozialismus anspielenden Überschrift »Deutsche wehrt Euch – Kauft nicht bei Lemmer« ruft ein von Steffen Hupka – Aktivist von NPD und »Jungen Nationaldemokraten« – verantwortetes Flugblatt 1997 zum Lemmer-Boykott auf.[16] Gerüchten über eine Zusammenarbeit Lemmers mit dem Staatsschutz[17] zum Trotz durchsucht die Polizei dessen Wohn- und Geschäftsräume im August und November 1998 und beschlagnahmt 3014 respektive 1722 CDs.[18] Wenn sich Lemmer auch von offenen Neonazis abgrenzt, zählen diese doch ohne Zweifel zur von ihm bedienten Klientel.[19]

Im Mai 2001 geht Lemmer als angeblicher Aussteiger aus der rechten Szene an die Öffentlichkeit, nachdem er bereits im Sommer des Vorjahres das Management seiner Unternehmen an Jan Zobel übergeben hat. Anteilseigner ist er allerdings geblieben. Auf seiner Homepage gibt Lemmer bekannt, nun ein Düsseldorfer Sonnenstudio zu betreiben.[20] Auch Zobel, der neue Firmenchef in Langenfeld, erklärt sich zum Aussteiger. Gemeinsam beteiligt sich das Duo Lemmer/Zobel an der Züricher »Hamlet«-Inszenierung des Regisseurs Christoph Schlingensief, der publicityträchtig sechs ›ausstiegswillige Neonazis‹ als Statisten präsentiert. Auch der zeitweilige *RockNORD-*

Redakteur Jürgen Drenhaus (siehe 10.3) ist dabei. Dass Lemmer/Zobel dem Rechtsextremismus tatsächlich den Rücken gekehrt haben, ist allerdings mehr als zweifelhaft. So betreibt Zobel mit Lemmers Unterstützung die Homepage »Düsseldraht«, auf der noch im Juni 2001 Aufkleber wie »Deutschland muss in Düsseldorf wieder erkennbar sein!«, »Kein Asyl dem Drogendeal!« oder »Für Haider!!! Gegen linke Hysterie« abrufbar waren. Zu haben war auf der Homepage auch eine Postkarte mit der Aufschrift »Extremisten-Notruf«, der als »Initiative in der Landeshauptstadt Düsseldorf« bezeichnet wird und somit offiziell wirken soll. Die Karte fordert Bürger auf, Hinweise auf aktive Rechtsextremisten bei einer Hotline anzugeben. Als Kontaktadresse wird der »Düsseldraht«, somit Jan Zobel, genannt. Der Verfassungsschutz von Nordrhein-Westfalen vermutet, dass Informationen über die Anrufer in rechtsextremistische Kreise gelangen könnten. Zum »Düsseldraht« führt auch die Adresse der Schülerzeitung *REFLEX*, die ihrerseits für einen »Jugendoppositionsstammtisch« wirbt, hinter dem Zobel und Lemmer vermutlich ebenso stehen.[21]

10.2 Entwicklung

Die Entwicklungslinie zu *RockNORD* und der Domain rocknord.de führt über die Fanzines *Querschläger* und *Frontal* sowie den unmittelbaren Vorläufer *Moderne Zeiten* (MZ) und ist von einer deutlichen Professionalisierungs- und Kommerzialisierungstendenz sowie einer abnehmenden Bindung an den organisierten Rechtsextremismus gekennzeichnet. MZ und *RockNORD* (beide Langenfeld) sind die professionalisierten Folgeprodukte von *Frontal,* das seinerseits den ebenfalls in Essen erscheinenden *Querschläger* beerbt.

Der von 1987 bis 1991 bestehende *Querschläger* ist anfangs eng an die inzwischen verbotene »Freiheitliche Deutsche Arbeiterpartei« (FAP) gebunden und wird von der neonazistischen Partei mitfinanziert. Torsten Lemmer stellt das Zine als Kult-Medium dar, das in der Szene »einen fast legendären Ruf« gehabt habe, »oft kopiert, aber nie erreicht«[22] worden sei. Dagegen spricht der maßgeblich am *Querschläger* beteiligte Andreas Zehnsdorf heute distanziert von »einem dilettantischen Prollheft mit ultrabrutaler Rechts-Attitüde«[23]. Das Blatt, das seine strukturellen FAP-Verbindungen allmählich löst und die parteipolitische Berichterstattung zu Gunsten launiger Beiträge über die Skin-Szene in den Hintergrund rückt, ist Lemmer zufolge das erste Zine, das regelmäßig monatlich erscheint. Insgesamt werden 43 Ausgaben des *Querschläger* veröffentlicht, deren Umfang, Auflage und Reichweite sich im Laufe der Zeit deutlich erhöhen: Die erste Ausgabe erscheint in einer Auflage von 50 Exemplaren und wird fast ausschließlich innerhalb des FAP-Kreisverbandes Essen verbreitet[24], auch die folgenden Hefte umfassen lediglich vier bis acht Seiten. Zuletzt hat sich der *Querschläger* zur bundesweit vertriebenen Skinhead-Zeitung mit zwölf bis 16 Seiten (Sommerausgabe: 24 Seiten) und der für ein Zine ungewöhnlich hohen Auflage von 800 Exemplaren gewandelt (angebliche Gesamtauflage aller Hefte: 40 000[25]). Lemmer zufolge werden die Ausgaben häufig innerhalb der Szene weitergereicht und so von mehreren Personen gelesen.[26]

Nach internen Auseinandersetzungen löst sich die *Querschläger*-Redaktion auf und der als ›Setzer‹ firmierende Kopf des Zines, Andreas Zehnsdorf, ruft das *KetzerBlatt Frontal* ins Leben. *Frontal,* das in den sechs Monaten seines Bestehens (bis Anfang 1993) sechsmal erscheint, setzt die Auflagesteigerung des Vorgänger-Heftes fort (von 600 auf 1300 Exemplare). Lemmer zufolge erhöht sich in dieser Zeit auch die optische Qualität des Heftes, das zunächst im DIN-A4-, dann – wie die meisten Fanzines[27] – im A5-Format erscheint. Es wird professionell gedruckt und per Computer gesetzt.[28] Zehnsdorf bezeichnet *Frontal* im Vergleich zum *Querschläger* als »das ansatzweise wesentlich sachlichere und differenzierendere Fanzine«[29]. Diese Aussage steht im Kontrast zu der Tatsache, dass die Bundesprüfstelle für jugendgefährdende Schriften fünf von sechs Ausgaben indiziert hat.[30] Wie zuletzt der *Quer-schläger* beschäftigt sich *Frontal* vorwiegend mit der Skin-Szene und kaum mit rechtsextremistischen Parteien und Organisationen.[31]

Anfang 1993 beginnt Lemmer das seit längerem geplante Projekt einer bundesweit erscheinenden, professionellen und auf ›Rechtsrock‹ spezialisierten Musikzeitschrift zu realisieren. Das Heft mit dem Titel *Moderne Zeiten*[32] versteht sich von Beginn an nicht als Fanzine, sondern als Musikmagazin, das zwar die Skin-Szene bedienen, aber über sie hinaus Leser gewinnen und so eine profitable Auflage erreichen soll.[33] Zwar betont Lemmer die Distanz des Blattes zum offen neonazistischen Spektrum[34], gleichwohl erhebt MZ den Anspruch, durch einen »hohen Verbreitungsgrad eine Gegenkultur von rechts ›etablieren‹ (zu) helfen«, so Andreas Zehnsdorf, der verantwortlicher Redakteur des Heftes wird. Aggressive Werbung soll die – freilich auch aus wirtschaftlichen Motiven – anvisierten hohen Auflagen sicherstellen.[35] Zehnsdorfs *KetzerBlatt Frontal*, das der Lemmer vorschwebenden Publikation bereits in einigen Punkten nahe kommt, stellt sein Erscheinen ein.

MZ erscheint zunächst im Verlag »LER & Partner GmbH in Gründung«, zu dem sich Lemmer, Christian Eitel und Manfred Rouhs zusammengeschlossen haben. Der LER-Verlag veröffentlicht rund ein Vierteljahr lang auch Rouhs' neurechte Zeitschrift *Europa vorn* (seit 1998: *Signal*). In dieser Zeit ist Lemmer Mitherausgeber des Blattes.[36] Nach nur drei Ausgaben von *Europa vorn* in dieser Konstellation und nach Erscheinen der ersten Nummer der *Modernen Zeiten* zieht sich Rouhs aus dem Projekt zurück[37], aus dem im Juni 1993 die »Creative Zeiten GmbH« entsteht[38]. Zunehmende öffentliche Proteste gegen das Unternehmen führen dazu, dass der Vermieter dessen Düsseldorfer Büroräume kündigt und »Creative Zeiten« im Oktober 1993 ins nahe gelegene Langenfeld wechseln muss.

Moderne Zeiten befindet sich in dieser Zeit in einer existenzbedrohenden finanziellen Krise: Der Umfang der Hefte geht zurück, sie erscheinen unregelmäßig, oft mit Verspätungen von mehreren Monaten und als Doppelnummer. Zudem nimmt das Unternehmen »MZ-Vertrieb« später als geplant seine Arbeit auf. Durch Spendenaufrufe an die Leserschaft versucht die Zeitschrift in dieser Phase ihr Bestehen zu sichern. Mehr oder minder regelmäßig mit maximal zwölf Seiten monatlich erscheint MZ erst ab 1995. Die eigenen Angaben zur Auflage variieren. In einem vermutlich 1995 geführten Interview spricht ein namentlich nicht genannter Vertreter der Zeitung von durchschnittlich etwa 5000 Exemplaren.[39] Lemmer behauptet in der 1997 erschienenen zweiten Auflage seines Buches *Skinhead Rock* eine Auflage von 15 000 Exemplaren.[40] Die DIN-A4-Hefte sind nicht geheftet und schwarz-weiß, lediglich auf der Titelseite zweifarbig (grün-schwarz) gedruckt.

Zum Mai 1996 erfolgt die Umbenennung in *RockNORD. Musikzeitschrift*. Die erste Ausgabe firmiert als Nr. 22 und schließt somit nummerisch an das letzte Heft von *Moderne Zeiten* an. *RockNORD* setzt die Professionalisierungstendenz der Vorläufer-Organe fort. Es erscheint – inzwischen regelmäßig monatlich – auf Hochglanzpapier mit vierfarbig gedrucktem Umschlag und hat einen Regelumfang von 36 Seiten. Nach eigenen Angaben liegt die verkaufte Auflage bei 15 000 Exemplaren.[41] Wie bereits MZ, besteht *RockNORD* zu großen Teilen aus Band-Interviews und Konzertberichten und umfasst stets acht Seiten Werbehinweise auf Produkte, die die von Lemmer geführte Unternehmensgruppe vertreibt (CDs, T-Shirts, Abzeichen, Videos, Bücher, Fahnen, Kalender).

Im Februar 1997 eröffnet *RockNORD* eine Domain im Internet und vollzieht damit einen Schritt, den rechtsextremistische Musik-Vertriebe und -Magazine im Ausland bereits ein- bis eineinhalb Jahre früher gegangen sind (z. B. »Resistance Records«/Kanada, jetzt: USA). Dem Netz misst der damalige Chefredakteur Zehnsdorf außerordentlich hohe Bedeutung bei (»Kein Medium leistet auch nur ansatzweise – für die patriotische Musikszene – ähnliche Dienste wie das Internet«[42]). Die Notwendigkeit einer Homepage begründet er mit der ständigen Erreichbarkeit von Versandhandel und Verlag sowie geringen Möglichkeiten, die geschäftlichen Aktivitäten von außen zu behindern.

Während das Printmedium *RockNORD* inzwischen einem regelmäßigen Erscheinungsturnus folgt, befindet sich die Internet-Seite Mitte 1998 – gut ein Jahr nach Einrichtung – noch deutlich im Aufbau. Dies äußert sich einerseits in der sehr unsystematischen Aktualisierung der Domain: Die für die Veröffentlichung im Internet vorgesehenen Teile der aktuellen Ausgabe werden anfangs erst mit erheblicher Verspätung in die Seite integriert. Zum anderen leidet die Domain in dieser Phase unter technischen Schwierigkeiten, die dazu führen, dass sie zeitweise nur auf Umwegen abrufbar ist. Ferner verändert sich rocknord.de im Untersuchungszeitraum (und danach) noch deutlich: So beendet die Domain im Mai 1998 ihre Beteiligung am Internet-Audioprogramm »Nord-Rock-Radio« (siehe 10.5). Im April 1999 erhält die Seite eine weitgehend neue, professionellere Optik, die bis zum Sommer 2001 noch mehrfach überarbeitet wird. Seit Bestehen erfährt *Rock-NORD* – wie auch die übrigen von Lemmer gegründeten Unternehmen – anwaltliche Beratung, die verhindern soll, dass staatliche Stellen die Publikationen einziehen oder indizieren.[43] Es kann als sicher gelten, dass auch die Inhalte der Domain vor Erscheinen juristisch geprüft werden. Bisher sind *Rock-NORD*-Printausgabe und -Domain nicht indiziert worden.[44]

10.3 Redaktion und Autoren

Die personelle Konstante von *RockNORD* ist neben Lemmer der zeitweilige Chefredakteur (bis 1999) und anschließende Mitherausgeber Andreas Zehnsdorf (Jg. 1969), der seit Gründung des Unternehmens auch Gesellschafter der »Creative Zeiten GmbH« und seit 1997 Mitgeschäftsführer von »Funny Sounds«[45] ist. Zehnsdorf ist maßgeblich an allen Vorläufer-Publikationen von *RockNORD* beteiligt: am *Querschläger,* verantwortlich am *KetzerBlatt Frontal* und an *Moderne Zeiten*. Bis heute liegt die computergestützte Gestaltung des Heftes in seinen Händen. Zehnsdorf ist bis 1992 in der neonazistischen FAP aktiv[46]; der Verfassungsschutz NRW geht aber davon aus, dass politische Interessen bei seiner Tätigkeit inzwischen eine untergeordnete Rolle spielten.[47]

Chefredakteure sind seit Frühjahr 1999 Mike Beyer und Jan Zobel, die vorher als Redakteure tätig waren. Beyers Skinhead-Biografie weist Parallelen zu der Zehnsdorfs auf: Auch jener verfügt über mehrjährige Erfahrung als Skinzine-Macher. Bis 1998 gibt er – ein Jahr lang parallel zu seiner Beschäftigung bei *RockNORD* – das Zine *Amok. Texte für terminale Täter* (Rheine) heraus. Zudem war auch Beyer zeitweise in rechtsextremistischen Parteien (NPD/JN) aktiv.[48] Der andere Chefredakteur, Jan Zobel (siehe 10.1), war vor seiner Tätigkeit bei *RockNORD* in exponierterer Stellung als Zehnsdorf und Beyer in den organisierten Rechtsextremismus eingebunden und sammelte dort publizistische Erfahrungen: Er war Bundesvorstandsmitglied der »Jungen Nationaldemokraten«, deren Vorsitzender für Hamburg und Redakteur der JN-Zeitschrift *Einheit und Kampf*.[49]

Redakteur von *Einheit und Kampf* war zeitgleich mit Zobel auch André Goertz (»Nationales Infotelefon Hamburg«), zu dem *RockNORD* und die verbundenen Unternehmen inzwischen in vielfältigem Kontakt stehen. Zobel fungiert als Mittler dieser Kontakte: Der Neu-Düsseldorfer (seit 1997) stellt den Anschluss für das »NIT Nordrhein-Westfalen« – regionaler Ableger des »NIT Hamburg« (siehe 8.1) – zur Verfügung[50] und soll auch an Goertz' NIZ-Verlag beteiligt sein[51]. Die Domain rocknord.de ist auf Namen und Adresse von André Goertz angemeldet[52], ein weiterer Hamburger und enger Mitarbeiter von Goertz, der Neonazi Jens Siefert, leistet technische Unterstützung (siehe 10.8).[53] Verantwortlich für die Internetgestaltung ist Mitte 1998 das Unternehmen »SKULD-Netzdesign«, das seit Frühjahr 1999 unter dem Namen »NETZPUNKT – Internet-Service« firmiert.

Geblieben ist ihr Inhaber: Jens Siefert.[54] Neben rocknord.de bringt seine Firma zwei Homepages des Rechtsextremisten und NPD-Anwalts Horst Mahler ans Netz – auf einer der Seiten berichtet Mahler ausführlich über das Verbotsverfahren vor dem Bundesverfassungsgericht (www.npdprozess.de).[55]

Redakteure sind im Untersuchungszeitraum – neben Beyer und Zobel – Frank Krämer, »George Hell« (Pseudonym), Peter Roling und Jürgen Drenhaus. Krämer und Drenhaus sind Sänger rechtsextremistischer Skin-Bands – Krämer der neonazistischen Düsseldorfer Gruppe »Rheinwacht«[56], deren CD »Neue Macht« das erste von »Funny Sounds« produzierte Album ist[57], Drenhaus von »Body Checks« (Moers)[58]. Der Realname des Redakteurs »George Hell«, der in *RockNORD* häufig als »Auslandskorrespondent« auftritt (siehe 10.8), ist nicht bekannt.[59] Die Vorgeschichten und parallelen Tätigkeiten der Redaktionsmitglieder bestätigen Zehnsdorfs Aussage, dass »die tragenden Personen des RockNORD auf langjährige Szeneerfahrung, z.T. auch selber als Skinheads, zurückblicken«[60]. Für den Erfolg eines solchen Zielgruppenmediums ist dies die zentrale Voraussetzung.

Nur einmal tritt in den untersuchten Online-Ausgaben des Magazins ein Autor auf, der nicht der Redaktion angehört. Es handelt sich um einen Mitarbeiter der in Schweden erscheinenden Skinhead-Zeitschrift *Nordland* (Auflage: 20 000 Exemplare), die der neonazistischen Strömung der ›Hammerskins‹ zuzurechnen ist.[61] Der Autor wird nur beim Vornamen, »Peter«, genannt. Da *Nordland* ausschließlich schwedischsprachig ist, muss sein Text ins Deutsche übersetzt worden sein.

10.4 Nutzer

Exakte Daten sind weder zur Leserschaft von *RockNORD* noch zu den Nutzern der Domain verfügbar. Es ist davon auszugehen, dass es sich in der Mehrheit um Skinheads handelt. Nicht alle dürften dem rechtsextremistischen Flügel der Szene angehören, einige auch demjenigen, der sich als unpolitisch oder vage als rechts versteht. Zudem gewinnt das Blatt – ebenso wie seine publizistischen Vorläufer – offenbar auch Leser außerhalb der Subkultur. Dies legt bereits die im Vergleich zu üblichen Fanzines ungewöhnlich hohe Auflage nahe. Zutreffend verweist Zehnsdorf darauf, die Zeitschrift berichte auch über Szenen wie »Black Metal« und »Dark Wave« (siehe 7.4). Fragwürdig ist dagegen seine Behauptung, dem »traditionellen Skinheadbereich« entstamme heute nur noch ein kleiner Teil der Leserschaft.[62] Rechnet man die Gruppen hinzu, die sich in jüngerer Zeit am Rande der Subkultur entwickelt haben, und Personen, die äußerlich nicht als Skinheads erkennbar sind, sich dem Kult aber verbunden fühlen,[63] dürfte die größte Leser-Gruppe nach wie vor aus dieser Szene stammen. Dies legt auch die starke Orientierung der Online-Beiträge und mehr noch die der Einträge im Gästebuch der Domain an Skinhead-Themen und -Symbolik nahe.

Die Mehrheit der Leser respektive Nutzer dürfte nicht in rechtsextremistische Parteien eingebunden sein. Hierauf lassen Leserzuschriften schließen, die in der Print- und Online-Ausgabe Nr. 35 zur Streitfrage »Parteipolitik und Patriotische Musikszene – Politische Unterwanderung oder Unabhängige Gegenkultur?« veröffentlicht werden. Es deutet sich eine größere Lesergruppe an, die parteipolitische Bindung grundsätzlich ablehnt, und eine kleinere, die mit Parteien (meist der NPD) sympathisiert oder sich an ihnen beteiligt (siehe auch 10.6). Eine Frontstellung gegen links oder den von ›SHARP-Skins‹ (Skinheads Against Racial Prejudice) repräsentierten antirassistischen Flügel der Subkultur dürfte in der Leserschaft allerdings Konsens sein.[64]

RockNORD rühmt sich, über Leser in 48 Staaten zu verfügen. Gemeint sind vermutlich Eintragungen im Gästbuch der Domain (siehe unten), die aus diesen, einzeln aufgelisteten Staaten stammen.[65] Ohne Zweifel leben die Leser/Nutzer jedoch nahezu ausnahmslos in deutschsprachigen Ländern, weit überwiegend in Deutschland. Dies ist bereits auf Grund der Tatsache anzunehmen, dass redaktionelle Beiträge in Magazin und Domain ausschließlich auf Deutsch verfasst sind. Das Gästebuch weist in eine ähnlich Richtung: Im Untersuchungszeitraum stammen nur zwei Eintragungen aus dem nicht deutschsprachigen Ausland (USA, Schweden), eine aus der deutschsprachigen Schweiz, mehrere aus Österreich.

Der Austausch mit der Leserschaft findet über das Gästebuch, Leserzuschriften – zu denen in Ausgabe 34 ausdrücklich aufgefordert wird – und durch freie Mitarbeit statt. Regelmäßig appelliert die Redaktion an ihre Leser, Konzertberichte, Tonträgerkritiken, Band-Interviews, Comics oder Karrikaturen einzureichen. Als bescheidenes Entgelt pro veröffentlichten Beitrag (einschließlich Foto) erhält der Autor ein kostenloses Jahresabonnement oder zwei CDs nach Wahl. Bei regelmäßiger freier Mitarbeit stellt die Redaktion eine »Vergütung nach Absprache« in Aussicht.[66] In den untersuchten Online-Ausgaben ist allerdings nur ein Text als Artikel eines freien Autors erkennbar (»Peter«, siehe oben). Offenbar sollen im Netz nur Beiträge veröffentlicht werden, die die Redaktion für besonders attraktiv hält und somit als Abonnement-Köder fungieren können.

10.5 Aufbau der Domain

Die Domain rocknord.de umfasst im April 1998 im Wesentlichen vier Angebotsbereiche:
- Zugriff auf ausgewählte Beiträge der aktuellen Printausgabe sowie – im Online-Archiv – der zurückliegenden Ausgaben;
- das interaktive Gästebuch;
- das Audioprogramm »Nord-Rock-Radio«;
- den Internet-Katalog des MZ-Vertriebes mit Online-Bestellmöglichkeit.

Die im Internet bereitgestellten Teile des Magazins umfassen drei Beiträge pro Einzelausgabe, sechs Beiträge pro Doppelnummer und somit etwa ein Drittel des redaktionellen Umfangs der Printausgabe. Mit diesen Beiträgen (überwiegend Musiker-Interviews) präsentiert sich die Zeitschrift den Internet-Nutzern und hofft, potenzielle Abonnenten auf sich aufmerksam zu machen. Gleichzeitig stellt sie sicher, dass das begrenzte kostenlose Angebot im Netz den Kauf des Printprodukts nicht ersetzt. Die Domain fungiert insofern als Werbeträgerin des Magazins.

Das Gästebuch trägt dem interaktiven – das heißt auch spielerisch-unterhaltenden – Charakter des Internets Rechnung. Nutzer der Seite können nicht nur Eintragungen anderer lesen, sondern selbst Mitteilungen per E-Mail an rock-nord.de senden, die im Gästebuch erscheinen. Die Redaktion weist allerdings darauf hin, dass sie Eintragungen auf strafrechtliche Verstöße prüfe, bevor sie die Botschaften einen oder zwei Tage später ins Internet einstellt. Im Interview betont Andreas Zehnsdorf: »Aussagen oder Aufrufe, die gegen geltendes Recht verstoßen oder auf Internetseiten verweisen, die strafrechtlich relevantes Material beinhalten, werden von uns rücksichtslos gelöscht.«[67] Der interaktive Bereich der Domain wird rege genutzt. Häufig entwickeln sich kleine, zeitversetzte Dialoge zwischen den Schreibern des Gästebuches, Anfragen werden gestellt und von anderen beantwortet, Adressen und Termine bekannt gemacht. Nahezu jeder Beitrag endet mit Grüßen an Szene-Prominente oder andere Nutzer des Gästebuches. So kommt diesem eine Unterhaltungs- und Service-Funktion sowie – durch die Interaktion mit anderen Nutzern – Gruppenidentität stiftende Funktion zu.

Das »Nord-Rock-Radio« ist ein einstündiges Audioprogramm, das Anfang 1998 erstmals in Erscheinung tritt und inzwischen regelmäßig monatlich aktualisiert wird. Es gilt als erstes Internet-Radio deutscher Rechtsextremisten. Die Sendungen, die überwiegend aus Skinhead-Musik und einigen launigen Moderationen bestehen, können Nutzer entweder online abspielen oder auf den eigenen Computer kopieren und dann offline – kostengünstiger – hören.[68] Betreiber des Programms ist André Goertz. Im *RockNORD*-Interview beschreibt Goertz das »Nord-Rock-Radio« als »Programm für Freunde der patriotischen Rockmusik«, das Gelegenheit gebe, »die neuesten Produktionen Probe zu hören«.[69] Es sei nicht an einen Verlag oder ein Label gebunden, vielmehr hätten »fast alle deutschen Produzenten und viele internationale Versände ihre Unterstützung zugesagt«.[70]

Von der Domain rocknord.de aus ist das Internetradio lediglich bis Anfang Mai 1998 – im Untersuchungszeitraum somit nur eine Sendung – abrufbar, anschließend wird der Link zunächst deaktiviert, dann entfernt. Zwei Gründe sind für diesen Schritt maßgebend: Einerseits der Umstand, dass Torsten Lemmer und seine Firmen keinen dominierenden Einfluss auf das Projekt besitzen. Dies kommt in der Bezeichnung »Nord-Rock-Radio«[71] zum Ausdruck, während Lemmer den Namen »RockNORD-Radio« gefordert hatte. Darüber hinaus treten zahlreiche konkurrierende und teils zerstrittene Unternehmen als Unterstützer des Internetradios auf. Als Werbemedium für *RockNORD,* als das Lemmer das Projekt an sich binden wollte, ist es daher nur eingeschränkt geeignet. Andererseits droht das Programm die Selbstinszenierung von Lemmers Firmen als Kulturunternehmen, die Distanz zum tagespolitisch agierenden Rechtsextremismus halten, zu untergraben. Ein dauerhafter Link zum Internetradio und damit zur hochgradig tagespolitischen, neonazistischen Domain von André Goertz würde die verbalen Distanzierungsversuche konterkarieren.[72] Nachdem sich die Langenfelder Firmen aus dem Programm zurückgezogen haben, ändert dieses seinen Namen in »Radio Nord«.

Der Internet-Katalog des MZ-Vertriebes (»Internet-Direkt-Einkauf Moderne Zeiten«) zeigt die gesamte Produktpalette des Unternehmens, insbesondere ein umfangreiches CD-Angebot sowie T-Shirts mit den Schriftzügen bekannter Skin-Bands (darunter die neonazistischen »Skrewdriver«, »Brutal Attack« und »Rheinwacht«) oder mit rechtsextremistischen Slogans wie »Hier marschiert der Nationale Widerstand«. Die Suchfunktion ermöglicht, schnell und einfach herauszufinden, ob das gewünschte Produkt beim MZ-Vertrieb erhältlich ist. In der *RockNORD*-Ausgabe vom April 1999 wirbt das Unternehmen mit der hohen Aktualität des Internet-Katalogs, der stündlich auf den neuesten Stand gebracht werden könne, um Neuerscheinungen oder ausverkaufte Artikel zu berücksichtigen. Die Nutzer der Seiten können alle Produkte online bestellen. Die MZ-Seiten, die unter rocknord.de abrufbar sind, dienen somit als Werbe- und Vertriebsmedium gleichermaßen.

Als zusätzliche Serviceleistung umfasst rocknord.de Links zu einigen Herstellerfirmen von Internet-Software, die auf deren Seiten zum Teil kostenlos abgerufen werden kann. Im Frühjahr 1998 gilt dies für die Browser »Netscape Navigator« und »Microsoft Internet Explorer« sowie die Audio-Software »Real Player«.

10.6 Vernetzungsleistung

Positive Bezüge zeigen deutlich, dass rocknord.de vorrangig die Skinhead-Subkultur vernetzt. Zwar ist die Domain nicht primär tagespolitisch-, sondern musikorientiert, doch weist sie eine offenkundige Nähe zum rechtsextremistischen, teils neonazistischen Flügel des Kults auf. Dies gilt prinzipiell sowohl für die im Internet verfügbaren Auszüge des Printmediums, die die Redaktion erstellt[73], als auch für das Gästebuch, in dem die Nutzer kommunizieren.

Weit überwiegend weist die Domain auf Musiker und Bands hin, die eindeutig rechtsextremistisches Gedankengut verbreiten. Auf die professionelleren unter ihnen, die in der Szene überregional bekannt sind, verweisen die *RockNORD*-Auszüge regelmäßig (in mehr als jeder zweiten Ausgabe). Dazu zählen ausländische Bands wie »Brutal Attack«, »Celtic Warrior«, »No Remorse« und »Squadron« (alle Großbritannien), »Bound for Glory« (USA), »Fortress« (Australien), aber auch die schwedische Band »Ultima Thule«. Diese ausländischen Bands, die nicht unmittelbar an die strenge deutsche Rechtslage gebunden sind, verherrlichen den Nationalsozialismus vielfach offen.[74] Zur heroischen Figur stilisiert die Domain den früheren Frontmann der englischen Skinhead-Band »Skrewdriver«, Ian Stuart (Donaldson[75]). Stuart, der im September 1993 bei einem Verkehrsunfall ums Leben kam, gilt als Begründer der neonazistischen ›Blood & Honour‹-Strömung. Auch auf neonazistische Skinhead-Bands aus Deutschland beziehen sich die Beiträge positiv, im Untersuchungszeitraum besonders häufig auf »Noie Werte« (Leonberg)[76], »08/15« (Düsseldorf), »Störkraft« (Düsseldorf/Andernach)[77] und »Kraftschlag« (Elmshorn).

Seltener kommen positive Bezüge auf Skin-Bands vor, die sich nicht oder nicht eindeutig dem Rechtsextremismus zurechnen lassen (z. B. »The 4 Skins«, »Last Resort«), ebenso auf rechtsextremistische Musiker, die nicht dem Skin-Kult angehören. Letzteres gilt insbesondere für den umtriebigen Neonazi-Musiker Frank Rennicke[78], mit dem sich Torsten Lemmer in seinem 1996 erschienenen Buch *Sänger für Deutschland* sehr wohlwollend und ausführlich beschäftigt hat (»Weiter so, Frank«[79]). Rennicke (Jg. 1964) ist der meistbeschäftigte Liedermacher der rechten Szene. Er war Mitglied der 1994 verbotenen neonazistischen »Wiking-Jugend«, hat sich dann der NPD angeschlossen und bestreitet inzwischen regelmäßig das kulturelle Begleitprogramm der Parteiveranstaltungen. Musikalisch erinnern Rennickes am Volkslied orientierte Balladen, die er zur akustischen Gitarre vorträgt, an Liedermacher wie Reinhard Mey. Die Texte dagegen sind nationalistisch, mitunter rassistisch. Mehrere Tonträger des Sängers hat die Bundesprüfstelle für jugendgefährdende Schriften indiziert, zum Beispiel das Album »Ich bin nicht modern – Ich fühle deutsch«.[80]

Hinter dieser in Grenzen vorhandenen Offenheit der *Rock-NORD*-Domain für andere Musiksparten als den ›Rechtsrock‹ lässt sich einerseits das kommerzielle Interesse vermuten, keine zu eng begrenzte Zielgruppe anzusprechen. Andererseits spiegelt diese Bandbreite die überragende Bedeutung wider, die Musik für die Skinhead-Subkultur besitzt: So finden eher unpolitische Bands mitunter auch Anklang unter rechtsextremistisch orientierten Skins und unpolitische Anhänger des Kults lehnen rechtsextremistische Musik nicht immer ab. Selbst anerkennende Erwähnungen von fraglos nicht rechtsextremistischen, im jugendlichen Mainstream populären Künstlern wie den Schlagersängern Guildo Horn und Dieter Thomas Kuhn kommen vor. Sie sind allerdings ebenso selten wie positive Bezüge auf den in Parteien organisierten Rechtsextremismus (wenn, dann vorwiegend NPD/JN).

In den Eintragungen des Gästebuchs ist die Häufung positiver Bezüge anders verteilt als in den Online-Ausgaben von *RockNORD:* Nicht-Rechtsextremisten tauchen hier kaum auf, organisierte Rechtsextremisten werden häufiger positiv erwähnt. So äußern sich drei Nutzer im Gästebuch euphorisch über den DVU-Wahlerfolg in Sachsen-Anhalt (»Also das mit der DVU und den fast 13 % finde ich super!!!«[81]), ein Nutzer ruft zur Wahl der REP auf (»unsere einzige Hoffnung«[82]), ein weiterer (aus Österreich) grüßt den damaligen Vorsitzenden der »Freiheitlichen Partei Österreichs« (FPÖ), Jörg Haider. Das Gästebuch repräsentiert stärker als die Zeitschrift und ihre Internet-Kostproben den tagespolitisch aktiven Teil der Leserschaft und wird vermutlich auch von rechtsextremistischen Skinheads genutzt, die nicht zu den Käufern der Printausgabe zählen. Das Spektrum, dem man offene Sympathie bekundet, reicht im Gästebuch zudem in die Sphären des militanten Rechtsextremismus hinein. Dies gilt etwa für die Band »Zillertaler Türkenjäger« und ihre 1997 bundesweit beschlagnahmte CD »12 Doitsche Stimmungshits«, die Gewalt gegen politische Gegner bis hin zur Tötung verherrlicht.[83] Während drei Gästebuch-Schreiber die Gruppe grüßen (»die könnten mal wieder 'ne CD rausbringen!«[84]), äußert sich das Magazin eher kritisch, da die Band der Szene schade.[85]

Eine ambivalente Stellung wird in der Domain zur ehemals rechtsextremistischen Frankfurter Band »Böhse Onkelz«, aber auch zu Torsten Lemmer und der von ihm gegründeten

Unternehmensgruppe deutlich. Insbesondere die frühen, teils rassistischen Songs der »Onkelz«, von denen sich die Band inzwischen distanziert hat[86], stehen im *RockNORD*-Umfeld hoch im Kurs. Der Grund dürften nicht ausschließlich die deutlich rechtsextremistischen Liedtexte sein, sondern auch die für viele attraktive Musik der damaligen Skinhead-Band. Positive Verweise auf die »Böhsen Onkelz« kommen sowohl im Gästebuch als auch in den Internet-Ausgaben vor, wenngleich sich mehrere Schreiber und Interviewpartner von aktuellen Äußerungen der Bandmitglieder deutlich distanzieren.

Torsten Lemmers Aussagen im *Spiegel*-Gespräch vom August 1997 (siehe 10.1) finden auch im eigenen Blatt *Rock-NORD,* infolgedessen auch in der Domain, ein kritisches Echo. In Interviews setzen sich mehrere Vertreter rechtsextremistischer Skin-Bands von Lemmer ab. Ein Mitglied der Neonazi-Band »Faustrecht« weist durchaus zu Recht auf den Widerspruch hin, Lemmer beschimpfe Neonazis, habe aber andererseits neonazistische Bands wie »Kraftschlag« unter Vertrag. Ein Teil seiner Käuferschicht seien »nun mal ›NAZIS‹«.[87] Ein Mitglied der rechtsextremistischen Heavy-Metal-Formation »Saccara« nennt Lemmers Aussagen im *Spiegel* »das Allerletzte«[88]. Auch das Geschäftsverhalten des Langenfelder Firmenverbunds kritisieren einige Interviewpartner; der Sänger »Equimanthorn« der Neonazi-Band »Dies Irae« wehrt sich vehement gegen »kommerzielle Ausbeutung«[89] der Skin-Musik und wendet sich somit implizit auch gegen Lemmer. Den Tenor bestimmen allerdings wohlwollende Hinweise auf Lemmers Aktivitäten. Häufig werden Bands präsentiert, die kurz zuvor Alben auf dessen Labels herausgebracht haben und sich meist positiv über die Zusammenarbeit äußern. Diese wohlwollende Grundhaltung zum Kopf und zu Schwesterunternehmen des Verlags, die Kritik nicht ausschließt, soll die Glaubwürdigkeit von Zeitschrift und Domain steigern und eine faktisch nicht gegebene Unabhängigkeit der Redaktion vorspiegeln.

Eine ähnliche Funktion erfüllt der einzige Werbehinweis,

der im Untersuchungszeitraum in der Domain auftaucht und klar als solcher erkennbar ist. Das April-Programm des »Nord-Rock-Radios« – so Moderator »Harry Eilig« – werde präsentiert vom »Nord-Versand«. Der Hinweis drückt nur scheinbar eine Unabhängigkeit des Mediums vom Sponsor »Nord-Versand« aus: Inhaber des Versands ist André Goertz, der gleichzeitig das »Nord-Rock-Radio« betreibt.

Mehr noch als die Printausgabe des Magazins ist die Domain ein servicebetontes Medium. Eine wesentliche – wenngleich kommerziell motivierte – Serviceleistung ist der Online-Katalog des »MZ-Vertriebs«. Ferner nennen die Internet-Ausgaben Kontaktadressen der interviewten Bands. In diesen Ausgaben tauchen jedoch keine Veranstaltungshinweise auf. Dies ist zum einen der eingeschränkten Aktualität des monatlich erscheinenden Magazins geschuldet, zum anderen der meist konspirativen Vorbereitung von Skinhead-Konzerten. Informationen über solche Veranstaltungen werden nahezu ausschließlich mündlich verbreitet.[90] Zahlreiche Service-Hinweise – mitunter auch auf Veranstaltungen – umfasst dagegen das Gästebuch, das innerhalb weniger Tage aktualisiert werden kann.

Diese Hinweise bestätigen die oben skizzierte Vernetzungsrichtung der Domain: Ein anonymer Nutzer kündigt am 25. April das Konzert der rechtsextremistischen Skin-Bands »Endstufe«, »Torquemada 14/88« und »Sturmstrupp« [sic!] am 23. Mai in El Areal auf Mallorca an. Nähere Informationen bietet er zunächst per E-Mail – also vertraulich – an, am 1. Mai nennt er die Adresse einer eigens für das Konzert eingerichteten Homepage.[91] Der User »Alf« kündigt am 9. August ein Konzert der rechtsextremistischen deutschen Band »Boots and Braces« am 19. September in Budapest an. Mehrere Nutzer erbitten Informationen über Konzerte und Parties per E-Mail. Es ist wahrscheinlich, dass auf diesem Wege weitere, sensiblere Informationen bekannt gemacht werden. Ein mit »MG« zeichnender Nutzer, der am 15. April das neonazistische Fanzine *Harz-Sturm* anbietet und die Bestelladresse bekannt gibt, ruft auch zur NPD-Demonstration am 1. Mai in Leipzig auf; andere weisen zum Beispiel auf eine Solidaritätsdemonstration für den inhaftierten Neonazi Thomas Brehl in Mannheim und eine Kundgebung am Rande eines öffentlichen Gelöbnisses in Kiel hin. Darüber hinaus wird das Gästebuch als Tausch- und Kontaktbörse genutzt. Häufig wenden sich Skins auf der Suche nach CDs an die Gästebuch-Gemeinde (»Wer kann mir Mucke von ›Macht u. Ehre‹ besorgen?????«[92]) oder solche, die Gleichgesinnte aus ihrer Region suchen und häufig finden.

Im Untersuchungszeitraum verweisen die Gästebuch-Einträge auf 23 Homepages, davon sind die meisten skinhead-orientiert, darunter aber auch eine neonazistische Seite der Hooligan-Szene sowie eine Seite, die sich mit der Bedeutung von Runen beschäftigt. Die Mehrzahl ist eindeutig rechtsextremistisch ausgerichtet. Zu Recht bezeichnet der Publizist Stefan Jacoby das Gästebuch als »ständig aktualisiertes Sprungbrett« von der auf Legalität bedachten *RockNORD*-Domain zu ungeschminkt rassistischen Skinhead-Seiten. Folge man den im Gästebuch genannten Empfehlungen, »ist man im Nu im tiefsten Nazi-Sumpf, ohne daß sich Herr Lemmer die Finger schmutzig machen mußte«[93]. Das Gästebuch gleicht auf diese Weise in gewissem Maß die Tatsache aus, dass rocknord.de keine eigene Rubrik mit Links zu anderen Seiten umfasst. Zwei Gründe dürften hierfür ausschlaggebend sein: Einerseits wollen die Macher vermeiden, mit rechtsextremistischen, womöglich neonazistischen Seiten unmittelbar identifiziert zu werden; andererseits möchten sie den Nutzer an die eigene Seite binden und so deren Werbeeffekt steigern.

Die Beiträge der Domain beschäftigen sich überwiegend mit Musik und weiteren für den Skinhead-Kult Identität stiftenden Elementen. Ausführliche politische Debatten widersprechen dagegen dem Lebensgefühl der meisten Skins. Daher nehmen Aussagen zu rechtsextremistischen Kampagnen in der Domain keinen breiten Raum ein, einige kommen gleichwohl in allen Internet-Ausgaben von *RockNORD*, im

Gästebuch und dem »Nord-Rock-Radio« vor. Mit Abstand die bedeutendste ist die Meinungsfreiheit-Kampagne, gefolgt von den etwa gleich wichtigen Themenkomplexen National-sozialismus/Antisemitismus und Ausländer.

Die Meinungsfreiheit-Kampagne kommt in nahezu jedem Beitrag der Internet-Ausgaben vor. Das Thema berührt die Skinhead-Szene unmittelbar, da polizeiliche und juristische Schritte gegen Verfasser, Interpreten und Produzenten straf-barer Liedtexte sowie Indizierungen durch die Bundesprüf-stelle für jugendgefährdende Schriften pauschal als Eingriffe in die Meinungsfreiheit gesehen werden. Auf diese Weise solle der ›Rechtsrock‹ kriminalisiert werden. Fast jede Skin-Band habe in jüngsten Jahren Probleme mit den staatlichen Institutionen gehabt, heißt es in *RockNORD*.[94] An anderer Stelle wird konkret auf die »Aktion Notenschlüssel« und das Verfahren gegen die neonazistische Band »Kraftschlag« ver-wiesen (zur Urteilsverkündung sei die Redaktion fast ge-schlossen angereist, um »Solidarität zu bekunden«[95]). Die Bundesrepublik wird als »Gesinnungsdiktatur«[96] bezeichnet, in der der Staat versuche, »alles Rechte unterzukriegen«[97]. In Interviews mit ausländischen Musikern[98] sind meist auch die Rechtslage in deren Herkunftsstaaten sowie Repressionen gegen die Skin-Szene ein Thema.

In dem Maße, in dem die Domain staatliche Repressionen in der Bundesrepublik überzeichnet, verharmlost sie den Na-tionalsozialismus und zieht Parallelen zwischen beiden. Ein Mitglied der Band »Dies Irae« nennt die Bundesrepublik einen »der unfreiesten Staaten, die es je auf deutschem Boden gegeben hat! (…) Was politisch unbequem ist, wird verfolgt, verhaftet, verboten, verurteilt, unterdrückt und einge-sperrt.«[99] Indizierungen der Bundesprüfstelle bezeichnet ein Mitglied von »Saccara« als »Bücherverbrennung (…) auf die moderne Art und Weise«[100]. Das Urteil gegen »Kraftschlag« kommentiert ein *RockNORD*-Autor: »53 Jahre nach Kriegs-ende gibt es wieder Gesinnungsurteile, werden Musiker we-gen kritischen Äußerungen und/oder Liedern verurteilt!«[101]

Offene, somit justiziable Verherrlichung des Nationalsozialismus kommt in den Internet-Ausgaben von *RockNORD* nicht vor, sie würde der verbalen Abgrenzung Lemmers von allzu plumpen Neonazis widersprechen. NS-verherrlichende, aber nicht strafbare Chiffren wie ›88‹[102] oder ›h. h.‹ (›Heil Hitler‹) sowie die englische Übersetzung des strafbaren ›Sieg Heil‹ (›Hail Victory‹[103]) tauchen in den Online-Ausgaben gelegentlich auf und sind im Gästebuch sehr häufig (siehe 10.7). Hier werden auch offene Anleihen an den Nationalsozialismus vorgenommen wie der SS-Schwur »Unsere Ehre heißt Treue!!«[104]. Besonders primitiv äußert sich ein Nutzer des Gästebuches, der sich als Ignatz Bubis ausgibt, diesen als profitgierig darstellt und »mit langnasigem Gruß«[105] endet.

Das »Nord-Rock-Radio« knüpft an die Kampagne gegen die Ausstellung »Vernichtungskrieg. Verbrechen der Wehrmacht 1941–1944« des »Hamburger Instituts für Sozialforschung« an: Einen Block aus drei militärverherrlichenden Musiktiteln widmet der Moderator »dem linksradikalen Multimillionär Jan Philipp Reemtsma und seinen Hilfshistorikern, denn dieser tingelt immer noch mit seiner pseudowissenschaftlichen Gruselshow durchs Land«[106]. Die in der Öffentlichkeit der Bundesrepublik verbreitete kritische Auseinandersetzung mit Nationalsozialismus und Zweitem Weltkrieg attackiert ein Interviewpartner in der Online-Ausgabe von *RockNORD* als »antideutsch«: »Bevor man überhaupt denken kann, muß man mitansehen, wie kübelweise Dreck über sein Land und seine Nation ausgeschüttet wird.«[107]

Ausländer sind ein weiteres Zentralthema der Domain, das sich sowohl durch die Online-Ausgaben als auch das Gästebuch zieht. Das Thema ist mit einem diffusen Ressentiment gegen Fremdes besetzt. Vorwiegend bezieht sich diese Ablehnung auf Personen, die einer imaginären weißen ›Rasse‹ nicht zugerechnet werden. In diesem ideologischen Rahmen widersprechen die internationalen Verbindungen des Skinhead-Kults in Europa, Nordamerika und Australien, die auch in der Domain deutlich werden, dem gleichzeitig propagierten

Rassismus nicht. So machen sich Interviewer und Gesprächspartner über schwarze Künstler in Deutschland lustig[108], ein Kommentar unter der ironischen Überschrift »Zweierlei Maß? Nicht doch ...« suggeriert, schwarze Straftäter würden von der deutschen Justiz bevorzugt behandelt.[109] Offener Rassismus kommt wiederum im Gästebuch zum Ausdruck: Dort schreiben Nutzer unter Betreffs wie »Weiß und Stolz darauf!!!«[110], versenden »Weiße Grüße aus Österreich«[111] und verabschieden sich mit Slogans wie »White Pride World Wide«[112] oder »Deutschland bleibt Weiß!!!«[113]. Zu biologistischen Kategorien dieser Art passt die Sorge um die Erhaltung der »deutschen Volkssubstanz«, die ein Mitglied der Band »Saccara« im Interview zum Ausdruck bringt. Statt den Kinderreichtum der Deutschen zu fördern, lasse der Staat »Millionen Fremde ins Land, die reichlich für Nachwuchs sorgen«[114].

Sowohl in den Online-Ausgaben als auch im Gästebuch (dort häufiger) kommen Beleidigungen gegen Fremde vor, die nur angedeutet werden, aber unmissverständlich sind. Beliebt sind Textlücken mit dem Hinweis »Freiwillige Selbstkontrolle«, die justiziable Formulierungen vermeiden, gleichzeitig die gewünschte Aussage transportieren helfen. Wenn es im Interview mit »Ruhrstörung« heißt, das Revier sei »voll von ... (Anm. der Red.: Freiwillige Selbstkontrolle) und Packzeug«[115], ist aus dem Zusammenhang klar ersichtlich, dass eine Fremde diffamierende Formulierung impliziert wird. Dasselbe gilt, wenn im Gästebuch von »K ......« (Kanaken) die Rede ist (»Wir müssen diesem Alptraum ein Ende bereiten«).[116]

In der Domain finden Strategiedebatten darüber, mit welchen Mitteln die Rechte zur Macht gelangen könne, nur sehr selten und in Ansätzen statt. Zentral ist dagegen die Frage, in welche Beziehung sich der Skinhead-Kult zu rechtsextremistischen Organisationen setzen solle. Es herrscht ein weitgehender Konsens über das Ziel, eine Gegenkultur zur Mehrheitsgesellschaft zu etablieren. Diese Kultur sollte – so die überwiegende Auffassung – rechts geprägt, ihr Kern der ›Rechtsrock‹ sein. Immer wieder wird eine Einheit beschworen:

»Wir kämpfen doch alle für dieselbe Sache.«[117] Gemeint ist meist im engeren Sinne die Einheit der Subkultur (ohne die sich als links oder antirassistisch verstehenden Flügel), nicht die vereinte Rechte. Damit wenden sich die Beiträge der Domain gegen die Zerstrittenheit der Skin-Gruppen sowie gegen verbreitete persönliche Anfeindungen innerhalb der Szene. Zehnsdorf: »Wir möchten zusammenführen statt ausgrenzen.«[118] Es darf unterstellt werden, dass im Besonderen die vorhandenen Anfeindungen gegen Torsten Lemmer und dessen Unternehmen auf diese Weise abgebaut werden sollen. Paradoxerweise ist die Domain gleichzeitig ein Forum, auf dem interne Querelen – mitunter in grob beleidigendem Stil – ausgetragen werden. So bezeichnet der Musiker Marcus Hüther die mit Lemmer konkurrierenden Musik-Produzenten Oliver und Roland Schaffelhuber (»Skull Records«, »Streetrock Records«) im württembergischen Eybach als »die größten Halsabschneider«[119]. Die Aussage des Gitarristen Matthias: »Die Szene braucht keine Lügner und Denunzianten«, ist aus dem Zusammenhang klar erkennbar gegen Mitglieder seiner ehemaligen Band »Offensive« gerichtet.[120]

Kontrovers ist die Frage, inwieweit sich Skins am tagespolitisch agierenden Rechtsextremismus beteiligen sollen. Die *RockNORD*-Redaktion vertritt nachdrücklich die von Lemmer vorgeprägte Position, dass Kult und Parteien zu trennen seien.[121] Die Leser des Magazins respektive Nutzer der Domain sind gespalten: Von neun Zuschriften, die zu dieser Streitfrage in Heft 35 und im Internet veröffentlicht werden, teilen sechs im Wesentlichen die Auffassungen Lemmers, zwei sprechen sich für eine enge Zusammenarbeit mit Parteien aus, eine weitere nimmt nicht eindeutig Stellung. Diejenigen Schreiber, die auf eine Trennung von Kult und Parteien plädieren, lehnen Letztere meist nicht vollständig ab, sondern betonen, sie wollten die Vereinnahmung der Subkultur verhindern. So appelliert der Nutzer Hendrik in einem ausführlichen Eintrag an alle Skins, sich stärker an politischen Aktionen zu beteiligen. Nur ein Beitrag der Domain – der Gästebuch-Eintrag des Nutzers Brian vom 14. Mai – lehnt jegliche Verbindung des Kults mit rechtsextremistischem Denken ab und beruft sich auf das unpolitische Selbstverständnis der ›Oi!-Skins‹: »Faschos zieht unseren OI nicht in euren Dreck rein! WIR SIND KEINE NAZIS!!!!«[122]

10.7 Symbolische Integration

Eine symbolisch integrierende Wirkung geht in der Domain sowohl von politischen oder politisch aufgeladenen Begriffen aus als auch von solchen ohne unmittelbaren politischen Gehalt. So zählen Volk und Nation zu den zentralen begrifflichen Bezugspunkten, deren Verständnis aber nicht offen gelegt wird und somit vage bleibt. Da die Zugehörigkeit zur Nation stets unausgesprochen ethnisch festgemacht wird, ist eine inhaltliche Unterscheidung vom Volk nicht zu erkennen. Dagegen taucht der historisch belastete ›Rasse‹-Begriff weder in den Internet-Ausgaben des Magazins noch im Gästebuch auf, obwohl – wie oben gezeigt – rassistisches Denken in der Domain verbreitet ist. Es ist davon auszugehen, dass er bewusst vermieden oder nachträglich redaktionell ersetzt wird, um sich begrifflich von organisierten Neonazis abzusetzen.

Wenngleich der Skinhead-Kult ein übernationales Phänomen ist und internationale Bezüge in der Domain deutlich werden, spielen die Wortfelder Deutschland respektive deutsch eine besondere Rolle. Sie bezeichnen einen Mythos, der in Formulierungen zum Ausdruck kommt wie »back to the Glory of Germany«, Kampf »für ein neues, sauberes Deutschland«, in dem Appell »Es geht um Deutschland«[123], der eidähnlichen Formel »Wir werden immer zu Deutschland stehen«[124] oder der Selbstbeschreibung »Ich fühle deutsch«[125]. Ein solcher Sprachgebrauch macht die Begriffe zur Projektionsfläche idealer Werte und somit rational unzugänglich. Wie Nation ist deutsch an keiner Stelle erkennbar staatsbürgerschaftlich, sondern allein ethnisch definiert. In diesem Sinne Nicht-Deutsche werden als Störfaktor gesehen und sollten nach Meinung zahlreicher Autoren und Interviewpartner das Land verlassen.

Zu wichtigen, Integration stiftenden Begriffen der Domain zählen aber auch solche, die jenseits politischer Orientierungen zentrale Aspekte des subkulturellen Selbstverständnisses ausdrücken. Dies gilt besonders für Spaß, der häufig direkt oder implizit mit Alkoholexzessen verbunden wird (»kommt alle am 05. 06. 1998 in die Eifellandhalle nach Landscheid (bei Wittlich) zum kostenlosen besaufen. Viel Spaß garantiert!!!«[126]), und das Begriffsfeld Freundschaft/Kameradschaft. Ähnliches trifft auf die Begriffe Treue und Stolz (»Skinhead heißt Stolz«[127]) zu, die gleichzeitig eine politische Komponente haben und weniger häufig auftauchen als die vorgenannten.

Patriotisch ist der wichtigste Begriff zur Kennzeichnung des eigenen Lagers, insbesondere von rechtsextremistischen Bands und Musikern. Die euphemistische Bezeichnung ›patriotische Musikszene‹ oder ›patriotische Rockmusik‹ wird häufig dem gleichbedeutenden Begriff ›Rechtsrock‹ vorgezogen. Dies lässt sich als Zugeständnis an die dem Selbstverständnis nach unpolitischen Skins interpretieren, die die Bezeichnung rechts meiden. Die Selbstbezeichnung als rechts könnte zudem die Vermutung tagespolitischer Betätigung nahe legen und drohte die beabsichtigte Außenwirkung als Kultur-Medium zu unterlaufen.[128] Drittens ist die Formulierung ›Rechtsrock‹ durch neonazistische Bands besetzt, von denen sich andere Gruppen abgrenzen möchten.[129] ›Rechtsrock‹ taucht trotzdem als Bezeichnung der in *RockNORD* behandelten Musiksparte auf. So wird auch der Begriff rechts zur Kennzeichnung des eigenen Lagers verwandt und hat ebenso wie Bezeichnungen etwa als national, oppositionell, nonkonform integrierende Wirkung. Dies gilt ferner für den – vor allem im Gästebuch häufig benutzten – Begriff Bewegung, deren Grenzen nicht klar erkennbar sind. Der Begriff oszilliert zwischen einem Synonym für die Skinhead-Szene und einer Umschreibung des Rechtsextremismus, insbesondere des Neonazismus, die Dynamik implizieren soll.[130] Auch ersterem, engerem Verständnis nach umfasst er unausgesprochen nur den rechtsorientierten Flügel der Subkultur, was daran deutlich wird, dass sich fast ausschließlich Personen positiv auf den Begriff Bewegung beziehen, die sich klar als Rechtsextremisten zu erkennen geben. Inwieweit Einzelne diesen Begriff auch im weiteren Sinne einer sozialen Bewegung von rechts verstehen, also neben rechtsextremistischen Parteien auch die Neue Rechte und ihr Umfeld hinzuzählen, lässt sich nicht eindeutig entscheiden, dies dürfte aber nur ausnahmsweise der Fall sein.

Insbesondere ihre spezifischen Stilelemente und Jargonformulierungen geben der Domain ein für die Subkultur typisches Profil und unterscheiden den Duktus krass von üblicher verschriftlichter Sprache. Zu diesen Elementen zählen umgangs- und vulgärsprachliche Formulierungen, die in allen Internet-Ausgaben und im Gästebuch häufig vorkommen (»wir gehen jetzt in die Kantine und lassen uns den Arsch volllaufen«[131], »wir scheißen auf das Gelaber anderer«[132]) sowie der Comic-Sprache nachempfundene Sound- und Aktionswörter (»höhö«, »kotz …!«). So pflegen die Beiträge der Domain einen jugendlich-rüpelhaften und betont proletarischen Umgangston. Ihre Sprache spiegelt damit das Selbstverständnis der Skinheads wider, in dem Jugendlichkeit und Zugehörigkeit zur Arbeiterklasse zentral sind. Auch eine Insider-Sprache grenzt die Subkultur von der Restgesellschaft ab: Häufig tauchen Abkürzungen ohne Erläuterung auf. Dazugehört, wer die Kürzel zu deuten weiß (gängig z. B.: BfG für die Band »Bound for Glory«, ROR für das Label »Rock-O-Rama Records«). Die so entstehende Verbundenheit unter den Rezipienten sowie zwischen diesen und der Redaktion wird noch verstärkt, indem Szene-Angehörige durchgängig als Kameraden, Interviewpartner und Gästebuch-Nutzer fast immer bei Vor- oder Spitznamen sowie mit ›Heil‹ angesprochen werden. Verbundenheit schaffen auch scherzhafte Jargonformulierungen wie die Abkürzungen ›Inti‹ (Interview) oder ›Redax‹ (Redaktion).

Ferner schweißt die häufig vulgäre und beleidigende Abgrenzung sowohl gegenüber Gegnern von außen (»Anarcho-Zecken«[133], »stinkender Dreckspunk«[134]) als auch gegenüber szeneinternen Widersachern (»Sharps oder sonstiges Gesindel«[135]) die *RockNORD*-Freunde zusammen, die ihrerseits die einzig richtige politische Haltung und den wahren Kult repräsentieren. Mitunter ist ausdrücklich von »Feinden«[136] die Rede: Angefeindet werden der Staat und seine Vertreter im Allgemeinen[137] (»Bonner Politversager«[138], »BRD Blockparteien«[139]) und die Sicherheitsbehörden im Besonderen, was auf zunehmende staatliche Maßnahmen gegen rechtsextremistische Skin-Musik zurückzuführen ist (siehe 10.6). Auch Äußerungen, denen ein positives Verhältnis zur Gewalt (insbesondere gegen Polizei[140] und Antifa[141]) zu entnehmen ist, tauchen in der Domain immer wieder auf und entsprechen der Gewaltbereitschaft vieler Skins.

Typisch sind darüber hinaus englischsprachige Versatzstücke, die sprachlich den Bezug zum Mutterland des Kults aufrechterhalten und dessen Weltläufigkeit betonen. Häufig handelt es sich um Musiker- oder Liedtext-Zitate. Dass die Zitierten nicht immer benannt werden und somit der in Skinhead-Zusammenhängen wohlinformierte Nutzer vorausgesetzt wird, ist ein weiterer Hinweis auf die Insider-Sprache der Domain. Äußerst typisch ist auch die Ersetzung des ›eu‹-Lautes durch die Buchstaben ›oi‹, die ausschließlich in der Skinhead-Szene zu finden ist und verbindend wirkt. Diese Schreibweise geht zwar zurück auf den Flügel der ›Oi!-Skins‹, der sich als unpolitisch versteht, wird jedoch zum Teil auch von rechtsextremistisch ausgerichteten Skinheads verwandt.[142]

Gruppenidentität stiftende, somit integrierende sprachliche Elemente mit stärker politischem Gehalt sind die häufigen Anleihen an die nordische Mythologie. Zu diesen zählt die durchaus nicht scherzhaft gemeinte Kondolenzformel »Wir sehen uns in Walhalla«[143] oder der Gruß »Heil Odin«[144]. Dem entsprechen die Datumsangaben im Gästebuch, die die Monate mit überkommenen Namen bezeichnen (z. B. »Ostermond« für

April, »Wonnemond« für Mai) und das Jahr Null in vorchrist-
licher Zeit ansetzen: So wird das Jahr 1998 als »3798 n. St.«
(nach Stonehenge) angegeben. Auf chiffrierte NS-Bezüge
(insbesondere ›88‹), die im Gästebuch überaus häufig sind[145],
wurde bereits hingewiesen. Sie erhalten nicht zuletzt durch
das Spiel mit den Grenzen des Erlaubten[146], dem Provokanten und Geheimen eine identitätsstiftende Wirkung. Sie drü-
cken zwar eine Distanzlosigkeit zum Nationalsozialismus
aus, nicht aber in jedem Fall eine ideologisch-programmati-
sche Übereinstimmung. Eine größere inhaltliche Bedeutung
geht von der Chiffre ›14‹ aus, die ebenfalls häufig ist und für
die so genannten ›14 words‹ des US-amerikanischen Rechts-
terroristen David Lane steht. Gemeint ist die rassistische
Sentenz: »We must secure the existence of our people (mitunter auch zitiert mit: ›of our race‹; T.Pf.) and a future for
white children.« Die importierte ›14‹ ist mehr noch als die
deutsche ›88‹ das symbolische Bindeglied rechtsextremistisch orientierter Skinheads weltweit.[147]

10.8 Professionalität

Wie das Magazin *RockNORD*, das auf Grund der recht hohen
Auflage, dem inzwischen regelmäßigen Erscheinen und der
Produktion durch eine berufsmäßige Redaktion eines der
wenigen professionellen Printmedien für die deutsche Skinhead-Szene ist, zeichnet auch die Domain – nach anfänglichen Schwierigkeiten – eine weitgehende Professionalität
aus. Sie entsteht als Nebenprodukt des Magazins; beteiligt ist
dieselbe Redaktion, die Mitte 1998 sieben festangestellte
Redakteure, im Juni 1999 sechs Festangestellte und drei feste
freie Mitarbeiter umfasst.[148] Keiner der Redakteure verfügt
über eine seiner Tätigkeit entsprechende Berufsausbildung.
Chefredakteur respektive Herausgeber Zehnsdorf ist ausge-
bildeter Industriemechaniker mit Fachhochschulreife, seine
journalistischen Erfahrungen beschreibt er als ›learning by

doing«. Die Vorkenntnisse der übrigen Redaktionsmitglieder seien vergleichbar.

Die Professionalität des Produktionsablaufes kann nicht beurteilt werden, da Zehnsdorf Aussagen zu dieser Frage ablehnt (»Unserer Konkurrenz, selbsternannten Gegnern und dem Verfassungsschutz würden damit mühelos wichtige Details geliefert«[149]). Die technische Ausstattung entspricht einem modernen Standard: *RockNORD* entsteht an einer Dual-Prozessor PC-Workstation mit Hilfe des semiprofessionellen DTP-Programms »Calamus«. Die Einzelarbeitsplätze sind über ein Firmennetzwerk miteinander verbunden, freie Mitarbeiter spielen ihre Beiträge per E-Mail zu. Über EDV-Kenntnisse verfügt Zehnsdorf auf Grund seiner Ausbildung sowie durch die im Laufe der Zeit erworbene Erfahrung. Computertechnische Aufgaben, die Spezialkenntnisse verlangen, insbesondere die technische Umsetzung der Domain, hat *RockNORD* ausgelagert und an den externen Mitarbeiter Jens Siefert vergeben, den Zehnsdorf als »eine fachlich versierte Kraft« umschreibt, den Namen aber nicht nennt.[150]

Während die Printausgabe zum hohen Preis von acht Mark (Jahresabonnement plus drei Kollektions-CDs: 88 Mark) profitabel arbeiten dürfte, entrichtet der Benutzer der Domain kein Entgelt an *RockNORD*. Zudem enthält die Seite keine Fremdwerbung. Die eher geringen laufenden Kosten von schätzungsweise einigen hundert Mark jährlich werden also nicht unmittelbar gedeckt. Für den Verlag erscheint das Medium gleichwohl als lohnende Investition: Es besitzt nicht nur einen schwer bezifferbaren Werbeeffekt für Zeitschrift und Handelsunternehmen der Firmengruppe, sondern erweitert durch den umfangreichen Online-Katalog Vertriebsmöglichkeiten und wirkt somit umsatzsteigernd.

Zwar gehört rocknord.de nicht zu den ersten rechtsextremistischen deutschen Websites, die bereits ein Jahr zuvor (im Frühjahr 1996) aufgetaucht sind. Sie nutzt die technischen Möglichkeiten des neuen Mediums jedoch konsequenter und früher als die meisten übrigen Seiten der deutschen Szene. Zu diesen Möglichkeiten zählt die der interaktiven Kommunikation: Internet-Nutzer sind keine passiven Informationsempfänger, sondern können (und wollen) selbst als Sender von Mitteilungen aktiv werden. Dem wird die *RockNORD*-Domain insbesondere durch das Gästebuch gerecht. Im September 2000 richten die Betreiber auch einen Chat-Room ein, in dem die Nutzer in Echtzeit kommunizieren können.[151] Da die Redaktion die Unterredungen im »RockNORD-Chat« – im Gegensatz zum Gästebuch – praktisch nicht mehr kontrollieren kann, heißt es im Vorspann: »Leider läßt sich nicht 100 %ig ausschließen, daß der Feind mithört. Um uns und auch Euch zu schützen, raten wir dringend von der Verwendung politischer Parolen, Propaganda etc. innerhalb des Chatraums ab.«[152] Eine interaktive Komponente der Domain ist auch der Online-Katalog. Zudem nutzt die Domain zu einem frühen Zeitpunkt die Option, im Internet nicht nur visuelle, sondern auch auditive Elemente zur Verfügung zu stellen. Zu diesem Zweck beteiligt sie sich – anfangs vermutlich maßgeblich – am »Nord-Rock-Radio«. Dass *RockNORD* die Möglichkeit eines musikorientierten Audioprogramms, das zudem einen gewissen Werbeeffekt für eigene Produkte besitzt, aufgegeben hat, ist ein Rückschritt für die Attraktivität der Domain, der von der Zielgruppe negativ aufgenommen wurde.[153]

Den Machern der Domain gelingt es im Wesentlichen, die Bedürfnisse der Nutzer zu befriedigen, was in zahlreichen positiven, mitunter euphorischen Gästebuch-Eintragungen zum Ausdruck kommt. Zum Beispiel: »Ich finde, dass diese Seite das Glanzstück der dOItschen Internetseiten ist!«[154], »Wir finden eure Seite und eure Musik genial«[155]. Die Redaktion hätte allerdings die Möglichkeit, negative Mitteilungen gar nicht erst im Gästebuch erscheinen zu lassen. Inwieweit sie davon Gebrauch macht, muss offen bleiben. Von zentraler Bedeutung ist die Tatsache, dass die Redaktion, wie oben gezeigt, das Selbstverständnis, die Symbole und spezifischen sprachlichen Muster der Skinhead-Szene genau kennt und

ROCK NORD
MUSIKZEITSCHRIFT

Ausgabe Nr. 32 / 6. Jahrgang   **INHALT:**

- Diese Seite
- Nachrichten aus der Szene
- Weiße Riesen
- Die Auswertung I
- Die Auswertung II
- Starschnitt für Arme: Peggior Amico
- Der große Lauschangriff
- Archivum
- Bitten zum Tanz ...
- Die Schlacht von Brottby
- Impressum
- Nach der Kür - die Pflicht

Die nächste RockNord-Internet-Ausgabe erscheint am Freitag, den 1. Mai '98.

Der ABO-Hammer	Impressum	e-Briefe an Rocknord
Ausgabe Nummer 26	Ausgabe Nummer 27	Ausgabe Nummer 28
Ausgabe Nummer 29-30	Ausgabe Nummer 31
e-Briefe an Rheinwacht	e-Briefe an Body Checks

Das Gästebuch

Multi-Media statt Multi-Kulti

Optimiert für

RockNord grüßt alle Oi-Froinde. Leser von RockNord kamen bisher aus Greetings to all friends of Oi-Music from RockNord. RockNord-Readers statistics from http://www.statslab.cam.ac.uk   are from these countries:
Germany, Network, Austria, Switzerland, Sweden, USA Educational, Italy, Canada, Czech Republic, Finland, Australia, France, United Kingdom, Luxembourg, Netherlands, Norway, Non-Profit Making Organisations, Hungary, Denmark, Belgium, Slovak Republic, South Africa, Spain, Poland, Slovenia, Brazil, Japan, Russian Federation, Greece, Mexico, United States, Old style Arpanet, Yugoslavia, Croatia, Uruguay, Israel, New Zealand, Colombia, Iceland, Ireland, Portugal, Chile, USA Government, Ukraine, Estonia, Malaysia, Thailand, Cyprus, Costa Rica, USA Military, India, Arb. Emirate

Funktionales Design: die RockNORD-*Domain Mitte 1998. Inzwischen wurde die Gestaltung professionalisiert.*

302

souverän mit diesen umgeht. So schafft sie eine Vertrautheit zur Leserschaft, die nicht als Anbiederung empfunden wird.

Die Gestaltung der Domain ist übersichtlich und nutzerfreundlich. Mitte 1998 befindet sich auf der Einstiegsseite das Titelbild der aktuellen Ausgabe, daneben ein Verzeichnis der im Internet angebotenen Beiträge des jüngsten Heftes. Darunter weisen Links auf den Online-Katalog, vorherige Internet-Ausgaben, die weiterhin abrufbar sind, sowie das Gästebuch hin. Auf der linken Seite fungieren Logos als Links zu festen Rubriken der Online-Ausgaben von *RockNORD* (»Oi-Musik«, »Los, sag was«/Interview, »Gig-Bericht«) sowie zum Internet-Katalog. Einige Nutzer kritisieren im Gästebuch die intensiven Farbtöne der Domain (»Tolle Seite. Nur etwas schwule Farben«[156]). Wohl deshalb erhält die Seite 1999 eine neue, klarere Optik: Weniger und gedämpftere Töne, kleinere, schlichtere Logos sowie die schwarz-weiß-rote Fahne des deutschen Kaiserreiches oben links lassen die Titelseite weniger verspielt, damit seriöser und professioneller wirken. Ein zusätzlicher Effekt der Umgestaltung ist die Tatsache, dass der Online-Katalog (»Moderne Zeiten Shopping«) stärker ins Auge fällt und Bestellungen leichter werden. Die Beiträge der Internet-Ausgaben von *RockNORD* sind eher schlicht gestaltet, meist mit den auch im Printmagazin enthaltenen laienhaften Fotos[157] bebildert, die gelegentlich digital verfremdet werden. Die Verwendung amateurhafter Aufnahmen ist Not und Tugend zugleich: Einerseits stehen der Redaktion offenbar die finanziellen Mittel für einen Profi-Fotografen nicht zur Verfügung, somit auch keine handwerklich besseren Fotos. Andererseits behalten Heft und Domain auf diese Weise Rudimente eines durch Improvisation geprägten Fanzine-Charakters, die für die Leser-Blatt-Bindung günstig sind. Dieser Charakter zeigt sich auch im laxen Umgang mit Rechtschreibung und Zeichensetzung. In der Internet-Ausgabe 31, die exemplarisch daraufhin untersucht wurde, finden sich auf 13 DIN-A4-Seiten 58 Zeichensetzungs- und 19 Rechtschreibfehler.

Das im Wesentlichen gerechtfertigte Image als professionelles Medium ist für *RockNORD* wichtig, um sich von konkurrierenden Publikationen abzuheben, zu denen Blatt und Domain überwiegend in einem Spannungsverhältnis stehen.[158] Bei jeder sich bietenden Gelegenheit versehen die Verantwortlichen das Projekt daher mit dem Attribut professionell.[159] Andere Professionalitätssignale sollen dieses Image noch steigern: So wird der unter dem Pseudonym »George Hell« auftretende Redakteur regelmäßig als ›Auslandskorrespondent‹ bezeichnet. Es ist sehr unwahrscheinlich, dass es sich bei dem Betreffenden tatsächlich um einen dauerhaft im Ausland wohnenden oder regelmäßig und berufsmäßig für *RockNORD* ins Ausland reisenden Autor handelt. Ein solcher Mitarbeiter würde dem Medium unangemessen hohe Kosten verursachen. Wahrscheinlicher ist, dass dieser Redakteur private Reisen mit Berichten für *RockNORD* verbindet.

10.9 Fazit

Die Domain des Magazins *RockNORD* dient als Werbe- und Vertriebsmedium der von Torsten Lemmer gegründeten Unternehmensgruppe sowie als Unterhaltungs-, Service- und somit Gruppenidentität stiftendes Medium einer überwiegend rechtsgerichteten Jugendszene. Diese umfasst insbesondere rechtsextremistische oder dem Selbstverständnis nach unpolitische Anhänger des Skinhead-Kults, zu einem Teil auch die anderer Lebensstile, die ihr Interesse an der Musik des ›Rechtsrock‹ verbindet.

Die Seite ist Teil eines mehrmedialen, kommerziell ausgerichteten Projekts, das eine Gegenkultur von rechts voranbringen möchte und zum tagespolitisch agierenden, vor allem dem in Parteien organisierten Rechtsextremismus verbale Distanz hält. Kennzeichnend ist die Nähe zu rechtsextremistischen Bands, darunter auch neonazistisch ausgerichtete Gruppen. Musik ist das bestimmende Thema, in diesem Zusammenhang tauchen Kampagnenthemen des Rechtsextremismus auf, insbesondere Meinungsfreiheit, Nationalsozialismus/Antisemtismus und Ausländer. Es wird eine Rassenideologie vertreten; häufig sind zudem nicht justiziable Chiffren (14, 88), die zum Teil eine Distanzlosigkeit zum Nationalsozialismus ausdrücken. Integrierende Begriffe sind neben den politischen (Volk, Nation, Deutschland, patriotisch, eingeschränkt: rechts) solche, die nicht oder nicht notwendigerweise politisch konnotiert sind (Spaß, Freundschaft/Kameradschaft). Mit sprachlich-symbolischen Spezifika der Zielgruppe ist die ihr entstammende Redaktion wohl vertraut und fördert so die Leser-Blatt-Bindung.

Die Domain spiegelt den Professionalisierungsprozess von *RockNORD* wider. Sie nutzt die technischen Möglichkeiten des Mediums Internet, wenngleich nicht vollständig, aus: Gästebuch und Online-Katalog sind interaktiv; neben visuellen macht das »Nord-Rock-Radio« auditive Elemente zugänglich. Letztere Option hat die Domain rocknord.de aus Gründen szeneinterner Abgrenzung wieder aufgegeben und somit einen Teil ihrer Attraktivität für die Zielgruppe eingebüßt. Die Domain ist technisch fachkundig umgesetzt, nutzerfreundlich gestaltet, wird durch eine berufsmäßige Redaktion betreut und inzwischen kontinuierlich aktualisiert.

11. Zündelsite

Holocaustleugnung und Selbstdarstellung online

Die »Zündelsite«[1], die seit Anfang 1995 im Internet verfügbar ist, gilt als erste WWW-Homepage deutschsprachiger Rechtsextremisten und hat Vorbildcharakter für andere Aktivisten. Sie erlangte einen ungewöhnlich hohen Bekanntheitsgrad, da gescheiterte Sanktionsversuche deutscher Behörden ein hohes Medieninteresse an der Seite ausgelöst hatten. Die in Nordamerika lebenden Verantwortlichen der »Zündelsite« machen sich den Umstand zu Nutze, dass sie nach dem dortigen Strafrecht nicht oder nur schwer belangt werden können, die Seite gleichwohl weltweit, somit auch in Deutschland, abrufbar ist.

11.1 Ernst Zündel

Der jahrzehntelang in Toronto/Kanada, seit Anfang 2001 in den USA lebende deutsche Neonazi Ernst Christof Friedrich Zündel (Jg. 1939) zählt weltweit zu den aktivsten und vielseitigsten rechtsextremistischen Medienproduzenten und -verlegern. Er ist gleichwohl in der Szene umstritten und seine Publikationen werden nur von Teilen zur Kenntnis genommen. Dominierendes Thema der von Zündel verbreiteten Rundbriefe, Broschüren, Bücher, Videos, Rundfunkprogramme und der Internet-Homepage »Zündelsite« ist die Leugnung des Holocausts, die der gebürtige Schwarzwälder seit Mitte der 80er Jahre auch in zahlreichen Gerichtsverfahren öffentlichkeitswirksam vertritt. Teils legal, teils illegal erreichen Zündels Materialien vorwiegend Rechtsextremisten in Nordamerika und Deutschland.[2]

Nach einer Ausbildung zum Fotoretuscheur in Pforzheim wandert Zündel im September 1958[3] nach Kanada aus, lebt zunächst in Montreal, dann in Toronto. Durch die Auswanderung will er der 1956 in Deutschland wieder eingeführten Wehrpflicht entgehen. Auf Grund seiner christlich-pazifistischen Erziehung habe ihn der bevorstehende Waffendienst in »Seelennot« gebracht, heißt es in der rund 50-seitigen Biografie, die auf der »Zündelsite« abrufbar ist.[4] In Kanada kommt Zündel mit Holocaustleugnern wie Adrien Acand und Austin App in Kontakt, die ihn nach eigener Darstellung zu der Überzeugung kommen lassen, dass eine massenhafte Vergasung von Menschen während des Nationalsozialismus nicht stattgefunden habe.[5]

Neben einer bis Anfang der 80er Jahre erfolgreichen Geschäftstätigkeit als Grafiker und Fotoretuscheur[6] betreibt Zündel seit 1976[7] den Verlag »Samisdat Publishers Ltd«, der eine Vielzahl holocaustleugnender Schriften, inzwischen auch Videos und Audiokassetten, herausgibt. Der Firmenname ist geschickt gewählt: ›Samisdat‹ steht für oppositionelle Selbstverlage in der Sowjetunion, die verbotene Bücher publiziert haben. So wird Zündels Unternehmen bereits dem Namen nach zum regimekritischen, mutigen Projekt. In den frühen siebziger Jahren veröffentlicht der Verlag eine von Zündel angefertigte englische Übersetzung von Thies Christophersens *Die Auschwitz-Lüge,* später verlegt und/oder vertreibt er holocaustleugnende Standardliteratur wie *The Six Million Swindle* (Austin App), *Did Six Million Really Die?* (Richard Harwood[8]) und *The Hoax of the Twentieth Century* (Arthur Butz).[9] Der eigenen verlegerischen Tätigkeit geht die Beteiligung an Periodika anderer Rechtsextremisten voraus: So gehört Zündel der Redaktion des *White Power Reports* an und ist als Autor für die Zeitschrift *Liberty Bell* tätig, die seinerzeit der deutschstämmige, in Reedy/West Virginia lebende Neonazi George Dietz herausgibt.[10] In dieser Zeit veröffentlicht Zündel ferner die offen neonazistische Schrift *The Hitler We Loved and Why* sowie die rechtsesoterische Abhandlung *UFOs: Nazi Secret Weapon?.*[11] In den 80er Jahren weitet er seine Medienpalette aus, produziert zunächst Schmalfilme, dann Videos sowie Audioprogramme und kauft seit Anfang der 90er Jahre Sendezeit bei nordamerikanischen Radio- und TV-Stationen an.[12] Kurzzeitig lässt Zündel seine Programme ab Oktober 1996 von Kaliningrad aus über die Sendemasten von Radio Moskau ausstrahlen, so dass sie auch in Deutschland zu empfangen sein sollen.[13]

In den 80er und frühen 90er Jahren nutzt Zündel ein langwieriges Gerichtsverfahren, um seine Person und seine Thesen medienwirksam in Szene zu setzen. In dem Verfahren, das nach einer Verurteilung in erster Instanz 1992 mit dem Freispruch durch den kanadischen Supreme Court endet, lässt Zündel die internationalen Wortführer der Holocaustleugnung als Zeugen auftreten, darunter Robert Faurisson (Frankreich), David Irving (England), Mark Weber (USA), Thies Christophersen (Deutschland/Dänemark[14]), Udo Walendy (Deutschland), Ditlieb Felderer (Schweden/Österreich[15]) und Emil Lachout (Österreich).[16] Besondere Aufmerksamkeit erregt der so genannte *Leuchter-Report,* ein in Zündels Auftrag von dem US-Amerikaner Fred Leuchter erstellter, pseudowissenschaftlicher Bericht, der Vergasungen während des Nationalsozialismus bestreitet.[17] Auch durch exzentrische Auftritte im Verlauf des Verfahrens weiß Zündel das Medieninteresse auf sich zu lenken. In dieser Hinsicht zeichnen ihn Einfallsreichtum und ein ausgeprägtes Gespür für publicityträchtige Provokation aus: »Im Gerichtssaal erschien er tagtäglich mit einer kugelsicheren Weste und einem steifen Hut, auf dem ›Redefreiheit‹ stand. (…) Zum Termin der Urteilsverkündung fuhr er in einem Schrottauto vor dem Gerichtsgebäude vor, dem er mit geschwärztem Gesicht entstieg, weil er demonstrieren wollte, daß ›Weißen in Kanada keine Gerechtigkeit widerfahren kann‹; er wuchtete ein fast vier Meter langes Kreuz mit der Inschrift ›Redefreiheit‹ auf seine Schultern und trug es die Stufen zum Eingangsportal empor.«[18]

Ungeachtet seiner vielfältigen Aktivitäten ist Zündels Stellung im weltweiten Rechtsextremismus und seine Beziehung zur deutschen Szene ambivalent. Einerseits hängt dies mit seiner mitunter offenen Hitler-Verherrlichung zusammen, die in mehreren Schriften mit kruder Esoterik verbunden ist. Seine exzessive Holocaustleugnung stößt auf Ablehnung, vor allem im Scharnierbereich der Neuen Rechten, und auf Desinteresse in Teilen des Neonazismus.[19] Zudem werfen auch Rechtsextremisten Zündel häufig vor, zuvorderst an Selbstdarstellung und hohen Einnahmen interessiert zu sein. Seine Beziehungen zur deutschen Szene haben in jüngsten Jahren insbesondere durch seinen schillernden Münchner Statthalter, den Neonazi Bela Ewald Althans, gelitten. Über Althans, der wegen holocaustleugnender Aussagen in dem Dokumentarfilm »Beruf: Neonazi« (Winfried Bonengel) in Haft gewesen ist, haben sich rufschädigende Gerüchte verbreitet, er sei homosexuell und habe sich dem Bundesamt für Verfassungsschutz als V-Mann angeboten. Vor Gericht hat sich Althans von Zündel distanziert.[20] Zündel seinerseits überwirft sich 1998 mit zwei namhaften Rechtsextremisten, darunter der Holocaustleugner David Irving. Finanzielle Streitigkeiten sind in beiden Fällen die Auslöser der Konflikte.[21]

11.2 Webmaster und Autoren

Zündel bestreitet, unmittelbar für die Internet-Seite »Zündelsite«, die auch als »Voice of Freedom« firmiert, verantwortlich zu sein. Vielmehr werde die Seite von der in San Diego/ Kalifornien lebenden Ingrid Rimland (Jg. 1936) erstellt (siehe 11.3). Tatsächlich fungiert Rimland, die Zündel Anfang 2001 geheiratet hat[22], als »Webmaster« und ist somit für die technische und grafische Umsetzung der Seite verantwortlich. Ideologisch und biografisch weist sie Parallelen zu Zündel auf. Beide sind deutschstämmig und stark durch die Erfahrung des verlorenen Weltkrieges geprägt.[23] Rimland ist in der Ukraine geboren, die ihre Familie 1943 mit der abziehenden Wehrmacht verlässt. Von Deutschland wandert sie zunächst nach Paraguay, dann nach Kanada (1960) und schließlich in die USA (1967) aus. Dort studiert sie und schließt 1979 ihre Promotion in Erziehungswissenschaften an der Wichita State University ab. Seither arbeitet Rimland freiberuflich als Pädagogin und Psychologin, überwiegend mit Kindern. Zu Themen aus diesem Bereich war sie häufig als Referentin an Universitäten, in Bildungs- und Wohlfahrtsvereinigungen tätig. Einen Namen hat sie sich in den USA auch als Romanautorin gemacht.[24]

Im Untersuchungszeitraum (April bis August 1998) taucht Rimland im deutschsprachigen Bereich der »Zündelsite« nicht namentlich als Autorin auf. Soweit die Verfasser und/oder Vorveröffentlichungsorte der insgesamt 93 deutschsprachigen Beiträge der Seite angegeben sind[25], sind diese überwiegend dem holocaustleugnenden Spektrum zuzuordnen. Zwölf Texte hat Zündel selbst verfasst, die ausführlicher als die der meisten übrigen Autoren und an exponierter Stelle platziert sind. Weitere sechs Beiträge stammen aus dem engeren Zündel-Umfeld.[26] Eine ähnlich große Artikel-Gruppe haben haupt- oder nebenberufliche Mitarbeiter des holocaustleugnenden »Institute for Historical Review« (IHR)[27] verfasst (sechs)[28] oder sind der IHR-Zeitschrift *Journal of Historical Review* (JHR) entnommen (zehn). Dies verweist auf die engen Beziehungen Zündels zu der im kalifornischen Newport Beach ansässigen rechtsextremistischen Einrichtung[29], ist aber auch der Tatsache geschuldet, dass das Journal seine Beiträge ausdrücklich zur kostenlosen Weiterverwendung in digitalen Medien freigibt. Weitere neun Texte sind anderen überwiegend in Deutschland erscheinenden rechtsextremistischen Periodika entnommen, darunter ein dreiteiliger Zyklus aus der Zeitschrift *Vorderste Front* des »Nationaldemokratischen Hochschulbundes« (NHB), der das Strategiepapier »Schafft befreite Zonen« (siehe 1.) umfasst.[30] Nachveröffentlicht wird ebenfalls der »Appell der 100 – die Meinungsfreiheit ist in Gefahr«, den Helmut Schröcke (siehe 4.2) im Juli 1996 als Anzeige in der FAZ publiziert hat.[31]

Dass Zündel mit weiteren Autoren persönlich bekannt ist,

zeigt die Tatsache, dass diese 1988 zu seinen Gunsten vor Gericht aufgetreten sind (z. B. Irving, Walendy, Vogt, Christophersen) oder Bücher in seinem Verlag veröffentlicht haben (z. B. App, Harwood). Solche Autoren verweisen auf die internationale Dimension der Holocaustleugnung. Besondere internationale Bedeutung kommt dem deutschen Rechtsextremisten Germar Scheerer (geb. Rudolf) zu, dessen holocaustleugnendes *Rudolf-Gutachten* (siehe 11.6) im Volltext auf der »Zündelsite« abrufbar ist.[32] Somit sind im deutschsprachigen Bereich der »Zündelsite« die wesentlichen weltweiten Repräsentanten der Holocaustleugnung vertreten, zu denen Zündel in einem mehr oder minder engen Kontakt steht. Dieser Umstand zeigt Zündels Bedeutung für diesen Kreis, aber auch, dass die Zahl der ihm Angehörenden begrenzt ist.[33] Bemerkenswert ist ferner der »Zündelsite«-Autor Christian Worch, der seit Jahren zu den führenden Neonazis in der Bundesrepublik zählt und die Bildung rechtsautonomer Kameradschaften vorangetrieben hat.

11.3 Entwicklung

Unter dem Titel »The Voice of Freedom« geht Zündels Internet-Seite im Frühjahr 1995 online und ist seither ohne nennenswerte Unterbrechung im World Wide Web (WWW) abrufbar. Die ursprüngliche Bezeichnung, die allmählich durch den Titel »Zündelsite« (respektive »Zundelsite«) abgelöst wird, geht zurück auf gleichnamige Fernseh- und Radioprogramme des deutschen Neonazis. Von Beginn an erscheint die Seite zweisprachig – Englisch, Deutsch –, anderssprachige Beiträge kommen im Laufe der Zeit hinzu. 1998 enthält sie Beiträge in sechs Sprachen: Englisch, Deutsch, Französisch, Portugiesisch, Russisch, Schwedisch.

Nach öffentlichen Protesten gegen Zündels Website nimmt der anfängliche Provider diese vom Netz. Die Seite wird fortan durch den im kalifornischen Santa Cruz ansässigen

Provider »Web Communications« (WebCom) eingespeist, der laut »Zündelsite« einer der größten amerikanischen Internet-Provider ist. Glaubwürdiger ist die Darstellung der »Anti-Defamation League« (ADL), die von einem landesweit unbedeutenden Unternehmen spricht, von denen es in den USA etwa 6000 bis 7000 gebe. Die »Zündelsite« ist die einzige rechtsextremistische Seite, von der bekannt geworden ist, dass sie auf den »WebCom«-Servern abgelegt ist.[34]

Seit Anfang 1996 ist die »Zündelsite« zum Präzedenzfall für die Frage geworden, inwieweit nationalstaatliches Vorgehen gegen Seiten, die in internationalen Datennetzen wie dem Internet verfügbar, aber nach nationalem Recht strafbar sind, technisch möglich und politisch legitim ist. Auf Druck deutscher Justizbehörden sperrt im Februar des Jahres der Internet-Provider »T-Online« (Deutsche Telekom) den Zugang zum kompletten »WebCom«-Server, auf dem die »Zündelsite« lagert.[35] Das Vorgehen löst massive Proteste, insbesondere von nordamerikanischen Internet-Nutzern aus, die mit Zündel zwar überwiegend nicht sympathisieren, aber das Recht auf freie Meinungsäußerung gefährdet sehen. Über 20 der Protestierenden hebeln die »T-Online«-Maßnahme aus, indem sie den Datenbestand der »Zündelsite« in eigene Accounts kopieren. Durch solche ›Mirror Pages‹ ist die holocaustleugnende Seite nach kurzer Unterbrechung auch für »T-Online«-Kunden wieder verfügbar. Da die Maßnahme des deutschen Unternehmens somit ins Leere gelaufen ist, nimmt dieses die »WebCom«-Sperre zurück. Obwohl nun die »Zündelsite« für alle Internet-Nutzer wieder unmittelbar aufrufbar ist, existieren einige der ›Mirrors‹ mit dem Datenbestand von 1996 fort. Die Originalseite ist mit ihnen durch Links verbunden.

Auch die Indizierung von zwölf Texten der »Zündelsite« durch die deutsche Bundesprüfstelle für jugendgefährdende Schriften (BPjS) seit Herbst 1996 hat sich als wirkungslos erwiesen. Alle indizierten Beiträge sind nach wie vor im Netz verfügbar. Im Oktober 1996 klagt Zündel, vertreten durch den rechtsextremistischen Anwalt Jürgen Rieger (Hamburg), beim Verwaltungsgericht Köln gegen die Entscheidung des Bonner Gremiums und erhält im Januar 1999 Recht, da das Gericht der BPjS einen Formfehler vorwirft.[36] Zündel kommt dabei die unsichere deutsche Rechtslage zugute, die in Bezug auf jugendgefährdende Inhalte in Datennetzen bis zur Verabschiedung des »Informations- und Kommunikationsdienstegesetzes« (IuKDG) vom Juli 1997 besteht (siehe 2.2.2).

Ein weiterer Rechtsstreit, der Ende 1996 beginnt, wirkt sich deutlich auf Inhalte und Außendarstellung der »Zündelsite« aus: Im November 1996 gibt die kanadische Menschenrechtskommission bekannt, dass sie ein Tribunal über die Seite ins Leben gerufen habe. Nach mehreren kaum wirksamen Versuchen, Zündel in Kanada juristisch zu belangen, könnte dieses Tribunal gravierende Konsequenzen haben: Es könnte ihm nicht nur untersagen, die »Zündelsite« weiter zu publizieren, oder eine Geldstrafe verhängen, das Verfahren könnte im für Zündel ungünstigsten Falle zur Aberkennung seiner Daueraufenthaltsgenehmigung in Kanada[37] führen. Eine Abschiebung nach Deutschland würde aller Voraussicht nach eine Haftstrafe wegen Volksverhetzung nach sich ziehen.

Zündel versucht ein für ihn negatives Urteil dadurch auszuschließen, dass er bestreitet, auf die Gestaltung der »Zündelsite« unmittelbaren Einfluss zu haben. Er argumentiert, die Seite werde durch Ingrid Rimland in den USA erstellt und verantwortet. Rimland kann ihrerseits die Verantwortung für die Seite risikolos übernehmen, da das US-amerikanische Strafrecht von einem äußerst weiten Begriff der Meinungsfreiheit ausgeht, die Inhalte der »Zündelsite« somit in den USA nicht justiziabel sind. So nennt sich die Seite im Frühjahr 1998 »Ingrid Rimland's ›Zündelsite‹«. Eine Erklärung, die in deren Übersichtsteil zu finden ist, weist Rimland als allein verantwortliche Urheberin aus. Es ist davon auszugehen, dass dieser Hinweis auf einem Übereinkommen mit dem Provider basiert, der so gewisse Distanz zu der rechtsextremistischen Seite wahrt: »ALL EDITORIAL CONTENT

314

ON THIS WEBSITE IS STRICTLY THE WRITER'S/ AUTHOR'S OPINION: The Zundelsite, located in the USA, is owned and operated by Dr. Ingrid A. Rimland, an American citizen.«[38]

Die Seite vermeidet Elemente, die ihre unmittelbare Anbindung an Zündels verlegerische Tätigkeit belegen würden. So ist der *Germania Rundbrief,* den der Deutsche in der Regel monatlich an seinen Sympathisantenkreis verschickt, nicht mehr auf der Seite abrufbar. Auch einen Katalog des »Samisdat«-Verlages oder eine Online-Bestellmöglichkeit enthält sie nicht. Gleichwohl ist Zündels Argumentation, er habe auf diese Seite keinen unmittelbaren Einfluss, erkennbar haltlos und er vertritt diese später weniger vehement (so trägt die Seite inzwischen wieder den knappen Titel »Zündelsite«). Für die »Anti-Defamation League« und das Bundesamt für Verfassungsschutz besteht kein Zweifel, dass Rimland ausführende Kraft und weisungsgebunden tätig ist.[39] Zahlreiche Hinweise lassen deutlich erkennen, dass Zündel federführend an der konzeptionellen Entwicklung der Seite beteiligt ist.[40] Er fürchtet das Menschenrechtstribunal aber offenbar mehr als die vorangegangenen Prozesse. Seit Beginn des Verfahrens hat er auf massenwirksame Stellungnahmen weitgehend verzichtet.[41] Im Sommer 2001 stehen die Verhandlungen zwar kurz vor ihrem Abschluss, nach dem Umzug Zündels in die USA wird das Urteil allerdings nicht mehr sehr folgenreich sein.

Der deutschsprachige Bereich der Seite hat sich während des Untersuchungszeitraums nicht verändert. Auch im Vergleich zum Stand der Seite ein gutes Jahr später (November 1999) zeigen sich nur wenige inhaltliche Modifizierungen. Dagegen ist das Gesamtdesign der Seite überarbeitet worden und wirkt professioneller als im Untersuchungszeitraum. Inzwischen bildet der englischsprachige Bereich eindeutig den Schwerpunkt der »Zündelsite«, dies gilt für die Gesamtzahl der Beiträge wie für den Aktualisierungsrhythmus. Während eine Neuaufnahme deutscher Texte selten und unregelmäßig stattfindet, erscheint seit Anfang 1996 täglich das englischsprachige so genannte »Zgram«. Die Abkürzung steht für »Zündelsite-Gram«, eine Abwandlung des Wortes ›Telegram‹. Als »Zündelsite-Grams« bezeichnet Zündel 1995 bereits seine Nachrichten an die Mailing List des US-amerikanischen Neonazis Don Black (West Palm Beach), die in dessen Internet-Seite »Stormfront«[42] eingebunden ist. In diesen E-Mails kündigt Zündel tägliche Nachrichten von der »Zündelsite« an, die er »Zündelist Greeting (with which) to start the day« nennt.[43]

11.4 Nutzer

Über die Nutzer von Internet-Homepages gesicherte Aussagen zu treffen, ist generell schwierig. Dies gilt natürlich auch für rechtsextremistische Seiten wie rocknord.de und die »Zündelsite«. Mit großer Vorsicht ist den Zahlen zu begegnen, die Zündel und Rimland nennen.[44] Im Januar 1998 behauptet Zündel, 292 381 Menschen hätten die »Zündelsite« bislang aufgerufen und 2 311 329 Dokumente rezipiert.[45] 1999 spricht er von 500 000 bis 600 000 abgerufenen Dokumenten pro Monat.[46] Sollten diese Angaben den Tatsachen entsprechen, so sind sie doch kaum aussagefähig. Einerseits lässt sich ihnen nicht entnehmen, wie viele Personen die Seite tatsächlich aufgerufen haben, da mehrfache Nutzung derselben Person in diesen Zahlen auch mehrfach enthalten ist. Andererseits geben sie keinen Aufschluss über die Zusammensetzung des Nutzerkreises: Automatisch gezählt wird jede Nutzung, unabhängig, ob durch Gleichgesinnte oder explizite politische Gegner, Journalisten, Verfassungsschützer oder Wissenschaftler. Die Zahlen verweisen allerdings darauf, dass die Nutzerzahlen der »Zündelsite« seit Einrichtung erheblich gestiegen sind – was angesichts der drastisch gestiegenen Zahl der Personen mit Internet-Zugang kaum überrascht – und die Seite über den engen Kreis der erklärten Holocaustleugner und/oder organisierten Rechtsextremisten hinaus zur Kenntnis genommen wird. Die potenzielle

Breitenwirkung dieser Seite ist insofern hoch, da die Zugangs-schwelle auch für Personen ohne Szene-Anbindung niedrig ist. Anders als etwa beim Bezug rechtsextremistischer Print-medien wahren die Nutzer Anonymität und riskieren keine staatlichen oder gesellschaftlichen Sanktionen. Die Vermu-tung liegt daher nahe, dass auch Personen, die dem Rechts-extremismus neutral oder mit vagen Sympathien gegenüber-stehen, die Seite lesen und durch sie beeinflusst werden können.

Ohne darauf einzugehen, wie die Angaben erhoben wurden, spricht Zündel 1995 – zehn Wochen nach Start der »Zündel-site« – davon, 35 Prozent der ersten 12 000 »Besucher« seien im Bildungswesen tätig, 5 Prozent im Staatsdienst, 1 Prozent im Militär und 59 Prozent seien »beruflich noch nicht definier-bar«.[47] Zündel behauptet ferner, die Seite werde besonders häufig von Studierenden genutzt.[48] 1999 schreibt er poten-ziellen Spendern: »In nur wenigen Jahren werden diese Men-schen, die durch diese elektronischen Medien neu zu uns sto-ßen, den Kampf übernehmen und mittragen – jetzt können sie es noch nicht, denn die meisten dieser Gruppe sind junge Studenten in Universitäten, die noch ein paar Jahre weiter-studieren müssen. (…) Die Wahrheit macht sie tatsächlich oft frei – frei von Schuldkomplexen, frei von Lügen und Selbsthaß, frei, sich voll für Volk und Kultur zu entfalten.«[49]

Zündel verweist darauf, dass die ›Mirrors‹ der »Zündelsite« in der Auseinandersetzung mit »T-Online« überwiegend durch Studierende eingerichtet worden sind, verschweigt aber, dass dies erklärtermaßen nicht aus politischer Überein-stimmung mit Zündel geschieht, sondern um einer uneinge-schränkten Meinungsfreiheit im Internet willen.[50] Ob Studen-ten tatsächlich zu den maßgeblichen Nutzern der Seite zählen, wie Zündel aus zahlreichen E-Mails herausgelesen haben will, muss bezweifelt werden, lässt sich aber nicht überprüfen. Die Behauptung gliedert sich in die hinlänglich bekannte Strate-gie ein, die Holocaustleugnung als legitime akademische Schule herauszustellen, die vom wissenschaftlichen Diskurs

nicht ausgeschlossen werden dürfe (siehe 11.6).[51] Wahrscheinlicher ist, dass die Nutzer der »Zündelsite« – gemessen an denen des Internets überhaupt – überdurchschnittlich alt sind,
da das Ideologieelement der Holocaustleugnung für Rechtsextremisten der Kriegsgeneration eine erhöhte Bedeutung
besitzt.[52]

11.5 Aufbau

11.5.1 Internationaler Bereich

Unter der Internet-Adresse (URL) der »Zündelsite« erscheint
im Untersuchungszeitraum der englischsprachige Übersichtsbereich der Seite (»›Zundelsite‹ – Welcome!«), dem der Schriftzug voransteht: »Ingrid Rimland's ›Zundelsite‹: ›Did Six Million Really Die?‹« Dominierendes optisches Element ist ein
großflächiges Farbfoto, das Zündel nach einer Verhandlung
im Torontoer Strafverfahren von 1988 zeigt und auf dem er
von Journalisten und Kameraleuten umringt ist. Untereinander listet der Einstiegsbereich die wichtigsten Bestandteile
der Seite auf, zu denen folgende zählen:
– »ZGrams«;
– grundlegende Darstellungen holocaustleugnender Thesen
  (z. B. *Holocaust Skepticism – In a nutshell!*, *Leuchter-Report*,
  Rudolf-Gutachten);
– Inhaltsverzeichnisse der englisch-, deutsch- und französischsprachigen Bereiche;
– Auseinandersetzung mit der »Nizkor«-Seite (»The Zündel-
  site/Nizkor ›Holocaust Rebuttal‹«).
»ZGrams« sind tägliche Mitteilungen, für die Ingrid Rimland als Autorin firmiert und die auf der »Zündelsite« abruf-
bar sind. Sie sind im Stil eines persönlichen Briefes gehalten
(»Good Morning from the Zundelsite«) und versuchen den
regelmäßigen Nutzer in eine vertrauliche Gemeinschaft der
Zündel-Anhänger einzubinden. Sie enden stets mit dem Zitat
»Thought of the Day«. Alle Nutzer können sich in einen

elektronischen Verteiler aufnehmen lassen und erhalten die »ZGrams« dann täglich per E-Mail.

Im Einstiegsbereich finden sich ferner Texte, die die maßgeblichen Thesen der »Zündelsite« vorstellen. Eine programmatische Selbstdarstellung ist der Beitrag »Mission Statement – What the ›Zündelsite‹ is really all about!«. Unter der Überschrift »Classic Revisionist Documents« können Materialien wie der *Leuchter-Report,* das *Rudolf-Gutachten* (Englisch, Deutsch) sowie das Heft *Did Six Million Really Die?* (Deutsch/Englisch/Russisch) von Richard Harwood im Volltext abgerufen werden.

Auf ausführliche Inhaltsverzeichnisse der englisch-, deutsch- und französischsprachigen Bereiche wird hingewiesen. Darüber hinaus hat der Nutzer die Möglichkeit, Texte der »Zündelsite« auf dem eigenen Computer zu speichern und diese offline – und damit kostengünstiger – zu lesen. Dies gilt für Beiträge in den Sprachen Französisch, Deutsch, Portugiesisch, Russisch und Schwedisch.

Hinter der werbewirksamen Überschrift »The Zündelsite/Nizkor ›Holocaust Rebuttal‹: The Page you do not want to miss« verbirgt sich ein Querverweis auf einen E-Mail-Austausch, der inzwischen mehrere Jahre zurückliegt: Am 1. September 1995 wendet sich Jamie McCarthy, seinerzeit Webmaster der kanadischen »Nizkor«-Page, die den Holocaust auf breiter wissenschaftlicher Basis dokumentiert, an die »Zündelsite« und regt an, die beiden gegensätzlichen Pages durch wechselseitige Links zu verbinden (cross-linking). Konkret kündigt McCarthy eine Erwiderung auf den Text *66 Questions and Answers on the Holocaust* an, der auf der »Zündelsite« abrufbar ist, und bittet Zündel, am Schluss dieses Beitrages auf die Entgegnung durch »Nizkor« zu verweisen. Zündel nimmt diese Nachricht zum Anlass, auf der »Zündelsite« und im Rundbrief *Power Letter*[53] eine elektronische Debatte anzukündigen. Die »Zündelsite« nimmt wenig später am Ende jedes Textes einen Querverweis auf die Übersichtsseite der »Nizkor«-Page auf. Als McCarthy den Begriff Debatte zurückweist,

The concepts expressed in this document are protected by the basic human right to freedom of speech, as guaranteed by the First Amendment of the Constitution of the United States, reaffirmed by the Supreme Court as applying to Internet content on June 26, 1997.

Inhaltsverzeichnis

Ernst Zündels politische Verfolgung: Worum es hier geht!
(Der Lebenslauf eines in Deutschland geborenen kanadischen Streiters für die Ehre seiner Heimat - ungefähr 50 Seiten!)

So Angst hat die deutsche Regierung! Die Zundelsite - jetzt teilweise indiziert!

WIESENTHAL: Vom Zündel-Blitz getroffen

Dokumente und Presseerklärungen in deutsch

Die beste europäische Website für Revisionisten

Zensur durch Justiz und Terror

- 29 Monate Haft für kranken Autor Udo Walendy!
- Der mittelalterliche Hexenprozeß und seine Parallelen in unserer Zeit
- Augenzeuge Pressac bricht zusammen
- Appell der 100
- Menschenrechte auch für Deutsche
- Hexen-Verfolgung in Deutschland - Wie im tiefsten Mittelalter
- Nicht "Offenkundigkeit", sondern Gerechtigkeit!
- Oliver Bode: Weltweite Repression gegen Nationale
- Mehr über den Fall Günter Deckert
- Neueste Nachrichten von Thies Christophersen an seine Freunde
- Was ist Holocaust-Leugnung?
- Rudolf-Hess-Gedenkmarsch 1995
- Invasion des Computernetzes
- Ernst Zündel - "Privat"

Wahre Freiheit durch freie Wahrheit

- Der Leuchter Report: Ende eines Mythos
- Amtliche Todeszahlen von Auschwitz
- Mit Bedacht 'vergessen wurden . . .
- Naturwissenschaft und Technik im Nationalsozialismus
- Auferlegung eines Schuldkomplexes: Die sozialen und politischen Auswirkungen des Holocausts.
- Simon Wiesenthal - Falscher Nazijäger.
- Neueste Nachrichten von Udo Walendy
- Nürnberg: Über Gräber wächst kein Gras!
- Der Holocaust - Laßt uns beide Seiten hören
- Die große Lüge
- "Die Befreiung der Lager: Fakten gegen Lügen"

Selbstdarstellung im dezenten Look: Gleich im ersten Beitrag des deutschsprachigen Teils der »Zündelsite« wird der Holocaustleugner zur heroischen Figur stilisiert.

Links auf die »Zündelsite« nach jedem »Nizkor«-Dokument ablehnt[54] und eine Diskussion in der Internet-Newsgroup »alt.revisionism« anbietet[55], wirft Zündel ihm Wortbruch vor: »If you looked out of the window and saw somebody back-pedalling furiously, that was the Nizkor crowd.«[56] Die Auseinandersetzung bricht nach etwas mehr als einem Monat ab. Obwohl eine Debatte also nicht zu Stande kommt, betitelt die »Zündelsite« eine zu diesem Zweck eingerichtete Rubrik noch Jahre später als »The First Electronic ›Holocaust‹ Rebuttal in the History of Mankind«. Sie enthält eine (Selbst-) Darstellung Zündels und holocaustleugnender Thesen, Verweise auf die Schreiben von »Nizkor«, die Fragen des Textes *66 Questions and Answers on the Holocaust* sowie Links zu den im Original gegebenen Antworten und »Nizkors«-Erwiderungen.[57] Als Basis der Auseinandersetzung ist der Zündel-Text *Holocaust 101* abrufbar, der acht zentrale Thesen der Holocaustleugner diskutiert und auch auf Deutsch verfügbar ist.

11.5.2 Deutschsprachiger Bereich

Der deutschsprachige Bereich ist in acht Abschnitte gegliedert. Drei Einzelbeiträge, die Rubrik »Dokumente und Presseerklärungen« sowie ein Link (Homepage des holocaustleugnenden Vereins »Vrij Historisch Onderzoek«) sind den übrigen Abschnitten vorangestellt und somit hervorgehoben. Dies gilt insbesondere für den ersten Beitrag des Bereichs, den Text »Ernst Zündels politische Verfolgung: Worum es hier geht!«. Dass Zündel darin als heroische Figur porträtiert wird, kündigt sich im Untertitel »Der Lebenslauf eines in Deutschland geborenen kanadischen Streiters für die Ehre seiner Heimat« an. Die sieben folgenden Abschnitte sind nach inhaltlichen Schwerpunkten eingeteilt:
– Texte zur angeblich eingeschränkten Meinungsfreiheit für Holocaustleugner und andere Rechtsextremisten (»Zensur durch Justiz und Terror«);

- holocaustleugnende Artikel (»Wahre Freiheit durch freie Wahrheit«);
- Beiträge zur Strategie- und grundlegenden Ideologiebildung (»Tiefe Gedanken«);
- vermischte ältere Beiträge[58] (»Wert zum Wiederholen«);
- geschichtliche Idole (»Deutsche Helden der Vergangenheit«);
- Bücher im Volltext;
- Links (»Europäische Webseiten, die wir besonders empfehlen«).

11.6 Vernetzungsleistung

Ohne Zweifel zählt die Selbstdarstellung Zündels zu den vorrangigsten Aufgaben der von ihm dominierten Internet-Seite. Positive Bezüge auf der »Zündelsite« bestätigen dies überdeutlich. In zahlreichen Beiträgen – vielfach, aber nicht ausschließlich solche aus seinem engeren Umfeld – häufen sich anbiedernde Formulierungen. Zündel wird zum »Wahrheitsforscher und Menschenrechtler«[59] stilisiert, sein Lebensweg als Martyrium um selbsloser Aufklärung willen beschrieben. Gängig ist die Darstellung als David, der ideenreich und beharrlich gegen einen übermächtigen, finanzkräftigen und geistig unbeweglichen Goliath, die »Holocaust Promotion Lobby« (siehe 11.7), kämpft.[60] Häufig wird positiv auf Zündels hohen Bekanntheitsgrad verwiesen und dieser zu einer internationalen Anerkennung für den deutschen Neonazi umgedeutet.

Die Vernetzung der Seite zielt weit überwiegend auf die Alte Rechte. Positiv bezieht sie sich besonders häufig auf die internationalen Wortführer der Holocaustleugnung der 80er und 90er Jahre und deren Publikationen, allen voran auf die engen Zündel-Mitarbeiter Robert Faurisson (»anerkannter Spezialist für die Analyse von Texten und Dokumenten«[61]) und Fred Leuchter, dessen Fachkenntnisse (»führender Gaskammer-Experte«[62]) drastisch übertrieben werden, um den

322

Aussagewert des holocaustleugnenden *Leuchter-Reports* hochzuspielen. Leuchter gilt zudem als »Pionier«[63], weil er einer naturwissenschaftlich argumentierenden Variante der Holocaustleugnung den Weg gebahnt hat, die seither einen hohen Stellenwert besitzt. Einer der Leuchter-Nachahmer ist der Chemiker Germar Scheerer, zu dem ebenfalls eine besondere Nähe der »Zündelsite« deutlich wird (»großartiges Rudolf-Gutachten«[64]). Ähnlich wie Leuchter hat Rudolf (Scheerer) einen naturwissenschaftlich ummäntelten Bericht darüber vorgelegt, dass eine Massenvergasung in Lagern wie Auschwitz-Birkenau nicht stattgefunden habe.[65] Positiv verweisen die Texte ferner auf die Zündel-Zeugen Christophersen, Felderer, Lachout, Vogt, Walendy und Weber sowie auf weitere Holocaustleugner wie Arthur Butz (USA), Walter Lüftl (Österreich) und Wilhelm Stäglich (Deutschland). Besonders starke positive Bezüge sind die ausdrücklich empfehlenden Links zu den Homepages der »Vrij Historisch Onderzoek«, der deutschen holocaustleugnenden Zeitschriften *Deutschland in Geschichte und Gegenwart* und *Sleipnir* sowie zu zwei weiteren Homepages rechtsextremistischer deutscher Periodika, deren thematischen Schwerpunkt allerdings nicht die Holocaustleugnung bildet *(Staatsbriefe, Huttenbriefe)*.

Vielfach nimmt die »Zündelsite« auch auf historische Nationalsozialisten positiv Bezug; mehrere Texte lassen unverblümte Hitlerverherrlichung oder eine zumindest apologetische Haltung erkennen. Die Zündel-Biografie der Seite bezieht sich auf den ersten Prozess gegen den Deutschen (1983) und zitiert ausführlich dessen Aussage, in der er Hitler glorifiziert.[66] Der US-amerikanische Rechtsextremist Austin J. App spricht auf der »Zündelsite« von Hitlers »Mission«, die er mit folgenden Stichworten umreißt: »Selbstbestimmung für das deutsche Volk, Zurückweisung des Jochs internationaler Bankiers, Bekämpfung von Pornographie und Prostitution, Einflößung christlicher Kultur in die Künste und das Theater«, und vergleicht Hitlers Ablehnung durch Juden mit der Verurteilung Jesu.[67]

Mehr noch als Hitler stilisiert die »Zündelsite« dessen Stellvertreter Rudolf Heß zur Idolfigur. Heß taucht in zahlreichen Beiträgen positiv auf; zudem ist ihm ein längerer, glorifizierender Text des Abschnitts »Deutsche Helden der Vergangenheit« gewidmet. Dieser stammt von der rechtsextremistischen deutschen »Rudolf-Heß-Gesellschaft« um den Sohn des NS-Politikers, Wolf-Rüdiger Heß, die in dem Beitrag für sich wirbt und ein Beitrittsformular bereitstellt. Rudolf Heß wird auf der »Zündelsite« als »tapfere, heroische«[68] Gestalt, insbesondere als »Friedensmärtyrer«[69] bezeichnet, Mordtheorien um seinen Tod im Alliierten Militärgefängnis in Berlin-Spandau werden vertreten[70]. Von Christian Worch stammt ein Beitrag, der über den neonazistischen »Rudolf-Heß-Gedenkmarsch« im August 1995 im dänischen Roskilde berichtet.[71] Er zeigt beispielhaft, dass die Seite auch auf zeitgenössische Anhänger von nicht oder wenig modifizierter NS-Ideologie und auf deren Organisationen positiv Bezug nimmt. Dies gilt etwa für die »Nationalsozialistische Bewegung Dänemarks« oder, an anderer Stelle, den deutschen Neonazi und Zündel-Anwalt Jürgen Rieger.

Nur selten stellt die »Zündelsite« eine Nähe zu Personen, Organisationen oder Medien her, die zur Neuen Rechten zu zählen sind, sowie zu solchen, die zur Bewegung von rechts in keiner positiven Beziehung stehen. Zu den Ausnahmen gehört der oben erwähnte, empfehlende Link zur Homepage der neurechts orientierten Zeitschrift *Staatsbriefe* (Hans-Dietrich Sander). Mitunter wird auf Protagonisten der Konservativen Revolution der 20er Jahre und deren Medien positiv verwiesen, die in der Neuen Rechten stärker als in der Alten Rechten rezipiert werden. So enthält die Seite im Abschnitt »Deutsche Helden der Vergangenheit« einen längeren Text von Oswald Spengler.

Das eindeutig dominierende Thema der »Zündelsite« ist die offensiv vorgetragene Leugnung des Holocausts.[72] So trägt sie zur kulturellen Vernetzung derjenigen Teile der Bewegung bei, die eine solche ideologische Basis zur Entschuldung Deutschlands von historischen Verbrechen benötigen. Dies gilt in besonderem Maße für das neonazistische Spektrum, das ein positives Bild vom Nationalsozialismus nur auf diese Weise aufrechterhalten kann.[73] Es gilt auch für Teile der übrigen Alten Rechten, insbesondere Angehörige der Kriegsgeneration, die den Nationalsozialismus zwar nicht gutheißen, aber ihre politischen Ziele – Macht- und Gebietserweiterung für Deutschland – durch den Holocaust verbaut sehen. Ferner trifft dies auf eine kleinere Gruppe in der Neuen Rechten (z. B. Armin Mohler) zu, die über die in dieser Strömung verbreitete Relativierung des Nationalsozialismus und Schlussstrich-Rhetorik hinaus ›Normalität‹ für Deutschland nur für erreichbar hält, indem Zweifel an den historischen Verbrechen genährt werden.

Alle untersuchten Beiträge der »Zündelsite«, die sich mit dem Holocaust befassen, leugnen diesen offen. Geradezu beschwörend ist von »Holocaust-Legende«[74]/»Auschwitz-Legende«[75], »Holocaust-Mythos«[76]/»Gaskammer Mythos«[77], »Holocaust-Lüge«[78]/»Lüge über die Vergasung«[79] und vom »Schwindel«[80] die Rede. Apodiktisch stellt Zündel fest: »Es gab keine deutschen ›Todeslager‹. Punkt.«[81] So ist die im Titel der »Zündelsite« in Anlehnung an Harwood/Verall gestellte Frage »Did Six Million Really Die?« eindeutig rhetorisch zu verstehen. Wichtigste Argumentationsgrundlage ist der *Leuchter-Report,* der – wenn auch nur in englischer Sprache – im Volltext abrufbar ist und auf den immer wieder verwiesen wird. Ähnlich bedeutsam ist das ebenfalls von der Seite aus verfügbare deutschsprachige *Rudolf-Gutachten.* Wie diese Schriften ist die »Zündelsite« bemüht, den Massenmord naturwissenschaftlich-technisch zu widerlegen, durch quellenkritische Aussagen sollen zudem Augenzeugenberichte und das Geständnis des Auschwitz-Kommandanten Rudolf Höß als haltlos dargestellt werden.

Die wichtigsten Argumentationslinien legt Zündel in seinem Text *Holocaust 101* dar; sie wiederholen sich viele Male in weiteren Beiträgen der Seite:[82]

- Die Behauptung des Massenmordes an Juden wurde durch die alliierte Kriegspropaganda erfunden. Durch Fotos der eigenen Luftaufklärung wusste diese, dass es sich um falsche Meldungen handelte.[83]
- Es gibt keine Beweise für den Holocaust. Das Geständnis von Rudolf Höß sowie Geständnisse während der Nürnberger Prozesse entstanden unter Folter. Augenzeugenberichte sind widersprüchlich, ungenau und daher unglaubwürdig.[84]
- Die Zahl der während des Nationalsozialismus ums Leben gekommenen Juden wird in der Regel erheblich zu hoch angesetzt. Sie wurde seit 1945 kontinuierlich nach unten korrigiert. Menschen starben in den Lagern überwiegend an Typhus.[85]
- Eine systematische Ausrottungspolitik gegenüber Juden während des Nationalsozialismus existierte nicht. Das Ziel war vielmehr Emigration.[86]
- Ein Befehl Hitlers zur Ausrottung der Juden lag nicht vor.[87]
- Die Anwendung von Zyklon B in US-amerikanischen Hinrichtungsstätten zeigt, dass es für massenhafte Tötungen ungeeignet ist. Es wurde in deutschen Lagern ausschließlich zur Entlausung eingesetzt.[88]
- Ein massiver Einsatz des hochgiftigen Zyklon B in Gaskammern hätte Arbeitskräfte und SS-Wachmannschaften gefährdet. Bei den als Gaskammern beschriebenen Gebäuden handelt es sich tatsächlich um Leichenschauhäuser.[89]
- Leuchter hat nachgewiesen, dass diese Gebäude ihrer Konstruktion nach nicht als Gaskammern fungieren konnten. Zudem zeigen Leuchters und Rudolfs Analysen, dass keine signifikanten Spuren von Zyklon B in diesen Räumen nachweisbar sind.[90]

Beim flüchtigen Lesen kann der Eindruck eines plausiblen und stringenten Argumentationsgerüsts entstehen, das sich auf scheinbar objektive technische Untersuchungen und genaue Aktenkenntnis stützt. Dazu tragen Verweise auf Dokumente und Literatur bei, wenngleich sich zentrale Belege stets in Werken des eng begrenzten Kreises holocaustleugnender Publizisten finden. Maßgebliche Quelle des Zündel-Textes *Holocaust 101* ist der Band *Starben wirklich Sechs Millionen?*, den seine Anwältin Barbara Kulaszka aus den Unterlagen des Prozesses von 1988 zusammengestellt und der »Samisdat-Verlag« veröffentlicht hat. Zu den wichtigsten Überzeugungsstrategien zählt zudem der Versuch, Details der Holocaust-Geschichtsschreibung infrage zu stellen, um Zweifel an dem Massenmord im Ganzen zu nähren.[91] Dies geschieht insbesondere durch den stetigen Verweis auf anzunehmende Opferzahlen, die tatsächlich durch historische Forschung revidiert wurden.[92] Dass die Überprüfung von Erkenntnissen eine wissenschaftliche Selbstverständlichkeit darstellt und die Faktizität des Holocausts durch eine seriöse Zahlendiskussion nicht berührt wird, liegt freilich auf der Hand.

Die Holocaustleugnung der »Zündelsite« ist an einen aggressiven Antisemitismus geknüpft, der in allen Spielarten vorkommt. Besonders häufig sind Verschwörungstheorien, das altbekannte Stereotyp eines schachernden Finanzjudentums sowie antizionistische Wendungen, wenngleich zwischen Zionismus und Judentum nicht erkennbar unterschieden wird[93]. Die Erinnerung an den Holocaust stellen zahlreiche Beiträge als Instrument jüdischer Kreise im Allgemeinen und des Staates Israel im Besonderen dar, Wiedergutmachungsgelder und Machtansprüche zu erpressen (»Milliarden werden betrügerisch abkassiert«[94]). Aus finanziellem Interesse seien die geschätzten Opferzahlen »eine unverantwortliche Übertreibung«[95]. Zudem werden Überlebende beschuldigt, aus Geltungssucht und pathologischem Hass gegen die Deutschen am Holocaust festzuhalten (»Ihr Rachegefühl gegen die Deutschen kennt scheinbar keine Grenzen!«[96]). Durchgängig wird hervorgehoben, wenn erwähnte oder zitierte Personen angeblich jüdischen Glaubens sind. So wird der Eindruck transportiert, Juden seien per se voreingenommen und zu einer sachlichen Auseinandersetzung mit der NS-Vergangenheit unfähig. Bei der Formulierung ›Judenführer‹, mit der häufig Repräsentanten jüdischer Institutionen oder Gemeinden versehen werden, dürfte es sich nicht allein um eine problematische Übersetzung des englischen ›leader‹ handeln, sondern die Hitler-Assoziation gewollt sein.

In seiner verschwörungstheoretischen Variante prägt Antisemitismus den dritten wichtigen Kampagnenkomplex der »Zündelsite«: das Thema Meinungsfreiheit. Die Behauptung, einflussreiche Kräfte in Staat und Gesellschaft verböten einer Minderheit der Historikerschaft, die unliebsame Tatsachen zu Tage fördere, den Mund und bedrohten diese existenziell, zieht sich leitmotivisch durch den deutschsprachigen Teil der »Zündelsite«. Sie wird im Abschnitt »Zensur durch Justiz und Terror« besonders exzessiv vertreten. Dass Juden die treibenden Kräfte hinter den Repressalien sind, wird vorausgesetzt, wenn diese nicht explizit genannt werden. Antisemitische Verschwörungstheorien dieser besonders plumpen Art sind auf der »Zündelsite« gängig: Juden dominieren die US-Regierung, die amerikanischen Medien und steuern die deutsche Regierung mit Hilfe des »Krypto-Hebraeers Helmut Kohl«[97]. Selbst die ohne jeden Zweifel gefälschten *Protokolle der Weisen von Zion* werden als Beleg angeführt[98].

Auf diese Weise, so behauptet die »Zündelsite«, werde eine Seite der historischen Diskussion, die Holocaustleugnung, »gefesselt und geknebelt«[99] (Zündel), »d. h. daß man alle und jeden, der sich nicht gleichschalten läßt, auf jede erdenkliche Art vernichtet«[100] (Faurisson). Wohl bewusst bedient sich der Franzose einer grammatischen Konstruktion, die die Handelnden im Dunkeln lässt (›man‹), sowie eines auf diktatorische Systeme gemünzten Jargons. Letzteres ist typisch und spricht insbesondere der kanadischen und deutschen Justiz die Rechtsstaatlichkeit ab: Von einem »Schauprozeß«[101] (vor dem Menschenrechtstribunal in Toronto) ist die Rede, von Deutschland als einem »Verfolgerstaat«[102] oder »Polizeistaat«[103] und immer wieder von »Zensur«[104]. Ein Text zieht ausführlich die Parallele von Verfahren gegen Holocaustleugner zu frühneuzeitlichen Hexenprozessen. Dem stellt die »Zündelsite« die Leugnung des Holocausts als eine legitime Meinungsäußerung gegenüber und beruft sich auf internationale Konventionen zum Schutz der Menschenrechte. Während die Seite die Stigmatisierung der Holocaustleugner geißelt, zelebriert Zündel gleichzeitig die Rolle des Ausgestoßenen und medialen Enfant terrible: »So Angst [sic!] hat die Deutsche Regierung! Die Zundelsite – jetzt teilweise indiziert!« überschreibt er einen der exponierten Beiträge der Seite. Akribisch erwähnt die Zündel-Biografie alle größeren Presseinterviews.

Dass der Antisemitismus eine starke Bindewirkung für den Kreis um Zündel besitzt, zeigt auch die Tatsache, dass neben dem Komplex Meinungsfreiheit auch das Thema Ausländer deutlich antisemitisch geprägt ist. Die »Zündelsite« vertritt das neurechte Konzept eines ›Ethnopluralismus‹, das von prinzipieller Ungleichartigkeit der Ethnien ausgeht, die daher räumlich zu trennen seien. Die Seite propagiert eine nach dem Prinzip der Volksgemeinschaft organisierte Gesellschaft und warnt vor »Durchmischung« (die zur »Auslöschung des betroffenen Volkskörpers«[105] führe), vor »Überfremdung«[106] und beklagt einen überhöhten Ausländerzuzug nach Deutschland und in die Schweiz (»Masseninvasion«[107]). Diese Migration wird als Teil eines mit dem Judentum identifizierten, planmäßigen Prozesses der internationalen Vereinheitlichung (»totalitäre Gleichmacherei«[108]) mit dem Ziel einer »Neuen Weltordnung« beschrieben.[109] Darüber hinaus kommen abschätzige Äußerungen über Farbige vor, sind aber eher selten.[110]

Es ist bemerkenswert, dass Zündel zwei aktuelle Kampagnenthemen aufgreift, die für den westeuropäischen – in einem Fall vorwiegend den deutschen – Rechtsextremismus von spezifischer Bedeutung sind. Offensichtlich hält der in Nordamerika lebende Neonazi somit eine Anbindung an die europäische Szene aufrecht. Dass beide Themen auch im englischsprachigen Teil der »Zündelsite« präsent sind, zeigt, dass die Seite zur kulturellen Vernetzung des europäischen und nordamerikanischen Rechtsextremismus beiträgt. Dies gilt für die Ablehnung der Europäischen Union (»Brüsseler Moloch«[111]) sowie die Kampagne gegen die Ausstellung »Vernichtungskrieg. Verbrechen der Wehrmacht 1941–1944« des »Hamburger Instituts für Sozialforschung«. Über Letztere berichtet beispielsweise Rimland in den englischsprachigen »ZGrams«.[112] Ferner enthält die Seite eine deutliche national-revolutionäre und somit antikapitalistische Komponente[113], was dem Bedeutungszuwachs solcher Ideologeme innerhalb des deutschen Rechtsextremismus entspricht.

Substanzielle strategische Erörterungen finden auf der »Zündelsite« selten statt. Lediglich im Abschnitt mit der Überschrift »Tiefe Gedanken« befassen sich einige Texte mit Strategie-Fragen, insbesondere drei ältere, der NHB-Zeitschrift *Vorderste Front* entnommene Beiträge.[114] Sie kreisen um die Bildung rechtsextremistischer Guerilla-Strukturen, die aus dem Zusammenspiel bewegungsförmiger Elemente und des Kaderprinzips bestehen sollen. Einerseits seien Freiräume zu schaffen (›befreite Zonen‹), in denen Rechtsextremisten faktisch das Gewaltmonopol übernehmen. Durch optimale Vernetzung rechtsextremistischer Gruppen solle eine Gegenkultur von rechts sowie eine Alternativökonomie entstehen. Andererseits sehen die Texte strikt hierarchisch organisierte, militante Untergrundzellen vor, die aus einer ominösen »Elite der Wissenden«[115] bestehen und staatliche Eingriffe erschweren sollen. Eher beiläufig unterstützen diese Texte zwei typisch neurechte strategische Linien: die Querfrontstrategie und das Konzept der kulturellen Hegemonie.

Auch wenn die »Zündelsite« offenkundig nicht kontinuierlich an Strategiedebatten des deutschen Rechtsextremismus teilhat, sind die drei in krudem revolutionärem Pathos verfassten NHB-Texte doch bemerkenswert. Sie belegen, dass die Seite Entwürfe eines illegalen, militanten Kampfes in Deutschland aufgreift und befürwortet, während sie sich nach außen allein als geschichtswissenschaftliches Projekt mit dem Ziel einer ›Wiederherstellung der deutschen Ehre‹ präsentiert.

11.7 Symbolische Integration

Deutschland und Volk sind die zentralen Kategorien, denen die »Zündelsite« in ihrem deutschsprachigen Teil verpflichtet ist. Unmissverständlich machen die Beiträge deutlich, dass die Kernthese, die Leugnung des Holocausts, eine instrumentelle Funktion hat, nämlich der Rehabilitierung Deutschlands zu dienen. Auffällig häufig verbindet die Seite Deutschland und Volk mit dem Begriff der Ehre, die wieder herzustellen sei. So ist zu Beginn der Zündel-Biografie, dem ersten Beitrag des deutschsprachigen Bereiches und dessen Grundsatztext, die Rede vom »Einsatz dieses hartnäckigen, selbstdisziplinierten Auslandsdeutschen, der schon seit über 40 Jahren in Kanada lebt und sich von dort aus weltweit für deutsche Belange und für die Wiederherstellung der deutschen Ehre einsetzt, die durch den ›Holocaust‹ täglich in den Medien beschmutzt und verzerrt beschrieben und historisch tendenziös im Sinne der Sieger des Zweiten Weltkrieges hingestellt wird.«[116] Allein in diesem Text ist der Ehrbegriff viermal an das Wortfeld Deutschland gekoppelt, zweimal an Volk, einmal an Vaterland.

Diese Zielsetzung trifft offenbar für die »Zündelsite« als Ganze zu, zumal die Biografie in Übersetzung auch in den anderssprachigen Bereichen der »Zündelsite« vorhanden ist. Ähnlich äußert sich Rimland in dem ebenfalls grundlegenden, englischsprachigen Text »Mission Statement«.[117] Indem von der »Ehre Deutschlands« oder auch von einem »Märtyrer für Deutschland«[118] (Rudolf Heß) die Rede ist, wird der Begriff personalisiert und mystifiziert. Sehr positiv bezieht sich die Seite auf den quasireligiösen Begriff des Deutschen bei Ernst Moritz Arndt, der diesen – in anderem historischen Kontext – zu Vorstellungen idealer Tugenden überhöhte und eine emotionale Hingabe an Deutschland einforderte.[119] Die Bezeichnung Deutsche steht im Duktus der »Zündelsite« allein für ethnisch deutsche Menschen[120] ebenso wie der Volksbegriff, der fast immer auf das deutsche Volk bezogen ist. Etwas weniger häufig und emphatisch als auf Volk bezieht sich die Seite auf den Begriff der Nation. Zwar sind beide auf der »Zündelsite« ethnisch definiert, doch ist dies für Letzteren gerade im nordamerikanischen Sprachgebrauch häufig nicht der Fall. Vermutlich aus diesem Grund wird der unmissverständliche Begriff Volk vorgezogen. Hinter diesem steht das Konzept einer auf Abstammung basierenden, von Eliten geführten und Interessengegensätze aufhebenden Volksgemeinschaft, wenngleich diese Formulierung nicht verwandt wird. In zwei der untersuchten Texte findet auch die Einteilung der Menschheit in ›Rassen‹ statt, darunter ein im Original in deutscher Sprache verfasster[121], der gegen eine »Rassenmischung zwischen Schwarz und Weiß«[122] polemisiert.

Die eigene Position bezeichnet die Seite durchgängig als Revisionismus. Dieses euphemistische Etikett ist Teil der Bemühungen, der Holocaustleugnung den Anschein akademischer Reputation zu verleihen. In einem allgemeinen Sinne impliziert er, die betreffenden Publizisten beabsichtigten nichts weiter, als die historische Lehrmeinung im Lichte neuer Forschungsergebnisse einer Überprüfung (Revision) zu unterziehen. Sie betrieben mithin einen Vorgang, der Wissenschaft erst konstituiert; insbesondere seien keine politischen Interessen erkenntnisleitend. In einem konkreteren Sinne knüpft der Begriff Revisionismus an die Selbstbezeichnung seriöser US-amerikanischer Geschichtswissenschaftler der 20er Jahre an, die die regierungsoffizielle Sicht auf die Rolle der USA während des Ersten Weltkrieges hinterfragten.[123]

In Erläuterungen zum Revisionismus-Begriff gibt die »Zündelsite« zwar zu erkennen, dass die Vertreter solcher Positionen eine Minderheit darstellen, die aber – so die Selbststilisierung – die »etablierte Geschichtsschreibung«[124] herausfordere. So werden Revisionisten mit positiv konnotierten Umschreibungen eines Abweichens von der Norm belegt: Sie seien »intellektuelle Freiheitskämpfer«[125], die »nonkonforme Forschungsergebnisse«[126] vorlegten und »unorthodoxe Meinungen«[127] verträten. Die Selbstbezeichnung Zündels als »politischer Dissident«[128] – ein Begriff, der als Kennzeichnung von Gegnern diktatorischer Systeme eindeutig besetzt ist – will deutlich machen, dass dieser mit illegitimen Mitteln durch den Staat bekämpft und so zum Politikum gemacht werde. Selbstkennzeichnungen, die politische Betätigung oder Standortbeschreibungen beinhalten, tauchen in der Regel nur in denjenigen Beiträgen der »Zündelsite« auf, die nicht unmittelbar die Leugnung des Holocausts zum Gegenstand haben; überwiegend sind dies Texte des Abschnitts »Tiefe Gedanken«. Hier wird das eigene Umfeld als »nationales Lager«[129] und »patriotisch«[130], seine Protagonisten als »Volkskämpfer«, »Nationalisten« und »Revolutionäre«[131] benannt. Auch die insgesamt auf der »Zündelsite« seltenen Selbstkennzeichnungen als »rechts« und als »Bewegung«[132] kommen hier vor.

Neben den Eigenbezeichnungen stiftet auch die schroffe Abgrenzung von Gegnern Integration. Die bei weitem dominierende Gegnerbezeichnung ist die als »Holocaust Promotion Lobby« (gelegentlich auch: »Holocaust-Lobbyisten«), die in den aus dem Englischen übersetzten Texten allgegenwärtig ist. Vergleichsweise zurückhaltend beschreibt Zündel diese Bezeichnung im ersten Teil seines Beitrags *Holocaust 101*[133]: »Ich benutze diesen Ausdruck allgemein, um Menschen zu bezeichnen, die ein pertsönliches Intersse daran haben, den Holocaust-Mythos am Leben zu erhalten, und die auch politisch handeln, um sicherzugehen, daß dies geschieht. Die ›Holocaust Promotion Lobby‹ ist ein zusammenfassendes Konstrukt, gedacht als eine Abkürzung, um einen Teil der menschlichen ›Rasse‹ zu beschreiben, der mehrheitlich, aber nicht vollständig, aus Juden besteht, mit einzigartigen und maßgeblichen sozialen und politischen eigenschaften, der sich der Aufrechterhaltung und Verfestigung eines Dogmas namens ›Holocaust‹ widmet. (…) Ich überlasse es jeder Einzelperson, Nichtjude oder Jude, zu entscheiden, ob er zu dieser Gruppe gehört oder nicht.«[134]

So umgeht es Zündel, die Bezeichnung genauer zu erläutern, und benutzt sie als vage pejorative Bezeichnung, mit der alle den Massenmord nicht bestreitenden Personen gemeint sein können, insbesondere aber jüdische Gruppen wie die »Anti-Defamation League« oder das »Simon Wiesenthal Center«. An anderen Stellen wird die Bezeichnung aggressiver und offen antisemitisch eingesetzt, etwa wenn von »machttrunkenen Herrschaften der zionistischen Holocaust-Lobby«[135] die Rede ist oder diese als »Amerikas einflußreiche ›Israel-zuerst‹-Minderheit«[136] beschrieben wird. Als Pendant zur Selbstdarstellung als Forscher, die gegen Widerstände Neues zu Tage fördern, gelten Historiker, die den Holocaust nicht bestreiten, als »orthodox«[137] und »unbeweglich«[138].

Die nach innen einende Frontstellung zum Gegner wird auf der »Zündelsite« durch beleidigende Formulierungen gestützt, die zum Teil an die Ungeziefer-Metaphorik[139] des Nationalsozialismus erinnern. Besonders häufig werden die Medien im Allgemeinen oder kritische Journalisten mit solchen Bezeichnungen versehen (»Medien-Köter«[140], »Presse-Hetzer«[141], »Lügenbrut«[142], »Schmierfink«[143]). Auch explizit gegen Juden wird eine solche Metaphorik verwandt: So stellt »Zündelsite«-Autor Jürgen Graf jene als parasitäres Volk dar und knüpft somit an typische Muster der NS-Propaganda an (»Die Namen der Hunde sind zwar immer verschieden, die Floehe [Juden; T.Pf.] jedoch sind seit Jahrhunderten die gleichen geblieben«[144]). Wenn der Text »Zentrale Thesen des Dritten Weges« den Internationalismus als die »Utopie einer geistesgestörten parasitären Klasse«[145] bezeichnet, enthält dies antisemitische Implikationen, auch wenn Juden nicht ausdrücklich genannt werden, da die Warnung vor einer internationalistischen Neuen Weltordnung auf der »Zündelsite« eng mit antijüdischen Verschwörungstheorien verbunden ist (siehe 11.6). Heftigen Angriffen ist im Besonderen die Kanadierin, Jüdin und Holocaust-Überlebende Sabina Citron ausgesetzt, die mehrere Verfahren gegen Zündel angestrengt hat. Indem wiederholt auf ihr angebliches Vermögen verwiesen wird (»millionenschwere Zionisten-Aktivistin«), werden antisemitische Ressentiments geschürt; ferner wird ihr ein »parasitäres Erpressungsspektakel«[146] vorgeworfen.

Auch von der Frontstellung zum Staatswesen der Bundesrepublik Deutschland (dem ›System‹), seltener auch anderer demokratisch verfasster Staaten, und zu deren Repräsentanten dürfte integrationsstiftende Wirkung ausgehen. Besonders aggressiv wird dies in dem Beitrag des Schweizers Jürgen Graf sowie den Texten des NHB-Zyklus vertreten. Letztere beschimpfen politische Gegner als »Systemzwerge« und »Systembüttel« und fordern eine »klare Kampfansage an die bestehenden Herrschafts- und Ordnungsverhältnisse«[147]. »Alles, was pervers ist«, werde gezielt von »diesem System« gefördert, schreibt Graf und verweist auf ein homosexuelles Ehepaar in der Schweiz. Diese Beiträge bestreiten den demokratischen Charakter der betreffenden Staaten und setzen sie mit diktatorischen Systemen gleich. Die Texte sprechen vom »Regime«[148] oder ziehen Parallelen zur DDR (»BRDDR«[149]).

Ein bemerkenswertes, nonverbales Symbol ist ferner die blaue Schleife, die sich deutlich sichtbar im Einstiegsbereich der »Zündelsite« befindet und mit dem Schriftzug »FREE SPEECH ONLINE« versehen ist. Sie ist das Logo der so genannten »Blue Ribbon Campaign«, einer politische Lager übergreifenden, von US-amerikanischen Internet-Nutzern ins Leben gerufenen Kampagne, die uneingeschränkte Publikationsfreiheit in Datennetzen fordert. Sie ist vom weiten nordamerikanischen Begriff der Meinungsfreiheit geprägt und geht davon aus, dass auch rechtsextremistische Äußerungen im Internet nicht staatlicherseits unterbunden werden dürften, sondern einer offenen Diskussion zugänglich gemacht werden müssten. Rechtsextremistische Internet-Nutzer haben sich der Kampagne angeschlossen, da sie sich – von den Initiatoren meist ungewollt – an die Meinungsfreiheit-Kampagne des internationalen Rechtsextremismus anbinden lässt, die eine illegitime Einschränkung der eigenen Äußerungsmöglichkeiten, insbesondere durch deutsche Behörden, behauptet.

11.8 Professionalität

Seit sie 1995 ans Netz gegangen ist, hat sich die »Zündelsite« zwar ein ansprechenderes optisches Erscheinungsbild gegeben und den Umfang kontinuierlich erhöht, mit dem Entstehen neuer technischer Möglichkeiten im Internet aber nicht Schritt gehalten. Insbesondere der deutschsprachige Bereich der Seite weist Professionalitätsdefizite auf; er unterscheidet sich aber in wichtigen Punkten wie Aktualität, Gestaltung und dem Ausschöpfen technischer Möglichkeiten vom intensiver betreuten englischsprachigen Hauptteil.

Die beiden Hauptverantwortlichen Ernst Zündel und Ingrid Rimland verfügen über keine Ausbildung im Bereich der Datennetze. Rimland, die für die technische Umsetzung der »Zündelsite« verantwortlich ist, bezeichnet sich noch im März 1996 als »not computer literate«[150]; ein ehrenamtlicher Helfer unterstütze sie. Inzwischen hat sich Rimland offenbar hinreichende Kenntnisse angeeignet, um die Seite selbstständig zu bearbeiten.[151] Zündel spricht häufig von jungen, technisch versierten Helfern, die sich beteiligten, nennt aber weder Zahlen noch Namen. Falls diese Helfer existieren, dürfte es sich um ehrenamtliche Kräfte handeln. Angaben kanadischer Behörden und Zündels früherer Ehefrau zufolge erhält Rimland einen monatlichen Betrag von etwa 3000 Dollar für Arbeiten, die sie in Zündels Auftrag ausführt.[152] Die Betreuung der »Zündelsite« dürfte der Schwerpunkt dieser Tätigkeiten[153] sein, so dass Rimland als berufsmäßige Redakteurin der Seite gelten kann.

Der deutschsprachige Bereich ist mit sehr begrenzten grafischen Mitteln gestaltet. Das Inhaltsverzeichnis, über das der Nutzer in diesen Bereich einsteigt, besteht aus einer blauen Liste von Textzügen, die als Links zu den Beiträgen fungieren und durch etwas größere, schwarze Abschnittsüberschriften gegliedert sind. Es wirkt übersichtlich, aber sehr schlicht und textlastig. Nur sehr wenige Beiträge – ausschließlich solche, die in englischer Fassung auch im Hauptteil vorhanden sind –

enthalten Fotos oder sonstige optische Ergänzungen (Zeitungsausrisse, faksimilierte Dokumente). WWW-typische optische Mittel wie laufende Textbänder, bewegliche oder blinkende Elemente kommen nicht vor. Abrufbar sind lediglich Texte. Zündels Ankündigung, digital komprimierte Sequenzen seiner Video- und Radioprogramme ins Netz einzustellen, was seit Jahren technisch möglich ist und von anderen Rechtsextremisten angewandt wird (siehe 10.5), ist im deutschsprachigen Bereich der »Zündelsite« nicht realisiert worden.[154] Dasselbe gilt für Live-Sendungen über das Internet, die Zündel ebenfalls angekündigt hat, die vermutlich aber nie zu Stande gekommen sind.[155]

Das Internet ist ein äußerst aktuelles und interaktives Medium. Von beiden spezifischen Vorzügen macht die »Zündelsite« im deutschsprachigen Bereich keinen Gebrauch. Die abrufbaren Beiträge sind wenig aktuell, zum Teil mehrere Jahre alt. Als kurzfristige Informationsbörse eignet sich der deutschsprachige Bereich daher nicht, wenngleich ihm diese Funktion zeitweilig zugedacht war. So wurde der Christian-Worch-Text »Rudolf-Heß-Gedenkmarsch 1995 in Roskilde«, der weiterhin vorhanden ist, bereits wenige Stunden nach der Veranstaltung am 19. August 1995 eingespeist.[156] Solche kurzfristigen Nachrichten blieben eine Ausnahme. Auch interaktive Elemente – etwa ein Gästebuch (siehe 10.5), ein Chat-Room oder eine Mailing List – tauchen nicht auf. Es besteht lediglich die Möglichkeit, eine E-Mail an Webmaster Rimland zu senden.

Von gut einem Drittel der deutschsprachigen Beiträge lässt sich mit Gewissheit sagen, dass sie aus dem Englischen übersetzt wurden. Zwar behauptet Zündel, freiberufliche Übersetzer zu beschäftigen, bei den deutschsprachigen Texten dürfte es sich aber kaum um professionelle Arbeiten handeln. Einerseits ist Zündel selbst in der Lage, Übersetzungen ins Deutsche vorzunehmen und dürfte aus Kostengründen keine bezahlten Kräfte hiermit beauftragen, andererseits weisen die Texte – wenn auch meist kleinere – Übersetzungsschwächen auf. Im Wesentlichen sind die Übersetzungen aber insoweit gelungen, dass es unwahrscheinlich ist, dass sie allein durch Sprachsoftware erstellt worden sind.[157]

Der englischsprachige Übersichtsbereich, mit dem der Nutzer in die »Zündelsite« einsteigt und der somit deren exponiertester Teil ist, wirkt ansprechender und somit professioneller als das deutsche Inhaltsverzeichnis. Dazu tragen im Untersuchungszeitraum ein großflächiges und ein kleines Zündel-Foto sowie drei Logos bei. Auch die englischsprachigen Texte sind aufwändiger gestaltet, sie enthalten deutlich mehr Fotos und Zeichnungen. Ferner verfügt dieser Bereich der Seite mit den »ZGrams« über ein sehr aktuelles Element. In den Jahren 1999 und 2000 verändert sich das Erscheinungsbild gegenüber dem Untersuchungszeitraum deutlich und die Seite erhält eigene Domain-Adressen (zunächst: www.lebensraum.org[158], inzwischen: www.zundelsite.org). Im Einstiegsbereich der Seite findet sich seither der zerberstende Schriftzug »Holocaust«, der Blickfang und WWW-typisches grafisches Element ist. Alle Inhaltsübersichten erhalten durch die Umgestaltungen eine professionalisierte, tabellarische Optik.

Die »Zündelsite« ist eng in die sonstigen medialen Aktivitäten Zündels eingebunden, somit auch in die seines Verlages »Samisdat Publishers«. Für diesen fungiert sie als Werbemedium, obwohl aus den beschriebenen Gründen auf Online-Katalog und -Bestellmöglichkeit verzichtet wird (siehe 11.3). So hat die »Zündelsite« einen kommerziellen Effekt, auch wenn sie kostenlos abrufbar ist und somit – isoliert betrachtet – nicht kostendeckend arbeitet. Zur Tätigkeit des Verlages streut Zündel auf der Seite und in weiteren Veröffentlichungen Professionalitätssignale aus. So schreibt er in einem Rundbrief: »Diese professionelle Aufklärungsarbeit [Internet und Rundfunkprogramme; T.Pf.], die sich mit den Sendungen kommerzieller Fernsehsender, was Qualität anbelangt, ohne weiteres sehen lassen kann, können nur durch hauptberufliche, von mir bezahlte Profis, die sich moderner Technologie und der modernsten Geräte bedienen, hergestellt werden.«[159] Vermutlich entspricht diese Selbststilisierung nicht der tatsächlichen Professionalität des Unternehmens. Die »Anti-Defamation League« bezeichnet Zündels Fernsehprogramme als »pretty crude, both technically and content-wise«, was die Bundesprüfstelle für die dort indizierten Zündel-Videos bestätigt.[160] Die ADL und das Bundesamt für Verfassungsschutz bezweifeln, dass das Unternehmen über eine nennenswerte Anzahl bezahlter und qualifizierter Mitarbeiter verfügt.[161] Nach Darstellung Zündels und der »Zündelsite« erwirtschaften die publizistischen Aktivitäten, zu denen »Samisdat Publishers« zählt, keine Gewinne, sondern können nur durch Spenden aufrechterhalten werden.[162]

11.9 Fazit

Die »Zündelsite« dient vorwiegend dem Zweck, den Bekanntheitsgrad des deutsch-kanadischen Neonazis Ernst Zündel zu steigern. Sie ist ein Selbstdarstellungsmedium mit potenziell hoher Breitenwirkung, fungiert als Werbeträgerin für Zündels »Samisdat«-Verlag und zur Spendenakquisition. Die Seite ist integraler Bestandteil der publizistischen Aktivitäten Zündels, die ferner Printmedien, Radio- und Fernsehprogramme umfassen. Zwar schreibt sie Zündel eine herausragende Bedeutung innerhalb des internationalen Kreises holocaustleugnender Autoren zu, enthält aber auch Beiträge der übrigen Vertreter dieser Connection. Deutsche Rechtsextremisten – vorwiegend aus dem altrechten, insbesondere neonazistischen Spektrum – zählen zur Zielgruppe der »Zündelsite«, deren Schwerpunkt jedoch ihr englischsprachiger Bereich bildet. Dass Zündels Position im weltweiten Rechtsextremismus ambivalent ist, schränkt die Bedeutung der Seite ein.

Als Länder übergreifend abrufbares Medium hebelt die »Zündelsite« nationales Recht aus. Sie macht Texte weltweit zugänglich, die nach deutschem Recht strafbar sind. Dies gilt insbesondere für die Leugnung des Holocausts, das dominierende Thema der Seite, das in einen aggressiven Antisemitismus eingebettet ist. Zwei weitere wichtige Kampagnen, Meinungsfreiheit und Ausländer, sind antisemitisch aufgeladen. Indem die »Zündelsite« an spezifische Themen des westeuropäischen, insbesondere deutschen Rechtsextremismus anknüpft, trägt sie zu dessen kultureller Vernetzung mit der nordamerikanischen Szene bei. Deutschland und Volk sind die Zentralbegriffe der Seite. Sie werden häufig mit dem der Ehre verbunden und mythologisiert. Integrationsstiftende Wirkung geht ferner von der euphemistischen Selbstbezeichnung des holocaustleugnenden Kreises als Revisionisten sowie der aggressiven Abgrenzung von einer ›Holocaust Promotion Lobby‹ aus, die nicht präzise eingegrenzt, zu der aber insbesondere jüdische Organisationen gerechnet werden.

Der umfangreiche deutschsprachige Bereich der »Zündelsite« weist Professionalitätsdefizite auf, wenngleich die Seite durch eine berufsmäßige Redakteurin erstellt wird. So wird er selten und unsystematisch aktualisiert, enthält keine interaktiven Elemente, schöpft die technischen Möglichkeiten des Internets nicht aus und ist im Untersuchungszeitraum wenig ansprechend gestaltet. Diese Defizite treffen auf den englischsprachigen Hauptteil nicht oder in geringerem Maße zu.

12. Das informationelle Kapillarsystem

12.1 Vernetzungsleistung

Ihre eigenen Medien verschaffen der Bewegung von rechts ein beträchtliches Vernetzungspotenzial. Sie nutzt alle relevanten Medientypen vom Flugblatt bis zur Internet-Homepage und bedient sich einer Vielzahl von Einzelmedien mit starker interner Verbreitung. Bereits der Blick in die Verfassungsschutzberichte macht dies deutlich: So hat sich die Zahl rechtsextremistischer Periodika seit 1990 kontinuierlich erhöht. Lag sie seinerzeit noch bei 71 Publikationen, so existieren im Untersuchungszeitraum (1998) 110 rechtsextremistische Zeitschriften und Zeitungen. Die steigende Tendenz hat sich bis zum Jahr 2000 fortgesetzt (122 Periodika).[1] Die Jahresgesamtauflage schwankt auf hohem Niveau und liegt 1998 bei 6,9 Millionen Exemplaren, im Jahr 2000 bei 5,3 Millionen.[2] Hinzu kommt die hohe Zahl rechtsextremistischer Vertriebe von Skinhead-Musik und organisationsunabhängiger Verlage. Während sich die Zahl der Musik-Vertriebe 1998 von 30 auf 50 sprunghaft erhöht hat (1999: 50, 2000: 46)[3], ist die der nicht an Parteien oder andere Organisationen gebundenen Verlage leicht von 44 auf 45 gestiegen (1999: 44, 2000: 45)[4].

Neue Medien und deren Vernetzungspotenziale hat sich die Bewegung stets zügig und konsequent erschlossen. Dies gilt für Anrufbeantworter, die sie seit den frühen 90er Jahren in Form der (Nationalen) Infotelefone nutzt. Mehr noch trifft dies auf computergestützte Medien zu, insbesondere das Internet. Die Zahl der Homepages deutscher Rechtsextremisten steigt nach wie vor rasant: 1996 gingen die ersten Seiten ans Netz; das Bundesamt für Verfassungsschutz schätzt deren Zahl für 1998 auf 200 und für das Jahr 2000 bereits auf 800.[5] Dass das überlebte Computermedium Mailbox aus dem rechtsextremistischen Mediennetz fast verschwunden ist, belegt die Anpassungsfähigkeit der Bewegung an den Stand der Technik.

Die eigenen Medien sind das informationelle Kapillarsystem der Bewegung von rechts: Sie transportieren Ideologeme, Kampagnenthemen und Begriffe in die Verästelungen der rechtsextremistischen Netzwerke. Alle untersuchten Medien haben spezifische Profile entwickelt: Mal geben sie sich martialisch und provokant, um dem Skinhead-Publikum zu gefallen, mal bieder, um in wertkonservativen Gewässern nach Lesern zu fischen. Und doch reflektieren sie die einenden Kampagnen der Bewegung und tragen zu deren kulturellen Vernetzung bei. So greift jedes Medium aktuelle rechtsextremistische Kampagnen auf, einige kommen sogar in allen untersuchten Zusammenhängen vor. Dies gilt vor allem für den Themenkomplex Ausländer. Auf die Behauptung, in Deutschland lebten zu viele nicht ethnisch deutsche Menschen, und die drastische Warnung vor weiterem Zuzug können sich die untersuchten Medien verständigen. Das Thema ist geprägt durch das Theorem des ›Ethnopluralismus‹, demzufolge ein deutscher Staat mit ethnisch homogener deutscher Bevölkerung angestrebt wird und ethnisch nicht deutsche Menschen als Störfaktoren aufgefasst werden. Eine weitere durchgängige Kampagne bildet das Thema Meinungsfreiheit. Die Behauptung, Staat und Eliten unterdrückten unliebsame rechte Positionen mit diktatorischen Mitteln, tritt in allen Medien sogar in recht einheitlicher Schärfe auf. Sie wird mit dem höhnischen Schlagwort der ›Political Correctness‹ versehen und häufig mit angeblichen ›Umerziehungs‹-Bemühungen verbunden. Der Begriff weist hier weit über die Reeducation-Programme der Westalliierten nach Ende des Zweiten Weltkriegs hinaus. Er bezeichnet Bestrebungen, deutsche Kultur und Werte systematisch durch Fremdes zu ersetzen. Auch eine apologetische Darstellung des Nationalsozialismus taucht in allen untersuchten Medien auf, allerdings in spezifischen Varianten: Das Spektrum reicht von der plumpen Holocaustleugnung der »Zündelsite« bis hin zu subtilen sprachlichen Relativierungsstrategien der *Jungen Freiheit*. Ausdrückliche NS-Verherrlichung ist auch aus strafrechtlichen Gründen selten. Der Kampagne gegen die Ausstellung »Vernichtungskrieg. Verbrechen der Wehrmacht 1941–1944« des »Hamburger Instituts für Sozialforschung« schließen sich die Bewegungsmedien in einer Schärfe an, die mit Kritik in der Sache wenig zu tun hat. So spricht das »Nord-Rock-Radio« von einer »pseudowissenschaftlichen Gruselshow«[6], das »Nationale Infotelefon Rheinland« von »bolschewistischer Verunglimpfung unserer Wehrmachtssoldaten«[7]. Auf eigene Weise vermittelt die CD der Band »Weissglut« rechtsextremistische Kampagnenthemen: Sie werden im Kontext des Albums, überwiegend in Interviews, aufgegriffen. Der Tonträger selbst, der ein junges Massenpublikum anspricht, ist als Mittler tagespolitischer Agitation wenig geeignet. Er transportiert Symbole und Metaphern, die in erster Linie emotional wirken und an die rechtsextremistischer Ideologietransfer anknüpfen kann.

Ein Leit- oder Zentralorgan des deutschen Rechtsextremismus, das diesen als Gesamtheit publizistisch vernetzt, existiert zurzeit nicht. Dies unterscheidet den Rechtsextremismus von früheren sozialen Bewegungen wie der Friedensbewegung.[8] Alle untersuchten Medien strahlen aber auf die Bewegung aus, wenn auch in unterschiedlichem Maße. Ihr Gewicht wird neben anderen Faktoren durch die Rezipientenzahl des Mediums bestimmt. Zwischen den untersuchten Medien bestehen also Konkurrenzverhältnisse: Sie konkurrieren um Prestige, Einfluss und Rezipienten. Die publizistische Positionierung der meisten rechten Bewegungsmedien wird durch ökonomische Faktoren mitbestimmt. Dies zeigt die Öffnung der Skinhead-Zeitschrift *RockNORD* für Themen (und damit Kunden) aus anderen Subkulturen. Die enge Anlehnung des Bandes *Deutschlands Rechte* (Rolf-Josef Eibicht) an die DVU lässt sich auch als ein Versuch verstehen, die Klientel der Frey-Partei als Absatzmarkt zu erschließen. Die untersuchte »Weissglut«-CD will mit Hilfe des »Sony«-Konzerns ein Massenpublikum erreichen und nimmt sich daher in der Deutlichkeit ihrer Aussagen zurück. Am klarsten lässt sich die Verschränkung von inhaltlicher Ausrichtung mit dem Ringen um wirtschaftliche Tragfähigkeit am Beispiel der *Jungen Freiheit* erkennen. Sie durchläuft seit Gründung einen Prozess der verbalen Mäßigung und versucht konsequent, eine publizistisch-ökonomische Nische im Scharnierspektrum zwischen Rechtsextremismus und etabliertem Konservatismus zu besetzen. Bisher allerdings mit mäßigem Erfolg.

Konkurrenzverhältnisse schließen Kooperationen und konzertierte Mobilisierung freilich nicht aus. Der Informationsfluss vor der NPD-Veranstaltung am 1. Mai in Leipzig macht dies besonders deutlich. Neben den parteieigenen Publikationen trägt ein breites Spektrum von Bewegungsmedien unterschiedlichen Typs – Zeitungen, Zeitschriften, Infotelefone, Homepages – dazu bei, die Veranstaltung bekannt zu machen. Durch diese Kooperation können die Medien ihr Publikum zeitlich gestaffelt mobilisieren und auf veränderte Situationen kurzfristig reagieren; sie verleihen der Mobilisierung somit Flexibilität und Stabilität. Dies gilt in besonderem Maße für aktuelle und (semi-)interaktive Medien wie die »Nationalen Infotelefone« (NIT) und das Internet.

Zur aktuellen Informationsvermittlung ist das Internet besonders geeignet. Eine veränderte Sach- und Planungslage von Veranstaltungen kann nahezu ohne zeitliche Verzögerung und in beliebiger Ausführlichkeit einer unbegrenzten Zahl von Rezipienten mitgeteilt werden. Die Bedeutung des Internets ist zurzeit dadurch eingeschränkt, dass – analog zur Gesamtgesellschaft – nur eine Minderheit der Bewegung über einen Zugang zu diesem Medium verfügt. Nicht einmal alle Büros der NPD, die in Computerangelegenheiten zu den Vorreitern der Szene zählt, sind bislang an das »Weltnetz«[9] angeschlossen. So wird es zur Vorbereitung der Großveranstaltung am 1. Mai zwar systematisch genutzt, spielt aber lediglich eine ergänzende Rolle. Aus gutem Grund erwarten rechtsextremistische Gruppen wie die NPD, dass die Bedeutung des Mediums weiter steigen wird, und bauen ihre Vernetzung mit Hilfe computergestützter Medien konsequent aus.

Autoren sind häufig für verschiedene, auch konkurrierende

Medien tätig. So tragen diese zur personellen Vernetzung der Bewegung bei. Auch wenn Medien in Strömungen eingebunden sind, die sich verbal voneinander abgrenzen, können sich ihre Autorenschaften überschneiden. Diese Tendenz zeigt sich in den Periodika *Nation & Europa* sowie *Junge Freiheit*. Ein eindrucksvolles Beispiel für die Bandbreite der Publikationen, in denen Beiträge eines rechtsextremistischen Autors erscheinen können, stellt der Münchner Rolf-Josef Eibicht dar. Der Publizist greift für neurechte Scharnierorgane zu Feder und Computer, aber auch für neonazistische und holocaustleugnende Schriften. Seine Texte erscheinen auf den Internet-Homepages der neurechten »Deutschland-Bewegung« ebenso wie auf der des aggressiv antisemitischen »Störtebeker-Netzes«. In Sammelbänden hat Eibicht vielfach Vertreter unterschiedlicher Flügel der Rechten vereint (vom Law-and-Order-Mann der Union, Heinrich Lummer, bis zum Rassisten Jürgen Rieger). Diese Bücher fungieren somit als publizistische Foren. Breit angelegte Buchprojekte, die Überschneidung der Autorenschaften sowie konzertierte Mobilisierung unterschiedlich ausgerichteter Medien machen deutlich, dass die Formel von der »Gleichzeitigkeit von Konkurrenz und Kooperation«[10], auf die Martin Dietzsch das Verhältnis rechtsextremistischer Gruppen und Periodika 1988 gebracht hat, nach wir vor gültig ist. Sie kann auf die internen Wechselbeziehungen des bewegungseigenen Mediensystems als Gesamtheit ausgedehnt werden.

Medien tragen auch zur internationalen Vernetzung des Rechtsextremismus bei. Zu diesem Zweck ist das weltweite Internet besonders geeignet. Problemlos können deutsche Rechtsextremisten per Internet mit Gruppen und Einzelaktivisten im Ausland in Kontakt treten. Intensiv nutzen sie die Möglichkeit, mit Hilfe von Querverweisen (Links) Verbindungen zu ausländischen Seiten aufzubauen und zu festigen. Ein deutliches Beispiel ist die umfangreiche Sammlung von Links, die auf der WWW-Domain des »Thule-Netzes« auftaucht. Auch konventionelle Medientypen können zur internationalen Vernetzung der Bewegung beitragen. Voraussetzung ist eine besondere Nähe des Mediums zu rechtsextremistischen Gruppen im Ausland. Dies gilt mit unterschiedlichen Akzenten für die Periodika *Nation & Europa, Junge Freiheit* und *RockNORD*. Ersteres berichtet ausführlich über Entwicklungen rechtsextremistischer Gruppen im (überwiegend europäischen) Ausland und steht Le Pens »Front National« (Frankreich) nahe. Die *Junge Freiheit* erhält über ihren ›ständigen Mitarbeiter‹ Alain de Benoist kontinuierliche Kontakte zur französischen »Nouvelle Droite« aufrecht. Über das der Haider-Partei eng verbundene Schwesterblatt *Zur Zeit* bleibt sie mit der »Freiheitlichen Partei Österreichs« in Kontakt. *RockNORD* stellt regelmäßig ausländische Skinhead-Bands vor, zudem beteiligen sich Rechtsextremisten aus unterschiedlichen Staaten an den Diskussionen des interaktiven Gästebuches der Domain rocknord.de.

Im Ausland erstellte und/oder von dort vertriebene Medien, die sich (auch) an ein deutsches Publikum richten, engen den Handlungsspielraum der deutschen Justiz erheblich ein. So verstößt die Leugnung des Holocausts und die Verwendung von NS-Kennzeichen gegen das deutsche, nicht aber gegen das Strafrecht zahlreicher ausländischer Staaten. Insbesondere die USA gehen von einem Begriff zulässiger Meinungsfreiheit aus, der rechtsextremistische Propaganda in weiten Grenzen erlaubt. Im Ausland erstellte oder über dieses eingespeiste Internet-Seiten machen ein Vorgehen deutscher Behörden gegen diese vielfach unmöglich oder wirkungslos. Dies zeigt die nordamerikanische »Zündelsite«, die hunderte den Holocaust leugnende und somit nach deutschem Recht als Volksverhetzung strafbare Dokumente umfasst. Verbotene CDs, die bislang in Kofferräumen versteckt oder im dezenten Schutzumschlag nach Deutschland befördert wurden, sind im Internet nach wenigen Mausklicks verfügbar. Der Kasseler Rechtswissenschaftler Alexander Roßnagel dürfte Recht haben, wenn er darauf hinweist, an Ohnmachtserfahrungen werde sich der demokratische Rechtsstaat im Internetzeitalter gewöhnen müssen.[11]

12.2 Symbolische Integration

Zur symbolischen Integration der Bewegung tragen Medien bei, indem sie integrationsstiftende Begriffe generieren, verbreiten und festigen. Diese Funktion zeigen insbesondere die Medien *Junge Freiheit, Nation & Europa,* rocknord.de, »Zündelsite« sowie der Eibicht-Band *Deutschlands Rechte.* In den ideologiezentrierten Medien (alle vorgenannten außer rocknord.de) werden potenziell integrative Begriffe unterfüttert und auf ihre strategische Tauglichkeit gewogen. So widmet sich die *Junge Freiheit* häufig und ausführlich dem Terminus nationale Identität und geht der Frage »Was ist rechts?« in einer Serie nach, die die Zeitung als »Debatte über Begriffe«[12] ankündigt. Das Bekenntnis zur Demokratie, zu dem Rolf-Josef Eibicht die deutsche Rechte auffordert, verbindet der Publizist ausdrücklich mit der Hoffnung auf bessere Wahlchancen.[13] Im selben Band fragt Autor Helmut Schröcke »Was ist national?« und legt sein biologistisches Nationsverständnis dar.[14]

Neben polarisierenden Begriffen (z. B. Demokratie, Revolution, Sozialismus) kristallisieren sich solche heraus, die symbolische Brennpunkte der Bewegung darstellen. Dies gilt in besonderer Weise für einen ethnisch definierten Begriff der Nation und einen mythologisierten Deutschland-Begriff. Ihre Kombination entspricht der Ideologie des ›völkischen Nationalismus‹. Damit erweist sich die symbolische Basis der neuen sozialen Bewegung von rechts als dünn[15], letztlich aber tragfähig, da die Zentralbegriffe uneingeschränkt konsensfähig und in allen untersuchten Medien dominant sind. Die Annahme von Werner Bergmann und Rainer Erb kann somit bestätigt werden, die in der Betonung des ethnischen Kollektivs (Volk, Nation) und der Fixierung auf ›wahres Deutschtum‹ den Kern des Framings der Bewegung von rechts sehen.[16]

Symbolische Integration spenden ferner Selbstkennzeichnungen der Bewegung, die durch Medien hervorgebracht und/oder gefestigt werden. Besonders einende Wirkung geht von Etiketten wie national oder patriotisch aus. Die Selbstbezeichnung als rechts ist ambivalent: Zwar beziehen sich alle untersuchten Zusammenhänge im Tenor positiv auf diesen Begriff, meiden ihn aber oder schwächen ihn aus taktischen Gründen ab. Die Bezeichnung des eigenen Lagers als Bewegung taucht in den meisten Medien auf, hat aber nicht genug Gewicht, um diese in erheblichem Maße symbolisch zu einen. Eindeutig keine die Bewegung als Gesamtheit integrierende Wirkung besitzen NS-belastete Begriffe wie der der ›Rasse‹, die nur selten und fast ausschließlich im Spektrum der Alten Rechten vorkommen.

Integrierend wirkt dagegen die durchgängig schroffe, vielfach beleidigende Abgrenzung von politischen Gegnern und demokratischen Massenmedien. Zudem eint die Bewegung eine unterschiedlich aggressiv vertretene Frontstellung gegenüber der politischen Ordnung der Bundesrepublik Deutschland, die sich etwa in abschätzigen Bezeichnungen von Parlamentariern äußert. Dies gilt auch für Sprachregelungen, die sich vom üblichen massenmedialen Duktus stark absetzen: Die Bezeichnung der neuen Bundesländer als Mitteldeutschland kommt in allen untersuchten Zusammenhängen vor und erhält den Anspruch auf die ehemaligen deutschen Ostgebiete implizit aufrecht.

Die untersuchten Medien ergänzen Begriffe, die die Bewegung symbolisch integrieren, durch Wendungen, die auf Typus und Zielgruppe abgestimmt sind. So bezeichnet sich das Scharnierorgan *Junge Freiheit* systematisch als konservativ, was hier in einer an die Konservative Revolution angelehnten Bedeutung verstanden wird, nicht im Sinne eines auf Bewahrung bedachten, gemäßigten Standortes. Rechtsautonome neonazistische Gruppen und die mit ihnen kooperierenden NPD-Strukturen verwenden den Begriff des ›Nationalen Widerstandes‹. Innerhalb des Skinhead-Kults (rocknord.de) treten nicht politisch konnotierte Schlüsselbegriffe hinzu wie Spaß und Freundschaft, die für das subkulturelle Selbstverständnis zentral sind und daher symbolisch integrierende Wirkung entfalten. Auf diese Weise werden Sprache und Symbolik der

Zielgruppe angepasst, aus der sich die Redaktionen in der Regel rekrutieren. Dies gilt für das Zielgruppenorgan rocknord.de in besonderem Maße, für das eine enge Vertrautheit mit den Rezipienten unverzichtbare Erfolgsvoraussetzung ist.

Durch langfristige Bindungen der Rezipienten an Bewegungsmedien üben diese Integrationswirkungen aus, deren Stärke allerdings variiert. Eine außergewöhnlich hohe Leser-Blatt-Bindung hat das Ideologieorgan *Nation & Europa* verwirklicht, das seit nahezu 50 Jahren erscheint und in dieser Zeit ein treues Publikum um sich geschart hat. Printmediale Periodika dürften in dieser Hinsicht eher geeignet sein als andere Medientypen. Sie erscheinen regelmäßig und bringen sich so bei der Leserschaft immer wieder in Erinnerung. Ihr Erscheinungsbild variiert in der Regel geringfügig und macht das Medium so den Lesern vertraut. Eine vergleichbar dauerhafte, enge, nachgerade emotionale Bindung an Internet-Seiten ist unwahrscheinlich, da das Medium meist flüchtiger rezipiert wird und für den Nutzer buchstäblich nicht zu greifen ist. In jüngeren Zielgruppen sind langfristige Bindungen an rechtsextremistisch orientierte Bands und deren Tonträger häufig. So genießen frühe Alben der ehemals rechtsextremistischen Band »Böhse Onkelz« bis heute Kultstatus in der Skinhead-Szene. Als legendär gilt die englische Neonazi-Gruppe »Skrewdriver«. Es ist durchaus denkbar, dass die untersuchte »Weissglut«-CD gerade wegen des Vermarktungsstopps durch »Sony« nachhaltige Bedeutung für den rechten Flügel der Gothic-Subkultur erlangen und dessen Bindung an die Bewegung festigen wird.

Durch ihren potenziell hohen Unterhaltungscharakter binden interaktive Medien ein überwiegend junges Publikum an die Bewegung. Das Beispiel rocknord.de und des Gästebuchs der Domain zeigt die Attraktivität solcher Angebote für die Zielgruppe, die hier spielerisch kommuniziert, Szene-Informationen erhält und beständig mit rechtsextremistischen Chiffren und Ideologemen in Kontakt gerät. Unterhaltend wirken ferner Audio-Programme wie das »Nord-Rock-Radio«

(heute: »Radio Nord«), zunehmend auch Videosequenzen, seit Neuestem Musikfiles in CD-Qualität (MP3), die kostenlos aus dem Internet kopiert werden können. Rechtsextremistische Internet-Angebote, insbesondere aus der Skinhead-Szene, werden häufig mit erheblichem Sachverstand erstellt und dürften ihre Bedeutung als publizistische Einstiegshilfen in die Bewegung und Verstärker rechtsextremistischer Orientierungen weiter ausbauen.

12.3 Breitenwirkung

Entfaltung von Breitenwirkung in das Umfeld der Bewegung gelingt rechten Medien nur begrenzt. Das Scharnierorgan *Junge Freiheit* und die CD der Band »Weissglut« sind mit dem Anspruch angetreten, jeweils ein Publikum zu erreichen, das weit über die Schranken von Bewegung und Subkultur hinausreicht. In beiden Fällen ist dies nicht im erhofften Maße gelungen. Diesen Bemühungen stehen zwei Faktoren entgegen: erstens eine in Bezug auf rechtsextremistische Tendenzen zu Teilen sensible (Medien-)Öffentlichkeit, zweitens die stigmatisierende Wirkung, die von der Erwähnung in Verfassungsschutzberichten ausgeht. Je nach Medientyp liegt die Rezeptionsschwelle für Sympathisanten und Umfeld der Bewegung unterschiedlich hoch: So sind die Barrieren zur Nutzung der vergleichsweise gemäßigt auftretenden, an vielen Kiosken erhältlichen *Jungen Freiheit* zweifellos niedriger, als dies bei einer neonazistischen Mailbox der Fall ist, die namentliche Registrierung erfordert.

Rechtsextremistische Internet-Angebote besitzen eine besonders hohe potenzielle Breitenwirkung. Prinzipiell steht jede Homepage einem weltweiten Millionenpublikum zur Verfügung. Die Zugangsbarrieren sind niedrig, da selbst strafbare Inhalte ohne hohe Kosten, mühelos und anonym rezipiert werden können. Durch die extrem große in diesem Netz verfügbare Datenmenge üben sie jedoch faktisch lediglich eine eingeschränkte Breitenwirkung aus. Dies hängt nur in geringem Maße mit der verschiedentlich genannten Schwierigkeit zusammen, rechtsextremistische Seiten ohne Kenntnis ihrer WWW-Adressen zu entdecken.[17] Selbst für Nutzer mit geringer Internet-Erfahrung stellt dieses Problem erfahrungsgemäß keine nennenswerte Zugangsschranke dar. Vielmehr konkurrieren rechtsextremistische Seiten mit einer unüberschaubaren Vielzahl an Inhalten, die das Interesse der Nutzer auf sich ziehen. Gemessen an der Gesamtheit der Internet-Angebote, stellten rechtsextremistische Seiten, so der Publizist Burkhard Schröder pointiert, »einen Bonsai, verglichen mit dem Amazonas-Urwald«[18], dar. Auch Paul Heller und Anton Maegerle weisen auf diese Situation hin. Sie ziehen aus ihr den Schluss, das neue Medium bringe Rechtsextremisten technische Vorteile und größere Verbreitung, aber keine zusätzliche Macht. Indem sich rechtsextremistische Ästhetik in die schrillen Internet-Welten begebe, verliere sie die »Aura des Einzigartigen«, sie laufe in die »Pluralismusfalle«.[19] Es ist nicht zu bestreiten, dass Online-Kommunikation die verschworene Atmosphäre neonazistischer Gruppen nicht ersetzen kann. Dennoch unterschätzen die Autoren offenbar die Einwirkungspotenziale, die die Bewegung daraus gewinnt, junge Menschen in deren Lebenswelten mit den technischen und ästhetischen Mitteln der Jahrtausendwende ansprechen zu können. Empirische Erkenntnisse über die Wirkung rechtsextremistischer Online-Angebote liegen gleichwohl bislang nicht vor.

Wenn die Breitenwirkung der Bewegungsmedien auch eingeschränkt ist, tragen sie doch dazu bei, Kampagnenthemen, Ideologeme, Begriffe und sonstige Symbole in das Umfeld zu transportieren. Diese Funktionen können vor allem Scharnierorgane erfüllen. So gelingt der *Jungen Freiheit* trotz der genannten Schwierigkeiten innerhalb gewisser Grenzen der Brückenschlag zum etabliert-konservativen Spektrum, was sich in ihrer Autorenschaft und der Gruppe der Interviewpartner widerspiegelt sowie aus den verfügbaren Daten über die Leserschaft geschlossen werden kann. Wolfgang Gessenharter hat zu

Recht darauf hingewiesen, dass über solche Scharniermedien Ideologeme in einen breiten öffentlichen Diskurs diffundieren können.[20] Der Begriff der ›deutschen Leitkultur‹ ist das aktuellste Beispiel für diesen Durchdringungsprozess. Auch das »Weissglut«-Album spricht ein Publikum innerhalb und außerhalb der Bewegung an und beliefert es mit symbolischen Versatzstücken wie der NS-belasteten ›Schwarzen Sonne‹. Im Kontext werden diese konkretisiert und der Bezug zu Ideologie und Kampagnen der Bewegung hergestellt. Wenn der kommerzielle Erfolg auch hinter den Erwartungen geblieben ist – das Label »Epic« (»Sony Music«) sah sich durch öffentliche Proteste veranlasst, die CD nach rund einem Vierteljahr vom Markt zu nehmen –, hat diese doch eine erheblich höhere Verbreitung gefunden, als es bei in Deutschland hergestellten Tonträgern mit rechtsextremistischem Hintergrund üblich ist. Insbesondere trägt das Album dazu bei, vorhandene Ansätze rechter Ideologisierung innerhalb der Gothic-Subkultur zu stärken und unpolitische Anhänger an die Bewegung heranzuführen.

Durch die prekäre Breitenwirkung gleichen Bewegungsmedien die Nichtexistenz einer Großpartei nur bedingt aus, vollständig können sie deren Wirkung nicht ersetzen. In dieser Hinsicht ist die von Astrid Lange 1995 vorgetragene, weit reichende These zu präzisieren und einzuschränken. In ihrer Untersuchung von 50 rechtsextremistischen Periodika schreibt Lange: »Faktisch ersetzen sie die Großpartei. Sie fungieren als organisatorische Klammer, als Koordinations- und Betreuungsinstanz. Sie gewährleisten einen regelmäßigen und dauerhaften Informationsfluß.«[21] Durch das in erster Linie nach innen gerichtete Mediennetz kann die öffentliche Präsenz der Großpartei aber nicht hergestellt werden, ebenso wenig die starke Integrations- und Mobilisierungswirkung einer solchen erfolgreichen Organisation. Die Situation, die die Macher des »Thule-Netzes« beklagt haben, aber nicht zu ändern vermochten, dass durch Bewegungsmedien »kaum Personen außerhalb des ›rechten Ghettos‹ erreicht werden«[22], hat das Internet graduell, aber nicht grundlegend verändert.

12.4 Professionalität

Fast alle untersuchten Medien geben sich professionell, setzen sich über übliche massenmediale Standards allerdings punktuell bewusst hinweg.[23] Auffällig ist etwa die Ethnisierung der Berichterstattung, die die Zeitschrift *Nation & Europa* betreibt. In ihrer Rubrik »Aktuelles aus Multikultopia« schafft sie ein eigenes Nachrichtenselektionskriterium: die nicht deutsche Abstammung von Personen, die ausschließlich in negativen Kontexten auftreten (meist handelt es sich um Straftäter). Wie die *Junge Freiheit* gelegentlich und die »Nationalen Infotelefone« konsequent, setzt sich das Blatt über die Trennung von Nachricht und Kommentar hinweg. Ein in allen untersuchten Zusammenhängen auftretender eigener Standard ist die erwähnte Sprachregelung Mitteldeutschland als Bezeichnung der neuen Bundesländer. Auf spezifische, für die Skinhead-Szene typische Weise setzt sich die Domain rock-nord.de von üblicher Schriftsprache ab. Besonders deutlich sind die zahlreichen Orthografie- und Interpunktionsfehler, die, wenn nicht bewusst eingesetzt, dann toleriert werden, sowie vulgärsprachliche Formulierungen. Auch im »Thule-Netz« zeigt sich ein eigentümlicher Duktus, der sprachlich-symbolische Elemente der nichtkommerziellen DFÜ-Landschaft mit rechtsextremistischen Mustern kombiniert. Einzig die Umdeutung von Begriffen in der *Jungen Freiheit* – das bewusste Abweichen vom üblichen Verständnis im massenmedialen Duktus – ist theoretisch fundiert und wird explizit vom Konzept der kulturellen Hegemonie abgeleitet. Die breite Theorie-Rezeption, die in Selbstverständnis und Standards der Alternativpresse eingeflossen ist, trifft auf die publizistische Praxis der Bewegung von rechts im Allgemeinen nicht zu.

In den untersuchten Medien zeigen sich unterschiedlich gravierende, ungewollte Professionalitätsdefizite, die manche Publikationen durch sprachliche Professionalitätssignale zu überdecken versuchen. Als wesentliche Defizite treten etwa die geringe technische Innovationsbereitschaft und Nichteinhaltung gestalterischer Standards auf *(Nation & Europa)*, mangelnde wirtschaftliche Tragfähigkeit *(Junge Freiheit)*, die Nichteinhaltung handwerklicher journalistischer Standards (»Nationale Infotelefone«), nachlässige redaktionelle Bearbeitung und Redundanz (Eibicht-Band), das mangelnde Ausschöpfen der durch das Medium Internet gebotenen Optionen (»Zündelsite«) sowie die Nichteinhaltung eines stringenten Corporate-Design-Konzepts (NPD).

Die Professionalitätsgrade der untersuchten Medien variieren jedoch deutlich. Professionellere Publikationen haben einen für Bewegungsmedien typischen Professionalisierungsprozess durchlaufen. Dies gilt insbesondere für die *Junge Freiheit* sowie *RockNORD* und dessen Internet-Domain, die neben der CD »etwas kommt in deine welt« die professionellsten der untersuchten Medien darstellen. Sie haben sich von Freizeitaktivitäten jugendlicher Blattmacher zu Medien entwickelt, die technisch modern ausgestattet sind und von berufsmäßigen Redaktionen kontinuierlich erstellt werden. Ein hohes Maß an Professionalität erfordert insbesondere die beständige Produktion der Wochenzeitung *Junge Freiheit*, die sich zudem durch ein modernes Design und hohe Genrevielfalt auszeichnet.

Die meisten der untersuchten Medien beschäftigen Personen, die hauptberuflich für sie tätig sind. Die Bandbreite reicht von Ein-Personen-Redaktionen (z. B. »Zündelsite«) bis zum recht umfangreichen Mitarbeiterstab von Medien wie *Junge Freiheit* und *RockNORD*. Die Mitglieder der Band »Weissglut« finanzieren ihren Lebensunterhalt Mitte 1998 zwar nur zum Teil auf musikalischem Wege, durch die untersuchte, vom Weltkonzern »Sony« vermarktete CD haben sie aber realistische Aussichten auf eine berufsmäßige Karriere im Rock-Business.[24] »Nationale Infotelefone« und nichtperiodische Mobilisierungsmedien (insbesondere das Flugblatt) sind diejenigen Bewegungsmedien, die am leichtesten durch Laien erstellt werden können. Die Autoren aller Mobilisierungsmedien für die Maikundgebung der NPD sind ehrenamtliche Aktivisten. Zumindest Druck und Versand der von der Parteileitung herausgegebenen Standardserie erfolgen jedoch durch ein professionelles Unternehmen und die Angestellten der Bundesgeschäftsstelle, die sich seinerzeit in Stuttgart befunden hat und heute in Berlin ihren Sitz hat. Neben dem inzwischen aufgelösten »Thule-Netz« sind die »Nationalen Infotelefone« das einzige der untersuchten Medien, das ausschließlich von Freizeitaktivisten ohne kommerzielle Interessen[25] unterhalten wird. Durch sprachliche Professionalitätssignale versuchen einige Infotelefone allerdings, sich den Anschein geschäftsmäßiger Agenturen zu verleihen. Als Professionalitätssignal wurde beispielsweise die Höflichkeitsform gewertet, in der diese NIT ihre Hörer ansprechen, außerdem die Eigenbezeichnung als ›unabhängiger Informationsdienst‹ und der Hinweis, die Ansagen seien urheberrechtlich geschützt.

Nur in seltenen Fällen sind Herausgeber und Redakteure für ihre Tätigkeit formal qualifiziert. Zu den Ausnahmen zählt der Verleger und Publizist Rolf-Josef Eibicht durch eine – wenngleich weit zurückliegende – Ausbildung zum Verlagskaufmann und ein Universitätsstudium. In den meisten Fällen erfolgt die Qualifizierung durch ›learning by doing‹. Nahezu alle berufsmäßigen Mitarbeiter der untersuchten Medien verfügen bereits über mehrjährige publizistische Erfahrung, die fast immer aus Tätigkeiten für rechte Bewegungsmedien resultiert.

Alle untersuchten Publikationen sind in mehrmediale Projekte eingebunden. So verfügen beide Periodika, mehrere »Nationale Infotelefone« und die NPD über teils umfangreiche WWW-Domains. Dies gilt auch für das »Thule-Netz«, dessen Internet-Präsenz sich allerdings verselbstständigt und die Auflösung des Mailboxverbundes überdauert hat. Die Band »Weissglut« ist mit einer Unterseite auf der »Sony«-Domain vertreten; Eibicht speist erst seit 1999 Materialien ins Internet ein. »Weissglut«-Frontmann Josef Klumb tritt auch als Autor der Zeitschrift *Sleipnir* auf und hat mehrere Bücher veröffentlicht. Die »Zündelsite« und die Domain rocknord.de sind Verlagen angegliedert, die Printmedien und

Tonträger produzieren und vermarkten. Für diese Firmen fungieren die Internet-Seiten als Werbeträgerinnen, im Falle von rocknord.de ist der Werbeeffekt sogar die dominierende Funktion: Die im Internet verfügbaren Auszüge des Print-Magazins dienen als Abonnement-Köder, den Bezug der Hefte ersetzen sie folglich nicht. Die von Torsten Lemmer gegründete Unternehmensgruppe nutzt die Domain zudem als Vertriebsmedium, somit als ein unmittelbar umsatzsteigerndes Instrument. Einen Werbeeffekt stellen auch die nichtperiodischen Mobilisierungsmedien der NPD her: Sie sind mit weiteren Medien (NPD-Domain, »JN-Infotelefon«, »Nationale Infotelefone«) vernetzt, die aufeinander empfehlend verweisen.

In den untersuchten Medien wird eine Durchlässigkeit von Rezipienten- und Produzentenschaft deutlich, wie sie dem Selbstverständnis von Medien früherer neuer sozialer Bewegungen entspricht. So veröffentlichen die Periodika *Nation & Europa* sowie *Junge Freiheit* in jeder Ausgabe ungewöhnlich viele Leserzuschriften, denen somit ein hoher Stellenwert beigemessen wird. An beide Medien sind oder waren Gruppen (»Nation-Europa-Freunde e. V.«, »JF-Leserkreise«) angegliedert, die einen persönlichen Kontakt zwischen Leserschaft und Redaktion herstellen. Von diesen Zirkeln, an denen sich organisierte Rechtsextremisten beteiligt haben, hat sich die JF aus taktischen Gründen inzwischen getrennt, als Vertriebsweg waren sie aber phasenweise unverzichtbar für das Blatt. Das Magazin *RockNORD* fordert die Leser ausdrücklich auf, eigene Berichte einzureichen, und bietet ihnen ein, wenn auch geringes, Entgelt. Zudem können die Rezipienten im Gästebuch als Autoren tätig werden, inzwischen auch online ›chatten‹. In den Ansagen der »Nationalen Infotelefone« nehmen schriftliche Zusendungen von Hörern, die weitgehend kommentarlos wiedergegeben werden, breiten Raum ein. Dies entspricht dem Charakter des Mediums als Service- und Deutungsmuster-Agentur des deutschen Rechtsextremismus.

12.5 Symbolische Implikationen der Mediennutzung

Die Nutzung mancher Medientypen ist per se ein symbolischer Gewinn für die Bewegung, selbst wenn deren messbarer Nutzen gering sein sollte. Das gilt in besonderem Maße für computergestützte Medien: Durch die breite Präsenz in Datennetzen gibt sich die Bewegung zukunftsorientiert und stellt ihre berechtigte öffentliche Wahrnehmung als rückwärtsgewandte Kraft infrage. Dass dieser Gegensatz eine aufmerksamkeitswirksame Spannung erzeugt, zeigen die zahlreichen Beiträge demokratischer Massenmedien über das »Thule-Netz« und neonazistische Internet-Homepages. Der teilkonspirative Charakter dieser Medien hat zudem Überzeichnungen, Spekulationen und Legenden ausgelöst, die – durchaus im Sinne der Verantwortlichen – das Bild einer geheimnisvollen virtuellen Kommandozentrale entstehen ließen. Im Interview bezeichnet ein ehemaliger Systembetreiber des »Thule-Netzes« den Mailboxverbund als »PR-Erfolg«[26]. Das öffentliche Aufsehen, das der Verbund erregt habe, sei dessen wichtigste Leistung für den deutschen Rechtsextremismus. Der Sysop bestätigt, dass das Netz faktisch nur einen eher geringen Beitrag zur informationellen Vernetzung der Szene geleistet hat. Auch das Medium Buch hat symbolische Implikationen: Allein die Existenz umfangreicher, aufwändig produzierter Bände trägt zu einer seriöseren Außenwirkung der Bewegung bei und vergewissert die Anhängerschaft der Richtigkeit ihrer Positionen.[27] So lässt sich Marshall McLuhans berühmte Feststellung »The medium is the message« auf die Publizistik der Bewegung übertragen. Die Autoren ihrerseits zelebrieren häufig den Autoritätsstatus, den sie durch die Produktion prestigeträchtiger Medien gewinnen oder zu gewinnen hoffen. Die Funktion der eigenen Medien als Mittel der Selbstdarstellung lässt sich am Beispiel des Buchautors Eibicht und des Internet-Aktivisten Zündel besichtigen. Beide beanspruchen (Zündel) oder suggerieren (Eibicht) eine Bedeutung, die sie innerhalb der Bewegung von rechts faktisch nicht oder nicht mehr haben.

12.6 Wechselwirkungen mit anderen Bewegungsakteuren

Die Bewegung hat ihre publizistische Landschaft in den 90er Jahren weitgehend unabhängig vom Wahlerfolg rechtsextremistischer Parteien ausgebaut. Diese sind Teil der Bewegung und fördern deren Mobilisierung desto stärker, je mehr sie Bündnisse mit Gruppen im vorpolitischen Raum eingehen. So trägt der Aktivismus der NPD, die neben ihren Mitgliedern Skinheads und autonome Neonazis auf die Straße bringt, zur Entfaltung der Bewegung bei. Die Triebfeder der Bewegung sind Parteien – zurzeit – allerdings keineswegs. Selbst spektakuläre Erfolge wie das DVU-Ergebnis von Sachsen-Anhalt haben keine nachhaltige Aufbruchstimmung im deutschen Rechtsextremismus ausgelöst. Die Beharrlichkeit, mit der die Bewegung im zurückliegenden Jahrzehnt ihr mediales Netz geknüpft hat, kontrastiert nachgerade das Auf und Ab der Wahlresultate und die Selbstlähmung rechtsextremistischer Parteien durch Streit und Zersplitterung.

Gleichwohl sind Wechselwirkungen zwischen Wahlerfolgen und Ausbau der Publizistik möglich. Ein positiver Trend zieht fast zwangsläufig eine höhere Zahl der Parteimitglieder nach sich, aber auch Bewegungsmedien können von ihm profitieren. So senkt ein günstiges Stimmungsklima für rechtsextremistische Gruppen die Rezeptionsschwelle der Bewegungsmedien. Zudem verfügen erfolgreiche Wahlparteien über finanzielle Mittel, die der Publizistik in Form von Anzeigen und höherem Absatz zugute kommen können.[28] Paradoxerweise kann – dies scheint in den 90er Jahren der Fall zu sein – auch das schlechte Abschneiden der Parteien die Bewegungsmedien beflügeln: Nach den Erfolgen der »Republikaner« in den späten 80er und frühen 90er Jahren hat sich Wahlenttäuschung breit gemacht und zur Verlagerung der Aktionsschwerpunkte im Rechtsextremismus geführt. Symptomatisch ist die intensive Rezeption des Konzepts der kulturellen Hegemonie, speziell in der Neuen Rechten, die den Fokus von Wahlkämpfen zu metapolitischen, insbesondere publizistischen

Anstrengungen verschoben hat. Nicht zufällig stößt dieser Ansatz seit dem verpassten Einzug der NPD in den Bundestag im September 1969 bei deutschen Rechtsextremisten auf offene Ohren.[29]

Wie alle neuen sozialen Bewegungen ist die Bewegung von rechts ein ›Netzwerk von Netzwerken‹ (Friedhelm Neidhardt), deren Stränge sich kreuzen und überlagern können. Häufig stützen mediale und nichtmediale Netzwerke einander ab. So sind die Rezipienten von Bewegungsmedien vielfach auch über Parteien, Organisationen oder lose Kontakte in die Bewegung eingebunden und werden auf diese Weise informationell bedient. Besonders deutlich wird dies am Beispiel der 1.-Mai-Mobilisierung der NPD. Sie zeigt, dass die untersuchten nichtperiodischen Mobilisierungsmedien (Flugblatt, Plakat, Aufkleber) im Wesentlichen erinnernde Funktion haben. Die Primärinformationen – Ort und Zeit der Veranstaltung – sind bereits frühzeitig über informelle Kanäle an die Zielgruppe gelangt. Aktionen wie die Leipziger Großkundgebung sind ohne mediale Vorbereitung trotzdem kaum vorstellbar. Schriftliche Mobilisierung verleiht dem Appell, der zunächst als unverbindlicher mündlicher Hinweis weitergetragen wird, Gewicht, Substanz und Nachhaltigkeit. NPD-Pressesprecher Klaus Beier bringt die Bedeutung eigener Medien für die neue soziale Bewegung von rechts auf den Punkt: »Wer schreibt, der bleibt.«[30]

Nachwort

Die Anschläge in New York und Washington im Spiegel rechter Medien[1]

Als am 11. September 2001 drei Flugzeuge in das World Trade Center und das Pentagon rasen, gehen die Bilder um die Welt. Der Anschlag kostet fast 6 000 Menschen das Leben, lässt eine Spur der Verwüstung zurück, Millionen von Menschen trauern weltweit mit den Angehörigen der Opfer. Wenige Minuten nach dem Einschlag des ersten Flugzeugs in das World Trade Center von New York reagieren deutsche Rechtsextremisten auf die Ereignisse und speisen erste Stellungnahmen in das Internet ein. Die heftigsten Flügelkämpfe der Szene seit ihrem Streit um die Homosexualität des Neonazis Michael Kühnen schließen sich an. In häufig aggressivem Ton diskutieren Rechtsextremisten darüber, welches ihrer Feindbilder den Vorrang hat: Sind die Anschläge als Fanal zum Kampf gegen die verhassten USA zu verstehen oder als Beweis, dass der Islam auch den Deutschen den Krieg erklärt habe? Auf zwei propagandistische Versatzstücke immerhin können sich die Widersacher einigen. Einerseits auf die Feststellung, dass »die multikulturelle Illusion mit dem World Trade Center untergegangen«[2] sei, so der REP-Vorsitzende Rolf Schlierer. »Multi-Kulti ist multigefährlich«, heißt es schlichter bei der DVU, denn durch unkontrollierten Ausländerzustrom werde der »Bazillus fremder Konflikte nach Deutschland getragen«.[3] Andererseits ist der Vergleich der Anschläge mit dem Bombardement deutscher Großstädte im Zweiten Weltkrieg (die *National-Zeitung* spricht vom »westalliierten Bombenholocaust«[4]) in den meisten rechten Stellungnahmen Konsens.

Der NPD-Anwalt Horst Mahler zählt zu denjenigen, die die Debatte eröffnen. In einem – inzwischen nicht mehr überraschenden – plump-antisemitischen Duktus rechtfertigt er die Anschläge auf der Homepage des »Deutschen Kollegs«: Die Angriffe markierten »das Ende des Amerikanischen Jahrhunderts und damit das Ende des weltlichen Jahwe-Kultes, des Mammonismus«. Auch wenn Mahler beiläufig Mitgefühl für die Angehörigen der Toten äußert, macht er unmissverständlich deutlich, wie er die Anschläge bewertet: »Die Sache der Völker steht gut. Vor die Wahl gestellt, zu kämpfen oder unterzugehen, werden sie den Kampf wählen und siegen: Denn der Feind ist geistlos geworden und ohne Vision für die Welt von morgen.«[5] Für Mahler erscheint die Gewalttat als legitime Reaktion auf die Politik der USA.

Ihr Antiamerikanismus macht auch die NPD zur Kriegsgegnerin: In einer ersten Presseerklärung fordert sie, sämtliche Militäreinsätze der Bundeswehr im Ausland zu stoppen, und den Austritt aus der NATO.[6] Auf diese Weise versucht sie sich ausgerechnet an die Friedensbewegung anzubinden, beispielsweise mit Flugblattaktionen am Rande von Lichterketten.[7] Im Tenor ähnlich wie Mahler und NPD, aber schärfer im Ton äußern sich deutsche Neonazis: Süffisant spricht Christian Worchs »Aktionsbüro Norddeutschland« davon, die »Weltpolizei« habe jetzt einen »Schluck von der eigenen Medizin« nehmen müssen. Es appelliert an die ›Freien Kameradschaften‹: »Wenn die USA eines sicher nicht verdient haben, dann ist es Euer Mitleid!«, und droht: »Merkt Euch die etablierten Medien und Politiker gut, die gerade jetzt zeigen, wessen fremden Geistes Kind sie sind. Wer sich an die Seite der USA begibt, steht auf der Seite des internationalen Kapitals, der Multikultur und der Globalisierung – gegen die Freiheit der Völker!«[8] Wie viele Neonazis, die sich als Nationalrevolutionäre verstehen, greift das Aktionsbüro linkes Vokabular auf. In dem früheren RAF-Mann Horst Mahler hat dieser Flügel des deutschen Rechtsextremismus eine wichtige intellektuelle Führungsfigur gefunden.

Neonazi André Goertz grenzt sich von den Apologeten des Anschlags ab: Auf der Homepage seines »NIT Hamburg«

erscheint ab dem 12. September ein Trauerflor mit dem Schriftzug: »Das NIT ist über die jüngsten Ereignisse schockiert und möchte sein tiefstes Mitgefühl den Familien und Angehörigen der Opfer aussprechen, die an diesem Tag ihr Leben verloren haben.«[9] In E-Mails erntet Goertz harsche Kritik. Sarkastisch meint er am 13. September im NIT: »Bemerkenswert an den Zuschriften fand ich bereits ihre Sachlichkeit: So schreibt Uwe Meenen vom ›Deutschen Kolleg‹, wir seien Deppen und sollten das Maul halten. Er selbst begrüße den ›Schlag gegen das Herz des Weltkapitalismus‹. Aus Düsseldorf schrieb ein Mann, unser ›Mitgefühl mit den Opfern‹ sei zutiefst heuchlerisch, widerwärtig und stünde in der fatalen Tradition der ›Judenknechte in diesem verkommenen Land‹.«[10] Im Diskussionsforum der NIT-Homepage finden sich aber auch Beiträge, die die Anschläge geradezu feiern; in einer Wortmeldung heißt es: »Nur keine Krokodilstränen!!! (…) Tod dem angloamerikanischen Wirtschaftsimperialismus und seinen internationalen Handlangern«[11]. Gänzlich unverblümt prallen menschenverachtende Positionen in Beiträgen aufeinander, die unter Pseudonymen auf Internet-Seiten veröffentlicht werden, deren Provider ihren Sitz im Ausland haben. Dies gilt beispielsweise für das Gästebuch der Seite »White Power MP3« (WPMP3), die nach deutschem Recht strafbare oder indizierte Tonträger als MP3-Dateien verbreitet. »Scheiss Moslems, da sieht man zuwas diese Untermenschen fähig sind!!! Scheiss Islam!!! Verreckt doch alle!!«, schreibt der User »Romper19«. »Glaubt mir«, entgegnet Homepage-Betreiber »Berzer«, »ich mag die Kanacken bestimmt genauso wenig wie ihr. Aber solange sie in ihrem Land um ihre Freiheit kämpfen ist es ok. Und wenn sie einen gemeinsamen Feind angreifen ist es mir noch lieber.« In einem weiteren Beitrag fordert er: »Freiheit für Palästina!!! Freiheit für unser Deutsches Vaterland!!« Für »Schwachsinn« hält dies der User »Steiner88« und fragt rhetorisch: »Nur weil man keine Juden mag, muß man die Araber lieben???«[12]

Ihre Zerrissenheit zwischen USA- und Islam-Feindlichkeit

macht die *National-Zeitung* in den Schlagzeilen der Ausgabe vom 28. September deutlich: »Wollen USA den totalen Krieg? So wird Deutschland ins Unglück gerissen«, titelt sie und überschreibt ihren Aufmacher wenige Zeilen darunter mit »Frisst uns der Islam?« und der Unterzeile »Einwanderungsland – ein Wahnsinn«. Die Berichterstattung der DVU-Zeitung ist für den Münchener Publizisten Rolf-Josef Eibicht der Anlass für eine weitere Wendung seines Schlingerkurses im Verhältnis zur Frey-Partei. Die Schlagzeile der vorangegangenen Ausgabe »Für New York sterben?« greift er massiv an; seine Stellungnahme enthält so deutlich beleidigende Passagen, dass eine neuerliche Annäherung an die DVU kaum möglich erscheint. Positiv verweist Eibicht dagegen auf den Wahlerfolg des Hamburger Richters Ronald Schill (19,4 Prozent), ohne diesen namentlich zu nennen. Ausdrücklich unterstützt der Publizist die Formel der »uneingeschränkten Solidarität mit den USA«, die Bundeskanzler Gerhard Schröder geprägt hat, und unmissverständlich auf Verleger Frey bezogen meint er: »Nur bei politisch-extremistischen Hasardeuren, UNPOLITISCHEN Irrlichtern und vollkommen Verantwortungslosen, im Interesse ihres Klempnerladens, konnte der Gedanke aufkommen, hier könnte sich Deutschland der Solidarität in Not und Gefahr verweigern, sich einfach ausklinken, den Kopf in den Sand stecken.«[13] Die Haltung Eibichts ist konsequent: Schon beim Einsatz der NATO im Kosovo hatte er sich für die Beteiligung der Bundeswehr ausgesprochen und wenig Zustimmung im deutschen Rechtsextremismus erfahren.

Indem die neurechte *Junge Freiheit* die Anschläge bedächtiger kommentiert und dabei den Mainstream der veröffentlichten Meinung im Blick behält, bestätigt sie ihren Charakter als Scharnierorgan. Als solches spricht sie Wertkonservative, aber auch Leser im Spektrum rechts der demokratischen Parteien an. Als Erklärung der Angriffe wird, wie nicht nur in rechten Medien, Samuel Huntingtons Rede vom »Kampf der Kulturen« herangezogen, die impliziert, dass ein friedliches

Zusammenleben von Menschen unterschiedlicher Ethnien praktisch nicht möglich sei. In diesem Sinne lässt sie sich mit dem in JF vertretenen »Ethnopluralismus« verbinden. Die Zeitung nimmt die Ereignisse außerdem zum Anlass, das »Ende der Spaßgesellschaft« zu beschwören. Hierzu druckt sie ein ausführliches Interview mit dem Publizisten Peter Scholl-Latour, der dies wiederholt in Talkshows gefordert hat (»Die Spaßgesellschaft ist eine Form von Dekadenz«[14]). Der Begriff ist ebenso verbreitet wie schillernd. Es ist nicht nur fraglich, ob eine pauschale ›Spaßgesellschaft‹ angesichts anhaltender Massenarbeitslosigkeit in Deutschland tatsächlich existiert, die Formulierung lässt sich auch unterschiedlich verstehen. Die JF lehnt sie im Sinne einer Gesellschaft, in der die Entfaltung des Individuums und nicht Kollektive wie Volk und Nation für die meisten Menschen im Vordergrund stehen, ab. Das propagierte Ende der ›Spaßgesellschaft‹ passt sich somit in die antiliberale Ausrichtung der Zeitung ein. Chefredakteur Dieter Stein verbindet die Formulierung mit der Forderung einer größeren Distanz zum Westen im Allgemeinen und den USA im Besonderen. Statt sich in einer »konfliktfreien Spaßgesellschaft« einzurichten, müsse Deutschland zu »eigenständigen außen- und sicherheitspolitischen Risiken« bereit sein. Er hat indes Zweifel, »ob die deutsche politische Klasse dafür das nötige Mark in den Knochen hat«[15]. Deutlicherer Antiamerikanismus spricht aus dem Beitrag des JF-Autors Baal Müller, der die deutschen Reaktionen auf die Anschläge als »emotionale Korrektheit« kritisiert und schreibt: »Nur noch Untermenschen kommen jetzt auf die Idee, darauf hinzuweisen, daß die Politik der USA sowie ihre globale kulturelle und wirtschaftliche Dominanz zu solchen terroristischen Eskalationen beigetragen hätten; statt dessen regiert wieder einmal die Lichterkette.«[16] Der Autor stellt sich und die Gleichgesinnten begrifflich mit den Opfern des Nationalsozialismus gleich und schlägt den Bogen von den Terroranschlägen auf die USA zur Behauptung, rechte Ansichten würden in Deutschland diktatorisch bekämpft.

Die konträre Bewertung der Angriffe vom 11. September spiegelt die unterschiedlichen Profile der deutschen Szene wider und bestätigt damit die Untersuchungen rechter Medien in diesem Buch. Sie erweist sich einmal mehr als soziale Bewegung, die keineswegs in allen Punkten übereinstimmt. Gleichwohl tauchen Ideologeme und Kampagnen auf, die zum Kernbestand rechtsextremistischen Denkens zählen. So lässt die aktuelle Diskussion keinen Zweifel, dass Amerika und Islam zu den wichtigsten Feindbildern geworden sind. Sie fungieren als Inbegriffe einer verhassten freiheitlichen Gesellschaft sowie von Kulturen, die als angebliche Bedrohung der ›deutschen Identität‹ bekämpft werden. Auch der Antisemitismus (und mit ihm ein rassistisches Uralt-Feindbild) lebt fort; Teile der Bewegung vertreten ihn heute kaum weniger aggressiv als das nationalsozialistische Propagandablatt *Der Stürmer*. Interner Streit mag rechte Aktivitäten behindern, lahmlegen wird er sie nicht. Der Kontroverse sind bereits erste Aufrufe zur Geschlossenheit gefolgt: So mahnt das Team der neonazistischen WPMP3-Homepage, die »eigentlichen Ziele und Ideale« dürften nicht im Streit zerbrechen, die Anschläge die Bewegung keinesfalls spalten.[17]

ANHANG

Adresse	Siehe *Internet-Adresse*
America Online (AOL)	Marktführer der *Online-Dienste* in Deutschland
BBS	Bulletin Board System; *Mailbox*
Browser	Erforderliches Computerprogramm, um das Internet zu benutzen (z.B. »Netscape Communicator«)
Chat	Schriftliche Unterhaltung zwischen *Usern* im *Internet*. Chat-Teilnehmer können lesen, was andere soeben in ihre Computer eingegeben haben, und können sofort darauf antworten.
Chat-Room	Internet-Seite, die *Chats* der *User* ermöglicht
CL-Netz	ComLink-Netz; großes, überwiegend linksorientiertes *Mailbox*netz in Deutschland
CompuServe	US-amerikanischer *Online*-Dienst
DFÜ	Datenfernübertragung, Sammelbegriff für jegliche Kommunikation mit Hilfe von Computernetzen
Domain	*Internet*-Bereich, dessen *Internet-Adresse* sich auch bei einem Wechsel des *Providers* nicht ändert. Die Adresse der Domain besteht in der Regel aus einem einprägsamen Begriff, der auf den Inhalt der Seiten hinweist (z.B. www.rocknord.de).
E-Mail	Electronic Mail; Nachricht, die über Computernetze verschickt wird
Emoticon	Kunstwort aus Emotion und Icon. Aus Satzzeichen wie Komma, Semikolon oder Klammer bestehendes und um 90 Grad gedrehtes, stilisiertes Gesicht, das ein Gefühl des *Users* ausdrückt, z.B. Smiley :-)
Fido-Netz	Internationales *Mailbox*-Netz
Hacker	*User*, der sich ohne Genehmigung und mit Hilfe technischer Tricks in Computernetze einwählt

Homepage	Seite im *Internet*. Sie kann Texte, Bilder, Töne und Programme enthalten.
Hyperlink	Verbindung zwischen zwei *Homepages*. Ein Hyperlink (kurz: Link) auf einer Seite ist in der Regel durch den unterstrichenen und in blauer Schrift gesetzten Namen der verbundenen Seite oder ihr Emblem (Banner) zu erkennen. Klickt der *User* mit der Maus auf diese Stelle, erscheint die verbundene Seite.
Internet	Größtes Computernetz der Welt mit mehreren Hundert Millionen Teilnehmern. Ursprünglich als militärischer Dienst geschaffen, wird es seit den 90er Jahren zunehmend für private und kommerzielle Zwecke genutzt. Durch die Entwicklung nutzerfreundlicher *Browser* ist es inzwischen auch für Laien recht leicht zu bedienen.
Internet-Adresse	Buchstaben- und/oder Zahlenkombination, die einer *Homepage* eindeutig zugeordnet ist und unter der diese aufgerufen werden kann. *Domain*-Adressen sind besonders kurz und einprägsam.
ISDN	Integrated Services Digital Network; digitales Telekommunikationsnetz, das einen schnelleren Datentransfer als das herkömmliche, analoge Telefonnetz ermöglicht
Link	siehe *Hyperlink*
Mailbox	Computer, der Nachrichten zwischen angeschlossenen Computern austauscht. Einerseits können mit Hilfe einer Mailbox persönliche Nachrichten *(PM)* an andere Computer verschickt, andererseits Informationen an elektronische schwarze Bretter geheftet werden. Jeder *User*, der eine Verbindung zur Mailbox hat, kann solche netzöffentlichen Nachrichten lesen und seine Meinung oder weitere Informationen hinzufügen.
Modem	Kunstwort aus Modulator und Demodulator. Das Modem wird zwischen Telefonleitung und Computer geschaltet und wandelt die digitalen Signale des Computers in analoge um.

	Diese werden im Übertragungsnetz versandt, beim Empfänger kehrt sich der Prozess um, so dass Text oder Daten lesbar werden.
MP3	Dateiformat, das das Datenvolumen eines Tonträgers ohne hörbaren Qualitätsverlust reduziert. *User* können Aufnahmen, die im MP3-Format im *Internet* abgelegt werden, auf den eigenen Computer kopieren und auf diesem abspielen. Anschließend können die Dateien als Audio-CD gebrannt und in üblichen CD-Playern verwandt werden.
Newsgroup	Diskussionsforum, in dem jeder *User* mitstreiten, Fragen stellen oder in dieses Informationen einspeisen kann. Newsgroups, von denen Zehntausende existieren, gehören zum Usenet, einem Teil des Internets.
offline	Daten – zum Beispiel Texte oder Bilder – werden auf dem eigenen Computer bearbeitet. Der *User* nimmt nur kurz Verbindung zum Netz auf und spart so Kosten. Wenn *Internet*-Seiten offline sind, können sie nicht aufgerufen werden.
online	Es besteht eine Verbindung zwischen dem Rechner des *Users* und dem Computernetz. Als Verbindungsglied dient das Telefon- oder *ISDN*-Netz. Der *User* kann mit anderen kommunizieren oder auf Angebote im Netz zugreifen. Nur wenn *Internet*-Seiten online sind, können sie genutzt werden.
Online-Dienst	Kommerzielles Computernetz. Online-Dienste erlauben den Zugriff auf ihre eigenen Inhalte; die meisten ermöglichen es außerdem, das *Internet* zu benutzen. Wichtige Online-Dienste sind *America Online, CompuServe* und *T-Online*.
PM	Personal Mail; *E-Mail*, die gezielt an einen oder wenige Empfänger versandt wird und somit nicht für alle *User* des Netzes lesbar ist
Pretty Good Privacy (PGP)	Programm, das *E-Mails* so verschlüsselt, dass sie nur für den Empfänger lesbar sind. Der Text wird mit dem öffentlich zugänglichen

elektronischen Schlüssel des Adressaten chiffriert; dechiffriert werden kann er nur mit Hilfe des geheimen Schlüssels, den allein der Empfänger besitzt.

Provider

Der Provider ist das Scharnier zwischen *User* und Netz. Er ermöglicht dem *User*, auf das Netz zuzugreifen und Seiten in dieses einzuspeisen. *Internet*-Provider sind zum Beispiel die meisten *Online-Dienste*, aber auch nicht-kommerzielle *Mailboxen* können diese Funktion erfüllen.

Sysop

System Operator, Betreiber einer *Mailbox*

T-Online

Online-Dienst der Deutschen Telekom

User

Benutzer eines Computernetzes

Websurfer

User, der nach Belieben *Internet*-Seiten (*Homepages*) ausprobiert und mit Hilfe von *Hyperlinks* zu anderen Seiten gelangt

World Wide Web (WWW)

Nutzerfreundlichster Teil des *Internets*. Das WWW ist leicht zu bedienen, da alle Angebote von einer grafischen Benutzungsoberfläche aus angewählt werden können. Auf den Seiten des World Wide Webs (kurz: Web), den *Homepages*, befinden sich beispielsweise Texte, Programme, Bilder und Musik.

Z-Netz

Zerberus-Netz; deutsches *Mailbox*netz

Abkürzungsverzeichnis

ADL	Anti-Defamation League
Antifa	Antifaschistisch(e Gruppe)
Anti-Antifa	gegen die Antifa gerichtete Gruppe
AOL	America Online
BBS	Bulletin Board System(s)
BBZ	Berlin-Brandenburger Zeitung der nationalen Erneuerung
BdV	Bund der Vertriebenen
ben. nach	benutzt nach
BfB	Bund freier Bürger
BPjS	Bundesprüfstelle für jugendgefährdende Schriften
CL-Netz	Computer-Link-Netz
DESG	Deutsch-Europäische Studien-Gesellschaft
DFÜ	Datenfernübertragung
DGG	Deutschland in Geschichte und Gegenwart
DISS	Duisburger Institut für Sprach- und Sozialforschung
DLVH	Deutsche Liga für Volk und Heimat
DNZ	Deutsche National-Zeitung
DS	Deutsche Stimme
DS EXTRA	Deutsche Stimme Extra
DSU	Deutsche Soziale Union
DS-Verlag	Deutsche Stimme Verlag
DTP	Desktop Publishing
DVU	Deutsche Volksunion
FAP	Freiheitliche Deutsche Arbeiterpartei
FAZ	Frankfurter Allgemeine Zeitung
FF	Forthcoming Fire
FN	Front National
FPÖ	Freiheitliche Partei Österreichs
ges. am	gesehen am
GFP	Gesellschaft für Freie Publizistik
HNG	Hilfsorganisation für nationale politische Gefangene und deren Angehörige
HTML	Hyper Text Markup Language
i. E.	im Erscheinen
IHR	Institute for Historical Review

ISDN	Integrated Services Digital Network
IuKDG	Informations- und Kommunikationsdienste-Gesetz
JF	Junge Freiheit
JHR	Journal of Historical Review
JN	Junge Nationaldemokraten
JU	Junge Union
Lm	Landsmannschaft
MZ	Moderne Zeiten
MZ-Vertrieb	Moderne Zeiten Vertrieb
NE	Nation & Europa
NF	Nationalistische Front
NHB	Nationaldemokratischer Hochschulbund
NIT	Nationale(s) Infotelefon(e)
NPD	Nationaldemokratische Partei Deutschlands
NS	Nationalsozialismus
NSDAP/AO	Nationalsozialistische Deutsche Arbeiterpartei/ Auslands- und Aufbauorganisation
o.Dat.	ohne Datum
o.J.	ohne Jahr
o.O.	ohne Ort
o.S.	ohne Seitenangabe
PGP	Pretty Good Privacy
PM	Personal Mail
REP	Die Republikaner
RN	RockNORD
StGB	Strafgesetzbuch
Sysop	System Operator
SZ	Süddeutsche Zeitung
taz	die tageszeitung
TKG	Telekommunikationsgesetz
T-Online	Telekom Online
UN	Unabhängige Nachrichten
VAWS	Verlag und Agentur Werner Symanek
VerbrBekG	Verbrechensbekämpfungsgesetz
VffG	Vierteljahreshefte für freie Geschichtsforschung
VHO	Vrij Historisch Onderzoek
WWW	World Wide Web
Z-Gram	Zündelsite-(Tele-)Gram
zit. nach	zitiert nach
Z-Netz	Zerberus-Netz
ZOG	Zionist Occupation Government

Literatur

»88-Germania A. P.« (1998): »88-Germania A. P.«: Betreff: Weiß und Stolz darauf!!!, Eintrag in das Gästebuch RockNORD vom 5. 8. 1998, in: Rock-NORD, http://www.rocknord.de/gaestebuch.php3 (ges. am 13. 8. 1998)

Ackermann (1996): Ackermann, Stephan: Ausgewählte Rechtsprobleme der Mailbox-Kommunikation. Dissertation an der Rechts- und Wirtschaftswissenschaftlichen Fakultät der Universität des Saarlandes Saarbrücken, Saarbrücken 1994 (letzte Änderung am 4. 4. 1996), in: Rechtswissenschaftliche Fakultät der Universität Düsseldorf, http://www.uni-duesseldorf.de/WWW/Jura/internet/netlaw/ (ges. am 13. 6. 1996)

Aktionsbüro 1998: Aktionsbüro Norddeutschland (verantwortl.): Wer spricht am 1. Mai?, Hamburg 1998 (Flugblatt)

Aktionsbüro (2001): Aktionsbüro Norddeutschland: Ein Schluck von der eigenen Medizin...!, in: Die Kommenden, http//:www.die-kommenden.net/dk/presse/abn/01/12_09.htm (ges. am 17. 9. 2001).

Aktionsmonat (1999): Aktionsmonat: Kundgebungstermine der JN. Ansage des NIT-Hamburg vom 23. 3. 1999, in: Nachrichten, Informationen, Theorie/Archiv, http://nit.de/telephon/archiv/23_03_99.htm (ges. am 8. 10. 1999)

Albrecht 1998: Albrecht, Frank: Weissglut. Etwas kommt in deine Welt (Dragnet Sony Music), in: Rock Hard, H. 11/1998, S. 117

»Alfred Tetzlaff« 1993: »Alfred Tetzlaff«: Widerstand – Mailbox gegen Konformismus und Zeitgeist, in: Die Saufeder, H. 1/1993, S. 26–27

»Alfred Tetzlaff« (1995): »Alfred Tetzlaff« am 23. 6. 1995, in: /Thule/T/ Konsum/Suche-Biete

A. M. 1998: A. M.: Globales Faustrecht: Freie Bahn für die USA, in: NE, H. 4/1998, S. 5–7

Amtsgericht Tübingen 1998: Amtsgericht Tübingen: Beschluss im Verfahren gegen Prof. Dr. Robert Hepp und Wigbert Grabert vom 3. 6. 1998, Az: 8 Ds 15 Js 19425/1996

Anschläge (2001): Anschläge in USA, in: DVU, http://www.dvu.net/Aktuell.htm (ges. am 8. 10. 2001).

Antifaschistisches Broschürenkollektiv 1993/94: Antifaschistisches Broschürenkollektiv (Hrsg.): Antifaschistische Informationen. Junge Freiheit – von Nationalkonservatismus bis Neofaschismus, Hamburg 1993/94

Apfelböck 1998: Apfelböck, Jan: Alte Kameraden, in: JF vom 26. 6. 1998, S. 20

App (1999): App, Austin J.: Hätte Hitler den Zusammenstoß mit Juden vermeiden können?, in: Zündelsite, http://www.lebensraum.org/german/artikel/App.html (ges. am 18. 11. 1999)

Appell (1999): Appell der 100 – Die Meinungsfreiheit ist in Gefahr!, in: Zündelsite, http://www.lebensraum.org/german/artikel/zensier/008.html (ges. am 16. 12. 1999)

Archiv (2000): Archiv, in: Europakreuz, http://www.n-a-f.com/EK/archiv.htm (ges. am 8. 3. 2000)

Archivum (1998): Archivum. Kitartas!, in: RockNORD, http://209.95.104.59/nr-32–98/archivum.htm (ges. am 7. 5. 1998)

»Arici« 2000: »Arici«: Kadmon, Allerseelen, Aorta, Ahnstern. Cruor™ – Dünger für's geheime Deutschland, in: Grufties gegen Rechts Bremen/Music For A New Society (Hrsg.): Die Geister, die ich rief …, Ausgabe 2, Bremen 2000, S. 28–35

Asylbewerber 1998: Asylbewerber aus Togo erneut abgeschoben, in: tageszeitung vom 4. 2. 1998, S. 5

Baacke u. a. 1994: Baacke, Dieter u. a.: Rock von Rechts, Bielefeld 1994 (Schriften zur Medienpädagogik 14)

Baacke/Farin/Lauffer 1999: Baacke, Dieter; Farin, Klaus und Lauffer, Jürgen: Rock von Rechts II. Milieus, Hintergründe und Materialien, Bielefeld 1999 (Schriften zur Medienpädagogik 28)

Bachem 1999: Bachem, Rolf: Rechtsextreme Ideologien. Rhetorische Textanalysen als Weg zur Erschließung rechtsradikalen und rechtsextremistischen Schriftmaterials (hrsg. vom Bundeskriminalamt), Wiesbaden 1999

Bailer 1995: Bailer, Josef: Die »Revisionisten« und die Chemie, in: Bailer-Galanda, Benz, Neugebauer: Wahrheit und »Auschwitzlüge«. Zur Bekämpfung »revisionistischer« Propaganda, Wien 1995, S. 99–118

Bailer-Galanda 1995: Bailer-Galanda, Brigitte: Leuchter und seine Epigonen, in: Bailer-Galanda/Benz/Neugebauer 1995, S. 87–98

Bailer-Galanda/Benz/Neugebauer 1995: Bailer-Galanda, Brigitte; Benz, Wolfgang und Neugebauer, Wolfgang (Hrsg.): Wahrheit und »Auschwitzlüge«. Zur Bekämpfung »revisionistischer« Propaganda, Wien 1995

Bailer-Galanda/Neugebauer 1996: Bailer-Galanda, Brigitte und Neugebauer, Wolfgang: … ihrer Überzeugung treu geblieben. Rechtsextremisten, »Revisionisten« und Antisemiten in Österreich (hrsg. vom Dokumentationsarchiv des österreichischen Widerstandes), Wien 1996

Barton 1999: Barton, Dirk-M.: Multimedia-Strafrecht, Ein Handbuch für die Praxis, Neuwied 1999

Baumann 1998: Baumann, Fritz-Achim: Die »Neue Rechte« aus der Sicht des Verfassungsschutzes, in: Gessenharter/Fröchling 1998, S. 97–106

Baumanns 1998: Ausländern: Baumanns, Rudolf: Ausländern Macht einräumen (Leserbrief), in: JF vom 10. 7. 1998, S. 21

Baumanns 1998: Schulmeisterei: Baumanns, Rudolf: Schulmeisterei (Leserbrief), in: JF vom 26. 6. 1998, S. 19

Beam (1995): Beam, Louis Ray: Leaderless Resistance. Part Two, in: The Coming Fall of the American Empire, http://www.gsu.edu/~hisjwbx (ges. am 14. 11. 1995)

Beermann 1998: Beermann, Alexander: Blutige Lektionen: Panzer für den Häuserkampf und Polizeieinsätze im Beton-Dschungel. Die Verstädterung des Krieges, in: JF vom 7. 8. 1998, S. 9

Befreite 1993: Befreite Mailbox-Zone, in: Der Spiegel, H. 45/1993, S. 16

Beier 1998: NPD siegt vor dem OVG: Beier, Klaus (verantwortl.): NPD siegt vor dem OVG in Bautzen!, Pressemitteilung vom 30. 4. 1998

Beier 1998: NPD siegt vor dem VG: Beier, Klaus (verantwortl.): NPD siegt vor dem VG in Leipzig!, Pressemitteilung vom 30. 4. 1998

Beier 1998: Pressemitteilung: Beier, Klaus (verantwortl.): Pressemitteilung der NPD-Einsatzzentrale Leipzig vom 30. 4. 1998

Beier o. Dat. (1998): Beier, Klaus (verantwortl.): Erfolgreiche 1. Mai Kundgebung der NPD durchgeführt!, Pressemitteilung o.Dat (1. 5. 1998)

Beihilfe 1996: Beihilfe zur Realität. Bulkware, in: Die Zeit vom 2. 2. 1996, S. 15

Beisel 1995: Beisel, Daniel: Die Strafbarkeit der Auschwitzlüge. Zugleich ein Beitrag zur Auslegung des neuen § 130 StGB, in: Neue Juristische Wochenschrift, 48. Jg (1995), H. 15, S. 997–1001

»Bela Bat Vision« 2000: »Bela Bat Vision«: Das Europakreuz. Vom Musikmagazin zum bewaffneten Kampf?, in: Grufties gegen Rechts Bremen/Music For A New Society (Hrsg.): Die Geister, die ich rief ..., Ausgabe 2, Bremen 2000, S. 15–17

Bellmund/Siniveer 1997: Bellmund, Klaus und Siniveer, Karel: Kulte, Führer, Lichtgestalten. Esoterik als Mittel rechtsradikaler Propaganda, München 1997

Benda 1989: Benda, Ernst: Legitimation und Verfassung in der Bundesrepublik Deutschland, in: Weidenfeld, Werner und Zimmermann, Hartmut (Hrsg.): Deutschland-Handbuch. Eine doppelte Bilanz 1949–1989, Bonn 1989 (Schriftenreihe der Bundeszentrale für politische Bildung 275), S. 451–467

Benoist 1998: Benoist, Alain de: Kriminalität: Der Staat verliert an Bedeutung. Die neue Gewalt, in: JF vom 19. 6. 1998, S. 2

Benz 1995: Benz, Wolfgang: Realitätsverweigerung als antisemitisches Prinzip: Die Leugnung des Völkermordes, in: Benz, Wolfgang (Hrsg.): Antisemitismus in Deutschland. Zur Aktualität eines Vorurteils, München 1995, S. 121–139

Berger (1999): Berger, Claus: Die Holocaust-Religion, in: Zündelsite, http://www.lebensraum.org/german/artikel/worldwide.005.html (ges. am 18. 11. 1999)

Bergmann 1994: Bergmann, Werner: Ein Versuch, die extreme Rechte als soziale Bewegung zu beschreiben, in: Bergmann, Werner und Erb, Rainer (Hrsg.): Neonazismus und rechte Subkultur, Berlin 1994 (Dokumente, Texte, Materialien des Zentrums für Antisemitismusforschung der Technischen Universität Berlin 15), S. 183–207

Bergmann/Erb 1994: Eine: Bergmann, Werner und Erb, Rainer: Eine soziale Bewegung von rechts? Entwicklung und Vernetzung einer rechten Szene in den neuen Bundesländern, in: Forschungsjournal Neue Soziale Bewegungen, 7. Jg. (1994), H. 2, S. 80–98

Bergmann/Erb 1994: Kaderparteien: Bergmann, Werner und Erb, Rainer: Kaderparteien, Bewegung, Szene, kollektive Episode oder was?, in: Forschungsjournal Neue Soziale Bewegungen, 7. Jg. (1994) H. 4, S. 26–33

Bergmann/Erb 1996: Bergmann, Werner und Erb, Rainer: »Weder rechts noch links, einfach deutsch!« Kollektive Identität rechter Mobilisierung – im Vergleich zu anderen Bewegungen, in: Berliner Debatte INITIAL, H. 1/1996, S. 21–26

Bergmann/Erb 1998: Bergmann, Werner und Erb, Rainer: »In Treue zur Nation«. Zur kollektiven Identität der rechtsextremen Bewegung, in: Hellmann, Kai-Uwe und Koopmans, Ruud (Hrsg.): Paradigmen der Bewegungsforschung. Entstehung und Entwicklung von Neuen sozialen Bewegungen und Rechtsextremismus, Opladen/Wiesbaden 1998, S. 149–165

Berr 1998: Berr, Nadia: Rechtsradikaler Auftrieb in Lübeck, in: tageszeitung (Hamburg) vom 30. 1. 1998, S. 22

Betreff: Ignatz (1998): Betreff: Ignatz Bubis, Eintrag in das Gästebuch RockNORD vom 17. 6. 1998, in: RockNORD, http://www.rocknord.de/gaestebuch.php3 (ges. am 13. 8. 1998)

Betreff: Mucke (1998): Betreff: Mucke, Eintrag in das Gästebuch Rock-NORD vom 18. 8. 1998, in: RockNORD, http://www.rocknord.de/gaestebuch.php3 (ges. am 25. 8. 1998)

Beyer/Zehnsdorf (1998): Blut: Beyer, Mike und Zehnsdorf, Andreas: Blut, Schweiß und Tränen und Faustrecht, in: RockNORD, http://www.nit.de/nr-33–98/faust.htm (ges. am 5. 5. 1998)

Beyer/Zehnsdorf (1998): Kraftschlag: Beyer, Mike und Zehnsdorf, Andreas: Kraftschlag, in: RockNORD, http://www.nit.de/nr-29–30–97/kraft.htm (ges. am 5. 5. 1998)

BfB-Kandidaten 1997, in: blick nach rechts, H. 17/1997, S. 3

Blick 1996: Blick in das Thule-Netz: Unbotmäßige Kameraden, in: blick nach rechts, H. 22/1996, S. 7

Bochinski 1998: Bochinski, Peter: Israel soll über Renten entscheiden, in: NE, H. 4/1998, S. 25–26

Bonfils 1998: Bonfils, Peter: Bündelung der Kräfte (Leserbrief), in: JF vom 12. 6. 1998, S. 19

Boßdorf 1996: Boßdorf, Peter: Die Zusammenkunft: Jay Kay (Forthcoming Fire) + Mozart (Umbra et Imago), in: Zillo, H. 11/1996, S. 54–56

Boßdorf 1999: Boßdorf, Peter: Fusionsfieber. CD: Pop, in: JF vom 5. 2. 1999, S. 12

»Bounty 88« (1998): »Bounty 88«: Betreff: 88–14, Eintrag in das Gästebuch RockNORD vom 29. 4. 1998, in: RockNORD, http://www.rocknord.de/gaestebuch.php3 (ges. am 13. 8. 1998)

Braasch o. Dat.: Braasch, Sönke: Geschichte der »Nationalen Infotelefone«, o. O., o. Dat. (Manuskript)

Branahl 1992: Branahl, Udo: Medienrecht. Eine Einführung, Opladen 1992

Brian (1998): Brian: Betreff: Fascho-Skins, Eintrag in das Gästebuch Rock-NORD vom 14. 5. 1998, in: RockNORD, http://www.rocknord.de/gaestebuch.php3 (ges. am 13. 8. 1998)

Brüdigam 1965: Brüdigam, Heinz: Der Schoß ist fruchtbar noch ... Neo-nazistische, militaristische, nationalistische Literatur und Publizistik in der Bundesrepublik, 2. Aufl., Frankfurt a. M. 1965

Brunner o. J. (1996): Brunner, Manfred: Der Prozeß für die Freiheit der Presse. Verwaltungsstreitverfahren der JUNGEN FREIHEIT gegen das Innenministerium Nordrhein-Westfalen wegen der Verfassungsschutz-berichte 1994 und 1995 (hrsg. von der Junge Freiheit Verlag GmbH & Co.), Berlin o. J. (1996)

Bubik 1993: Die: Bubik, Roland: Die Kultur als Machtfrage, in: JF, H. 10/1993, S. 23

Bubik 1993: Stahlgewitter: Bubik, Roland: Stahlgewitter als Freizeitspaß. Re-port aus der Tekkno-Szene [sic!]: Parties, Ecstasy und ein bißchen mehr, in: JF, H. 10/1993, S. 28

Bubik 1994: Bubik, Roland: Herrschaft und Medien, Über den Kampf gegen die linke Meinungsdominanz, in: Schwilk/ Schacht 1994, S. 182–194

Bubik 1996: Bubik, Roland: »Die Lage darf sich nicht beruhigen«. Josef W. M. Klumb über »Gothic«, Independent-Musik und alternative Jugend-kultur, in: JF vom 23. 2. 1996, S. 3

Bundesamt 1995: Bundesamt für Verfassungsschutz (Hrsg.): Rechtsextre-mismus in der Bundesrepublik Deutschland. Ein Lagebild, Köln 1995

Bundesamt 1998: Bundesamt für Verfassungsschutz (Hrsg.): Extremistische Bestrebungen im Internet, 1. Aufl., Köln 1998

Bundesamt 1999: Bundesamt für Verfassungsschutz (Hrsg.): Extremistische Bestrebungen im Internet, 2. Aufl., Köln 1999

Bundestagswahl 1998: Bundestagswahl in West und Ost (Infografik), in: NE, H. 6/1998, S. 27

Butterwegge 1993: Butterwegge, Christoph: Rechtsextremismus als neue soziale Bewegung, in: Forschungsjournal Neue Soziale Bewegungen, 6. Jg. (1993), H. 2, S. 17–24

Butterwegge 1994: Butterwegge, Christoph: Mordanschläge als Jugendprotest – Neonazis als Protestbewegung? Zur Kritik an einem Deutungsmuster der Rechtsextremismusforschung, in: Forschungsjournal Neue Soziale Bewegungen, 7. Jg. (1994) H. 4, S. 35–41

Butterwegge/Meier 1997: Butterwegge, Christoph und Meier, Lüder: Bremen – das kleinste Bundesland als parlamentarisches Experimentierfeld für die extreme Rechte (19951/52, 1967–1971, 1987–1995), in: Butterwegge, Christoph u. a. (Hrsg.): Rechtsextremisten in Parlamenten. Forschungsstand, Fallstudien, Gegenstrategien, Opladen 1997, S. 55 bis 146

Caplan 1999: Caplan, Marc: E-Mail an Alan Schwartz vom 9. 11. 1999

Chatraum (2001): Chatraum, in: RockNORD, http://www.rocknord.de/chatraum.html (ges. am 28. 6. 2001)

Christoph 1994: Christoph, Ralph: Hitler's back in the Charts again. Herbert Egoldt und »Rock-O-Rama«, in: Annas, Max und Christoph, Ralph (Hrsg.): Neue Soundtracks für den Volksempfänger. Nazirock, Jugendkultur und rechter Mainstream, 3. Aufl., Berlin/Amsterdam 1994, S. 111 bis 120

Clockwork (1998): Clockwork Skinhead. Chaoskrieger, in: RockNORD, http://www.nit.de/nr-29–30–97/chaos.htm (ges. am 5. 5. 1998)

Collardin 1995: Collardin, Marcus: Straftaten im Internet. Fragen zum internationalen Strafrecht, in: Computer und Recht, 11. Jg. (1995), H. 10, S. 618–622

Cremer 1998: Cremer, Wolfgang: Aspekte des verfassungsschützerischen Umgangs mit der Neuen Rechten, in: Gessenharter/Fröchling 1998, S. 69–76

Cremet 1998: Cremet, Jean: Zukunftsgerichtete Nostalgie, in: blick nach rechts, H. 10/1998, S. 7

Cremet (2000): Cremet, Jean: The dark side of the music. Jenseits von »Böhse Onkelz« und »Screwdriver« [sic!]: Über (neo-)faschistische Tendenzen in der Independent-Musik, in: Grufties gegen Rechts/Music For A New Society, http://www.pc-easy.de/geister/cremet.htm (ges. am 25. 1. 2000)

Dahn 1924: Dahn, Felix: Ein Kampf um Rom. Historischer Roman, 152. bis 180. Aufl., Bd. 1–3, Leipzig 1924

Dahs 1995: Dahs, Hans: Das Verbrechensbekämpfungsgesetz vom 28. 10. 1994 – ein Produkt des Superwahljahres, in: Neue Juristische Wochenschrift, 48. Jg. (1995), H. 9, S. 553–557

Das 1997: Das Europakreuz im Internet, in: Europakreuz, H. 21/22 (1997), S. 3

Dementiert 1995: Dementiert, in: tageszeitung vom 22. 4. 1995, S. 4

Demirovic 1996: Demirovic, Alex: Bewegung von rechts und der Wille zum Staat, in: Berliner Debatte INITIAL, H. 1/1996, S. 43–50

DENIC (1999): DENIC, http://www.denic.de (ges. am 19. 3. 1999)

Derksen 1997: Derksen, Roland: Strafrechtliche Verantwortung für in internationalen Computernetzen verbreitete Daten mit strafbarem Inhalt, in: Neue Juristische Wochenschrift, 50. Jg. (1997), H. 29, S. 1878 bis 1885

Der Prozess (1998): Der Prozess, das urteil, die folgen [sic!]. Prozess gegen Kraftschlag vor dem Landgericht Wuppertal vom 22. 04. bis 24. 04. 1998, in: RockNORD, http://www.rocknord.de/nr-35–98/kraft.htm (ges. am 2. 7. 1998)

Der Spiegel 1999: Der Spiegel berichtete …, in: Der Spiegel, H. 1/1999, S. 178

Deutsche 1998: Deutsche Männer und Frauen hinaus auf die Straße!, in: Zentralorgan, H. 2 (April 1998), S. 36

Deutscher Presserat 1998: Deutscher Presserat: Publizistische Grundsätze (Pressekodex), in: Deutscher Presserat, http://www.presserat.de (ges. am 8. 12. 1998)

Deutscher Rechtsschutzkreis (1999): Deutscher Rechtsschutzkreis: Appell an die internationalen und nationalen Menschenrechtsorganisationen, in: Zündelsite, http://www.lebensraum.org/german/artikel/art19.html (ges. am 18. 11. 1999)

Die (1998): Die nationale Bewegung, in: Progressive People, http://www.nit.de/progress/bewegung.htm (ges. am 3. 9. 1998)

Die (2000): Die Thule-Suchmaschine, http://www.thulenet.com/suche/index_dom.htm (ges. am 18. 5. 2000)

Die Enttarnung (1999): Die Enttarnung rechtsradikaler Wehrpflichtiger bleibt dem »schieren Zufall« überlassen, in: Deutsche Friedensgesellschaft – Vereinigte KriegsdienstgegnerInnen, http://www.dfg-vk.de/bundeswehr/ gewalt18.htm (ges. am 8. 10. 1999)

Die nationalen 1995: Die nationalen Infotelefone als Gegenstand der Archivarbeit, in: Rundbrief, H. 3 (November 1995) (hrsg. vom Bildungswerk Anna Seghers), S. 9–12

Die Nationalen Infotelefone o. J. (1995): Die Nationalen Infotelefone (NIT), o. O. o. J. (1995) (Manuskript)

Die politische (1999): Die politische Tat, in: Zündelsite, http://www.lebensraum.org/german/artikel/tiefe.002.html (ges. am 18. 11. 1999)

Die Rache (1999): Die Rache aus dem Emsland. Saccara, in: RockNORD, http://www.rocknord.de/nr-36–37–98/saccara.htm (ges. am 15. 5. 1999)

Dies Irae (1999): Dies Irae, in: RockNORD, http://www.rocknord.de/nr-36–37–98/diesirae.htm (ges. am 15. 5. 1999)

die violent (1999): die violent strom geschichte [sic!], in: RockNORD, http://www.rocknord.de/nr-36–37–98/violent.htm (ges. am 15. 5. 1999)

Dietzsch 1988: Dietzsch, Martin: Zwischen Konkurrenz und Kooperation. Organisationen und Presse der Rechten in der Bundesrepublik, in: Jäger, Siegfried (Hrsg.): Rechtsdruck. Die Presse der Neuen Rechten, Berlin/Bonn 1988, S. 31–80

Dietzsch 1990: Dietzsch, Martin: Organisationen und Presse des Rechtsextremismus, in: Landesstelle Jugendschutz Niedersachsen (Hrsg.): Dokumentation der Tagung ›Rechtsextreme Medien und Jugendschutz‹ am 17. September 1990 in Hannover, Hannover 1990, S. 4–11

Dietzsch 1994: Dietzsch, Martin: Kader gegen die Fünfundvierziger. Die völkische Gesinnungsgemeinschaft Witikobund, in: Kellershohn 1994: Plagiat, S. 133–142

Dietzsch/Maegerle 1996: Dietzsch, Martin und Maegerle, Anton: Digitales Braun. Die Nutzung Neuer Medien durch Neonazis, in: Mecklenburg 1996, S. 923–932

Dietzsch/Maegerle 1997: Befreite: Dietzsch, Martin und Maegerle, Anton: »Befreite Zone« Thule-Netz?, in: Stiftung Dokumentationsarchiv des Österreichischen Widerstandes (Hrsg.): Das Netz des Hasses. Rassistische, rechtsextreme und neonazistische Propaganda im Internet, Wien 1997, S. 170–192

Dietzsch/Maegerle 1997: Rechtsextreme: Dietzsch, Martin und Maegerle, Anton: Rechtsextreme deutsche Homepages, in: Stiftung Dokumentationsarchiv des Österreichischen Widerstandes (Hrsg.): Das Netz des Hasses. Rassistische, rechtsextreme und neonazistische Propaganda im Internet, Wien 1997, S. 47–77

Disclaimer (1998): Disclaimer, in: Zündelsite, http://www.webcom.com/~ezundel/index.html (ges. am 9. 4. 1998)

»DJ Kersten« 2000: »DJ Kersten«: Death in June. Kings Road nazi chic, in: Grufties gegen Rechts Bremen/Music For A New Society (Hrsg.): Die Geister, die ich rief …, Ausgabe 2, Bremen 2000, S. 39–47

Dorn 1997: Dorn, Friedrich: Braune Socken, in: Chip, H. 3/1997, S. 256 bis 259

Dornbusch 1999: Dornbusch, Christian: »Wotan mit uns!«. Neues von Josef Klumb, in: Der Rechte Rand, H. 60 (September/Oktober 1999), S. 12

Dornbusch (2000): Dornbusch, Christian: Unheilige Allianz. Black Metal zwischen Heidentum und Neonazismus, in: analyse & kritik, http://www.comlink.de/cl-hh/ak-redaktion/ak_s/ak428/31.htm (ges. am 14. 1. 2000)

Drei 1994: Drei Festnahmen: Verdacht der Volksverhetzung. Mailboxen, in: Frankfurter Rundschau vom 26. 10. 1994, S. 22

Dudek/Jaschke 1981: Dudek, Peter und Jaschke, Hans-Gerd: Deutsche Nationalzeitung, München 1981

Eberbach 1998: Eberbach, Götz: Die sexuelle Revolution und ihre Folgen, in: JF vom 8. 5. 1998, S. 12

Eckstädt 1998: Eckstädt, Sven: Freie Universität Berlin: Berühmte Bibliothek zur Konservativen Revolution. Schwierigkeiten mit der Forschung, in: JF vom 24. 4. 1998, S. 6

Eibicht 1995: Eibicht, Rolf-Josef (Hrsg.): 50 Jahre Vertreibung. Der Völkermord an den Deutschen, Tübingen/Zürich/Paris 1995 (Veröffentlichungen der Stiftung Kulturkreis 2000 9)

Eibicht 1997: Unterdrückung: Eibicht, Rolf-Josef: (Hrsg.): Unterdrückung und Verfolgung deutscher Patrioten. Gesinnungsdiktatur in Deutschland?, Viöl 1997

Eibicht 1998: Begründung: Eibicht, Rolf-Josef: Begründung einer nationalen Politik, in: Eibicht 1998 Deutschlands, S. 7–97

Eibicht 1998: Biographische: Eibicht, Rolf-Josef: Biographische Angaben, in: Eibicht 1998 Deutschlands, S. 366–375

Eibicht 1998: Der: Eibicht, Rolf-Josef: Der demokratische Imperativ, in: Eibicht 1998 Deutschlands, S. 149–150

Eibicht 1998: Deutschland: Eibicht, Rolf-Josef: Deutschland, immer noch ein Wintermärchen, in: Eibicht 1998 Deutschlands, S. 151–155

Eibicht 1998: Deutschlands: Eibicht, Rolf-Josef (Hrsg.): Deutschlands Rechte. Ordnungs- und Gestaltungsauftrag, München 1998

Eibicht 1998: Gestaltung: Eibicht, Rolf-Josef: Gestaltung einer nationalen Politik, in: Eibicht 1998 Deutschlands, S. 120–125

Eibicht 1998: Maßnahmen: Eibicht, Rolf-Josef: Maßnahmen gegen rechtsgerichtete Gruppen und Personen, in: Eibicht 1998 Deutschlands, S. 98–119

Eibicht 1998: Nationale: Eibicht, Rolf-Josef: Nationale Selbstbewahrung und Selbstbehauptung, in: Eibicht 1998 Deutschlands, S. 205–223

Eibicht 1998: Patrotenverfolgung: Eibicht, Rolf-Josef: Patriotenverfolgung in Deutschland, in: Eibicht 1998 Deutschlands, S. 183–195

Eibicht 1998: Vorwort: Eibicht, Rolf-Josef: Vorwort, in: Eibicht 1998 Deutschlands, S. I-V

Eibicht 1998: Wurzeln: Eibicht, Rolf-Josef: Wurzeln, Wille und Ziel des Deutschen Patriotismus. Hellmut Diwalds Vermächtnis verpflichtet zum Handeln, in: Eibicht 1998 Deutschlands, S. 156–182

Eibicht 1998: Zentralmaxime: Eibicht, Rolf-Josef: Zentralmaximen des Nationalen und des Demokratischen, in: Eibicht 1998 Deutschlands, S. 126–149

Eibicht 1999: Schreiben 27. 9.: Eibicht, Rolf-Josef: Schreiben an Dr. Gerhard Frey vom 27. 9. 1999

Eibicht 1999: Zensur: Eibicht, Rolf-Josef: Zensur und Willkür ohne Ende. Bücherverbrennung, Haft- und Geldstrafe gegen Verleger Dr. Gert Sudholt, in: Vierteljahreshefte für freie Geschichtsforschung, H. 2/1999, S. 205–206

Eibicht (2001): Eibicht (2001): Eibicht, Rolf-Josef: Solidaritätsverweigerung in der Terrorismusbekämpfung als Sicherheitsrisiko – Dr. Freys Parole: »Sterben für New York?« ist abwegig, in: Die konservative Informationsbasis im Internet, http://www.konservativ.de/eibicht/eibicht48.htm (ges. am 8. 10. 2001).

Eibicht/Hipp 2000: Eibicht, Rolf-Josef und Hipp, Anne (Hrsg.): Der Vertreibungs-Holocaust. Politik zur Wiedergutmachung eines Jahrtausend-Verbrechens, Riesa 2000

Eisenberg (2001): Eisenberg, Johannes: Klageerwiderung im Rechtsstreit Weidner und andere alias Böhse-Onkelz gegen taz, in: taz online, http://www.taz.de/pt/.etc/nf/onkelz (ges. am 29. 5. 2001)

Emsmacht Papenburg (1998): Emsmacht Papenburg: Betreff: Gruss [sic!], Eintrag in das Gästebuch RockNORD vom 1. 5. 1998, in: RockNORD, http://www.rocknord.de/gaestebuch.php3 (ges. am 13. 8. 1998)

Endstufe 1998: Endstufe: Endstufe Live. Mallorca '98, Bremen 1998 (CD)

Engelhardt 1999: Engelhardt, Dietmar: »Mehmet« – nur die Spitze des Eisbergs, in: Opposition, H. 1/1999, S. 26–30

Enttarnt 1998: Enttarnt, in: blick nach rechts, H. 23/1998, S. 7

Epic (2000): Epic Online, in: Sony Music/Epic, http://www.sonymusic.de/epic/epicwelt_labels.html (ges. am 24. 2. 2000)

Erfolg 1998: Erfolg Pinochets gegen die chilenischen Linksparteien, in: JF vom 17. 4. 1998, S. 9

Erklärung (2000): Erklärung von Jay Kay (Forthcoming Fire), in: Duisburger Institut für Sprach- und Sozialforschung/Internet Bibliothek, http://members.aol.com/dissdui/bi0014.htm (ges. am 1. 9. 2000)

Ernst 1996: Ernst, Daniel: Volksverhetzung online ist kein Freizeitspaß. Thule-Mailbox-Betreiber wurde zu drei Monaten auf Bewährung verurteilt, in: tageszeitung vom 10. 2. 1996, S. 4

Ernst (1999): Ernst Zündel: Sein Kampf für Deutschland. Ein Lebenslauf in historischen Daten und Stichworten, in: Zündelsite, http://www.lebens-raum.org/german/zundelhaus.german.html (ges. am 15. 11. 1999)

Erstes 1998: Erstes Marx-Denkmal wird eingeweiht, in: JF vom 17. 4. 1998, S. 5

1. Funny (1998): 1. Funny Sounds Meeting, in: RockNORD, http://www.nit.de/nr-33-98/meeting.htm (ges. am 5. 5. 1998)

Eschweiler (2000): Eschweiler, Wilhelm: Rechtliche Einordnung von Daten-kommunikation/Mailboxen, in: Homepage Ulf Möller/Rechtliches, http://www.thur.de/ulf/recht/bmpt.html (ges. am 24. 7. 2000)

Europakreuz (2000): Europakreuz, http://www.n-a-f.com/EK/index1.htm (ges. am 8. 3. 2000)

Eurorechte 1998: Eurorechte im Blickpunkt, in: NE, H. 6/1998, S. 25–30

Extremisten 1997: Extremisten. »Die sind total gestört«. Das Geschäft mit rechtsradikaler Musik boomt. Bands und Verleger lassen ihre braunge-tönten CDs zu Zehntausenden im Ausland herstellen. Die Behörden sind machtlos, in: Der Spiegel, H. 30/1997, S. 50–53

Farin 1996: Farin, Klaus: Schreiben macht schlau. Interviews mit Skin-Fan-zine Machern, in: Farin, Klaus (Hrsg.): Skinhead. A Way of Life. Eine Jugendbewegung stellt sich selbst dar, Hamburg 1996, S. 181–209

Farin 1997: Farin, Klaus (Hrsg.): Die Skins. Mythos und Realität, Berlin 1997

Farin 1999: Farin, Klaus: Die Gothics. Interviews, Fotografien, Bad Tölz 1999

Farin/Seidel-Pielen 1993: Farin, Klaus und Seidel-Pielen, Eberhard: Skin-heads, München 1993

Faulstich 1994: Faulstich, Werner: Blatt/Flugschrift, in: Faulstich, Werner (Hrsg.): Grundwissen Medien, München 1994, S. 103–107

Faurisson (1999): Der: Faurisson, Robert: Der Leuchter Report – Ende eines Mythos, in: Zündelsite, http://www.lebensraum.org/german/artikel/wahrefrei.009.html (ges. am 19. 11. 1999)

Faurisson (1999): Elie: Faurisson, Robert: Elie Wiesel. Ein prominenter fal-scher Zeuge, in: Zündelsite, http://www.lebensraum.org/german/arti-kel/wahrefrei.008.html (ges. am 19. 11. 1999)

Feit 1987: Feit, Margret: Die »Neue Rechte« in der Bundesrepublik. Orga-nisation-Ideologie-Strategie, Frankfurt a. M./New York 1987

Ferse 1998: Ferse, Hartmut: Die Neuen Rechten – Herausforderungen für den Rechtsstaat. Essay aus der Sicht eines Verfassungsschützers, in: Gessenharter/Fröchling 1998, S. 107–117

Fiedler 1998: Fiedler, Erich: Schlafende Verantwortliche (Leserbrief), in: NE, H. 5/1998, S. 69

Fischer 1994: Fischer, Michael: Rechtsextremismus – Organisationen, Kennzeichen, Symbole, Verhaltensweisen. An ihren Zeichen sollt Ihr sie erkennen!, in: Deutsches Polizeiblatt, H. 1/1994, S. 21–24

Fischer 1999: Fischer, Jörg: Ganz rechts. Mein Leben in der DVU, Reinbek 1999

Flieger 1992: Flieger, Wolfgang: Die taz. Vom Alternativblatt zur linken Tageszeitung, München 1992 (Forschungsfeld Kommunikation 2)

Forthcoming 1995: Forthcoming Fire. Flammen und Irrlichter. The Gothic Compilation Part III, in: Gothic, H. 23 (1995), S. 30–31

Französisches (1999): Französisches Gericht verurteilt Faurisson. Roques für ›Holocaust-Leugnung‹ Buch. Augenzeuge Pressac bricht unter Fragen in dramatischem Prozeß zusammen, in: Zündelsite, http://www.lebensraum.org/german/artikel/Zeuge.html (ges. am 25. 11. 1999)

Frey 1998: Können: Frey, Gerhard: Können Ost- und Sudetendeutschland zurückkehren, in: Eibicht 1998 Deuschlands, S. 349–356

Frey 1998: Selbst: Frey, Gerhard: Selbst Morgenthau wird übersteigert. Das System der neudeutschen Radikal-Umerziehung, in: Eibicht 1998 Deutschlands, S. 356–365

Fröchling 1998: Fröchling, Helmut: Die Neue Rechte im Fokus des Verfassungsschutzes, in: Gessenharter/Fröchling 1998, S. 119–137

Fromm/Kernbach 1994: Fromm, Rainer und Kernbach, Barbara: Europas braune Saat. Die internationale Verflechtung der rechtsradikalen Szene, München 1994

Fuchs 1998: Fuchs, Erich: Einheit rechts von der Mitte, in: NE, H. 6/1998, S. 15–16

5 Millionen 1982: 5 Millionen Deutsche: »Wir sollten wieder einen Führer haben …« Die SINUS-Studie über rechtsextremistische Einstellungen bei den Deutschen, Reinbek 1982

Gannon (1999): Gannon, Dan: Meine ›Invasion‹ des Computer Netzes [sic!], in: Zündelsite, http://www.lebensraum.org/german/artikel/Gannon.html (ges. am 19. 11. 1999)

Garcia/Stark 1991: Garcia, Mario R. und Stark, Pegie: Eyes on the News, St. Petersburg 1991

Gast 1996: Gast, Wolfgang: Eine neue Superdatei für die Geheimdienste? Die Anbieter von Telekommunikationsdiensten müssen ihre Kunden überwachen, in: tageszeitung vom 13. 6. 1996, S. 3

Geissler 2001: Geissler, Ralf: Links die Welt, rechts die Wand, in: tageszeitung vom 26. 6. 2001, S. 14

Geldszus 1998: Die: Geldszus, Oliver: Die Union am Abgrund, in: JF vom 15. 5. 1998, S. 10

Geldszus 1998: Gesellschaft: Geldszus, Oliver: Gesellschaft: Liebe und Sexualität in den Zeiten der späten Kohl-Ära. Die Impotenz des Westens, in: JF vom 5. 6. 1998, S. 1

Geldszus 1998: Kongreß: Geldszus, Oliver: Kongreß: Ehemalige DDR-Bürgerrechtler trafen sich in Leipzig. Fragen ohne Antworten, in: JF vom 3. 7. 1998, S. 9

»George Hell« (1999): Florida: »George Hell«: Florida hate Fest, in: Rock NORD, http://rocknord.de/nr-36–37–98/florida.htm (ges. am 15. 5. 1999)

»George Hell« (1999): Nimrod: »George Hell«: Nimrod, in: RockNORD, http://209.95.104.59/nr-34–98/nimrod.htm (ges. am 12. 5. 1999)

Gerhard (1998): Gerhard, Jens: Betreff: Kameraden!, Eintrag in das Gästebuch RockNORD vom 29. 4. 1998, in: RockNORD, http://www.rock-nord.de/gaestebuch.php3 (ges. am 13. 8. 1998)

Geschichte (1999): Geschichte der JF, in: JF, http://www.jungefreiheit.de/jf.htm (ges. am 22. 3. 1999)

Geschichte o.Dat. (1993): Geschichte, in: Thule-Journal, H. 1, o.Dat. (1993), S. 2

Gesetz 1995: Gesetz über den Verfassungsschutz Nordrhein-Westfalen (VSG NW), in: Verfassungsschutzbericht Nordrhein-Westfalen 1994, Düsseldorf 1995, S. A 1- A 15

Gesetz 1998: Gesetz über die Zusammenarbeit des Bundes und der Länder in Angelegenheiten des Verfassungsschutzes und über das Bundesamt für Verfassungsschutz (Bundesverfassungsschutzgesetz – BVerfSchG), in: Verfassungsschutzbericht Bund 1997, S. 201–217

Gesetz 1994: Gesetz zur Änderung des Strafgesetzbuches, der Strafprozeßordnung und anderer Gesetze (Verbrechensbekämpfungsgesetz – VerbrBekG), in: Bundesgesetzblatt, H. 76/1994, S. 3186–3198

Gesetz o. J. (1998): Gesetz zur Regelung der Rahmenbedingungen für Informations- und Kommunikationsdienste (Informations- und Kommunikationsdienstegesetz – IuKDG), in: Bundesministerium für Bildung, Wissenschaft, Forschung und Technologie (Hrsg.): Informations- und Kommunikationsdienste-Gesetz – Umsetzung und Evaluierung – Chancen für die Wirtschaft, Erwartungen an Verwaltung und Gesetzgebung. Dokumentation der Fachtagung des BMBF vom 8. Dezember 1997, Bonn o. J. (1998), S. 5–31 (Anhang)

Gessenharter 1994: Gessenharter, Wolfgang: Kippt die Republik? Die Neue Rechte und ihre Unterstützung durch Politik und Medien, München 1994

Gessenharter 1997: Gessenharter, Wolfgang: Herausforderungen zur Jahrtausendwende: Kann »Nation« die Antwort sein?, in: Butterwegge, Christoph (Hrsg.): NS-Vergangenheit, Antisemitismus und Nationalismus in Deutschland. Beiträge zur politischen Kultur der Bundesrepublik und zur politischen Bildung, Baden-Baden 1997, S. 141–171

Gessenharter 1998: Die: Gessenharter, Wolfgang: Die intellektuelle Neue Rechte und die neue radikale Rechte in Deutschland, in: Aus Politik und Zeitgeschichte, H. 9–10/1998, S. 20–26

Gessenharter 1998: Neue: Gessenharter, Wolfgang: Neue radikale Rechte, intellektuelle Neue Rechte und Rechtsextremismus. Zur theoretischen und empirischen Neuvermessung eines politisch-ideologischen Raumes, in: Gessenharter/Fröchling 1998, S. 25–66

Gessenharter 1998: Rückruf: Gessenharter, Wolfgang: Rückruf zur ›selbstbewußten Nation‹. Analyse eines neurechten Frames aus bewegungstheoretischer Sicht, in: Hellmann, Kai-Uwe und Koopmans, Ruud (Hrsg.): Paradigmen der Bewegungsforschung. Entstehung und Entwicklung von Neuen sozialen Bewegungen und Rechtsextremismus, Opladen/Wiesbaden 1998, S. 166–180

Gessenharter/Fröchling 1998: Gessenharter, Wolfgang und Fröchling, Helmut (Hrsg.): Rechtsextremismus und Neue Rechte in Deutschland. Neuvermessung eines politisch-ideologischen Raumes?, Opladen 1998

Gessler 1998: Gessler, Philipp: Danke schön und Heil Deutschland. Alte und neue Nazis der Hauptstadt feiern mit deutschem Liedgut den letzten Abend im Café Germania, dem wichtigsten Treffpunkt der Rechtsextremisten, in: tageszeitung vom 2. 12. 1998, S. 18

Giesemann 1999: Giesemann, Rolf: Zecken-Musik (Leserbrief), in: Deutsche Stimme, H. 10/1999, S. 19

»Gollum« (2000): »Gollum«: Josef Maria Klumb – Auf Wiedersehen!, Eintrag in das Diskussionsforum Rock Hard vom 26. 1. 1999, http://www.rockhard.de/ wwwboard/heftfomessages/257.html (ges. am 14. 1. 2000)

Goos 1998: Goos, Diethart: Seite bleibt bei seinen umstrittenen Äußerungen, in: Die Welt vom 18. 2. 1998, S. 5

Gordeon o.Dat. (1999): Gordeon Music Promotion & Management: Pressemitteilung o.Dat. (1999)

»Gothic Spice«/»DJ M'Urmel« (2000): »Gothic Spice« und »DJ M'Urmel«: Offener Brief an alle Printmedien, in: Grufties gegen Rechts/Music For A New Society, http://www.pc-easy.de/geister/offener.htm (ges. am 25. 1. 2000)

Graf (1999): Vom, Teil 1: Graf, Jürgen: Vom Untergang der Schweizer Freiheit, Teil 1, in: Zündelsite (Mirror), http://www.abbc.com/zundel/german/ graf/schweiz1.html (ges. am 19. 11. 1999)

Graf (1999): Vom, Teil 2: Graf, Jürgen: Vom Untergang der Schweizer Freiheit, Teil 2, in: Zündelsite (Mirror), http://www.abbc.com/zundel/german/graf/schweiz2.html (ges. am 19. 11. 1999)

Gramsci 1967: Gramsci, Antonio: Sozialismus und Kultur, in Riechers, Christian (Hrsg.): Antonio Gramsci. Philosophie der Praxis. Eine Auswahl, Frankfurt a. M. 1967, S. 20–23

Greiffenhagen 1971: Greiffenhagen, Martin: Das Dilemma des Konservatismus in Deutschland, München 1971

Gröndahl 1994: Gröndahl, Boris: Sichere Sache, in: Konkret extra zum Erscheinen der Jungen Freiheit als Wochenzeitung, 28. 1. 1994, S. 4

Gronow 1996: Schreiben an Easy: Gronow, Gerlinde: Schreiben an Easy Ettler vom 12. 5. 1996

Gronow 1996: Schreiben an Musikredaktionen: Gronow, Gerlinde: Schreiben an Musikredaktionen vom 20. 5. 1996

Groppe 1998: Bad: Groppe, Lothar: Bad Honnef: Erzbischof Dyba unter Applaus zurechtgewiesen. Wir brauchen etwas Mut, in: JF vom 17. 4. 1998, S. 18

Groppe 1998: Deserteure: Groppe, Lothar: Deserteure: Die Gerichtsbarkeit der Wehrmacht. Für zehn Minuten feige, in: JF vom 17. 7. 1998, S. 15

Groppe 1998: Pfingsten: Groppe, Lothar: Pfingsten: Aus der Jüngergemeinde Jesu ist die Kirche des Herrn entstanden. Die Erneuerung der Welt ist möglich, in: JF vom 29. 5. 1998, S. 18

Groß/Weiland 1996: Groß, Thomas und Weiland, Severin: »Auf eine Art wollte ich Ernst machen«, in: tageszeitung vom 8./9. 6. 1996, S. 13–14

Grufties gegen Rechts 1999: Grufties gegen Rechts/Music For a New Society (Hrsg.): Die Katastrophe der Phrasen. Ein kleines Intermezzo von Grufties gegen Rechts, Bremen 1999

Grufties gegen Rechts (2000): Against: Grufties gegen Rechts/Music For A New Society: Against The Modern World. Braune Graswurzelrevolution in der schwarzen Szene, in: Grufties gegen Rechts/Music For A New Society, http://www.pc-easy.de/geister/cassiber.htm (ges. am 25. 1. 2000)

Grufties gegen Rechts (2000): Über: Grufties gegen Rechts/Music For A New Society: Über echte, unechte, wahre, wirkliche und unwirkliche Faschos. Offener Brief an Gothic Spice, DJ M'Urmel und das Black Centric Management – Antwort auf den »Offenen Brief an alle Printmedien«, in: Grufties gegen Rechts/Music For A New Society, http://www.pc-easy.de/geister/offener.htm (ges. am 25. 1. 2000)

Grumke 2000: Grumke, Thomas: Gesinnungsfreunde, in: blick nach rechts, H. 18/2000, S. 12

Grumke 2001: Grumke, Thomas: Rechtsextremismus in den USA, Opladen 2001

G. T. 1998: »Das: G. T.: Das ist ja alles so ekelhaft«, in: NE, H. 4/1998, S. 43

G. T. 1998: NPD: G. T.: NPD, in: NE, H. 7–8/1998, S. 50

Gugenberger/Schweidlenka 1993: Gugenberger, Eduard und Schweidlenka, Roman: Die Fäden der Nornen. Zur Macht der Mythen in politischen Bewegungen, Wien 1993

Gugenberger/Schweidlenka 1987: Gugenberger, Eduard und Schweidlenka, Roman: Mutter Erde/Magie und Politik. Zwischen Faschismus und neuer Gesellschaft, Wien 1987

Gunter Deckert Freedom Committee (1999): Gunter [sic!] Deckert Freedom Committee: Mehr über den Fall Günter Deckert, in: Zündelsite, http://www.lebensraum.org/german/artikel/zensier.004.html (ges. am 18. 11. 1999)

H./S./C. (1998): H., Tobias, S., Matthias, C., Alexander: Betreff: Beschwerde, Eintrag in das Gästebuch RockNORD vom 14. 4. 1998, in: RockNORD, http://www.rocknord.de/gaestebuch.php3 (ges. am 13. 8. 1998)

Hablützel 1998: Hablützel, Niklaus: Ein Richter greift durch. Das Amtsgericht München hat die Urteilsgründe gegen den ehemaligen Geschäftsführer der deutschen CompuServe-Tochter veröffentlicht, in: tageszeitung vom 30. 7. 1998, S. 15

Hachel 1994: Hachel, Heinz: Poor Impact: Werbeträger Junge Freiheit, in: Kellershohn 1994: Plagiat, S. 143–152

Hameln 1995: Hameln: Rechte vernetzen sich, in: Deister- und Weserzeitung vom 21. 7. 1995, S. 1

Hansen 1998: Hansen, Klaus: Erfreulich und problematisch: Rechte Jugendkultur weitet sich aus, in: NE, H. 4/1998, S. 39–42

»Harry Eilig« (1998): »Harry Eilig«: Betreff: Radio-Nord, Eintrag in das Gästebuch RockNORD vom 8. 8. 1998, in: RockNORD, http://www.rocknord.de/gaestebuch.php3 (ges. am 13. 8. 1998)

Hatzenbichler 1991: Hatzenbichler, Jürgen: Provokation II: Pardon, ich höre Pop-Musik, in: NE, H. 3–4/1991, S. 86–88

Hatzenbichler/Ochsenreiter 1998: Hatzenbichler, Jürgen und Ochsenreiter, Manuel: Mit Dünger und Acryl-Pfeife: Hanf im Selbstanbau wird immer günstiger und beliebter. Hobbygärtner statt Dealer, in: JF vom 24. 7. 1998, S. 20

Heidenreich/Wetzel 1989: Heidenreich, Gert und Wetzel, Juliane: Die organisierte Verwirrung. Nationale und internationale Verbindungen im rechtsextremistischen Spektrum, in: Benz, Wolfgang (Hrsg.): Rechtsradikalismus. Voraussetzungen, Zusammenhänge, Wirkungen, aktualisierte Neuausgabe, Frankfurt a. M. 1989, S. 150–168

Heinzen 1998: Einheits: Heinzen, Karl: Einheits-Kannibalismus, in: JF vom 8. 5. 1998, S. 2

Heinzen 1998: Hindenburg: Heinzen, Karl: Hindenburg, in: JF vom 24. 7. 1998, S. 2

Heinzen 1998: Kleine: Heinzen, Karl: Kleine Gesellen, in: JF vom 17. 4. 1998, S. 2

Heinzen 1998: Nationale: Heinzen, Karl: Nationale Präferenz, in: JF vom 5. 6. 1998, S. 2

Heinzen 1998: Selbstläufer: Heinzen, Karl: Selbstläufer, in: JF vom 1. 5. 1998, S. 2

Heitmann 1997: Heitmann, Helmut: Die Skinhead-Studie, in: Farin, Klaus 1997, S. 69 –95

Heller/Maegerle 1995: Heller, Friedrich Paul und Maegerle, Anton: Thule. Vom völkischen Okkultismus bis zur Neuen Rechten, Stuttgart 1995

Henning o.Dat. (1998): Henning, W.: Arbeit zuerst für das eigene Volk, Bochum o.Dat. (1998) (Flugblatt)

Herrrmann (1999): Herrrmann [sic!], Hajo: Auch heute noch: Uns ziemt der Stolz der Wahrheit, in: Zündelsite, http://www.lebensraum.org/german/artikel/hajo.html (ges. am 25. 11. 1999)

Herzinger/Stein 1995: Herzinger, Richard und Stein, Hannes: Endzeit-Propheten oder: die Offensive der Antiwestler. Fundamentalismus, Anti-amerikanismus und Neue Rechte, Reinbek 1995

Hilgendorf 1997: Hilgendorf, Eric: Überlegungen zur strafrechtlichen Interpretation des Ubiquitätsprinzips im Zeitalter des Internets, in: Neue Juristische Wochenschrift, 50. Jg. (1997), H. 29, S. 1873–1878

Hipp (2000): Hipp, Anne: Das Nationale ist das eigentlich Humane. Anmerkungen zur Neuerscheinung: »Deutschlands Rechte«, in: Sleipnir, http://www.freespeech.org/sleipnir/RezHipp.html (ges. am 19. 8. 2000)

Hoffmann 1997: Hoffmann, Dirk: Auftrittsverbot für Jay Kays Band Weißglut in Wiesbaden, in: Zillo, H. 2/1997, S. 34–35

Holtmann 1998: Holtmann, Udo: Schreiben an die Verbände der NPD in Nordrhein-Westfalen vom 2. 3. 1998

Holtmann o.Dat. (1998): Holtmann, Udo: Schreiben an die Leserinnen und Leser der Deutschen Stimme o. Dat. (1998)

Hornung 1998: Hornung, Klaus: Hört die Signale, in: JF vom 24. 4. 1998, S. 1

How (1999): How to contact us, in: Institute for Historical Review, http://www.ihr.org/top/contact.html (ges. am 2. 12. 1999)

Hügel 4/1998: Hügel, Klaus: Neues aus Multikultopia, in: NE, H. 4/1998, S. 44–47

Hügel 6/1998: Hügel, Klaus: Neues aus Multikultopia, in: NE, H. 6/1998, S. 42–46

Hügel 1998: Sony: Hügel, Daniel: Sony treibt's zur Weissglut, in: Jungle World vom 14. 10. 1998, S. 12

Hundseder 1995: Hundseder, Franziska: Rechte machen Kasse. Gelder und Finanziers der braunen Szene, 2. Aufl., München 1995

Hupka o.Dat.: Hupka, Steffen (verantwortl.): Argumente statt Verbote, Bochum o.Dat. (Aufkleber)

Hupka o.Dat. (1997): Hupka, Steffen (verantwortl.): Deutsche wehrt euch – Kauft nicht bei Lemmer!, Bochum o.Dat. (1997) (Flugblatt)

»I love America« (2001): »I love America«: Nur keine Krokodilstränen!!!, Eintrag in das NIT-Diskussionsforum vom 12. 9. 2001, in: NIT – Nachrichten, Informationen, Theorie, http://forum.nit.de/beitrag.php3 (ges. am 13. 9. 2001).

In 1998: In eigener Sache, in: JF vom 26. 6. 1998, S. 12

In (1999): In Sachen Verstoß gegen das Gesetz gegen Verleumdung und Verunglimpfung R. S. O. 1990, c. L. 12, in: Zündelsite, http://www.lebensraum.org/german/chcr/anklage.html (ges. am 18. 11. 1999)

Index-Listen 1999: Index-Listen, in: BPjS-Aktuell. Amtliches Mitteilungsblatt der Bundesprüfstelle für jugendgefährdende Schriften, H. 2/1999, S. 16–55

Ingrid (1999): Ingrid Rimland, Ed. D. – Brief Biography, in: Zündelsite, http://www.lebensraum.org/english/ingrids_books/bio/bio.html (ges. am 19. 11. 1999)

Innenministerium NRW 1994: Innenministerium des Landes Nordrhein-Westfalen: Tatsächliche Anhaltspunkte für den Verdacht rechtsextremistischer Bestrebungen in der Wochenzeitung »Junge Freiheit«. Kommentierte Fundstellendokumentation vom 21. 11. 1994, Düsseldorf 1994

Innenministerium NRW 1996: Innenministerium des Landes Nordrhein-Westfalen: Klageerwiderung vom 8. 11. 1996 in dem verwaltungsgerichtlichen Verfahren der JF Verlag GmbH & Co. gegen das Innenministerium Nordrhein-Westfalen, Düsseldorf 1996

Innenministerium NRW 1999: Innenministerium des Landes Nordrhein-Westfalen: Skinheads und Rechtsextremismus. Instrumentalisierung einer jugendlichen Subkultur, 2. Aufl., Düsseldorf 1999

Interview 1998: Interview mit Brigitte Bardot: »Ich fühle mich fremd im eigenen Land«, in: NE, H. 7–8/1998, S. 56–57

Ja 1998: Ja und Nein zum Euro (Grafik), in: NE, H. 6/1998, S. 61

Jacob (2000): Jacob, Günter: Was ist ein Protestsong? Teil 19: Methoden der Kontextualisierung und Sinngebung, in: Marchart, Oliver: Das Lineare Text-Lager, http://netbase.t0.0r.at/~oliver/protes19.htm (ges. am 27. 8. 2000)

Jacoby 1999: Mal: Jacoby, Stefan: Mal wieder Querelen bei den JN, in: Archiv-Notizen Juni 1999 (hrsg. vom Duisburger Institut für Sprach- und
Sozialforschung), S. 1–2

Jacoby 1999: NPD: Jacoby, Stefan: NPD bestätigt JN-Abspaltung, in: Archiv-Notizen Juli 1999 (hrsg. vom Duisburger Institut für Sprach- und
Sozialforschung), S. 1–2

Jacoby 2000: Jacoby, Stefan: Der virtuelle Untergrund. Neonazis im Internet, in: Searchlight u. a. (Hrsg.): White Noise. Rechts-Rock, Skinhead-
Musik, Blood & Honour – Einblicke in die internationale Neonazi-Musik-Szene, Münster 2000, S. 125–133

Jacoby 2001: Jacoby, Stefan: »Nur weil man keine Juden mag, muß man die
Araber lieben???«, in: Archiv-Notizen Oktober 2001 (hrsg. vom Duisburger Institut für Sprach- und Sozialforschung), S. 1–16.

Jäger 1992: Jäger, Siegfried: BrandSätze. Rassismus im Alltag, Duisburg 1992

Jaschke 1990: Jaschke, Hans-Gerd: Frankreich, in: Greß, Franz; Jaschke,
Hans-Gerd und Schönekäs, Klaus: Neue Rechte und Rechtsextremismus in Europa. Bundesrepublik, Frankreich, Großbritannien, Opladen
1990, S. 17–103

Jaschke 1992: Jaschke, Hans-Gerd: Formiert sich eine neue soziale Bewegung von rechts? Folgen der Ethnisierung sozialer Konflikte, in: Blätter für
deutsche und internationale Politik, 37. Jg. (1992), H. 12, S. 1437–1447

Jaschke 1993: Jaschke, Hans-Gerd: Formiert sich eine neue soziale Bewegung von rechts? Folgen der Ethnisierung sozialer und politischer Konflikte, in: Mitteilungen des Instituts für Sozialforschung an der Johann
Wolfgang Goethe-Universität Frankfurt am Main, H. 2/1993, S. 28–44

Jaschke 1994: Jaschke, Hans-Gerd: Rechtsextremismus und Fremdenfeindlichkeit. Begriffe, Positionen, Praxisfelder, Opladen 1994

»J. Korus« 1998: »J. Korus«: Entziehungsberechtigt, in: Sleipnir, H. 5/1998,
S. 2

»J. Korus« 1999: Antifaschistischer: »J. Korus«: Antifaschistischer Widerstand, in: Sleipnir, H. 1/1999, S. 5–6

»J. Korus« 1999: Schwindelgefühl: »J. Korus«: Schwindelgefühl, in: Sleipnir,
H. 1/1999, S. 3–4

»J. Korus« 1999: Verniedlicht: »J. Korus«: Verniedlicht, in: Sleipnir, H. 1/
1999, S. 4–5

Junge 1999: Junge Nationaldemokraten. Landesverband Sachsen: Schreiben
an alle Mitglieder/Anwärter der JN Sachsen vom 7. 6. 1999, in: Deckert-
Stimme, H. 16 (Mai/Juni 1999), S. 7

Junge Freiheit o. J. (1993): Junge Freiheit Verlag GmbH & Co. KG
(Hrsg.): Was Sie schon immer über die »Junge Freiheit« wissen wollten!,
Potsdam o. J. (1993)

»Jürgen Schön« o.Dat. (1998): »Jürgen Schön« (verantwortl.): Werte Bürger Leipzigs, Leipzig o.Dat. (1998) (Flugblatt)

Kafesi 2000: Kafesi, Yarasi: Sigill (inzwischen: Zinnober). Vom Heidentum zur völkischen Kulturguerilla, in: Grufties gegen Rechts Bremen/Music For A New Society (Hrsg.): Die Geister, die ich rief …, Ausgabe 2, Bremen 2000, S. 18–21

Käppler 1997: Käppler, Lars: »Für das System zählen nur Verbote«. Am Tag der nationalen Arbeit kam das »letzte« Aufgebot von Polizei und Bundes- grenzschutz gegen nationale Bürger zum Einsatz, in: Deutsche Stimme, H. 5/1997, S. 3

Käppler o.Dat. (1998): Käppler, Lars (verantwortl.): Bundesweite Demon- stration. Wir schaffen Arbeit – Bonn schafft nichts!, Stuttgart o.Dat. (1998) (Flugblatt)

Karlsruhe 1998: Karlsruhe schützt die Medien gegen Schnüffler, in: JF vom 17. 4. 1998, S. 12

Kaufmann 1998: Kaufmann, Jakob: Südtirol: Journalist veröffentlicht eigene Untersuchung zum »Fall Waldner«. Neue Zweifel am Urteilsspruch, in: JF vom 5. 6. 1998, S. 7

Keime 1996: Keime der Unmenschlichkeit, in: esotera, H. 7/1996, S. 34–39

Kellershohn 1994: Das: Kellershohn, Helmut: Das Projekt Junge Freiheit. Eine Einführung, in: Kellershohn 1994: Plagiat, S. 17–50

Kellershohn 1994: Die: Kellershohn, Helmut: Die selbsternannte Elite. Herkunft und Selbstverständnis des Personals der Jungen Freiheit, in: Kellershohn 1994: Plagiat, S. 51–116

Kellershohn 1994: Kurzchronologie: Kellershohn, Helmut: Kurzchrono- logie der Jungen Freiheit 1986 bis 1994, in: Kellershohn 1994: Plagiat, S. 14–16

Kellershohn 1994: Plagiat: Kellershohn, Helmut (Hrsg.): Das Plagiat. Der Völkische Nationalismus der Jungen Freiheit, Duisburg 1994

Kemper (1999): Kemper, Erhard: »Wir sind das Volk!« Aufschrei der Leip- ziger Bevölkerung am 9. November 1989, in: Zündelsite, http://www.le- bensraum.org/german/artikel/kemper.html (ges. am 18. 11. 1999)

Kilian 2000: Kilian, Lukas: NPD strebt ostwärts, in: blick nach rechts, H. 1/ 2000, S. 6

Kindl 1997: Die: Kindl, Harald: Die Öffnung der FPÖ zu den christlichen Kirchen, in: Eibicht, Rolf-Josef (Hrsg.): Jörg Haider. Patriot im Zwielicht? Eine politische und kritische Analyse, Stuttgart 1997, S. 323–329

Kindl 1997: Mißbrauch: Kindl, Harald: Mißbrauch und Zerstörung der Wissenschafts- und Lehrfreiheit, in: Eibicht 1997: Unterdrückung, S. 137–148

Kindl 1998: Kindl, Harald: Vertriebenenpolitik ist nur national möglich, in: Eibicht 1998 Deutschlands, S. 224–250

Klein 2000: Klein, Hans-Heiko: Die Anwendbarkeit des § 9 StGB im Rahmen der Internet-Kommunikation, Mannheim 2000 (Manuskript)

Klumb 1999: Klumb, Josef: Schreiben an den Verlag der Freunde (VdF) vom 9. 8. 1998, Faksimile in: Jungle World vom 10. 3. 1999, S. 17

Klumb 2000: Kainsmal: Klumb, Josef: Kainsmal, in: Matzke, Peter und Seeliger, Tobias (Hrsg.): Gothic. Die Szene in Deutschland aus der Sicht ihrer Macher, Berlin 2000, S. 156–167

Klumb 2000: Leicht: Klumb, Josef: Leicht entflammbares Material. Die Forthcoming-Fire-Biographie, Duisburg 2000

Klumb 2000: Schreiben 22. 1.: Klumb, Josef: Schreiben an Thomas Pfeiffer vom 22. 1. 2000

Klumb 2000: Schreiben 7. 2.: Klumb, Josef: Schreiben an Thomas Pfeiffer vom 7. 2. 2000

Klumbsinn 1998: Klumbsinn, in: Jungle World vom 18. 11. 1998, S. 2

Koch 1998: Koch, Frank A.: Internet-Recht: Praxishandbuch. Mit dem neuen Medien- und Telediensterecht, Checklisten und Musterverträgen, München 1998

Koopmans 1996: Noch: Koopmans, Ruud: Noch einmal davongekommen. Warum es (noch) keine soziale Bewegung von rechts gibt, in: Berliner Debatte INITIAL, H. 1/1996, S. 51–54

Koopmans 1996: Soziale: Koopmans, Ruud: Soziale Bewegung von rechts? Zur Bewegungsförmigkeit rechtsradikaler und ausländerfeindlicher Mobilisierung in Deutschland, in: Mecklenburg 1996, S. 767–781

Koopmans/Rucht 1996: Koopmans, Ruud und Rucht, Dieter: Rechtsradikalismus als soziale Bewegung?, in: Falter, Jürgen, Jaschke, Hans-Gerd und Winkler, Jürgen R.: Rechtsextremismus. Ergebnisse und Perspektiven der Forschung, Opladen 1996 (Sonderhefte der Politischen Vierteljahresschrift 27), S. 265–287

Kositza 1998: Kositza, Ellen: Ohrenschmaus: Ein CD-Sampler ehrt den italienischen Philosophen Julius Evola. Hommage an einen Ewigen, in: JF vom 12. 6. 1998, S. 20

Kositza 1999: Kositza, Ellen: »Alle Register gezogen«. Interview: Der Sänger Josef Maria Klumb über die Medien-Kampagne gegen ihn, in: JF vom 12. 2. 1999, S. 18

Kosten o.Dat. (1994): Kosten & Kostenbeteiligung, in: Thule-Journal, H. 2, o.Dat. (1994), S. 31

Kostenbeteiligung o.Dat. (1993): Kostenbeteiligung, in: Thule-Journal, H. 1, o.Dat. (1993), S. 11

kr 1998: kr: Hochkarätiges Jahrbuch, in: NE, H. 5/1998, S. 77

Krause 1998: Alain: Krause, Peter: Politische Theorie: Alain de Benoist, Vordenker der Neuen Rechten in Frankreich, über Rassismus und Antirassismus, Ideologien und Fremdenfeindlichkeit. »Einwanderung bedroht unsere kollektive Identität nicht«, in: JF vom 17.7.1998, S. 4–5

Krause 1998: Der: Krause, Peter: Politische Theorie: Der Liberalismus in seiner radikalsten Bestimmung. »Es gibt nur persönliche Freiheit«, in: JF vom 26.6.1998, S. 3

Krause 1998: Geschichte: Krause, Peter: Geschichte und Nachgeschichte: Der Historiker Ernst Nolte über das »Schwarzbuch des Kommunismus«, über den Stand der Totalitarismusforschung und seine neueste Studie. »Ein Ausgriff des Menschen auf die Realität im ganzen«, in: JF vom 3.7.1998, 4–5

Krause 1998: Protest: Krause, Peter: Protest: Gedanken zu politischen Tendenzen der Jugend im Osten. Die Stimmung hat gewählt, in: JF vom 8.5.1998, S. 6

Krause 1998: Vertriebene: Krause, Peter: Vertriebene: Der Sprecher der Landsmannschaft Ostpreußen zur Zukunft des Bundesverbandes. »Wir haben eine hörbare Stimme«, in: JF vom 29.5.1998, S. 3

Krause/Stein/Thaler 1998: Krause, Peter, Stein, Dieter und Thaler, Thorsten: Das ehemalige RAF-Mitglied Horst Mahler über geistige Unfreiheit heute und ihre Wurzeln, über Linke und Rechte, über Staat und Nation – über seine eigene Gelassenheit. »Nur unsere Widersprüche sind Zeichen der Wahrheit«, in: JF vom 10.7.1998, S. 4–5

Krebs 1994: Krebs, Felix: Ehrenwerte Leute, in: Konkret extra zum Erscheinen der Jungen Freiheit als Wochenzeitung, 28.1.1994, S. 2–3

Krebs 1988: Krebs, Pierre: Das Thule-Seminar stellt sich vor, Faksimile in: AStA-Antifa-Info, H. 3/1988 (hrsg. vom AStA der Universität Dortmund), S. 14–16

Kretschmer (1999): Kretschmer, Werner: Der mittelalterliche Hexenprozeß und seine Parallelen in unserer Zeit, in: Zündelsite, http://www.lebenraum.org/german/artikel/Hexe.html (ges. am 25.11.1999)

Krieg 1989: Krieg, Monika: »Nation Europa«. Eine diskursanalytische Studie zur Propaganda der Neuen Rechten, Magisterarbeit an der Universität-Gesamthochschule Duisburg, Duisburg 1989

Kripo 1998: Kripo: 600 000 Mark vom Amt erschlichen. Sozialhilfebetrug aufgedeckt, in: Berliner Zeitung vom 12.2.1998, S. 23

Kritschen 1998: Kritschen, Konrad: Polizeiskandal: Der Fall »Axel Reichert«. Mit der Lizenz zur Straftat, in: JF vom 22.5.1998, S. 6

Krüger 1968: Krüger, Heinz-Jochen: Das Bild der Jugend im Spiegel der rechtsextremen Presse. Deutsche National- und Soldatenzeitung, Deutsche Nachrichten, Nation Europa, Berlin 1968

Kühnemund 1999: Kühnemund, Götz: So ein Schwachsinn, in: Rock Hard, H. 1/1999, S. 3

Kühnemund/Albrecht 1999: Kühnemund, Götz und Albrecht, Frank: Weissglut. Unschuldig auf der Anklagebank?, in: Rock Hard, H. 1/1999, S. 42–44

Kühnl 1995: Kühnl, Reinhard: Der Weg der Faschismusforschung seit 1945, in: Das Argument. Zeitschrift für Philosophie und Sozialwissenschaften, 37. Jg. (1995), H. 2/3, S. 227–244

Kuhnle 1999: Kuhnle, Volkmar: Gothic-Lexikon. The Cure, Bauhaus, Depeche Mode & Co: Das Lexikon zu Dark Wave und Black Romantic, Berlin 1999

Küpper 1997: Küpper, Norbert: Werkstatt Zeitungsdesign, in: Medium Magazin, H. 3/1997, S. 1–15

Küpper 1998: Küpper, Norbert: Zwölf Gebote, in: Journalist, H. 3/1995, S. 48

L. 1998: L., Thomas: Weissglut: Weissglut: CD: Semaphore, in: Sigill, H. 17 (Herbst 1998), S. 55

Landesamt 1999: Landesamt für Verfassungsschutz Bayern: Nation & Europa (NE), München 1999 (Manuskript)

Landesamt 2000: Landesamt für Verfassungsschutz Sachsen (Hrsg.): Mit Hakenkreuz und Totenkopf. Wie sich Rechtsextremisten zu erkennen geben, Dresden 2000

Landesliste (2000): Landesliste Nr. 18, in: Statistisches Landesamt Baden-Württemberg, http://www.statistik.baden-wuerttemberg.de/wahl/bundestagswahl/ll18.htm (ges. am 18. 7. 2000)

Landgericht Mannheim 1999: Landgericht Mannheim: Urteil vom 10. 11. 1999 in der Strafsache gegen Dr. Gerald Fredrick Toben, Az: 5 KLs 503 Js 9551/99

Landgericht München I 1999: Landgericht München I: Urteil im Strafverfahren gegen Felix Somm vom 17. 11. 1999, Az: 20 Ns 465 Js 173158/95

Lange 1993: Lange, Astrid: Was die Rechten lesen. Fünfzig rechtsextreme Zeitschriften. Ziele, Inhalte, Taktik, München 1993

Lasars 1998: Lasars, Wolfgang: Die Freiheit, die der Westen meint, in: JF vom 22. 5. 1998, S. 12

Lasek 1992: Lasek, Wilhelm: »Revisionistische« Gruppen und Autoren im Internet, in: Stiftung Dokumentationsarchiv des Österreichischen Widerstandes (Hrsg.): Das Netz des Hasses. Rassistische, rechtsextreme und neonazistische Propaganda im Internet, Wien 1997, S. 123–161

Lasek 1995: Lasek, Wilhelm: »Revisionistische« Autoren und ihre Publikationen, in: Bailer-Galanda/Benz/Neugebauer 1995, S. 252–292

Leggewie 1993: Leggewie, Claus: Druck von rechts. Wohin treibt die Bundesrepublik? München 1993

Leggewie 1994: Leggewie, Claus: Rechtsextremismus – eine soziale Bewegung?, in: Kowalsky, Wolfgang und Schroeder, Wolfgang (Hrsg.): Rechtsextremismus. Einführung und Forschungsbilanz, Opladen 1994, S. 325–338

Legrum 1999: Legrum, Marcel: Vom gesellschaftlichen Abseits ins Zentrum des technischen Fortschritts. Rechte Musik im Internet, in: Baacke 1999, S. 160–172

Leipzig (1998): Leipzig. Mobilisiert weiter – fahrt auf jeden Fall los!, in: NPD, http://www.npd.net/leipzig.htm (ges. am 30. 4. 1998)

Lemmer 1996: Lemmer, Torsten: Sänger für Deutschland. Die Biographie des Volkssängers Frank Rennicke, Düsseldorf/Langenfeld 1996

Lemmer 1997: Lemmer, Torsten: Skinhead Rock. Eine notwendige Klarstellung über nonkonforme Musik, 2. Aufl., Düsseldorf/Langenfeld 1997

Lemmer (2001): Lemmer, Torsten: Unternehmer, in: Homepage Torsten Lemmer, http://www.torsten-lemmer.de/unternehmer.html (ges. am 28. 6. 2001)

Lemmer im Interview 1997: Lemmer im Interview, in: Stormfront 88. Sachsen-Anhalt Terror, H. 4/1997, o. S.

Leuchter (1999): Leuchter, Fred A.: Im Innern der Auschwitz-»Gaskammer«, in: Zündelsite, http://www.lebensraum.org/german/artikel/wahrefrei.007.html (ges. am 19. 11. 1999)

Leugnung 1994: Leugnung der Judenverfolgung. Zur Frage, ob die Anwendung von § 5 Nr. 4 VersG auf Versammlungen, in denen eine Leugnung der Judenverfolgung zu erwarten ist, gegen 5 I 1 GG verstößt, in: Neue Juristische Wochenschrift, 47. Jg. (1994), H. 28, S. 1779–1781

Leute 2000: Leute, Preise, in: Menschen Machen Medien, H. 8–9/2000, S. 54–59

Lipstadt 1996: Lipstadt, Deborah E.: Leugnen des Holocaust. Rechtsextremismus mit Methode, Reinbek 1996

Lohmann 1994: Lohmann, Hans-Martin (Hrsg.): Extremismus der Mitte. Vom rechten Verständnis deutscher Nation, Frankfurt a. M. 1994

Lohrmann 1998: Lohrmann, David: Meineid? (Leserbrief), in: NE, H. 7–8/ 1998, S. 86

Lüders 1998: Lüders, Martin: Drohungen gegen die Schweiz: Bronfmans »Lulu« (1998):

»Lulu«: Betreff Tattos [sic!], Eintrag in das Gästebuch RockNORD vom 30. 5. 1998, in: RockNORD, http://www.rocknord.de/gaestebuch.php3 (ges. am 13. 8. 1998)totaler Krieg, in: NE, H. 4/1998, S. 26

Madela 1999: Madela, Andrzej: Von deprimierenden und euphorischen Anfängen in der Potsdamer Pampa. Morgens um drei in der Schildkröte, in: JF vom 22. 1. 1999 (Sonderbeilage: 5 Jahre Wochenzeitung Junge Freiheit), S. 21

Maegerle 1991: Maegerle, Anton: Die Neue, Alte Rechte: Das »Thule-Seminar« und seine Stellung im rechtsextremen Netz der Bundesrepublik Deutschland, in: AStA-Antifa-Info, H. 2/1991 (hrsg. vom AStA der Universität Dortmund), S. 4–11

Maegerle 1996: Maegerle, Anton: Das Europa der Rassisten, in: blick nach rechts, H. 8/1996, S. 2–3

Maegerle 1997: Ein: Maegerle, Anton: »Ein traditionsreicher Verlag«. Im Sortiment Backbücher und Werke über Heß und Hitler, in: blick nach rechts, H. 10/1997, S. 2–3

Maegerle 1997: Explosiver: Maegerle, Anton: Explosiver Kamerad. »Tief verstrickt im braunen internationalen Netzwerk«, in: blick nach rechts, H. 9/1997, S. 2–3

Maegerle 1997: Neue: Maegerle, Anton: Neue Zielgruppe im Auge? FDP-Ableger auf Abwegen, in: blick nach rechts, H. 21/1997, S. 9

Maegerle 1998: Maegerle, Anton: Ein dritter NPD-Frühling. »Der organisierte Wille bedeutet Macht!«, in: blick nach rechts, H. 4/1998, S. 8–9

Maegerle 1999: Maegerle, Anton: Schreiben an Thomas Pfeiffer vom 8. 9. 1999

Maegerle 2001: Germar: Maegerle, Anton: Germar Rudolf in den USA, in: Archiv-Notizen März 2001 (hrsg. vom Duisburger Institut für Sprach- und Sozialforschung), S. 8

Maegerle 2001: Hamlet: Maegerle, Anton: Hamlet belemmert, in: Archiv-Notizen Mai 2001 (hrsg. vom Duisburger Institut für Sprach- und Sozialforschung), S. 2

Mahler (2001): Mahler, Horst: Independence day live, in: Deutsches Kolleg, http://www.deutsches-reich.de/deutscheskolleg/independence.html (ges. am 6. 10. 2001).

Mann o.Dat. (1998): Mann, Ursula (verantwortl.): Die NPD informiert, München o.Dat. (1998) (Plakat)

Mario (1998): Mario: Betreff: RN-Radio, Eintrag in das Gästebuch RockNORD vom 8. 7. 1998, in: RockNORD, http://www.rocknord.de/gaestebuch.php3 (ges. am 13. 8. 1998)

»Martin ›Oistar‹« (1998): »Martin ›Oi-star‹«: Betreff: Grüße, Eintrag in das Gästebuch RockNORD vom 10. 6. 1998, in: RockNORD, http://www.rocknord.de/gaestebuch.php3 (ges. am 13. 8. 1998)

Mayer (2000): Mayer, Franz C.: Recht und Cyberspace. Eine Einführung in einige rechtliche Aspekte des Internets, in: Humboldt Forum Recht, http://www.rewi.hu-berlin.de/HFR/3–1997/Drucktext.html#Beginn (ges. am 17. 3. 2000)

McVay 1999: McVay, Ken: E-Mail an Thomas Pfeiffer vom 15. 12. 1999

Mechtersheimer (2000): Mechtersheimer, Alfred: Die Kyffhäuser-Rede vom 3. Oktober 1995, in: Die konservative Informationsbasis im Internet/Deutschland-Bewegung, http://www.konservativ.de/db/kyffh.htm (ges. am 3. 10. 2000)

Mecklenburg 1996: Mecklenburg, Jens (Hrsg.): Handbuch deutscher Rechtsextremismus, Berlin 1996

Medien 1999: Medien und Terroristen gemeinsam gegen Weissglut, in: Propaganda Medien-Informationsdienst (hrsg. von Verlag und Agentur Werner Symanek), H. 3 (Februar 1999), S. 1

Mehr 1999: Mehr als zwiespältig ..., in: Visions, H. 1/1999, S. 17

Mehr 1998: Mehr Straftaten in Oberfranken, in: Coburger Tageblatt vom 7./8. 3. 1998, S. 1

Meissner 1995: Meissner, Michael: Zeitungsgestaltung. Typografie, Satz und Druck, Layout und Umbruch, München 1995

Meldungen 1/1998: Meldungen, in: blick nach rechts, H. 1/1998, S. 14–16

Meldungen 7/1998: Meldungen, in: blick nach rechts, H. 7/1998, S. 14–16

Meldungen 8/1998: Meldungen, in: blick nach rechts, H. 8/1998, S. 14–16

Meldungen 9/1998: Meldungen, in: blick nach rechts, H. 9/1998, S. 14–16

Meldungen 11/1998: Meldungen, in: blick nach rechts, H. 11/1998, S. 14–16

Meldungen 17/1998: Meldungen, in: blick nach rechts, H. 17/1998, S. 13–16

Meldungen 18/1998: Meldungen, in: blick nach rechts, H. 18/1998, S. 13–16

Meldungen 23/1998: Meldungen, in: blick nach rechts, H. 23/1998, S. 14–16

Meldungen 9/1999: Meldungen, in: blick nach rechts, H. 9/1999, S. 14–16

Meldungen 24/1999: Meldungen, in: blick nach rechts, H. 24/1999, S. 14–16

Meldungen 1/2000: Meldungen, in: blick nach rechts, H. 1/2000, S. 14–16

Meldungen 7/2000: Meldungen, in: blick nach rechts, H. 7/2000, S. 14–16

Meldungen 19/2000: Meldungen, in: blick nach rechts, H. 19/2000, S. 14–16

Meldungen 5/2001: Meldungen, in: blick nach rechts, H. 5/2001, S. 14–16

Meldungen 11/2001: Meldungen, in: blick nach rechts, H. 11/2001, S. 15–16

Meyer 1998: Meyer, Kurt: Beckmesserei (Leserbrief), in: JF vom 26. 6. 1998, S. 19

Meyer/Boele 1992: Meyer, Werner und Boele, Klaus: Journalismus von heute, Starnberg-Percha, 14. Ergänzungslieferung (Stand: Juni 1992)

Michampel 1998: Michampel, Manfred: Weissglut. Etwas Kommt In Deine Welt. Dragnet/Epic, in: Astan, H. 8 (1998), S. 40

Minkenberg 1998: Minkenberg, Michael: Die neue radikale Rechte im Vergleich. USA, Frankreich, Deutschland, Opladen/Wiesbaden 1998

Mischke 1998: Mischke, Hans-Joachim: Überleben oder Untergang (Leserbrief), in: NE, H. 5/1998, S. 69

Mischkowitz 1994: Mischkowitz, Robert: Fremdenfeindliche Gewalt und Skinheads. Eine Literaturanalyse und Bestandsaufnahme polizeilicher Maßnahmen, Wiesbaden 1994

Mitrovica 2001: Mitrovica, Andrew: Zundel now calling U. S. home, in: The Globe and Mail vom 24. 2. 2001, S. 5

Moeller van den Bruck 1931: Moeller van den Bruck, Arthur: Das dritte Reich (hrsg. von Hans Schwarz), 3. Aufl., Hamburg 1931

Mölzer 1998: Mölzer, Andreas: Freiheitliche: Hilmar Kabas über Zuwanderung und Staatsbürgerschaft, Integration und Assimilierung. »Nicht Kulturpessimismus ist angesagt«, in: JF vom 8. 5. 1998, S. 8

Mölzer 1999: Mölzer, Andreas: Der publizistische Kampf gegen Windmühlen aus Sicht eines Leidensgenossen. Scheitern und immer wieder neu anfangen, in: JF vom 22. 1. 1999 (Sonderbeilage: 5 Jahre Wochenzeitung Junge Freiheit), S. 24

Moosleitner 1998: Moosleitner, Andreas: Was geschah am 28. April 1945, in: NE, H. 5/1998, S. 78–79

Motschmann 1998: Motschmann, Klaus: Wie im Märchen, in: JF vom 3. 7. 1998, S. 1

Mühlenkamp (1999): Mühlenkamp, R.: Mit Bedacht »vergessen« wurden …, in: Zündelsite, http://www.lebenraum.org/german/artikel/Bedacht.html (ges. am 25. 11. 1999)

Mühlmann 1999: Mühlmann, Wolf-Rüdiger: Letzte Ausfahrt: Germania. Ein Phänomen namens Neue Deutsche Härte, Berlin 1999

Müller 1998: Müller, Andrea: Die einzelnen Strömungen der Skinhead-Bewegung, in: Kloninger, Herbert (Hrsg.): Aktuelle Aspekte des Rechtsextremismus. Symbolik/Neonazis/Skinheads, Brühl a. R. 1998 (Beiträge zur inneren Sicherheit 7)

Müller 1999: Müller, Kai: Wir tauschen Haß gegen Gitarren. Spiel mit dem Feuer: Mit Anklängen an die NS-Ästhetik schaffen immer mehr deutsche Rockmusiker den Sprung in die Hitparade, in: Musiker, H. 1/1999, S. 17

Müller 2001: Müller, Baal: Gefühlter Amerikanismus, in: JF, 21. 9. 2001, S. 11.

Nachrichten 1999: Nachrichten aus der Szene, in: RockNORD, H. 1/1999, S. 4–5

Nachruf (1999): Nachruf auf Reinhold Elstner, in: Zündelsite, http://www.lebensraum.org/german/artikel/wiederholen.002.html (ges. am 19. 11. 1999)

Nahr 1994: Nahr, Wolf-Dietrich: Spurensuche im Milieu ultrarechter Organisationen. Erlanger Mailbox »Widerstand« verfügt über vielfältige personelle Querverbindungen zur Dauerklientel des Verfassungsschutzes, in: Erlanger Nachrichten vom 6./7. 1. 1994, S. 1

Nandlinger 1998: Nandlinger, Gabriele: Nach rechts rudern, in: blick nach rechts, H. 24/1998, S. 2–3

»Napalm Duo« (1998): »Napalm Duo«: Betreff: Treffpunkt, Eintrag in das Gästebuch RockNORD vom 4. 5. 1998, in: RockNORD, http://www.rocknord.de/gaestebuch.php3 (ges. am 13. 8. 1998)

Nationale Infotelefone 1999: Nationale Infotelefone 1999. Stand 02. 01. 99, Übersicht des Bundesamtes für Verfassungsschutz

Naturwissenschaft (1999): Naturwissenschaft und Technik im National-sozialismus, in: Zündelsite, http://www.lebenraum.org/german/arti-kel/wahrefrei.017.html (ges. am 25. 11. 1999)

NE 1998: NE: Umfrage 1998 ausgewertet: Was denken, was wählen NE-Leser, in: NE, H. 5/1998, S. 27–30

Neidhardt 1985: Neidhardt, Friedhelm: Einige Ideen zu einer allgemeinen Theorie sozialer Bewegungen, in: Hradil, Stefan (Hrsg.): Sozialstruktur im Umbruch. Karl Martin Bolte zum 60. Geburtstag, Opladen 1985, S. 193–204

Neitzert o. J.: Neitzert, Lutz: Oi-Musik & Fascho-Rock (hrsg. vom Ju-gendamt der Stadt Kiel), Kiel o. J.

Neitzert 1998: Neitzert, Lutz: Rechte Esoterik, Musik und Riefenstahl, in: Am rechten Rand. Analysen und Informationen für die politische Bil-dung (hrsg. von der Friedrich-Ebert-Stiftung), H. 4/1998, S. 22–29

Network (2000): Network Solutions/Whois, http://www.networksolu-tions.com/cgi-bin/whois/whois (ges. am 15. 7. 2000)

Neubauer 1998: Bonner: Neubauer, Harald: Bonner System hat gesiegt: Ade, du schöne Mark, in: NE, H. 5/1998, S. 6–9

Neubauer 1998: Wählen: Neubauer, Harald: Wählen macht wieder Sinn: Bonn ohne Mehrheit, in: NE, H. 6/1998, S. 5–10

Neuigkeiten (2000): Neuigkeiten, in: RockNORD, http://www.rock-nord.de/neuigkeiten/php3?id_kategorie=11 (ges. am 15. 9. 2000)

Nevill 1994: Nevill, Andrew: The Good, the Bad and the Skins, in: Annas, Max und Christoph, Ralph (Hrsg.): Neue Soundtracks für den Volks-empfänger. Nazirock, Jugendkultur und rechter Mainstream, 3. Aufl., Berlin/Amsterdam 1994, S. 47–64

Nier 1998: Linke: Nier, Michael: Linke Begriffsverwirrung. »Antifa-schismus« – ein Etikettenschwindel, in: NE, H. 4/1998, S. 16–19

Nier 1998: Pro: Nier, Michael: Pro und Contra PDS: Die Matrjoschka-Partei wählen?, in: NE, H. 5/1998, S. 23–26

NIT (1999): NIT, in: RockNORD, http://rocknord.de/nr-41–42–98/nit.htm (ges. am 8. 1. 1999)

NIT (2001): NIT – Nachrichten, Informationen, Theorie, http://www.nit.de (ges. am 13. 9. 2001).

Nitsche 1999: Nitsche, Claudia: Deutsche Lieder, böse Lieder. Jahres-rückblick, in: Hard Rock & Metal Hammer, H. 1/1999, S. 26–29

Nolte 1989: Nolte, Ernst: Zwischen Geschichtslegende und Revisionis-mus? Das Dritte Reich im Blickwinkel des Jahres 1980, in: Historiker-streit. Die Dokumentation der Kontroverse um die Einzigartigkeit der nationalsozialistischen Judenvernichtung, 7. Aufl., München 1989, S. 13–35

Nord-Rock-Radio 1998: Nord-Rock-Radio, in: NIT – Nachrichten, In-formationen, Theorie, http://www.nit.de/nordrock/(ges. am 28. 4. 1998)

Novak 1998: Novak, David: Intrigen im Thulenetz, die x-te. Die noch ver-bliebenen Teilnehmer outen sich gegenseitig, in: Der Rechte Rand, H. 55 (November/Dezember 1998), S. 6

Novak (2000): Novak, David: Auf absteigendem Ast. Das »Thule-« und das »Nordland«-Netz auf dem Weg in die Bedeutungslosigkeit, in: trend. onlinezeitung für die tägliche wut, Nr. 9/1998, http:// www.trend. partisan.net/trd0998/t570998.html (ges. am 28. 2. 2000)

Oberverwaltungsgericht Münster 2001: Oberverwaltungsgericht Münster: Beschluss vom 22. 5. 2001 in dem verwaltungsgerichtlichen Verfahren der Junge Freiheit Verlag GmbH & Co. gegen das Land Nordrhein-Westfalen, vertreten durch den Innenminister des Landes Nordrhein-Westfalen, Az: 5 A 2055/97

Ochsenreiter 1998: Bundeswehr: Ochsenreiter, Manuel: Bundeswehr: De-monstranten versuchen Gelöbnis zu stören. Trillerpfeifen im Regen, in: JF vom 19. 6. 1998, S. 5

Ochsenreiter 1998: JF-Reportage: Ochsenreiter, Manuel: JF-Reportage zum Vatertag '98: Wo Biertrinken zum Politikum wird. Typen im Lesben-block, in: JF vom 29. 5. 1998, S. 20

Oehler/Pauka 1994: Oehler, Bernd und Pauka, Benedikt: Razzia gegen Nazi-Mailboxen. LKAs von Hessen und Baden-Württemberg gegen rechte Infosysteme, in: Junge Welt vom 26. 10. 1994, S. 6

Offergeld 1994: Offergeld, Rüdiger: »Die Verfassung ist unser Gefängnis«. Grundlagen und Strategie der Neuen Rechten, Sendung auf WDR 3 vom 24. 2. 1994, 21.00–22.00 Uhr (Manuskript)

Ohlemacher 1993: Ohlemacher, Thomas: Brücken der Mobilisierung. Soziale Relais und persönliche Netzwerke in Bürgerinitiativen gegen militäri-schen Tiefflug, Wiesbaden 1993

Ohlemacher 1994: Ohlemacher, Thomas: Schmerzhafte Episoden: Wider die Rede von einer rechten Bewegung im wiedervereinigten Deutsch-land, in: Forschungsjournal Neue Soziale Bewegungen, 7. Jg. (1994), H. 4, S. 16–25

Ohlemacher 1996: Ohlemacher, Thomas: »Kollektive Aktion« statt »soziale Bewegung«? Oder: Wie notwendig ist der Bewegungsbegriff bei der Analyse des Rechtsextremismus, in: Berliner Debatte INITIAL, H. 1/ 1996, S. 7–11

Ohlemacher 1997: Ohlemacher, Thomas: Zur paradoxen Praxis der ›Political Correctness‹. Anmerkungen zum aktuellen Diskurs der Fremdenfeindlichkeit, in: Scheffer, Bernd (Hrsg.): Medien und Fremdenfeindlichkeit. Alltägliche Paradoxien, Dilemmata, Absurditäten und Zynismen, Opladen 1997, S. 143–158

»Oi!« (1998): »Oi!«: Betreff: Gratulationen!, Eintrag in das Gästebuch RockNORD vom 25. 4. 1998, in: RockNORD, http://www.rocknord.de/ gaestebuch.php3 (ges. am 13. 8. 1998)

Oidoxie (1999): Oidoxie, in: RockNORD, http://www.rocknord.de/nr-29–30–97/oidox.htm (ges. am 5. 5. 1999)

O'Keefe (1999) Das: O'Keefe, Theodore J.: Das US Holocaust Memorial Museum: Ein kostspieliger und gefährlicher Fehler, in: Zündelsite, http://www.lebensraum.org/german/artikel/wahrefrei.005.html (ges. am 15. 11. 1999)

O'Keefe (1999): »Die: O'Keefe, Theodore J.: »Die Befreiung der Lager«. Fakten gegen Lügen, in: Zündelsite, http://www.lebensraum.org/german/artikel/wahrefrei.005.html (ges. am 15. 11. 1999)

Olles 1998: Debatte: Olles, Werner: Debatte (III): Die Rechte und ihr Politikbegriff. Gemeinsame Werte, in: JF vom 26. 6. 1998, S. 2

Olles 1998: Grüner: Olles, Werner: Grüner Opportunismus, in: JF vom 22. 5. 1998, S. 2

Olles 1998: Johannes: Olles, Werner: Johannes Klotz/Ulrich Schneider (Hg.): Die selbstbewußte Nation und ihr Geschichtsbild. Eine schwache Leistung, Genossen, in: JF vom 24. 4. 1998, S. 14

Open (1999): Open Letter to visitors to Ernst Zündel's »Zündelsite«, in: Nizkor, http://www.nizkor.org/features/z-open-letter/ (ges. am 13. 12. 1999)

Organisationsleitung o.Dat. (1998): Organisationsleitung 1. Mai: NPD-Kundgebung vor dem Völkerschlachtdenkmal vom Oberverwaltungsgericht genehmigt!, Schreiben o.Dat. (30. 4. 1998)

Otto 1996: Otto, Martin: Die Geschichte des Projektes JF. Eine Reise vom Schwarzwald über Potsdam nach Berlin, in: JF vom 14. 6. 1996 (Sonderbeilage: 10 Jahre JF), S. 4–5

Overkill (1999): Overkill bei Offensive, in: RockNORD, http://www.rocknord.de/nr-35–98/offen.htm (ges. am 2. 7. 1999)

Pack 1995: Pack, Martin: Vernetzte Kameraden. Deutsche Neonazis im Internet, in: Chip, H. 10/1995, S. 52

Pankraz (Zehm) 1998: Frühdiagnose: Pankraz (Günter Zehm): Pankraz, die Frühdiagnose und der Mensch als Kostenfaktor, in: JF vom 24. 4. 1998, S. 11

Pankraz (Zehm) 1998: Heine: Pankraz (Günter Zehm): Pankraz, H. Heine und die neue Bonner Rhetorik der Ratten, in: JF vom 8. 5. 1998, S. 13

Pankraz (Zehm) 1998: Liminski: Pankraz (Günter Zehm): Pankraz, J. Liminski und die Strafen für Gotteslästerer bei VW, in: JF vom 10. 7. 1998, S. 13

Parolen 1994: Parolen aus der Mailbox, in: Stern, H. 9/1994, S. 107

Patalong 1996: Patalong, Frank: Werbung wider Willen, in: Journalist, H. 2/1996, S. 26–27

»Patriot88« (1998): »Patriot88«: Betreff: Weniger Scheiße produzieren!!, Eintrag in das Gästebuch RockNORD vom 25. 8. 1998, in: RockNORD, http://www.rocknord.de/gaestebuch.php3 (ges. am 13. 8. 1998)

Peter (1998): Peter: Betreff: REP, Eintrag in das Gästebuch RockNORD vom 11. 6. 1998, in: RockNORD, http://www.rocknord.de/ gaestebuch.php3 (ges. am 13. 8. 1998)

Peter vom (1998): Peter vom Nordland Magazin über die Vorfälle rund um das Konzert vom 3. Januar in Brottby. Die Schlacht von Brottby, in: Rock-NORD, http://209.95.104.59/nr-32–98/brottby.htm (ges. am 7. 5. 1998)

Peters 1998: Peters, Gerhard: Ende der Vaterländer (Leserbrief), in: JF vom 5. 6. 1998, S. 19

Pfahl-Traughber 1994: Pfahl-Traughber, Armin: Volkes Stimme? Rechts-populismus in Europa, Bonn 1994

Pfahl-Traughber 1998: Pfahl-Traughber, Armin: »Konservative Revolution« und »Neue Rechte«. Rechtsextremistische Intellektuelle gegen den demokratischen Verfassungsstaat, Opladen 1998

Pfeiffer 1994: Pfeiffer, Thomas: Junge Freiheit – die taz von rechts, Studienarbeit am Institut für Journalistik der Universität Dortmund, Dortmund 1994

Pfeiffer 1996: Rechtsextremisten: Pfeiffer, Thomas: Rechtsextremisten auf dem Daten-Highway. Funktion und Bedeutung computergestützter Kommunikation für die kommunikativen Netzwerke am rechten Rand, Diplomarbeit am Institut für Journalistik der Universität Dortmund, Dortmund 1996

Pfeiffer 1996: Sex: Pfeiffer, Thomas: Sex 'n' Crime im Cyberspace. Schmuddelecken in Datennetzen sind kaum kleinzukriegen, in: Funkfenster (hrsg. von der Landesanstalt für Rundfunk Nordrhein-Westfalen), H. 2/1996, S. 12–16

Pfeiffer 1999: Bornierte: Pfeiffer, Thomas: Bornierte Bits 'n' Bytes. Thule-Netz will »Gegenöffentlichkeit« der Rechtsextremisten schaffen, in: Büttner, Manfred (Hrsg.): Braune Saat in jungen Köpfen. Grundwissen und Konzepte für Unterricht und Erziehung gegen Neonazismus und Rechtsgewalt, Hohengehren 1999, S. 124–142

Pfeiffer 1999: Bye-bye: Pfeiffer, Thomas: Bye-bye, Herr Frey, in: tageszeitung vom 20./21. 11. 1999, S. 7

Pfeiffer 2000: Pfeiffer, Thomas: Nackte Aufrechnung, in: blick nach rechts, H. 12/2000, S. 7

Pfeiffer 2001: Anhaltspunkte: Pfeiffer, Thomas: Anhaltspunkte, in: blick nach rechts, H. 13/2001, S. 4

Pfeiffer 2001: Braune: Pfeiffer, Thomas: Braune Strategie, in: blick nach rechts, H. 3/2001, S. 9

Pfeiffer 2001: Falltür: Pfeiffer, Thomas: Falltür für Net-Nazis, in: blick nach rechts, H. 1/2001, S. 2–3

Pfeiffer 2001: Rechter: Pfeiffer, Thomas: Rechter Draht, in: blick nach rechts, H. 10/2001, S. 3

Pfeiffer 2001: Zwei: Pfeiffer, Thomas: »Zwei Frequenzen«, in: blick nach rechts, H. 12/2001, S. 6

Politik (2001): Politik der Bundesregierung – eine Bedrohung für Deutschland, in: NPD, http://www.npd.net/npd-pv/aktuell (ges. am 17. 9. 2001)

Pörksen 2000: Pörksen, Bernhard: Die Konstruktion von Feindbildern. Zum Sprachgebrauch in neonazistischen Medien, Wiesbaden 2000

Preuß (1999): Ernst: Preuß, Armin: Ernst Moritz Arndt: Herold für Einigkeit und Recht und Freiheit, Teil 4, in: Zündelsite, http://www.lebensraum.org/german/artikel/arndt4.html (ges. am 25. 11. 1999)

Preuß (1999): Hanna, Teil 4: Preuß, Armin: Hanna Reitsch: Ein deutsches Fliegerleben, Teil 4, in: Zündelsite, http://www.lebensraum.org/german/artikel/hanna4.html (ges.am 25. 11. 1999)

Preuß (1999): Prince, Teil 1: Preuß, Armin: Prince Eugen, der edle Ritter, Teil 1, in: Zündelsite, http://www.lebensraum.org/german/artikel/eugen1.html (ges. am 25. 11. 1999)

Preuß (1999): Prince, Teil 5: Preuß, Armin: Prince Eugen, der edle Ritter, Teil 5, in: Zündelsite, http://www.lebensraum.org/german/artikel/eugen5.html (ges. am 25. 11. 1999)

Protokoll (2000): Protokoll des Bezirksgerichts Baden. 1. Abteilung. Sitzung vom 16. Juli 1998, in: Verein gegen Tierfabriken Schweiz, http://www.vgt.ch/news/980909.htm (ges. am 9. 5. 2000)

Pulverdampf 1997: Pulverdampf und Kanonendonner. Die Entscheidung: Das Schlachtgeschehen zwischen dem 16. und 19. Oktober 1813, in: Deutsche Stimme, H. 10/1997, S. 12

P. W. 1998: Neue: P. W.: Neue Bubis-Attacke, in: NE, H. 6/1998, S. 30

P. W. 1998: Prof.: P. W.: Prof. Hepp ein Volksverhetzer? Diwald-Buch eingezogen, in: NE, H. 7–8/1998, S. 37

R. (1998): R., André: Betreff: Solution, Eintrag in das Gästebuch Rock-NORD vom 15.5.1998, in: RockNORD, http://www.rocknord.de/gaestebuch.php3 (ges. am 13.8.1998)

Radio-Nord (1999): Radio-Nord, in: NIT – Nachrichten, Informationen, Theorie, http://www.nit.de/radionord/index.html (ges. am 26.3.1999)

Rainer 1998: Italien: Rainer, Peter Paul: Italien: Sowjetisches Geld auch an Euro-Kommunisten. Liebesgrüße aus Moskau, in: JF vom 26.6.1998, S.15

Rainer 1998: Südtirol: Rainer, Peter Paul: Südtirol: Die italienische Sprachgruppe unterliegt einer permanenten Fluktuation, in: JF vom 12.6.1998, S.7

Ramb 1998: Ramb, Bernd-Thomas: Währungsunion: Die Entscheidung ist gefallen. Katerstimmung, in: JF vom 1.5.1998, S.2

Rammstein 1997: Rammstein, in: Astan, H. 4 (1997), S. 62–63

Raschke 1988: Raschke, Joachim: Soziale Bewegungen. Ein historisch-systematischer Grundriß, 2. Aufl. d. Studienausg., Frankfurt a. M./New York 1988

Rathenow 1997: Rathenow, Undine: Forthcoming Fire – Ein Interview mit Jay Kay, in: Sigill, H. 13 (Frühjahr 1997), S. 15–20

Ravens-Wing (1998): Ravens-Wing, in: RockNORD, http://www.nit.de/nr-29–30–97/raven.htm (ges. am 5.5.1998)

R. B. 4/1998: R. B.: Eurorechte im Blickpunkt, in: NE, H. 4/1998, S. 28–35

R. B. 5/1998: R. B.: Eurorechte im Blickpunkt, in: NE, H. 5/1998, S. 28–35

Rechtsrock (1999): Rechtsrock. Begleitmusik zu Mord und Totschlag, in: Antifaschistische Aktion Düsseldorf, http://www.zakk.de/kok/hintergrund/rechtsrock/index.htm (ges. am 28.6.1999)

RechtsSchutzinstitut o.J.: RechtsSchutzinstitut (Hrsg.): Lokalpolitik und die extreme Rechte in Düsseldorf. »… immer eine gute Adresse?«, o.O. (Düsseldorf) o.J.

Rechts-Sudeten (1999): Rechts-Sudeten vertrieben – jetzt endgültig heimatlos?, in: taz ruhr, http://www.taz-ruhr.de/7.1.99/4.html (ges. am 14.7.1999)

Register 1997: Register, in: Europakreuz, H. 21/22 (1997), S. 44–45

Republikaner (2001): Republikaner bekunden Mitgefühl mit den Opfern, in: REP, http://www.rep.de/republikaner.de/presse/p_aktuell.htm (ges. am 8.10.2001).

Revisionistische o.Dat. (1998): Revisionistische Bücher (Angebotsliste des Samisdat-Verlages), Toronto o.Dat. (1998)

Richter 1998: Richter, Karl: Zum 100. Todestag des »Eisernen Kanzlers«: Wir brauchen einen neuen Bismarck!, in: NE, H. 7–8/1998, S. 5

Richter (2000): Richter, Klaus: Deutsch, rechts, vernetzt. Die Geschichte des Thule-Netzes, in: normative zusammenhänge.at – Beiträge zu IT-Recht und -Politik, http://www.cyberlaw.at/beitraege/thule.deutschvernetzt.html (ges. am 28.2.2000)

Rimland 1996: Rimland, Ingrid: E-Mail an Thomas Pfeiffer vom 21. 3. 1996

Rimland (1999): April 9: Rimland, Ingrid: April 9, 1997. Good Morning from the Zundelsite (ZGram), in: Zündelsite, http://www.lebensraum. org/english/zgrams/zg1997/zg9704/970409.html (ges. am 21. 12. 1999)

Rimland (1999): April 17: Rimland, Ingrid: April 17, 1997. Good Morning from the Zundelsite (ZGram), in: Zündelsite, http://www.lebensraum. org/english/zgrams/zg1997/zg9704/970417.html (ges. am 21. 12. 1999)

Rimland (1999): February 10: Rimland, Ingrid: February 10, 1999. Good Morning from the Zundelsite (ZGram), in: Zündelsite, http://www.le-bensraum.org/english/zgrams/zg1999/zg9902/990210.html (ges. am 21. 12. 1999)

Rimland (1999): January 27: Rimland, Ingrid: January 27, 1999. Good Morning from the Zundelsite (Zgram), in: Zündelsite, http://www.le-bensraum.org/english/zgrams/zg1999/zg9901/990127.html (ges. am 21. 12. 1999)

Rimland (1999): Mission: Rimland, Ingrid: Mission Statement, in: Zün-delsite, http://www.lebensraum.org//english/misc/mission.html (ges. am 9. 12. 1999)

Rissmann 1998: Rissmann, Hans-Peter: Umfrage: Knapp eintausend Leser äußerten ihre Wünsche, Lob und Kritik/Veränderungen sind geplant. Am liebsten noch größeren Umfang, in: JF vom 10. 4. 1998, S. 18

Rogalla 1995: Rogalla, Annette: Aufpoliertes rechtes Image, in: tageszeitung vom 8. 11. 1995, S. 5

Rojas 1999: Rojas, Javier: Anti-Antifa. Ein Handbuch über eine aktive Terror-organisation der Nazis, o. O. 1999

Romig 1998: Romig, Friedrich: Das Recht der Nation, in: JF vom 19. 6. 1998, S. 16

Rosen 1997: Rosen, Klaus-Henning: »Sprechsaal« für wen? Meinungsviel-falt und sozialdemokratische Grundsätze, in: blick nach rechts, H. 13/ 1997, S. 10

Roßnagel 1997: Roßnagel, Alexander: Globale Datennetze. Ohnmacht des Staates – Selbstschutz der Bürger, in: FIFF-Kommunikation (hrsg. vom Forum InformatikerInnen für Frieden und gesellschaftliche Verant-wortung), H. 2/1997, S. 48–52

Rötzer (2001): Rötzer, Florian: Website von NRW-Rechtsanwalt Horst Mahler aus dem Netz genommen, in: Telepolis, http://www.heise.de/tp/ deutsch/inhalt/te/7333/1.html (ges. am 8. 5. 2001)

Rucht 1994: Modernisierung: Rucht, Dieter: Modernisierung und neue so-ziale Bewegungen. Deutschland, Frankreich und USA im Vergleich, Frankfurt a. M./New York 1994

Rucht 1994: Öffentlichkeit: Rucht, Dieter: Öffentlichkeit als Mobilisie-
rungsfaktor für soziale Bewegungen, in: Neidhardt, Friedhelm (Hrsg.):
Öffentlichkeit, öffentliche Meinung, soziale Bewegungen, Opladen
1994 (Sonderhefte der Kölner Zeitschrift für Soziologie und Sozialpsy-
chologie 34), S. 337–358

Rudolf (1999): Rudolf, Germar: Das Rudolf-Gutachten, in: Vrij Historisch
Onderzoek, http://www.vho/D/rga/rga/html (ges. am 16. 12. 1999)

Rudolf 2000: Rudolf, Germar: »Das bin ich Ihnen schuldig«. Rechen-
schaftsbericht von Castle Hill Publishers, Hastings 2000

Rudolf Heß (1999): Rudolf Heß. Stellvertreter des Führers und Reichs-
minister a. D., in: Zündelsite, http://www.lebensraum/org/german/ar-
tikel/hess.html (ges. am 25. 11. 1999)

Ruhrstörung (1999): Ruhrstörung, in: RockNORD, http://www.rock-
nord.de/nr-31–98/ruhrst.htm (ges. am 21. 6. 1999)

Rummeleit 1998: Rummeleit, Frank: Weissglut. »Weissglut« (Semaphore),
in: Zillo, H. 5/1998, S. 122

Sailer 1999: Sailer, Gerhard: Freiheitliche: Gespräch mit Barbara Rosenkranz. Politisch couragiert, in: JF vom 29. 5. 1998, S. 7

»Sandy XXX« 2000: »Sandy XXX«: Zentrale Säulen des rechten Kultur-
kampfes. VAWS: Nazi-Propaganda, Musik & Kommerz, in: Grufties
gegen Rechts Bremen/Music For A New Society (Hrsg.): Die Geister,
die ich rief ..., Ausgabe 2, Bremen 2000, S. 11–14

Schacht 1998: Schacht, Ulrich: Gegenbilder, in: JF vom 26. 6. 1998, S. 1

Schacht/Schwilk 1998: Schacht, Ulrich und Schwilk, Heimo: Polemik: Der
DVU-Wahlsieg bringt die Verhältnisse in Deutschland zum Tanzen.
Stoppzeichen für die Etablierten, in: JF vom 8. 5. 1998, S. 7

Schafft 1993: Schafft befreite Zonen. Revolutionärer Weg konkret, in: Vorderste Front. Zeitschrift für politische Theorie & Strategie, H. 2/1993,
S. 4–7

Schafft (1999): Schafft befreite Zonen, in: Zündelsite, http://www.le-
bensraum.org/german/artikel/tiefe.001.html (ges. am 18. 11. 1999)

Schlee 1997: Gerechtigkeit: Schlee, Emil: Gerechtigkeit erhöhet ein Volk.
Für Freiheit, Wahrheit, Recht und Frieden – Gegen Zensur und Patriotenverfolgung, in: Eibicht 1997: Unterdrückung, S. 45–61

Schlee 1997: Wir: Schlee, Emil: Wir müssen aus der Geschichte und voneinander lernen, in: Eibicht, Rolf-Josef (Hrsg.): Jörg Haider. Patriot im
Zwielicht? Eine politische und kritische Analyse, Stuttgart 1997, S. 415
bis 435

Schlee 1998: Die Drei: Schlee, Emil: Die Drei [sic!] Dreißigjährigen Kriege
gegen Deutschland, in: Eibicht 1998 Deutschlands, S. 310–317

Schlee 1998: Die Klärung: Schlee, Emil: Die Klärung der Kriegsschuldfrage, in: Eibicht 1998 Deutschlands, S. 286–309

Schlee 1998: Es: Schlee, Emil: Es geht um Deutschland. Zur Lage unseres Volkes 1991, in: Eibicht 1998 Deutschlands, S. 333–341

Schlee 1998: 50 Jahre: Schlee, Emil: 50 Jahre Flucht und Vertreibung 1945–1995, in: Eibicht 1998 Deutschlands, S. 251–278

Schlee 1998: Wahrheit: Schlee, Emil: Wahrheit, Ehre und Gerechtigkeit den deutschen Soldaten, in: Eibicht 1998 Deutschlands, S. 318 bis 332

Schmidt 1998: Flandern: Schmidt, Martin: Flandern und das neue Zeitalter: Souveränität ist auch ökonomisch ein Gebot der Stunde. Epoche der Staatengründungen, in: JF vom 5. 6. 1998, S. 8

Schmidt 1998: Referenden: Schmidt, Martin: Referenden in Irland: Auch nördliche Counties bejahen Stormont-Vertrag. Großer Schritt zur Einheit, in: JF vom 29. 5. 1998, S. 9

Schobert 1997: Schobert, Alfred: Geheimnis und Gemeinschaft. Die Dark-Wave-Szene als Operationsgebiet ›neurechter‹ Kulturstrategie, in: Cleve, Gabriele u. a. (Hrsg.): Wissenschaft Macht Politik. Interventionen in aktuelle gesellschaftliche Diskurse. Siegfried Jäger zum 60. Geburtstag, Münster 1997, S. 384–395

Schobert 1998: Schwarzer: Schobert, Alfred: Schwarzer Sony-Gott, in: Archiv-Notizen November 1998 (hrsg. vom Duisburger Institut für Sprach- und Sozialforschung), S. 4–5

Schobert 1998: Sony: Schobert, Alfred: »Sony treibt's zur Weissglut«, in: Archiv-Notizen Oktober 1998 (hrsg. vom Duisburger Institut für Sprach- und Sozialforschung), S. 6–7

Schobert 1998: Weissglut: Schobert, Alfred: Weissglut bei Sony, in: Archiv-Notizen Dezember 1998 (hrsg. vom Duisburger Institut für Sprach- und Sozialforschung), S. 1

Schobert 1999: Josef: Schobert, Alfred: Josef Klumb juristisch gescheitert, in: Archiv-Notizen Mai 1999 (hrsg. vom Duisburger Institut für Sprach- und Sozialforschung), S. 6

Schobert 1999: Klumb: Schobert, Alfred: Klumb bei Sleipnir, in: Archiv-Notizen März 1999 (hrsg. vom Duisburger Institut für Sprach- und Sozialforschung), S. 4–5

Schobert 1999: Sleipnir: Schobert, Alfred: Sleipnir-Poesie, in: Archiv-Notizen April 1999 (hrsg. vom Duisburger Institut für Sprach- und Sozialforschung), S. 8–9

Schobert 1999: Unglaubliche: Schobert, Alfred: »Unglaubliche Kampagne« des DISS, in: Archiv-Notizen Februar 1999 (hrsg. vom Duisburger Institut für Sprach- und Sozialforschung), S. 5–6

Schobert (2000): Schobert, Alfred: Heidentum, Musik und Terror, in: Duisburger Institut für Sprach- und Sozialforschung/Internet Bibliothek, http://members.aol.com/dissdui/bi0026.htm (ges. am 14. 1. 2000)

Scholz 1993: Scholz, Frank (verantwortl.): Jetzt neu! Kostenlos 10 Jahre Österreich, in: Nachrichten der HNG, H. 157 (Dezember 1993), S. 23 (Flugblatt)

Scholz o.Dat. (1994): Scholz, Frank (verantwortl.): So werden Steuergelder verpulvert! »Neonazi-Prozeß« in Stuttgart, Altena o.Dat. (1994) (Flugblatt)

Scholz 1998: Scholz, Frank (verantwortl.): Mord, Altena 1998 (Flugblatt)

Scholz o.Dat. (1998): Der: Scholz, Frank (verantwortl.): Der Nationale Widerstand hat viele Gesichter, Altena o.Dat. (1998) (Flugblatt)

Scholz o. Dat. (1998): 1. Mai: Scholz, Frank (verantwortl.): 1. Mai – Kampftag des Nationalen Widerstandes oder Bundestreffen nur einer Partei, Altena o.Dat. (1998) (Flugblatt)

Schönekäs 1990: Schönekäs, Klaus: Bundesrepublik Deutschland, in: Greß, Franz, Jaschke, Hans-Gerd und Schönekäs, Klaus: Neue Rechte und Rechtsextremismus in Europa. Bundesrepublik, Frankreich, Großbritannien, Opladen 1990, S. 218–349

Schönhuber 1998: Schönhuber, Franz: Zeit der Spaltpilze, in: NE, H. 7 bis 8/1998, S. 41–44

Schröcke 1997: Appell: Schröcke, Helmut: Appell der 100, 500, 1000, in: Eibicht 1997: Unterdrückung, S. 593–599

Schröcke 1997: Das: Schröcke, Helmut: Das Reich der Deutschen und die gesamtdeutsche Verantwortung am Beispiel Österreich, in: Eibicht, Rolf-Josef (Hrsg.): Jörg Haider. Patriot im Zwielicht? Eine politische und kritische Analyse, Stuttgart 1997, S. 357–365

Schröcke 1998: Der: Schröcke, Helmut: Der Freiheit eine Gasse, in: Eibicht 1998 Deutschlands, S. 282–285

Schröcke 1998: Warum: Schröcke, Helmut: Warum (noch) national?, in: Eibicht 1998 Deutschlands, S. 279–282

Schröder 1992: Schröder, Burkhard: Rechte Kerle. Skinheads, Faschos, Hooligans. Reinbek 1992

Schröder 1995: Neonazis online: Schröder, Burkhard: Neonazis online: Im »Thule-Netz«, in: tageszeitung vom 6. 12. 1995, S. 15

Schröder 1995: Neonazis und: Schröder, Burkhard: Neonazis und Computernetze. Wie Rechtsradikale neue Kommunikationsformen nutzen, Reinbek 1995

Schröder 1997: Im: Schröder, Burkhard: Im Griff der rechten Szene. Ostdeutsche Städte in Angst, Reinbek 1997

Schröder 1997: Neonazis: Schröder, Burkhard: Neonazis im Internet, Berlin 1997 (Manuskript)

Schröder (1999): Schröder, Burkhard: Rechte Firmen, Verlage und Zeitungen, in: Homepage Burkhard Schröder, http://www.burks.de/nazis.htm (ges. am 28. 6. 1999)

Schröder (2001): Schröder, Burkhard: New-Nazi-Economy, in: Telepolis, http://www.heise.de/tp/deutsch/inhalt/te/7026/1.html (ges. am 8. 5. 2001)

Schweinkram 1996: Schweinkram drauf. Die Internet-Gemeinde wehrt sich gegen Zensur. Alle denkbaren Kontrollen lassen sich sowieso unterlaufen, in: Der Spiegel, H. 7/1996, S. 157–158

Schwilk/Schacht 1994: Schwilk, Heimo und Schacht, Ulrich (Hrsg.): Die selbstbewußte Nation. »Anschwellender Bocksgesang« und weitere Beiträge zu einer deutschen Debatte, Frankfurt a. M./Berlin 1994

Sieber 1996: Strafrechtliche 1: Sieber, Ulrich: Strafrechtliche Verantwortlichkeit für den Datenverkehr in internationalen Computernetzen (1). Neue Herausforderungen des Internets, in: Juristen Zeitung, 51. Jg. (1996), H. 9, S. 429–442

Sieber 1996: Strafrechtliche 2: Sieber, Ulrich: Strafrechtliche Verantwortlichkeit für den Datenverkehr in internationalen Computernetzen (2). Neue Herausforderungen des Internets – Fortsetzung und Schluss, in: Juristen Zeitung, 51. Jg. (1996), H. 10, S. 494–507

Sieber 1997: Sieber, Ulrich: Kontrollmöglichkeiten zur Verhinderung rechtswidriger Inhalte in Computernetzen (I). Zur Umsetzung von § 5 TDG am Beispiel der Newsgroups des Internets, in: Computer und Recht, 13. Jg. (1997), H. 10, S. 581–598

Sieber o. J. (1998): Sieber, Ulrich: »Technisch möglich und zumutbar«: Geeignete Kriterien für die Praxis?, in: Bundesministerium für Bildung, Wissenschaft, Forschung und Technologie (Hrsg.): Informations- und Kommunikationsdienste-Gesetz – Umsetzung und Evaluierung – Chancen für die Wirtschaft, Erwartungen an Verwaltung und Gesetzgebung. Dokumentation der Fachtagung des BMBF vom 8. Dezember 1997, Bonn o. J. (1998), S. 89–95

Siegel 1998: Siegel, Wolf B.: Schöngeisterei (Leserbrief), in: JF vom 26. 6. 1998, S. 19

»Skinhead A. P.« (1998): »Skinhead A. P.«: Betreff: Heil an Patriot 88, Eintrag in das Gästebuch RockNORD vom 22. 7. 1998, in: RockNORD, http://www.rocknord.de/gaestebuch.php3 (ges am 13. 8. 1998)

»Skinhead P.« (1998): Trotz: »Skinhead P.«: Betreff: Trotz Verbot, nicht tot … …!!!! [sic!], Eintrag in das Gästebuch RockNORD vom 26. 4. 1998, in: RockNORD, http://www.rocknord.de/gaestebuch.php3 (ges. am 13. 8. 1998)

»Skinhead P.« (1998): Weiber: »Skinhead P.«: Betreff: Weiber und Bier, Eintrag in das Gästebuch RockNORD vom 21. 5. 1998, in: Rock-NORD, http://www.rocknord.de/gaestebuch.php3 (ges. am 13. 8. 1998)

»Skrew« (1998): »Skrew«: Betreff: Gedenken an …, Eintrag in das Gästebuch RockNORD vom 24. 5. 1998, in: RockNORD, http://www.rocknord.de/gaestebuch.php3 (ges. am 13. 8. 1998)

»Snoopy« (2000): »Snoopy«: was weissglut auf ihrer news page dazu sagen, Eintrag in das Diskussionsforum Rock Hard vom 29. 1. 1999, http:// www. rockhard.de/wwwboard/heftfomessages/273.html (ges. am 14. 1. 2000)

Speit 2000: Speit, Andreas: Auf der Flucht. »Satansmörder« Hendrik Möbus, in: Der Rechte Rand, H. 62 (Januar/Februar 2000), S. 22

Springer 1996: Springer, Gabriel: Der Sound zum Ende des Jahrhunderts. Böse, weil es diese Zeit nicht anders verdient hat: Rammstein!, in: JF vom 29. 3. 1996, S. 24

Staatsfeindliches 1999: Staatsfeindliches: Unternehmen Dreizack. Progressive Subkultur, in: Propaganda Medien-Informationsdienst (hrsg. von Verlag und Agentur Werner Symanek), H. 3 (Februar 1999), S. 1

Standke 1997: Standke, Jürgen: »Lützows wilde Jagd«. Im Schatten der Völkerschlacht erhob sich der Patriotismus im Glauben an Deutschland, in: Deutsche Stimme, H. 10/1997, S. 12

Steff 1995: Steff: Interview mit dem Sänger von Forthcoming Fire, in: Astan, H. 1 (Winter 1995/1996), S. 16–19

Stein 1998: Bundestagswahl: Stein, Dieter: Bundestagswahl: Meinungsumfragen versprechen hohes rechtes Wählerpotential. Rechte im Bundestag?, in: JF vom 7. 8. 1998, S. 1

Stein 1998: Erzählte: Stein, Dieter: Erzählte Geschichte, in: JF vom 19. 6. 1998 (Sonderbeilage: Der Tag, als die D-Mark kam), S. 24

Stein 1998: Harte: Stein, Dieter: Harte Realitäten, in: JF vom 17. 7. 1998, S. 2

Stein 1998: Konflikt: Stein, Dieter: Konflikt: Diskussion in der »Deutschland-Bewegung« um Kontakte Mechtersheimer-Frey. Ein Besuch in der Paosostraße, in: JF vom 5. 6. 1998, S. 4

Stein 1998: Meinungsumfragen: Stein, Dieter: Meinungsumfragen: Politiker reagieren auf »Rechtsruck« mit pädagogischen Maßnahmen. Das bevormundete Volk, in: JF vom 10. 7. 1998, S. 1

Stein 1998: Nationale: Stein, Dieter: Nationale Identität: Warum wir unserer Vergangenheit nicht entgehen. Der Weg in die Geschichte, in: JF vom 19. 6. 1998, S. 1

Stein 1998: Parteien: Stein, Dieter: Parteien: Mechtersheimer verhandelt mit Frey. Gewiefte Taktiker, in: JF vom 5. 6. 1998, S. 2

Stein 1998: Quittung: Stein, Dieter: Quittung für die Union, in: JF vom 8. 5. 1998, S. 2

Stein 1998: Sachsen-Anhalt: Stein, Dieter: Sachsen-Anhalt: 12,9 Prozent wählten Rechts-Partei in den Magdeburger Landtag. Flügelschlagen im Osten, in: JF vom 1. 5. 1998, S. 1

Stein 1998: Schreiben: Stein, Dieter: Schreiben an die Freunde der Jungen Freiheit vom 20. 8. 1998

Stein 1998: Zuwanderung: Stein, Dieter: Zuwanderung: Die Integration von Ausländern wird zu einer politischen Schlüsselfrage. Universal, global, total egal, in: JF vom 3. 7. 1998, S. 1

Stein 1999: Stein, Dieter: Eine Liebeserklärung an Tausende Leser einer kleinen Wochenzeitung. Jede Woche ein kleines Wunder, in: JF vom 22. 1. 1999 (Sonderbeilage: 5 Jahre Wochenzeitung Junge Freiheit), S. 20

Stein 2001: Stein, Dieter: Tragödie des Westens. Der Führungsanspruch der USA muß in Frage gestellt werden, in: JF, 21. 9. 2001, S. 1.

Stein/Schwarz 2001: Stein, Dieter und Schwarz, Moritz: »Die Amerikaner werden diesen Feldzug nicht gewinnen«. Im Gespräch: Peter Scholl-Latour über George W. Bushs »ersten Krieg im 21. Jahrhundert«, die blinde Gefolgschaft Deutschlands und die kulturelle Aggression des Westens gegen den Islam, in: JF, 21. 9. 2001, S. 2–3.

Steinmetz 1996: Steinmetz, Linda: Verbreitung rechter Ideologien in Computernetzwerken. Stützpfeiler einer rechten Bewegung?, in: Forschungsjournal Neue Soziale Bewegungen, 9. Jg. (1996), H. 1, S. 59–69

Stieg 1999: Stieg, Ecki: Statement zur Streichung des Programmpunktes »Die braune Flut« bei der Zillo-Podiumsdiskussion, in: Zillo Festival Special, Beilage zu H. 7–8/1999, S. 19

Stöss 1989: Stöss, Richard: Die extreme Rechte in der Bundesrepublik. Entwicklung, Ursachen, Gegenmaßnahmen, Opladen 1989

Stöss 1994: Stöss, Richard: Forschungs- und Erklärungsansätze – ein Überblick, in: Kowalsky, Wolfgang und Schroeder, Wolfgang (Hrsg.): Rechtsextremismus. Einführung und Forschungsbilanz, Opladen 1994, S. 23–66

Stöss 2000: Stöss, Richard: Rechtsextremismus im vereinten Deutschland (hrsg. von der Friedrich-Ebert-Stiftung), 3. Aufl., Berlin 2000

Strafbare (2000): Strafbare Inhalte, in: Thule-Netz, http://www.thule-net.com/strafbar/index.htm (ges. am 18. 5. 2000)

Strafbarkeit 1995: Strafbarkeit wegen Leugnens des Holocausts – Fall Deckert II, in: Neue Juristische Wochenschrift, 48. Jg. (1995), H. 5, S. 340

Strömer (1996): Strömer, Tobias H.: SysOps [sic!] hinter Gittern, in: Rechtswissenschaftliche Fakultät der Universität Düsseldorf/Netlaw, http://www.uni-duesseldorf.de/WWW/Jura/internet/netlaw/ (ges. am 13. 6. 1996)

Strömer 1997: Strömer, Tobias H.: Online Recht. Rechtsfragen im Internet und in Mailboxen, Heidelberg 1997

414

Sturmgesang (1999): Sturmgesang, in: RockNORD, http://www.rock-nord.de/nr-31–98/sturm.htm (ges. am 21. 6. 1999)

Sünner 1999: Sünner, Rüdiger: Schwarze Sonne. Entfesselung und Miß-brauch der Mythen in Nationalsozialismus und rechter Esoterik, Frei-burg/Basel/Wien 1999

Sven (1998): Sven: Betreff: Bewegung, Eintrag in das Gästebuch Rock-NORD vom 2. 7. 1998, in: RockNORD, http://www.rocknord.de/gaestebuch.php3 (ges. am 13. 8. 1998)

Symanek 1996: Symanek, Werner (Hrsg.): Riefenstahl, Bingen a. R. 1996 (Begleitbuch zur Doppel-CD)

Tagebuch 14/1990: Tagebuch, in: blick nach rechts, H. 14/1990, S. 10

Tagebuch 4/1996: Tagebuch, in: blick nach rechts, H. 4/1996, S. 13–16

Tagebuch 1/1997: Tagebuch, in: blick nach rechts, H. 1/1997, S. 13–16

Tagebuch 6/1997: Tagebuch, in: blick nach rechts, H. 6/1997, S. 14–16

Tagebuch 24/1997: Tagebuch, in: blick nach rechts, H. 24/1997, S. 14–16

Tagebuch 5/1998: Tagebuch, in: blick nach rechts, H. 5/1998, S. 14–16

Technik o.Dat. (1993): Technik, in: Thule-Journal, H. 1, o.Dat. (1993), S. 6

Thaler 1996: Thaler, Thorsten: Eine Woche im Redaktionsalltag der Zei-tung. Im Mossehaus brennt noch Licht …, in: JF vom 14. 6. 1996 (Sonderbeilage: 10 Jahre JF), S. 6–7

Thaler 1998: Abschiebungen: Thaler, Thorsten: Abschiebungen: Berlins Innensenator unter Beschuß. Ein Mann, ein Wort, in: JF vom 24. 7. 1998, S. 2

Thaler 1998: Medien: Thaler, Thorsten: Medien: Die »taz« greift Horst Mahler wegen seines Beitrags in der JF an. Diskussion über Grenzen hinweg, in: JF vom 24. 4. 1998, S. 4

Thaler 1998: Rechtschreibreform: Thaler, Thorsten: Rechtschreibreform: Bürgerinitiative erfolgreich/Verfassungsschutz stigmatisiert Kritiker. Angriff auf kulturelle Eigenheiten, in: JF vom 12. 6. 1998, S. 4

Thaler 1998: Standpunkt: Thaler, Thorsten: Standpunkt: An der DVU schei-den sich die Geister. Bankrotterklärung, in: JF vom 12. 6. 1998, S. 2

Thaler 1998: Zwischen: Thaler, Thorsten: Zwischen allen Fronten, in: JF vom 7. 8. 1998, S. 5

The Anti-Defamation League 1996: The Anti-Defamation League (Hrsg.): Danger: Extremism. The Major Vehicles and Voices on America's Far-Right Fringe, New York 1996

The Anti-Defamation League 1999: The Anti-Defamation League (Hrsg.): Poisoning the Web. Hatred Online, New York 1999

Thenn 1998: Thenn, Leo: Opfer verleugnet (Leserbrief), in: NE, H. 5/1998, S. 70

Thierse (2000): Thierse, Wolfgang: Rede in der Bundestagsdebatte »Für Toleranz und Menschlichkeit – gegen Fremdenfeindlichkeit, Antisemitismus und Gewalt in Deutschland« vom 28. September 2000, in: Deutscher Bundestag/Reden des Bundestagspräsidenten, http://www.bundestag.de/gremien/reden/rechts.htm (ges. am 6. 10. 2000)

Thule-Gate (2000): Thule-Gate, in: Thule-Netz, http://www.thulenet.com/gate/index.htm (ges. am 18. 5. 2000)

Thule-Netz 1998: Thule-Netz adé, in: Archiv-Notizen März 1998 (hrsg. vom Duisburger Institut für Sprach- und Sozialforschung), S. 1

»Till« 1998: »Till«: Jecken mit brauner Weste: Auch der Karneval wird jetzt »entnazifiziert«, in: NE, H. 7–8/1998, S. 38–39

Torben (1998): Torben: Der Kult ist unpolitisch, aber ein Skinhead kann politisch sein! (Leserbrief), in: RockNORD, http://www.rocknord.de/nr-35–98/kontra.htm (ges. am 2. 7. 1998)

Triumph!!! (2000): Triumph!!! BRd [sic!] so gut wie erledigt, in: Thule-Netz, http://www.thulenet.com/meldung/wahl.htm (ges. am 6. 7. 2000)

Tröndle/Fischer 1999: Tröndle, Herbert und Fischer, Thomas: Strafgesetzbuch und Nebengesetze, 49. Auflage, München 1999

Trübe 1998: Trübe Lichtgestalt. Musikgeschäft, in: Der Spiegel, H. 44/1998, S. 304

Uhrlau 1996: Uhrlau, Ernst: Binnenstruktur und Vernetzungstendenzen rechtsextremer Mobilisierung im Vergleich zu anderen Bewegungen, in: Berliner Debatte INITIAL, H. 1/1996, S. 12–20

VAWS o.Dat. (1997): Forthcoming: VAWS: Forthcoming Fire (Werbeschreiben), Mühlheim a. R. o.Dat. (1997)

VAWS o.Dat. (1997): Werbeschreiben: VAWS: Werbeschreiben o.Dat. (Oktober 1997)

VAWS o.Dat. (1998): VAWS: Werbeschreiben o.Dat. (August 1998)

VAWS 1999: VAWS Report September 1999

VAWS 2000: VAWS Report Januar 2000

Verfassungsschutzbericht Baden-Württemberg 1998: Verfassungsschutzbericht Baden-Württemberg 1998, Stuttgart 1999

Verfassungsschutzbericht Bund 1990: Verfassungsschutzbericht Bund 1991, Bonn 1991

Verfassungsschutzbericht Bund 1994: Verfassungsschutzbericht Bund 1994, Bonn 1995

Verfassungsschutzbericht Bund 1995: Verfassungsschutzbericht Bund 1995, Bonn 1996

Verfassungsschutzbericht Bund 1996: Verfassungsschutzbericht Bund 1996, Bonn 1997

Verfassungsschutzbericht Bund 1997: Verfassungsschutzbericht Bund 1997, Bonn 1998

Verfassungsschutzbericht Bund 1998: Verfassungsschutzbericht Bund 1998, Bonn/Berlin 1999

Verfassungsschutzbericht Bund 1999: Verfassungsschutzbericht Bund 1999, Bonn/Berlin 2000 (Pressefassung)

Verfassungsschutzbericht Bund 2000: Verfassungsschutzbericht Bund 2000, Bonn/Berlin 2001 (Pressefassung)

Verfassungsschutzbericht Hamburg 1994: Verfassungsschutzbericht Hamburg 1994, Hamburg 1995

Verfassungsschutzbericht Hamburg 1997: Verfassungsschutzbericht Hamburg 1997, Hamburg 1998

Verfassungsschutzbericht Niedersachsen 1994: Verfassungsschutzbericht Niedersachsen 1994, Hannover 1995

Verfassungsschutzbericht Niedersachsen 1995: Verfassungsschutzbericht Niedersachsen 1995, Hannover 1996

Verfassungsschutzbericht Niedersachsen 1997: Verfassungsschutzbericht Niedersachsen 1997, Hannover 1998

Verfassungsschutzbericht NRW 1991: Verfassungsschutzbericht Nordrhein-Westfalen 1991, Düsseldorf 1992

Verfassungsschutzbericht NRW 1992: Verfassungsschutzbericht Nordrhein-Westfalen 1992, Düsseldorf 1993

Verfassungsschutzbericht NRW 1994: Verfassungsschutzbericht Nordrhein-Westfalen 1994, Düsseldorf 1995

Verfassungsschutzbericht NRW 1995: Verfassungsschutzbericht Nordrhein-Westfalen 1995, Düsseldorf 1996

Verfassungsschutzbericht NRW 1996: Verfassungsschutzbericht Nordrhein-Westfalen 1996, Düsseldorf 1997 (Pressefassung)

Verfassungsschutzbericht NRW 1997: Verfassungsschutzbericht Nordrhein-Westfalen 1997, Düsseldorf 1998 (Pressefassung)

Verfassungsschutzbericht NRW 1998: Verfassungsschutzbericht Nordrhein-Westfalen 1998, Düsseldorf 1999 (Pressefassung)

Verfassungsschutzbericht NRW 1999: Verfassungsschutzbericht Nordrhein-Westfalen 1999, Düsseldorf 2000 (Pressefassung)

Verfassungsschutzbericht NRW 2000: Verfassungsschutzbericht Nordrhein-Westfalen 2000, Düsseldorf 2001 (Pressefassung)

Verfassungsschutzbericht NRW. Zwischenbericht 1998: Verfassungsschutzbericht Nordrhein-Westfalen. Zwischenbericht 1998, Düsseldorf 1998

Verfassungsschutzbericht Sachsen 1998: Verfassungsschutzbericht Sachsen 1998, Dresden 1999

Verhalten o.Dat. (1993): Verhalten im Netz, in: Thule-Journal, H. 1, o.Dat. (1993), S. 9

Verhalten o.Dat. (1994): Verhalten im Netz, in: Thule-Journal, H. 2, o.Dat. (1994), S. 31

Verwaltungsgericht Düsseldorf 1997: Verwaltungsgericht Düsseldorf: Urteil vom 14. 2. 1997 in dem verwaltungsgerichtlichen Verfahren der Junge Freiheit Verlag GmbH & Co. gegen das Land Nordrhein-Westfalen, vertreten durch den Innenminister des Landes Nordrhein-Westfalen, Az: 1 K 9318/96

Verwaltungsgericht Köln 1999: Verwaltungsgericht Köln: Urteil vom 12. 1. 1999 in dem verwaltungsgerichtlichen Verfahren des Herrn Ernst Zündel gegen die Bundesrepublik Deutschland, vertreten durch die Bundesprüfstelle für jugendgefährdende Schriften, Az: 17 K 9785/96

Verweise (2000): Verweise auf andere Seiten, in: Thule-Netz, http://www.thulenet.com/suche/links.htm (ges. am 18. 5. 2000)

Videoangebote o.Dat. (1998): Videoangebote (Angebotsliste des Samisdat-Verlages), Toronto o.Dat. (1998)

Vindex 1998: Vindex: Linke Logik: Ohne Rassen kein Rassismus, in: NE, H. 4/1998, S. 10

Voigt 1998: Voigt, Karsten: Eigenes Profil nur mit eigenen Medien (Leserbrief), in: Deutsche Stimme, H. 12/1998, S. 15

Volkmann 1998: Volkmann, Wilhelm: Ohne Marx kein Hitler (Leserbrief), in: JF vom 24. 4. 1998, S. 19

Volksempfänger 1997: Volksempfänger gestört, in: Junge Welt vom 4. 3. 1997, S. 14

von Dobeneck 1998: von Dobeneck, Holger: Zeitschriftenkritik: »Der Blaue Reiter«. Jenseits verstaubter Folianten, in: JF vom 24. 4. 1998, S. 12

von Gersdorff 1998: von Gersdorff, Mathias: Okkultismus: In Hannovers Schulen ist der Teufel los. Esoterik als Pflichtfach, in: JF vom 12. 6. 1998, S. 18

Von Gothic i. E.: Von Gothic, Grufts und Industrial – die Schwarze Szene im Überblick, in: Speit, Andreas (Hrsg.): Ästhetische Mobilmachung. Darkwave, Neofolk und Industrial im Spannungsfeld rechter Ideologien, Münster i. E., S. 1–21 (Manuskript)

von Schnurbein 1993: von Schnurbein, Stefanie: Göttertrost in Wendezeiten. Neugermanisches Heidentum zwischen New Age und Rechtsradikalismus, München 1993

Wagner 1994: Wagner, Bernd (Hrsg.): Handbuch Rechtsextremismus. Netzwerke, Parteien, Organisationen, Ideologiezentren, Medien, Reinbek 1994

Wagner 1998: Rechtsextremismus: Wagner, Bernd: Rechtsextremismus und kulturelle Subversion in den neuen Ländern, Berlin 1998 (Sonderausgabe des Bulletin. Schriftenreihe des Zentrum Demokratische Kultur)

Walker 1998: Walker, Michael: Nordirland nach dem Stormont-Abkommen: London hat Ulster immer als Ausland behandelt. Die Kapitulation der Loyalisten, in: JF vom 24. 4. 1998, S. 8

Warum o.Dat. (1993): Warum eine nationalistische Mailbox, in: Thule-Journal, H. 1, o.Dat. (1993), S. 3–4

Was 1993: Was ist eine Mailbox? Wie sich mit Datenvernetzung »befreite Zonen« schaffen lassen, in: Deutsche Rundschau, H. 12/1993, S. 4

W. B. 1998: W. B.: Deutsche Grenzen – wo?, in: NE, H. 7–8/1998, S. 91–92

Weber (1999) Auschwitz: Weber, Mark: Auschwitz – Mythen und Fakten, in: Zündelsite, http://www.lebensraum.org/german/artikel/wahre-frei.006.html (ges. am 19. 11. 1999)

Weber (1999): Der: Weber, Mark: Der Holocaust: Laßt uns beide Seiten hören, in: Zündelsite, http://www.lebensraum.org/german/artikel/wahrefrei.011.html (ges. am 19. 11. 1999)

Weiland 1997: Weiland, Severin: »Junge Freiheit« vor dem Aus? Gegen den Geschäftsführer der rechten Zeitung wird wegen Konkursverschleppung ermittelt. Ehemaliger Mitstreiter stellte Strafanzeige, in: tageszeitung vom 4. 2. 1997, S. 5

Weiland 1998: Weiland, Severin: Die letzte große Schlacht: »Ratlos und verzweifelt«: Die rechte Wochenzeitung »Junge Freiheit« steht wieder vor dem Aus, in: tageszeitung vom 11. 9. 1998, S. 18

Weinschenk (2000): Weinschenk, Klaus: Zusatz zur Buchbesprechung Eibicht/Hipp, »Der Vertreibungs-Holocaust«, Reaktion auf Pfeiffer, Th.: »Nackte Aufrechnung«, Blick nach rechts, 17. J., Nr. 12, 15. 6. 2000, in: Germania/Neue Rezensionen, http://www.pro-deutsch.de/inhalt/quellen/hauptteil_quellen3.htm (ges. am 19. 8. 2000)

Weisfeld 1999: Weisfeld, Michael: Die Schwarze Sonne. Von Heidengöttern und Rasse-Mythen, Sendung im Deutschlandfunk vom 13. 7. 1999, 19.15–20.00 Uhr (Manuskript)

Weiss 2000: Weiss, Michael: Begleitmusik zu Mord und Totschlag. Rechtsrock in Deutschland, in: Searchlight u. a. (Hrsg.): White Noise. Rechts-Rock, Skinhead-Musik, Blood & Honour – Einblicke in die internationale Neonazi-Musik-Szene, Münster 2000, S. 63–87

Weissglut 1998: Weissglut, in: Astan, H. 8 (1998), S. 26–27

Weissglut o. Dat. (1998): Weissglut, »Etwas kommt in deine Welt« (Pressetext), o. Dat. (1998)

Weissglut 1999: Weissglut: Etwas kommt in Deine Welt, in: Deutsche Stimme, H. 9/1999, S. 11

Weissglut (2000): Weissglut. Etwas kommt in Deine Welt, in: Sony Music, http://www.sonymusiceurope.com/artistbrowser/db/000361de.html (ges. am 31. 1. 2000)

Weltzer 1996: Weltzer, Jörg: Skinheads, Nazi-Skins und rechte Subkultur, in: Mecklenburg 1996, S. 782–791

Wernicke 1999: Wernicke, Kurt Georg: Artikel 20, in: Dolzer, Rudolf und Vogel, Klaus (Hrsg.): Bonner Kommentar zum Grundgesetz, Bd. 7, Bonn, 20. Ergänzungslieferung (Stand: Dezember 1999), S. 1–11

Wetzel 1996: Wetzel, Juliane: Antisemitismus. Ideologische Grundlage und Bindeglied des Rechtsextremismus, in: Mecklenburg 1996, S. 692–708

Wetzel 1999: Wetzel, Juliane: Antisemitismus im Internet. Die Vernetzung der rechtsextremen Szene. Vortrag auf der Jahrestagung der Bundesprüfstelle für jugendgefährdende Schriften »Von ›Antisemitismus‹ bis ›Xenophobie‹. Rechtsextreme Medien in Deutschland« vom 9. bis 10. November 1999 in Marburg, o. O. (Berlin) 1999 (Manuskript)

Wetzstein u. a. 1995: Wetzstein, Thomas u. a.: Datenreisende. Die Kultur der Computernetze, Opladen 1995

White (1999): White Power. Die weißesten Seiten aus Süddeutschland, http://www.n-a-f.com/whitepower/deutsch.htm (ges. am 28. 6. 1999)

»White TMP« (1998): »White TMP«: Betreff: Rocknord, Eintrag in das Gästebuch RockNORD vom 26. 4. 1998, in: RockNORD, http://www.rocknord.de/gaestebuch.php3 (ges. am 13. 8. 1998)

Wie (1999): Wie hoch ist die Zahl der jüdischen Opfer? – Schon damals angezweifelt!, in: Zündelsite, http://lebenraum.org/german/artikel/wie.html (ges. am 25.11.1999)

Wie 2001: »Wie die deutschen Städte im Bombenhagel«, in: National-Zeitung vom 28. 9. 2001, S. 7.

Wiederwald (2000): Wiederwald, Christian: Re: Keine Beweise, Eintrag in das Diskussionsforum Rock Hard vom 27. 1. 1999, http://www.rockhard.de/wwwboard/heftomessages/262.html (ges. am 14. 1. 2000)

Willems 1996: Willems, Helmut: Mobilisierungseffekte und Eskalationsprozesse. Entwicklung und Diffusion der kollektiven Gewalt gegen Fremde, in: Berliner Debatte INITIAL, H. 1/1996, S. 34–42

Wir o.Dat. (1993): Wir über uns, in: Der Einblick. Die nationalistische Widerstandszeitschrift gegen zunehmenden Rotfront- und Anarchoterror, H. 1, o.Dat. (1993)

Wirtz 1998: Wirtz, Rolf: Unterschiedslos und undifferenziert (Leserbrief), in: NE, H. 7–8/1998, S. 84–85

Worch (1999):Worch, Christian: Rudolf-Heß-Gedenkmarsch 1995 in Roskilde, Dänemark, in: Zündelsite, http://www.lebensraum.org/german/artikel/zensier.002.html (ges. am 19. 11. 1999)

WPMP3 Rundbrief (2001): WPMP3 Rundbrief: Betreff: Aufgrund aktueller Vorkommnisse, Nachricht auf der WPMP3-Mailing-List vom 14.9.2001.

Yggdrasil (1998): Yggdrasil, in: RockNORD, http://www.nit.de/nr-29–30–97/yggdra.htm (ges. am 5.5.1998)

Zaleshoff 2000: Zaleshoff, Andreas P.: Kampf um die Köpfe, in: blick nach rechts, H. 18/2000, S. 2–3

Zarusky 1999: Zarusky, Jürgen: Leugnung des Holocaust – die antisemitische Strategie nach Auschwitz, Vortrag auf der Jahrestagung der Bundesprüfstelle für jugendgefährdende Schriften »Von ›Antisemitismus‹ bis ›Xenophobie‹. Rechtsextreme Medien in Deutschland« vom 9. bis 10. November 1999 in Marburg, o. O. (Bonn) 1999 (Manuskript)

Zehm 1998: Zehm, Günter: Geburtstag: Der Publizist Hans-Dietrich Sander wird siebzig. Vom Marxisten zum Demaskierer, in: JF vom 12.6.1998, S. 4

Zehnsdorf 1999: E-Mail 31.5.: Zehnsdorf, Andreas: E-Mail an Thomas Pfeiffer vom 31.5.1999

Zehnsdorf 1999: E-Mail 18.7.: Zehnsdorf, Andreas: E-Mail an Thomas Pfeiffer vom 18.7.1999

Zehnsdorf 1999: E-Mail 25.7.: Zehnsdorf, Andreas: E-Mail an Thomas Pfeiffer vom 25.7.1999

Zellhofer 1997: Zellhofer, Klaus: »Sollen sie mich hassen«. Der Fall Anderle, in: Stiftung Dokumentationsarchiv des Österreichischen Widerstandes (Hrsg.): Das Netz des Hasses. Rassistische, rechtsextreme und neonazistische Propaganda im Internet, Wien 1997, S. 197–202

Zentrale (1999): Zentrale Thesen des dritten Weges, in: Zündelsite, http://www.lebensraum.org/german/artikel/tiefe.003.html (ges. am 18.11.1999)

Zentralrat (2000): Zentralrat der Neandertaler, in: Thule-Netz/Texte, http://www.thulenet.com/texte/spass/text0005.htm (ges. am 30.8.2000)

Zimmermann 1998: Zimmermann, Karlheinz: Allerletzte Chance (Leserbrief), in: NE, H. 6/1998, S. 64

Zündel (1995): Zündel, Ernst: Internet »World Wide Web Page« – Moderne Zauberei, in: Zündelsite/Germania Rundbrief November 1995, http://www.webcom.com/~ezundel/index.html (ges. am 20.11.1995)

Zündel 1999: Das Band: Zündel, Ernst: Das Band mit der ZDF-Sendung ist eine Sensation!, in: Germania Rundbrief, H. 249 (Dezember 1999), S. 2–3

Zündel 1999: Das ZDF: Zündel, Ernst: Das ZDF Interview [sic!]: Unzensiert! Ein interessantes Zeitdokument entsteht!, in: Germania Rundbrief, H. 249 (Dezember 1999), S. 2

Zündel (1999): Brief: Zündel, Ernst: Brief an den Polizeichef von Toronto, in: Zündelsite, http://www.lebensraum.org/german/chcr/brief.html (ges. am 18. 11. 1999)

Zündel (1999): Die: Zündel, Ernst: Die Methoden und Lügen des Simon Wiesenthal und der Kriegs-Verbrechermafia, in: Zündelsite, http://www.lebenraum.org/german/wiesenthal/index.html (ges. am 15. 11. 1999)

Zündel (1999): Ein: Zündel, Ernst: Ein Überblick – und die neue Anklage, in: Zündelsite, http://www.lebensraum.org/german/chrc/uberblick.html (ges. am 18. 11. 1999)

Zündel (1999) Erste: Zündel, Ernst: Erste Presseerklärung, in: Zündelsite, http://www.lebensraum.org/german/chcr/erste.html (ges. am 18. 11. 1999)

Zündel (1999) Europäischer: Zündel, Ernst: Europäischer Nationalismus, in: Zündelsite, http://www.lebensraum.org/german/artikel/tiefe.006.html (ges. am 21. 11. 1999)

Zündel (1999): Holocaust 101, Teil 1: Zündel, Ernst: »Holocaust 101«, Teil 1, in: Zündelsite, http://www.lebensraum/org/german/101german/german1.html (ges. am 15. 11. 1999)

Zündel (1999): Holocaust 101, Teil 2: Zündel, Ernst: »Holocaust 101«, Teil 2, in: Zündelsite, http://www.lebensraum/org/german/101german/german2.html (ges. am 15. 11. 1999)

Zündel (1999): Holocaust 101, Teil 3: Zündel, Ernst: »Holocaust 101«, Teil 3, in: Zündelsite, http://www.lebensraum/org/german/101german/german3.html (ges. am 15. 11. 1999)

Zündel (1999): Holocaust 101, Teil 4: Zündel, Ernst: »Holocaust 101«, Teil 4, in: Zündelsite, http://www.lebensraum/org/german/101german/german4.html (ges. am 15. 11. 1999)

Zündel (1999): Holocaust 101, Teil 5: Zündel, Ernst: »Holocaust 101«, Teil 5, in: Zündelsite, http://www.lebensraum/org/german/101german/german5.html (ges. am 15. 11. 1999)

Zündel (1999): Holocaust 101, Teil 6: Zündel, Ernst: »Holocaust 101«, Teil 6, in: Zündelsite, http://www.lebensraum/org/german/101german/german6.html (ges. am 15. 11. 1999)

Zündel (1999): Holocaust 101, Teil 7: Zündel, Ernst: »Holocaust 101«, Teil 7, in: Zündelsite, http://www.lebensraum/org/german/101german/german7.html (ges. am 15. 11. 1999)

Zündel (1999): Holocaust 101, Teil 8: Zündel, Ernst: »Holocaust 101«, Teil 8, in: Zündelsite, http://www.lebensraum/org/german/101german/german8.html (ges. am 15. 11. 1999)

Zündel (1999): Weltweite: Zündel, Ernst: Weltweite Repression gegen Nationale, in: Zündelsite, http://www.lebensraum.org/german/artikel/zensier005.html (ges. am 18. 11. 1999)

Zündel o.Dat. (1999): Zündel, Ernst: Ein Aufruf an die Freiheitskämpfer unserer Zeit!, Schreiben o.Dat. (1999)

Zur Person 1998: Cornelia Krempf: Zur Person: Cornelia Krempf, in: JF vom 29. 5. 1998, S. 19

Zur Person 1998: Gerhard Quast: Zur Person: Gerhard Quast, in: JF vom 22. 5. 1998, S. 21

Zur Person 1998: Kai Guleikoff: Zur Person: Kai Guleikoff, in: JF vom 1. 5. 1998, S. 19

Zur Person 1998: Martin Schmidt: Zur Person: Martin Schmidt, in: JF vom 12. 6. 1998, S. 19

Zur Person 1998: Thorsten Thaler: Zur Person: Thorsten Thaler, in: JF vom 8. 5. 1998, S. 23

Zweierlei (1998): Zweierlei Maß? Nicht doch …, in: RockNORD, http://www.rocknord.de/nr-35–98/kraft.htm (ges. am 2. 7. 1998)

Anmerkungen

Vorwort

1 Thierse (2000)

1. Neue Bewegung von rechts

1 Vgl. Jaschke 1992; Jaschke 1993.
2 Lohmann 1994, S. 3 f.
3 Raschke 1988, S. 77.
4 Neidhardt 1985, S. 197 f.
5 Beam (1995); Grumke 2001, S. 85–91.
6 Dargelegt ist dieses Konzept in dem Text »Schafft befreite Zonen! Revolutionärer Weg konkret«, der zuerst 1993 in der Zeitschrift *Vorderste Front. Zeitschrift für politische Theorie & Strategie* des Nationaldemokratischen Hochschulbundes, der NPD-Hochschulorganisation, erschienen ist. Derselbe Text taucht später in Mailboxen und auf Internet-Seiten auf. Insbesondere in Selbstdarstellungen des Mailboxverbundes »Thule-Netz« wird häufig direkt oder indirekt auf dieses Konzept verwiesen. Vgl. Schafft 1993 und Schafft (1999) sowie »Alfred Tetzlaff« 1993 (offensichtliche Pseudonyme werden im Folgenden in Anführungsstriche gesetzt), Was 1993, Warum o.Dat. (1993), S. 3.
7 Schafft (1999) (Hervorhebungen im Original); siehe auch Pfeiffer 2001: Braune.
8 Die Autoren sind ehemalige Funktionäre inzwischen verbotener Organisationen, Goertz früherer Vorsitzender der »Freiheitlichen Deutschen Arbeiterpartei« in Hamburg, Swierczek Bundesvorsitzender der »Nationalen Offensive«; vgl. Verfassungsschutzbericht Bund 1996, S. 107.
9 Die (1998).
10 Vollständige Liste der seit 1945 verbotenen rechtsextremistischen Gruppen in: Landesamt 2000, S. 39–44.
11 Vgl. Wagner 1998.
12 Heidenreich/Wetzel 1989, S. 150.
13 Rucht 1994: Öffentlichkeit, S. 337.
14 »Alfred Tetzlaff« 1993, S. 26.

15 Voigt 1998.

16 Vgl. 5 Millionen 1982, S. 78.

17 Vgl. Stöss 2000, S. 29.

18 Vgl. Rucht 1994: Modernisierung, S. 85 ff.

19 Vgl. Ohlemacher 1993, S. 52 ff.

20 Bergmann 1994; Bergmann/Erb 1994: Eine; Bergmann/Erb 1994: Kaderparteien; Bergmann/Erb 1996; Bergmann/Erb 1998; Demirovic 1996; Gessenharter 1994; Gessenharter 1998: Die; Gessenharter 1998: Rückruf; Leggewie 1993; Leggewie 1994; Uhrlau 1996; Willems 1996; eingeschränkt zustimmend: Wagner 1998.

21 Massiv ablehnend: Butterwegge 1993; Butterwegge 1994; Ohlemacher 1994; Ohlemacher 1996; Ohlemacher 1997; differenziert und eher ablehnend: Koopmans 1996: Noch; Koopmans 1996: Soziale; Koopmans/Rucht 1996; skeptisch: Stöss 1994.

22 So der Titel des 1989 erschienenen Buches von Kurt Hirsch.

23 Stöss 2000, S. 20.

24 Vgl. z. B. Grumke 2001, S. 19; Stöss 2000, S. 17 f.; Minkenberg 1998, S. 34.

25 Kühnl 1995, S. 242.

26 Jaschke 1994, S. 38.

27 Vgl. Jaschke 1994, S. 32–38; Pfahl-Traughber 1994, S. 18 f.

28 Vgl. Stöss 1989, S. 100.

29 Schönekäs 1990, S. 237.

30 Wegweisenden Charakter hat das 1982 erschienene Buch *Pour une ›Gramscisme de Droite‹* des »Nouvelle Droite«-Protagonisten Alain de Benoist, das 1985 auf Deutsch erschient (*Kulturrevolution von rechts. Gramsci und die Nouvelle Droite*).

31 Vgl. z. B. Gramsci 1967.

32 Pfahl-Traughber zeigt diese Strategie beispielhaft an den Begriffen Sozialismus und Demokratie; vgl. Pfahl-Traughber 1998, S. 38–46.

33 Vgl. ebd., S. 36 ff.; zum metapolitischen Ansatz vgl. z. B. auch Schönekäs 1990, S. 299 f.; Feit 1987, S. 143 f.; Verfassungsschutzbericht Hamburg 1994, S. 57 f.

34 Mechtersheimer, Ex-MdB in der Fraktion der »Grünen« und inzwischen eine der wichtigsten Scharnierpersonen von Alter und Neuer Rechter, fordert die »Selbstbestimmung« Deutschlands, der jedoch die Westbindung entgegenstehe; vgl. Mechtersheimer (2000). Mechtersheimer steht in der Tradition des National-Neutralismus und der Forderung eines ›Dritten Weges‹, die im deutschen Rechtsextremismus bereits nach 1945 Resonanz gefunden haben; vgl. Greß/Jaschke/Schönkekäs 1990, S. 227–235.

35 Eichberg gilt als Vordenker des ›Ethnopluralismus‹-Konzepts, das eine geografische Trennung ethnischer Gruppen fordert. Zu Recht weisen Richard Herzinger und Hannes Stein darauf hin, hinter der euphemistischen Formulierung verberge sich die bekannte Volkstumsideologie, die das Volk als organische Einheit versteht, deren kollektive Identität sich auf einer metaphysischen Substanz, dem »Volksgeist«, gründe; vgl. Herzinger/Stein 1995, S. 104. In den 70er Jahren begrüßt Eichberg das südafrikanische Regime der Apartheid prinzipiell, kritisiert später allerdings dessen praktische »Auswüchse«; vgl. Feit 1987, S. 124.

36 Für Pfahl-Traughber ist Mohler der »geistige Vater der deutschen Neuen Rechten«; Pfahl-Traughber 1998, S. 164. Mohler, der 1949 über die Konservative Revolution promoviert und von 1949 bis 1953 als Privatsekretär Ernst Jüngers tätig ist, stößt die intensive Rezeption der scharf antiliberalen konservativ-revolutionären Schriften in der Neuen Rechten an. Seine in zahlreichen Texten vorgetragene Frontstellung zum Liberalismus ist nicht als Ablehnung einer konkreten liberalen Partei zu verstehen, sondern des politischen Liberalismus schlechthin, der zu den wesentlichen ideellen Säulen des Grundgesetzes zählt.

37 Feit 1987, S. 43.

38 Darin sieht Gessenharter den ideologischen Kern dieser Neuen Rechten; vgl. Gessenharter 1997, S. 166; Gessenharter 1994, S. 58.

39 Der promovierte Historiker war zunächst für die Beilage »Geistige Welt«, dann das Immobilien-Ressort zuständig. Im Juli 2000 hat er die Zeitung verlassen und ein Beratungsunternehmen gegründet. Vgl. Leute 2000, S. 56.

40 So urteilen auch die Verfassungsschutzbehörden von Hamburg und Nordrhein-Westfalen, die sich besonders eingehend mit der Neuen Rechten befassen; vgl. Verfassungsschutzbericht NRW 1995, S. 106; Verfassungsschutzbericht Hamburg 1997, S. 88 f. In ihrer Einschätzung der Neuen Rechten unterscheidet sich insbesondere die NRW-Behörde stark vom Bundesamt für Verfassungsschutz. »Gerade die Subtilität rechtsextremistischer Einflußnahme durch die ›Neue Rechte‹ erhöht das Gefährdungspotential«, heißt es etwa im nordrhein-westfälischen Verfassungsschutzbericht von 1994, der erstmals auf die Neue Rechte eingeht; Verfassungsschutzbericht NRW 1994, S. 115. Der damalige Innenminister Herbert Schnoor hält diese »für gefährlicher als die rechtsextremistischen Gruppen alter Prägung«; ebd., S. 2. Dagegen vertritt das Bundesamt die Auffassung, das Gefährdungspotenzial der Neuen Rechten werde durch öffentliche Erklärungen »in

dramatischer Weise übertrieben«; Bundesamt 1995, S. 32. Zum Umgang des Verfassungsschutzes mit der Neuen Rechten vgl. Baumann 1998; Cremer 1998; Ferse 1998 und Fröchling 1998.

41   Gessenharter 1998: Die, S. 20. Die Scharnier-Metapher wird insbesondere von Armin Pfahl-Traughber zurückgewiesen, der nur diejenigen Gruppen und Personen, die sich offen auf die Konservative Revolution beziehen, als Neue Rechte bezeichnet und diese eindeutig zum Rechtsextremismus zählt; vgl. Pfahl-Traughber 1998, S. 156–163.

42   Vgl. Flieger 1992.

43   Die Einteilung orientiert sich an: Pfeiffer 1996: Rechtsextremisten, S. 76–81.

44   Zu den Prinzipien modernen Zeitungsdesigns vgl. z. B. Garcia/Stark 1991; Küpper 1995; Küpper 1997; Meissner 1995.

45   Vgl. z. B. Meyer/Boele 1992, Kap. V.

46   Zündel wurde mehrfach brieflich, per Fax und E-Mail sowie telefonisch kontaktiert, antwortete jedoch nicht.

47   Dem Gespräch mit Klumb ging ein längerer Briefwechsel voraus. Der Gesprächspartner bat darum, vorab zehn Fragen zu erhalten, die er ausführlich schriftlich beantwortete; vgl. Klumb 2000: Schreiben 22. 1.

48   Zehnsdorf erklärte sich nur unter der Bedingung einverstanden, dass das Interview in schriftlicher Form über das Internet stattfand; vgl. Zehnsdorf 1999: E-Mail 31. 5.; Zehnsdorf 1999: E-Mail 18. 7.; Zehnsdorf 1999: E-Mail 25. 7.

49   Wenn im Folgenden die Gesprächspartner nicht namentlich oder mit unvollständigem Namen genannt sind, haben diese hierum gebeten.

2. Die Rechtslage

1   Der durch Art. 4 § 1 des 1997 in Kraft getretenen Informations- und Kommunikationsdienstegesetzes (siehe 2.2.2) geänderte § 11 Abs. 3 StGB stellt Datenspeicher den Schriften im Sinne des Strafgesetzbuches gleich. Entsprechende Anpassungen sind auch im Ordnungswidrigkeitengesetz und im Gesetz über die Verbreitung jugendgefährdender Schriften erfolgt (Art. 5, 6 IuKDG).

2   Vgl. Tröndle/Fischer 1999, S. 691 f.

3   Vgl. Gesetz 1994, S. 3186; Dahs 1995, S. 554.

4   Vgl. Fischer 1994, S. 23.

5   Tröndle/Fischer 1999, S. 695. Das Keltenkreuz ist das Symbol der verbotenen Neonazi-Gruppe »Volkssozialistische Bewegung Deutschlands/Partei der Arbeit« (VSBD/PdA).

6 Branahl 1992, S. 210 ff.

7 Ebd., S. 215.

8 Gesetz 1994, S. 3187.

9 Vgl. Tröndle/Fischer 1999, S. 817; Beisel 1995, S. 999.

10 Noch im Verfahren gegen den damaligen NPD-Vorsitzenden Günter Deckert vertritt der Bundesgerichtshof im März 1994 die Position, die »Auschwitz-Lüge« sei nur dann strafbar, wenn sich der Angeklagte auf diese Weise mit der nationalsozialistischen Rassenideologie identifiziere (»qualifizierte Auschwitz-Lüge«); vgl. Benz 1995, S. 126. Im April 1994 entscheidet das Bundesverfassungsgericht, dass das Leugnen des Holocausts nicht vom Recht auf freie Meinungsäußerung gedeckt sei. Im zu Grunde liegenden Fall hat die Stadt München dem NPD-Bezirksverband eine Veranstaltung mit David Irving unter der Auflage genehmigt, dass bei der Versammlung der Holocaust weder bestritten noch bezweifelt wird. Dagegen hat die Parteigliederung Beschwerde erhoben. Vgl. Leugnung 1994, S. 1780.

11 Vgl. Strafbarkeit 1995, S. 340.

12 Vgl. Verfassungsschutzbericht NRW 1994, S. 53 f. Als ›Anti-Antifa‹ bezeichnen sich neonazistische Gruppen, die systematisch persönliche Daten politischer Gegner sammeln, um diese einzuschüchtern oder Übergriffe vorzubereiten.

13 Wir o.Dat. (1993) (Fehler und Hervorhebungen im Original).

14 Vgl. Branahl 1992, S. 78.

15 Hilgendorf 1997, S. 1874.

16 Vgl. Collardin 1995, S. 621.

17 Vgl. Derksen 1997, S. 1880; Hilgendorf 1997, S. 1876; Koch 1998, S. 256; Strömer 1997, S. 202.

18 Vgl. Klein 2000, S. 6; Barton 1999, S. 146–149.

19 Vgl. Klein 2000, S. 3 f.

20 Nach § 17 StGB handelt ohne Schuld, wer sich über das Unrecht seiner Tat nicht im Klaren war und diesen Irrtum nicht vermeiden konnte. Er kann daher nicht bestraft werden. Dass dies der Fall ist, leuchtet ein, wenn eine Schrift im Ausland ins Internet eingestellt wird, ohne für Rezipienten in Deutschland bestimmt zu sein. Dem Verfasser, der Deutschland nicht als Zielort vorsieht, ist auch die Anwendbarkeit des deutschen Strafrechts nicht bewusst.

21 Vgl. Barton 1999, S. 149; Interview Hans-Heiko Klein.

22 In rechtsextremistischen Kontexten sind die Begriffe Revisionist und revisionistisch stets euphemistische Selbstbezeichnungen von Personen, die den Holocaust und/oder die deutsche Schuld am Zweiten Weltkrieg leugnen. Es hat sich im journalistischen und auch im wissen-

schaftlichen Sprachgebrauch eingebürgert, die Begriffe zu übernehmen, auch wenn diese Praxis nicht unproblematisch ist. In Abschnitt 11.7 (»Zündelsite«) werden die Bezeichnungen genauer untersucht.

23 Vgl. Landgericht Mannheim 1999, S. 32. Neben den im Internet veröffentlichten Beiträgen war Toben wegen eines offenen Briefes mit ebenfalls holocaustleugnendem Inhalt angeklagt. Der Australier hat das Schreiben per Post an mehrere Empfänger in Deutschland versandt, darunter die rechtsextremistische Zeitschrift *Sleipnir*. Dadurch sah das Gericht den Tatbestand der Volksverhetzung als erfüllt an, da die Handlung des Versendens erst mit dem Eingang des Briefes bei den Adressaten beendet, somit in Deutschland begangen worden sei. Insgesamt wurde Toben zu einer Freiheitsstrafe von zehn Monaten verurteilt. Vgl. ebd., S. 2 und 32 f.

24 Vgl. Pfeiffer 2001: Falltür.

25 Vgl. z. B. Ackermann (1996); Derksen 1997; Eschweiler (2000); Mayer (2000); Sieber 1996: Strafrechtliche 1 und 2; Strömer (1996).

26 Vgl. Sieber o. J. (1998), S. 92. Das Gesetz konkretisiert die Maßnahmen, die einem Provider zumutbar sind, nicht. Daher wird diese Bestimmung auf den Einzelfall bezogen interpretiert werden müssen. Geboten sei, so Sieber, eine »offene und umfassende Interessenabwägung« zwischen den Interessen des Providers und des Gefährdungsgrades eines Rechtsgutes. Als Kriterium nennt er u. a. die Erfolgsaussichten einer Maßnahme. Vgl. Sieber 1997, S. 585 f.

27 Vgl. Gesetz o. J. (1998), S. 8.

28 Vgl. Hablützel 1998.

29 Vgl. Landgericht München I 1999, S. 2.

30 Vgl. Verfassungsschutzbericht NRW 1994, S. 156 f.

31 Vgl. Oehler/Pauka 1994; Drei 1994. Der Alleingang der beiden Landeskriminalämter ist fragwürdig. Aus gutem Grund wird kritisiert, dass nicht in Abstimmung mit dem LKA Bayern vorgegangen und das damalige Kernstück des Netzes, die »Widerstand BBS« in Erlangen, einbezogen worden ist; vgl. Pack 1995.

32 Das Gericht stützt sich insbesondere auf einen durch die »Elias BBS« im Brett »Parole/Spaß« verbreiteten Text, in dem es heißt: »In Bonn hat sich der ›Zentralrat der Neandertaler in Deutschland‹ gebildet. Da es keine Ueberlebenden des schrecklichsten Holocausts der Menschheitsgeschichte, der Endloesung der Neandertaler durch den homo sapiens mehr gibt, setzt sich diese Vereinigung aus Gesinnungsneandertalern zusammen.« Zentralrat (2000).

33 Zit. nach Ernst 1996.

34 Vgl. Beihilfe 1996.

35 Vgl. Pfeiffer 1996: Sex, S. 14.

36 Vgl. Verfassungsschutzbericht Bund 1998, S. 77.

37 Vgl. Meldungen 7/2000, S. 14.

38 Pseudonyme sind in Datennetzen nicht nur aus Sicherheitsgründen verbreitet, sie spiegeln auch den vertraulichen Umgangston vieler Diskussionsforen wider.

39 Vgl. Gast 1996.

40 PGP basiert auf der Kombination eines öffentlichen und eines geheimen Schlüsselcodes. Vertrauliche Nachrichten werden mit Hilfe des öffentlichen Schlüssels des Adressaten chiffriert. Dieser Code wird in den Netzen bekannt gegeben, dagegen kennt den geheimen Code nur der Empfänger. Nur er kann die PGP-verschlüsselte Mail somit dechiffrieren. Auf diese Weise ist es nicht notwendig, vertrauliche Codes auszutauschen und das Risiko einzugehen, dass sie Dritten bekannt werden.

41 Eine Ausnahme bildet der Fall des US-amerikanischen Neonazis Garry Lauck, der im März 1995 in Kopenhagen von der dänischen Polizei verhaftet und im September an Deutschland ausgeliefert worden ist. Das Landgericht Hamburg verurteilte Lauck im August 1996 zu einer Haftstrafe von vier Jahren. Der Bundesgerichtshof bestätigte das Urteil im März 1997.

42 Dies gilt beispielsweise für die Holocaustleugner Otto Ernst Remer (verstorben im Oktober 1997) und Germar Scheerer (geb. Rudolf). Im Juni 1995 hat das Landgericht Stuttgart Scheerer zu einer Haftstrafe von 14 Monaten verurteilt. Noch bevor das Urteil rechtskräftig geworden ist, hat dieser seinen Wohnsitz nach Spanien verlegt. Vgl. Verfassungsschutzbericht Bund 1995, S. 181 f. und 1996, S. 159. Scheerer lebte anschließend in England, von wo aus er bis Oktober 1999 ungehindert holocaustleugnende Schriften in der Internet-Domain vho.org sowie seinem Kleinverlag »Castle Hill Publishers« (Hastings) veröffentlicht hat. Nach eigenen Angaben agierte er seit einem Auslieferungsgesuch Deutschlands an Großbritannien aus dem Untergrund; vgl. Rudolf 2000. Seit dem Frühjahr 2001 soll er in den USA leben, wo er politisches Asyl beantragen möchte; vgl. Maegerle 2001: Germar.

3. NPD-Kundgebung am 1. Mai 1998 in Leipzig

1 Die wichtigsten Quellen dieses Kapitels sind neben den untersuchten Medien die Interviews mit NPD-Pressesprecher Klaus Beier und mit Mitarbeitern des Verfassungsschutzes in Sachsen und Nordrhein-Westfalen sowie des Bundesamtes für Verfassungsschutz.

2 Vgl. Verfassungsschutzbericht Bund 1998, S. 52 und 61 f.; Interview Klaus Beier.

3 Vgl. Verfassungsschutzbericht Sachsen 1998, S. 29.

4 Vgl. Interview Klaus Beier.

5 Solche Spontandemonstrationen finden am 1. Mai 1997 in Hannoversch Münden (nach NPD-Angaben 400 Teilnehmer), Grimma (250) und Alsfeld (150) statt. Im Parteiorgan *Deutsche Stimme* heißt es, der 1. Mai sei ein »durch die rechtswidrige Verhinderung der Großdemonstration in Leipzig allerdings geschmälerter Erfolg«; Käppler 1997.

6 Vgl. Interviews Klaus Beier und Verfassungsschutz Sachsen.

7 Die erste Maikundgebung der NPD sollte 1996 – in vergleichsweise kleinem Rahmen – vor der Bundesanstalt für Arbeit stattfinden. Angemeldet waren 500 Personen. Nach dem gerichtlich bestätigten Verbot der Nürnberger Veranstaltung hielt die NPD eine genehmigte Kundgebung in Berlin mit – nach eigenen Angaben – 400 bis 500 Teilnehmern ab. Vgl. Interview Klaus Beier.

8 Vgl. Interview Klaus Beier.

9 *DS EXTRA* ist eine von Januar 1998 bis März 1999 monatlich erscheinende Ergänzung zur *Deutschen Stimme*. Sie wird der Hauptausgabe beigelegt oder als kostenloses Werbefaltblatt verbreitet. *DS EXTRA* erscheint in deutlich höherer Auflage als das Parteiorgan. Sie liegt bei bis zu 100 000 Exemplaren, während die *Deutsche Stimme* auf eine Auflage von 8000 bis 10 000 Exemplaren kommt. Vgl. Verfassungsschutzbericht Bund 1999, S. 236; Verfassungsschutzbericht Bund 1998, S. 212.

10 Vgl. Holtmann o.Dat. (1998).

11 Holtmann kündigt die DS-Ausgabe 4–5/1998 für Mitte Mai an, um in Nachberichten auf den 1. Mai eingehen zu können; vgl. ebd.

12 So teilt der NRW-Vorsitzende Holtmann am 2. März den Preis der Busfahrt sowie den Namen einer Kontaktperson mit. Dem Schreiben liegen Anmeldeformulare bei. Vgl. Holtmann 1998.

13 Vgl. Interviews Verfassungsschutz Sachsen; Verfassungsschutz NRW 3.

14 Vgl. Interview Klaus Beier.

15 Vgl. ebd.

16 In Duktus und Aufmachung unterscheidet sich dieser an ein neonazistisches Publikum gerichtete Aufruf deutlich von den NPD-offiziellen Medien. In Frakturschrift fordert das *Zentralorgan:* »Deutsche Männer und Frauen hinaus auf die Straße!« Der Text befindet sich ganzseitig auf dem exponierten Rückumschlag. Vgl. Deutsche 1998.

17 Leipzig (1998).

18 Die Stadt Leipzig hat argumentiert, ihr ständen nicht genügend Sicherheitskräfte zur Verfügung, um gewaltsame Auseinandersetzungen zwischen NPD-Anhängern und linksautonomen Gruppen zu verhindern. Dass diese Gründe letztinstanzlich nicht für stichhaltig angesehen werden, ist vorhersehbar. Das OVG Bautzen hält der Stadt den frühen Zeitpunkt der Anmeldung entgegen, der eine langfristige Planung des Polizeieinsatzes unter Hinzuziehung ausreichenden Personals ermöglicht hätte.

19 Organisationsleitung o.Dat. (1998).

20 Vgl. auch Interview Klaus Beier.

21 Vgl. Interview Verfassungsschutz Sachsen. Dies geht auch aus der NPD-Homepage hervor. Dort heißt es: »Halten Sie in Ihren Bussen auf zu der Ihnen bekannten Telefonnummer und befolgen Sie alle Anweisungen des NPD-Koordinators«; Leipzig (1999) (Fehler im Original). In jedem Bus befinden sich Ordner, die über genauere Planungskenntnisse verfügen, teilweise steigen sie erst an der Leipziger Stadtgrenze zu.

22 Vgl. Interview Klaus Beier.

23 Vgl. Interview Verfassungsschutz Sachsen.

24 Beier will in der Medienberichterstattung Formulierungen der von ihm betreuten Homepage wiedererkannt haben.

25 Beier o.Dat. (1998).

26 Es ist nicht mit Gewissheit festzustellen, ob das vorliegende Material alle nichtperiodischen Mobilisierungsmedien umfasst, die im Zusammenhang mit der Demonstration verwandt wurden. Da alle Ämter für Verfassungsschutz sowie alle einschlägigen Archive kontaktiert wurden, ist ausgeschlossen, dass wichtige Medien unberücksichtigt geblieben sind. Dies könnte allenfalls für in kleiner Auflage produzierte, regional eingesetzte Plakate, Blätter oder Aufkleber gelten. Klaus Beier sagt im Interview, ihm seien keine weiteren nichtperiodischen Medien bekannt, die für die Mobilisierung zur Leipziger Kundgebung eine Rolle gespielt hätten.

27 Hierunter fasse ich drei von Werner Faulstich genannte Funktionen des Mediums ›Blatt‹: agitatorische Werbung, informative Werbung und politische Werbung. Die untersuchten Blätter erfüllen diese Funktionen untrennbar. Faulstich nennt als weitere Funktionen kommerzielle Werbung und Unterhaltung, die im vorliegenden Zusammenhang nicht von Bedeutung sind. Vgl. Faulstich 1994, S. 106.

28 Beier spricht davon, dort seien 15 000 Plakate angebracht worden. Diese Zahl erscheint dem Landesamt für Verfassungsschutz Sachsen »extrem überhöht«.

29 Mann o.Dat. (1998).

30 Henning o.Dat. (1998).

31 Vgl. Interview Klaus Beier.

32 Vgl. Meldungen 9/1998, S. 14. Eine gewisse Bekanntheit erlangt Käppler im Zuge seiner Einberufung zur Bundeswehr: Das Kreiswehrersatzamt Heilbronn widerruft im Dezember 1997 den etwa einen Monat zuvor ergangenen Einberufungsbescheid, nachdem Käpplers aktive NPD-Mitgliedschaft öffentlich bekannt geworden ist; vgl. Die Enttarnung (1999); Meldungen 1/1998, S. 15.

33 Vgl. Die Enttarnung (1999).

34 Das Amtsgericht Öhringen verhängt Mitte 1998 eine Geldbuße gegen Käppler, weil er einen ungenehmigten Aufmarsch zum Todestag von Rudolf Heß im August 1997 organisiert hat; vgl. Meldungen 11/1998, S. 15.

35 Vgl. Aktionsmonat (1999).

36 Vgl. Meldungen 24/1999, S. 14 f. Zu den vorausgegangenen Auseinandersetzungen bei den JN vgl. Jacoby 1999: Mal; Jacoby 1999: NPD; aus Sicht der abspaltenden Gruppe: Junge 1999.

37 Vgl. zu Hupka z. B. Verfassungsschutzbericht Bund 1998, S. 59 u. 61; Mecklenburg 1996, S. 476 f.

38 Vgl. Dietzsch/Maegerle 1997: Rechtsextreme, S. 57.

39 Vgl. Interview Verfassungsschutz Sachsen.

40 Vgl. »Jürgen Schön« o.Dat. (1998).

41 Vgl. Interview Verfassungsschutz NRW 3.

42 Vgl. Tagebuch 14/1990.

43 So verfasst Scholz eines der ersten »Anti-Antifa«-Flugblätter, in dem er gegen einen Kölner Pfarrer agitiert (»Boykottieren Sie seine Gottesdienste und Veranstaltungen und beschweren Sie sich über seinen Amtsmißbrauch beim Erzbistum Köln«; zit. nach Rojas 1999, S. 485). Mir liegen zehn weitere von Scholz verantwortete Flugblätter vor. Darin setzt er sich für die Haftentlassung des österreichischen Neonazis Gottfried Küssel ein; vgl. Scholz 1993, agitiert gegen einen Stuttgarter Prozess gegen zehn Aktivisten der »Aktionsfront Nationaler Sozialisten/Nationale Aktivisten«; z. B. Scholz o.Dat. (1994), oder behauptet, Rudolf Heß sei ermordet worden; Scholz 1998.

44 Scholz hat den jüdischen Teil des Friedhofs Schwerte-Ergste beschädigt und NS-Kennzeichen auf Bänken und Wegen angebracht. Das Landgericht Hagen verurteilt ihn wegen Volksverhetzung und Störung der Totenruhe zu einer Haftstrafe von einem Jahr auf Bewährung; vgl. Tagebuch 14/1990.

45 Dass Käppler für diese Medien verantwortlich zeichnet, bedeutet

nicht, dass er sie alleinverantwortlich erstellt hat. Die Vorlagen sind –
so Klaus Beier – zumindest durch den Parteivorsitzenden Udo Voigt
geprüft worden.

46 Vgl. Interview Klaus Beier.

47 Scholz o.Dat. (1998): Der. Auch die NPD wird diesen Parteien zumindest für die angesprochene Zeit (Anfang der 90er Jahre) zugerechnet.

48 Käppler o.Dat. (1998), S. 2.

49 Ähnlich geht das neonazistische *Zentralorgan* vor, das sich vorwiegend an ›Freie Kameradschaften‹ wendet. In seinem Aufruf zur Maidemonstration heißt es: »Näheres erfahrt Ihr kurzfristig über alle
Nationalen Info-Telefone und die bekannten Koordinations-Funk-
nummern. Achtet auf Rundschreiben und Aufrufe Freier Strukturen
bzw. NPD/JN«; Deutsche 1998. Die angesprochenen Rufnummern
werden nicht genannt und somit als bekannt vorausgesetzt.

50 Käppler o.Dat. (1998), S. 2.

51 Scholz o.Dat. (1998): 1. Mai. Scholz spricht diese Verbote an, um ein
Rederecht für ›Freie Kameradschaften‹ auf dem Podium einzufor-
dern. So habe die Partei davon profitiert, dass ein Teil der Aktivisten
nicht mehr bestehender Organisationen ihre Arbeit in der NPD
fortgesetzt habe. Ein weiterer Teil beteilige sich an den ›Freien Kameradschaften‹. Der ›Nationale Widerstand‹ sei somit nur dann vollständig repräsentiert, wenn auch Vertreter der Kameradschaften zu
Wort kämen.

52 Hupka o.Dat.

53 Vgl. Interview Verfassungsschutz Sachsen.

54 Scholz o.Dat. (1998): Der.

55 Die untersuchten Plakate, Flugblätter und Aufkleber gehen auf das
Völkerschlachtdenkmal nicht näher ein. In der Ausgabe vom Oktober 1997 des Parteiorgans *Deutsche Stimme* widmen sich zwei Beiträge
auf insgesamt etwa einer dreiviertel Seite dem Denkmal und der
Schlacht; vgl. Standke 1997; Pulverdampf 1997. Standke zieht eine
Parallele von den Beteiligten am Kampf gegen Napoleon zu heutigen
rechtsextremistischen Aktivitäten (»Damals wie heute gilt: Nach
einer dunklen Nacht folgt ein neuer Morgen.«).

56 Aktionsbüro 1998.

57 Scholz o.Dat. (1998): Der (Hervorhebung im Original).

58 Der Begriff kommt in den untersuchten Medien nicht vor; zit. nach
Verfassungsschutzbericht Sachsen 1998, S. 27.

59 Käppler o.Dat. (1998), S. 2.

60 Mann o.Dat. (1998).

61 Vgl. Interview Klaus Beier. Die Auflagenzahl für das Flugblatt hält das Landesamt für Verfassungsschutz Sachsen für überhöht. Das Plakat ist nicht ausschließlich im Hinblick auf den 1. Mai produziert worden. Es enthält eine freie Fläche, auf der ein separat gedruckter Hinweis auf die Demonstration angebracht werden kann. So ist es als Passepartout für unterschiedliche Parteiveranstaltungen verwendbar. Da das Plakat den Slogan »Wir schaffen Arbeit – Bonn schafft nichts« trägt, ist die Restauflage seit dem Umzug von Regierung und Parlament nach Berlin nutzlos geworden.

62 Vgl. Interview Klaus Beier.

63 Das aktuelle Design-Konzept ist von Jürgen Distler, dem früheren Chefredakteur des NPD-Organs *Deutsche Stimme,* entwickelt worden. Ein formaler Beschluss, der diese Gestaltungsregeln für verbindlich erklärt, existiert im Herbst 1999 nicht, ebenso wenig eine schriftliche Fassung, die den Parteigliederungen die Vorgaben erläutert. Beier kündigt an, dass solche Hinweise auf der Homepage zugänglich gemacht werden sollen. Das Distler-Konzept hat sich in einem längeren, ungeplanten Prozess durchgesetzt, in dem verschiedene NPD-Funktionäre mit gestalterischen Kenntnissen Publikationen nach eigenen Vorlieben erstellt haben. Das äußere Erscheinungsbild dieser Medien ist daher uneinheitlich und zufällig.

64 Dieses – in der Vergangenheit deutliche – eigene Profil geben die JN immer mehr auf; zahlreiche JN-Kader bekleiden inzwischen NPD-Ämter und tragen so dazu bei, dass sich die Jugendorganisation in die Mutterpartei eingliedert; vgl. z. B. Verfassungsschutzbericht Baden-Württemberg 1998, S. 77. JN-Publikationen, die sich allein an die eigene Klientel richten, sieht die Partei nicht an das aktuelle, standardisierte Grunddesign gebunden. Dasselbe gilt für Publikationen des »Nationaldemokratischen Hochschulbundes« (NHB). Vgl. Interview Klaus Beier.

65 Vgl. Interview Verfassungsschutz Sachsen.

66 Vgl. Verfassungsschutzbericht Sachsen 1998, S. 29.

67 Vgl. Verfassungsschutzbericht Bund 2000, S. 65 ff.

4. Rolf-Josef Eibicht: Deutschlands Rechte

1 Vgl. Eibicht 1997: Unterdrückung, S. 659.

2 Eibicht 1998: Biographische, S. 366.

3 Eibicht 1998: Vorwort, S. II.

4   Soweit keine anderweitigen Quellen genannt sind, sind die folgenden Angaben dem Interview mit dem Herausgeber sowie dem Abschnitt »Biographische Angaben« des Bandes entnommen.

5   Zum Gegenstand der geplanten Dissertation macht Eibicht divergierende Angaben: Im Interview nennt er General Albrecht von Wallenstein, im Band *50 Jahre Vertreibung* den ersten Staatspräsidenten der Tschechoslowakei Tomáš Garrigue Masaryk (in der eingedeutschten Schreibweise: Thomas G. Masaryk); vgl. Eibicht 1995, S. 507. Er führt sowohl private Umstände als auch Widerstände wegen seiner politischen Betätigung als Gründe für die Beendigung des Projekts an; vgl. Interview Rolf-Josef Eibicht.

6   Zum Ruhsdorfer Parteitag siehe 6.2/Anmerkung 19.

7   »Ehrenbund Rudel – Gemeinschaft zum Schutz der Frontsoldaten« (ER), »Initiative für Ausländerbegrenzung« (I. f. A.), »Aktion Oder-Neiße« (AKON), »Deutscher Schutzbund für Volk und Kultur« (DSVK), »Aktion deutsches Radio und Fernsehen« (ARF), »Volksbewegung gegen antideutsche Propaganda« (VOGA, vormals: »Volksbewegung für Generalamnestie«).

8   In seinem Schreiben an Frey vom 27. 9. 1998 bemängelt Eibicht die fehlende innerparteiliche Demokratie der »Verleger-Organisation« DVU und spricht von einer »infantilen politischen Vorgehensweise« Freys. Weiter heißt es: »Also ist folglich auch nicht erkennbar, wie Sie die deutsche Rechte insgesamt weiterbringen können, nicht nur Ihre eigenen Verlegerinteressen. *Politik für die deutsche Rechte kann nicht die Fortsetzung des Verlagsgeschäfts mit anderen Mitteln sein!*« Eibicht 1999: Schreiben 27. 9. (Hervorhebung im Original). Vermutlich hat sich Eibicht mehr Einfluss in der Partei erhofft, als Frey zugestehen will. Vgl. auch Pfeiffer 1999: Bye-bye.

9   Zit. nach Meldungen 11/2001, S. 16.

10 *Deutsche National-Zeitung/Deutsche Wochenzeitung* (DVU), *Deutsche Stimme* (NPD), *Der Republikaner*.

11 Z. B. *Nation & Europa, Opposition, Sleipnir, Staatsbriefe, Europa vorn/Signal*.

12 Z. B. *Deutschland in Geschichte und Gegenwart, Vierteljahreshefte für freie Geschichtsforschung*. Chefredakteur der *Vierteljahreshefte* ist der deutsche Holocaustleugner Germar Scheerer. Die Zeitschrift, die nach deutschem Recht potenziell strafbare Inhalte enthält, erscheint in Hastings/Großbritannien.

13 Der *Deutsche Politische Presse- und Informationsdienst* (dpi). Verantwortlich ist Friedhelm Busse, Vorsitzender der neonazistischen FAP bis zu deren Verbot 1995.

14 Z. B. *wir selbst, Aula, Eckartbote* (die beiden Letztgenannten erschei-
    nen in Österreich).
15 Z. B. *Der Schlesier, Sudetenpost.*
16 Vgl. Rechts-Sudeten (1999); zum »Witikobund« vgl. Dietzsch 1994.
17 Formal ist die *Deutsche Wochen-Zeitung* (1999 fusioniert mit *Deut-
    sche National-Zeitung*) von der DVU unabhängig; de facto können
    die von Frey verlegten Periodika als Parteiorgane angesehen werden;
    vgl. Verfassungsschutzbericht Bund 1998, S. 47 f.
18 Nach langwierigem Rechtsstreit, der bis zum Bundesgerichtshof
    führt, lässt das Amtsgericht Tübingen 1998 die Restexemplare des
    1994 erschienenen Bandes einziehen und ordnet an, Filme und
    Druckplatten unbrauchbar zu machen. Das Gericht wirft dem Vechtaer
    Soziologen Prof. Robert Hepp vor, in einer lateinischsprachigen
    Fußnote seines Beitrages den Holocaust zu leugnen. Vgl. Amtsge-
    richt Tübingen 1998.
19 Die »Verlagsgemeinschaft Berg« (Berg am Starnberger See) umfasst
    den »Druffel-«, »Türmer-« und »Vowinckel-Verlag«; der »Hohen-
    rain-Verlag« ist ein Schwesterunternehmen des Tübinger »Grabert-
    Verlages«, der auf geschichtsklitternde Literatur spezialisiert ist. Er
    hat für Aufsehen gesorgt, indem er eine ganzseitige Anzeige im Pro-
    grammheft des 43. Deutschen Historikertages unterbringen konnte,
    der im September 2000 in Aachen stattgefunden hat. Der Histori-
    kerverband sprach von einer »Panne« und distanzierte sich von dem
    Inserat. Den »Hutten-Verlag« (Viöl/Nordfriesland) hat der rechts-
    extremistische Verleger Roland Bohlinger eigens für den Eibicht-
    Band gegründet. Dies sieht der Verlagsvertrag zwischen Bohlinger
    und dem Herausgeber vor. Zu Bohlinger vgl. Verfassungsschutzbe-
    richt Bund 1995, S. 176 f.; Mecklenburg 1996, S. 444. Der »DS-Ver-
    lag« (»Deutsche Stimme Verlag«) ist auf das Engste mit der NPD
    verbunden und Anfang des Jahres 2000 von Sinning (Bayern) nach
    Riesa (Sachsen) umgezogen. Vgl. Verfassungsschutzbericht Baden-
    Württemberg 1998, S. 73; Kilian 2000.
20 Im Band *50 Jahre Vertreibung* findet sich neben Texten ausgewiesen
    rechtsextremistischer Autoren ein Beitrag des damaligen Fraktions-
    vorsitzenden der Union im Bundestag, Alfred Dregger. Dregger hat
    kurz nach Erscheinen erklärt, der Text – eine Geburtstagsrede für
    den langjährigen Vorsitzenden des »Bundes der Vertriebenen« Her-
    bert Czaja – sei »ohne seine Zustimmung und gegen seinen Willen«
    abgedruckt worden; zit. nach Dementiert 1995.
21 Darauf weist Graf hin, der seinen Beitrag später in der Schweiz ver-
    öffentlicht und unter anderem auf Grund dieses Textes wegen Rassen-

diskriminierung, Nötigung und Beschimpfung vor dem Bezirksgericht Baden (Schweiz) angeklagt wird; vgl. Protokoll (2000).

22 Vgl. z. B. Schlee 1997: Wir; Schlee: 1997: Gerechtigkeit; Schröcke 1997: Das; Schröcke 1997: Appell; Kindl 1997: Die, Kindl 1997: Mißbrauch.

23 Vgl. Verfassungsschutzbericht Niedersachsen 1997, S. 53.

24 Vgl. Mecklenburg 1996, S. 167 f.

25 Vgl. ebd., S. 421.

26 Vgl. Verfassungsschutzbericht Niedersachsen 1997, S. 53.

27 Vgl. Verfassungsschutzbericht NRW 1998, S. 93.

28 Vgl. Verfassungsschutzbericht Niedersachsen 1997, S. 53.

29 Mir liegen die Besprechungen in folgenden Periodika vor: *Aula* (H. 12/ 1998–1/1999, S. 60), *Deckert-Stimme* (H. 15 [März/April 1999], S. 6), *Deutsche Geschichte* (H. 42 [Mai/Juni 1999], S. 81), *Deutsche National-Zeitung* (30. 10. 1998, S. 11), *Deutschland* (H. 1–2/1999, S. 72 f.), *Europa-Brücke* (H. 61 [Februar 1999], S. 9), *Junge Freiheit* (18. 9. 1998, S. 14), *Nation & Europa* (H. 10/1998, S. 69 f.), *Opposition* (H. 1/ 1999, S. 59 f.), *Signal* (H. 1/1999, S. 28 f.), *Sleipnir* (H. 6/1998, S. 51), *Vierteljahreshefte für freie Geschichtsforschung* (H. 2/1999, S. 225) und *Zur Zeit* (20. 8. 1999, S. 9; ungekürzte Fassung: Hipp [2000]) sowie die empfehlenden Hinweise im *Euro-Kurier* des »Grabert-Verlages« (H. 2/1999, S. 5) und auf der Homepage des »PHI-Buchclubs« (phi-presse.de/Buchclub/Angebote/xa2/x-eibicht1.htm). Daraus auch die folgenden Auszüge.

30 Vgl. Mecklenburg 1996, S. 428.

31 Interview Rolf-Josef Eibicht.

32 Kindls Beitrag stellt insofern eine Ausnahme dar, als er nur wenige positive Bezüge enthält und vorwiegend Angriffe auf politische Gegner vorträgt. Die vorhandenen positiven Verweise bestätigen aber die genannte Tendenz.

33 Eibicht 1998: Wurzeln, S. 164, 177, 180.

34 Neben Rechtsextremisten wie Franz Schönhuber und Armin Mohler sowie den Professoren Hans-Joachim Arndt, Robert Hepp, Wolfgang Seiffert und Bernard Willms gehörte Diwald dem 1984 aufgelösten »Deutschlandrat« an, der als wissenschaftliches Beratergremium der REP fungieren sollte. Später stand er der Partei als Kuratoriumsmitglied bei dem Versuch zur Verfügung, die angegliederte »Carl-Schurz-Stiftung« zu gründen. Diwald soll zudem Verfasser der Präambel zum Parteiprogramm von 1990 sein. Besonders eng war Diwalds Verbindung zum rechtsextremistischen Verleger Dietmar Munier, über dessen »Aktion ›Deutsches Königsberg‹« er die Schirmherrschaft innehatte. Diwald war zudem Autor in Muniers »Arndt-Verlag« sowie

in mehreren neurechten Scharnierorganen (z. B. *wir selbst, Mut, Criticón,*). Vgl. Mecklenburg 1996, S. 161, 343, 441, 398; Gessenharter 1994, S. 95, 149; zu Munier/»Arndt-Verlag« vgl. Verfassungsschutzbericht Bund 1998, S. 79.

35   Eibicht 1998: Nationale, S. 209.

36   Auch im Interview bezieht sich Eibicht betont positiv auf Lummer. Durch die Vorwort-Kontroverse sei der damalige Bundestagsabgeordnete zwar persönlich enttäuscht gewesen, zu einer nachhaltigen Beeinträchtigung des Verhältnisses habe dies jedoch nicht geführt. Beide ständen nach wie vor in Kontakt und die Bereitschaft sei vorhanden, bei künftigen publizistischen Projekten zusammenzuarbeiten.

37   Vgl. Schröcke 1998: Warum, S. 279 ff.

38   Auch die im Band enthaltenen Texte Freys nehmen nicht ausdrücklich auf die DVU Bezug.

39   Eibicht 1998: Vorwort, S. II.

40   Eibicht leitet diese Zitate fast immer mit der nur geringfügig variierten Wendung ein »So heißt es treffend im DVU-Programm«, die durch die ständige Wiederholung anbiedernd wirkt.

41   Zit. nach Eibicht 1998: Patriotenverfolgung, S. 183.

42   Auch die Unionspolitiker Stoiber und Biedenkopf werden wegen Euro-kritischer Stellungnahmen positiv erwähnt.

43   Zwar wird eine massive Frontstellung gegen Antifa-Gruppen deutlich, doch knüpft das Buch an die Kampagne im Sinne des systematischen Sammelns persönlicher Daten politischer Gegner nicht an.

44   Im Interview betont Eibicht, er zweifle nicht am Holocaust. Im Buch umgeht er meist eine Festlegung, referiert distanziert die Darstellung anderer (»In der veröffentlichten Meinung der Gegenwart wird die Politik des Dritten Reiches als kriminell bezeichnet«; Eibicht 1998: Begründung, S. 82), vielfach im Konjunktiv (»seien von Deutschen sowie im deutschen Namen Kriegsverbrechen sowie Verbrechen gegen die Menschlichkeit begangen worden«; ebd., S. 79) oder spricht in Andeutungen (»Krieg und damit verbundene Ereignisse«; ebd., S. 81).

45   Eibicht 1998: Wurzeln, S. 164, S. 162.

46   z. B. die Autoren Herbert Grabert, David Leslie Hoggan, Max Klüver, Paul Rassinier und Adolf von Thadden.

47   Schlee 1998: Die Klärung, S. 300.

48   Frey 1998: Selbst, S. 358. Namentlich nennt Frey insbesondere Henry Morgenthau und Theodore N. Kaufman.

49   Eibicht 1998: Begründung, S. 23.

50   Eibicht 1998: Wurzeln, S. 171.

51   Ebd., S. 160.

52 Diese These wird von Schlee ausführlich vorgetragen. Neben dem gemeinhin unter dieser Bezeichnung bekannten Dreißigjährigen Krieg (1618–1648) wird auch die Spanne von der Französischen Revolution bis zum Wiener Kongress (1789–1815) als solcher interpretiert. Vgl. Schlee 1998: Die Drei.

53 Bezeichnend ist der Titel des Schlee-Aufsatzes »Wahrheit, Ehre und Gerechtigkeit den deutschen Soldaten«. In vollendeter Verkehrung der historischen Tatsachen legt der frühere Wehrmachtsoffizier nahe, die deutschen Truppen hätten für Frieden und eine freie Welt gekämpft. Er zitiert Karl Jaspers mit den Worten »Ohne Wahrhaftigkeit ist sie [die freie Welt, T.Pf.] verloren. Freiheit und Lüge schliessen sich aus. Nur eine freie Welt kann zum Frieden kommen« und schließt die eigene Bemerkung an: »Und dafür hat der deutsche Soldat stets gekämpft und ist mit seinem Leben dafür eingetreten!« Schlee 1998: Wahrheit, S. 329 (Fehler im Original).

54 Schlee 1998: Die Klärung, S. 290.

55 Z. B. Schlee 1998: Wahrheit, S. 326.

56 Schröcke 1998: Der, S. 284.

57 Z. B. »das größte völkerrechtswidrige Vertreibungsverbrechen aller Zeiten«; Eibicht 1998: Deutschland, S. 152; »einen der größten Völkermorde aller Zeiten, nämlich den am deutschen Volk«; ebd.; »größte Annexion und Deportation in der Weltgeschichte«; Eibicht 1998: Wurzeln, S. 170.

58 Vgl. Dudek/Jaschke 1981, S. 65 f.; Interview Jörg Fischer.

59 Frey 1998: Können, S. 350. Der jüngste Sammelband Eibichts trägt den Titel *Der Vertreibungs-Holocaust. Politik zur Wiedergutmachung eines Jahrtausendverbrechens;* vgl. Eibicht/Hipp 2000.

60 Kindl 1998, S. 227.

61 Eibicht 1998: Wurzeln, S. 174.

62 Vgl. Eibicht 1998: Begründung, S. 80.

63 Schröcke 1998: Warum, S. 282 f.

64 Eibicht 1998: Zentralmaximen, S. 143.

65 Eibicht 1998: Deutschland, S. 151; Frey 1998: Selbst, S. 359.

66 Eibicht 1998: Patriotenverfolgung, S. 185.

67 Schröcke 1998: Der, S. 284 f.

68 Vgl. z. B. Eibicht 1998: Patriotenverfolgung, S. 183; Schlee 1998: Die Klärung, S. 289.

69 Vgl. Eibicht 1998: Patriotenverfolgung, S. 184.

70 Die Reihe wird inzwischen von der revisionistischen Vereinigung »Vrij Historisch Onderzoek« (V. H. O.) in Belgien verlegt; vgl. Verfassungsschutzbericht Niedersachsen 1997, S. 58.

71 Vgl. Meldungen 23/1998, S. 14.

72 Eibicht 1998: Patriotenverfolgung, S. 186.

73 Eibicht 1998: Zentralmaximen, S. 137.

74 Eibicht 1998: Patriotenverfolgung, S. 185.

75 Eibicht 1998: Begründung, S. 8.

76 Eibicht 1998: Patriotenverfolgung, S. 187.

77 Eibicht 1998: Zentralmaximen, S. 128.

78 Eibicht 1998: Patriotenverfolgung, S. 194.

79 Ebd.

80 Der Zusatz ›historical‹ zur gängigen Wendung ›political correctness‹ meint die Ausgrenzung revisionistischer Agitation (Leugnung des Holocausts, der Kriegsschuld) vom öffentlichen und wissenschaftlichen Diskurs.

81 Hellmut Diwald zit. nach Eibicht 1998: Nationale, S. 218.

82 Schröcke 1998: Der, S. 283.

83 Geringfügig modifiziert findet sich diese Darstellung bei Frey, der im Titel eines Aufsatzes von der »neudeutschen Radikal-Umerziehung« spricht. Zutreffend beschreibt Frey, dass die Reeducation-Programme nicht im dem von manchem zuvor propagierten, sehr weitgehenden Maße umgesetzt wurden. Mit der Bewegung von 68 habe jedoch aus der Bundesrepublik heraus (»entgegen landläufiger Meinung nicht ›auf Druck des Auslandes‹«) ein sich ausbreitender »Nationalmasochismus« eingesetzt, der zu einer »hausgemachten Radikalumerziehung und Extrembewältigung« geführt habe. Frey 1998: Selbst, S. 359.

84 Eibicht 1998: Nationale, S. 213, S. 209.

85 Eibicht 1998: Zentralmaximen, S. 136.

86 Schröcke 1998: Warum, S. 280 f.

87 Z. B. Eibicht 1998: Nationale, S. 208: »Es geht um die Aufrechterhaltung der allein sozial-verantwortbaren relativen biologischen, geistigen und kulturellen Identität eines jeden einzelnen Volkes und einer jeden einzelnen Volksgruppe. Völker, die einer Totalüberfremdung durch einen unerträglich hohen Ausländeranteil ausgesetzt werden, so wie etwa zur Zeit das Deutsche Volk, sterben in ihrer auch für alle anderen unabdingbar notwendigen eigenen Art und ihrem eigenen Wesen ab (…)«

88 Eibicht 1998: Zentralmaximen, S. 148.

89 Eibicht 1998: Begründung, S. 87.

90 Schlee 1998: Es, S. 337.

91 Eibicht 1998: Deutschland, S. 154.

92 Eibicht 1998: Begründung, S. 93, 87.

93 Schlee 1998: Wahrheit, S. 323.

94 Schröcke 1998: Warum, S. 282 (Fehler im Original).

95 Eibicht 1998: Begründung, S. 47; Schlee 1998: Wahrheit, S. 323; Schlee 1998: Es, S. 341.

96 Eibicht 1998: Gestaltung, S. 124.

97 Eibicht 1998: Vorwort, S. IV; ähnlich: Schlee: Die Klärung, S. 295.

98 Eibicht 1998: Vorwort, S. I.

99 Ebd., S. II (Fehler im Original).

100 Eibicht 198: Zentralmaximen, S. 126, S. 131.

101 Vgl. Eibicht 1998: Begründung, S. 71 f., 83; Eibicht 1998: Maßnahmen, S. 119; Eibicht 1998: Gestaltung, S. 121.

102 Eibicht 1998: Maßnahmen, S. 119.

103 Eibicht 1998: Zentralmaximen, S. 133.

104 Halb richtig argumentiert Eibicht, in Deutschland werde Nation – anders als in Frankreich – ethnisch bestimmt, gestützt auf die Überzeugung, dass es zwischen Menschen »bleibende und durch äußere Einwirkung nicht zu beseitigende Unterschiede« gebe; Eibicht 1998: Begründung, S. 88. Er behauptet ein fortdauerndes, uniformes Nationsverständnis in Deutschland, von dem keine Rede sein kann, wie spätestens die Debatte um die Reform des Staatsbürgerschaftsrechts deutlich gemacht hat. Faktisch unzutreffend ist sein Hinweis, eine nicht ethnische Deutung der Nation sowie das Plädoyer für ein europäisches Nationalgefühl – beides verbindet Eibicht mit dem Namen Oskar Lafontaines – verstoße gegen das Grundgesetz. Deutscher nach dem Grundgesetz ist, wer die deutsche Staatsbürgerschaft besitzt (Art. 116), das Staatsbürgerschaftsrecht kann per Bundesgesetz geändert werden. Nationalgefühl hingegen ist keine verfassungsrechtlich zugängliche Kategorie. Im Interview drückt sich Eibicht zurückhaltender aus als im Buch; demnach könnten durchaus auch Angehörige anderer Ethnien deutsche Staatsbürger sein. Plumper unterscheidet Schröcke zwischen objektiv falscher und richtiger Verwendung des Begriffs. Er werde »fälschlich auch für die Gesamtbevölkerung von multiethnischen Staaten benutzt«. So rede der US-Präsident ein »Rassen- und Völkerkonglomerat mit Nation an«. Schröcke 1998: Warum, S. 239.

105 Ebd., S. 279.

106 Eibicht 1998: Begründung, S. 72 und 78.

107 Eibicht 1998: Vorwort, S. III; ähnlich: Eibicht 1998: Zentralmaximen, S. 130.

108 Ebd.

109 Eibicht 1998: Begründung, S. 77.

110 Ebd., S. 10, 65.

111 Schlee 1998: 50 Jahre, S. 254. Der historisch belastete Begriff der Rasse taucht nur an dieser Stelle auf.

112 Eibicht 1998: Patriotenverfolgung, S. 188.

113 Kindl 1998, S. 242.

114 Beide zitieren dieselbe Textstelle bei Sternberger; Eibicht 1998: Patriotenverfolgung, S. 192 f.; Schlee 1998: Es, S. 341. Bemerkenswerterweise lässt Eibicht, ohne dies kenntlich zu machen, den Satz »Das Vaterland ist die Verfassung, die wir lebendig machen« wegfallen.

115 »Patriotismus, daß ist die Chiffre für Volk und Nation, für die Freiheit dieses Volkes und die Freiheit dieser Nation. Patriotismus, daß ist die Chiffre für ewig gültige Normen, Werte und Traditionen, für die Anerkennung des Wertes der Geschichte des eigenen Volkes. Patriotismus ist die Ehrfurcht vor den Generationen, die vor uns lebten, wirkten und schufen, sich abmühten und abrackerten, damit wir leben können! Ist vor allem die Ehrfurcht vor denen, die in den beiden Weltkriegen, einem 30-jährigen Krieg der Deutschland aufgezwungen wurde um es kräftig zu ruinieren, für unser Volk und Vaterland im Kampf ihr Leben ließen.« Eibicht 1998: Zentralmaximen, S. 140 (Fehler im Original).

116 Vgl. ebd., S. 134 ff.

117 Ebd., S. 144.

118 Eibicht 1998: Begründung, S. 69.

119 Ebd., S. 70.

120 Der unabänderliche Artikel 20 GG expliziert das Demokratieprinzip als eines der »obersten Strukturprinzipien der Verfassung«. Es wird durch zahlreiche weitere grundgesetzliche Bestimmungen konkretisiert. Das Demokratieprinzip umfasst zwar das Mehrheitsprinzip, setzt diesem aber zum Schutz von Minderheiten Grenzen, die insbesondere durch die Grundrechte markiert werden. Vgl. Benda 1989, S. 457 ff.

121 Eibicht 1998: Vorwort, S. II.

122 Vgl. Schlee 1998: Wahrheit; Schlee 1998: Es, S. 338.

123 Vgl. Benda 1989, S. 457; Wernicke 1999, S. 3.

124 Vgl. Schröcke 1998: Warum, S. 280 f.

125 Z. B. Eibicht 1998: Nationale, S. 207.

126 Eibicht 1998: Zentralmaximen, S. 137, 128, 127.

127 Ebd., S. 132. Auch im Interview ist Eibicht auf mehrfache Nachfrage nicht bereit, diese Formulierung zu konkretisieren.

128 Eibicht 1998: Begründung, S. 8.

129 Ebd., S. 9; Kindl 1998, S. 249.

130 Dies behauptet der Band auch explizit; vgl. Eibicht 1998: Gestaltung,

S. 125; Kindl 1998, S. 249 (»westdeutsche Einheitspartei von CDU/
SPD/FDP und Grünen«).

131 Eibicht 1998: Nationale, S. 219.

132 Schröcke 1998: Der, S. 283.

133 Eibicht 1998: Patriotenverfolgung, S. 190.

134 Eibicht 1998: Zentralmaximen, S. 142.

135 Im Interview bestätigt Eibicht, er könne mit dem Begriff einer »Bewegung von rechts nichts anfangen«.

136 Der Anspruch auf die Ostgebiete und das Sudetenland wird von allen
Autoren auch explizit erhoben; anders als die übrigen Autoren formuliert Eibicht auch einen Anspruch auf Elsass-Lothringen; vgl. Eibicht
1998: Nationale, S. 222. Vielfach wird betont, die Wiedergewinnung
der Gebiete solle mit friedlichen Mitteln erreicht werden.

137 Eibicht 1998: Nationale, S. 206.

138 Ebd.

139 Ebd.

140 Vgl. Eibicht/Hipp 2000; zur Kritik des Bandes vgl. Pfeiffer 2000; zur
Kritik der Kritik vgl. Weinschenk (2000).

141 Eibicht zufolge sind bei größeren rechtsextremistischen Verlagen so
genannte ›Direktaussendungen‹ üblich: Demnach erhält ein Teil der
Kundschaft Neuerscheinungen ohne Bestellung und muss diese
dann erwerben oder zurücksenden. Im Interview schildert Eibicht
dieses Verfahren am Beispiel seines Buches *50 Jahre Vertreibung*
(»Hohenrain-Verlag«), dessen Vetrieb mit einer Direktaussendung
an 5000 Personen einsetzt.

142 Um die Rechte am Band *Patriotenverfolgung* kommt es zum Rechtsstreit zwischen Bohlinger und Eibicht, in dem Letzterer unterliegt;
vgl. Maegerle 1999.

143 Vgl. Interview Rolf-Josef Eibicht.

144 Eibicht führt diese Mängel auf den bestehenden Zeitdruck zurück,
da das Buch vor der Bundestagswahl erscheinen sollte; die zahlreichen
Fehler seien ihm »peinlich«.

145 So bilden Zwischenüberschriften die jeweils letzten Zeilen der Seiten 173 und 179. Seite 265 beginnt mit der letzten Zeile eines Absatzes, auf Seite 341 finden sich mehrere Aufzählungszeichen ohne
Text, auf der Seite 182 fehlt mindestens eine Zeile.

146 Das Kapitel »Deutschland, immer noch ein Wintermärchen« ist mit
den Beiträgen gleichen Titels in Eibichts Jörg-Haider-Buch (1997) sowie in der Ausgabe 5–6 (1993) der Broschürenreihe *Junges Forum*
identisch. Das Kapitel »Patriotenverfolgung in Deutschland« ist eine
ergänzte Fassung des Vorworts im Eibicht-Buch *Unterdrückung und*

Verfolgung Deutscher Patrioten, das Kapitel »Wurzeln, Wille und Ziel des Deutschen Patriotismus« ist nahezu identisch mit dem Aufsatz gleichen Titels im Band *Patriotenverfolgung in Deutschland* sowie eine gekürzte Fassung des Beitrags »›Wer sein Recht nicht wahrnimmt, gibt es preis!‹ Diwalds Vermächtnis verpflichtet zum Handeln« in der Broschüre *Junges Forum*. Zudem sind Teile (ca. 7 | Seiten) des Abschnitts »Deutschland als Opfer der Geschichte« im Kapitel »Begründung einer nationalen Politik« dem Aufsatz »Deutschland als Opfer fremder Mächte« im Band *Unterdrückung und Verfolgung Deutscher Patrioten* unmittelbar entnommen oder äußerst eng an diesen angelehnt, der seinerseits nahezu identisch ist mit dem Text »Deutschland als Opfer der Geschichte« im Band *50 Jahre Vertreibung*. Auch die Kapitel »Zentralmaximen des Nationalen und des Demokratischen« und »Der polnische und tschechische Imperialismus«, so Eibicht im Interview, basieren auf bereits publizierten Fassungen. Der Vorveröffentlichungsort ist mir nicht bekannt.

147 Beitrag »50 Jahre Flucht und Vertreibung«; vgl. Interview Rolf-Josef Eibicht; zum *Schlesier* vgl. Verfassungsschutzbericht NRW 2000, S. 102–105.

148 Z. B. Eibicht 1998: Zentralmaximen, S. 135; Eibicht 1998: Der, S. 149; Eibicht 1998: Wurzeln, S. 164; Eibicht 1998: Nationale, S. 213.

5. Junge Freiheit

1 Pfahl-Traughber 1998, S. 160 (zur JF: S. 206–211); Verfassungsschutzbericht Bund 1999, S. 75.

2 Das folgende Kapitel basiert im Wesentlichen auf der Auswertung der JF-Ausgaben vom 17. 4. bis zum 7. 8. 1998 sowie auf den Interviews mit Chefredakteur Dieter Stein und einem Mitarbeiter der Abteilung Verfassungsschutz des Innenministeriums NRW.

3 Otto 1996, S. 4.

4 Vgl. Kellershohn 1994: Das, S. 19 f.

5 Ebd., S. 17.

6 Otto 1996, S. 4.

7 Vgl. Gröndahl 1994.

8 Vgl. Kellershohn 1994: Kurzchronologie, S. 14.

9 In diesem handlichen, modernen Format erscheint beispielsweise auch die *tageszeitung* (taz). Im April 2000 stellt die Zeitung auf das größere Nordische Format um (z. B. FAZ, SZ); siehe 5. 8.

10 Vgl. Gröndahl 1994.

11 Die meisten Zeitungen haben solche Supplements vorrangig eingeführt, um am Farbanzeigenmarkt teilzuhaben. JF-Stammautor Martin
Otto nennt »massive Pressionen gegen Anzeigenkunden u. a. von Ge-
werkschaftsseite und Linksextremisten« als Grund für den mangeln-
den wirtschaftlichen Erfolg des JF-Magazins; vgl. Otto 1996, S. 5.

12 Die im Dezember 1992 startende Kampagne umfasst Fremd- und Eigenanzeigen sowie eine Kettenbrief-Aktion. Eine ganzseitige Eigenanzeige in der Dezember/Januar-Ausgabe 1992/93 (S. 21) versieht
ein Foto des Sozialphilosophen Jürgen Habermas mit der Sprechblase:
»Die JF wöchentlich? Daß ich nicht lache«. Unter dem Bild findet
sich der Schriftzug: »Wollen Sie, daß Herrn Habermas das Lachen
vergeht? Dann abonnieren Sie, falls Sie noch kein Abonnent sind.
Werben Sie unter Ihren Freunden. Verschenken Sie die JF zu Weih-
nachten. Dann kann uns niemand daran hindern, die JF am 1. 1. 1994
zur Wochenzeitung zu machen.«; vgl. Gröndahl 1994.

13 Vgl. Kellershohn 1994: Kurzchronologie, S. 16; Weiland 1997. Die
Konstruktion einer GmbH & Co. sieht eine juristische Person – in
diesem Falle die »Junge Freiheit Verwaltungs- und Beteiligungs
GmbH« – als Geschäftsführerin vor. In dieser, die die Hauptent-
scheidungsinstanz des Verlages darstellt, geht die »Junge Freiheit
Verlag GmbH« auf, in der Stein seit Gründung Hauptgesellschafter
ist. Im Zuge der Auseinandersetzung mit Meidinger vom Herbst 1994
baut er seine Beteiligung auf 74 Prozent aus. Die übrigen 26 Prozent
halten frühere JF-Redakteure und -Mitarbeiter. Vgl. Interview Dieter
Stein.

14 Vgl. Weiland 1997. Meidinger erstattet anschließend Strafanzeige gegen Stein wegen Konkursverschleppung. Das folgende Ermittlungsverfahren stellt die Staatsanwaltschaft Potsdam im Frühjahr 1998
ein; vgl. Weiland 1998.

15 Vgl. Verfassungsschutzbericht NRW 1996, S. 77. Der Verfassungsschutz NRW sieht in der Distanzierung von den Leserkreisen eine
»taktische Maßnahme« im Zusammenhang mit der Klage der JF gegen das Land NRW (siehe 5.2); vgl. Verfassungsschutzbericht NRW
1997, S. 81.

16 Der Streit zwischen Stein und Molau entzündet sich an einer Kolumne des regelmäßigen JF-Autors Armin Mohler, in der dieser zum
wiederholten Male den Holocaust infrage stellt. Stein lehnt die vom
zuständigen Redakteur Molau vorgesehene Veröffentlichung ab;
kurz darauf sieht Molau den »mit geringfügigen Veränderungen«
(Stein) versehenen Beitrag erneut zur Veröffentlichung vor. Im
Interview betont Stein, dass diese Auseinandersetzung sowohl seine

Führungsrolle innerhalb der JF berührt habe als auch die publizistisch-politische Orientierung des Blattes. Der Streit führt zu heftigen Flügelkämpfen in Redaktion und Teilen der Autorenschaft zwischen einer eher altrechtsorientierten Gruppe um Molau und einer »modernistischen Fraktion« (so die damalige JF-Mitarbeiterin Gerlinde Gronow), zu der insbesondere der damalige »Zeitgeist«-Redakteur Roland Bubik zählt. Am Ende steht die Entlassung Molaus als Redakteur. Mohler, dessen Kolumne ungedruckt bleibt, beendet seinerseits die Zusammenarbeit mit der JF. JF-Aussteigerin Gronow antwortet im Interview mit der taz auf die Frage, ob sich damit die »modernistische Rechte« innerhalb der JF durchgesetzt habe: »Relativ. Sie versuchen halt, sich einen modernistischen Anstrich zu geben. Am Ende ist es aber das gleiche. Sie haben nur eingesehen, daß man flotter auftreten muß. Es ist ein Fake.« (zit. nach Groß/Weiland 1996, S. 14).

17 Mölzer 1999.

18 Vgl. Mecklenburg 1996, S. 415. Ich folge der Einschätzung des »Dokumentationsarchivs des österreichischen Widerstandes«, das seit Jahren wissenschaftliche Rechtsextremismusforschung betreibt und von der FPÖ als der »politischen Hauptkraft« des österreichischen Rechtsextremismus spricht; vgl. Bailer-Galanda/Neugebauer 1996, S. 14. Nach dem Wahlerfolg der FPÖ am 7. 3. 1999 in Kärnten hat der damalige Parteivorsitzende und Landesobmann, Jörg Haider, Mölzer zum kulturpolitischen Berater ernannt; vgl. Meldungen 9/1999, S. 16.

19 Mölzer selbst spricht davon, sein Blatt habe im Gegensatz zur JF einen »konkret faßbaren parteipolitischen Hintergrund«, nämlich ein »kritisches, aber doch Näheverhältnis« zur FPÖ; vgl. Mölzer 1999.

20 Zur Auflagensteigerung der JF trägt auch bei, dass einige Publikationen mit ähnlicher Zielgruppe in dieser Zeit ihr Erscheinen einstellen, insbesondere die Zeitschrift *Student,* deren letzter Chefredakteur der heutige REP-Vorsitzende Rolf Schlierer ist; vgl. Interview Dieter Stein; Mecklenburg 1996, S. 523; Antifaschistisches Broschürenkollektiv 1993/94, S. 68 und 3.

21 Vgl. Kellershohn 1994: Kurzchronologie, S. 15. Unklar ist, ob es sich um die Druckauflage oder die verkaufte Auflage handelt.

22 Vgl. Geschichte (1999).

23 Vgl. Interview Verfassungsschutz NRW 1.

24 Vgl. Geissler 2001.

25 Die durch den »JF-Buchdienst« erwirtschafteten Gelder sind vernachlässigbar; vgl. Interview Dieter Stein.

26 Dieses Kapital beträgt im Februar 1999 1,2 Mio. Mark (liegt damit deutlich unter den ursprünglich angestrebten 2 Mio.), die sich aus

Einlagen von 200 Kommanditisten zusammensetzen. Nach Angaben Steins betragen die beiden höchsten Einzelanteile 70 000 und 20 000 Mark, die übrigen liegen darunter. Die Kommanditisten stammen, so Stein, aus der Leserschaft. Unter den Kommanditisten, deren Namen er nicht nennt, befinde sich kein Verleger; damit weist Stein insbesondere die gelegentlich geäußerte Vermutung zurück, der Verleger Herbert Fleissner (unter anderem Buchgruppe »Langen-Müller«) sei mit einer größeren Summe an der JF beteiligt. Vgl. Interview Dieter Stein.

27 Vgl. Stein 1998: Schreiben. Im Interview – etwa ein halbes Jahr später – lässt Stein erkennen, dass der Aufruf vom August nicht allein eine akute Krise überwinden helfen sollte, sondern dass Spendenaufrufe eine der Finanzierungssäulen der JF bleiben müssten; vgl. Interview Dieter Stein.

28 Vgl. Verfassungsschutzbericht NRW 2000, S. 87 f.

29 Das NRW-Gesetz über den Verfassungsschutz (VSG NW) setzt die Schwelle der Beobachtung etwas niedriger an als das Bundesgesetz (BVerfSchG). Während VSG NW in § 3 Abs. 1 »tatsächliche Anhaltspunkte für den Verdacht« verfassungsfeindlicher Bestrebungen voraussetzt, spricht das BVerfSchG lediglich von »tatsächlichen Anhaltspunkten« (§ 4 Abs. 1); Gesetz 1998, S. 203 und Gesetz 1995, S. A 2.

30 Vgl. Interview Verfassungsschutz NRW 1.

31 Brunner ist zu diesem Zeitpunkt Vorsitzender des neurechten »Bundes freier Bürger«.

32 Tatsächlich bezeichnet keiner der angegriffenen Berichte die JF ausdrücklich als »rechtsextremistisch«. Durchgängig verwendet die Behörde die dem Gesetzestext entnommene, umständliche Formulierung »tatsächliche Anhaltspunkte für den Verdacht rechtsextremistischer Bestrebungen«. Lediglich an einer Stelle zählt der Bericht für das Jahr 1995 fünf »rechtsextremistische Publikationen« auf, die sich zur Neuen Rechten bekannt hätten, darunter die JF; vgl. Verfassungsschutzbericht NRW 1995, S. 105.

33 Vgl. Brunner o. J. (1996), S. 3. Diese 62-seitige Broschüre, die Klage und Begründung der JF dokumentiert, wurde vom Verlag für 30 Mark (inklusive 20 Mark Prozesskostenzuschuss) verkauft.

34 Vgl. ebd., S. 17.

35 Vgl. ebd., S. 31.

36 Innenministerium NRW: Klageerwiderung 1996, S. 13; vgl. hierzu auch Innenministerium NRW 1994, S. 3–7.

37 Vgl. Verwaltungsgericht Düsseldorf 1997, S. 23.

38 Vgl. Oberverwaltungsgericht Münster 2001, S. 2; Pfeiffer 2001: Anhaltspunkte.

39 Nach den Sparmaßnahmen vom August 1998 (siehe 5.1) umfasst die
Redaktion nur noch fünf, im Sommer 2001 sechs Personen. Mit Aus-
nahme von Stein und Thaler hat in diesen drei Jahren das komplette
Team gewechselt.

40 Vgl. Zur Person 1998: Kai Guleikoff. Guleikoffs Werdegang unterscheidet sich deutlich von den Lebensläufen der übrigen Redakteure:
Nach Abitur und landwirtschaftlicher Ausbildung war er (nach JF-
Angaben bis zu einem Berufsverbot 1979) NVA-Soldat, dann Sicher-
heitsingenieur. Bis zur Wende war Guleikoff SED-Mitglied; vgl. Kellershohn 1994: Die, S. 54.

41 Vgl. Zur Person 1998: Martin Schmidt; Zur Person 1998: Gerhard
Quast; Zur Person 1998: Thorsten Thaler.

42 Vgl. Interview Dieter Stein.

43 Zu Krämer vgl. Hachel 1994, S. 146; Mecklenburg 1996, S. 414; Rojas
1999, S. 307.

44 Zu Hupka vgl. Schröder 1997: Im, S. 182–205.

45 Vgl. Kellershohn 1994: Die, S. 53–63; Interview Dieter Stein; Mecklenburg 1996, S. 532 f. Das Landesamt für Verfassungsschutz Rhein-
land-Pfalz schätzte das »Nationaleuropäische Jugendwerk« seinerzeit als rechtsextremistisch ein, das NEJ verlor in den 90er Jahren an
Bedeutung; vgl. Mecklenburg 1996, S. 295.

46 Quast war verantwortlicher Redakteur von *wir selbst*. Zwischen dieser Zeitschrift und der JF sind Überschneidungen der Autorenschaften besonders deutlich. Vgl. Kellershohn 1994: Das, S. 47.

47 Vgl. Kellershohn 1994: Das, S. 44 f.; Krebs 1994, S. 3.

48 Mitglieder der »Deutschen Hochschulgilde« waren in der Vergangenheit zahlreicher in der JF-Redaktion vertreten. Dieser Verbindung gehören auch die ehemaligen Redakteure Michael Hageböck
und Andreas Molau an; vgl. Kellershohn 1994: Die, S. 107.

49 Wie Stein war Thaler zuvor in der »Jungen Union« aktiv; vgl. Krebs
1994, S. 3.

50 Zu de Benoist und der von ihm 1968 mitgegründeten Organisation
»Groupement pour la recherche et les études de la civilisation euro-
péenne« (GRECE) vgl. Minkenberg 1998, S. 150–153 und 159 f.;
Jaschke 1990, S. 45–70.

51 Walker hat unter anderem Beiträge für die rechtsextremistischen
deutschen Periodika *Europa vorn* (seit 1998: *Signal*) und *Elemente*
(»Thule-Seminar«) verfasst; zu Walker vgl. z. B. Mecklenburg 1996,
S. 208, 406, 409 und 877.

52 Schacht ist Feuilleton-Redakteur der *Welt am Sonntag*. Gemeinsam mit Heimo Schwilk zählt er zu den Initiatoren des Appells »Gegen das Vergessen« von 1995, der das Verständnis des 8. Mai 1945 als Tag der Befreiung vom Nationalsozialismus attackiert. Für den BfB kandidiert Schacht 1997 zur Hamburger Bürgerschaft. Vgl. BfB-Kandidaten 1997; Gessenharter 1998: Rückruf, S. 170 f.; Rosen 1997.

53 Zu Schwilk vgl. z. B. Gessenharter 1997, S. 167–171.

54 Zu Mölzer vgl. Fromm/Kernbach 1994, S. 248; Mecklenburg 1996, S. 415. Zur FPÖ siehe auch Anmerkung 18.

55 Vgl. Interview Verfassungsschutz NRW 1.

56 Vgl. Mecklenburg 1996, S. 445 f.; Kellershohn 1994: Das, S. 45.

57 Vgl. Rainer 1998: Südtirol; Rainer 1998: Italien. In ihrem vorangegangenen Bericht über den Prozess übernimmt die JF die damalige Auffassung des Buchautors Artur Oberhofer, Rainer sei zum »Justizopfer« geworden; vgl. Kaufmann 1998.

58 Vgl. Interview Verfassungsschutz NRW 1.

59 Vgl. Meldungen 9/1999, S. 16.

60 Vgl. Interview Dieter Stein.

61 Auch der »Fragebogen« wird hier als Interview gewertet, da er ebenfalls ein dialogisches Genre darstellt.

62 In beiden Interviews wird eine Distanz zu zentralen Ideologemen und/oder Begriffen der Bewegung deutlich – bei Hoffmann beispielsweise zur vorwiegend negativen Sicht auf Globalisierungstendenzen, bei Koslowski zum Begriff der nationalen Identität.

63 Junge Freiheit o. J. (1993), S. 12. Im Interview nennt Dieter Stein »Streitkultur« als einen Zentralbegriff der JF.

64 Zit. nach Rogalla 1995.

65 Zur »Stiftung Ostdeutscher Kulturrat« vgl. Mecklenburg 1996, S. 416 f.

66 Vgl. Rissmann 1998. Wie die Daten der NE-Leserbefragung lassen sich auch die folgenden Angaben nicht überprüfen, erscheinen aber glaubwürdig. Ebenso wie die Ergebnisse der NE-Befragung basieren sie angeblich auf rund 1000 zurückgesandten Fragebögen und lassen somit Schlüsse auf die Leserschaft der Zeitung zu.

67 Mehrfachnennungen waren möglich. Dieses Ergebnis lässt sich in unterschiedliche Richtungen interpretieren – ein Hinweis darauf, dass die Methode des JF-Fragebogens an diesem Punkt problematisch ist. So ist denkbar, dass ein Teil der Leserschaft rechts als Bezeichnung für das rechtsextremistische Spektrum versteht (wie es etwa im NE-Jargon der Fall ist) und die JF daher ausnimmt oder als stigmatisierende Zuschreibung politischer Gegner. Weiterhin lässt sich

vermuten, dass sich manche Leser selbst nicht als rechts verstehen und dieses Attribut daher auch nicht für ›ihre‹ Zeitung wählen.

68 Bis Januar 1992 trägt dieses Ressort die Bezeichnung Ethnopluralismus. Es beschäftigt sich mit ethnischen Konflikten, überwiegend mit der Situation deutscher Minderheiten im Ausland.

69 Seit der Ausgabe vom 26. 6. 1998 ersetzt das »Kulturtagebuch« auf der zweiten Kulturseite die Rubrik »Zeitschriftenkritik«, die fortan zweiwöchentlich auf der JF-Medienseite erscheint. Auf diese Weise – so heißt es in einem Hinweis, der die Umstellung der Rubriken erläutert – solle »dem politischen Feuilleton mehr Platz eingeräumt werden«; In 1998.

70 Die engen Verbindungen zu Vertretern der Vertriebenengruppen – durch Autorenschaft, Interviews, positive Bezüge und Themenwahl – lassen vermuten, dass die JF hier einen erheblichen Teil ihrer (potenziellen) Leserschaft sieht.

71 Zu Sander/*Staatsbriefe* vgl. z. B. Verfassungsschutzbericht Bund 1997, S. 118 f.

72 Zehm 1998.

73 Zu Siegerist/»Deutsche Konservative e. V.« vgl. Verfassungsschutzbericht Bund 1995, S. 188.

74 Ochsenreiter 1998: JF-Reportage.

75 Stein 1998: Parteien.

76 Vgl. Stein 1998: Konflikt.

77 Schacht/Schwilk 1998.

78 Stein 1998: Harte.

79 Vgl. Stein 1998: Quittung.

80 Stein 1998: Bundestagswahl.

81 Meyer 1998.

82 Baumanns 1998: Schulmeisterei.

83 Bonfils 1998.

84 Thaler 1998: Standpunkt.

85 Siegel 1998.

86 Kositza 1998.

87 Apfelböck 1998.

88 So wird Bismarck als »Konservativer Revolutionär« bezeichnet, im Kurzporträt über den JF-Redakteur Manuel Ochsenreiter heißt es, er wolle »eine kleine konservative Revolution bewirken«; Zur Person 1988: Manuel Ochsenreiter.

89 Zum Vergleich: »Bund der Vertriebenen« und SPD kommen in je acht Ausgaben vor, CSU/CDU/JU: sieben, PDS und Bündnis 90/Die Grünen: je sechs, DVU: drei.

90 Röhl ist Mitinitiator des neurechten 8.-Mai-Aufrufs »Gegen das Vergessen« (1995); vgl. Mecklenburg 1996, S. 546; zu dem Aufruf vgl. Verfassungsschutzbericht NRW 1995, S. 106 f.

91 Zu *DESG-inform* vgl. z. B. Verfassungsschutzbericht NRW 1997, S. 97 f.

92 Zu *wir selbst* vgl. z. B. Mecklenburg 1996, S. 437 f.

94 JF vom 8. 5. 1998, S. 16. Die Bandbreite reicht vom CDU-nahen »Christlich-Konservativen Deutschland-Forum« bis zur rechtsextremistischen DLVH.

95 Es dürfte sich um eine Kompromissformel zwischen Roscher und dem JF-Verlag handeln, um die presserechtlich vorgesehene Formulierung »Richtigstellung« – die eine Falschmeldung der Zeitung voraussetzt – zu vermeiden.

96 Die betreffende Anzeige ist in der Sonderbeilage »Buch und Medien« zur JF-Ausgabe vom 3. 7. 1998 erschienen; beworben wird das Buch *Die vaterlose Gesellschaft. Überfällige Anmerkungen zum Geschlechterkampf* von Matthias Matussek (»rororo Sachbuch«). In derselben Beilage weist die Redaktion empfehlend auf das Matussek-Buch hin; vgl. S. 2. Das sechstelseitige Inserat ist mit dem Schriftzug »Anzeige« gekennzeichnet und enthält klein den Hinweis »Jetzt beim JF-Buchdienst«. Grundsätzlich wäre eine Eigenanzeige des Buchdienstes für ein durch diesen vertriebenes Buch zulässig. Im vorliegenden Fall wird jedoch der Eindruck erweckt, Auftraggeber sei der »Rowohlt-Verlag«.

97 JF vom 24. 7. 1998, S. 16. Beworben werden die vom LBV und dem »Verband für Arten- und Biotopschutz« angebotenen »Arche Noah Fonds«. Der LBV versendet jährlich Vorlagenmappen für unentgeltliche Anzeigen an diverse Medien. Zu den regulären Empfängern dieser Mappen zählt die JF nicht und muss sie folglich über Dritte erhalten haben.

98 In der JF vom 22. 5. 1998 wird der Realname des unter dem Pseudonym Anton Maegerle arbeitenden linksorientierten Journalisten genannt; vgl. Kritschen 1998. Die Zeitung hat den Namen bereits in ihrer Ausgabe vom 5. 7. 1996 in einem längeren Beitrag über Maegerle offen gelegt; vgl. Knütter 1996. Sie beteiligt sich somit an einer Kampagne gegen den Journalisten, die quer durch die rechtsextremistische Medienlandschaft geführt wurde und zu dessen Bedrohung durch die militante Szene geführt hat. Eine deutliche Frontstellung gegen die »Antifa« wird auch im Untersuchungszeitraum in zahlreichen Beiträgen vertreten.

99 Schmidt 1998: Flandern.

100 Vgl. z. B. Baumanns 1998: Ausländern. In diesem Umfeld hat das insbesondere durch eine Äußerung des Vorsitzenden der Unionsfraktion im Bundestag, Friedrich Merz, in den breiten politischen Diskurs übernommene Wort seinen Ursprung.

101 Diese Linien führen etwa zu gegensätzlichen Positionen zweier JF-Schreiber in der Nordirland-Frage. Während der englische Rechtsextremist Michael Walker eine Vereinigung Irlands ablehnt, da bereits durch kleine Schritte in diese Richtung die Interessen der mehrheitlich protestantischen Unionisten an den Rand gedrängt würden, begrüßt Redakteur Martin Schmidt einen solchen Prozess (»wächst zusammen, was zusammengehört«) und versteht implizit die irisch-katholische Traditionslinie als Leitkultur der Insel; vgl. Walker 1998; Schmidt 1998: Referenden.

102 Stein 1998: Zuwanderung.

103 Benoist 1998. Häufig wird diese Aussage in drastische Kollektivsymbole gekleidet: Stein zufolge wuchs die Zuwanderung »den politisch Verantwortlichen im Laufe der Jahre über den Kopf wie Goethes Zauberlehrling die entfesselte Flut«; Stein 1998: Zuwanderung. Zehm greift die Ratten-Metapher auf, nachdem Roman Herzog die DVU als »Rattenfänger« bezeichnet hatte. Der »Pankraz«-Kolumnist spielt mit dem Begriff und spricht schließlich davon, dass »immer mehr Wanderratten von draußen zuziehen, so daß den autochthonen Hausratten allmählich die Luft abgeschnürt wird.« Letztere glichen in die Ecke getriebenen Ratten, die – wie Zehm zuvor ausgeführt hat – instinktiv auch gegen Übermächtige mit aller Kraft kämpften. Vgl. Pankraz (Zehm) 1998: Heine. Zehms Ausführungen lassen sich durchaus als Rechtfertigung von Gewalt gegen Zuwanderer verstehen. Auch Klaus Motschmanns Parabel von Teich und Lilie ist primär auf das Thema Zuwanderung gemünzt: Die Lilie auf einem Schlossteich, zunächst wegen ihrer Schönheit bewundert, wächst exponentiell. Warnungen des Gärtners nimmt der Hof nicht ernst. Nach einem Jahr bedeckt die Pflanze den Teich völlig und dieser stirbt. Vgl. Motschmann 1998.

104 Vgl. z. B. Mölzer 1998.

105 Vgl. Beermann 1998.

106 Heinzen 1998: Kleine.

107 Thaler 1998: Rechtschreibreform.

108 Stein 1998: Meinungsumfragen.

109 Vgl. von Gersdorff 1998. Unter der Überschrift »Okkultismus: In Hannovers Schulen ist der Teufel los. Esoterik als Pflichtfach« kritisiert Mathias von Gersdorff, dass im niedersächsischen Schulunterricht

an fernöstliche Religionen angelehnte Stille- und Fantasieübungen eingesetzt würden. Der Beitrag stützt sich auf eine Elterninitiative, die fordert, stattdessen christliche Gebete zu praktizieren.

110 Besonders deutlich wird dies im Interview mit Alain de Benoist, der die »Identität der Völker« durch die Amerikanisierung der Welt stärker gefährdet sieht als durch Zuwanderung: »Die Eröffnung einer Fast-Food-Filiale oder eines Supermarktes stellt für unsere Identität sicher eine größere Bedrohung dar als der Bau einer Moschee«; zit. nach Krause 1998: Alain. Diese Akzentsetzung löst eine Reihe empörter Leserbriefe in der folgenden Ausgabe vom 24. 7. aus.

111 Peters 1998.

112 Ramb 1998. Ramb beruft sich auf Joschka Fischer, der sich entsprechend geäußert habe.

113 Z. B. Stein 1998: Sachsen-Anhalt; ähnlich: Heinzen 1998: Selbstläufer (»über den Gräbern der Landeswährungen«).

114 Besonders deutlich sagt dies Dieter Stein: »Dieses historische Symbol soll nun beseitigt werden, auf dem Altar Europas geopfert werden«; vgl. Stein 1998: Erzählte. Das Zitat stammt aus dem Editorial der Sonderbeilage »Der Tag, als die D-Mark kam« zum 50. Jahrestag der Währungsreform von 1948. Zuvor sind die Leser aufgefordert worden, ihre Erinnerungen an diesen Tag der JF-Redaktion zu schreiben. Zahlreiche Beiträge verbinden diese mit massiver Ablehnung des Euro. Die vollständige Beilage ist als Beitrag zur Anti-Euro-Kampagne zu verstehen.

115 Der hohe Stellenwert dieser Kampagne entspricht dem propagierten Selbstverständnis der JF, demzufolge sie von anderen Medien zurückgehaltene Informationen verfügbar mache; vgl. Interview Dieter Stein. Diese Sicht erinnert an die Motivation von Medienmachern früherer neuer sozialer Bewegungen, insbesondere des Frankfurter *Informationsdienstes zur Verbreitung unterbliebener Nachrichten* (1973–1981).

116 Z. B. von Dobeneck 1998.

117 Horst Mahler zit. nach Thaler 1998: Medien.

118 Pankraz (Zehm) 1998: Liminski.

119 Inkriminierte Passagen zitiert in: Verfassungsschutzbericht NRW 1995, S. 128–130.

120 Schacht 1998.

121 Zit. nach Krause/Stein/Thaler 1998.

122 Vgl. z. B. Nolte 1989, S. 32. Ein JF-Leserbriefschreiber überspitzt diese Aussage zu der nebulösen These »Ohne Marx kein Hitler!«; vgl. Volkmann 1998.

123 Eckstädt 1998.

124 Vera Lengsfeld wird mit der Behauptung eines »geistigen Totalitarismus« der Alt-68er zitiert (zit. nach Geldszus 1998: Kongreß),
Heinzen spricht von einer »totalitären Phase unter Brandt« (Heinzen
1998: Hindenburg), Roland Baader bezeichnet im JF-Interview re-
präsentative Demokratien als »Totalitarismus mit Freiheitsgesän-
gen« (zit. nach Krause 1998: Der).

125 Groppe 1998: Bad.

126 Pankraz (Zehm) 1998: Frühdiagnose.

127 Vgl. z. B. Krause 1998: Geschichte.

128 Z. B. Thaler 1998: Abschiebungen; Hatzenbichler/Ochsenreiter 1998.

129 Auch dies mag auf das schwelende Verfahren gegen den NRW-Innen-
minister zurückzuführen sein, der auf diese spöttische Abkürzung hingewiesen hat; vgl. Innenministerium NRW 1996: Klageerwiderung, S. 76.

130 Heuchling 1998.

131 Thaler 1998: Zwischen.

132 Olles 1998: Johannes.

133 Groppe 1998: Deserteure.

134 Vgl. Interview Dieter Stein. Der Verfassungsschutz NRW sieht hierin
den Versuch, den Parlamentarismus zu unterminieren; vgl. Verfassungsschutzbericht NRW 1997, S. 12; Innenministerium NRW
1996: Klageerwiderung, S. 33 f.

135 Vgl. Thaler 1998: Standpunkt.

136 Vgl. Leserforum, JF vom 19. 6. 1998, S. 21. Werner Olles stimmt
Thaler in der übernächsten Ausgabe zu und beruft sich ausdrücklich
auf Gramsci und den Begriff der »kulturellen Hegemonie«; vgl. Olles
1998: Debatte. Parteipolitik ist für die JF allerdings nicht ohne Bedeutung. So befürwortet sie eine an der Neuen Rechten orientierte
Formation, die insbesondere die Potenziale von REP und »Bund
freier Bürger« bündeln soll; vgl. Stein 1998: Quittung.

137 Vgl. Alain de Benoist, zit. nach Krause 1998: Alain, S. 4.

138 Vgl. Kellershohn 1994: Das, S. 27–29.

139 Karl Heinzen lässt daran keinen Zweifel. In seiner Kolumne lobt er den
damaligen Trainer der deutschen Fußballnationalmannschaft, der bei
der Aufstellung des WM-Teams eine »nationale Präferenz« gezeigt
habe, »die auf Abstammung und nicht auf Staatsbürgerschaft oder
kulturelle Lippenbekenntnisse vertraut. (…) Bei einer WM ist weniger Professionalität als vielmehr das Herz gefragt. Für wen schlägt
aber das von Fredi Bobic, Mehmet Scholl oder Darius Wosz, gar von
Oliver Neuville oder Sean Dundee? Eine WM ist der falsche Ort, um
dies herauszufinden.« Heinzen 1998: Nationale.

140 Romig zitiert den Papst mit den Bemerkungen, die »Volksgemeinschaft« sei »die große und historische Inkarnation der Arbeit aller
bisherigen Generationen« und die Nation sei »die ausgereifte Form
der Volksgemeinschaft«; Romig 1998. Offen bleiben muss, inwie-
fern der im Deutschen belastete Begriff auf einer unglücklichen
Übersetzung beruht. In der Vergangenheit kam er in der JF häufiger
vor; vgl. Pfeiffer 1994, S. 64. Er wird – vermutlich im Zuge der verbalen Mäßigung der Zeitung – inzwischen weitgehend vermieden.

141 Z. B.: »Ohnehin findet jede Zeit ihre angemessenen politischen Ex-
ponenten, während Parteien vergänglich sind«; Geldszus 1998: Die.

142 Am 19. 6. 1998 widmet Dieter Stein dem Begriff der nationalen Identität den Aufmacher der Ausgabe; vgl. Stein 1998: Nationale. Der Begriff kommt in nahezu jeder Ausgabe teils mehrfach vor, im Interview bezeichnet Stein ihn als einen der Zentralbegriffe der JF; vgl.
Interview Dieter Stein.

143 Sailer nennt im Österreich-Ressort die sinkenden Geburtenziffern
des Landes und warnt, in einigen Jahren werde »die Mehrheit der Bevölkerung aus Ausländern bestehen«; vgl. Sailer 1998. In einem ablehnenden Grundsatzartikel zur »sexuellen Revolution« verweist
Eberbach auf die »Trennung von Sexualität und Kinderwunsch«, deren Folge rückläufige Geburtenzahlen seien. Durch Zuwanderung
einen Ausgleich zu schaffen, lehnt der Autor ausdrücklich ab; vgl.
Eberbach 1998.

144 Ob die Konservative Revolution dem Konservatismus zugerechnet
werden kann, ist wissenschaftlich umstritten: Während Stefan
Breuer dies verneint (»Was immer die Konservative Revolution war,
eine *konservative* Revolution war sie nicht«; zit. nach Offergeld 1994,
S. 26, Hervorhebung im Original), sieht Martin Greiffenhagen in der
Entwicklung vom Konservatismus zum revolutionären Konservatismus eine gerade Linie; vgl. Greiffenhagen 1971, S. 241.

146 Liberal ist im Untersuchungszeitraum weniger als in früheren Ausgaben (vgl. z. B. Pfeiffer 1994, S. 46–49) als zentraler Negativbegriff
der JF erkennbar. Der Grund ist vermutlich die Annäherung der Zeitung an den wirtschaftsliberalen »Bund freier Bürger« sowie an den
rechten Flügel der FDP.

147 Lasars 1998.

148 Geldszus 1998: Gesellschaft.

149 Hornung 1998.

150 Heinzen 1998: Einheits.

151 Olles 1998: Grüner. Das Innenministerium NRW weist darauf hin,
dass die Formulierung »Alt-Parteien« auf nationalsozialistische Agi-

tation gegen die Weimarer Republik zurückgehe; vgl. Innenministerium NRW 1996, S. 80.

152 Z. B. Krause 1998: Protest.

153 Moeller van den Bruck 1931, S. 189.

154 Vgl. Antifaschistisches Broschürenkollektiv 1993/94, S. 56.

155 Vgl. Krause 1998: Vertriebene.

156 Vgl. Interview Dieter Stein; Mecklenburg 1996, S. 398.

157 Madela 1999. Der Autor war von 1995 bis 1996 JF-Redakteur. Vgl. auch Thaler 1996, S. 7.

158 Vgl. Zur Person 1998: Cornelia Krempf.

159 Vgl. Interview Dieter Stein. Das Online-Archiv der dpa ist nicht zu verwechseln mit dem aktuellen Meldungsdienst, den die JF – vermutlich aus Kostengründen – nicht abonniert hat. Das Archiv dient vielmehr als Quelle für Hintergrundrecherchen.

160 So bebildert die JF einen Beitrag über das EU-Kartellrecht mit einem Foto, das die Embleme der fusionierten Unternehmen »Daimler-Benz« und »Chrysler« zeigt (JF vom 26. 6. 1998, S. 17). Den Text über die Klage von Göttinger Studenten gegen den AStA der Universität illustriert sie mit einem Foto von auf einer Wiese sitzenden Studierenden (Bildquelle: DAAD, JF vom 29. 5. 1998, S. 4).

161 Z. B. das Foto von Manuel Ochsenreiter zum Beitrag Ochsenreiter 1998: Bundeswehr, das unscharf ist und kein klares Motiv besitzt.

162 Die JF hat die Druckerei gewechselt, nachdem es von Dezember 1994 bis Februar 1995 zu Brandanschlägen auf das damals beauftragte Unternehmen in Weimar gekommen war; vgl. Stein 1999.

163 Vgl. z. B. Groppe 1998: Pfingsten; Lasars 1998.

164 Exemplarisch untersucht wurden die 31 Meldungen der Ausgabe vom 17. 4. 1998.

165 Z. B. »linksradikale Regierung Allende«, Erfolg 1998; »Ideologe« (Karl Marx), Erstes 1998; »Karlsruhe schützt die Medien gegen Schnüffler«; Karlsruhe 1998.

166 Vgl. Richtigstellung 1998; Berichtigung 1998.

167 Vgl. Korrekturen 1998.

168 Vgl. Mitteilung 1998.

6. Nation & Europa

1 Die Ausgabe Juli/August erscheint als Doppelnummer.

2 Für das folgende Kapitel wurden die NE-Ausgaben von April bis August 1998 ausgewertet. Zentrale Quellen sind ferner die Inter-

views mit dem früheren Chefredakteur der Zeitschrift, Karl Richter, und einem Mitarbeiter des Landesamtes für Verfassungsschutz Bayern.

3   Böhme gehörte dem Reichskultursenat der SA an und hat diverse völkische, Hitler und den Nationalsozialismus verherrlichende Lieder und Gedichte vefasst. 1950 gründet er das rechtsextremistische »Deutsche Kulturwerk Europäischen Geistes« (DKEG). Als DKEG-Organ fungieren Böhmes *Klüter-Blätter*, die 1982 in den *Deutschen Monatsheften* und 1990 in NE aufgehen. Vgl. Brüdigam 1965, S. 244 ff.; Mecklenburg 1996, S. 253 f.

4   Vgl. Mecklenburg 1996, S. 421; Interview Verfassungsschutz Bayern.

5   Vgl. Interview Karl Richter.

6   Maegerle 1996, S. 2.

7   Zit. nach ebd.

8   Vgl. Interview Verfassungsschutz Bayern; Interview Karl Richter. Trotz der Titeländerung hat sich am Konzept von NE durch die Fusion nichts geändert. Möglicherweise auch aus diesem Grund bringt Sudholt 1998 das Konkurrenzprodukt *Opposition. Magazin für Deutschland* auf den Markt, das zweimonatlich erscheint.

9   Vgl. Krüger 1968, S. 87.

10 Vgl. Interview Verfassungsschutz Bayern.

11 Das kleine Format ist offenbar bei der Leserschaft beliebt. Bei der »NE-Leserbefragung 1998« (siehe 6.3) halten es 84,2 Prozent der Respondenten für »genau richtig«.

12 Vgl. Verfassungsschutzbericht Bund 1997, S. 126. Der Verfassungsschutz Bayern spricht von 16 000 gedruckten Exemplaren; vgl. Landesamt 1999, S. 2. Die Angaben von Karl Richter bewegen sich in derselben Größenordnung: Er spricht von einer Druckauflage zwischen 13 000 und 17 000, weist aber darauf hin, dass ein Teil der Auflage, den er nicht quantifiziert, nicht verkauft, sondern als Werbematerial genutzt werde; vgl. Interview Karl Richter.

13 Vgl. Interview Karl Richter.

14 Karl Richter nennt Dehoust als Chefredakteur; vgl. ebd.

15 Vgl. ebd.

16 Vgl. Verfassungsschutzbericht Bund 1997, S. 115.

17 Vgl. Interview Verfassungsschutz Bayern; Mecklenburg 1996, S. 273. So gehört der Coburger Staatsanwalt a. D. Karl Spiess der CSU und dem HSA-Vorstand an; vgl. ebd., S. 273 f.

18 Der Verfassungsschutz Bayern hält diese Darstellung für glaubwürdig; vgl. Interview Verfassungsschutz Bayern; zu Neubauer vgl. auch Mecklenburg 1996, S. 502 f.

19 1990 spitzen sich die Grabenkämpfe innerhalb der REP zu, die ihren Höhepunkt auf dem Parteitag von Ruhsdorf am 7./8. Juli des Jahres finden. Der damalige Vorsitzende Schönhuber betreibt den Partei-ausschluss Neubauers, der daraufhin aus der REP-Fraktion im europäischen Parlament ausscheidet, aber bis zum Ende der Legislaturperiode (1994) Abgeordneter bleibt. In dieser Situation nimmt Richter 1991 das Angebot Dehousts an, NE-Chefredakteur zu werden, da er innerhalb der REP keine berufliche Perspektive sieht. Vgl. Interview Karl Richter.

20 Zu Karl Richter vgl. auch Interview Verfassungsschutz Bayern und Mecklenburg 1996, S. 512 f.

21 Vgl. Engelhardt 1999, S. 26; Zaleshoff 2000, S. 2; Meldungen 5/2001, S. 15.

22 Mit der Ausgabe 7–8/2000 kommt Andreas Lehmann als Redakteur hinzu. Er ist Landesvorsitzender der »Republikanischen Jugend« in Hessen. Vgl. Meldungen 19/2000, S. 14. Engelhardt ist inzwischen zum Parteiorgan *Deutsche Stimme* gewechselt.

23 Vgl. Meldungen 18/1998, S. 13.

24 Vgl. Maegerle 1998, S. 9.

25 Für die Ausgabe vom 14. 8. 1998 verfasst Nier den Beitrag »Amerikanisierung brutal«, der in der ND-Serie »Wie national muss die Linke sein?« erscheint; vgl. Meldungen 18/1998, S. 13.

26 Vgl. Krieg 1989, S. 32 f.

27 Vgl. Mecklenburg 1996, S. 411.

28 Vgl. Meldungen 17/1998, S. 15.

29 Vgl. Cremet 1998.

30 Vgl. Meldungen 8/1998, S. 15.

31 Vgl. Maegerle 1997: Neue, S. 9.

32 Mündliche Auskunft des Landesamtes für Verfassungsschutz Baden-Württemberg (Pressestelle) vom 13. 3. 1999.

33 Vgl. Fromm/Kernbach 1994, S. 136 und Mecklenburg 1996, S. 421.

34 Vgl. Interview Karl Richter.

35 Interview Verfassungsschutz Bayern.

36 NE 1998. Die folgenden Angaben lassen sich nicht überprüfen, sie erscheinen aber glaubwürdig. Sie basieren angeblich auf rund 1000 Fragebögen, die Leser an die Redaktion zurückgesandt haben. Damit lässt die Rücklaufquote recht verlässliche Schlüsse auf die Leserschaft der Zeitschrift zu.

37 Die veröffentlichten Daten sind nicht weiter aufgeschlüsselt und lassen sich daher nur begrenzt interpretieren.

38 Z. B.: *Deutsche National-Zeitung:* 13,2 Prozent, *Junge Freiheit:* 13

Prozent, *Deutsche Stimme:* 5,5 Prozent, *Europa vorn:* 4,9 Prozent, *Der Republikaner:* 4,8 Prozent, *Staatsbriefe:* 4,3 Prozent.

39 Den hohen Wert für die offen mit Neonazis kooperierende NPD findet die Redaktion selbst »erstaunlich« und deutet an, dass diese Nennung bei jüngeren NE-Lesern besonders häufig war.

40 Den neurechten »Bund freier Bürger« nennen weitere 9,6 Prozent, die DSU 1,9 Prozent.

41 Auf die Frage, ob das demokratische System der Bundesrepublik Deutschland noch in der Lage sei, die Zukunftsprobleme zu bewältigen, antwortet diese Gruppe mit »nein«.

42 Richter kann die jungen Neuabonnenten nicht exakt quantifizieren, spricht aber von »mehreren hundert«. Sylke Kirschnick, Mitarbeiterin des Berliner »Zentrums Demokratische Kultur« und Expertin für den Rechtsextremismus in den neuen Bundesländern, hält diese Aussage für glaubwürdig; vgl. Interview Sylke Kirschnick.

43 Die Zeitschrift trägt inzwischen den Titel *Signal;* vgl. zu *Europa vorn/Signal* z. B. Verfassungsschutzbericht Bund 1997, S. 117.

44 Zu den *Staatsbriefen* vgl. z. B. Verfassungsschutzbericht Bund 1997, S. 118 f.

45 Die Köpfe des »Jomsburg-Verlages« sind Josef Graf, Ex-NPD-Stadtverordneter in Frankfurt/Main, und Jens Biernatzki, Funktionär der »Jungen Nationaldemokraten« und des »Nationaldemokratischen Hochschulbundes«; vgl. Tagebuch 1/1997, S. 16; Tagebuch 24/1997, S. 15; Mecklenburg 1996, S. 333.

46 Zum Infotelefon des »Bündnisses rechts für Lübeck« siehe auch 8.

47 »Till« 1998, S. 38.

48 Ebd.

49 Ebd., S. 39.

50 Bochinski 1998, S. 26.

51 So zitiert NE ohne Zusammenhang den ehemaligen österreichischen Bundeskanzler Alfons Gorbach; vgl. NE 5/1998, S. 40.

52 Moosleitner 1998, S. 78.

53 Lüders 1998.

54 Als »sekundärer Antisemitismus« wird vielfach eine nach 1945 auftretende, spezifisch deutsche Form des Antisemitismus bezeichnet, die ihre Ursache und Dynamik aus dem Problem von Schuld und Verantwortung gewinne. Juden würden gehasst, weil sie das »Selbstbild der Deutschen« bedrohten. Sie seien der »Schatten der Vergangenheit, der in unsere deutsche Gegenwart hineinragt« (Jäger 1992, S. 237). Juliane Wetzel spricht daher auch vom »Antisemitismus wegen Auschwitz« (Wetzel 1996, S. 694).

55 Z. B. A. M. 1998, S. 6. Die Initialen stehen vermutlich für NE-Autor
    Andreas Molau.
56 Bochinski 1998, S. 26.
57 A. M. 1998, S. 6.
58 P. W. 1998: Neue.
59 Hügel 6/1998, S. 42.
60 Nier 1998, S. 18: Linke, S. 18.
61 Neubauer 1998: Wählen, S. 7.
62 Wirtz 1998, S. 85.
63 Hansen 1998, S. 39.
64 P. W. 1998: Prof.
65 Thenn 1998.
66 G. T. 1998: NPD.
67 Nier 1998: Pro, S. 24.
68 Zimmermann 1998.
69 Vgl. R. B. 4/1998, S. 31; ähnlich auch NE-Autor und REP-Funktionär
    Erich Fuchs, der eine »koordinierte rechte Politik« fordert; Fuchs
    1998, S. 16.
70 Vgl. Eurorechte 1998, S. 25 und Fiedler 1998.
71 Vgl. Mischke 1998.
72 Hansen 1998, S. 39.
73 Ebd.
74 Vgl. Interview Karl Richter.
75 Vgl. Interview Verfassungsschutz Bayern; Interview Karl Richter.
76 Z. B. Neubauer 1998: Bonner, S. 6.
77 Ja und Nein 1998.
78 Lohrmann 1998.
79 Neubauer 1998: Wählen, S. 5.
80 R. B. 5/1998, S. 32.
81 Schönhuber 1998, S. 42. Schönhuber spielt ironisch auf die offizielle
    Abgrenzung des BfB zum Rechtsextremismus an, bezeichnet Brun-
    ner aber als »menschlich sympathische Figur« und verweist auf
    »Politwandersleute«, die aus NPD und REP zum BfB gestoßen
    seien.
82 kr 1998.
83 Neubauer 1998: Wählen, S. 8.
84 Z. B. NE 6/1998, S. 32 (Zitat Frederick Forsyth).
85 Neubauer 1998: Wählen, S. 5.
86 Richter 1998, S. 10.
87 Ebd., S. 5.
88 NE 7–8/1998, S. 86.

89 Aus demselben Grund greifen Journalisten in der Berichterstattung über die Neue Rechte häufig zu solchen unpräzisen Formulierungen.

90 Zur Bedeutung von Zitaten in NE vgl. auch Krieg 1989, S. 143 ff.

91 Bundestagswahl 1998. Die »Globus«-Redaktion bestätigt diese Veränderung. Der Autor der betreffenden Grafik Nr. 4797, Hans-Joachim Brückner, hält eine derartige Bearbeitung für unzulässig. Telefongespräche mit Brückner vom 15. und 17. 3. 1999.

92 W. B. 1998, S. 91.

93 Vgl. Landesamt 1999, S. 2.

94 Abonnementpreise für 1998 laut Impressum: Jahresabonnement: 136 Mark/Schüler, Studenten, Wehrdienstleistende (Zivildienstleistende sind als Abonnenten offenbar nicht vorgesehen): 90 Mark/ Luftpostzuschlag: 60 Mark.

95 Richter beschreibt dies als Tendenz der jüngsten Vergangenheit, früher habe sich Herausgeber Dehoust intensiver bemüht, prominente Autoren zu gewinnen; vgl. Interview Karl Richter.

96 Die weitaus meisten professionellen Redaktionen arbeiten heute mit EDV-gestützten Layout- und Satzverfahren (Desktop Publishing), eine Montage der einzelnen Elemente zur fertigen Druckvorlage durch die Druckerei entfällt vollständig (Ganzseitenumbruch) oder weitgehend. Karl Richter, der heute auch für das EDV-gestützte Layout der Zeitschrift *Opposition* zuständig ist, hält die Umstellung von NE auf modernen Computersatz für »mehr als überfällig«; Interview Karl Richter.

97 Im Untersuchungszeitraum umfassen nur sechs Einzelbeiträge mehr als vier Seiten, überwiegend sind dies Texte zum Titelthema. Rubriken, die aus mehreren Textbausteinen bestehen, können länger sein.

98 Es habe Angebote »befreundeter Grafiker« gegeben, so Karl Richter, das NE-Design zu überarbeiten und die EDV-gestützte Gestaltung der Hefte in eigene Regie zu nehmen. Solche Überlegungen seien »finanziell nicht aufgegangen«. Vgl. Interview Karl Richter.

99 Telefongespräche mit »Globus«-Redakteur Hans-Joachim Brückner vom 15. und 17. 3. 1999; siehe auch Anmerkung 91.

100 So illustriert NE einen Beitrag über die NATO-Osterweiterung mit einem Foto von »NATO-Truppen auf dem Balkan – Deutsche dabei« (Bildunterschrift). Das Bild zeigt Panzer mit Bundeswehrkennzeichen (NE 5/1998, S. 19). Einen Beitrag über parteinahe rechte Hochschulgruppen illustriert das Blatt mit dem Bild von »Burschenschafter(n) bei einem Festkommers« (Bildunterschrift). Burschenschaften werden im Beitrag nur am Rande erwähnt. Hinweise, um welche Burschenschaft es sich handelt oder wo das Foto entstand, werden nicht gegeben (NE 6/1998, S. 41).

101 Vgl. Interview 1998.

102 Vgl. Vindex 1998.

103 Exemplarisch wurde die Rubrik »Aktuelles aus Multikultopia« der April-Ausgabe untersucht, einschließlich der auf diesen Seiten befindlichen Nachrichtenkästen. Von den 20 Meldungen der Rubrik liegen mir zwölf im Original vor, die übrigen sind aus verschiedenen Gründen nicht mehr zugänglich.

104 Hügel 4/1998, S. 44.

105 Ebd., S. 46.

106 »Eines unserer letzten Hefte stellte die Titelfrage: ›Deutsche Justiz – unfähig?‹ Dass wir damit ziemlich dicht an der Realität lagen, zeigte ein Beitrag, der unlängst in der Lokalausgabe der FAZ erschien (...)«; ebd., S. 44.

107 Die Meldung schildert den Prozess gegen einen des Sexualmordes angeklagten Türken, den Rolf Schlierer vor Gericht verteidigt hat (siehe 6.5). Der Autor der Meldung (G. T.) stellt den Angeklagten zunächst als extrem brutalen und perversen Mörder dar (»würgte sein Opfer, schlug es mit dem Kopf an die Wand, stülpte ihm eine Plastiktüte über den Kopf. Dann mißbrauchte er das Kind anal. (...) ›Ein solches Gefühl hatte ich nie zuvor (...)‹, sagte der Täter im Prozeß.«). Er gibt dann den Staatsanwalt wieder, der eine lebenslange Freiheitsstrafe wegen Mordes fordert. Nach dieser Hinführung ist die süffisante Bemerkung »Verteidiger Dr. Rolf Schlierer, aus Stuttgart angereist, wertete die Untat an dem kleinen Mädchen ganz anders« deutlich als Vorwurf gegen Schlierer erkennbar. Abschließend zitiert G. T. eine angebliche Zuschauerin des Prozesses, die weinend den Saal verlassen habe, mit den Worten »Ich muß raus, mir die Hände waschen – das ist ja alles so ekelhaft.« Es bleibt – vermutlich absichtlich – offen, ob sich diese Aussage nur auf die Tat bezieht oder auch auf den Verteidiger. Vgl. G. T. 1998: Das, S. 43.

108 NE zitiert eine Nachricht des *Coburger Tageblatts*, die sich allgemein mit der Kriminalitätsentwicklung in Bayern beschäftigt und erst im letzten Absatz vergleichsweise knapp auf Straftaten durch Ausländer eingeht. In der NE-Fassung rückt die Ausländerkriminalität in den Vordergrund. Vgl. Mehr 1998; Hügel 4/1998, S. 47.

109 Die Aufzählung »Parteien, Kirchen und Flüchtlingsorganisationen« in der Originalmeldung der taz fasst NE abschätzig zu (Protesten) »linker Organisationen« zusammen; vgl. Asylbewerber 1998; Hügel 4/1998, S. 43. Aus »Sozialhilfe (...) bekommen« *(Berliner Zeitung)* macht Hügel »Sozialhilfe ergaunert«; vgl. Kripo 1998; Hügel 4/1998, S. 44. Die Formulierung der *Welt,* der damalige Ministerpräsident

von Mecklenburg-Vorpommern, Berndt Seite, sei »wegen unbedachter Äußerungen (…) unter schweren Beschuß« geraten, verändert der Autor im typischen NE-Jargon zu »in die Schußlinie politisch korrekter Meinungsmacher geraten«; vgl. Goos 1998; Hügel 4/1998, S. 46.

110 Vermutlich Pseudonym der Redakteure Neubauer oder Richter.

7. Weissglut: etwas kommt in deine welt

1 Siehe 10./Anmerkung 2; vgl. z. B. auch Farin/Seidel-Pielen 1993; Nevill 1994; Weltzer 1996.

2 Vgl. Interview Lutz Neitzert; für den Skin-Kult: vgl. Farin/Seidel-Pielen 1993, S. 192; für den Gothic-Kult: vgl. Von Gothic i. E., S. 17.

3 Vgl. z. B. Dornbusch (2000).

4 Sowohl die englisch- als auch die deutschsprachige Bezeichnung kommen in der Szene vor. Da es sich um eine international auftretende Subkultur handelt, zudem die englische Bezeichnung auch unter deutschen Anhängern häufiger ist, wird diese im Folgenden verwandt.

5 ›Grufties‹ wird im Allgemeinen als eher abschätzige Fremdbezeichnung der Szene-Anhänger verstanden, kommt aber auch als selbstironisches Etikett vor (z. B. »Grufties gegen rechts«).

6 Vgl. Farin 1999, S. 7; Von Gothic i. E., S. 3 und 20; Kuhnle 1999, S. 65 ff. und 256.

7 Vgl. Von Gothic i. E., S. 2 ff.

8 Vgl. Kuhnle 1999, S. 5 f.; Von Gothic i. E.

9 Vgl. Von Gothic i. E., S. 1; Interview Grufties gegen rechts.

10 Vgl. Farin 1999, S. 14 f.; Kuhnle 1999, S. 9–11; Von Gothic i. E., S. 20. Zu Unrecht werden die Gothics häufig mit dem Satanismus gleichgesetzt, der in der Black-Metal-Szene verbreitet ist; vgl. Farin 1999, S. 14.

11 Vgl. Farin 1999, S. 20. Zu dieser breiten Spanne kommt es durch unterschiedliche Verständnisse, welcher Personenkreis dem Kult zuzurechnen ist. Fasst man ihn eng und zählt nur diejenigen dazu, die ständig durch ihr äußeres Erscheinungsbild als Gothics erkennbar sind, erscheint eine Zahl von 20 000 oder darunter realistisch. Werden Personen hinzugezählt, die gelegentlich Gothic-Konzerte oder -Clubs besuchen, gelangt man zu erheblich höheren Zahlen. Das Marktpotenzial der Musik des Kults geht jedoch, je nach Band, deutlich über den Kreis von 60 000 Personen hinaus. Vgl. Interview Alfred Schobert.

12 Querverbindungen zwischen esoterischer New-Age-Szene und Rechtsextremismus haben Eduard Gugenberger und Roman Schweidlenka bereits Mitte der 80er Jahre nachgewiesen. Bei rund einem Viertel der von ihnen untersuchten 367 New-Age-Gruppen haben sie Affinitäten zum Rechtsextremismus festgestellt (sie ordnen 46 Gruppen das Merkmal »rechtsextrem oder ariosophische Basis« zu, bei weiteren 56 Gruppen stellen sie »Kontakte zu Personen des rechtsextremen bzw. ariosophischen Lagers« fest); vgl. Gugenberger/Schweidlenka 1987, S. 299. Lutz Neitzert sieht die Suche nach dem »Eigentlichen hinter dem Profanen« als Scharnier zwischen beiden Szenen. Indem Rechtsextremisten das Eigentliche zum Eigenen umdeuteten, schafften sie einen Abgrenzungsmechanismus nach ethnischen Kategorien; vgl. Interview Lutz Neitzert; Neitzert 1998, S. 25 f. Zur Verschränkung von Rechtsextremismus und Esoterik vgl. auch Gugenberger/Schweidlenka 1993; von Schnurbein 1993; Heller/Maegerle 1995; Bellmund/Siniveer 1997; Sünner 1999; Weisfeld 1999.

13 Vgl. Cremet (2000).

14 »Allerseelen« ist das Musikprojekt des Wieners Gerhard Petak (der sich »Kadmon« nennt). Titelbild des Booklets zur CD »Gotos = Kalanda« ist das Sonnenrad-Mosaik im »Obergruppenführer-Saal« der SS-Kultstätte Wewelsburg. Die CD enthält vertonte Gedichte des SS-Brigadeführers Karl Maria Wiligut (bis 1938 Leiter des Amtes für Vor- und Frühgeschichte im persönlichen Stab Himmlers, Gestalter des SS-Totenkopfringes; vgl. Heller/Maegerle 1995, S. 24 f.); vgl. »Arici« 2000.

15 Ein Foto im Booklet zur Sampler-CD »Im Blutfeuer« zeigt den Kopf der Band, den US-Amerikaner Michael Jenkins Moynihan, am Grab Karl Maria Wiliguts (siehe Anmerkung 14). In den Song »The Storm before the Calm« derselben CD sind Auszüge einer Rede Corneliu Codreanus eingearbeitet, Gründer der faschistischen rumänischen »Legion Erzengel Michael« und der »Eisernen Garde«; vgl. Cremet (2000). Moynihan hat in mindestens einem Interview den Holocaust gerechtfertigt (»Doch mein Hauptproblem mit den Revisionisten ist, daß sie von der Annahme ausgehen, das Töten Millionen unschuldiger Menschen sei als solches ›böse‹. […] Ich geriete nicht aus der Fassung, wenn ich herausfände, daß die Nazis jede ihnen zugeschriebene Grausamkeit begangen hätten – ich zöge es vor, wenn es wahr wäre«). Zit. nach Schobert (2000) und Beiträge in dem Neonazi-Organ *Plexus. A National Socialist Theoretical Journal* veröffentlicht; vgl. ebd.

16 Den Namen »Death in June« (Kopf der Band ist der Brite Douglas Pearce) führen verschiedene Autoren zurück auf die Verhaftung der

SA-Führungsspitze am 30. Juni 1934 und deren anschließende Ermordung; vgl. z. B. Cremet (2000); Grufties (2000): Die Geister; Von Gothic i. E. Die LP »Brown Book« enthält das »Horst-Wessel-Lied« als a-capella-Version. Bandsymbol ist ein leicht veränderter SS-Totenkopf. Vgl. »DJ Kersten« 2000.

17 In der 1993 gegründeten, vierteljährlich in Dresden erscheinenden Zeitschrift *Sigill* (Untertitel bis Heft 13: »Zeitschrift für die konservative Kulturavantgarde Europas«) tauchen alle namhaften, rechtsextremistisch orientierten Gothic-Bands im Interview auf. Ihre CDs vertreibt ein Versandhandel, der wie das Magazin zum »Eislicht-Verlag« von Herausgeber Stephan Pockrandt gehört. Im November 1998 präsentiert das Magazin ein Konzert der Bands »Blood Axis« und »Allerseelen« (Anzeige in Heft 17, siehe Anmerkungen 14 und 15). »Allerseelen«-Kopf »Kadmon« ist ebenso Autor des Blattes wie Martin Schwarz, der auch für die NPD-Zeitung *Deutsche Stimme* tätig ist; vgl. Grufties gegen Rechts (2000): Against. Die Umbenennung in *Zinnober* soll laut Homepage dem »Wandel vom Gothic-Musikmagazin zum Kulturmagazin für extreme, okkulte, reaktionäre und obskure Passionen« Rechnung tragen; zit. nach Kafesi 2000, S. 21.

18 Das 1991 gegründete und von Marco E. Thiel herausgegebene Fanzine *Europakreuz. Europas Kunst, Kultur und Kraft* (Berlin/Potsdam) berichtet regelmäßig positiv über rechtsextremistisch orientierte Musiker oder stellt sie im Interview vor (vorwiegend Gothic-Musiker, aber auch den Liedermacher Frank Rennicke). Darüber hinaus veröffentlicht das Blatt Beiträge mit NS-relativierender Tendenz sowie wohlwollende Texte über rechtsextremistische Organisationen im In- und Ausland (z. B. »Front National«). Die Adressenliste des Blattes enthält zahlreiche Anschriften rechtsextremistischer Gruppen (Alte und Neue Rechte). Mit Heft 21/22 (1997) erscheint *Europakreuz* letztmals als Druckausgabe und ist anschließend im Internet abrufbar. Vgl. Grufties gegen Rechts (2000): Against; »Bela Bat Vision« 2000; Register 1997; Das 1997; Europakreuz (2000); Archiv (2000).

19 Vgl. Hatzenbichler 1991. Die NE-Redaktion ist sich bewusst, dass eine positive Bewertung zeitgenössischer Pop-Kultur auf emotionale Barrieren der Leserschaft stoßen wird. Sie überschreibt daher den Beitrag in der Dachzeile mit »Provokation«.

20 Bubik spricht vorwiegend vom »jungen Konservatismus« (siehe 5.7).

21 Bubik 1993: Die. In einem späteren Essay (im neurechten Grundsatzwerk *Die selbstbewußte Nation*) schreibt Bubik von »Kontaktzonen zu ›rechten‹ Grundfiguren«, die sich in der Jugendkultur böten, und verweist auf die Techno- und die Gothic-Szenen; vgl. Bubik

1994, S. 193. In weiteren Beiträgen expliziert er die Überschneidungen der Techno-Szene mit der Rechten, die er im Faible für eine Verschmelzung von Individuen zur geführten Gemeinschaft sieht; vgl. Bubik 1993: Stahlgewitter. Zeitweise erkennbare Versuche der JF, die Techno-Szene an die Bewegung (insbesondere die eigene Zeitung) zu binden und so stärker zu politisieren, sind jedoch gescheitert. Der Kult erwies sich als »ideologisch gesättigt«; Interview Lutz Neitzert.

22 Gronow 1996: Schreiben an Easy.

23 Die JF-Anzeige erscheint in *Zillo* 2/1996, S. 8. In einem offenen Brief an *Zillo* weist Gronow darauf hin, die Umarmung (»in Wirklichkeit ist es eine Umklammerung«) potenzieller Bündnispartner sei »bewährte Taktik« der JF. Ziel sei es, unpolitische Szenen zu unterwandern, ohne sich als Rechte zu erkennen zu geben (Strategie der kulturellen Hegemonie). Besonders große Pläne habe die Zeitung für die Gothic-Szene, die sie »durch ihre romantische und ästhetische Haltung« für besonders leicht zu beeinflussen halte. Gronow 1996: Schreiben an Easy. Ähnlich äußert sie sich in einem Schreiben an die Redaktionen verschiedener Szene-Zeitschriften; Gronow 1996: Schreiben an Musikredaktionen. In einem Interview mit der *taz* unterstreicht Gronow die strategischen Absichten Bubiks: »Ich wollte eigentlich schreiben, um interessante Artikel zu fabrizieren, er hat das aber rein taktisch gesehen, mir gesagt, schreib das und das, damit kann man die und die Leute gewinnen. (...) Die Themen hat er schon vorgegeben. Und das mit dem Erreichen hat er ziemlich offen gesagt.« Zit. nach Groß/Weiland 1996, S. 13.

24 Nach dem Tod von *Zillo*-Chefredakteur Rainer »Easy« Ettler im April 1997 beendet Nachfolger Joe Asmodo die Zusammenarbeit mit Boßdorf; vgl. Grufties gegen Rechts (2000): Against.

25 So veröffentlicht das Magazin eine Anzeige des Verlages, verlost einen von diesem herausgegebenen Kalender und ermöglicht ihm einen Stand beim »Zillo-Festival« 1998; vgl. Grufties gegen Rechts (2000): Über.

26 Mitunter erhalten die Kunden mit der bestellten Ware Agitationsmaterial der rechtsextremistischen »Unabhängigen Freundeskreise« (siehe 7.2.1); vgl. Grufties gegen Rechts (2000): Against.

27 In einem Rundschreiben vom August 1998 erkundigt sich VAWS bei seinen Kunden, ob ein solches Produkt gewünscht werde, und ruft Interessierte, die daran mitarbeiten möchten, auf, sich mit dem Verlag in Verbindung zu setzen; vgl. VAWS o.Dat. (1998), S. 1. Zu VAWS vgl. auch »Sandy XXX« 2000; Verfassungsschutzbericht Bund 1999, S. 89 f.

28 Vgl. zu dieser Einschätzung das Interview mit Lutz Neitzert. Von

»Unterwanderung« sprechen beispielsweise Grufties gegen Rechts 1999. Irreführend erscheint mir ferner die Rede von einer »Operation Dark-Wave«, mit der die Gothic-Avancen der JF belegt werden und die eine rein konspirative Infiltration suggeriert; z. B. Grufties gegen Rechts (2000): Against; Schobert 1997, S. 386. Auch das Bundesamt für Verfassungsschutz, das die Gothic-Szene (das Amt spricht von »Dark Wave«) im Bericht für das Jahr 1999 erstmals erwähnt, geht auf die Entstehung rechtsextremistischer Tendenzen im Innern des Kults nur am Rande ein; vgl. Verfassungsschutzbericht Bund 1999, S. 88 ff.

29 Vgl. Interview Alfred Schobert.

30 Solo-LP »And all your Glamour will turn into Dust« (1988).

31 Vgl. Interview Josef Klumb; Klumb 2000: Schreiben 22. 1., S. 2. Die Band »Forthcoming Fire« hat sich formal nicht aufgelöst, ist aber seit 1997 nicht mehr in Erscheinung getreten; vgl. Interview Josef Klumb.

32 Klumb zufolge erscheint ein solcher Beitrag erstmals 1993 im Nürnberger Stadtmagazin *Plärrer*, das sich auf die »Forthcoming Fire«-CD »Ekhnaton« gestützt habe; vgl. Interview Josef Klumb.

33 Zit. nach Kühnemund/Albrecht 1999, S. 44.

34 Vgl. Feit 1987, S. 143 und 171.

35 VAWS ist zum Jahreswechsel 1997/98 ins Ruhrgebiet umgezogen und inzwischen in Oberhausen ansässig, gibt aber eine Duisburger Postfachadresse an.

36 Vgl. Klumb 2000: Leicht, S. 42.

37 Riefenstahl, die mehrere Filme in Hitlers persönlichem Auftrag anfertigte und dazu beigetragen hat, den Nationalsozialismus ästhetisch abzustützen, hat sich von diesen früheren Tätigkeiten nie öffentlich distanziert. An der konkreten Ausformung der NS-Politik war sie nicht beteiligt. Riefenstahl, die in weiten Teilen des zeitgenössischen Rechtsextremismus Ansehen bis hin zu schwärmerischer Verehrung (z. B. Vorwort in Symanek 1996) genießt, ermöglicht diesem somit einen positiven Bezug auf Aspekte des Nationalsozialismus, der nach innen eint und von außen vergleichsweise schwer angreifbar ist.

38 Vgl. Interview Josef Klumb. Letzteres liegt nahe, da Klumb – im Gegensatz zu VAWS-Inhaber Werner Symanek, der selbst dem Gothic-Kult nie angehört hat – über enge Kontakte in diese Szene verfügt.

39 Drei frühere, bei anderen Labels erschienene Alben der Band (»Ekhnaton«, »Illumination?«, »Je suis«) hat VAWS 1997 neu aufgelegt; vgl. VAWS o.Dat. (1997): Forthcoming, S. 1. Die CD »Verurteilt, gerichtet und lebendig verbrannt« und »Watching Rome Burn« sind 1997 respektive 1999 bei VAWS erschienen; vgl. ebd.; VAWS 1999, S. 1.

40 Zu diesem Zeitpunkt war Klumb mit »Weissglut« bei »Epic« (»Sony«) unter Vertrag; vgl. Interview Josef Klumb. »Unternehmen Dreizack« veröffentlicht 1998 bei VAWS die Maxi-CD »Lüge wird Wahrheit, Frieden ist Krieg« (»wir sind besonders stolz, daß dieses Werk ausgerechnet bei unserem von der Medienwelt geächteten und boykottierten Label erscheint«; Staatsfeindliches 1999); zu der CD vgl. auch Verfassungsschutzbericht Bund 1999, S. 90.

41 Vgl. Interview Josef Klumb.

42 Vgl. z. B. Interview Grufties gegen rechts.

43 VAWS o.Dat. (1997): Werbeschreiben.

44 Vgl. Interview Josef Klumb. Die Darstellung, Klumb habe die UN verteilt, findet sich bei Schobert 1998: Schwarzer, S. 4; zur ideologischen Ausrichtung des Blattes vgl. z. B. Verfassungsschutzbericht NRW 1998, S. 93 f.; zu Agitationstechniken vgl. Bachem 1999, insbesondere S. 31–33 und 140–143.

45 Interview Josef Klumb.

46 Vgl. Kositza 1999.

47 Laut Bundesamt für Verfassungsschutz hat *Sleipnir* in früheren Jahrgängen holocaustleugnende Texte veröffentlicht und »mit redaktionell verfremdeten Titelangaben umfangreiche Literatur im Sinne der ›Aschwitz-Lüge‹ zum Kauf angeboten«. Mit strafrechtlich relevanten Äußerungen halte sich das Blatt inzwischen zurück, drucke zwar Übersetzungen von Texten bekannter ausländischer Revisionisten (z. B. Robert Faurisson) ab, »gibt aber nicht deren dezidierte, den Holocaust leugnende Aussagen wieder. Allenfalls zitiert die Publikation die versteckten revisionistischen Anspielungen der Autoren.« Verfassungsschutzbericht Bund 1998, S. 69.

48 Vgl. z. B. »J. Korus« 1998; »J. Korus« 1999: Schwindelgefühl; »J. Korus« 1999: Verniedlicht; »J. Korus« 1999: Antifaschistischer.

49 Vgl. Interview Josef Klumb. In zwei Briefen an die *Sleipnir*-Redaktion, die die Wochenzeitung *Jungle World* als Faksimile wiedergibt, heißt es: »Das mit dem Pseudonym muss ich bis auf weiteres beibehalten. Der Antifaschistische Widerstand tobt als würde es Ihnen um den Endsieg gehen« (Klumb o.Dat. [1998]: Schreiben) und »Muss mich zur Zeit sehr bedeckt halten weils jetzt um SEIn oder Nicht sein geht, – Major-Plattenvertrag oder Alternativ« (Klumb 1999, Fehler im Original).

50 Vgl. Interview Josef Klumb.

51 Klumb lobt insbesondere Holeys Bücher *Geheimgesellschaften und ihre Macht im 20. Jahrhundert* und *Geheimgesellschaften 2;* vgl. Interview Josef Klumb. Beide Bände wurden wegen ihres antisemitischen Cha-

rakters auf Beschluss des Amtsgerichts Mannheim vom 18. 3. 1996 bundesweit beschlagnahmt; vgl. Index-Listen 1999, S. 49; zu Holey vgl. auch Keime 1996.

52 Zit. nach Dornbusch (2000).

53 Vgl. Interview Josef Klumb. Das Erstellen von Tonträgern aus separat eingespielten Bändern ist technisch möglich, die gemeinschaftliche Produktion einer CD durch Partner, die sich nie persönlich begegnet sind, allerdings – insbesondere im semiprofessionellen und Amateur-Spektrum der Musikbranche – äußerst unüblich.

54 Vgl. Meldungen 1/2000, S. 14; Speit 2000; Grumke 2000.

55 Vgl. Meldungen 11/2001, S. 16.

56 Tritt auch unter dem Künstlernamen »Bernhard Thronstahl« auf; vgl. Symanek 1996, S. 26. Dass es sich bei »Thronstahl« um Klumb handelt, wird deutlich in: Interview Josef Klumb; Klumb 2000: Schreiben 22. 1., S. 2.

57 Vermutlich Künstlername.

58 Zur Bandbesetzung vgl. Interview Josef Klumb; Klumb 2000: Schreiben 22. 1., S. 2.

59 Vgl. Klumb 2000: Schreiben 22. 1., S. 2; Symanek 1996, S. 26 und 64.

60 Vgl. Interview Alfred Schobert. Demnach fallen Bernhard Klumbs Äußerungen am Rande des Geschehens vom 28. 2. 1997, als Antifa-Gruppen ein Konzert von »Forthcoming Fire« in Bochum verhindern, und sind auf Video festgehalten worden. Video und der Wortlaut der Aussagen liegen mir nicht vor.

61 Aussprache englisch.

62 Interview Josef Klumb.

63 Vgl. ebd. Klumb unterscheidet den Gothic-Metal-Rock vom Gothic-Rock, der fragiler und zarter sei.

64 »Novatekk« nimmt 1996 bereits »Forthcoming Fire« unter Vertrag. Zuvor hat das Nürnberger Label »Hyperium & Hypnobeats« nach dem Interview Klumbs mit der *Jungen Freiheit* vom Februar 1996 (siehe 7.2.1 und 7.5.2) die Zusammenarbeit beendet. Vgl. Interview Alfred Schobert.

65 Vgl. Interview Josef Klumb. Die Einnahmen seien in die Konkursmasse eingegangen, aus dem Verkauf dieser CD habe die Band keine Gelder erhalten. Schobert hält diese Verkaufszahlen für überhöht; vgl. Interview Alfred Schobert.

66 »Dragnet« ist eines der deutschen Unterlabel der international agierenden »Epic«. Laut »Epic«-Homepage ist es zuständig für das Genre »Gitarren und schwere Fanfaren«. »Dragnet« hat neben »Weissglut«

beispielsweise die Bands »Bad Religion« und »Headcrash« unter Vertrag. Vgl. Epic (2000).

67 Unter alternativem Musikgeschäft verstehe ich den auch als ›Independent‹ bezeichneten Markt. Dies ist keine stilistische Zuschreibung, sondern meint denjenigen Sektor der Musikbranche, der nicht an große, meist multinationale, kommerzielle Musikverlage gebunden ist. Dieses Spektrum ist von Musikstilen gekennzeichnet, die sich nicht an ein Massenpublikum richten. Die Vertreter des Independent-Spektrums grenzen sich häufig vom durch die Major-Labels repräsentierten ›Mainstream‹ ab.

68 So besetzen Antifa-Gruppen am 28. 2. 1997 die Bühne der Bochumer Diskothek »Zwischenfall« und verhindern so ein Konzert der von Josef Klumb geleiteten Band »Forthcoming Fire«; vgl. Volksempfänger 1997; vgl. hierzu auch die Stellungnahme, die Klumb an diesem Abend verbreitet: Erklärung (2000). Einen für den 7. 12. 1997 angesetzten »Weissglut«-Auftritt im Kunst- und Kulturzentrum »Schlachthof« in Wiesbaden sagen die Veranstalter nach Protesten ab; vgl. Hoffmann 1997, S. 35.

69 Vgl. Interview Josef Klumb. Alfred Schobert geht davon aus, dass »Epic« – namentlich Geschäftsführer Jörg Hacker – bereits vor Vertragsabschluss über Klumbs Anbindung an den Rechtsextremismus informiert gewesen sei: »Wenn's irgend jemanden in der deutschsprachigen oder deutschen Szene [gemeint: Musikszene; T.Pf.] gab, der politisch bekannt war in der Richtung, dann war es Josef Klumb«; Interview Alfred Schobert.

70 Zitiert nach einem undatierten Ausdruck der »Weissglut«-Seiten auf der »Sony«-Domain.

71 Trübe 1998. Das *Spiegel*-Zitat geht auf eine Äußerung Schoberts in einem Interview des Bayerischen Rundfunks (»Zündfunk« vom 20. 10. 1998) zurück, die das Magazin aus dem Zusammenhang nimmt und verändert. Auf die rechtsextremistische Gruppe »Unabhängige Freundeskreise« (UFK) bezogen, sagt Schobert im BR: »Ich bin immer vorsichtig mit dem Begriff ›Nazi‹, aber in diesem Zusammenhang muss man wirklich von Nazis sprechen«; zit. nach Schobert 1998: Schwarzer, S. 4. Zuvor hat er darauf verwiesen, dass Klumb für den Verlag VAWS tätig sei, der seinerseits mit den UFK in engem Zusammenhang stehe (siehe 7.2.1).

72 In einer Presseerklärung teilt der Veranstalter, das »Concertbüro Franken«, mit, als er »Weissglut« in sein Programm aufgenommen habe, sei ihm nicht bekannt gewesen, »daß es sich [bei Klumb; T.Pf.] um eine Persönlichkeit mit einer zwiespältigen individuellen Ge-

schichte zwischen Punk und Rechtsradikalismus handelt«. Nach den Protesten im Vorfeld des Auftritts, deren Schärfe der Veranstalter zurückweist, sei eine »aufgeheizte Stimmung« entstanden, »in der weder eine sachliche Diskussion noch eine sichere Durchführung des Konzerts möglich sind«. Bulthaupt 1998, S. 1 f.

73 Vgl. Der Spiegel 1999; Schobert 1998: Schwarzer, S. 4.

74 Z. B. Schobert 1998: Sony, S. 6; Schobert 1998: Schwarzer, S. 4; Schobert 1998: Weissglut.

75 Vgl. Klumb 2000: Kainsmal, S. 158; Schobert 1999: Josef. Im Interview mit Mühlmann relativiert Klumb seine fehlgeschlagenen juristischen Schritte: »Ich glaube nicht an weltliche Gerechtigkeit, schon gar nicht bezogen auf unsere Demokratie. Im Interesse von WEISS-GLUT und Plattenfirma habe ich die Anzeigen erwirkt. Es liegt nicht unbedingt in meiner Natur, den Polizeiapparat oder die Justiz in solchen Angelegenheiten zu beanspruchen.« Zit. nach Mühlmann 1999, S. 118 (Hervorhebung im Original).

76 Jörg Hacker zit. nach Schobert 1998: Schwarzer, S. 5.

77 Klumb beschreibt Hacker als »Macher« (»Der hat Ahnung vom Metier, der riecht Potenzial […] und er lässt sich auch nicht gerne blockieren«; Interview Josef Klumb). Er behauptet, Hacker habe seine Informationen über die VAWS-Mitarbeit zur Kenntnis genommen, aber keinen Zweifel gelassen, dass er an »Weissglut« in der damaligen Besetzung festhalten wolle; vgl. ebd.

78 Weissglut (2000). Nahezu gleichlautend ist die Presseerklärung des PR-Unternehmens »Gordeon Music Promotion & Management«; vgl. Gordeon o.Dat. (1999). Der Bandausschluss führt auch zum persönlichen Bruch zwischen Klumb und den übrigen Mitgliedern; vgl. Interview Josef Klumb.

79 Weissglut (2000). Klumb zufolge bedauert Hacker die Entwicklung, gerät aber insbesondere durch den Boykott der CD unter den Druck der »Sony«-Geschäftsleitung; vgl. Interview Josef Klumb.

80 Vgl. Mühlmann 1999, S. 105.

81 Ebd.

82 Vgl. Interview Alfred Schobert.

83 Im Frühjahr 1999 erscheint das erste eigene »Von Thronstahl«-Album (»Sturmzeit«) als Vinylplatte beim kleinen Dresdner Gothic-Label »Eis & Licht«, das der neurechten Szenezeitschrift *Sigill* (siehe Anmerkung 17) angegliedert ist; vgl. Dornbusch 1999. Ein Jahr später bringt die Band ihre erste CD (»Imperium Internum«) heraus.

84 Deutlich mehr Beiträge befassen sich mt dem »Epic«-Produkt, das im Gegensatz zur Vorläufer-CD mit erheblichem PR-Aufwand auf

dem Musikmarkt eingeführt worden ist. Klumb verweist nachdrücklich auf das positive Echo: »Wenn Schobert nicht gewesen wäre [gemeint sind die u. a. von dessen Stellungnahmen ausgelösten Proteste; T.Pf.], (…) dann wären wir hundertprozentig die ›Rammstein‹-Nachfolger geworden (…), das wusste jeder«; Interview Josef Klumb. Diese Resonanz spricht auch die Zeitschrift *Musiker* in einem gleichwohl differenzierten Beitrag an; Müller 1999.

85 Rummeleit 1998.

86 Zit. nach Kuhnle 1999, S. 312.

87 Michampel 1998.

88 L. 1998.

89 »Es wäre bedauerlich, wenn Hobby-Inquisiteure das gewaltige Potential dieser Band durch Verleumdung und haltlose Anklagen schmälern würden, was nicht mal unrealistisch erscheint, hat am Ende doch scheinbar niemand mehr mitbekommen, daß Forthcoming Fire einige wunderbare Alben gemacht haben«; L. 1998.

90 Albrecht 1998.

91 Kühnemund/Albrecht 1999, S. 44.

92 Weissglut 1999. Über den Versandhandel des NPD-Organs ist die CD zu beziehen. *Deutsche Stimme*-Leser Rolf Giesemann weist die positive Enschätzung der CD allerdings zurück. In einem Leserbrief stößt er sich an dem Piktogramm auf der CD-Hülle (Figur wirft ein Hakenkreuz in den Abfallkorb). Zudem sähen die Musiker wie ›Zecken‹ (Linke im neonazistischen Jargon) aus. Vgl. Giesemann 1999.

93 Vgl. Boßdorf 1999.

94 Zit. nach »Gothic Spice«/»DJ M'Urmel« (2000).

95 Kühnemund 1999. Im Diskussionsforum der *Rock Hard*-Homepage stößt die unkritische Haltung der Zeitschrift gegenüber »Weissglut« respektive Klumb mehrheitlich auf Ablehnung; vgl. z. B. »Gollum« (2000); Wiederwald (2000); »Snoopy« (2000).

96 Nitsche 1999, S. 28. Zur Minderheit der Musikpublizistik, die die Kritik an »Weissglut« unterstützt, zählt das Dortmunder Magazin *Visions*; vgl. Mehr 1999.

97 Medien 1999 (Fehler im Original).

98 Weissglut 1999.

99 Nachrichten 1999, S. 5.

100 Kommunikation findet bei Josef Klumb nahezu ausschließlich auf symbolischem Weg statt. Dies gilt primär für seine Songtexte und Gedichte, aber auch für alle mir vorliegenden Interviews (einschließlich des eigenen Gespräches mit Klumb). Daher wird in dieser Fallstudie – abweichend von den übrigen Untersuchungen dieser Arbeit – auf

die Unterscheidung von Vernetzungsleistung und symbolischer Integration verzichtet. Eingeführt wird stattdessen die in diesem Zusammenhang wichtige systematische Trennung von Produkt (CD) und Kontext (insbesondere Interviews).

101 Z. B. im Stück »Pandaemonium«: »Rabenschwarze Nacht/haltet Totenwacht/Pöbel hält Gericht/Kennt die Stunde nicht/Welt/Schlacht/Hass/Und draußen schreit das Tier/Welt/Schlacht/Hass/Es ist die Bestie in dir«.

102 In: »Etwas kommt in deine Welt«: »Etwas kommt in deine Welt/Kannst du es nicht sehen/etwas kommt in deine Welt/etwas wird geschehen«.

103 Knapper drückt sich dieser Zusammenhang in dem Stück »Alles was dein Herz begehrt« aus. Darin folgt auf den als Nietzsche-Zitat ausgewiesenen Vers »Denn alle Lust will Ewigkeit« die Zeile »Alle Liebe sucht den Tod«.

104 Vgl. Sünner 1999, S. 146.

105 Sünner weist allerdings darauf hin, die Identifikation von Sonnenrad und Schwarzer Sonne sei historisch nicht zu belegen; vgl. Sünner 1999, S. 146.

106 Vgl. Heller/Maegerle 1995, S. 33 und 62. Sünner zufolge erwägt Hitler kurzzeitig, das geschwungene Sonnenrad an Stelle des Hakenkreuzes zum offiziellen Parteisymbol zu wählen; vgl. Sünner 1999, S. 86.

107 Vgl. Guggenberger/Schweidlenka 1993, S. 156 f.

108 Mit dieser auf die Edda zurückgehenden Formulierung bezeichnen die Architekten, die Himmler mit der Umgestaltung der Wewelsburg zur Kult- und Schulungsstätte beauftragt, deren Nordturm; vgl. Sünner 1999, S. 105 f.

109 Die SS versteht das Sonnenrad als göttliches Symbol. Im *Buch der deutschen Sinnzeichen* bezeichnet es SS-Führer Walther Blachetta als »Zeichen der Vollendung«; zit. nach Sünner 1999, S. 107.

110 Z. B. Wilhelm Landig: »Götzen gegen Thule. Ein Roman voller Wirklichkeit« (o. J.), *Wolfzeit um Thule* (1980), *Rebellen für Thule. Das Erbe von Atlantis* (1991); Russel McCloud: *Die schwarze Sonne von Tashi Lhunpo* (1991).

111 Z. B. »Thule-Netz« (siehe 9.).

112 Z. B. »Schwarze-Sonne-Versand« (Friedberg); vgl. Meldungen 1/2000, S. 15.

113 Z. B. die »Thule-Watch« des rechtsextremistischen »Arun-Verlages« (Werbung: »Der Szene-Zeitmesser – Das Symbol der Schwarzen Sonne als Zifferblatt! Wasserdicht, schwarzes Lederarmband. Ein Muß!«; zit. nach »Alfred Tetzlaff« 1995), Schwarze-Sonne-Flagge, Anstecker, Schwarze-Sonne-Ring, Sonnenrad-Kerzenhalter; vgl.

VAWS 2000, S. 1; Werbebroschüre »Nation & Europa-Versand« (faksimiliert in Sünner 1999, S. 138); Meldungen 1/2000, S. 15; vgl. Maegerle 1991, S. 11.

114 Z. B. »Preussak & Skuld«: »Schwarz wird die Sonne«, »Forthcoming Fire«: »Germania Incognita (schwarze Sonne – Remix)« (beide: Riefenstahl-Kompilation); »Forthcoming Fire«: »Der Unbesiegte Sonnengott« (CD: Je Suis). In der Schriftenreihe *Sol Invictus* illustriert Klumb den Text zu »Germania Incognita« mit einem Sonnenrad; vgl. Faksimile in Sünner 1999, S. 140.

115 Vgl. Dahn 1924; vgl. hierzu Interview Lutz Neitzert.

116 Vgl. Heller/Maegerle 1995, S. 50.

117 So fordert beispielsweise die Selbstdarstellung des Kasseler »Thule-Seminars« (Pierre Krebs) eine »Alternative zum Totalitarismus weltlicher oder judäochristlicher Prägung«; Krebs 1988, S. 15. Alain de Benoist, Kopf der »Nouvelle Droite« (Frankreich), spricht davon, im Gegensatz zur einförmigen »judäo-christlichen Wüste« sei die durch die »orientalisierte« Zivilisation zerstörte Harmonie »von Himmel und Erde« und damit auch »von Seele und Körper« wiederherzustellen; zit. nach Gugenberger/Schweidlenka 1993, S. 181.

118 »Etwas kommt in deine Welt«.

119 Zit. nach Boßdorf 1996, S. 55.

120 Vgl. Rathenow 1997, S. 16; Forthcoming 1995, S. 31.

121 Im Oktober 1979 suspendiert der damalige Limburger Erzbischof Wilhelm Kempf den bekennenden Lefebvre-Anhänger Milch. Klumb bezeichnet Milch, der zeitweise NPD-Mitglied ist, als »geistige und ebenso autoritäre wie liebenswürdige Kapazität«, »selbst entschiedene Gegner jeglicher Form von Katholizismus kamen nicht umhin, seiner imposanten Erscheinung Respekt zu zollen«. Zit n. Rathenow 1997, S. 16 f. Eine Ansprache Milchs hat Klumb für die Gruppe »Von Thronstahl« zu dem Stück »Wider die Masse« vertont, das auf der Riefenstahl-Kompilation enthalten ist. In dem Text fordert Milch eine extreme Elite-Orientierung; im CD-Begleitbuch wird das Stück in einen antidemokratischen Kontext eingeordnet.

122 Die folgende Darstellung basiert auf elf Interviews aus den Jahren 1995–2000, insbesondere auf dem von mir am 12. 2. 2000 geführten Gespräch. Berücksichtigt werden auch Klumbs fünfseitiges Schreiben vom 22. 1. 2000, in dem er zehn im Vorgriff auf das Interview erbetene schriftliche Fragen beantwortet, sowie seine Äußerungen im Begleitbuch zur Riefenstahl-Kompilation. Ein weiteres »Weissglut«-Interview (mit Bernhard Klumb) im Gothic-Szeneblatt *Astan* geht nicht auf politische Aspekte der Texte ein; vgl. Weissglut 1998.

Es liegt nahe und ist in der Musiksoziologie Konsens, dass insbesondere junge Rezipienten Tonträger nicht losgelöst von Auftreten und über das Produkt hinausgehenden Äußerungen der Musiker wahrnehmen; vgl. etwa Jacob (2000). Die Vielfalt wie die hohe Gesamtauflage der Fanzines und der professionellen Musikzeitschriften weisen in diese Richtung. In subkulturellen Zusammenhängen liegt eine besonders enge Vertrautheit des Publikums mit den Bands nahe. Es ist daher wahrscheinlich, dass auch der Transfer von in der »Weissglut«-CD angedeuteten, in Interviews vertieften Ideologemen in höherem Maße in den Gothic-Kult gelingt als in die breite Rezipientenschaft des Mainstream-Rock. Die Interviews Klumbs sind deshalb als mediale Ergänzungen seiner Texte anzusehen. Auch dem Erscheinen der CD vorausgegangene Äußerungen werden im Folgenden mit herangezogen, da sie in späteren Interviews häufig aufgegriffen werden und somit auch sie den Kontext prägen, in dem das subkulturelle Publikum den Tonträger sieht.

123 Bezug auf Speer in: Rathenow 1997, S. 19; alle weiteren Bezüge in: Interview Josef Klumb.

124 Vgl. ebd. Das Gespräch findet unter dem Eindruck der Auseinandersetzungen um die neu gebildete österreichische Regierung mit Beteiligung der FPÖ statt.

125 Vgl. Interview Josef Klumb; Albrecht/Kühnemund 1999, S. 42; Steff 1995, S. 17. Klumb widmet Holey zudem das Stück »Mitternachtsberg« (»Von Thronstahl«) der Riefenstahl-Kompilation; vgl. Symanek 1996, S. 70.

126 Vgl. Interview Josef Klumb.

127 Vgl. Heller/Maegerle 1995, S. 109; Sünner 1999, S. 160.

128 Herausgeber von *Aorta* ist der Kopf des österreichischen Gothic-Projekts »Allerseelen«, Gerhard Petak (»Kadmon«), siehe Anmerkung 14.

129 Alle genannten Bezüge in: Interview Josef Klumb; Bezug auf VAWS z. B. auch in: Rathenow 1997, S. 18; Bezug auf *Unabhängige Nachrichten* z. B. auch in: Mühlmann 1999, S. 120.

130 »Ich setze die SELBSTBEWUßTE NATION gegen diesen Auflösungszustand dieser versauten Gesellschaft«; Klumb 2000: Schreiben 22. 1., S. 3 (Hervorhebung im Original).

131 Ebd., S. 5.

132 Das Zitat steht im Kontext von Klumbs Aussagen zu Europa, in denen er die EU als ein »Europa der Nivellierung« beklagt; vgl. Interview Josef Klumb.

133 Ebd. Im JF-Gespräch (1996) stellt Klumb den Hinweis des Intervie-

wers (Roland Bubik) auf die zunehmende Zahl von Rock-Gruppen mit deutschen Texten in einen größeren, metaphysischen Zusammenhang und spricht implizit die Notwendigkeit an, Eigenes (Deutsches) von Fremdem zu trennen. Er erklärt die deutsche Sprache in der Rock-Musik mit dem »Verlangen der Künstler und der Konsumenten, dem Ruf des Eigenen zu folgen. (...) Man kann auch eine so tiefe und zugleich hochgewachsene Sprache nicht auf ewig verleugnen.« Er schreibt der Sprache, die hier als Merkmal der »eigenen« Gruppe steht, religiösen Charakter zu, indem er anschließt: »Das Ewige will wieder Anteil am Leben haben, es bahnt sich seinen Weg.« Zit. nach Bubik 1996.

134 »Wenn ich mich für Deutschland einsetze, ist für mich das Miteinander wichtig. So wie ich auch im Persönlichen immer für ein Miteinander bin, so bin ich es auch zwischen den Nationen. Ich versuche, Brücken zu schlagen, neue Ufer zu finden – raus aus den Ghettos und Berührungsängsten. Aber ein Begegnen und einander verstehen Lernen darf sich nie auf dem niedrigeren Niveau von Einebnung und Gleichmacherei ereignen.« Zit. nach Boßdorf 1996, S. 55.

135 Z. B.: »Das heißt aber nicht, dass ich jetzt so krass bin zu sagen von wegen, dass keine, dass absolut keine Vermischung stattfinden soll«; Interview Josef Klumb. Er verweist auf seine dem Gespräch beiwohnende Partnerin, die »österreichisch-italienischer Abstammung« sei. Ob diese Relativierungen diskurstaktisch begründet sind oder aus einem widersprüchlichen Weltbild resultieren, lässt sich letzthin nicht entscheiden.

136 Vgl. Interview Josef Klumb; Klumb 2000: Schreiben 22. 1., S. 5.

137 Zit. nach Forthcoming 1995, S. 30.

138 Die in Anführungszeichen gesetzte Formulierung ›zionistisch‹ respektive ›Zionismus‹ entspricht im Folgenden dem unscharfen Gebrauch des Begriffs durch Klumb.

139 Zit. nach Kühnemund/Albrecht 1999, S. 43; vgl. Interview Josef Klumb. Die These vom Mord an Heß hat Klumb vertreten in: Forthcoming 1995, S. 30.

140 Zit. nach Mühlmann 1999, S. 120.

141 Zit. nach ebd., S. 119. Zur Haltlosigkeit der Behauptung, die Formulierung der ›Auserwähltheit‹ des Volkes Israel belege einen dem Judentum immanenten Rassismus, vgl. Sünner 1999, S. 150.

142 Zit. nach Mühlmann 1999, S. 118.

143 Vgl. ebd., S. 120; Angriffe auf den Talmud auch in: Kühnemund/Albrecht 1999, S. 42.

144 Zit. nach Rathenow 1997, S. 15 (Fehler im Original). Einen relativie-

renden Umgang mit dem NS zeigt auch Klumbs – nicht realisierte – Überlegung, das CD-Cover der »Forthcoming Fire«-CD »Verurteilt, gerichtet und lebendig verbrannt« mit einem Foto der Nürnberger Prozesse zu illustrieren; vgl. Kühnemund/Albrecht 1999, S. 42.

145   Üblicher ist auch in der neurechten Agitation die englischsprachige Formulierung ›Political Correctness‹. Klumb schreibt im Begleitbuch zur Riefenstahl-Kompilation: »Forthcoming Fire nehmen sich die Freiheit, sich über jegliche Doktrin einer verkrampften politischen Korrektheit hinwegzusetzen«, die er als »Inquisition« bezeichnet, »die noch immer und jederzeit ihren lebendigen Brennstoff findet«; in: Symanek 1996, S. 24.

146   Klumb 2000: Schreiben 22. 1., S. 3 (Fehler und Hervorhebung im Original).

147   Zit. nach Bubik 1996. Diese Textstelle wird mehrfach falsch zitiert: »den Lichtgehalt« verändern einige Autoren zu »die Lichtgestalt« (z. B. Sünner 1999, S. 192; *Spiegel* [vgl. Trübe 1998] und *Jungle World* [vgl. Hügel 1998: Sony], letztere stellt den Fehler später richtig [vgl. Klumbsinn 1998]). Durch diese Veränderung wird die Aussage sinnentstellt, da der Leser annehmen muss, Klumb habe die »Lichtgestalt« auf Hitler bezogen.

148   In dieser Weise verstehe ich Klumbs – schriftlich formulierten – schwer entwirrbaren Satz: »Deutschland, das ist meine Heimat, – Als ein Mensch der sich eingebunden sieht und fühlt zwischen Himmel und Erde, der Materie und der Transzendenz, als jemand der sich im Sinne Stefan Georges Frei wähnt, weil ein Gestz mich bindet, bin ich meiner Heimat genauso verbunden wie ich mich an das überweltliche, das auf ewigkeit und Unendlichkeit bezogene das göttlich Transzendente gebunden fühle.« Klumb 2000: Schreiben 22. 1., S. 3 (Fehler im Original).

149   Er äußert sich in diesem Zusammenhang auch beeindruckt über die Ästhetik des Hakenkreuzes; vgl. Interview Josef Klumb.

150   An diese Aussage bindet Klumb mehrere Elemente revisionistischer Agitation an. Zwar bestreitet er nicht, dass der Holocaust stattgefunden habe, und verurteilt ihn, jedoch sei Deutschland an diesem nicht allein Schuld. Mitverantwortlich seien »Hintergrundmächte«, die er auch auf Nachfrage nicht näher benennt. Zudem bestreitet Klumb ausdrücklich die deutsche Alleinschuld am Zweiten Weltkrieg sowie Verbrechen der Wehrmacht und verharmlost insbesondere das Handeln der Waffen-SS. Vgl. Interview Josef Klumb.

151   Vgl. Symanek 1996, S. 72 ff.

152   Vgl. Mühlmann 1999, z. B. S. 120; Interview Josef Klumb.

153 Auch Schobert versieht Klumb mitunter mit scharfen, häufig sarkastischen Formulierungen. So spricht er von dessen »Paranoia« (Schobert 1999: Unglaubliche, S. 6), »Gestammel« (Schobert 1999: Klumb, S. 4) und verspottet Klumbs Gedichte als »lyrische Meisterleistungen« (Schobert 1999: Sleipnir, S. 8).

154 Zit. nach Mühlmann 1999, S. 118 f.

155 Vgl. z. B. Klumb 2000: Schreiben 22. 1., S. 3.

156 Positiver Bezug auf den Faschismus-Begriff erstmals in: Mühlmann 1999, S. 119 f.

157 »J. Korus« 1999: Verniedlicht, S. 4 f.; ähnlich in: Rathenow 1997, S. 17

158 Zit. nach Mühlmann 1999, S. 117.

159 Vgl. z. B. Sünner 1999, S. 192 f.

160 Zit. nach Kositza 1999; ähnlich z. B. in: Bubik 1996; Klumb 2000: Schreiben 22. 1., S. 2.

161 Die Agentur hat zuvor PR-Arbeit für amerikanische Punk-Bands geleistet; vgl. Interview Alfred Schobert.

162 Selbst der als Sänger sehr umtriebige Josef Klumb weist immer wieder darauf hin, dass er seinen Unterhalt durch Gelegenheitsarbeiten habe sichern müssen, von der musikalischen Tätigkeit also nicht leben konnte; vgl. Interview Josef Klumb; Klumb 2000: Schreiben 22. 1., S. 2.

163 Vgl. Interview Lutz Neitzert.

164 Weissglut o.Dat. (1998) (Hervorhebung im Original).

165 Im dem Videoclip zum Song »Stripped« (1998) haben »Rammstein« Sequenzen des Olympia-Films von Leni Riefenstahl (»Fest der Völker/Fest der Schönheit«) verarbeitet. Eine Anbindung von Bandmitgliedern an die Bewegung ist nicht bekannt und auch unwahrscheinlich. In Interviews ironisieren die Musiker häufig das eigene Auftreten und ihre Songtexte (»Till's Texte sind eher bitter ironisch gemeint. Auf keinen Fall sollte man sie sooo ernst nehmen«; zit. nach Rammstein 1997, S. 63); vgl. auch Interview Lutz Neitzert.

166 Vgl. zu dieser Darstellung auch Interview Lutz Neitzert. Die JF hat eine solche Entwicklung bereits im März 1996 hoffnungsvoll angedeutet: »Daher Daumen hoch für *Rammstein* und all dem, was in ihrem Fahrwasser auf uns zukommen mag. Hier springt der Funke über, hier beginnt das Ende des geistigen Inzests abgehalfteter Heroen, die zu impotent zur Erneuerung und zu feige zur Dekonstruktion sind. Hinweg mit ihnen! *Rammstein* aber, *Rammstein* soll leben.« Springer 1996 (Hervorhebungen im Original).

167 So wird darin bestritten, Klumb habe für die »Junge Freiheit« geworben; vgl. Interview Alfred Schobert.

168 Vgl. ebd.

169 Die Sendertour ist eine übliche Rundreise von Musikern, die ein neues Album vorlegen, auf der sie das Gespräch mit Journalisten suchen, um das Produkt bekannt zu machen.

170 Klumb zufolge stößt der Entwurf auf Ablehnung von Band und Management, da er einen stark gewaltorientierten Plot vorsieht (gefährliche Tiere – Rieseninsekten, Dobermänner – töten zahlreiche Menschen). Klumb erwartet einen stärker mythisch ausgerichteten Clip. Umstritten sind zudem im Drehbuch vorgesehene Kommissar-Figuren in schwarzen Ledermänteln. Das Management verweist die Produktionsfirma auf das »Image-Problem« (Klumb) der Band, das ein in hohem Maße gewaltorientiertes Video steigern werde. Vgl. Interview Josef Klumb.

171 Vgl. ebd.

172 Vgl. Klumb 2000: Schreiben 22. 1., S. 3.

173 Vgl. Interview Alfred Schobert.

174 Dass es sich um professionelle Rock-Musik handelt, bestätigen auch Kritiker der Band; vgl. Interview Lutz Neitzert, Interview Grufties gegen rechts.

175 Klumb zufolge hätten auf Anhieb 50 000 Exemplare verkauft werden können; vgl. Klumb 2000: Schreiben 22. 1., S. 3; vgl. auch Interview Josef Klumb.

8. Nationale Infotelefone

1 Zit. nach Braasch o.Dat., S. 1; vgl. auch Interview Verfassungsschutz Hamburg.

2 Vgl. Dietzsch/Maegerle 1996, S. 927.

3 Vgl. Verfassungsschutzbericht Bund 1994, S. 160 f.

4 Vgl. Verfassungsschutzbericht Bund 1995, S. 194. Die Zeitschrift *Europa vorn* wird 1998 umbenannt in *Signal*.

5 Vgl. Verfassungsschutzbericht Bund 1996, S. 167.

6 Früher: »NIT Mecklenburg«.

7 Vgl. Nationale Infotelefone 1999. Das von André Goertz betriebene Düsseldorfer NIT nennt sich Mitte Januar 1999 »NIT Nordrhein-Westfalen« (in Analogie zu den übrigen von Goertz betriebenen NIT). In der Darstellung des Bundesamtes für Verfassungsschutz wird es als »NIT Düsseldorf« bezeichnet.

8 Vgl. http://www.nit.de. Das »NIT-Radio« kann darüber hinaus zum Preis von zehn Mark bei Goertz bestellt werden. Vgl. zum NIZ auch Interview Verfassungsschutz Hamburg.

9   Vgl. Interview Verfassungsschutz Hamburg. Die mir vorliegenden
    Mitschriften bestätigen diese Angabe.
10 Vgl. NIT (1999).
11 Vgl. Interview Verfassungsschutz Hamburg.
12 Vgl. Die Nationalen Infotelefone o. J. (1995), S. 1. Der Hamburger
    Verfassungsschutz kann diese Darstellung nicht bestätigen; vgl.
    Interview Verfassungsschutz Hamburg.
13 Vgl. Braasch o.Dat., S. 1.
14 Vgl. Verfassungsschutzbericht Bund 1995, S. 194.
15 Vgl. Die Nationalen Infotelefone o. J. (1995), S. 1; vgl. auch Inter-
    view Verfassungsschutz Hamburg.
16 Vgl. Interview Verfassungsschutz Hamburg.
17 Vgl. Tagebuch 24/1997, S. 14.
18 Vgl. Nationale Infotelefone 1999.
19 Zu Kern vgl. Berr 1998.
20 Verfassungsschutzbericht Hamburg 1997, S. 64.
21 Vgl. z. B. NIT (1999), vgl. auch Interview Verfassungsschutz Hamburg.
22 Vgl. z. B. Verfassungsschutzbericht Hamburg 1997, S. 101; Verfas-
    sungsschutzbericht Bund 1994, S. 160; Die Nationalen Infotelefone
    o. J. (1995), S. 1.
23 Vgl. Meldungen 8/1998, S. 14.
24 Vgl. Interview Verfassungsschutz Hamburg.
25 Über die Zeitschrift *Neue Front* erklärt das »NIT Rheinland« am
    10. 7.: »Da sie vom nahen Ausland aus vertrieben wird, sind einige of-
    fenere Worte, als die BRD-Justiz zuläßt, enthalten. (...) Bestell-
    adresse können wir euch leider keine nennen, da man uns wohl sonst
    juristisch belangen könnte.«
26 Oberlercher und Sander zählen zu den Theoretikern des deutschen
    Rechtsextremismus. Oberlercher verfasst 1992 einen »Reichsverfas-
    sungsentwurf«, den er in der von Sander herausgegebenen neurech-
    ten Zeitschrift *Staatsbriefe* veröffentlicht. Als Referent ist er für die
    altrechte »Gesellschaft für freie Publizistik« (GFP) tätig gewesen
    und hat Beiträge in neurechten Periodika wie *Criticón* und *Europa
    vorn* veröffentlicht. Texte von Sander sind nicht nur in den *Staats-
    briefen*, sondern auch in *Nation & Europa* (siehe 6.) erschienen. Als
    Referent war er unter anderem für die GFP und den neonazistischen
    Verein »Die Nationalen« tätig. Vgl. Mecklenburg 1996, S. 503 und
    516 f.; Verfassungsschutzbericht Bund 1997, S. 118 f. und 92 ff.
27 Schlierer hat in diesem Punkt – offenbar auf innerparteilichen Druck
    hin – einen Kurswechsel vollzogen: Auf dem Bundesparteitag der
    »Republikaner« am 21./22. 11. 1998 erklärt er zum ersten Mal öffent-

lich, in Gesprächen mit Gerhard Frey (DVU) Wahlabsprachen vorbereitet zu haben; vgl. Nandlinger 1998.

28 Vgl. Dietzsch/Maegerle 1996, S. 928; Die nationalen 1995, S. 12.

29 Vgl. Interview Verfassungsschutz Hamburg.

30 Im »NIT-Radio« (»Stimme der Freiheit«) wird das Bemühen um eine Intellektualisierung des Rechtsextremismus besonders deutlich. In den beiden bislang erschienenen Ausgaben (August 98, Oktober 98) finden sich Interviews mit Reinhold Oberlercher »zur Raumorientierten Volkswirtschaft« und über »Voraussetzungen des revolutionären Prozesses« sowie mit dem Herausgeber der neurechten Zeitschrift *Signal*, Manfred Rouhs, zum Ausgang der Bundestagswahl 1998.

31 Soweit die betreffenden NIT und die Daten der Ansagen aus dem Text hervorgehen, verzichte ich im Folgenden auf Quellenangaben in den Anmerkungen.

32 Gemeint sind etwa die Seiten von NPD/JN, des »Thule-Netzes« und des »Nationalen Informationszentrums Hamburg«.

33 Das »NIT Rheinland« zählt zu den meistrezipierten NIT. Der Verfassungsschutz NRW führt dies auch darauf zurück, »dass einer der beiden Betreiber über beste Kontakte in die NRW- und bundesweite Neonazi-Szene und somit immer über aktuelle Informationen verfügt«; Verfassungsschutzbericht NRW 1999, S. 40.

34 8 bis 14 Tage: 26 Prozent, 14 bis 30 Tage: 11 Prozent; mehr als 30 Tage: 16 Prozent. Denkbar ist, dass extrem kurzfristige, insbesondere nächtliche Sonderinformationen durch die mir vorliegenden Mitschriften nicht erfasst sind. In diesem Fall läge der Anteil äußerst aktueller Hinweise noch höher.

35 »NIT Preußen« am 7. 4. 1998.

36 »NIT Preußen« am 15. 4. 1998.

37 Ebd.

38 »NIT Deutschlandsturm« am 25. 4. 1998.

39 Ebd.

40 »NIT Preußen« am 16. 5. 1998.

41 Z. B. »NIT Hamburg« am 12. 6. 1998.

42 Z. B. »NIT Rheinland« am 5. 5. 1998.

43 Ebd.

44 Ebd.

45 »NIT Hamburg« am 3. 7. 1998.

46 »NIT Preußen« am 7. 4. 1998.

47 »NIT Hamburg« am 14. 8. 1998.

48 »NIT Rheinland« am 2. 6. 1998.

49 Vgl. »NIT Preußen« am 7. 4. 1998.

50 Z. B. »NIT Preußen« am 15. 4. 1998.

51 Vgl. Interview Verfassungsschutz Hamburg.

52 »NIT Mecklenburg« am 9. 6. 1998

53 Auf suggestive Weise erwecken die NIT häufig den Eindruck immenser Potenziale für rechtsextremistische Parteien. So gibt das »NIT Preußen« am 9. 6. 1998 Daten wieder, die angeblich in einer Untersuchung der FU Berlin ermittelt worden sind. Die Meldung wird angekündigt mit dem Aufmerksamkeit versprechenden Hinweis »20 Prozent für Nationale«. Eher beiläufig wird dann deutlich, dass es sich um 20 Prozent der Schüler und Auszubildenden im Ostteil Berlins handelt. Am selben Tag bezieht sich das »NIT Mecklenburg« auf eine Forsa-Befragung, derzufolge zehn Prozent der Jugendlichen rechtsextremistische Parteien wählen wollten. Bei den im Folgenden genannten Zahlen wird nicht mehr deutlich, ob nur der Stimmenanteil der Jungwähler oder das Gesamtergebnis prognostiziert wird und ob die Daten aus der Forsa-Befragung stammen oder Spekulationen des NIT sind.

54 So z. B. das »NIT Hamburg« am 14. 7. 1998.

55 Z. B. »NIT Rheinland« am 22. 5. 1998.

56 »NIT Preußen« am 29. 7. 1998.

57 Ebd.; ähnlich: »NIT Preußen« am 7. 5. 1998.

58 »NIT Preußen« am 16. 5. 1998.

59 »NIT Hamburg« am 4. 8. 1998.

60 »NIT Preußen« am 9. 6. 1998.

61 Das »Café Germania« muss im Dezember 1998 schließen, nachdem der Verpächter den Vertrag nicht verlängert hat. Hintergrund sind Mietrückstände und öffentlicher Druck. Vgl. Gessler 1998.

62 »NIT Preußen« am 7. 5. 1998.

63 »NIT Hamburg« am 5. 5. 1998.

64 »NIT Rheinland« am 5. 5. 1998.

65 »NIT Schleswig-Holstein« am 28. 4. 1998.

66 »NIT Hamburg« am 17. 7. 1998.

67 »NIT Hamburg« am 18. 8. 1998.

68 »NIT Schleswig-Holstein« am 8. 5. 1998.

69 »NIT Hamburg« am 5. 6. 1998.

70 »NIT Schleswig-Holstein« am 23. 6. 1998.

71 »NIT Hamburg« am 31. 7. 1998.

72 »NIT Hamburg« am 16. 6. 1998.

73 »NIT Hamburg« am 31. 7. 1998.

74 »NIT Hamburg« am 24. 4. 1998.

75 »NIT Hamburg« am 17. 4. 1998. Gemeint ist vermutlich die CD

»Unsere Einigkeit macht uns zur Macht«, die 1997 bundesweit beschlagnahmt worden ist; vgl. Index-Listen 1999, S. 50.

76 »NIT Hamburg« am 31. 7. 1998.

77 »NIT Schleswig-Holstein« am 5. 5. 1998, nahezu wortgleich »NIT Hamburg« am 1. 5. 1998.

78 »NIT Hamburg« am 14. 7. 1998.

79 »NIT Hamburg« am 21. 4. 1998.

80 »NIT Preußen« am 29. 7. 1998.

81 Die PDS nimmt das »NIT Mecklenburg« am 9. 6. 1998 ausdrücklich von seinen Vorwürfen gegen die »Altparteien« aus.

82 »NIT Hamburg« am 26. 6. 1998.

83 Z. B. »NIT Preußen« am 15. 4. 1998.

84 »NIT Preußen« am 7. 4. 1998.

85 »NIT Hamburg« am 14. 7. 1998.

86 Ebd.

87 »NIT Hamburg« am 24. 7. 1998. Ohne sie zu nennen, sind den Holocaust leugnende Schriften wie der *Leuchter-Report* (Fred Leuchter) und das *Rudolf-Gutachten* (Germar Scheerer, geb. Rudolf) angesprochen. Beide Publikationen sind in Deutschland verboten.

88 »NIT Rheinland« am 10. 6. 1998. Die Abschrift der NIT-Meldung, die durch Mitarbeiter des »Bildungswerkes Anna Seghers« in Wiesbaden vorgenommen wurde, ist lückenhaft. Es lässt sich nicht eindeutig feststellen, ob der Name der betreffenden Person genannt wird. Sie dürfte in jedem Fall aus dem Zusammenhang für Insider identifizierbar sein. Für Nachfragen wird zudem eine Postfachadresse der DNP genannt.

89 »NIT Rheinland« am 22. 5. 1998.

90 »NIT Mecklenburg« am 9. 6. 1998.

91 »NIT Hamburg« am 26. 6. 1998.

92 »NIT Schleswig-Holstein« am 14. 4. 1998.

93 Z. B. »NIT Deutschlandsturm« am 6. 4. 1998.

94 Z. B. »NIT Mecklenburg« am 9. 6. 1998.

95 So besagt Ziffer 12 der publizistischen Grundsätze des »Deutschen Presserates« (Pressekodex): »Niemand darf wegen seines Geschlechtes, seiner Zugehörigkeit zu einer ethnischen, religiösen, sozialen oder nationalen Gruppe diskriminiert werden«; Deutscher Presserat (1998). Mit Verweis auf diese Passage hat der Presserat beispielsweise mehrfach die unreflektierte Verwendung der Bezeichnung ›Zigeuner‹ beanstandet.

96 Vgl. Interview Verfassungsschutz Hamburg.

97 Auf handwerkliche Standards hin analysiert wurden die ersten 100 NIT-Meldungen im Untersuchungszeitraum.

98 »NIT Preußen« am 7. 5. 1998.

99 Z. B. »NIT Preußen« am 7. 4. 1998.

100 Soll eine Quelle aus Gründen des Informantenschutzes nicht genannt werden, wäre zumindest ein Hinweis auf die Kreise, aus denen die Information stammt, notwendig, um deren Seriosität einschätzen zu können.

101 »NIT Hamburg« am 21. 4. 1998.

102 »NIT Preußen« am 7. 4. 1998.

103 Z. B. »NIT Preußen« am 15. 4. 1998.

104 »NIT Preußen« am 7. 4. 1998.

105 Z. B. »NIT Schleswig-Holstein« am 14. 4. 1998.

106 »NIT Schleswig-Holstein« am 14. 4. 1998.

107 »NIT Preußen« am 7. 4. 1998.

108 »NIT Hamburg« am 21. 4. 1998.

109 »NIT Hamburg« am 17. 4. 1998.

110 »NIT Thüringen« am 1. 5. 1998.

111 »NIT Preußen« am 2. 6. 1998. Der Wortbeginn fehlt in der vorliegenden Abschrift der Ansage.

112 Vgl. Interview Verfassungsschutz Hamburg.

113 Die Höflichkeitsform steht im Gegensatz dazu, dass es sich bei den NIT um ein klares Insider-Medium handelt. Es ist davon auszugehen, dass die Rezipienten mit der Szene und ihren Führungspersonen persönlich vertraut sind. Der Sprachgebrauch der übrigen NIT kommt dem Charakter des Mediums näher: Sie sprechen die Hörer mit »ihr«, mitunter als »Kameraden« an.

114 Die NIT-Ansagen werden in der Regel von einer Person zusammengestellt; vgl. Interview Verfassungsschutz Hamburg. Der Begriff Redaktion suggeriert dagegen, es handele sich um ein mehrköpfiges, regelmäßig zusammenkommendes Gremium.

115 Faktisch ist der Hinweis überflüssig, da die Wahrscheinlichkeit, dass andere Medien die Ansagen unverändert nachdrucken – nur dann wären Urheberrechte berührt –, extrem gering ist.

116 Vgl. NIT (1999).

9. Thule-Netz

1 Anfangs wollen die Betreiber die Anwahlnummern der »Thule«-Boxen nur Insidern zugänglich machen, entscheiden sich aber nach kurzer Zeit, sie in anderen Netzen und durch Anzeigen in Computerfachzeitschriften öffentlich bekannt zu geben; vgl. Steinmetz 1996,

S. 65 f. Anzeigen werden auch in rechtsextremistischen Zeitschriften geschaltet, z. B. der Boxen »Germania« und »Kraftwerk« in der neonazistischen *Westdeutschen Volkszeitung* (H. 3/1996) und der »Widerstand«-Box in *Nation & Europa* (H. 6/1993).

2   Sysop: System Operator.

3   Zit. nach Schröder 1995: Neonazis und, S. 94. Schröder verweist auf einen linksorientierten Hamburger Computer-Experten, der sich ohne Wissen der Sysops einen Zugang zum »Thule-Netz« verschafft habe; vgl. ebd., S. 95.

4   Die Teilnehmer am »Thule-Netz« wie auch anderer Datennetze treten in aller Regel unter Pseudonymen auf (siehe 9.6 und 9.8). Soweit die Identität der User bekannt ist, werden die Pseudonyme im Folgenden in Klammern nach dem Realnamen angegeben.

5   Anfangs prüft der zuständige Sysop André Völkel offenbar alle öffentlichen Nachrichten, die Schröder zugehen, verändert sie jedoch fast nie. Es ist davon auszugehen, dass Schröder Zugriff auf nahezu denselben Datenbestand wie die übrigen User hatte. Zugangsbeschränkte Bretter wie das Brett »Sysops only« (siehe 9.5) standen ihm dagegen nicht zur Verfügung.

6   Siehe 2.2.4/Anmerkung 40.

7   Geschichte o.Dat. (1993).

8   In diesem Fall kann ein User keine eigenen Nachrichten mehr ins Netz einspeisen, sondern nur noch die Beiträge anderer Teilnehmer lesen. Ein solches Schreibverbot kann der Sysop gegen jeden User seiner Box verhängen.

9   Vgl. Schröder 1995: Neonazis und, S. 131 f.

10   Geschichte o.Dat. (1993).

11   Vgl. Schröder 1995: Neonazis und, S. 141.

12   Vgl. z. B. »Alfred Tetzlaff« 1993; Was 1993; DFÜ 1994; vgl. auch Interview »Thule«-Sysop.

13   Vgl. Interview »Thule«-Sysop; Verfassungsschutzbericht NRW 1996, S. 37. An der ersten Veranstaltung nehmen 30 bis 40 Personen, an der zweiten etwa 16 Personen teil. Ziel ist es, Aktivisten im Umgang mit Datennetzen zu schulen und sie zu motivieren, mit eigenen Homepages ins Internet einzusteigen. In einigen Fällen ist dies offenbar gelungen: So gehören Mitarbeiter des neonazistischen Periodikums *Berlin Brandenburger – Zeitung der nationalen Erneuerung* (BBZ) zu den Teilnehmern, das wenig später ans Netz geht. Vgl. Interview »Thule«-Sysop.

14   Diese Fluktuation lässt sich einerseits auf Maßnahmen der Sicherheitsbehörden zurückführen, aber auch darauf, dass sich einige Sys-

ops eher aus Neugier an dem Netz beteiligen und bald das Interesse wieder verlieren, sowie auf das geringe Diskussionsniveau, das das Netz immer weniger attraktiv werden lässt; vgl. Interview Verfassungsschutz Bund 2.

15 Vgl. Pfeiffer 1996: Rechtsextremisten, S. 106. Diese Zahl geht zurück auf ein Experteninterview mit Burkhard Schröder vom 14. 4. 1996, der zu diesem Zeitpunkt außerhalb der rechtsextremistischen Szene als bester Kenner des »Thule-Netzes« gelten kann. Das Bundesamt für Verfassungsschutz geht für 1996 von 14 Boxen des »Thule-Netzes« aus, davon drei im Ausland; vgl. Verfassungsschutzbericht Bund 1998, S. 165. Wetzstein u. a. sprechen von 19 Boxen, die zwischen Gründung des Netzes und Abschluss ihrer Datenerhebung im Oktober 1994, zum Teil nur zeitweilig, existiert hätten; vgl. Wetzstein u. a. 1995, S. 157.

16 Vgl. Interview »Thule«-Sysop. Das Bundesamt für Verfassungsschutz hält diese Angabe – ungeachtet der Schwierigkeiten, die Zahl der Boxen exakt zu benennen – für zu niedrig; vgl. Interview Verfassungsschutz Bund 2.

17 Es ist daher irreführend, davon zu sprechen, diese Boxen seien »dem ›Thule-Netz‹ angeschlossen«, wie ich es in meiner Arbeit von 1996 getan habe. Diese Formulierung verwenden auch die Berichte des Bundesamtes für Verfassungsschutz. Vielmehr besitzt offenbar einer der »Thule«-Sysops einen Zugang (Account) zu diesen ausländischen Boxen und überträgt (quotet) ausgewählte Diskussionsbeiträge in das deutsche Netz; vgl. Interview Verfassungsschutz Bund 2. Dass nur innerhalb kurzer Phasen Nachrichten aus den ausländischen Boxen eingespeist werden, diese daher im Netz kaum wahrnehmbar sind, bestätigt der ehemalige Sysop; vgl. Interview »Thule«-Sysop. Dass der Kontakt zum Betreiber der neonazistischen »Stormfront«-Page, dem US-Amerikaner Don Black, der seit Jahren empfehlend auf das »Thule-Netz« und dessen WWW-Domain hinweist, tiefer geht, ist unwahrscheinlich.

18 Vgl. Interview Verfassungsschutz Bund 2.

19 Vgl. Pfeiffer 1996: Rechtsextremisten, S. 111. Das Bundesamt für Verfassungsschutz gibt für das gesamte Jahr 1996 eine Zahl von 150 Nutzern an; vgl. Verfassungsschutzbericht Bund 1996, S. 165.

20 Diese Zahl schließt die Nutzer des kleinen »Nordland-Netzes« ein; vgl. Verfassungsschutzbericht Bund 1997, S. 80. Die Angaben des Verfassungsschutzes basieren auf der Zählung der im Netz auftretenden Pseudonyme. Einzelne User sind unter mehreren Namen aktiv, so dass die Zahlen etwas zu hoch gegriffen sein dürften. Vgl.

Interview Verfassungsschutz Bund 2. Die wenig präzisen Angaben des »Thule«-Sysops liegen in derselben Größenordnung. Dietzsch/ Maegerle gehen für das erste Quartal 1997 von 60 aktiven Nutzern des »Thule-Netzes« und 200 »stummen Nutzern« aus, die keine eigenen Nachrichten einspeisten. Im »Nordland-Netz« seien zu diesem Zeitpunkt 26 Personen aktiv. Vgl. Dietsch/Maegerle 1997: »Befreite, S. 178.

21 Als erste WWW-Seite einer rechtsextremistischen Gruppe in Deutschland gilt die Homepage »Der Aufbau« des NPD-Kreisverbands Augsburg, die im März 1996 ans Netz geht.

22 Die Betreiberin der »Asgard BBS«, Thekla Kosche, verspottet den Verbund als eine »halbstaatliche Einrichtung, (dessen) Teilnehmer nicht aus Überzeugung an diesem Netzwerk teilnehmen, sondern aus ganz anderen Gründen«; zit. nach Richter (2000).

23 Beitreiber Jürgen Jost wird vorgeworfen, in Presse-Interviews Interna über das »Thule-Netz« verraten zu haben; vgl. Bundesamt 1998, S 30.

24 Die Betreiberin soll versucht haben, Realnamen von »Thule«-Usern herauszufinden; vgl. ebd.

25 Vgl. Novak (2000). Der befragte »Thule«-Sysop bestätigt die restriktiven Aufnahmekriterien des »Nordland-Netzes«, die zum weitgehenden Ausschluss der Öffentlichkeit führen; vgl. Interview »Thule«-Sysop.

26 Vgl. Verfassungsschutzbericht Bund 1997, S. 80. Dietzsch/Maegerle nennen zwar sieben Boxen für dieses Jahr, von denen aber die »Osgiliath BBS« (Frankfurt/Main) und das »Ost-West-White-Board« (Arnheim) nur über zwei respektive einen aktiven Nutzer verfügten; vgl. Dietzsch/Maegerle 1997: Befreite, S. 178.

27 Vgl. Verfassungsschutzbericht Bund 1998, S. 78.

28 Vgl. Thule-Netz 1998.

29 Zit. nach Blick 1996.

30 Vgl. Interview Verfassungsschutz Bund 2.

31 Zit. nach Tagebuch 6/1997, S. 14.

32 Vgl. Verfassungsschutzbericht Bund 1999, S. 88. Von den rund 100 Usern sind 45 dem »Thule-Netz« angeschlossen (davon acht aktive) und 50 dem »Nordland-Netz« (18 Aktive); vgl. Tagebuch 5/1998, S. 14.

33 Vgl. Verfassungsschutzbericht NRW 1999, S. 39; vgl. auch Interview »Thule«-Sysop.

34 Vgl. ebd.

35 Vgl. Bundesamt 1998, S. 28 f. So geht der Hamburger Neonazi André Goertz zunächst mit Hilfe der »Bollwerk«-Homepage online, bevor er eine eigene Domain einrichtet (siehe 8.1).

36 Vgl. Dietzsch/Maegerle 1997: Rechtsextreme, S. 61.

37 Vgl. Bundesamt 1999, S. 34 f. Auch bei der Organisation »Internic«, die alle Web-Angebote registriert, hat der Verantwortliche seinen Realnamen nicht angegeben. Angemeldet ist die Domain nach wie vor unter »JANUS-Kommunikation«, als Kontaktperson ist »Max Mustermann« mit einer Berliner Adresse eingetragen. Auch anhand der E-Mail-Adresse thulenet@ANON.NYMSERVER.COM lässt sich der Empfänger nicht ermitteln. Vgl. Network (2000). Der Betreiber demonstriert somit, dass es im Internet mit einigem Geschick gelingt, die eigene Identität unkenntlich zu machen; vgl. Interview Verfassungsschutz Bund 2.

38 Vgl. Thule-Gate (2000). Das »Thule-Gate« fungiert als Re-Mailer. Die Identität der Nutzer ist somit nicht ermittelbar (siehe 2.2.4).

39 Vgl. Interview »Thule«-Sysop; Verfassungsschutz Bund 2. Die eigene Erprobung des Chat-Rooms bestätigt diese Angaben.

40 Die Seite umfasst zwei unterschiedlich aktuelle Link-Bereiche: Die ältere Liste »Verweise auf andere Seiten« führt alle verbundenen Homepages untereinander auf; vgl. Verweise (2000). In der neueren »Thule-Suchmaschine« kann der Nutzer Kategorien vorwählen (z. B. Revisionismus, Nationalismus, Parteien), zu denen das Programm Links anzeigen soll; vgl. Die Thule-Suchmaschine (2000). Beide Bereiche enthalten auch Verweise auf nicht rechtsextremistisch ausgerichtete Seiten, darunter linke Gruppen (z. B. »Antifa Dortmund-Nord«) und staatliche Stellen (Bundestag, Polizei, Verfassungsschutz). Sie sollen Pluralität vorspiegeln, werden aber in der älteren Fassung mit abschätzigen Zwischenüberschriften eingeführt wie »Staats-Gewalt« oder »BRd-Schnüffler« [sic!].

41 Siehe 7.2.1.

42 Das MP3-Format reduziert die Datenmenge eines Tonträgers ohne hörbaren Qualitätsverlust. Die notwendige Software, um solche Dateien abzuspielen, ist kostenlos im Internet verfügbar. Ende 1998 sollen bereits 300 000 bis 500 000 MP3-Dateien mit Musik unterschiedlicher Stile im Internet vorhanden gewesen sein. Vgl. Legrum 1999, S. 167.

43 Vgl. Strafbare (2000). Am Tag der Bundestagswahl (27. 9. 1998) erscheint auf der Domain ein Text, der zum illegalen Kampf aufruft. Darin heißt es: »Ab in den Untergrund! Die Zeit für demokratische Spielregeln ist vorbei. Rennt euch nicht sinnlos die Köpfe am BRd-Regime [sic!] ein. Bereitet euch vor auf den Tag X«; Triumph (2000).

44 Vgl. Interview Verfassungsschutz Bund 2.

45 Der Betreiber André Völkel starb durch Freitod, der möglicherweise

mit Streitigkeiten innerhalb des »Thule-Netzes« in Zusammenhang steht; vgl. Novak (2000). Seine »Rattenfänger BBS« gehörte dem Verbund seit Anfang 1996 nicht mehr an. Zwischen Völkel und anderen »Thule«-Sysops war es zum Konflikt gekommen, nachdem diese ihm vorgeworfen hatten, Inhalte des vertraulichen Bretts »Sysops Only« an den Publizisten Schröder weitergeleitet zu haben. Tatsächlich war Völkel nicht dessen Informant.

46 Vgl. Schröder 1995: Neonazis online; zu der Gruppe »Sozialrevolutionäre Arbeiterfront« vgl. auch Wagner 1998, S. 42 f.

47 Vgl. Interview »Thule«-Sysop.

48 Vgl. Pfeiffer 1996: Rechtsextremisten, S. 107; Interview »Thule«-Sysop.

49 Andere Boxen bieten diesen Status zwar an, die Nutzung ist aber nicht möglich; vgl. Interview Verfassungsschutz Bund 2.

50 Vgl. Schröder 1997: Neonazis, S. 4; Interview »Thule«-Sysop.

51 Vgl. Pfeiffer 1996: Rechtsextremisten (Anhang), S. hh.

52 Vgl. Wetzstein u. a. 1995, S. 167. Der im Rahmen meiner Arbeit befragte Sysop bestätigt diese Angaben; vgl. Interview »Thule«-Sysop.

53 Vgl. Pfeiffer 1996: Rechtsextremisten, S. 109.

54 Vgl. Interview Verfassungsschutz Bund 2.

55 Vgl. Wetzstein u. a. 1995, S. 157.

56 Vgl. Nahr 1994.

57 Vgl. z. B. Impressum der Ausgabe 2/1997, S. 4. Die *Thule-Briefe* werden im folgenden Jahr eingestellt; vgl. Verfassungsschutzbericht NRW. Zwischenbericht 1998, S. 32.

58 Vgl. Schröder 1995: Neonazis online.

59 Vgl. Hameln 1995. NSDAP/AO: »Nationalsozialistische Deutsche Arbeiterpartei/Auslands- und Aufbauorganisation«.

60 Vgl. Pfeiffer 1996: Rechtsextremisten, S. 111.

61 Vgl. Enttarnt 1998; Novak 1998; Landesliste (2000).

62 Vgl. Tagebuch 24/1997, S. 14. 1994 ist Krieger Spitzenkandidat der Bonner NPD bei der Kommunalwahl; vgl. ebd.

63 Vgl. Zellhofer 1997, S. 201. Dem Jura-Studenten Anderle wird vorgeworfen, an der Schändung des jüdischen Friedhofs in Eisenstadt im November 1992 beteiligt gewesen zu sein. Er soll Kontakte zur inzwischen verbotenen »Nationalistischen Front« in Deutschland gehabt haben sowie in den international agierenden »Weißen Arischen Widerstand« eingebunden sein. Im Oktober 1992 kandidiert er für die FPÖ zum Gemeinderat in Stadtschlaining (Burgenland). Er zählt zu den besten Computer-Kennern der österreichischen Szene. Vgl. ebd., S. 197 f.; Maegerle 1997: Explosiver.

64 Zit. nach Wetzstein u. a. 1995, S. 159.

65 Vgl. Interview »Thule«-Sysop. Ausnahmen bilden die Sysops Jürgen Jost und Norbert Golenia, die beide 1957 geboren wurden.

66 Vgl. Tagebuch 4/1996, S. 16.

67 Vgl. Interview »Thule«-Sysop.

68 Vgl. Wetzstein u. a. 1995, S. 165.

69 Zit. nach ebd.

70 Vgl. ebd. Das Bundesamt für Verfassungsschutz bestätigt das breite ideologische und Altersspektrum der Nutzergruppe; vgl. Interview Verfassungsschutz Bund 2.

71 Zit. nach Wetzstein u. a. 1995, S. 165.

72 Vgl. Interview Verfassungsschutz Bund 2.

73 Da die Diskussionen des »Thule-Netzes« aus dem Untersuchungszeitraum (April bis August 1998) nicht zugänglich sind, umfasst diese Fallstudie keinen originären inhaltsanalytischen Teil. Im folgenden Abschnitt sowie unter 9.8 werden Befunde aus früheren Untersuchungen zusammengefasst, die auf dem Material von 1995 und 1996 basieren; vgl. Pfeiffer 1996: Rechtsextremisten, S. 113–138 und Pfeiffer 1999: Bornierte, S. 107–118. Die Interviews zu dieser Fallstudie, die mit einem ehemaligen Systembetreiber des Netzes und Mitarbeitern des Bundesamtes für Verfassungsschutz geführt wurden, sowie die Sekundärliteratur zum »Thule-Netz« lassen erkennen, dass sich grundlegende Tendenzen nicht verändert haben. Soweit Akzentverschiebungen deutlich geworden sind, wird im Folgenden darauf hingewiesen. Grundsätzlich ist zu bedenken, dass im Untersuchungszeitraum nur noch eine der »Thule«-Boxen (»Propaganda BBS«) aktiv ist, somit nicht mehr von einem Netz gesprochen werden kann und die Zahl der Diskussionsbeiträge gegenüber den Vorjahren erheblich zurückgegangen ist. Zudem hat sich der bereits in den Anfangsjahren des Netzes aggressive Stil der Auseinandersetzung weiter verschärft; vgl. Interview »Thule«-Sysop.

74 »Hölder« am 4. 2. 1995, in: /Thule/T/Publik/JF.

75 Verweise (2000) (Fehler im Original). Das Emoticon (Kunstwort aus Emotion und Icon) am Schluss (Smiley) weist darauf hin, dass der Kommentar scherzhaft zu verstehen ist.

76 User »Till Eulenspiegel« über den abgesagten Besuch Nelson Mandelas in Rudolstadt: »Ich (…) kann Euch die erfreuliche Nachricht bringen, daß dieser komm. Bastard nun doch nicht nach Thüringen kommen wird. Leider konnte uns das Kulturdezarnat von Rudolstadt nicht sagen ob er nun nicht kommt, weil er keine Zeit hat oder weil wir mit Lautsprecherwagen gegen ihn gehetzt haben.« »Till Eulenspiegel« am 10. 4. 1995, in: /Thule/T/Aktuell/Kampagne (Fehler im Original).

77 Vgl. »Hagen« am 17. 1. 1995, in:/Thule/T/Org/Allgemein. Zu den Organisationen, die »das System befürworten«, zählt der User neben neurechten Gruppen wie dem »Bund freier Bürger« auch die rechtsextremistischen »Republikaner«.

78 Vgl. Tagebuch 24/1997, S. 14. Die Betreiber des NIT verfügen über einen Point-Anschluss an das »Thule-Netz«; vgl. ebd. Die Ansagen werden etwa ein halbes Jahr lang regelmäßig und vollständig in die Mailboxen eingespeist, danach nur noch sporadisch; vgl. Interview Verfassungsschutz Bund 2.

79 So heißt es in der Ankündigung der »Rudolf-Heß-Gedächtniswoche« im August 1995: »Informationen erreichen alle Kameradinnen und Kameraden mit Szenehintergrund über die internen Funktelefone, die netzunabhängigen Mailboxen und über das bekannte Kuriersystem ...« Wunsiedel-Koordinationsbüro/Die Nationalen am 14. 7. 1995, in: /Thule/T/Aktuell/Termine. Netzöffentliche Terminhinweise enthalten zudem häufig den Zusatz: »Näheres per PM«.

80 Vgl. z. B. Befreite 1993; Parolen 1994; Zellhofer 1997, S. 201.

81 Vgl. Interview Verfassungsschutz Bund 2; Pfeiffer 1996: Rechtsextremisten, S. 134 f.; Schröder 1995: Neonazis und, S. 65.

82 Die Texte haben teils erkennbar scherzhaften Charakter (»Die Honigsmack/Fledermausschiß-Bombe«), teils liefern sie nur vage Angaben, die auch öffentlich zugänglichen Lexika oder Lehrbüchern zu entnehmen sind; vgl. Schröder 1995: Neonazis und, S. 63 ff.

83 Verhalten o.Dat. (1993); Verhalten o.Dat. (1994) (Hervorhebung an beiden Stellen im Original)

84 Dies gilt insbesondere für Äußerungen über politische Gegner. So schreibt der User »Dschingis Kahn« über »Erlkönig« (Burkhard Schröder): »nur dem darwinistischem Trieben folgende Ansammlung von verunreinigten Kohlenwasserstoffen«; »Dschingis Kahn« am 29. 8. 1995, in: /Thule/T/Comp/Sicherheit (Fehler im Original). Nachdem »Tornja« Schröder ein »dummes Arschloch« genannt hat, erhält der User von Sysop »Tristan« Schreibverbot; »Tornja« am 11. 5. 1995, in: /Thule/T/Aktuell/Allgemein.

85 Vgl. Interview »Thule«-Sysop; Interview Verfassungsschutz Bund 2. Solche Verdächtigungen richten sich insbesondere gegen die Betreiberin der »Asgard BBS«, Thekla Kosche, die 1997 das »Nordland-Netz« ins Leben ruft; vgl. Interview »Thule«-Sysop. Appelle einzelner »Thule«-Sysops und -User, zu einer sachlicheren Diskussion im Netz zu finden, ändern die Situation nicht nachhaltig; vgl. Interview Verfassungsschutz Bund 2.

86 Sound- oder Aktionswörter sind in der Comicsprache häufige For-

mulierungen wie ›schluchz‹, ›kreisch‹ etc.; zu Emoticons vgl. Anmerkung 75. Wetzstein u. a. andere sehen in den expressiven Einschüben nicht allein spielerische Elemente der Netzkommunikation. Vielmehr »verdeutlichen (sie) die Absicht einer Mitteilung und erleichtern dem Rezipienten das Verständnis der Botschaft«; Wetzstein u. a. 1995, S. 80.

87 Origins sind Sätze oder Halbsätze, die an das Ende jeder Nachricht, die ein User einspeist, angehängt werden, z. B. Jürgen Jost (»Joschi«): »Für die Sache der Nation«, Thomas Richter (»Kommando F.«): »Der Gerechte soll führen und der Freie wird gehorchen«, Kai Dalek (»Undertaker«): »Braun werden ohne Sonnenbrand«.

88 Der Sysop kennt die Realnamen aller in seiner Box registrierten User. Zudem sind zahlreiche Pseudonyme durch politische Gegner oder im Streit von anderen Teilnehmern des Netzes enttarnt worden; vgl. Novak 1998.

89 Wetzstein u. a. sprechen von der »Virtualität des Ichs«: »In der Anonymität der Datennetze können User in selbstgewählte Rollen schlüpfen, Männer zu Frauen, Schüchterne zu Draufgängern werden.« Für manche Teilnehmer sei dies ein wichtiger Kommunikationsanreiz. Wetzstein u. a. 1995, S. 84 ff.

90 DFÜ: Datenfernübertragung. Die Formulierung »DFÜ-Szene« ist hier im umgangssprachlichen Sinne von Personen zu verstehen, die Mailboxen oder Internet hobbymäßig und intensiv nutzen.

91 »Dschingis Kahn« am 4. 8. 1995, in:/Thule/T/Aktuell/Kampagne.

92 »Johnny Kontrolletti« am 23. 1. 1995, in:/Thule/T/Aktuell/Allgemein.

93 »Schinderhannes« am 28. 4. 1995, in:/Thule/T/Aktuell/Allgemein.

94 Kosten o.Dat. (1994).

95 Vgl. ebd. Diese Preise gelten seit 1994, in den Anfangsmonaten des Netzes haben sie die Hälfte betragen; vgl. Kostenbeteiligung o.Dat. (1993).

96 Der befragte Sysop gibt an, seiner Erinnerung nach habe das Netz für die eigene Homepage pauschal 400 Dollar pro Jahr entrichten müssen; vgl. Interview »Thule«-Sysop.

97 Vgl. ebd.

98 Vgl. Dorn 1997, S. 257. Nach Darstellung Dorns hat Kottcke die WWW-Homepage des Netzes unter seiner dienstlichen E-Mail-Adresse angemeldet.

99 Diese Berufsbezeichnung gibt Golenia auf der baden-württembergischen Landesliste der NPD zur Bundestagswahl von 1998 an; vgl. Landesliste (2000). Novak zufolge ist er als Computerhändler tätig; vgl. Novak 1998.

100 Die Gesprächspartner des Bundesamtes für Verfassungsschutz verweisen auf die Diskussionen der technikzentrierten Bretter des Netzes, in denen Beiträge nicht selten seien, die von beachtlichem Sachverstand zeugten; vgl. Interview Verfassungsschutz Bund 2.

101 Technik o.Dat. (1993)

102 Boxen, die ausschließlich über eine ISDN-Leitung verfügen, sind für User mit analogem Telefonanschluss nicht zugänglich. Sysops, die die Einwahl über ISDN ermöglichen möchten, müssen daher stets eine zweite, analoge Leitung bereithalten. Die meisten Betreiber verzichten daher auf den Zugang über ISDN. Vgl. Interview »Thule«-Sysop

103 Einiges spricht dafür, dass sich in einem Mailbox-Netz engere persönliche Bindungen zwischen den Usern entwickeln und ihre Identifikation mit dem Medium stärker ist als in vergleichbaren Internet-Foren. Angesichts der immensen Zahl der Seiten und Foren besteht im Internet eine höhere Rezeptionsbeliebigkeit.

10. rocknord.de

1 Der Untertitel variiert. Den oben genannten verwendet die Internet-Domain rocknord.de im Juni 1999, im Untersuchungszeitraum (April bis August 1998) bezeichnet sie das Blatt noch schlicht als *RockNORD. Musikzeitschrift*. So nennt sich im April 1999 auch die Printausgabe im Untertitel.

2 Die Skinhead-Subkultur ist keineswegs geschlossen dem Rechtsextremismus zuzurechnen. Klaus Farin und Eberhard Seidel-Pielen haben zu Recht auf dessen Vielgestaltigkeit hingewiesen. Explizit rechtsextremistisch orientierte Skins seien eine Minderheit, verbreitet dagegen unpolitische Haltungen, die oft mit diffus ›rechtem‹ Denken einhergingen. Seidel-Pielen und Farin verweisen auf die antirassistischen ›SHARP‹ – Skins (Skinheads Against Racial Prejudice), die sich auf die Wurzeln des Kults im proletarischen und multikulturellen Milieu Londons berufen, und auf ›Redskins‹, die sich als sozialistisch verstehen. Die spätere Untersuchung von Heitmann ergibt folgendes Bild (Umfragewerte von Seidel-Pielen/Farin in Klammern): 45,6 Prozent geben an, SHARP-Skins »eher positiv« zu finden, 36,4 Prozent »eher negativ«, Redskins finden 14,9 Prozent »eher positiv« gegenüber 60,5 Prozent. Bei »Nazi-Skins« (Szene-Jargon) beträgt das Verhältnis 18,2 Prozent zu 69,1 Prozent. Die ›Sonntagsfrage‹ ergibt einen Nichtwähleranteil von 43 Prozent (28,2 Prozent). 14 Prozent (20,7 Prozent) würden ihre Stimme rechtsextremistischen Parteien

geben, 14 Prozent (5,6 Prozent) der PDS. Nennenswerte Anteile erhielten ferner die SPD von 11 Prozent (8,4 Prozent) und die Grünen von 10 Prozent (7,5 Prozent); vgl. Heitmann 1997, S. 86 f. (Farin/Seidel-Pielen 1993, S. 201). Diesen Ergebnissen ist mit einiger Skepsis zu begegnen, da es in beiden Studien vermutlich zu Verzerrungen auf Grund der geringen Rücklaufquoten gekommen ist (in die Auswertung gehen bei Farin/Seidel-Pielen 234 von über 4000 Fragebögen ein, bei Heitmann 406 – ›Sonntagsfrage‹: 364 – von 8000 Bögen ein). Die Vermutung liegt nahe, dass im weitesten Sinne ›linke‹ Positionen überrepräsentiert sind.

3 Für die folgende Fallstudie wurden die Inhalte ausgewertet, die zwischen April und August 1998 in die Domain eingespeist wurden. Weitere Informationen ergaben Interviews mit dem damaligen *Rock-NORD*-Chefredakteur Andreas Zehnsdorf sowie Mitarbeitern der Abteilung Verfassungsschutz des Innenministeriums NRW.

4 Egoldt, zu dessen Angebot auch linksorientierte Punkmusik zählt, beherrscht den deutschen ›Rechtsrock‹-Markt bis in die späten 80er Jahre nahezu allein. Zeitweilig zählt sein Unternehmen zu den weltweit größten Umschlagplätzen für Tonträger dieser Sparte. Vgl. Christoph 1994, S. 114. Zwar büßt er die quasi-Monopolstellung in Deutschland durch die Aktivitäten Lemmers und anderer Händler ein, ist jedoch im internationalen Geschäft nach wie vor erfolgreicher als die deutsche Konkurrenz; vgl. Interview Verfassungsschutz NRW 2.

5 Neben Andreas Zehnsdorf (siehe 10.2 und 10.3) und Christian Eitel.

6 Einzige Gesellschafterin ist anfangs Charlotte Rosenberger aus Duisburg, die aber weder politisch noch in Zusammenhang mit den Geschäftsaktivitäten der GmbH nennenswert in Erscheinung tritt; vgl. RechtsSchutzinstitut o. J., S. 75. Seit 1997 sind Rosenberger und Lemmer mit je 25 000 Mark beteiligt; vgl. Rechtsrock (1999).

7 Extremisten 1997, S. 50.

8 Zur »Freien Wählergemeinschaft« vgl. Wagner 1994, S. 44.

9 Vgl. Maegerle 2001: Hamlet.

10 Lemmer 1997, S. 128.

11 Diese Interviews feiert Lemmer später als PR-Erfolge der ›Rechtsrock‹-Szene. Im Gespräch mit dem rechtsextremistischen Fanzine *Stormfront 88. Sachsen-Anhalt Terror* sagt er, die »Einspruch«-Sendung habe auf die Szene gewirkt »wie ein Powerriegel vor dem Schlafengehen«; Lemmer im Interview 1997, o. S.

12 Vgl. Lemmer 1997, S. 128; Lemmer 1996, S. 226. Soweit nicht anders vermerkt, entstammen die Angaben dieses Absatzes den Kurzbiografien in Lemmers Büchern *Skinhead Rock. Eine notwendige Klar-*

stellung über nonkonforme Musik und *Sänger für Deutschland. Die Biographie des Volkssängers Frank Rennicke.*

13　Vgl. Weiss 2000, S. 72.

14　Zit. nach Extremisten 1997, S. 50.

15　Zit. nach Lemmer im Interview 1997, o. S.

16　Vgl. Hupka o.Dat. (1997).

17　Anlass zu Verdächtigungen sehen Lemmers Gegner in der Tatsache, dass dessen Geschäftsräume nicht im Rahmen der »Aktion Notenschlüssel II« – einer groß angelegten Exekutivmaßnahme gegen Musik-Unternehmen der Skinhead-Szene im August 1997 – durchsucht worden sind. Kurz darauf verbreiten unter anderem das »NIT Rheinland« und das »Thule-Netz« das Flugblatt »Finanziere nicht Deine Feinde«, das vermutlich von einem konkurrierenden CD-Händler stammt; vgl. Innenministerium NRW 1999, S. 67. Das Papier wirft Lemmer Absprachen mit dem Staatsschutz vor, denenzufolge es ihm erlaubt sei, »einen wirtschaftlich orientierten Vertrieb aufzubauen, solange er sich aus der aktiven Politik fernhält«. Lemmer habe daraufhin Druck auf andere Musik-Händler ausgeübt, sich aus rechtsextremistischen Parteien zurückzuziehen. Der Flugblatt-Text liegt mir als undatierte Nachricht aus dem »Thule-Netz« vor.

18　Vgl. Verfassungsschutzbericht NRW 1998, S. 72.

19　In der rechtsextremistischen Internet-Publikation »White Power« nennt »Funny Sounds«-Mitgeschäftsführer Andreas Zehnsdorf im Frühjahr 1998 eindeutig rechtsextremistische Alben als die bis zu diesem Zeitpunkt erfolgreichsten CD-Produktionen des Unternehmens: »Zerschlag deine Ketten« (»Sturmwehr«), »Neue Macht« (»Rheinwacht«), »Donnergott« (»Sturmwehr«) sowie vier Mini-CDs der Band »Kraftschlag«; vgl. White (1999).

20　Vgl. Lemmer (2001).

21　Vgl. Verfassungsschutzbericht NRW 2000, S. 76 f.; Pfeiffer 2001: Rechter.

22　Lemmer 1997, S. 48

23　Zehnsdorf 1999: E-Mail 18. 7.

24　Vgl. Verfassungsschutzbericht NRW 1991, S. 41.

25　Vgl. Zehnsdorf 1999: E-Mail 18. 7.

26　Vgl. Lemmer 1997, S. 49. Soweit keine andere Quelle genannt ist, sind die Daten zum *Querschläger* entnommen aus: ebd., S. 48 f. und 52 f.

27　Vgl. z. B. Farin/Seidel-Pielen 1993, S. 198.

28　Fanzines der Skinhead-Szene werden in dieser Zeit vorwiegend laienhaft gestaltet: Die Texte werden meist per Schreibmaschine verfasst, Überschriften handschriftlich oder mit Hilfe von Abreibe-buchstaben angefertigt; vgl. Farin/Seidel-Pielen 1993, S. 198 f.

29 Zehnsdorf 1999: E-Mail 18. 7.

30 Vgl. Lemmer 1997, S. 52 f.

31 Vgl. Verfassungsschutzbericht NRW 1992, S. 36.

32 »Der Name sollte die damalige Aufbruchstimmung in unserer Szene verkörpern«, erläutert ein namentlich nicht genannter MZ-Vertreter in einer Gruppendiskussion mit dem Jugendforscher Klaus Farin, an der Vertreter von elf Publikationen der Skinhead-Szene teilnehmen; zit. nach Farin 1996, S. 181.

33 Im selben Gespräch heißt es, das Blatt verstehe sich nicht als Zine, sondern als professionelle Zeitschrift, deren Anspruch es sei, »mit einem professionellen Layout, gutgedruckt und mit aktuellem Inhalt sowie hoher Auflage nicht nur die Szene zu erreichen, sondern darüber hin-aus auch neuen, interessierten Lesern den Rechtsrock näherzubrin-gen«; zit. nach Farin 1996, S. 186. In seinem Buch *Skinhead Rock* be-zeichnet Torsten Lemmer die MZ als »erste professionelle Zeitschrift für nonkonforme rechte Rockmusik« und »die erste Publikation dieser Sparte, die aus dem ›Nationalen Ghetto‹ ausbrechen konnte«; Lem-mer 1997, S. 62.

34 In *Skinhead Rock* schreibt Lemmer über die MZ, es gelte, »radikale Auswüchse auszugrenzen«, um weitere Kreise auf rechte Rockmu-sik aufmerksam zu machen; vgl. Lemmer 1997, S. 62.

35 Zehnsdorf 1999: E-Mail 18. 7.

36 Vgl. RechtsSchutzinstitut o. J., S. 74.

37 Rouhs gibt *Europa vorn/Signal* künftig wieder allein heraus, gründet ein eigenes Label und das Fanzine *Noie Deutsche Welle;* vgl. Rechts-Schutzinstitut o. J., S. 74 f.; Innenministerium NRW 1999, S. 54.

38 Die »Creative Zeiten Verlag und Vertrieb GmbH« wird am 22. 6. 1993 ins Düsseldorfer Handelsregister eingetragen; vgl. Rechts-Schutzinstitut o. J., S. 75.

39 Vgl. Farin 1996, S. 182. Diesem Gespräch zufolge liegt die Startauf-lage bei 10 000, die der Weihnachtsausgabe 1994 bei 17 000 Exem-plaren und damit deutlich über dem Durchschnitt von 5000. Es dürfte sich jeweils um die Druckauflagen handeln.

40 Vgl. Lemmer 1997, S. 62. Diese Angabe dürfte überhöht sein. Das Antifa-nahe »RechtsSchutzinstitut« hält selbst die 1995 geäußerte MZ-Eigenangabe von 10 000 Exemplaren für unglaubwürdig; vgl. RechtsSchutzinstitut o. J., S. 76.

41 Vgl. Zehnsdorf 1999: E-Mail 18. 7. Zehnsdorf zufolge werden zwei Drittel der Auflage kurz nach Erscheinen abgesetzt, der Rest in

einem Zeitraum von etwa einem Jahr; vgl. Zehnsdorf 1999: E-Mail 25.7.

42 Zehnsdorf 1999: E-Mail 18.7.

43 Besonders augenfällig sind die schwarzen Flächen, die strafbare Abzeichen (wie Hakenkreuz und SS-Rune) auf Fotos überdecken; z. B. Ausgabe Nr. 25 (S. 24 f.), Nr. 26 (S. 24), Nr. 36–37 (»George Hell«: Florida [1999]). Mitunter werden solche Embleme auch digital verfremdet und dadurch unkenntlich gemacht, z. B. Der Prozess (1998).

44 Vgl. Interview Verfassungsschutz NRW 2.

45 Vgl. Rechtsrock (1999).

46 Vgl. Innenministerium NRW 1999, S. 52; RechtsSchutzinstitut o. J., S. 74.

47 Vgl. Interview Verfassungsschutz NRW 2.

48 Vgl. Innenministerium NRW 1999, S. 55 f.

49 Vgl. Mecklenburg 1996, S. 279 f.

50 Vgl. Nationale Infotelefone 1999; Rechtsrock (1999).

51 Vgl. Schröder (1999).

52 Dies ergibt eine Recherche vom 19. 3. 1999 in der im WWW verfügbaren Datenbank der DENIC (eine an die Universität Karlsruhe angebundene Einrichtung, die deutschen Anbietern Domain-Adressen zuweist, aber keine inhaltliche oder administrative Ausgestaltung des Internets vornimmt, DE steht für Deutschland, NIC für Network Information Center); vgl. DENIC (1999).

53 Unter dem Stichwort »Technischer Service« gibt die Seite des »MZ-Vertriebs« die Rufnummer der »Direktleitung« der von Goertz betriebenen und von Siefert unterstützten NIT »Hamburg«, »Schleswig-Holstein«, »Mecklenburg-Vorpommern« und »Nordrhein-Westfalen« an.

54 Vgl. Schröder (2001).

55 Vgl. Rötzer (2001).

56 Zu »Rheinwacht« vgl. Innenministerium NRW 1999, S. 43.

57 So Zehnsdorf in der Internet-Publikation »White Power«; vgl. White (1999).

58 Die »Body Checks«-LP »Tätowiert und Kahlgeschoren« hat die Bundesprüfstelle für jugendgefährdende Schriften am 30. 4. 1993 indiziert; vgl. Index-Listen 1995, S. 45; zu »Body Checks« vgl. auch Baacke u. a. 1994, S. 32 f.

59 Drenhaus und Roling gehören der Redaktion im Sommer 2001 nicht mehr an. Hinzugekommen sind sieben redaktionelle Mitarbeiter.

60 Zehnsdorf 1999: E-Mail 18.7.

61 Vgl. Peter vom (1998); zu *Nordland* vgl. Mecklenburg 1996, S. 306 und 790.

499

62 Vgl. Zehnsdorf 1999: E-Mail 18.7. Auf Nachfrage macht Zehnsdorf deutlich, dass er unter dem »traditionellen Skinheadbereich« diejenigen verstehe, die sich durch ihr äußeres Erscheinungsbild als Skins zu erkennen geben; vgl. Zehnsdorf 1999: E-Mail 25.7.

63 Zu den Typen der Skinheads sowie zur Veränderung des äußeren Erscheinungsbildes vgl. Innenministerium NRW 1999, S. 12–18.

64 Vgl. Interview Verfassungsschutz NRW 2. Dies legen auch die oben erwähnten Leserzuschriften nahe.

65 Stand: 13.8.1998; vgl. Liste auf der Einstiegsseite der Domain.

66 Vgl. Impressum, http://www.rocknord.de/impressum.htm (ges. am 7.5.1998).

67 Zehnsdorf 1999: E-Mail 18.7.

68 Um Internet-Radio hören zu können, ist nur wenig an zusätzlicher technischer Ausstattung erforderlich: Voraussetzung ist eine Soundcard (Kosten je nach Modell unter 100 Mark), Lautsprecher sowie entsprechende Audio-Software. Das »Nord-Rock-Radio« respektive »Radio Nord« arbeitet mit dem Programm »Real Player«. rocknord.de bietet einen Link zur Homepage der Herstellerfirma, wo die Basisversion des Programms kostenlos abrufbar ist. Obgleich die Verbindung zum Internet-Radio bereits beendet ist, ist der Link zur Software auch 1999 noch auf rocknord.de vorhanden. Bis zum Juni 1999 sind Links zur Suchmaschine »Altavista« sowie zur Übersetzungssoftware »Systran« hinzugekommen.

69 NIT (1999).

70 So Goertz auf der Einstiegsseite zum »Nord-Rock-Radio«. Konkret bedankt sich das Internet-Radio bei 22 Firmen, Gruppen und Einzelpersonen, darunter RockNORD und alle weiteren Unternehmungen Lemmers, die Goertz-Firmen »NIZ-Verlag« und »Nordversand«, das NPD-Organ Deutsche Stimme sowie die neonazistische schwedische Band »Ultima Thule«; vgl. Radio-Nord (1999).

71 Lemmer dürfte sogar rechtliche Schritte gegen die Bezeichnung »Nord-Rock-Radio« angedroht haben: Der Moderator »Harry Eilig« (vermutlich Jens Siefert) weist im Gästebuch darauf hin, dass das Programm umbenannt werden »mußte«; »Harry Eilig« (1998). Goertz spricht im Interview mit »RockNORD« davon, die Redaktion des Magazins habe gegen den Namen »ihr Veto eingelegt«; vgl. NIT (1999).

72 Im RockNORD-Gespräch mit André Goertz führt der namentlich nicht genannte Interviewer beide Gründe ausdrücklich an; vgl. NIT (1999).

73 Da im Internet überwiegend Interviews aus RockNORD veröffent-

licht werden, handelt es sich meist nicht um Bezüge, die unmittelbar von der Redaktion geäußert werden, sondern von Gesprächspartnern.

74 Dies gilt beispielsweise für die Bands »Brutal Attack«, »No Remorse«, »Squadron« und »Bound for Glory«; vgl. Baacke/Farin/Lauffer 1999, S. 173.

75 Den Zweitnamen Donaldson verwandte Stuart in der Regel nicht.

76 Die Band hat sich Ende der 90er Jahre aufgelöst.

77 Die Band hat sich 1994 aufgelöst.

78 Rennicke wird im Untersuchungszeitraum in zwei Internet-Ausgaben der Zeitschrift sowie viermal im Gästebuch positiv erwähnt.

79 Lemmer 1996, S. 186.

80 Vgl. Index-Listen 1999, S. 44.

81 »Bounty 88« (1998).

82 Peter (1998).

83 Vgl. Verfassungsschutzbericht Bund 1997, S. 85 f.; Verfassungsschutzbericht Hamburg 1997, S. 42 f.

84 »Skinhead P.« (1998): Trotz.

85 Vgl. Oidoxie (1999).

86 Die häufig gestellte Frage, ob es sich um eine taktische Umorientierung oder ein tatsächliches Abrücken von früheren Positionen handelt, lässt sich aus meiner Sicht nicht mit Gewissheit beantworten. Im Mai 2001 hat ein Urteil des Landgerichts Berlin die Diskussion zu diesem Thema neu entfacht: Das Gericht hielt die Bezeichnung der Gruppe als »berüchtigte rechtsradikale Band«, die die *taz* verwandt hatte, für zulässig; vgl. Pfeiffer 2001: Zwei. Die Redaktion hatte beispielsweise mit der großen Popularität argumentiert, die die »Onkelz« nach wie vor in rechtsextremistischen Kreisen besitzen: »Wären sie ›Renegaten‹, fielen sie in Ungnade. Gerade weil sie keine Renegaten sind, bleibt die Verehrung.« Die Band sende »auf zwei Frequenzen«: Nach außen setze sie sich von Rechtsextremisten ab, relativiere solche Distanzierungen aber gegenüber dem Publikum. Vgl. Eisenberg (2001).

87 Zit. nach Beyer/Zehnsdorf (1998): Blut.

88 Zit. nach Die Rache (1999).

89 Zit. nach Dies Irae (1999).

90 Zu Funktion und Organisation von Skinhead-Konzerten vgl. Innenministerium NRW 1999, S. 40 f.; Neitzert o. J., S. 6.

91 Ein Mitschnitt des Auftritts von »Endstufe« erscheint im selben Jahr beim rechtsextremistischen Label »Hanse Records« (Bremen) als CD; vgl. Endstufe Live 1998.

92 Betreff: Mucke (1998).

93   Jacoby 2000, S. 126.
94   Sturmgesang (1999).
95   Der Prozess (1998).
96   Zit. nach Dies Irae (1999).
97   Oidoxie (1999).
98   Im Untersuchungszeitraum: Musiker der rechtsextremistischen Bands »Ravens Wing«, »Wolfseye« (beide Australien), »Excalibur« (Tschechien), »Archivum«, »Nimrod« (beide Ungarn), »Celtic Warrior« (Wales).
99   Zit. nach Dies Irae (1999).
100 Zit. nach Die Rache (1999).
101 Der Prozess (1998) (Fehler im Original).
102 Das H ist der achte Buchstabe im Alphabet, ›88‹ steht daher in rechtsextremistischen Zusammenhängen für ›Heil Hitler‹.
103 Ravens-Wing (1998).
104 So die Gruppe »Emsmacht Papenburg« in einem Eintrag; Emsmacht Papenburg (1998).
105 Betreff: Ignatz (1998).
106 Nord-Rock-Radio (1998).
107 Die Rache (1999).
108 Vgl. Die Rache (1999).
109 Vgl. Zweierlei (1998).
110 »88-Germania A. P.« (1998).
111 »Martin ›Oistar‹« (1998).
112 »Lulu« (1998).
113 »Skinhead A. P.« (1998).
114 Die Rache (1999).
115 Ruhrstörung (1999).
116 Gerhard (1998).
117 So der Sänger der rechtsextremistischen Band »Oidoxie«, Marco; zit. nach Oidoxie (1999).
118 Zehnsdorf 1999: E-Mail 18. 7.
119 Sturmgesang (1999).
120 Zit. nach Overkill (1999).
121 So lautete das Motto einer von »Funny Sounds« ausgerichteten Feier: »Politische Vereinnahmung – Nein, Unabhängige Gegenkultur – Ja!«. Im RockNORD-Bericht heißt es: »Die Fahrt im Karren der parteipolitischen Vereinnahmung endet im Straßengraben des nationalen Ghettos«; 1. Funny Sounds Meeting (1998).
122 Brian (1998). Die Oi!-Musik und ihre Anhängerschaft entstanden Ende der 70er Jahre in England aus der im Niedergang begriffenen

Punk-Szene. Die Herkunft des Rufes »Oi!« ist kontrovers: So führt ihn beispielsweise das Landesamt für Verfassungsschutz Niedersachsen auf die englische Übersetzung der NS-Organisation »Kraft durch Freude« (Strength through Joy) zurück; vgl. Verfassungsschutzbericht Niedersachsen 1994, S. 25; so auch: Heller/Maegerle 1995, S. 151. Die meisten anderen Autoren sehen keinen politischen Hintergrund. Beispielsweise Farin/Seidel-Pielen zufolge wurde er zuerst von der Skin-Band »Cockney Rejects« benutzt, die ihre Songs irgendwann nicht mehr mit »One, two, three«, sondern »Oi! Oi! Oi!« angestimmt hätten. Laut Gary Bushell, zuvor Manager von »Cockney Rejects«, dann Musikjournalist, bedeutet »Oi« im Cockney-Slang soviel wie »Hey, ich habe was zu sagen, hör zu!«; zit. nach Farin 1997, S. 31. Der Ruf wurde bald vom Publikum aufgegriffen und skandiert. Unbestritten ist, dass ›Oi!‹-Skins heute einen zuvorderst an Musik und Spaß, nicht an Politik orientierten Flügel des Skinhead-Kults darstellen, was nicht eine latent rechte Haltung, aber die Einbindung in rechtsextremistische Organisationen ausschließt; vgl. z. B. Müller 1998, S. 162–172; Farin 1997, S. 31 f.; Mischkowitz 1994, S. 43; Farin/Seidel-Pielen 1993, S. 47.

123   Zit. Dies Irae (1999).

124   Sven (1998).

125   »Skinhead P.« (1998): Weiber.

126   »Brenngeschwader 19/33« (1998) (Fehler im Original).

127   Torben (1998).

128   Im Interview lehnt Zehnsdorf die Bezeichnung rechts als »Katalogisierung in eine überholte politische Sitzgeographie« ab. Er unterscheidet *RockNORD* von »stark politisch orientierten« Medien wie *Junge Freiheit, Nation & Europa* und *Signal:* »Wir sind – und sehen uns – in erster Linie als Musikzeitschrift«; Zehnsdorf 1999: E-Mail 18. 7. Dahinter steht offensichtlich eine sprachliche Tarnstrategie: Ohne Frage gehen von einer Zeitschrift wie »RockNORD«, die sich betont positiv auf eindeutig rechtsextremistisch ausgerichtete Bands bezieht, starke politische – wenn auch nicht notwendigerweise tagespolitische – Wirkungen aus.

129   Sogar die neonazistische Gruppe »Faustrecht« weist im Interview darauf hin, sie verstehe sich nicht als »Rechtsrockband (...), sondern einfach als Skinheadband. Der Begriff Rechtsrock wurde durch einige Personen in ein so falsches Licht gestellt, dass wir uns damit nicht identifizieren können.« Zit. nach Beyer/Zehnsdorf (1998): Blut.

130   Der Gästebuch-Nutzer »Skrew« unterscheidet ausdrücklich zwi-

schen Kult und Bewegung; vgl. »Skrew« (1998). »Patriot88« grüßt die »deutsch-nationalen Bewegungen in Dänemark, Holland und in den USA« und meint dortige Rechtsextremisten, die nicht notwendigerweise Skinheads sind; »Patriot88« (1998).

131 Beyer/Zehnsdorf (1998): Kraftschlag.

132 Ruhrstörung (1999).

133 Torben (1998).

134 Ruhrstörung (1999).

135 Clockwork (1998).

136 Z. B. »George Hell« (1998): Nimrod, gemeint: nicht rechtsextremistische Musik-Labels; Torben (1998), gemeint: Hippies.

137 Meist des deutschen Staates, seltener auch Vertreter anderer demokratischer Staaten: So spricht die ungarische Band »Archivum« im Interview von einer »Regierung von Ratten«; Archivum (1998).

138 Die Rache (1999).

139 Zit. nach Dies Irae (1999).

140 Offen geäußerte Zustimmung zur Gewalt gegen die Polizei kommt im Untersuchungszeitraum nur in Auslandsberichten vor. So heißt es in einem Beitrag über den Polizeieinsatz gegen ein Skinhead-Konzert in Schweden: Eine Gruppe von »Patrioten« habe sich »tapfer gegen die Übermacht« verteidigt: »Einer der aggressivsten Zivilbeamten, der die Sau so richtig rausgelassen hatte und wie wild um sich prügelte, wurde später mit einer großen Kopfbandage gesehen, was uns in dieser beschissenen Situation wenigstens etwas amüsierte«; Peter vom (1998).

141 So ist etwa folgender Hinweis im Gästebuch eindeutig als Aufruf zu Gewaltaktionen zu verstehen: »Kameraden kommt alle recht(s) Zahlreich Nach Herzogenaurach (Tengelmann). Es gibt viel Spaß mit der ANTIFA!!!!«, »Napalm Duo« (1998) (Fehler im Original).

142 Die Nutzer Tobias H., Matthias S. und Alexander C., die sich klar als Rechtsextremisten zu erkennen geben, lehnen diese im Gästebuch häufige Schreibweise in einem gemeinsamen Eintrag drastisch ab (»Uns kotzt in jedem zweiten Leserbrief euer scheiß »oi« an!«) und verweisen auf die Wurzeln der Oi!-Musik im Punk; H./S./C. (1998).

143 Die violent (1999).

144 Yggdrasil (1998).

145 Die Zahl 88 (siehe Anmerkung 102), kommt im Untersuchungszeitraum 210-mal im Gästebuch vor, z. B.: »Ein froidiges 88 aus Delmenhorst an alle doitschen Patrioten und Skinheads (fuck of the S. H. A. R. P.'s)!!!!!!!!!!«, »88 Kameraden, wir kommen wieder!!!!«, »Tach und 88!«, »Gruss 88 und Alles Gute fürs Heimatland«.

146 Während der Gruß ›Heil Hitler‹ strafbar ist (siehe 2.1.1.2), gilt dies für die Umschreibung ›88‹ grundsätzlich nicht; vgl. Interview Verfassungsschutz NRW 2. Staatsanwalt Hans-Heiko Klein weist darauf hin, ihm sei kein Urteil bekannt, in dem Rechtsextremisten allein wegen der Verwendung der ›88‹ belangt worden wären. Falls ein Angeklagter die Chiffre benutzt habe, werde dies mitunter erwähnt, um dessen neonazistische Gesinnung zu verdeutlichen. Vgl. Interview Hans-Heiko Klein.

147 Zu den ›14 words‹ vgl. Bundesamt 1998, S. 40.

148 Vgl. Zehnsdorf 1999: E-Mail 18. 7. Zehnsdorf macht keine weiteren Angaben zu den Anstellungsverhältnissen.

149 Ebd.

150 Ebd.

151 Den »RockNORD-Chat« können die Nutzer anfangs nur eine Stunde pro Woche (mittwochs von 21.00 bis 22.00 Uhr) abrufen. Er wird in dieser Phase nur wenig genutzt – in der Domain heißt es nach dem ersten Termin: »Entweder haben einige grundsätzlich keinen Bock auf den Chat (woher kamen dann aber die etlichen Anfragen?) oder kamen mit der Software LLUNA nicht klar«; Neuigkeiten (2000). Im Sommer 2001 ist der Chat-Room ständig geöffnet.

152 Chatraum (2001).

153 Z. B. User Mario im Gästebuch: »Wo ist das geile Rock Nord Radio geblieben. Keinen Bock mehr oder was iss da los? Echt schade darum …« Mario (1998) (Fehler im Original).

154 »Oi!« (1998).

155 »White TMP« (1998).

156 R. (1998).

157 Dies gilt in der Regel nicht für das Titelfoto, das oft ein professionelles Porträt ist. Vermutlich handelt es sich meist um PR-Material der in einem der Hauptbeiträge besprochenen Band.

158 Vgl. Zehnsdorf 1999: E-Mail 18. 7.

159 Vgl. Z. B. Farin 1996, S. 183; Lemmer 1997, S. 62 (über *Moderne Zeiten*), Lemmer 1996, S. 226 (über *RockNORD*).

11. Zündelsite

1 Die Seite bezeichnet sich im englisch- wie im deutschsprachigen Teil uneinheitlich als »Zündelsite« respektive »Zundelsite«. In einer auf ihr abrufbaren Biografie Zündels heißt es: »Der deutsche Umlaut fiel leider weg, da das Internet nichts damit anzufangen weiß!« Gleich-

wohl tauchen im Untersuchungszeitraum im Einstiegsbereich der Seite je dreimal die Titel »Zündelsite« und »Zundelsite« auf. Außerhalb von Zitaten wird im Folgenden die deutsche Schreibweise verwandt. Das Kapitel basiert auf der Analyse der Beiträge, die von April bis August 1998 im deutschsprachigen Teil der Seite abrufbar waren, sowie auf Interviews mit Mitarbeiterinnen und Mitarbeitern der »Anti-Defamation League« sowie des Bundesamtes für Verfassungsschutz und der Bundesprüfstelle für jugendgefährdende Schriften.

2   Vgl. The Anti-Defamation League 1996, S. 172; Mecklenburg 1996, S. 547; Verfassungsschutzbericht Bund 1995, S. 182 ff.; Lasek 1995, S. 291 f.

3   Über das Auswanderungsjahr finden sich divergierende Angaben. Die »Zündelsite« nennt den 3. September 1958 als Ankunftstag in Montreal, die Sekundärliteratur gibt das Jahr 1957 an; vgl. Ernst (1999); The Anti-Defamation League 1996, S. 172; Mecklenburg 1996, S. 547; Lasek 1995, S. 291.

4   Ernst (1999). Der Text gibt zwar keinen Autor an, es besteht aber kein Zweifel, dass Zündel ihn verfasst oder autorisiert hat.

5   Vgl. ebd. Es zählt zu den gängigen Argumentationsmustern von Holocaustleugnern, zu behaupten, sie hätten zunächst selbst an den systematischen Massenmord ›geglaubt‹, Dokumente und Fakten hätten sie aber vom Gegenteil überzeugt. Auf diese Weise erscheinen die Betreffenden als unabhängige Forscher. Besonders auffällig gilt dies für den von Zündel bestellten Gutachter Fred Leuchter; vgl. z. B. Zündel (1999): Holocaust 101, Teil 8; Faurisson (1999): Der; Leuchter (1999).

6   Kurz vor Beginn des ersten Verfahrens gegen Zündel Anfang 1985 kommt sein Grafik-Unternehmen nahezu vollständig zum Erliegen. Zündels Betätigung als Holocaustleugner wird erst in dieser Zeit einer breiten Öffentlichkeit bekannt, so dass sein Betrieb zahlreiche Kunden verliert. Vgl. Ernst (1999).

7   Laut Verfassungsschutzbericht des Bundes seit 1979; vgl. Verfassungsschutzbericht Bund 1995, S. 183. Der Grund für die unterschiedlichen Angaben ist vermutlich die Tatsache, dass Zündel bis 1979 unter dem Namen Christof Friedrich veröffentlicht hat; vgl. The Anti-Defamation League 1996, S. 172.

8   Pseudonym für: Richard Verall, vgl. Lasek 1995, S. 264.

9   Eine deutschsprachige Angebotsliste des Verlages von 1998 umfasst beispielsweise *Mein Kampf*, den Bildband *Adolf Hitler als Maler*, das Buch *Deutsche Geheimwaffen und Wunderwaffen des II. Weltkrieges* sowie drei Publikationen von Fred Leuchter und zwei weitere über ihn. Ebenso wie Zündel tritt Leuchter in mehreren Videos auf, die

»Samisdat« vertreibt, ferner u. a. die Rechtsextremisten Ewald Althans, Gerd Honsik, David Irving, Gottfried Küssel, Frank Rennicke,
Jürgen Rieger und Udo Walendy. Vgl. Revisionistische o.Dat.
(1998), Videoangebote o.Dat. (1998).

10 Vgl. The Anti-Defamation League 1996, S. 31 und 172.

11 Vgl. z. B. Lipstadt 1996, S. 253.

12 Vgl. Verfassungsschutzbericht Bund 1995, S. 184; Ernst (1999).

13 Vgl. Ernst (1999). Das Bundesamt für Verfassungsschutz spricht
von zwei bis drei Probesendungen, die auf diesem Wege verbreitet
worden seien. Sie seien mit den umfangreichen technischen Möglichkeiten des Amtes in Köln nicht zu empfangen gewesen. Insofern
ist davon auszugehen, dass sie allenfalls ein kleines Publikum im öst-
lichen Teil der Bundesrepublik erreicht haben. Vgl. Interview Verfassungsschutz Bund 1.

14 Der im Februar 1997 verstorbene Christophersen entzog sich 1986
mehreren Strafen, die in Deutschland gegen ihn verhängt worden
waren, durch Auswanderung nach Dänemark; vgl. Mecklenburg
1996, S. 450.

15 Felderer ist schwedischer Staatsbürger österreichischer Herkunft;
vgl. Lasek 1995, S. 261.

16 Vgl. Lasek 1995.

17 1988 finanziert Zündel eine Reise Leuchters und weiterer Mitarbeiter nach Polen (Kosten: ca. 35 000 Dollar; vgl. Lipstadt 1996, S. 260),
wo dieser die ehemaligen Lager Auschwitz I, II (Birkenau) und Maj-
danek in Augenschein nimmt sowie illegal Gesteinsproben sammelt.
In seinem Bericht, den Leuchter vor Gericht vorlegt, behauptet er,
technisch seien Massenvergasungen in diesen Lagern nicht möglich
gewesen. Ferner hätten Proben aus den Gaskammern keine nennenswerten Zyanidspuren ergeben. Leuchter ist in den USA als Kon-
strukteur von Hinrichtungseinrichtungen tätig gewesen, besitzt aber
keine naturwissenschaftliche Hochschulbildung. Im Zeugenstand
spielt er seine Kompetenz hoch und muss später eingestehen, den In-
genieurstitel zu Unrecht geführt zu haben. Das Gericht erkennt den
Leuchter-Report wegen mangelnder Qualifikation des Autors nicht
als Gutachten an. Vgl. z. B. Lipstadt 1996, S. 259–275; Bailer-Galanda 1995, S. 87–90; The Anti-Defamation League 1996, S. 173 f.
(zur Widerlegung der Behauptungen Leuchters vgl. insbesondere
Lipstadt 1996; Bailer-Galanda 1995 und Bailer 1995).

18 Lipstadt 1996, S. 255. In dem Film »Beruf: Neonazi« präsentiert
Zündel dem Regisseur Winfried Bonengel die – einer KZ-Uniform
nachempfundene – Verkleidung, die er zeitweise während des Ver-

fahrens getragen hat. Auf dem Rücken – an der Stelle, an der sich die Häftlingsnummer befand – hat Zündel seine Telefonnummer angebracht, um diese im Fernsehbild zu plazieren.

19 Vgl. Interview ADL.

20 Vgl. Verfassungsschutzbericht Bund 1995, S. 184.

21 Zündel hat juristische Schritte gegen Irving angekündigt, der ihm eine fünfstellige Dollarsumme schulde; vgl. Meldungen 7/1998, S. 16. Zuvor hatte er wegen eines nicht beglichenen Darlehens gegen die Niederländerin Florentine Rost van Tonningen geklagt; vgl. Meldungen 6/1996, S. 15.

22 Vgl. Mitrovica 2001.

23 Die »Anti-Defamation League« (ADL) bezeichnet Rimland als »kindled spirit with Zundel«; Interview ADL.

24 1977 erhielt sie den »California Literature Medal Award« als beste kalifornische Autorin fiktionaler Literatur; vgl. Ingrid (1999).

25 Sieben Beiträge nennen keinen Autor und keinen Vorveröffentlichungsort.

26 Hierunter sollen gegen Entgelt zeitweise oder dauerhaft für Zündel tätige Personen verstanden werden. Es handelt sich um Beiträge von Zündels Berater Robert Faurisson (4), der Anwältin Barbara Kulaszka und von Fred Leuchter (je ein Beitrag).

27 Die »Anti-Defamation League« nennt das IHR »the world's single most important outlet for Holocaust-denial propaganda«; The Anti-Defamation League 1999, S. 32. Hinter der akademischen Fassade der Einrichtung sind oder waren zahlreiche Mitarbeiter in neonazistische, antisemitische Gruppen eingebunden. So ist der amtierende Direktor Mark Weber in den 70er Jahren Aktivist der »National Alliance«, der heute größten neonazistischen Organisation der USA. Gründer und bis 1993 Kopf des Instituts ist der aggressive Antisemit Willis Carto, der über ein weitverzweigtes Geflecht aus Verlagen und Gruppen verfügt. Vgl. ebd., S. 32 f.; Interview ADL; ausführlich: Lipstadt 1996, S. 225–251.

28 Mark Weber (Webmaster der IHR-Homepage): drei, Theodor J. O'Keefe (Vertrieb): zwei; Bradley Smith (u. a. IHR-Radioprojekt): ein Beitrag; zu den IHR-Tätigkeiten dieser Personen vgl. How (1999).

29 Zündel ist mehrfach Referent der IHR-Jahrestagungen; vgl. Lasek 1997, S. 138.

30 Ferner Texte aus »Sleipnir« (zwei), *Historische Tatsachen, Deutschland in Geschichte und Gegenwart* und *National Journal* (je ein Beitrag).

31 Vgl. Appell (1999); Verfassungsschutzbericht Bund 1996, S. 159.

32 Rudolf (1999). Die »Zündelsite« macht den Text über einen Link auf die Homepage des in Berchem (Belgien) ansässigen holocaustleugnenden Vereins »Vrij Historisch Onderzoek« (Freie Historische Forschung) zugänglich. Im Auftrag dieser Gruppe gibt Scheerer die Zeitschrift *Vierteljahreshefte für freie Geschichtsforschung* heraus; vgl. Verfassungsschutzbericht Bund 1998, S. 69.

33 Das Bundesamt für Verfassungsschutz bezeichnet den Kreis der Holocaustleugner – etwas überspitzt – sogar als »geschlossenes System«; Interview Verfassungsschutz Bund 1.

34 Vgl. Interview ADL.

35 Technisch ist es für Internet-Provider unmöglich, einzelne Seiten, die von anderen Providern in das Netz eingespeist werden, zu sperren. Um für »T-Online«-Kunden den Zugang zur »Zündelsite« zu blockieren, sieht das deutsche Unternehmen daher nur die Möglichkeit, den kompletten »WebCom«-Server zu sperren. Dies betrifft neben der »Zündelsite« über tausend weitere Seiten, die von dieser Firma eingespeist werden.

36 Vgl. Verwaltungsgericht Köln 1999, S. 6.

37 Zündel hat sich bislang vergeblich bemüht, die kanadische Staatsbürgerschaft zu erwerben; vgl. Ernst (1999).

38 Disclaimer (1998) (Hervorhebung im Original).

39 Vgl. Interview ADL; Interview Verfassungsschutz Bund 1.

40 Darauf deutet die hohe Zahl der von Zündel verfassten Beiträge auf der Seite und deren prominente Platzierung hin. Die täglichen »ZGrams«, für die Rimland die Autorenschaft beansprucht, basieren häufig auf Texten aus Zündels Rundbriefen oder sonstigen Schreiben; vgl. Interview ADL; z. B. Rimland (1999): January 27; Rimland (1999): April 17. In einigen Formulierungen lässt die »Zündelsite« selbst erkennen, dass der Deutsche ihr Auftraggeber ist. So heißt es in der Zündel-Biografie: »Mit seinen Schriften, Büchern, Tonbändern, Videos, Gerichtsverfahren, Radio- und Fernsehsendungen und dem Internet hat er den Holocaust ins Wanken und fast an den Abgrund gebracht!«; Ernst (1999). In einem weiteren Text spricht er über die Internet-Aktivitäten in der »wir«-Form (Zündel [1999]): Ein Überblick). Im selben Text ruft er unter ausdrücklichem Verweis auf die »Zündelsite« zu Spenden an ihn auf. Auch in einem Rundschreiben an potenzielle Spender, das Zündel 1999 verschickt hat, lässt er erkennen, dass er die Seite finanziert, und stellt diese als integralen Bestandteil seiner politischen Tätigkeit dar. Im Zusammenhang mit der Indizierung der »Zündelsite« durch die BPjS, auch im anschließenden Verfahren vor dem Verwaltungsgericht Köln, hat Zündel

allerdings nie geltend gemacht, er sei für die Seite nicht verantwortlich; vgl. Interview BPjS.

41 Vgl. Interview Verfassungsschutz Bund 1. Eine Ausnahme bildet das Interview des ZDF-Magazins »Frontal« (gesendet am 23. 11. 1999), das Zündel im *Germania Rundbrief* als »Durchbruch« bezeichnet: »(D)aß ich ganz Deutschland einmal in ›prime time‹ also zu bester Sendezeit, darauf verweisen konnte: ›Leute, geht ins Internet! Dort sind die Dokumente erhältlich!‹ Es war wie eine unbezahlte Werbesendung für uns!« Zündel 1999: Das Band, S. 3. Im selben Rundbrief lässt Zündel erkennen, dass er sehr kalkuliert seine Positionen so weit abgeschwächt habe, dass sie in Deutschland sendefähig sind: »Ich ging bis an den Rand der Selbstverleugnung mit meiner Selbstzensur«; Zündel 1999: Das ZDF.

42 Zu Don Black/»Stormfront« vgl. Pfeiffer 1996: Rechtsextremisten, S. 140–165.

43 Zit. nach The Anti-Defamation League 1996, S. 18.

44 Vgl. Interview Verfassungsschutz Bund 1.

45 Vgl. Ernst (1999).

46 Vgl. Zündel o.Dat. (1999), S. 1.

47 Vgl. Zündel (1995). Eine solche Aufschlüsselung lässt sich auf seriöser Basis nur erstellen, nachdem von Nutzern der Seite systematisch entsprechende Angaben erfragt worden sind. Es ist mir nicht bekannt, dass dies jemals der Fall war. Vergleichbar konkrete Nutzer-Daten hat Zündel später nicht mehr genannt.

48 Vgl. ebd. Im März 1996 behauptete Rimland in einer E-Mail: »We now have approximately 200 documents on line, maybe more, and our visitor count on a daily basis is around 300–400. A good estimate is that about half of them are students, particularly in law, history and journalism.« Rimland 1996.

49 Vgl. Zündel o.Dat. (1999), S. 2.

50 Vgl. Pfeiffer 1996: Rechtsextremisten, S. 170 f.; Schweinkram 1996, S. 157.

51 Vgl. auch Interview ADL. Dieser Strategie hat sich besonders das »Institute for Historical Review« verschrieben, »es lanciert jährliche Versammlungen, die wie akademische Seminare aufgebaut werden, und gibt das Journal of Historical Review heraus, das den würdigen, hochgestochenen akademischen Sprachstil imitiert«; Lipstadt 1996, S. 232.

52 Das Bundesamt für Verfassungsschutz vermutet, dass unter 30-jährige deutsche Rechtsextremisten nur selten auf die »Zündelsite« zugreifen; vgl. Interview Verfassungsschutz Bund 1.

53 Der *Power Letter* ist das englischsprachige Pendant zum deutschsprachigen *Germania Rundbrief*.

54 Links auf ausgewählte Bereiche der »Zündelsite« hat »Nizkor« bereits vor diesem E-Mail-Austausch angebracht; vgl. McVay 1999.

55 Eine Newsgroup ist ein Diskussionsforum im so genannten Usenet,
neben dem World Wide Web (WWW) ein weiteres Teilnetz des
Internets. An diesen Diskussionen kann in der Regel jeder Nutzer
des Internets teilnehmen, im Gegensatz zum WWW können Stellungnahmen mit wenig Aufwand eingespeist und beantwortet werden. Die Newsgroup alt.revisionism ist ein Forum zum Thema Holocaust-Leugnung. McCarthy erklärt sich grundsätzlich zu einer
Debatte mit Holocaust-Leugnern bereit, hält aber das World Wide
Web aus technischen Gründen für ungeeignet: »They want to call
our cross-linking and their propaganda the first round of ›debate‹.
We reject that term: cross-linking is cross-linking, no more. If they
want debate, they are welcome to contact us on alt.revisionism,
where responding is easy and an archive is automatically kept.«

56 Zit. nach Open (1999).

57 »Nizkor« lehnt es weiterhin ab, die Querverbindungen zwischen
Antwort und Gegenantwort als »Debatte« zu bezeichnen und verweist auf die große Verzögerung, die zwischen dem »Nizkor«-Bei-
trag und der Erwiderung durch die »Zünselsite« liege: »I don't know
how long it took him [Zündel; T.Pf.] to respond to our Q&A chal-
lenge … I didn't think he'd ever finished the task«; McVay 1999.

58 Dieser Abschnitt hat kein erkennbares inhaltliches Profil, das ihn
von den übrigen unterscheidet. Es handelt sich im Wesentlichen um
holocaustleugnende Texte. Auch die Zuordnung der Beiträge zu den
übrigen Abschnitten geschieht eher willkürlich. 1999 wird der Bereich neu gestaltet und vier Abschnitte werden zusammengezogen
(»Deutsche Artikel«).

59 Ernst (1999).

60 Z. B. Robert Faurisson: »Ohne Zündel wäre fast nichts von dem, was
nun bekanntgeworden ist, vorstellbar gewesen. Er opfert alles in seiner Suche nach geschichtlicher Genauigkeit und lebt unter schwieri-
gen Bedingungen, konfrontiert mit mächtigen Feinden mit großem
Einfluß. Er lebt unter dauerndem Druck, der manchmal unerwartete
und bösartige Formen annimmt. Aber er ist eine starke charismatische Persönlichkeit. Er versteht es, jede Situation zu analysieren und
das Verhältnis der Kräfte einzuschätzen, die erforderlich sind, um
Widrigkeiten in Vorteile zu verwandeln. Aus allen Teilen der Welt
zieht er Menschen an und mobilisiert hochgeistige Menschen. Er ist

ein tiefgründiger Mensch und hat eine besondere Gabe, die gesunden Menschenverstand mit einem ausgeprägten Verständnis für Menschen und Situationen kombiniert.« Faurisson (1999): Der.

61 So der Hinweis zum Autor unter dem Beitrag Faurisson (1999): Elie. Faurisson ist emeritierter Professor für französische Literatur. Die zitierte Formulierung impliziert, Faurisson sei ein in Historikerkreisen anerkannter Quelleninterpret, was zweifellos falsch ist.

62 Weber (1999): Auschwitz.

63 Ernst (1999).

64 Zündel (1999): Holocaust 101, Teil 8.

65 Auch das 1991 fertig gestellte *Rudolf-Gutachten* ist im Auftrag eines führenden deutschen Alt- und Neonazis, Otto Ernst Remer, erstellt worden und sollte dessen Verteidigung in einem Strafverfahren dienen. Wie Leuchter will Rudolf Proben in ehemaligen Vernichtungslagern genommen und diese analysiert haben. Da das Landgericht Schweinfurt den Holocaust als offenkundige Tatsache wertet, wird der Text nicht als Beweismittel und der Verfasser nicht als Zeuge zugelassen. Vgl. Bailer-Galanda 1996, S. 91.

66 »Er sagt, Hitler habe ein Liebesverhältnis zum deutschen Volke gehabt; er habe des Volkes Vertrauen errungen; er habe dessen Ehre wiederhergestellt und Arbeit, Brot, Sauberkeit und Ordnung in Deutschland geschaffen. Er sagt, Adolf Hitler sei ein mißverstandenes Genie gewesen, dessen Lebensphilosophie durch die Holocaust-Geschichte total und gezielt von seinen Gegnern verzerrt worden wäre. Hitler habe sich gegen den Kommunismus gestemmt, weil ihm keine andere Wahl geblieben war.« Ernst (1999).

67 Vgl. App (1999). App überschreibt seinen Beitrag mit der euphemistischen Frage »Hätte Hitler den Zusammenstoß mit den Juden vermeiden können?« und verneint sie. Um seine Mission zu erfüllen, habe er mit den Juden in Konflikt geraten müssen. In diametraler Täter-Opfer-Verkehrung spricht App vom »Ausbruch talmudischen Giftes« gegen Hitler.

68 Rudolf Heß (1999).

69 Worch (1999); Nachruf (1999), hier: »Martyrer [sic!] des Friedens«.

70 Rudolf Heß (1999).

71 Worch (1999).

72 Da die Leugnung des Holocausts das prägende Thema der »Zündelsite« ist, wird sie im Folgenden eingehender dargelegt. Weniger umfänglich beschäftigt sich die Seite mit der deutschen Kriegsschuld, die – soweit sie zur Sprache kommt – ebenfalls bestritten wird. Der Zweite Weltkrieg, so wird Zündel zitiert, sei Deutschland aufge-

zwungen worden; vgl. Ernst (1999). Im Text *Holocaust 101* macht Zündel, durch Passiv und indirekte Rede getarnt, Juden für den Krieg verantwortlich (»ein Krieg, von dem viele annahmen, daß er von internationalen jüdischen Bankiers angestiftet worden war. Das Judentum wurde als ›zersetzend‹ angesehen, nicht nur finanziell auch rassisch und kulturell«); Zündel (1999): Holocaust 101, Teil 4. Armin Preuß stellt die Sowjetunion als Aggressor dar und vertritt somit die These vom ›Präventivkrieg‹, ohne diese Vokabel zu gebrauchen. Den Krieg bezeichnet er als »großen Schicksalskampf des Reiches gegen den asiatischen Bolschewismus« und »Endkampf gegen die rote Sturmflut«; Preuß (1999): Prince, Teil 1; Preuß (1999): Hanna, Teil 4.

73   Eine ausdrückliche Zustimmung zum Holocaust ist auch im deutschen Neonazismus selten und kommt in publizierter Form kaum vor.

74   Z. B. Weber (1999): Auschwitz.

75   Z. B. ebd.

76   Z. B. Zündel (1999): Holocaust 101, Teil 8.

77   Z. B. Faurisson (1999): Elie.

78   Z. B. Leuchter (1999).

79   Faurisson (1999): Elie.

80   Z. B. Gannon (1999).

81   Z. B. Zündel (1999): Holocaust 101, Teil 8.

82   Vgl. Zündel (1999): Holocaust 101, Teile 1–8. Ich folge der Aufzählung Zündels, der das aus seiner Sicht vermutlich stärkste Argument – den *Leuchter-Report* – aus rhetorischen Gründen zum Schluss anführt. Die einzelnen Punkte werden um Ausführungen aus anderen Texten der »Zündelsite« ergänzt.

83   Vgl. Zündel (1999): Holocaust 101, Teil 1 sowie z. B. Leuchter (1999); Mühlenkamp (1999); Weber (1999): Der.

84   Vgl. Zündel (1999): Holocaust 101, Teil 2 sowie z. B. Graf (1999): Vom, Teil 2; Französisches (1999); Kretschmer (1999); Weber (1999): Auschwitz; Weber (1999): Der.

85   Vgl. Zündel (1999): Holocaust 101, Teil 3 sowie z. B. Weber (1999): Der; Weber (1999): Auschwitz; Wie (1999); Amtliche (1999); O'Keefe (1999): Die.

86   Vgl. Zündel (1999): Holocaust 101, Teil 4 sowie z. B. O'Keefe (1999): Die; Weber (1999): Der.

87   Vgl. Zündel (1999): Holocaust 101, Teil 5; Weber (1999): Der.

88   Vgl. Zündel (1999): Holocaust 101, Teil 6 sowie z. B. Leuchter (1999); Zündel (1999): Die.

89   Vgl. Zündel (1999): Holocaust 101, Teil 7 sowie z. B. Faurisson (1999): Der; Leuchter (1999); Zündel (1999): Die.

90   Vgl. Zündel (1999): Holocaust 101, Teil 8 sowie z. B. Ernst (1999); Faurisson (1999): Der; Leuchter (1999); Naturwissenschaft (1999); Rudolf (1999).

91   Zu dieser Strategie vgl. auch Lipstadt 1996, S. 279 f.

92   Vgl. ebd., S. 296.

93   Auf die Austauschbarkeit der Begriffe in rechtsextremistischen Kontexten weist auch Wetzel hin. Sie beschreibt den Antizionismus als eine Tarnstrategie von Antisemiten. Vgl. Wetzel 1999, S. 3.

94   Zündel (1999): Holocaust 101, Teil 3.

95   Weber (1999): Der.

96   Ernst (1999).

97   Graf (1999): Vom, Teil 1.

98   Vgl. ebd.; zur Absurdität der Verschwörungstheorien von Holocaustleugnern vgl. auch Zarusky 1999, S. 11–13.

99   Zündel (1999): Erste.

100 Faurisson (1999): Der (Fehler im Original).

101 Allein die Zündel-Biografie bezeichnet das Tribunal sechsmal als »Schauprozeß«; Ernst (1999).

102 Gunter Deckert Freedom Committee (1999).

103 Kemper (1999).

104 Bereits in der Überschrift »Zensur durch Justiz und Terror«.

105 Preuß (1999): Prince, Teil 5.

106 Armin Preuß zitiert zustimmend Ernst Moritz Arndt mit der Warnung vor »Überfremdung«, damit wird diese in die Gegenwart transportiert; vgl. Preuß (1999): Ernst.

107 Graf (1999): Vom, Teil 1.

108 Zündel (1999): Europäischer.

109 Vgl. Graf (1999): Vom, Teil 1.

110 So ist spöttisch von »Negerkapellen in Traditionstrachten« und »Negermusik« die Rede; Zündel (1999): Ein.

111 Graf (1999): Vom, Teil 1.

112 Vgl. z. B. Rimland (1999): April 9; Rimland (1999): April 17; Rimland (1999): February 10.

113 Vgl. z. B. Zündel (1999): Europäischer.

114 Vgl. Schafft (1999); Die politische (1999); Zentrale (1999).

115 Die politische (1999).

116 Ernst (1999).

117 »The Zündelsite has as its mission the rehabilitation of the German nation and people«; Rimland (1999): Mission.

118 Worch (1999).

119 Vgl. Preuß (1999): Ernst; Herrrmann (1999).

120 Dies wird selten expliziert, drückt sich beispielsweise aus in der Bezeichnung Zündels als »Deutscher (...), der seine ethnische Gruppe und sein Heimatland verteidigt«; Zündel (1999): Brief.

121 Ich hebe dies hervor, da der deutsche Begriff ›Rasse‹ in höherem Maße durch NS-Assoziationen belastet ist, als dies für das englische ›race‹ gilt.

122 Graf (1999): Vom, Teil 1.

123 Vgl. Lipstadt 1996, S. 62.

124 Berger (1999).

125 Ernst (1999).

126 Deutscher Rechtsschutzkreis (1999).

127 Graf (1999): Vom, Teil 1.

128 Zündel (1999): Brief.

129 Zündel (1999): Weltweite.

130 Graf (1999): Vom, Teil 1.

131 Schafft (1999).

132 Die politische (1999).

133 Die Bezeichnung kommt allein in diesem Text 17-mal vor.

134 Zündel (1999): Holocaust 101, Teil 1 (Fehler im Original).

135 Ernst (1999).

136 O'Keefe (1999): Das.

137 z. B. Graf (1999): Vom, Teil 2.

138 O'Keefe spricht von der »unbeweglichen historischen Orthodoxie«; O'Keefe (1999): Das.

139 Bernhard Pörksen stellt die Tier-Metaphorik als besonders wirksames Mittel neonazistischer Medien zur Konstruktion von Feindbildern heraus, da sie den Gegner dehumanisiere; vgl. Pörksen 2000, S. 185–192.

140 Graf (1999): Vom, Teil 1.

141 Zündel (1999): Die.

142 Nachruf (1999).

143 Graf (1999): Vom, Teil 2.

144 Ebd.

145 Zentrale (1999).

146 Zit. nach In (1999). Das Zitat ist einer Strafanzeige Citrons gegen Zündel entnommen, die auf der »Zündelsite« dokumentiert wird.

147 Die politische (1999).

148 Graf (1999): Vom, Teil 1. Die Formulierung ist auf die Schweiz bezogen.

149 Ebd.

150 Rimland 1996.

151 Vgl. Interview ADL.

152 Vgl. Caplan 1999.

153 Offenbar ist Rimland auch für die Erstellung von Zündels Rundbrief *Power* zuständig. So heißt es im »ZGram« vom 27. Januar 1999: »Last week – as I was editing and formatting these ›Power‹ letter, as I do every month«; Rimland (1999): January 27 (Fehler im Original).

154 Vor dem Untersuchungszeitraum sollen zeitweise Audiodokumente auf der »Zündelsite« abrufbar gewesen sein; vgl. Interview Verfassungsschutz Bund 1; Bundesamt 1999, S. 41. Ob dies im deutschsprachigen Bereich der Fall war, kann das Bundesamt nicht mehr mit Gewissheit sagen, ist aber unwahrscheinlich.

155 Mit Hilfe der Homepage des staatlichen Senders »Radio Iran«, zu dem Zündel in Kontakt steht, soll 1997 ein Live-Programm übermittelt werden. Zumindest zum angegebenen Zeitpunkt ist dies nicht realisiert worden; vgl. Interview Verfassungsschutz Bund 1.

156 Vgl. Pfeiffer 1996: Rechtsextremisten, S. 163.

157 In diese Richtung gehen Vermutungen der ADL; vgl. Interview ADL.

158 Die Adresse ist angelehnt an Ingrid Rimlands Romantrilogie »Lebensraum«.

159 Zündel o.Dat. (1999), S. 1; vgl. auch Zündel (1999): Ein.

160 Caplan 1999. Auch das Bundesamt für Verfassungsschutz schätzt die Rundfunkprogramme als »eher unprofessionell« ein; Interview Verfassungsschutz Bund 1. Vgl. Interview BPjS.

161 »He claims to have helpers, although these people would have to be fairly peripheral«; Interview ADL; vgl. Interview Verfassungsschutz Bund 1.

162 Vgl. z. B. Ernst (1999). Das Bundesamt für Verfassungsschutz und die Bundesprüfstelle für jugendgefährdende Schriften halten diese Darstellung für glaubwürdig und gehen davon aus, dass Zündel seine politisch-publizistischen Aktivitäten nicht vorrangig mit dem Ziel der persönlichen Bereicherung bestreitet; vgl. Interview Verfassungsschutz Bund 1; Interview BPjS. Die Spenden an ihn sind aber offenbar beträchtlich. Franziska Hundseder nennt bereits für 1980 die Zahl von 100 000 Mark, die – wohl überwiegend deutsche – Zündel-Anhänger auf sein damaliges Stuttgarter Postscheckkonto überwiesen hätten; vgl. Hundseder 1995, S. 18. In dem Dokumentarfilm »Beruf: Neonazi« (1994) spricht der für Deutschland zuständige Zündel-Mitarbeiter Ewald Althans (siehe 11.1) von etwa 200 Spen-

dern, die Beträge von 500 Mark oder mehr zahlten. Demnach belief sich die höchste Einzelspende auf 25 000 Mark. Zudem ruft Zündel seit Jahren dazu auf, ihm Nachlässe zur Verfügung zu stellen und verschickt entsprechende Testamentvorlagen. Nach eigener Darstellung hat er in jüngster Zeit mehrfach solche umfangreichen Zuwendungen erhalten; vgl. z. B. Ernst (1999); Zündel o.Dat. (1999), S. 2. Auf Grund des hohen Lebensalters vieler Zündel-Anhänger erscheint dies glaubwürdig. Nennenswerte Summen bringen aber offenbar auch Produktion und Vertrieb der diversen Medien ein. Althans behauptet, Anfang der 90er Jahre in der deutschen Vertriebsfiliale in München einen Jahresumsatz von 600 000 Mark erwirtschaftet zu haben; vgl. Hundseder 1995, S. 302. Hinzu kommen Spenden und Verkaufsgewinne aus dem nichtdeutschsprachigen Raum, die die vorgenannten Summen übersteigen dürften.

12. Das informationelle Kapillarsystem

1 Vgl. Verfassungsschutzbericht Bund 1990, S. 90; Verfassungsschutzbericht Bund 1998, S. 72; Verfassungsschutzbericht Bund 2000, S. 104.

2 Vgl. Verfassungsschutzbericht Bund 1998, S. 72; Verfassungsschutzbericht Bund 2000, S. 104. 1997: 5,4 Millionen, 1999: 6,5 Millionen; vgl. Verfassungsschutzbericht Bund 1997, S. 80; Verfassungsschutzbericht Bund 1999, S. 83. Die genannten Zahlen umfassen Scharnierorgane wie die *Junge Freiheit* nicht, die in dieser Arbeit der Bewegung von rechts zugeordnet werden, das Bundesamt für Verfassungsschutz aber nicht als rechtsextremistisch einstuft.

3 Vgl. Verfassungsschutzbericht Bund 1998, S. 30; Verfassungsschutzbericht Bund 1999, S. 30; Verfassungsschutzbericht Bund 2000, S. 40.

4 Vgl. Verfassungsschutzbericht Bund 1998, S. 72; Verfassungsschutzbericht Bund 1999, S. 83; Verfassungsschutzbericht Bund 2000, S. 104. Die Zahl der organisationsunabhängigen Verlage liegt somit deutlich über dem Niveau der frühen 90er Jahre: 1993: 33, 1994: 35, 1995: 35; vgl. Verfassungsschutzbericht Bund 1994, S. 78; Verfassungsschutzbericht Bund 1995, S. 98.

5 Vgl. Verfassungsschutzbericht Bund 1998, S. 75; Verfassungsschutzbericht Bund 2000, S. 108. Zu Recht weist die »Anti-Defamation League« darauf hin, dass sich solche Seiten nicht exakt beziffern lassen; vgl. Interview ADL. An dem rapiden Anstieg, den die Zahlen des Bundesamtes deutlich machen, besteht jedoch kein Zweifel.

6 Nord-Rock-Radio (1998).

7 »NIT Rheinland« am 2. 6. 1998.

8 Als Zentralorgan der Friedensbewegung diente der *Rundbrief* (heute: *FriedensForum*).

9 Rechtsextremisten sprechen häufig vom ›Weltnetz‹, um den Anglizismus Internet zu vermeiden.

10 Besonders prägnant erläutert der Autor diese Formulierung auf einer Tagung der Landesstelle Jugendschutz Niedersachsen: »Dies soll zum Ausdruck bringen, daß es ernste Differenzen und auch Eifersüchteleien zwischen den Gruppen gibt, daß aber im Ernstfall die taktischen Gemeinsamkeiten zusammenschmelzen, da den Hauptakteuren die grundsätzlichen Gemeinsamkeiten bewußt sind«; Dietzsch 1990, S. 7; vgl. auch Dietzsch 1988.

11 Roßnagel 1997, S. 49.

12 JF vom 12. 6. 1998, S. 1.

13 Z. B. Eibicht 1998: Zentralmaximen, S. 131: »Die Präsentation des Nationalen in höherer Verantwortung ist nun der Kern des Erfolgs. Erfolg als Möglichkeit verstanden, für die nationale, soziale und demokratische Erneuerung in den deutschen Parlamenten ringen zu können, also folglich dort präsent zu sein. Die Präsentation des Nationalen aus höherer Verantwortung (...) erfordert vor allem (...) das offenere Bekenntnis zur Demokratie, zum Parlamentarismus, zum Rechtsstaat (...). Hier geht es darum, dieses Bekenntnis zudem noch als ein Element der Strategie und der Offensive voll einzusetzen.«

14 Schröcke 1998: Warum. Ich zitiere den Titel nach dem Inhaltsverzeichnis, der Text selbst ist überschrieben: »Warum (noch) national?«.

15 Im Vergleich zu früheren sozialen Bewegungen, die etwa durch die konsensuale Selbstbezeichnung als ›Friedensbewegung‹, durch Slogans (›Frieden schaffen ohne Waffen‹) und Embleme (Friedenstaube) über starke symbolische Integration verfügen.

16 Vgl. Bergmann/Erb 1998, S. 151 f.

17 Z. B. Frank Patalong: »Denn normalerweise ist die Gefahr, daß zum Beispiel Jugendliche jene Propaganda-Seiten erreichen, gering. Denn dazu muß man die einschlägigen Internet-Adressen erst einmal herausfinden, um sie direkt anwählen zu können.« Patalong 1996, S. 26

18 Schröder 1997: Neonazis, S. 7

19 Heller/Maegerle 1995, S. 153 u. 148. »Hitler konkurriert auf dem Monitor mit den Figuren der Gameboys, das Horst-Wessel-Lied mit dem neuesten Hit. Marschmusik löst keine vaterländischen Reflexe mehr aus. Die Faszination des Befehlegebens, der schnellen Reaktion am Joystick, des Navigierens in fremden Mailboxen, die ganze Wa-

renästhetik der Computerbranche läßt eine demagogische Aura, wie sie Hitler und Goebbels zu verbreiten wußten, nicht zu. Mode tritt an die Stelle unverbrüchlicher Treue.« Heller/Maegerle 1995, S. 149.

20 Vgl. Gessenharter 1998: Neue, S. 51–54; Gessenharter 1994, S. 187 bis 214.

21 Lange 1993, S. 13.

22 Z. B. »Alfred Tetzlaff« 1993, S. 26.

23 Auf den Mailboxverbund »Thule-Netz« als typischerweise hobby-mäßig betriebenes Medium sind professionelle Maßstäbe kaum anwendbar.

24 Im Falle Josef Klumbs schwinden diese Aussichten durch die Trennung der Band von ihrem Frontmann im Januar 1999 (siehe 7.3).

25 Indirekte Gewinnabsichten verfolgt allenfalls der Hamburger NIT-Betreiber André Goertz, der Kleinfirmen wie den »Nord-Versand« unterhält. Obwohl die Unternehmen in den Infotelefonen nicht beworben werden, mag er sich eine Steigerung seines Bekanntheitsgrades und somit einen gewissen Werbeeffekt erhoffen.

26 Vgl. Interview »Thule«-Sysop.

27 Burkhard Schröder beschreibt diese Haltung am Beispiel des Neonazis Karl Polacek mit dem Satz: »Wenn andere schreiben, was ich denke, kann ich ja nicht völlig verkehrt liegen«; Schröder 1992, S. 138.

28 Diese Effekte belegen die *Junge Freiheit* und die *National-Zeitung/Deutsche Wochenzeitung* Gerhard Freys. Die JF profitiert in den späten 80er und frühen 90er Jahren vom Einzug der »Republikaner« ins Europaparlament, da insbesondere die Abgeordnete Johanna-Christina Grund doppelseitige Anzeigen in der Zeitung schaltet; vgl. Hachel 1994, S. 148. Auf Druck der Münchner Zentrale haben DVU-Fraktionen mehrfach kostspielige Anzeigenserien in den Blättern des Parteivorsitzenden Frey in Auftrag gegeben oder größere Stückzahlen der Zeitungen abgenommen; vgl. Fischer 1999, S. 98 bis 101; Butterwegge/Meier 1997, S. 90.

29 So warnt Thorsten Thaler in der *Jungen Freiheit* nach dem DVU-Erfolg von Sachsen-Anhalt, nun das metapolitische Bemühen nicht zu Gunsten einer Orientierung auf Tagespolitik und Stimmenzuwächse ihn den Hintergrund treten zu lassen (siehe 5.6).

30 Interview Klaus Beier.

1 Eine wertvolle Informationsgrundlage dieses Nachworts ist das Manuskript des Beitrags Jacoby 2001, das mir der Autor vor dem Erscheinen zur Verfügung gestellt hat. Die Oktober-Ausgaben rechtsextremistischer Monatszeitschriften sind bei Redaktionsschluss dieses Buches noch nicht erschienen. Daher stützt sich das Nachwort auf Wochenzeitungen und Diskussionen im Internet.

2 Republikaner (2001).

3 Anschläge (2001).

4 Wie 2001

5 Mahler (2001).

6 Vgl. Politik (2001).

7 Vgl. Jacoby 2001, S. 4.

8 Aktionsbüro (2001).

9 NIT (2001).

10 »NIT Hamburg« am 13. 9. 2001.

11 »I love America« (2001).

12 Beiträge aus dem WPMP3-Gästebuch zit. nach Jacoby 2001, S. 13 (Fehler in den Original-Texten).

13 Eibicht (2001) (Hervorhebung im Original).

14 Zit. nach Stein/Schwarz 2001, S. 4.

15 Stein 2001.

16 Müller 2001.

17 WPMP3-Rundbrief (2001).

Register

525